LA BUENA ADMINISTRACIÓN DEL PROCEDIMIENTO ADMINISTRATIVO EN EL DERECHO ADMINISTRATIVO IBEROAMERICANO

LA BUENA ADMINISTRACIÓN DEL PROCEDIMIENTO ADMINISTRATIVO EN EL DERECHO ADMINISTRATIVO IBEROAMERICANO

Director

Jaime Rodríguez-Arana Muñoz

Subdirectora

María del Carmen Rodríguez Martín-Retortillo

COLEX 2024

Calle Costa Rica, número 5, 3.º B (local comercial)
A Coruña, C.P. 15004
info@colex.es
www.colex.es

I.S.B.N.: 978-84-1194-283-6
Depósito legal: C 150-2024

SUMARIO

LA BUENA ADMINISTRACIÓN EN LOS PROCEDIMIENTOS DE ELABORACIÓN DE NORMAS

Raquel Cynthia Alianak

(Pág. 71)

EL BUEN GOBIERNO A TRAVÉS DE UN ESQUEMA DE AUTORREGULACIÓN REGULADA

Jorge C. Albertsen

(Pág. 87)

LA BUENA ADMINISTRACIÓN EN LA TRAMITACIÓN DEL PROCEDIMIENTO ADMINISTRATIVO: LOS MODOS DE CULMINACIÓN

Luis Eduardo Rey Vázquez

(Pág. 101)

PROYECCIÓN DE LA BUENA ADMINISTRACIÓN A LA RELACIÓN ADMINISTRACIÓN-ADMINISTRADO A TRAVÉS DEL PROCEDIMIENTO ADMINISTRATIVO

Carlos E. Delpiazzo Rodríguez

(Pág. 117)

PRINCIPIOS DE BUENA ADMINISTRACIÓN EN EL PROCEDIMIENTO ADMINISTRATIVO

Cristina Vázquez Pedrouzo

(Pág. 135)

LA BUENA ADMINISTRACIÓN EN EL PROCEDIMIENTO ADMINISTRATIVO SANCIONADOR

Graciela Ruocco

(Pág. 157)

ALGUNOS ASPECTOS INICIALES DEL PROCEDIMIENTO ADMINISTRATIVO DE CONTRATACIÓN EN LA PERSPECTIVA DE LA BUENA ADMINISTRACIÓN. EL PRINCIPIO DE TRANSPARENCIA

Manuel Javier Paolino

(Pág. 177)

CONTRATACIÓN PÚBLICA ELECTRÓNICA

Rodolfo Carlos Barra y Martín Ignacio Plaza

LAS BUENAS MANERAS EN EL PROCEDIMIENTO ADMINISTRATIVO SANCIONATORIO

Pablo O. Gallegos Fedriani y Antonella Stringhini

LA BUENA ADMINISTRACIÓN Y EL PROCEDIMIENTO ADMINISTRATIVO

María Alejandra Ferreyra

(Pág. 237)

LA CADUCIDAD DEL PROCEDIMIENTO SANCIONADOR

Armando Enrique Mena Castro

(Pág. 251)

BUENA ADMINISTRACIÓN ANTE EL PRINCIPIO DE TAXATIVIDAD EN EL PROCEDIMIENTO ADMINISTRATIVO SANCIONADOR: PERSPECTIVAS DESDE ESPAÑA, PERÚ Y EL SALVADOR

José Ignacio Herce Maza

(Pág. 271)

EL PROCEDIMIENTO ADMINISTRATIVO SANCIONADOR: LAS DOS CARAS DE JANO

José Luis Said

(Pág. 295)

DISTRIBUCIÓN EQUITATIVA EN EMERGENCIA PERMANENTE FRENTE A LA «NUEVA NORMALIDAD»

Alejandro Pérez Hualde

(Pág. 325)

¿UNA NUEVA ERA EN LA RESPONSABILIDAD PATRIMONIAL DE LAS ADMINISTRACIONES PÚBLICAS?

Josep Ramón Fuentes i Gasó

(Pág. 341)

LA AGENDA DEL CAMBIO CLIMÁTICO EN EL DERECHO AMBIENTAL ARGENTINO

María Elisa Catani

(Pág. 383)

PERSPECTIVA AMBIENTAL DEL URBANISMO. DOS EXPERIENCIAS, IDÉNTICAS CONCLUSIONES

María Eugenia Echagüe

(Pág. 399)

LA ADOPCIÓN AUTOMATIZADA DE RESOLUCIONES EN AUSTRALIA

Rafael García Pérez

(Pág. 409)

DERECHOS SOCIALES PRESTACIONALES Y SIMPLIFICACIÓN ADMINISTRATIVA. ESPECIAL REFERENCIA A LA COMUNIDAD GALLEGA

Francisco Javier Abad Pardo

(Pág. 439)

LA BUENA ADMINISTRACIÓN EN POLÍTICAS SOCIALES

José Manuel Rey Varela

(Pág. 449)

LA PARTICIPACIÓN DE LOS NUEVOS EMPRENDIMIENTOS EN LAS CONTRATACIONES PÚBLICAS

Alejandro Canónico Sarabia

(Pág. 461)

LAS INFRAESTRUCTURAS VERDES EN EL MARCO DE LA ORDENACIÓN TERRITORIAL DE GALICIA Y SUS ASPECTOS CONTRACTUALES

María del Carmen Rodríguez Martín-Retortillo

(Pág. 489)

BUENA ADMINISTRACIÓN Y BUENA GOBERNANZA EN LA CONTRATACIÓN PÚBLICA

Martín Galli Basualdo

(Pág. 511)

LA BUENA ADMINISTRACIÓN EN LOS PROCEDIMIENTOS ADMINISTRATIVOS SANCIONADORES

Pablo Santiago Schiavi Muñoz

(Pág. 537)

COMUNICACIONES

ARGENTINA MÁS ALLÁ DE LAS FRONTERAS. EL DESAFÍO DE LA BUENA ADMINISTRACIÓN INTEROPERABLE

Alejandro Spessot y Federico Tabares

(Pág. 551)

LA MOTIVACIÓN COMO DERECHO A LA BUENA ADMINISTRACIÓN Y OBLIGACIÓN DE LAS ADMINISTRACIONES PÚBLICAS: SITUACIÓN ACTUAL Y CRITERIOS PARA SU ADECUADA APLICACIÓN

Carlos Fernández-Espinar Muñoz

(Pág. 565)

LA MEDIACIÓN EN DERECHO ADMINISTRATIVO A LA LUZ DE LOS PRINCIPIOS DE LA BUENA ADMINISTRACIÓN

Cristóbal Dobarro Gómez

(Pág. 581)

EL PROCEDIMIENTO DE DESOCUPACIÓN DE LUGARES DE TRABAJO, EN EL MARCO DE LA BUENA ADMINISTRACIÓN Y DEL INTERÉS GENERAL

Gustavo Igarza Funes

(Pág. 593)

MANIFESTACIONES DE LA BUENA ADMINISTRACIÓN EN EL ÁMBITO TRIBUTARIO. LA JURISPRUDENCIA DEL TRIBUNAL SUPREMO

Jaime Pensado Sande

(Pág. 607)

CONTRADICCIONES ENTRE LA DECLARATORIA DE RESPONSABILIDAD POR INADECUADO MANEJO DE FONDOS PÚBLICOS Y LAS SANCIONES ACCESORIAS DE LA LEY ORGÁNICA DE LA CONTRALORÍA GENERAL DE LA REPÚBLICA Y DEL SISTEMA NACIONAL DE CONTROL FISCAL VENEZOLANO

Jessica Vivas Roso

APROXIMACIÓN AL DERECHO ADMINISTRATIVO INTERAMERICANO

José Ignacio Hernández González

EL PRINCIPIO PRECAUTORIO DEL DERECHO AMBIENTAL: UNA VISIÓN DESDE LA TEORÍA DE LA SOCIEDAD DEL RIESGO

Martha Ingrid Gonzales Reyes de Bergfeldt

(Pág. 655)

LA BUENA ADMINISTRACIÓN Y LOS PROCEDIMIENTOS ADMINISTRATIVOS PARA LA EXPLOTACIÓN MINERA EN VENEZUELA

Mauricio Rafael Pernía Reyes

(Pág. 669)

LA BUENA ADMINISTRACIÓN EN EL PROCEDIMIENTO DE ELABORACIÓN DE NORMAS EN EL ÁMBITO DEL DERECHO ADMINISTRATIVO GLOBAL (DAG)

Sandra Eizaguirre

(Pág. 683)

ANEXO

50.° ANIVERSARIO DE LA DECLARACIÓN DEL PAZO DE MARIÑÁN COMO CONJUNTO HISTÓRICO-ARTÍSTICO (1972-2022)

Alberta Lorenzo Aspres

PRESENTACIÓN

Esta publicación recoge las ponencias y comunicaciones que se expusieron en el transcurso de las XIII Jornadas de Derecho Administrativo Iberoamericano, que se vienen celebrando en el Pazo de Mariñán gracias a la generosidad de la Diputación Provincial de A Coruña. Esta convocatoria, a la que asistieron numerosos profesores y posgraduados de diferentes países iberoamericanos, versó sobre «La buena administración del procedimiento administrativo» y se celebró durante los días 4 y 8 de abril de 2022.

Desde el año 2015, Mariñán, además de sede de estos encuentros, facilita un espacio inmejorable para el intercambio y la convivencia entre profesores y alumnos creándose un ambiente universitario de primera división. Se conocen mejor las técnicas jurídicas del Derecho Administrativo que se aplican en los diferentes países y se forjan amistades que en muchos casos permiten estrechar relaciones profesionales y personales que fortalecen el espacio jurídico iberoamericano del Derecho Administrativo.

Las XIII Jornadas de Derecho Administrativo Iberoamericano se desarrollaron en seis mesas redondas y cuatro seminarios especiales. El primero, sobre «Derecho Urbanístico Iberoamericano», el segundo sobre «Derecho Ambiental Iberoamericano», el tercero sobre «La función social del Derecho Administrativo», y el cuarto sobre «Contratación Pública Iberoamericana»; conformando un gran espacio de debate e intercambio académico entre los profesores que participaron. El programa, por tanto, estuvo integrado por los temas de mayor actualidad, interés y controversia en el Derecho Iberoamericano, de tal manera que se fomentó su puesta en común y la búsqueda de nuevas respuestas a las problemáticas del Derecho Administrativo del siglo XXI siempre dentro del marco de la buena administración como principio rector de políticas públicas y como derecho de los ciudadanos. Un pilar constitucional del Estado Social en los distintos sistemas comparados.

En este sentido, Mariñán está contribuyendo de manera creciente a la consolidación del doctorado en Derecho Administrativo Iberoamericano, pues muchos de sus alumnos participan en sus sesiones y durante estos días tienen la oportunidad de encontrarse con sus directores de tesis, así como intercambiar cuestiones metodológicas en materia de investigación entre ellos. Asimismo, también se celebraron reuniones y actividades culturales que configuran, como cada año, un punto de encuentro y de confraternidad.

Es de justicia agradecer la presencia de los brillantes juristas iberoamericanos que nos acompañaron en las Jornadas. Ellos hacen posible estos eventos y justifican esta publicación. Por supuesto, el agradecimiento se extiende a todos los profesores del Área de Derecho Administrativo de la Universidad de A Coruña, y muy especialmente a las coordinadoras María del Carmen Rodríguez Martín-Retortillo y Jennifer Sánchez González, y también a la secretaria Alberta Lorenzo Aspres. Sin su trabajo, esta actividad del grupo de investigación de *Derecho Público Global* de la UDC no sería posible.

Finalmente, debemos reconocer que las Jornadas Iberoamericanas son posibles gracias a la decisiva participación de la Diputación Provincial de A Coruña a lo largo de estos años. Una institución que siempre se ha caracterizado por promover que Mariñán se haya convertido en la última década y por derecho propio, en la capital del Derecho Administrativo Iberoamericano.

Esperemos que los trabajos que conforman esta publicación, todos ellos de gran interés y gran calidad, no sólo pongan de manifiesto la actividad académica que se desplegó en el Pazo de Mariñán, sino que también contribuyan al desarrollo de estudios en Derecho Administrativo Iberoamericano en una cuestión tan importante como la buena administración del procedimiento administrativo.

Jaime F. Rodríguez-Arana Muñoz

Director de las XIII Jornadas Prof. Meilán Gil de Derecho Administrativo Iberoamericano

PROYECCIONES DEL PRINCIPIO DE BUENA ADMINISTRACIÓN EN LOS PROCEDIMIENTOS ADMINISTRATIVOS

The influence of Good Administration principle on administrative procedures

Augusto Durán Martínez[1]
Universidad Católica de Uruguay

Fecha de Recepción: 01/10/2022
Fecha de Aceptación: 31/10/2022

Resumen: La buena administración deriva de la Administración, parte del Estado que, a su vez, deriva de la persona humana de ahí el supravalor de este principio. Tiene un contenido múltiple y evolutivo. La carta del CLAD del año 2013 recogió la triple dimensión de la buena Administración como principio, como derecho y como deber e indicó los subprincipios que la integran, entre los que destaco el servicio objetivo al interés general, los derechos que comprende y los deberes derivados. La buena Administración así entendida impacta en todos los tipos de procedimientos administrativos.

Palabras clave: Buena administración. Principios generales de derecho. Eficacia. Carta del CLAD. Servicio objetivo al interés general. Procedimientos administrativos.

1 Doctor en Derecho. Ex Catedrático de Derecho Administrativo en la Facultad de Derecho de la Universidad de la República y en la Facultad de Derecho de la Universidad Católica del Uruguay. Catedrático de Procesos Constitucionales en la Facultad de Derecho de la Universidad CLAEH. Decano Emérito de la Facultad de Derecho de la Universidad Católica del Uruguay. Académico de Número Fundador de la Academia Nacional de Derecho del Uruguay.

Abstract: Good administration derives from the Administration, a part of the State which, in turn, derives from the human person; hence the highest value of this principle. CLAD chart (2013) included the three dimensions of good Administration, as a right, as an obligation, and as a duty, and stated its subprinciples, among which the objective service to general interest, the rights included, and the duties derived thereof. Considered this way, good Administration has an impact on every kind of administrative procedure.

Keywords: Good Administration. General Principles of Law. Efficiency. CLAD chart. Objective service to general interest. Administrative procedures.

1. Reconocimientos

Agradezco antes que nada a los organizadores en la persona del Profesor Jaime Rodríguez-Arana Muñoz, la invitación formulada para pronunciar la conferencia inaugural, de estas ya tradicionales y prestigiosas Jornadas de Derecho Administrativo Iberoamericano.

Es para mí un gran honor poder participar, una vez más, en esta actividad académica y especialmente tengo un particular gusto en hacerlo en éstas en homenaje al querido amigo, Profesor José Luis Meilán Gil, faro luminoso de la escuela de Derecho Administrativo gallega y de toda Iberoamérica. Precisamente, el pensamiento de Meilán Gil está en el centro del tema que nos reúne en estos días, pues en su pionero trabajo de los años 60 del siglo pasado, se apartó de la doctrina dominante que definía el Derecho Administrativo poniendo el acento en la Administración Pública, para ponerlo en lo que entonces llamó intereses colectivos (Meilán 2010: 70), expresión que usa como equivalente a intereses generales, y de él proviene la fórmula del artículo 103 de la Constitución Española, «la Administración Pública sirve con objetividad los intereses generales», seguida casi a la letra por numerosos códigos de procedimiento administrativo latinoamericanos, entre ellos el de Uruguay (artículo 2, del decreto n.° 500/991, de 27 de septiembre de 1991).

Tanto nuestro homenajeado, como el Profesor Rodríguez-Arana Muñoz, que ha escrito mucho y muy bien sobre la buena administración[2], han contribuido considerablemente al desarrollo actual de este concepto. Esto, por cierto, incrementa nuestro desafío al tratar el tema.

2 *Vid.* Rodríguez-Arana 2006 y Rodríguez-Arana 2019.

2. Raíz de la buena administración

No cabe duda de que la buena administración ocupa un lugar de privilegio en la literatura actual sobre derecho administrativo. Pero no es un tema nuevo.

Ya Hauriou (1968: 39-ss) aludía a la buena administración y no precisamente en forma incidental; antes bien, estaba en la médula de su concepción institucionalista del derecho administrativo, con todo lo que para él implica la noción de institución.

Para el decano de Toulouse la institución o más precisamente la institución persona, es una idea de obra o de empresa que se realiza y dura jurídicamente en un medio social. Para la realización de esa idea, se organiza un poder con los órganos necesarios. Entre los miembros del grupo social interesado en la realización de la idea, se producen manifestaciones de comunión dirigidas por órganos del poder y reglamentadas por procedimientos (Hauriou 1968: 39-ss).

Como en toda institución, el poder está subordinado a la función; en la institución administrativa esa función es la función administrativa (Hauriou 1921: 4).

En esencia, la función administrativa es una gestión de negocios (*gestion d'affaires*) (Hauriou 1921: 21) con todo lo que implica una gestión de negocios (Hauriou 1921: 21-ss), más precisamente, en la especie: «*la gestion des affaires courantes du public, la satisfaction des besoins publics courants, des intérêts généraux permanents et ordinaires*» (Hauriou 1921: 23-ss).

En la institución administrativa, el poder está subordinado a la función administrativa y ella se rige por principios de derecho extraídos tanto del medio jurídico externo como de la idea directriz de la empresa que esa organización procura realizar (Hauriou 1921: 14). De ahí que esa institución esté sujeta a las *reglas de la buena administración pública* (Hauriou 1921: 14).

Para asegurar que el poder de la institución se ajuste a las reglas de la buena administración se concibe el control jurisdiccional de la administración, especialmente el recurso por exceso de poder.

Como se comprenderá esta idea de Hauriou bebe en las fuentes del realismo óntico de Aristóteles (1965: 6-ss) y Tomás de Aquino (1973: 258-ss) en cuanto predicaron la naturaleza racional, social y política del hombre, de donde se extrae que el poder político es connatural al hombre y está finalizado a que todo se dirija al bien común[3].

La función administrativa está ligada al poder político y, por tanto, persigue la misma finalidad: está finalizada al bien común.

---

3 Ver también Suárez 1966: 30-ss.

Sampay (1968) al comentar la obra de Hauriou, indicó que éste «abrevó de la filosofía clásica en el realismo aristotélico expuesto por Santo Tomás de Aquino en la Suma Teológica, cantera inagotable a la que remite continuamente en sus trabajos de filosofía social y jurídica».

El propio Hauriou lo ha reconocido (Sampay 1968: 15):

> «Debo dar testimonio, de una vez por todas de que el tesoro de reflexiones sociales acumulado en las sumas teológicas me ha prestado los más señalados servicios. Tanto peor para quienes desdeñan utilizarlo. Por mi parte, confieso que no solo tomé de allí mis mejores inspiraciones, sino que extraje la fórmula necesaria para no cometer groseros errores».

Y al final de su vida escribió (Sampay 1968: 21):

> «Es menester penetrarse bien del valor de la tradición clásica sobre las cosas del espíritu; porque el progreso de la civilización, con las novedades que nos maravillan, se limita a las invenciones materiales y a las ciencias de los fenómenos físicos; no hay novedades espirituales; el espíritu humano ha reobrado sobre la materia, pero en cuanto a él y en cuanto a los principios de las relaciones sociales que de él dependen, nada esencial ha sido cambiado».

He evocado la raíz de la buena administración, porque el valor y fuerza de los principios depende de su origen.

Los principios generales son atributos esenciales de las cosas, de ahí que se diga que derivan de la naturaleza de las cosas.

Si esa cosa es la persona humana, los principios tendrán una determinada dimensión; si esa cosa es algo creado por el hombre tendrán una dimensión inferior, porque nada de lo creado por el hombre es superior a sí mismo. La fuerza de creación del hombre no es comparable con la de Quien lo creó (Durán 2012e: 87).

Decir que un principio deriva de la naturaleza humana, es decir que deriva de su racionalidad (Durán 2016a: 1181), porque la razón es la diferencia especifica que distingue al ser humano de otros animales.

La razonabilidad, que hace a la naturaleza humana, es lo que configura la *imago Dei* (Pontificio 2005: 53-ss). De ahí proviene su dignidad y el supravalor de esos principios[4].

Pacíficamente se admite que los principios son la causa y base del ordenamiento jurídico, y por eso lo informan y orientan[5] en procura del cumplimiento de su fin.

---

4 *Vid.* GONZÁLEZ 2007: 6; DURÁN 2016a: 1181.

5 *Vid.* GONZÁLEZ 1986: 83-ss; CASSAGNE 1992: 40.

De ahí se extrae que son reglas de conducta destinadas a regular la vida del hombre en sociedad. Son pues reglas jurídicas (Durán 2012e: 87). Y, como reglas jurídicas que son, obligan sin necesidad de ser recogidas por un texto normativo. Bien decía Hauriou (Ruocco 2015: 386) que lo característico de los principios «es existir y valer sin texto». Y, en Uruguay, en pionero estudio de la década del cincuenta del siglo pasado, Barbé Pérez (2001: 29) expresó:

> «(...) los p.g.d. son fuente directa y principal de nuestro derecho; que sería ontológicamente absurdo y lógicamente contradictorio que siendo principios generales sólo se apliquen si no hay texto, sino que los textos deben estar de acuerdo a los principios y los principios de acuerdo a la naturaleza de las cosas».

Por su origen, pues, el principio de buena administración tiene máximo valor y fuerza.

He evocado también la raíz de la buena administración, para mostrar que todo lo que ahora predicamos de ella, estaba en potencia desde hace más de dos mil años.

Nos tardó siglos descubrirlo y ponerlo en acto. Necesitamos el aporte del neoconstitucionalismo (Durán 2012b: 3-ss) para redescubrir que en el centro del sistema jurídico está la persona humana, superar el positivismo y aprovechar la fuerza expansiva de los principios generales.

El positivismo jurídico es como una enredadera; no se eleva más alto que el soporte que la sostiene. Con los principios, en cambio, tomados en clave del jusnaturalismo realista, puesto que si los extraemos de las normas no avanzamos nada, podemos desarrollarnos todo lo que la razón nos lo permita.

Pero de esto no se debe derivar en una radical oposición entre derecho positivo y derecho natural[6]. El derecho positivo, al recoger los principios generales del derecho los que, al ser positivizados no pierden su condición de principios, facilita la operatividad del derecho natural. Y, el derecho natural, a través de la fuerza expansiva de los principios, permite el progreso y desarrollo del derecho positivo. Precisamente, los principios que, sin perjuicio de su inalterabilidad esencial, constituyen la parte cambiante y mudable del derecho, es lo que ha permitido incorporar al contenido esencial de los derechos humanos, proyecciones que antes no eran conocidas (Ruocco 2015: 391).

Por eso es que el concepto de buena administración ha ido variando con el tiempo, se ha enriquecido y presenta, hoy en día, un contenido múltiple que «incluye un conjunto de principios organizativos y de actuación que intentan guiar la conducta de las administraciones, y que van adaptándose a las distintas épocas y lugares» (Ruocco 2013: 99).

---

6 *Vid.* Finnis 1992: 311-ss; Cassagne 2015: 63.

3. Gobernanza y buena administración

Este cambio en materia de buena administración está relacionado con la aparición del concepto de gobernanza, frecuentemente evocado en los últimos tiempos.

Schmidt-Assmann (2012: 49) reconoce que la gobernanza no ha adquirido aún un perfil claro y definido para el Derecho. Por eso es difícil definirla. A tal punto que Galli Basualdo (2019: 51-ss), en su excelente libro sobre buena administración, recoge varias definiciones y nos habla también del buen gobierno y de la buena gobernanza[7].

El diccionario de la Real Academia Española (2002: I, 1141) define *gobernanza* como:

> «Arte o manera que se propone como objetivo el logro de un desarrollo económico, social e institucional duradero, promoviendo un sano equilibrio entre el Estado, la sociedad civil y el mercado de la economía».

Más allá de las dificultades que existen para precisar el concepto de gobernanza, en general existe acuerdo en que con él:

> «(...) se pretende llamar la atención sobre el hecho de que el Estado no es el único actor en la arena política y de que, con frecuencia, no es ni siquiera el actor dominante o principal, puesto que también lo son otras instancias soberanas que actúan en un sistema multinivel (europeo, por ejemplo); así como empresas, asociaciones, grupos de intereses y otros representantes de la sociedad civil» (Schmidt-Assmann 2012: 49).

---

7 Al respecto, Galli Basualdo (2015: 51) expresó:
«El concepto de gobernanza *define una línea de gestión pública que garantice la satisfacción de las aspiraciones reales de desarrollo sostenible de la comunidad, a cuya consecución contribuyen los distintos actores (un proceso que envuelve al Estado, la sociedad civil y el sector privado), superando la tradicional gestión administrativa estatal, que ha conducido a revisar tanto el desempeño institucional como las relaciones entre ésta y la sociedad.*
La gobernanza *se relaciona con determinados recaudos necesarios para que la toma de decisiones sobre asuntos públicos sea el resultado de procesos abiertos y que propicien la interacción de todos los interesados (Gobierno, sector económico, ciudadanos, entre otros)».*
Más adelante, indicó (Galli 2015: 58):
«También se ha definido a la gobernanza *como el ejercicio de la autoridad política, económica y administrativa para la gestión de los asuntos públicos de un país en todos los niveles, mientras que la* buena gobernanza *atiende a la forma bajo la cual esos asuntos son gestionados según los principios de participación, transparencia, responsabilidad, imperio de la ley, efectividad y equidad».*
Asimismo, indicó (Galli 2015: 61-62):
«El gobierno es quien está a cargo de la gobernanza. *De esta idea podemos colegir el vínculo entre buen gobierno y buena gobernanza.*
Para que haya un buen gobierno y, por tanto, una buena gobernanza, *coincidimos con quienes piensan que se requiere de un Estado y un gobierno desideologizado y despolitizado que dedique sus días a solucionar los problemas concretos de las personas y mejorar las condiciones de vida de los gobernados. Es decir, un gobierno que apunte al desarrollo sostenible y, en definitiva, a la satisfacción de las necesidades de todas las personas».*

A mayor abundamiento, Schmidt-Assmann (2012: 49) agregó que la gobernanza configura:

> «(...) una "fórmula descriptiva", que sirve para poner el acento en la multiplicidad de contextos o mecanismos de dirección que concurren entre las instancias nacionales y supranacionales, de un lado, y entre los actores públicos y privados del otro. Esta expresión —dice— sintetiza... otros relevantes fenómenos... tal es el caso, por ejemplo, del concepto de "distribución" o de "reparto de responsabilidades" entre la Administración y los ciudadanos, esto es, de división de tareas o funciones entre la esfera social y la pública».

Por eso, Delpiazzo (2010: 384) señalaba, con razón, que *gobernanza* significa:

> «(...) gobernar no solo con base en la autoridad y la sanción sino también con base en el consenso y el diálogo entre los diferentes actores políticos, sociales y económicos comprendidos en las cuestiones que les afectan y compartiendo responsabilidades».

De lo expuesto se deriva que, en el momento actual y en los países de nuestra cultura jurídica, no se concibe la gobernanza sin democracia. Sin democracia no hay gobernanza. Pero no basta la democracia. Con democracia solo, no se satisfacen los intereses generales; es necesario algo más. Ese algo más es lo que ha ido enriqueciendo el contenido de la buena administración para crear las condiciones que hagan posible el pleno perfeccionamiento de la persona humana.

Además de la eficacia y la eficiencia, que es lo primero que nos viene a la mente cuando hablamos de buena administración, actualmente incluimos como parte de su contenido la transparencia, la probidad, el buen uso del tiempo, el respeto por las garantías del debido proceso, el correcto funcionamiento de los servicios de interés económico general acorde a la necesidades del hombre de hoy, así como el desarrollo sustentable[8].

Todos sabemos que en el ámbito de las ciencias económicas y de la ciencia de la administración se suele distinguir eficacia de eficiencia. La eficacia se relaciona con el cumplimiento de los objetivos; la eficiencia, con los recursos empleados para el logro de los objetivos (Durán 2008: II, 5-ss).

No obstante, en el lenguaje corriente se suele emplear estos términos como sinónimos, en el sentido de hacer bien las cosas (Durán 2008: II, 6-ss).

En Derecho, los textos normativos a veces toman estos términos con el sentido de las ciencias económicas o de la ciencia de la administración ya indicadas. Pero otras veces, los emplean como sinónimos.

---

8 *Vid.* Freitas 2009: 36-ss; Durán 2012b: 175; Durán 2017: 209; Galli 2019: 70-ss.

Prefiero usar indistintamente los términos eficacia y eficiencia como sinónimos, en el sentido de hacer bien las cosas. Ese *hacer bien las cosas* comprende tanto la correcta determinación de fines como la adecuada selección de medios para alcanzarlos. Es que, si no se determinan correctamente los fines, las cosas no se pueden hacer bien; pero si se determinan bien los fines y no se eligen los medios adecuados, se agotan los recursos y no se puede alcanzar el fin debido. Por tanto, aun admitiendo que lo más importante es la determinación de los fines, no se puede desdeñar los medios para hacer las cosas bien (Durán 2008: II, 7).

Eficacia o eficiencia, pues, supone determinar bien los fines y elegir los medios adecuados para su consecución.

Esto supone, naturalmente, no tomar los términos en el sentido económico o militar o con la precisión de los ingenieros, sino vinculados a la realización de los derechos humanos, como bien lo observa Viale (2017: 51-ss). Es que la Administración está, en definitiva, al servicio de los seres humanos. La buena administración lo es, si es acorde a ese objetivo.

Por eso, así entendidos los términos eficacia y eficiencia, quedan comprendidos en ellos los otros aspectos que he indicado como también incluidos en el contenido de la buena administración. Y por eso, en un intento de lograr una definición esencial y no descriptiva entiendo que la buena administración consiste en procurar el logro del fin de la institución a través del cumplimiento de los fines específicos de sus órganos, por los medios atribuidos por las reglas de derecho.

En ese sentido, Minnicelli (2013: 287-ss), poniendo el acento en la eficacia que está en la médula de la buena administración y, en la línea de Hauriou, decía que:

> «(...) un Estado eficaz es un Estado inteligente que aprovecha los principios del derecho administrativo incorporándolos a las políticas públicas en su implementación y desarrollo; las monitorea y verifica una vez cumplidas en la etapa de control concomitante de la gestión».

Tradicionalmente se ha entendido que los derechos de la primera generación eran derechos de contenido negativo. Los derechos de la segunda generación, derechos prestacionales requieren acciones positivas (Durán 2012b: 208). Por eso, Alexy distingue los derechos fundamentales de defensa o a acciones negativas y los derechos prestacionales en sentido amplio o a acciones positivas[9]. Aunque, cierta doctrina ha relativizado esta distinción señalando que hoy en día todos los derechos son, necesariamente, a acciones positivas (Hierro 2007: 221).

9 *Vid.* Alexy 2007a: 283-ss; Alexy 2007b: 46-ss.

La buena administración, en el sentido que he señalado hace que, para que el accionar de la Administración Pública sea legítimo, no basta con que cumpla estrictamente la ley en una postura estrictamente legalista absteniéndose de lesionar derechos, sino que se exige algo más, se exige una actitud positiva o activa en procura de una adecuada satisfacción de los derechos prestacionales. Por eso, bien pudo decir Ruocco (2015: 403) que:

> «(...) la "buena administración" permite englobar dentro de la expresión esta nueva concepción de legitimidad de los aparatos públicos. Una legitimidad que es más compleja que la limitada al mero cumplimiento escrupuloso de la norma habilitante. Y es que administrar bien es algo más que respetar el principio de legalidad».

4. Buena administración. Principio, deber y derecho

El término buena administración aparece por primera vez en nuestro país en la Constitución de 1952. Fue en el artículo 311 con motivo de regular los efectos de una sentencia anulatoria de un acto administrativo. Sin perjuicio de ello, su mención en ese artículo implica su reconocimiento como causal de nulidad (Durán 2015b: 287-ss).

El primero que, en Uruguay, llamó la atención sobre la buena administración fue Giorgi (1976: 83). Pero no pudo despegarse de la cultura de su tiempo y ubicó a la buena administración en la zona del mérito. Fue la doctrina posterior la que siguió y profundizó el camino trazado por Giorgi y pasa la buena administración de la zona del mérito a la zona de la legitimidad[10].

Toda esa doctrina, como sucedió en general en América Latina (Bandeira 2009: 161), encaró la buena administración desde la perspectiva del deber.

Fue en Europa, a partir de la Carta de los derechos fundamentales de la Unión Europea expedida en Niza, el 7 de diciembre del año 2000, cuyo artículo 41 recogió expresamente el Derecho a una buena administración, que se comenzó a analizarla desde la perspectiva del derecho (Durán 2012c: 164-ss).

Ambas perspectivas, por supuesto, no son incompatibles, sino complementarias. Rodríguez-Arana Muñoz (2008) mostró con gran claridad que ese deber de la Administración, de obrar conforme a la buena administración, tiene como correlativo un derecho de las personas, el de exigir que la Administración actúe conforme a la buena administración. Y no duda en asignar a ese derecho la condición de derecho fundamental (Rodríguez-Arana 2008: 114).

10 *Vid.* Cajarville 1980: II, 102-ss; Frugone 1981: 67; Frugone 1982: 104; Brito 1980: II, 31-ss; Durán 1999a: 256; Durán 2008: 14-15; Durán 2012c: 159; Durán 2015: 292-ss.

Una vez advertido que la buena administración es un derecho y un deber, poco costó reconocer que también es un principio[11].

No se puede confundir los principios con los derechos y los deberes.

Dice Cassagne (2015: 75):

> «Los principios son o están en el mundo jurídico mientras que los derechos, (independientemente que se funden en principios o en otras fuentes como la ley o los contratos) se tienen o se ejercen pues son facultades o poderes jurídicos».

Y yo agregaría, los deberes se cumplen.

Del principio de buena administración que, como todo principio es regla de derecho, deriva el derecho de buena administración y el deber de buena administración. En puridad, el principio de buena administración, como luego se verá comprende varios subprincipios, de los que derivan varios derechos y deberes. Dicho de otro modo, el derecho y el deber de buena administración comprende, a su vez, una pluralidad de derechos y deberes.

5. La buena administración y la administración actual

La Administración Pública no tiene la simplicidad que parece sugerirnos el esquema del Estado de Derecho Liberal Burgués que se impone en el siglo XIX. Por lo menos, la realidad hoy es muy distinta.

Barnés (2012a: 279-ss), con agudeza, nos muestra cuatro notas características de la actual Administración: a) es destinataria y es responsable; b) es ejecutante y autoprogramable; c) es creadora y aplicadora; d) es regulada y reguladora.

La Administración es destinataria de un masivo y multiforme aluvión de normas de diverso tipo, las interpreta, las desarrolla normativamente por medio de una legislación secundaria, las aplica y las hace cumplir, las implementa y pone en práctica, organiza el sector de quien se trate y lleva a cabo las actividades prestacionales y materiales que correspondan. Ese torrente normativo hace de las Administraciones agentes responsables de lo que las normas disponen. Administrar, en este contexto no es aplicar, sino poner en práctica, hacer realidad, garantizar un resultado, organizar la prestación; entre otras cosas. La Administración, no es solo la primera y mayor destinataria de normas, ya que esa destinación comporta otra vertiente siempre activa (Barnés 2012a: 279).

La Administración no solo aplica y ejecuta un denso programa legal, sino también formula y realiza políticas públicas, investida de amplio poder, a través de normas a su vez creadas por ella. Es, así, ejecutante y autoprogramable (Barnés 2012a: 280).

11 *Vid.* Durán 2012c: 172-ss; Galli 2019: 72-ss; Ruocco 2013: 97-ss.

La Administración, por momentos aplica el derecho como si fuese un juez, pero también crea normas, elabora una legislación secundaria, como si fuese un legislador. Es aplicadora del derecho, pero también creadora (Barnés 2012a: 280).

La Administración presenta también un carácter bifronte: es regulada y, además, reguladora. Cuando la Administración acentúa su papel de garante de prestaciones, como lo advierte Schmidt-Assmann (2012: 104-ss), más que de prestador de servicios, pasa a ser regulada para regular (Barnés 2012a: 281).

Como se comprenderá, la buena administración debe encararse ahora en función de ese nuevo contexto. Lo que incide, naturalmente también en el procedimiento administrativo, porque el procedimiento administrativo es el principal instrumento de la Administración para el cumplimiento de sus cometidos. Bien se ha dicho que al fin y al cabo el procedimiento es la Administración Pública en acción o, en el fondo, toda la Administración es procedimiento administrativo (Perrino 2016: 90).

En puridad, debemos hablar de procedimientos administrativos, porque no hay uno solo, sino varios, con diversos alcances y, por tanto, con diversas regulaciones. Tanto incide, que han aparecido distintos tipos de procedimientos, además de los tradicionales que, incluso nos han llevado a modificar, por lo menos en algo, la definición de procedimiento administrativo.

En efecto, no podemos seguir definiendo el procedimiento administrativo en función del dictado del acto administrativo o su ejecución. Esa noción, continúa vigente para cierto tipo de procedimiento, pero no para todos. No se ajusta al nuevo tipo de procedimiento que ha aparecido.

Por eso prefiero la otra línea de pensamiento que pone el énfasis, no en el acto administrativo sino, en la actividad administrativa o, lo que es lo mismo, en la función administrativa (Durán 2017f: 279-ss).

Barnés nos ha llamado la atención sobre lo que llama procedimiento administrativo de la primera, de la segunda y de la tercera generación[12].

Los procedimientos de la primera generación son los que aparecen en primer término. Son procedimientos destinados a aplicar sanciones, tanto en lo interno como en lo externo o a resolver peticiones o en general finalizados al dictado de un acto administrativo subjetivo. Son procedimientos regulados por normas inspiradas en las que regulan los procesos jurisdiccionales, preocupados en dotar de garantías a los interesados en el procedimiento, en que la Administración actúa como si fuese un juez, desenvolviendo un poder que se impone con anterioridad.

12 *Vid.* Barnés 2010: 65-ss.; Barnés 2011: 416-ss.; Barnés 2012a: 339-ss.; Barnés 2012b: 119-ss; Barnés 2012c: 15-ss; Barnés 2019: 74-ss.

Los procedimientos de la segunda generación están finalizados al dictado de un acto administrativo de efectos generales o a impartir directivas. La Administración actúa aquí a la manera de un legislador. También aquí vemos un procedimiento caracterizado por una Administración que actúa en posición de autoridad.

Los procedimientos de la tercera generación son basados en relaciones de cooperación. Son propios de una época de gobernanza. El énfasis no está en la autoridad, sino en el diálogo. La Gobernanza exige una administración que dialoga (Valle 2011: 144-ss). La Administración no sabe todo, ni puede todo, y necesita para el cumplimiento de sus cometidos la participación de la sociedad. Esos procedimientos no necesariamente están finalizados para el dictado de un acto administrativo y si bien, como los otros configuran un cauce, una vía, un camino, es más flexible, no está pretrazado sino que, a menudo, se hace camino al andar.

Los procedimientos de la tercera generación son especialmente aptos para el diseño de políticas públicas.

Las políticas públicas requieren un abordaje multidisciplinario. Abundan al respecto los enfoques económicos basados en la ecuación costo-beneficio; también son frecuentes las miradas desde la ciencia política; últimamente han aparecido aproximaciones desde la ética y la responsabilidad social, dentro de una concepción solidaria y humanista (Minnicelli 2013: 17).

Todo eso está bien. Pero es necesario un anclaje jurídico. Como bien lo ha expresado Minnicelli (2013: 17):

> «(...) el quehacer político del Estado, en su devenir, no se realiza fuera del "mundo jurídico", sino dentro de él. Si la actividad política es también jurídica..., las "políticas" asimismo se encuentran revestidas e impregnadas de juridicidad».

Una adecuada regulación de los procedimientos de la tercera generación brinda el anclaje jurídico necesario a esas políticas públicas.

La actividad de la Administración está finalizada al bien común. De ahí la importancia de una regulación de los procedimientos administrativos para asegurar que aquella se ajusta al fin debido (Durán 1991: 7).

Esto es especialmente relevan te en los procedimientos relacionados con las políticas públicas puesto que la eficacia adquiere una importancia superlativa. Bien decía Minnicelli (2013: 286) que:

> «(...) el procedimiento administrativo no puede erigirse en un obstáculo a la gestión del bien común, porque él es la esencia, el elemento ordenador y sistematizador de la actividad estatal encaminada a su gestión directa e inmediata. Pero tampoco es posible concebir la eficacia al margen de la juridicidad, puesto que la antijuridicidad es una variante de la ineficacia que demuestra la frustración del actuar administrativo en el cumplimiento de su misión».

Por eso, para comprender a este tipo de procedimientos, definimos al procedimiento administrativo como el camino que sigue la Administración en ejercicio de la función administrativa, para el cumplimiento de sus cometidos.

El principio de buena administración a través de sus diversos subprincipios, incide en todos los procedimientos administrativos. No solo gestando una nueva regulación, sino también, en algunos casos, sin que haya una nueva normativa, a través de una nueva interpretación, una nueva jurisprudencia, una nueva doctrina que provoca una aplicación distinta de los viejos textos. Es que los principios, como se ha dicho, son directamente operativos. Si hay texto normativo que los recoja, mejor. Pero si no lo hay, se aplican igual; por algo son principios.

6. La buena administración y la carta del CLAD

La Carta Iberoamericana de los Derechos y Deberes del Ciudadano en relación con la Administración Pública, del Centro Latinoamericano de Administración para el Desarrollo (CLAD), aprobada en Caracas el 10 de octubre de 2013[13], recepciona los desarrollos doctrinarios efectuados, tanto en Europa como en América Latina y reconoce la triple dimensión de la buena administración.

El acertado enfoque de este documento no nos debe llamar la atención pues su redacción, en sus aspectos esenciales, proviene de la esclarecida pluma del Profesor Rodríguez-Arana Muñoz.

La citada Carta del CLAD, al comienzo mismo de su preámbulo, dice:

> «El Estado Social y Democrático de Derecho otorga una posición jurídica a la persona, un estatus de ciudadano en sus relaciones con la Administración Pública. En efecto, ahora los ciudadanos ya no son sujetos inertes, simples receptores de bienes y servicios públicos; son protagonistas principales de los asuntos de interés general y disponen de una serie de derechos, siendo el fundamental el derecho a una buena Administración Pública, a una Administración Pública que promueva la dignidad humana y el respeto a la pluralidad cultural. En efecto, la Administración Pública, en sus diferentes dimensiones territoriales y funcionales, está al servicio de la persona atendiendo las necesidades públicas en forma continua y permanente con calidad y calidez».

Y, un poco más adelante expresa:

> «La buena Administración Pública adquiere una triple funcionalidad. En primer término, es un principio general de aplicación a la Administración Pública y al Dere-

13 Ver texto completo en Durán 2015a: 649-ss.

cho Administrativo. En segundo lugar, es una obligación de toda Administración Pública que se deriva de la definición del Estado Social y Democrático de Derecho, especialmente de la denominada tarea promocional de los poderes públicos en la que consiste esencialmente la denominada cláusula del estado social: crear las condiciones para que la libertad y la igualdad de la persona y de los grupos en que se integra sean reales y efectivas, removiendo los obstáculos que impidan su cumplimiento y facilitando la participación social. En tercer lugar, desde la perspectiva de la persona, se trata de un genuino y auténtico derecho fundamental a una buena Administración Pública, del que se derivan, como reconoce la presente Carta, una serie de derechos concretos, derechos componentes que definen el estatuto del ciudadano en su relación con las Administraciones Públicas y que están dirigidos a subrayar la dignidad humana».

Y a mayor abundamiento señala:

> «La buena Administración Pública, sea como principio, como obligación o como derecho fundamental, no es ciertamente una novedad de este tiempo. La Administración Pública siempre ha estado, está, y seguirá estando, presidida por el muy noble y superior principio de servir con objetividad al interés general. Ahora, con más medios materiales y más personal preparado, tal exigencia en el funcionamiento y estructura de la Administración Pública implica que el conjunto de derechos y deberes que definen la posición jurídica del ciudadano esté más claramente reconocido en el ordenamiento jurídico y, por ende, sea mejor conocido por todos los ciudadanos».

En forma clara indica la Carta que la Administración debe estar al servicio objetivo de los intereses generales.

Al referido preámbulo le siguen cinco capítulos: a) en el primero se enuncia la finalidad de la Carta; b) en el segundo se enumeran los principios que comprende la buena administración; c) en el tercero se recoge el derecho fundamental a la buena administración y sus derechos derivados; d) en el cuarto se enuncian los deberes de los particulares hacia la Administración y e) en el quinto se contempla la protección procesal del derecho fundamental a la buena administración y de los derechos derivados.

El Capítulo Quinto consta de un solo numeral, el 54 que establece:

> «El derecho fundamental de la persona a la buena administración pública y sus derechos componentes tendrán la protección administrativa y jurisdiccional de los derechos humanos previstos en los diferentes ordenamientos jurídicos».

La citada Carta del CLAD es un instrumento de *soft law*, pero, en virtud de la naturaleza del principio y de los derechos de él derivados, son directamente aplicables y operativos en nuestro derecho interno (Durán 2018: 93).

El Capítulo Segundo de la Carta del CLAD, ya referida, enumera veinticuatro subprincipios integrantes del principio de buena administración.

Advierto desde ya que todos, o al menos su gran mayoría, se encuentran relacionados.

Dado la extensión prevista de este estudio no me es posible analizarlos todos. He tratado algunos de ellos en otros trabajos[14]. Ahora me referiré solo a uno de ellos, el primero de los enunciados, que se puede denominar *servicio objetivo al interés general*.

Elijo este principio o subprincipio, puesto que está contenido en un principio más amplio, el de la buena administración, por ser tal vez el de mayor relevancia y por eso, incide en todos los demás. Es que este principio denota la naturaleza servicial de la Administración y determina la razón de ser de ella.

El numeral 2 de la Carta establece:

> «En el marco del respeto de los postulados del buen funcionamiento de las institucional públicas y de la observación estricta del Ordenamiento Jurídico, la Administración Pública sirve con objetividad al interés general y actúa con pleno sometimiento a las leyes y al Derecho, especialmente en sus relaciones con los ciudadanos, de acuerdo con los principios expuestos en los siguientes preceptos, que constituyen la base del derecho fundamental a la buena Administración Pública en cuanto este está orientado a la promoción de la dignidad humana.
>
> El principio de servicio objetivo a los ciudadanos se proyecta a todas las actuaciones administrativas y de sus agentes, funcionarios y demás personas al servicio de la Administración Pública, sean expresa, tácitas, presuntas, materiales —incluyendo la inactividad u omisión— y se concreta en el profundo respeto a los derechos e intereses legítimos de los ciudadanos, que habrá de promover y facilitar permanentemente. La Administración Pública y sus agentes, funcionarios y demás personas al servicio de la Administración Pública deben estar a disposición de los ciudadanos para atender los asuntos de interés general de manera adecuada, objetiva, equitativa y en plazo razonable».

Las proyecciones de este principio son tan vastas que tampoco me es posible considerarlas todas. Por eso aludiré solo a algunas de ellas centrando mi atención en la regulación económica o más precisamente en lo referente a los llamados servicios de interés económico general.

Lo primero que deseo destacar es que la actividad de la Administración está al servicio del interés general, llamado por algunos, interés público primario[15].

El interés público primario o interés general es el interés de la colectividad como un todo, en otros términos, el conjunto de intereses individuales en tanto integrantes de la colectividad. El interés público secundario es el que posee el Estado aparato, independiente de su condición de servidor de los intereses

14 *Vid.* Durán 2017b: 444-ss.; Durán 2016b: 205-ss.

15 *Vid.* Alessi 1970: 184-ss; Bandeira 2013: 102-ss.

de la colectividad. Por mi parte, considero que son también intereses públicos secundarios los de los sindicatos, de las asociaciones profesionales, o cámaras empresariales, entre otros (Durán 2017d: 779). Incluye al interés particular y los intereses públicos en el sentido de intereses públicos secundarios.

La unidad de la naturaleza humana se contempla con el *interés general* que incluye al *interés privado* y al *interés público*.

Es de *interés general* la adecuada satisfacción del *interés privado* y del *interés público*, lo que se logra con la creación de la situación de hecho necesaria para el desarrollo de la persona humana. Dicho en otras palabras, es de *interés general* la configuración del *bien común*. Esos intereses privados y públicos, dignos de tutela, deben armonizarse con el interés general (Durán 2017d: 778-ss).

El interés general es un concepto jurídico indeterminado (Durán 2017d: 780-ss). El interés general abstracto debe concretarse para su determinación (Rodríguez-Arana 2012: 39-ss). «La administración pública no tiene el monopolio del interés general, que es también el de los habitantes y de las organizaciones libremente creadas por ellos» (Ruocco 2013: 106). Por eso en la actual Administración, en procedimientos de segunda y tercera generación cobra especial importancia la participación.

Una de las proyecciones más importantes de este principio es la participación para la determinación del interés general, al decir de Rodríguez-Arana Muñoz (2013: 80-ss), no sólo como objetivo, sino también como método.

Esa participación suele concretarse en las audiencias públicas que cada vez más se presentan en ciertos procedimientos de la segunda generación y en los de la tercera generación, sobre todo cuando están en juego los servicios de interés económico general.

Por supuesto que esa participación, no solo debe preverse, sino que las audiencias públicas deben ser efectivas. Digo esto porque recuerdo una audiencia pública convocada un 24 de diciembre para un 26 de diciembre, con lo que la participación allí fue solo una parodia. Pero también debo alertar contra los abusos de la participación porque, por más diálogo que exista, la Administración conserva autoridad y no se puede alterar nuestro régimen semirrepresentativo en que los institutos de gobierno directo son solo los que la Constitución admite.

Ese servicio del interés general debe ser objetivo. Esto se proyecta en la equidad e igualdad de trato con que debe actuar la Administración (Durán 2017b: 437-ss).

Como proyección de esa igualdad de trato menciono la necesidad de dar intervención a todos los interesados en el procedimiento (artículo 17 del decreto n.º 500/991, de 27 de setiembre de 1991), así como la recepción de los institutos de excusación y recusación (artículo 3 del decreto n.º 500/991, de 27 de setiembre de 1991).

Como proyección del trato equitativo menciono el derecho a controlar la producción de la prueba que tienen todos los interesados en todos los procedimientos administrativos (artículo 71 del decreto n.° 500/991) (Durán 2017b: 452-ss).

Dentro del subprincipio en estudio, el numeral 2 de la Carta del CLAD incluye la necesidad de que los procedimientos tengan una duración razonable, lo que forma parte del principio del debido procedimiento (art. 5 del decreto n.° 500/991) (Durán 2017c: 410-ss).

Esa duración razonable implica que no se pueden fijar plazos excesivamente breves para ejercer la defensa de los derechos e intereses de los ciudadanos y, además, la administración debe hacer buen uso del tiempo para resolver los asuntos.

Una de las proyecciones más interesantes de este aspecto es la admisión de la caducidad de la pretensión sancionatoria de la Administración por el transcurso del tiempo.

En Uruguay este tema tuvo oscilaciones, tanto en el derecho positivo como en la jurisprudencia.

En efecto, el artículo 223 del decreto n.° 500/991, estableció expresamente la caducidad de la pretensión punitiva de la Administración para el procedimiento disciplinario de la Administración Central, si no había resolución expresa luego de transcurridos dos años de dispuesta la instrucción del sumario. Pero esta parte del artículo, fue expresamente derogada por el decreto n.° 420/007, de 7 de noviembre de 2007. Sin embargo, dicha caducidad fue restablecida por el artículo 78 de la ley n.° 19.121 de 20 de agosto de 2013, referida al estatuto de funcionarios de la Administración Central (Durán 2017e: 484-ss).

Como se ha dicho, la jurisprudencia ha tenido también cambios. En un principio el Tribunal de lo Contencioso Administrativo, no admitió la caducidad de la pretensión punitiva de la Administración, fuera de los casos expresamente previstos por el derecho positivo[16].

Sin embargo, el mismo Tribunal en sentencia n.° 507, de 14 de octubre de 2014 cambió de posición y anuló un acto administrativo por entender que no se había seguido un procedimiento en plazo razonable.

Es cierto que el caso ahora resuelto no es igual al de la sentencia n.° 500/2011, de 14 de junio de 2011, ya que este refiere a un procedimiento disciplinario y el otro a un procedimiento administrativo sancionador externo. Pero lo que ambos tienen en común es que en ninguno de esos procedimientos se había previsto expresamente una caducidad de la pretensión punitiva de la Administración.

16 Sentencia del Tribunal de lo Contencioso Administrativo n.° 500/2011, de 14 de junio de 2011, en *Estudios de Derecho Administrativo*. Montevideo: La Ley, 2012, 5, 676. Ver crítica a esta sentencia en Guariglia 2012: 747-ss.

En la última sentencia, el Tribunal teniendo en cuenta el Pacto de San José de Costa Rica, los desarrollos de la Jurisprudencia de la Corte Iberoamericana de Derechos Humanos, así como la de la Corte Europea de Derechos Humanos, razonó considerando: a) la complejidad del asunto; b) la actividad procesal del interesado; y c) la conducta de las autoridades. Y en base a ello, concluyó en que el procedimiento seguido no fue realizado en plazo razonable, por lo que la Administración no podía sancionar, sino que correspondía la clausura y el archivo de las actuaciones (Durán 2017e: 489).

El subprincipio de servicio objetivo al interés general, en lo que refiere al plazo razonable de duración de los procedimientos administrativos, se ha proyectado en las manifestaciones más recientes de nuestro derecho positivo y jurisprudencia administrativa y los ha encausado en el buen sentido.

Para terminar, me interesa mostrar una proyección del principio en análisis en el ámbito del derecho administrativo sancionador, en el marco de los servicios de interés económico general.

En este campo, debemos tener en cuenta la tendencia de la Administración a asumir un papel de garante de la prestación de los servicios, más que prestadora de ellos. De ahí que lo más importante es que esos servicios funcionen bien, en todo el territorio, en forma asequible y con un mínimo de calidad. Lograr eso es ser eficaz, lograr eso es servir al interés general.

Muchos de los servicios de interés económico general pasaron de un régimen monopólico a uno basado en la libre competencia. Conforman un mercado regulado, que exige una regulación especial llamada por algunos neorregulación (Bauzá 2001: 42), para distinguirla de la tradicional. Se trata de una regulación para la competencia.

Ese derecho de la competencia procura tutelar la libertad de empresa y los derechos de los consumidores.

En materia de derecho administrativo sancionador primó tradicionalmente una concepción llamada gráficamente «derecho administrativo de la luz roja» (Montt 2011: 58-ss).

El derecho administrativo de la luz roja se caracteriza, entre otras cosas, por ser garantista, de profundo apego a la legalidad a fin de proteger al ciudadano frente al *ius puniendi* estatal (Montt 2011: 60).

Como se comprenderá, en esta concepción se tiende a restringir al máximo la discrecionalidad administrativa.

Pero, con el tiempo, apareció el llamado «derecho administrativo de la luz verde» (Montt 2011: 65-ss):

> «El derecho no se concibe como una dogmática cerrada a las consecuencias de las normas, sino que, por el contrario, exige al ordenamiento "una completa e inteligente consideración de los hechos sociales sobre los cuales debe proceder y a los cuales debe aplicarse"».

El ideal de la teoría de la luz verde es la buena administración (Montt 2011: 70).

Montt Oyarzún (2011: 72) expresa que en el sistema de la luz verde:

> «(...) en su versión más sofisticada y completa, los organismos deben conducir un exhaustivo análisis costo-beneficio, conforme al cual debe quedar demostrado que el curso de acción escogido es el más efectivo y eficiente entre todas las alternativas posibles».

La dimensión garantista del derecho de la luz roja no desaparece con el sistema de la luz verde (Montt 2011: 75) pero en este sistema hay, además, otros aspectos a considerar (Montt 2011: 77):

> «Bajo una perspectiva de luz verde, la responsabilidad de los entes administrativos de hacer cumplir la ley no se limita al ejercicio de potestades sancionatorias. Los reguladores deben proceder conforme a estrategias complejas, que incluyan, además de la sanción, el uso de la persuasión, la negociación y lo que Black denomina "conversación regulatoria". La utilización exclusiva de la sanción es frecuentemente contraproducente, según explica Black, la aproximación autoritaria tipo bulling consistente en sancionar cualquier incumplimiento, "puede estimular la oposición a la regulación por parte de los regulados, dando lugar a no-cooperación en las investigaciones y en el proceso de compliance"»

En esta concepción (Montt 2011: 78):

> «(...) la clave de una regulación exitosa radica en "establecer sinergias entre el castigo y la prevención". A este respecto, conforme a las teorías de las "pistolas benignas" *(benign guns)*, los entes administrativos usualmente estarán mejor capacitados para asegurar el cumplimiento persuasivo de las normas cuando cuenten con facultades para aplicar sanciones administrativas».

En ese sentido, Alejandro Nieto decía (Montt 2011: 78):

> «El objetivo de una buena política represiva no es sancionar sino cabalmente lo contrario, no sancionar, porque con la simple amenaza se logra el cumplimiento efectivo de las órdenes y prohibiciones cuando el aparato oficial es activo y honesto. Como dice el refrán popular, "el miedo guarda la viña"».

En esa línea, Braithwaite y Ayres (Montt 2011: 78) señalan:

> «Nuestro argumento es que las agencias regulatorias están normalmente mejor posicionadas para asegurar el cumplimiento de las normas cuando ellas son "pistolas grandes y benignas". Esto es, los reguladores podrán habitualmente hablar con suavidad cuando tengan a su disposición la posibilidad de pegar "palos fuertes" (y, crucialmente, una jerarquía de sanciones menores [disponibles]). Paradójicamente, mientras más grandes y variados son estos "palos", más grande será el éxito que tendrán los reguladores hablando suavemente».

Montt Oyarzún (2011: 55) comienza su artículo multicitado en este estudio con la transcripción del siguiente pensamiento de Hauriou: «*L'Administration ne doit pas se borner à être correcte et respectueuse de la légalité; elle doit s'efforcer d'être habile*». Y lo concluye así (Montt 2011: 80):

> «En definitiva, el Derecho Administrativo debe orientar sus esfuerzos a apoyar una labor pública respetuosa de la legalidad, pero también, como indica Hauriou en la cita inicial de este trabajo, una labor que sea inteligente».

Por eso es que existe en este tipo de actividades lo que se ha llamado una «discrecionalidad táctica», (Aguilar 2011: 589):

> «(...) consiste en un espacio de decisión propio para que la Administración pueda realizar flexiblemente y de la manera más efectiva posible una finalidad legal "estratégica" adaptándose a las cambiantes circunstancias reales del caso individual».

Por eso es que en las Unidades Reguladoras que, en general, ejercen actividades de regulación, control y sanción, su acción punitiva es funcional al sistema (Vázquez 2010: 258).

Uno de los principios cardinales del derecho administrativo sancionador es el de proporcionalidad (Guariglia 2010: 185-ss). En realidad, la proporcionalidad está en la esencia del derecho, tomado este término en la acepción de su analogado principal como «lo justo» (Durán 1999b: 88-ss). Por eso, en un viejo trabajo publicado originalmente en 1980, expresé (Durán 1999b: 89):

> «Si un sujeto comete una falta, merece una sanción y ésta debe ser proporcionada a aquella. Si no lo es, si un sujeto recibe una sanción mayor o menor de la que verdaderamente corresponde, no se efectúa el "justo reparto de las cargas" y se lesiona el principio de igualdad».

Años después volví sobre el tema. En lo esencial mantuve el mismo concepto, pero lo flexibilicé en determinado aspecto. En efecto, en un trabajo más reciente, luego de invocar el anterior expresé (Durán 2012a: 62):

> «Esa falta de proporción puede ser en más o en menos. Dicho de otra manera, puede ser más o menos gravosa. Si es más gravosa, habrá siempre una ilegitimidad. Si es menos gravosa, no necesariamente habrá ilegitimidad; razones de buena administración, siempre que no exista desviación de poder o se incurra en discriminación, pueden aconsejar una medida menos gravosa».

El viejo trabajo fue escrito en épocas del derecho administrativo de la luz roja, al menos en Uruguay. Cuando fue escrito el nuevo, ya estábamos en el derecho administrativo de la luz verde, es decir, en tiempos de las pistolas grandes y benignas.

7. Consideraciones finales

La presente conferencia estaba prevista para fines de marzo de 2020. Por tanto, fue escrita antes de que la pandemia del coronavirus estallara, cosa que ocurrió en Uruguay el 13 de marzo y en España, un poco antes.

Lo ocurrido en Uruguay y en el mundo durante los años 2020 y 2021 con motivo del COVID-19, me hizo reflexionar sobre lo expresado precedentemente. Y al hacerlo, llegué a la conclusión de que los aspectos esenciales no han cambiado, por eso los he dejado inalterados. La pandemia incidió sí, y mucho, en la aplicación de algunos principios y en los instrumentos utilizados para el cumplimiento de los objetivos.

Más que nunca los ojos de todos se dirigen hacia el Estado, principal responsable, aunque no único, de la consecución del bien común. Y en general las miradas se centran en la Administración la que, bajo el imperio del Derecho debe impulsar y poner en práctica las medidas necesarias para superar la crisis.

Observamos un incremento considerable del empleo de medidas de excepción, alguna de ellas inconcebibles en épocas normales, pero que resultan en el caso imprescindibles, porque aquí está en juego en primer término la vida y la salud pública. Pero también, está en juego la economía y el bienestar social, lo que es imprescindible para una vida digna.

Pocas veces se ha visto como en estos tiempos una tensión tan grande y tan clara entre la libertad y la restricción. Tensión que hay que resolverla con sabiduría, sin perder los puntos de referencia y teniendo en cuenta siempre el objetivo final de la actividad política, que es crear las condiciones necesarias para la consecución del bien común.

El principio de subsidiaridad con su flexibilidad muestra su total pertinencia aun, y especialmente, en situaciones como la presente.

En este orden de cosas, en Uruguay se vio un Gobierno muy diligente, con las cosas claras y con una preferencia por uso de la exhortación, es decir, por el empleo de un instrumento de *soft law*. Se ha preferido indicar, orientar, apelar a la responsabilidad de la ciudadanía y a la solidaridad social, más que a la imposición y a la represión. Se ha comprendido que más que dictar normas de *hard law*, de difícil cumplimiento, es preferible despertar la conciencia de la necesidad de seguir las directivas del Gobierno.

Los resultados están mostrando que fue un adecuado ejercicio de buena administración. Lo que demuestra que la buena administración no es uniforme, varía según tiempo y lugar y que sus principios se aplican con la flexibilidad que imponen las circunstancias. Podrán variar los instrumentos, habrá mayores medidas de excepción, habrá una diversa modalidad en la aplicación de los principios, pero los principios siguen siendo los mismos y su vigencia permanece en la ductilidad de su ejecución.

8. Bibliografía

Aguilar Valdéz, Óscar (2011). «Técnicas del control judicial de las decisiones de la administración económica», en De la Cuétara Martínez, J.M., Martínez López-Muñiz, J.L. y Villar Rojas, F.J. (coord.): *Derecho Administrativo y regulación económica*. Liber Amicorum Gaspar Ariño Ortiz. Madrid: La Ley - Grupo Walter Kluwer.

Alessi, Renato (1970). *Instituciones de Derecho Administrativo*, tomo I. Barcelona: Editorial Bosch.

Alexy, Robert (2007a). «Sobre los derechos constitucionales a protección», en Alexy, R. *Derechos sociales y ponderación*. Madrid: Fundación Coloquio Jurídico Europeo.

Alexy, Robert (2007b). *Teoría de los derechos fundamentales*. Madrid: Centro de Estudios Políticos y Constitucionales.

Aristóteles (1965). *La política*. Buenos Aires: Editorial TOR S.R.L.

Bandeira de Mello, Celso Antônio (2009). «Controle judicial dos atos administrativos», en Bandeira De Mello, C.A. *Grandes temas de direito administrativo*. São Paulo: Malheiros Editores.

Bandeira de Mello, Celso Antônio (2013). *Curso de direito administrativo*. 30.ª edição. São Paulo: Malheiros Editores.

Barbé Pérez, Héctor (2001). «Los principios generales de derecho como fuente de derecho administrativo en el derecho positivo uruguayo», en Barbé Pérez, H., Real, A.R., Cajarville Peluffo, J.P. y Martins, D.H. *Los principios generales de derecho en el derecho uruguayo y comparado*. Montevideo: F.C.U.

Barnés Vázquez, Javier (2010). «La transformación del procedimiento administrativo», en *XXXV Jornadas Nacionales de Derecho Administrativo. Procedimiento y Proceso: instrumentos para la Administración y el Ciudadano*. Organizadas por la Asociación Argentina de Derecho Administrativo y Gobierno de la Provincia de Entre Ríos. Buenos Aires: *Revista Argentina del Régimen de la Administración* Pública, año XXXII-383.

Barnés Vázquez, Javier (2011). «Una reflexión sobre los principios generales del procedimiento administrativo. Tres generaciones de procedimiento, tres variedades de principios procedimentales», en Rodríguez-Arana Muñoz, J., Jaime, J.B., Sendín García, M.Á., Mejía, H.A. y Cardoza Ayala, M. Á. (ed.). *Congreso Internacional de Derecho Administrativo. X Foro Iberoamericano de Derecho Administrativo.* El Salvador: Corte Suprema de Justicia de El Salvador.

Barnés Vázquez, Javier (2012a). «Algunas respuestas del derecho administrativo contemporáneo ante las nuevas formas de regulación: fuentes, alianzas con el derecho privado, procedimientos de tercera generación», en Barnés Vázquez, J. (ed.). *Innovación y reforma en el derecho administrativo*. Sevilla: INAP, Editorial Derecho Global.

Barnés Vázquez, Javier (2012b). «Tres generaciones de procedimiento administrativo», en Aberastury, P. y Blanke, H.J. (coord.). *Tendencias actuales del procedimiento administrativo en Latinoamérica y Europa*. Buenos Aires: Konrad Adenauer Stiftung.

Barnés Vázquez, Javier (2012c). «Una reflexión sobre los principios generales del Derecho Administrativo», en *Estudios de Derecho Administrativo*, 5. Uruguay: La Ley.

Barnés Vázquez, Javier (2019). «La Ley de Procedimientos Administrativos, de 15 de diciembre de 2017, de El Salvador, en perspectiva histórica y comparada», en Rodríguez-Arana Muñoz, J. y Mejía, H.A. (dir.). *Comentarios a la Ley de Procedimientos Administrativos*. Colección Legislación comentada y relacionada, 2. San Salvador: Editorial Cuscatecla.

Bauzá Martorell, Felio J. (2001). *La desadministración pública*. Madrid: Marcial Pons y Consell de Mallorca.

Brito, Mariano (1980). «La aptitud del acto administrativo para el fin debido: supuesto de principio en que reposa la discrecionalidad», en VV.AA. *Estudios de Derecho Administrativo*, tomo II. Montevideo: Universidad de la República.

Cajarville Peluffo, Juan Pablo(1980). «El Poder Ejecutivo como conductor de políticas sectoriales en la legislación uruguaya», en VV.AA. *Estudios de Derecho Administrativo*, II. Montevideo: Universidad de la República.

Cassagne, Juan Carlos (1992). «Los principios generales del derecho en el Derecho Administrativo», Academia Nacional de Derecho y Ciencias Sociales de Buenos Aires. Buenos Aires. *Anticipo de Anales*, año XXXII, segunda época, 25.

Cassagne, Juan Carlos (2015). *Los grandes principios del Derecho Público. Constitucional y Administrativo*. Buenos Aires: La Ley - Thomson Reuters.

De Aquino, Tomás (1973). *Opúsculo sobre el gobierno de los príncipes*, en De Aquino, T. *Tratado de la ley. Tratado de la Justicia. Opúsculo sobre el gobierno de los príncipes*. México: Editorial Porrúa.

Delpiazzo Rodríguez, Carlos, E. (2010). «¿Hacia dónde va el derecho administrativo?», en Molina, C.M. y Rodríguez, R.L. (coord.). *El Derecho Público en Iberoamérica. Libro homenaje al profesor Jaime Vidal Perdomo*, tomo I. Bogotá: Universidad de Medellín - Editorial TEMIS S.A.

Durán Martínez, Augusto (1991). «Prólogo» al libro de **VV.AA.** *El nuevo procedimiento administrativo*. Secretaría de la Presidencia de la República. Programa Nacional de Desburocratización. Montevideo.

Durán Martínez, Augusto (1999a). «Impugnación de reglamentos», en Durán Martínez, A. *Estudios de Derecho Administrativo. Parte General*. Montevideo.

Durán Martínez, Augusto (1999b). «Proporcionalidad entre la falta y la sanción», en Durán Martínez, A. *Estudios de Derecho Administrativo. Parte General*. Montevideo.

Durán Martínez, Augusto (2008). «Principio de eficacia y Estado subsidiario», en Durán Martínez, A. *Estudios de Derecho Público*, vol. II. Montevideo.

Durán Martínez, Augusto (2012a). «Control jurisdiccional de la discrecionalidad administrativa», en *Estudios de Derecho Administrativo*, 5. Uruguay: La Ley.

Durán Martínez, Augusto (2012b). «En torno al neoconstitucionalismo», en Durán Martínez, A. *Neoconstitucionalismo y Derecho Administrativo*. Uruguay: La Ley.

Durán Martínez, Augusto (2012c). «La buena administración», en Durán Martínez, A. *Neoconstitucionalismo y Derecho Administrativo*. Uruguay: La Ley.

Durán Martínez, Augusto (2012d). «Derechos prestacionales e interés público», en Durán Martínez, A. *Neoconstitucionalismo y Derecho Administrativo*. Uruguay: La Ley.

Durán Martínez, Augusto (2012e). «Los principios generales de derecho en el derecho administrativo. Aplicación por el legislador, el administrador y el juez», en Durán Martínez, A. *Neoconstitucionalismo y Derecho Administrativo*. Uruguay: La Ley.

Durán Martínez, Augusto (2012f). «Derechos prestacionales e interés público», en Durán Martínez, A. *Neoconstitucionalismo y Derecho Administrativo*. Uruguay: La Ley.

Durán Martínez, Augusto (2015a). *Estudios de Derecho Administrativo*, 11. Uruguay: La Ley.

Durán Martínez, Augusto (2015b). *Contencioso Administrativo*. Segunda edición actualizada y ampliada. Montevideo: F.C.U.

Durán Martínez, Augusto (2016a). «Los grandes principios de Derecho Público (Constitucional y Administrativo) de Juan Carlos Cassagne», en *Estudios de Derecho Administrativo*, 14. Uruguay: La Ley.

Durán Martínez, Augusto (2016b). «Simplificación administrativa y barreras burocráticas», en Asociación Peruana de Derecho Administrativo. *Derecho administrativo: hacia un Estado más confiable. Libro de Ponencias del VII Congreso Nacional de Derecho Administrativo*. Lima: Thomson Reuters.

Durán Martínez, Augusto (2017a). «Desarrollo sostenible y derecho administrativo», en Durán Martínez, A. *Derecho administrativo. Otra forma de verlo*. Uruguay: La Ley.

Durán Martínez, Augusto (2017b). «Derecho a trato imparcial y equitativo y en plazo razonable en el procedimiento administrativo», en Durán Martínez, A. *Derecho administrativo. Otra forma de verlo*. Uruguay: La Ley.

Durán Martínez, Augusto (2017c). «El debido proceso en el procedimiento administrativo en Uruguay», en Durán Martínez, A. *Derecho administrativo. Otra forma de verlo*. Uruguay: La Ley.

Durán Martínez, Augusto (2017d). «Límite a la concesión de actividades públicas», en Durán Martínez, A. *Derecho administrativo. Otra forma de verlo*. Uruguay: La Ley.

Durán Martínez, Augusto (2017e). «Principios del Derecho Administrativo Disciplinario. Especial referencia a la ley n.º 19.121», en Durán Martínez, A. *Derecho administrativo. Otra forma de verlo*. Uruguay: La Ley.

Durán Martínez, Augusto (2017f). «Procedimiento administrativo. Concepto, regulación y tipos», en Durán Martínez, A. *Derecho administrativo. Otra forma de verlo*. Uruguay: La Ley.

Durán Martínez, Augusto (2018). «Derecho a un procedimiento de plazo razonable», en Gutiérrez, A. y Robaina Raggio, I. (dir.). *Procedimiento administrativo disciplinario*. Montevideo: F.C.U.

Finnis, John (1992). *Ley natural y derechos naturales*. Buenos Aires: Editorial Abeledo-Perrot.

Freitas, Juárez (2009). *O controle dos atos administrativos e os princípios fundamentais*. São Paulo: Malheiros Editores.

Frugone Schiavone, Héctor (1981). «Algunas premisas fundamentales para el estudio del derecho administrativo», en *Revista Uruguaya de Estudios Administrativos*, 1. Montevideo: Acali Editorial.

Frugone Schiavone, Héctor (1982). «La discrecionalidad administrativa», en *Revista de la Facultad de Derecho y Ciencias Sociales,* 1. Montevideo: Universidad de la República, año XXVI.

Galli Basualdo, Martín (2019). *La buena administración en las organizaciones públicas nacionales y en la gobernanza global. Gobernanza, gobierno abierto, simplificación administrativa, better regulations y administración electrónica*. Buenos Aires: Marcial Pons.

Giorgi, Héctor (1976). «El mérito y la validez del acto administrativo. El concepto de buena administración en la Constitución uruguaya», en Giorgi, H. *Escritos jurídicos*. Montevideo: F.C.U.

González Pérez, Jesús (1986). *La dignidad de la persona*. Madrid: Civitas.

González Pérez, Jesús (2007). *La dignidad de la persona y el derecho administrativo*. II Congresso Ibero-Americano de Direito Administrativo. Curitiba: Juruá Editora.

Guariglia, Carlos E. (2010). «La proporcionalidad en la actividad sancionatoria de la Administración», *Estudios de Derecho Administrativo*, 2. Uruguay: La Ley.

Guariglia, Carlos E. (2012). «Acerca de la caducidad de la pretensión punitiva de la Administración», *Estudios de Derecho Administrativo*, 5. Uruguay: La Ley.

Hauriou, Maurice (1921). *Précis de droit administratif et de droit public*. París: Librairie de la societé du Recueil Sirey.

Hauriou, Maurice (1968). *La teoría de la institución y de la fundación. (Ensayo de vitalismo social).* Buenos Aires: Editorial Abeledo-Perrot.

Hierro, Liborio (2007). «Los derechos económicos sociales y el principio de igualdad en la teoría de los derechos de Robert Alexy», en Alexy, R. *Derechos sociales y ponderación*. Madrid: Fundación Coloquio Jurídico Europeo.

Meilán Gil, José Luis (2010). «Intereses generales e interés público desde la perspectiva del derecho público español», en Bacellar Filho, R.F. y Wunder Hachem, D. (coord.). *Direito Administrativo e interesse público. Estudos em homenagem ao Professor Celso Antônio Bandeira de Mello*. Instituto de Direito Romeu Felipe Bacellar. Belo Horizonte: Editora Fórum.

Minnicelli, Alessandra (2013). *Eficacia*. Buenos Aires: Editorial Atlántida.

Montt Oyarzún, Santiago (2011). «Autonomía y responsabilidad: dos expresiones de la vocación purificadora del derecho administrativo y sus principios fundamentales», en De La Cuétara Martínez, J.M., Martínez López-Muñiz, J.L. y Villar Rojas, F.J. (coord.). *Derecho Administrativo y regulación económica*. Liber Amicorum Gaspar Ariño Ortiz. Madrid: Grupo Wolters Kluwer - La Ley.

Perrino, Pablo Esteban (2016). «Reforma del procedimiento administrativo y tutela administrativa efectiva», en Asociación Peruana de Derecho Administrativo. *Derecho administrativo: hacia un Estado más confiable. Libro de Ponencias del VII Congreso Nacional de Derecho Administrativo*. Lima: Thomson Reuters.

Pontificio Consejo «Justicia y Paz» (2005). *Compendio de la Doctrina Social de la Iglesia*. Montevideo: Librería Editorial Arquidiocesana.

Real Academia Española (2002). *Diccionario de la lengua española*, tomo I. Vigésima segunda edición. Buenos Aires: Espasa Calpe S.A.

Rodríguez-Arana Muñoz, Jaime (2006). *El Buen Gobierno y la buena administración de Instituciones públicas. Adaptado a la ley 5/2006, de 10 de abril*. Colección Divulgación Jurídica. Navarra: Thomson Aranzadi.

Rodríguez-Arana Muñoz, Jaime (2008). «El derecho fundamental al buen gobierno y a la buena administración de instituciones públicas», en *Anuario de Derecho Administrativo*, tomo XV. Montevideo: F.C.U.

Rodríguez-Arana Muñoz, Jaime (2012). *Interés general, derecho administrativo y Estado de Derecho*. Madrid: Syntagma - Iustel.

Rodríguez-Arana Muñoz, Jaime (2013). «La participación en el estado social y democrático de derecho», en Durán Martínez, A. y Hanna de Rosa, M. (coord.). Ética. Estado de Derecho. Buena administración. Montevideo: Facultad de Derecho. Universidad Católica del Uruguay.

Rodríguez-Arana Muñoz, Jaime (2019). «Los principios de la buena administración en la ley salvadoreña de Procedimientos Administrativos de 13 de febrero de 2018», en Rodríguez-Arana Muñoz, J. y Mejía, H.A. (dir.). *Comentarios a la Ley de Procedimientos Administrativos*. Colección Legislación comentada y relacionada 2. San Salvador: Editorial Cuscatleca.

Ruocco, Graciela (2013). «La 'buena administración' y el 'interés general',» en Durán Martínez, A. y Hanna de Rosa, M. (coord.). Ética. Estado de Derecho. Buena administración. Montevideo: Facultad de Derecho. Universidad Católica del Uruguay.

Ruocco, Graciela (2015). «Principios generales de Derecho Administrativo», en *Estudios de Derecho Administrativo*, 11. Uruguay: La Ley.

Sampay, Arturo (1968). Prólogo al libro Hauriou, M. *La teoría de la institución y de la fundación. (Ensayo de vitalismo social)*. Buenos Aires: Editorial Abeledo-Perrot.

Schmidt-Assmann, Eberhard (2012). «Cuestiones fundamentales sobre la reforma de la teoría general del derecho administrativo. Necesidad de la innovación y presupuestos metodológicos», en Barnés Vázquez, J. (ed.). *Innovación y reforma en el derecho administrativo*. Sevilla: INAP - Editorial Derecho Global.

Suárez, Francisco (1966). *Selección de DEFENSIO FIDEI y otras obras*. Buenos Aires: Editorial Depalma.

Valle, Venice Regina Lirio (2011). *Direito fundamental à boa administração e Gobernanza*. Belo Horizonte: Editora Fórum.

Vázquez Pedrouso, María Cristina (2010). «Actividad sancionatoria de las autoridades reguladoras», en *Estudios de Derecho Administrativo*, 2. Uruguay: La Ley.

Viale, Claudio Martín (2017). *Procedimiento administrativo*. Córdoba: Alveroni Ediciones.

LA TRANSPARENCIA PÚBLICA Y EL EFECTO EXPANSIVO DE LA BUENA ADMINISTRACIÓN EN EL PROCEDIMIENTO ADMINISTRATIVO

Public transparency and the expansive effect of Good Administration in the administrative procedure

Miriam Mabel Ivanega[1]
Universidad Austral (Argentina)

Fecha de Recepción: 01/10/2022
Fecha de Aceptación: 31/10/2022

Resumen: La revisión de los esquemas tradicionales de la gestión pública otorgando a la transparencia y al acceso a la información pública una importancia sustancial en el desarrollo de los cometidos estatales, se enmarca en las bases de la denominada «buena administración». La transparencia se convierte en su eje para lograr un procedimiento administrativo en el cual abreven los derechos fundamentales y el interés público.

Palabras clave: Transparencia pública. Procedimiento administrativo. Acceso a la información. Derechos humanos.

Abstract: The revision of the traditional schemes of public management, granting transparency and access to public information a substantial importance in the development of state tasks, is framed in the bases of the so-called «good administration». Transparency becomes its axis to achieve an administrative procedure in which fundamental rights and public interest abide.

1 Doctora en Derecho y Ciencias Sociales. Directora de la Maestría en Derecho Administrativo de la Universidad Austral de Argentina.

Keywords: Public transparency. Administrative Procedure. Access to information. Human rights.

Sumario: 1. Introducción; 2. Transparencia pública. Las TICs y los derechos humanos; 3. Transparencia y acceso a la información pública. Derecho a la información y libertad de expresión; 4. La jurisprudencia argentina; 5. Conclusiones; 6. Bibliografía.

1. Introducción

> «La ineficiencia, ineficacia y, sobre todo, el sistemático olvido del servicio objetivo al interés general en que debe consistir la esencia de la administración pública, aconseja nuevos cambios en la forma de comprender el sentido que tiene el gobierno y administración del interés general» (Rodríguez-Arana 2020: 15).

Sin perjuicio de las definiciones elaboradas por la doctrina o incluidas en los regímenes legales, hemos de identificar al procedimiento administrativo como un camino sinuoso en el cual confluyen derechos, deberes, potestades, que recibe el impacto directo de las peticiones de los ciudadanos como colaboradores, reclamantes. Es en el procedimiento donde podemos visualizar en forma concreta los efectos —o defectos— de los recursos humanos, materiales, normativos, tecnológicos-técnicos de la organización.

Por ello, no es desacertado considerar a ese procedimiento como el ámbito en el cual se encuentran y confrontan tanto las expectativas del ciudadano como los avatares propios de la gestión —como, por ejemplo, las restricciones presupuestarias—.

Recuérdese que, como ha expresado Rodríguez-Arana (2020), el tema es estructural y se refiere a la recuperación de la perspectiva ética, del servicio a la ciudadanía, que siempre caracterizó a las Administraciones públicas. Se trata de una cuestión permanente, material, que afecta al proceso dinámico del arte o de las técnicas de dirección, de gobierno, en la Administración pública.

En línea con ello, la existencia de un buen gobierno y de una buena administración es una preocupación humana que hunde sus raíces en el tiempo, posiblemente desde que han existido comunidades donde alguien ejerció un poder, es decir, desde que existió una autoridad pública. Incluso esa preocupación milenaria, por su arraigo en la vida humana, trascendió al Derecho y a la Ciencia Política y fue objeto por parte de la Filosofía y el Arte[2].

2 Ponce Solé (2016: 219-247) explica que:
«(...) la idea de buen gobierno se refiere al modo cómo una parte del Poder Ejecutivo, el gobierno, desarrolla sus funciones, mientras la buena administración hace referencia al modo cómo el Poder Ejecutivo desarrolla sus tareas administrativas, siendo los conceptos

Sin embargo, aun cuando existe el convencimiento de que en las últimas décadas no se ha innovado en la buena administración, sí se produjo su visibilidad, potenciándola y asignándole paulatinamente una configuración y un contenido jurídicos; y en los últimos lustros (Matilla 2020: 34) se le otorgó:

> «(...) una nueva dimensión como pilar del orden jurídico administrativo que se desenvuelve por estos días. Pero, todo ello, al igual que cualquier fenómeno jurídico, como resultado de un proceso evolutivo que se ha forjado al calor de la marcha y transformaciones del espacio iuspúblico».

Ahora bien, delimitando la aplicación de la buena administración (Barnés 2018)[3] es posible sostener que su exigencia encuentra justificación en la preocupación por la calidad del servicio que presta la Administración Pública, aspecto que involucra directamente al procedimiento administrativo.

En esta ocasión, en el marco de los principios que conforman la buena administración y que tienen un efecto expansivo en todos los procedimientos administrativos, hemos de considerar a la transparencia pública y al acceso a la información pública.

Esta delimitación expositiva no implica desconocer la vinculación con la eficacia, la eficiencia, la motivación y otros principios que confluyen en la transparencia. Por el contrario, postulamos que la buena administración sea abordada con un criterio sistémico pues los principios y los derechos que incluye se interrelacionan y giran alrededor de la dignidad de la persona humana.

---

de mala administración —negligente— y corrupción —mala administración dolosa— sus opuestos. En este sentido, pues, el buen gobierno y la buena administración son nociones distintas de la buena gobernanza, más restringidas y concretas, pues no incluyen a actores privados y se distinguen por la específica función a la que se refieren, aunque en ocasiones, sobre todo buena gobernanza y buen gobierno, se utilicen de forma indistinta, dependiendo del contexto y del idioma —en este sentido, identificando good governance y good government, por ejemplo—».

3 Barnés (2018: 77-123) sostiene que:
«En la medida en que la buena administración integra un conjunto de derechos procedimentales, las relaciones que mantiene con el principio democrático cobran fuerza en aquellos eventos en el que el procedimiento administrativo sirve como herramienta para aplicar la ley a casos concretos, de ordinario a través de actos administrativos singulares. Aquí el procedimiento coadyuva a la democracia, puesto que se utiliza para hacer realidad en cada caso lo que la ley democrática ha dispuesto. La diferenciación de ambos conceptos —democracia y participación— permite identificar los criterios para determinar en qué condiciones la Administración se legitima a través del procedimiento (...). Una aplicación de la ley y el derecho que sea imparcial, equitativa, a tiempo, atenta a las alegaciones del interesado, transparente o motivada —pues en eso se resuelve en esencia la buena administración— constituye una ejecución del derecho que sirve a la democracia, que lleva a su puro y debido efecto lo que la democracia representativa ha establecido. El derecho a la buena administración tiene, pues, como telón de fondo el principio democrático».

2. Transparencia pública. Las TICs y los derechos humanos

La transparencia envuelve a todas las funciones y las manifestaciones de la conducta del funcionario público las que deben insertarse en el marco de los fines del Estado Constitucional de Derecho. En la actualidad, la necesidad de generar una efectiva cultura de transparencia lo obliga a cumplir con sus funciones de manera proactiva, suministrando y difundiendo la información que produce o que tiene a disposición.

Este principio general se ha convertido en un verdadero desafío de este siglo —aunque es tan antigua como el hombre— porque la realidad nos muestra su cara opuesta: la corrupción (Rodríguez-Arana 2016: 327-356),

> «(...) una amarga y lamentable lacra que ha caracterizado, en determinados momentos con más intensidad que en otros, la vida del hombre desde su aparición en el planeta».

Transparencia Internacional (TI) ha señalado claramente las consecuencias adversas de ese flagelo expresando que «la corrupción sistémica y la desigualdad social se refuerzan recíprocamente», ambas forman un círculo vicioso que genera un reparto desigual del poder en la sociedad y una desigualdad en la distribución de la riqueza. De ello se desprende que los sectores más pobres son los más afectados por la corrupción, porque limita y deteriora los bienes públicos que son esenciales para aquella.

En esa directa relación entre la corrupción y la falta de publicidad, el denominador común es lo *oculto,* aquello que se encubre en el ejercicio de las funciones públicas. Por esta razón, la publicidad de los actos de las autoridades públicas como manifestación concreta de la transparencia, es una herramienta primordial para combatir ese flagelo.

Sin publicidad, la corrupción encuentra terreno fértil para propagarse y afianzarse definitivamente (Ivanega 2022).

La transparencia en el procedimiento administrativo tiene sustancial importancia, pues por un lado vincula al objetivo que persigue y los medios utilizados para su tramitación (el objeto debe ser transparente y las herramientas para su obtención enmarcadas en la juridicidad, la ética, la eficiencia) y por el otro posibilita que los interesados y la sociedad en general tengan conocimiento de su existencia y su desarrollo. Además, un procedimiento transparente extiende sus ventajas al acto administrativo, al reglamento o al contrato público que se celebre.

En este punto, se reconoce que la buena administración y específicamente la transparencia pública están relacionadas con la innovación tecnológica y con la llamada «Sociedad de la Información» a partir de la expansión de internet y de las TIC.

En una apretadísima síntesis, podemos decir que las nuevas tecnologías no se refieren solamente a los computadores y a internet, sino que incluyen diversidad de equipamiento tecnológico y de aplicaciones.

Desde su aparición, la informática y la tecnología han reinventando la forma en que la Administración Pública llevan a cabo sus actividades, sus procesos y sus fines.

El empleo de la informática, la electrónica y la telemática en la actividad administrativa suponen importantes posibilidades de mayor eficacia y transparencia y también de mejor satisfacción de los derechos e intereses del ciudadano. Cuando los gobiernos incorporan el uso de las TIC para proveer sus servicios, publicitar sus decisiones y generar acceso a la información que produce, almacena y opera, interactuando y transando con los ciudadanos, se presenta el fenómeno del gobierno electrónico, que suele denominarse de muchas formas como eGobierno, *e-governance*, *Egovernment*, gobierno digital, gobierno en línea, teleadministración, *one-stop goverment, electronic government, online government* y así sucesivamente, los países denominan su iniciativa de modernización de la Administración Pública a través del uso de Internet con un nombre y apellido diferente (Suárez y Laguado 2007).

Se transforma la manera de relacionarse con los organismos estatales, que digitales e inteligentes, están al servicio de los derechos de las personas, lo que presupone garantizar su funcionamiento óptimo en un proceso de permanente innovación (Corvalán 2017: 26-61).

Por eso, coincidimos en que la condición básica para que la tecnología incida sobre la cultura, «es que exista voluntad política para difundir e imponer sus aplicaciones, con todas las consecuencias que ello implica» (Oszlak 2012: 68-75).

Si bien la mayoría de las aplicaciones tecnológicas son rápidamente adoptadas por el mercado y los usuarios, en el caso del gobierno abierto se trata (Oszlak 2012: 68-75) de:

> «abrir la caja negra del estado y de instar a los funcionarios a que escuchen a los ciudadanos, respondan a sus propuestas, los acepten como co-productores y admitan que deben rendirles cuenta, además de responder a sus críticas y observaciones. Se trata de nuevas reglas de juego en la relación gobierno-ciudadanía».

En otras palabras, el uso de las TIC se vincula directamente con la gestión pública, con la participación ciudadana, con la transparencia y constituye un elemento clave en los procesos de modernización del Estado (Rivero 2011: 115-138).

Con todo, no debe olvidarse que la importancia de la sociedad de la información está unida a la satisfacción de los derechos humanos, como se expresó en el 22.º foro anual (2020) de la Unión Europea y la Federación Internacional de los Derechos Humanos (FIDH). Específicamente en esa oportunidad, se insistió en que uno de los mayores retos de nuestro tiempo era la de garantizar que la gobernanza tecnológica se base en los derechos humanos[4].

Éstos deben convertirse en una prioridad fundamental del debate sobre las nuevas tecnologías.

> «Actualmente, la tecnología digital, las nuevas tecnologías y la inteligencia artificial están inextricablemente ligadas a nuestras vidas, tanto en forma de herramientas de comunicación como de racionalización económica, climática o médica. Al lanzarnos hacia la competencia globalizada sin reflexionar primero en sus fundamentos, hacemos que nuestro futuro sea aún más incierto. Sin embargo, los derechos humanos todavía no se han incorporado debidamente a las consideraciones y debates sobre el uso de estas nuevas tecnologías»[5].

Resulta evidente que el acceso a la información pública —tema que retomaremos más adelante— es uno de los principales instrumentos que facilita a los ciudadanos el conocimiento de las decisiones que los afectan y el destino de los recursos públicos. A su vez, su concreción durante el procedimiento administrativo permite que la sociedad controle la gestión pública en todas sus facetas y dimensiones (Ivanega 2016: 210-230).

Sin embargo, aquel no se agota con su obtención, sino que implica también comprender y evaluar su contenido; vulgarmente diríamos que *de nada sirve tener la información, si no es comprensible*.

Por tal razón, los Estados tienen la obligación de eliminar las barreras y los obstáculos que impidan ejercer integralmente ese derecho fundamental. Para ello la información debe proveerse en forma completa, accesible, clara, garantizando el respeto de los principios de igualdad, celeridad, informalidad y gratuidad (Ivanega 2019: 11-26).

En la actualidad corresponde referirse a la «transparencia activa» como la obligación de los órganos del Estado de publicar, difundir, abrir a la sociedad la máxima información de interés público sin necesidad de que sea requerido. Se trata de poner a disposición en forma espontánea sin solicitud previa.

Como mínimo se considera que la información debe versar sobre:

a) Estructura, funciones y presupuesto de operación e inversión del Estado.

b) La información que se requiere para el ejercicio de otros derechos —*v.gr.*, pensión, salud, educación—.

c) La oferta de servicios, beneficios, subsidios o contratos de cualquier tipo.

---

4 Véase: https://www.fidh.org/es/cabildeo-internacional/union-europea/el-impacto-de-las-nuevas-tecnologias-en-los-derechos-humanos-22-o.

5 *Ibidem*.

d) El procedimiento para interponer quejas o consultas, si existiere.

Es posible verificar que la noción de transparencia activa es más amplia que el derecho al acceso a la información pública, aunque suelen identificarse porque parten de un denominador común: el tipo de información. Pero, en la primera, la idea central la constituye la iniciativa estatal y el deber de facilitarla a través de diversos sistemas para que «todos» puedan conocerla. En la segunda, el dato caracterizador es el requerimiento de la información por parte del ciudadano y los mecanismos administrativos y judiciales que puede articular para obtenerla[6].

En realidad, una primera reflexión nos lleva a sostener que si la transparencia fuera tan activa y espontánea como se pretende, el ciudadano no tendría —como sucede— que verse obligado a solicitar, expresamente, información pública a través de la articulación de reclamos administrativos o acciones judiciales, o por lo menos lo haría esporádicamente.

3. Transparencia y acceso a la información pública. Derecho a la información y libertad de expresión

El acceso a la información es parte integrante del derecho fundamental a la libertad de expresión, reconocido por el Pacto Internacional de Derechos Civiles y Políticos (arts. 19 y 20), la Convención Americana sobre Derechos Humanos (art. 13), la Declaración Universal de Derechos Humanos (art. 19) y la Declaración Americana de los Derechos y Deberes del Hombre (art. 4), que incluye el derecho de «investigar y recibir informaciones y opiniones, y el de difundirlas, sin limitación de fronteras, por cualquier medio de expresión»[7].

6 Si bien excede a estas páginas profundizar ese vínculo, no puede dejar de mencionarse otra posición, la asumida por el Prof. Ernesto Villanueva (2008: 117-120) respecto a si la noción de transparencia es sinónimo del concepto de derecho de acceso a la información pública o si su relación es de diferente naturaleza. Si se atiende a la regulación jurídica de la transparencia, se sostiene que el principio de transparencia es una parte del derecho de acceso a la información pública y no al contrario. De este modo, la transparencia es una garantía normativa e institucional no jurisdiccional para hacer efectivo el derecho de acceso a la información pública. Y por ello hace las veces de una herramienta o instrumento legal para alcanzar los propósitos que justifican la existencia del acceso a la información pública. Similar razonamiento Realiza en cuanto al concepto correlativo denominado rendición de cuentas o *accountability*, pues para él no es ni un derecho fundamental ni una garantía instrumental del derecho de acceso a la información pública, sino que forma parte de los bienes jurídicos protegidos por el derecho de acceso a la información pública: es uno de los valores que protegen la existencia y eficacia de esta institución jurídica.

7 Véase: http://www.unesco.org/new/es/communication-and-information/freedom-of-expression/freedom-of-information/about/.

Gelli (2018: 164-167) indica que esa libertad se extiende en tres direcciones: por un lado, constituye un derecho sustantivo, natural e inalienable de la persona que integra el haz de derechos-facultades de la primera generación del constitucionalismo del siglo XIX. Luego, tiene una justificación de tipo social, pues se basa en el provecho de la libre controversia para alcanzar la verdad sobre toda cuestión y en cómo se fortalecen las ideas que deben someterse al juicio crítico de los contradictores. Por último, su defensa en las repúblicas democráticas se sustenta en la necesidad de favorecer el debate de cuestiones de interés público y de opciones políticas y partidarias a fin de que el ciudadano pueda formar su propio juicio, criticar, enmendar, elegir.

También se postula que la libertad de expresión debe ser redefinida más allá de la libertad de información, como la libertad de comunicación o derecho a la comunicación. Éste se presenta:

> «(...) como un derecho particular que le impone al Estado intervenir, según las reglas que garanticen su neutralidad, en el sentido de una mayor multiplicidad de medios, diversidad y pluralidad, y con la mayor accesibilidad a los diferentes públicos».

Esa concepción en lugar de fortalecer la censura o intervención gubernamental tiene como fin robustecer los medios de comunicación con trayectoria seria y responsable, así como también a los periodistas y comunicadores sociales, quienes, de esta forma, (Fuenmayor 2004: 16-17):

> «(...) se convierten en los principales garantes de la libertad, fluidez y abundancia de las ideas y pensamientos. Dicha multiplicidad y fluidez garantiza, a su vez, la necesaria confrontación pacífica que debe existir en materia de información y de ideas, que es la única vía democrática para conducirnos a la veracidad de la información».

Estamos frente a un derecho que emplea los más diversos espacios, instrumentos y tecnologías para transmitir hechos e ideas, mostrándose el derecho de acceso a la información pública en un círculo más pequeño dentro de aquel «círculo amplio del derecho a la información» (Villanueva 2008: 117-120).

En el tema son ilustrativos los Informes de los Relatores Especiales sobre la Promoción y Protección del Derecho a la Libertad de Opinión y de Expresión de las Naciones Unidas. En el correspondiente al año 2013 producido por el relator Frank La Rue, se enfatiza la interrelación con el «derecho a la verdad» entendido como derecho a saber o a ser informado o a la libertad de información, cuyos principios deben orientar el diseño y aplicación de las leyes sobre el acceso a la información (máxima divulgación; obligación de publicar; promoción de la transparencia en la Administración Pública; régimen restringido de excepciones; implementación de procedimientos para facilitar el acceso; evitar costes excesivos; reuniones abiertas; precedencia de la divulgación; protección de quienes denuncian actuaciones indebidas)[8].

En ese marco se asevera que los requisitos básicos de la gobernanza democrática, como la transparencia, la rendición de cuentas de las autoridades públicas, la promoción de procesos participativos de toma de decisiones, resultan prácticamente inalcanzables sin el debido acceso a la información.

Ese derecho a la verdad ya había sido incluido en el año 2009 (30.° sesión ONU) en la resolución 12/12 del Consejo de Derechos Humanos, donde se reconoció la relevancia de respetarlo y garantizarlo para contribuir a acabar con la impunidad y promover y proteger los derechos humanos y que la opinión pública y las personas tenían el derecho a acceder a la información más completa posible sobre la actuación y los procesos de decisión de su gobierno[9].

También son esclarecedores los pronunciamientos de la Corte Interamericana de Derechos Humanos (Corte IDH) respecto a las dos dimensiones de la libertad de expresión: una individual y una colectiva. Conforme al artículo 13 de la Convención Americana de Derechos Humanos la libertad de pensamiento y de expresión comprende la libertad de buscar, recibir y difundir informaciones e ideas de toda índole. Por tanto, cuando se restringe ilegalmente esa libertad, no sólo es el derecho de ese individuo el que está siendo transgredido, sino también el derecho de todos a *recibir* informaciones e ideas, de ello resulta que el derecho protegido por la Convención «tiene un alcance y un carácter especiales». En consecuencia, existe un derecho individual —que nadie sea arbitrariamente menoscabado o impedido de manifestar su propio pensamiento) y un derecho colectivo (pues todos tienen derecho a ser receptores de cualquier información y a conocer la expresión del pensamiento ajeno— [10].

Así, la libertad de expresión resulta ser un valor esencial para la vigencia de una sociedad democrática, por ser indispensable para la formación de la opinión pública. «Por ende, es posible afirmar que una sociedad que no esté bien informada, no es plenamente libre»[11].

---

8 Véase: https://www.palermo.edu/cele/pdf/2013-Derecho-a-la-Verdad.pdf.

9 Véase: https://undocs.org/pdf?symbol=es/A/HRC/RES/12/12.

10 Corte IDH, Opinión Consultiva OC-5/85 del 13 de noviembre de 1985, serie A, n.° 5, párr. 30. Ver también los casos «La Colegiación Obligatoria de Periodistas» (arts. 13 y 29 Convención Americana sobre Derechos Humanos); Corte IDH, «Herrera Ulloa v. Costa Rica», sentencia de 02/07/2004. Serie C, n.° 107, párrs.108-111; Corte IDH, «Ricardo Canese v. Paraguay», sentencia de 31/08/2004. Serie C, n.° 111, párrs.78-80; Corte IDH, «Caso Palamara Iribarne v. Chile», sentencia de 22/11/2005, serie C, n.° 135; Corte IDH, «Caso López Álvarez v. Honduras», sentencia de 01/02/2006, serie C, n.° 14.1; Corte IDH, «Claude Reyes y otros v. Chile», sentencia de 19/09/2006. Serie C, n.° 151, párrs.75-77; y Corte IDH, «Eduardo Kimel v. Argentina», sentencia del 02/05/2008. Serie C, n.° 177, párr. 53.

11 Se inscriben en esta tesitura de la Corte IDH los precedentes de la CSJN en Fallos 306:1892; 310:508, 315:1943; 336:1774, entre otros.

La Relatoría Especial para la Libertad de Expresión de la CIDH observó que el secreto en relación con la información del Estado es la característica típica de los estados autoritarios. La regla inversa corresponde a las sociedades democráticas.

Sin embargo, la transformación de una sociedad autoritaria en una democrática exige recorrer un camino largo con dificultades, resultando imprescindible el sistema interamericano, fuerza positiva en el marco de estas transiciones. En síntesis, el acceso a la información es una herramienta fundamental para la construcción de ciudadanía. En el asentamiento de los sistemas democráticos es fundamental la activa participación de sus ciudadanos y ciudadanas en asuntos de interés público. Este activismo forma parte de uno de los ideales que subyacen a la Convención Americana sobre Derechos Humanos y a la Carta Democrática Interamericana. Los ciudadanos cuestionan, solicitan, demandan, se quejan, critican; estas particularidades los diferencian de los súbditos que, por el contrario, obedecen, aceptan, no cuestionan, callan. La información pública es un instrumento esencial en la protección de derechos y prevenir abusos de parte del Estado»[12].

En criterio de la Corte Interamericana, restringir ese derecho sin cumplir los requisitos establecidos en la Convención Americana, crea un campo fértil para la actuación discrecional y arbitraria del Estado en la clasificación de informaciones como secretas, reservadas o confidenciales; genera inseguridad jurídica tanto respecto del ejercicio de dicho derecho como del alcance de las facultades estatales para restringirlo[13].

Vinculado a ello no puede desconocerse que en el sistema democrático los funcionarios públicos están más expuestos al escrutinio y a la crítica del público; diferente umbral de protección que se explica por estar expuestos voluntariamente a un escrutinio más exigente. Este umbral no sólo se asienta en la calidad de sujeto, sino en el interés público de las actividades que realiza[14].

Ello se asienta como explica aquel Tribunal Internacional en que el eje sobre el que gira este derecho es que toda la información en poder de los gobiernos y las instituciones gubernamentales es, en principio, pública y, por lo tanto, solo puede ser retenida si existen razones legítimas para no divulgarla —por ejemplo, por privacidad y seguridad—.

---

12 Véase: http://www.oas.org/es/cidh/expresion/docs/publicaciones/ACCESO%20A%20LA%20INFORMACION%20FINAL%20CON%20PORTADA.pdf.

13 Corte IDH, caso «Claude Reyes y otros». Sentencia de 19 de septiembre de 2006. Serie C, n.° 151, párr. 77.

14 Corte IDH, caso «Fontevecchia y D'Amico vs. Argentina». Sentencia del 29 de noviembre de 2011, párr. 47.

Por eso, las limitaciones deben ser excepcionales y encontrarse previstas en la ley, encontrándose a cargo del Estado justificar las restricciones pues, como bien se indica, la carga de la prueba para justificar cualquier negativa de acceso a la información debe recaer en el órgano al cual la información fue solicitada[15].

4. La jurisprudencia argentina

El rol del Poder Judicial de la República Argentina ha sido fundamental en la resignificación del acceso a la información pública, pues con base en los mandatos convencionales y constitucionales y en las interpretaciones de la Corte IDH, se ha construido un sólido camino a través de decisiones que reconocen ese derecho fundamental del ciudadano, obligando a todas las autoridades estatales a facilitar su ejercicio.

La Corte Suprema de Justicia de la Nación ha sido uniforme en la valoración del principio comentado, reiterando en sucesivos precedentes los criterios explicitados por aquel Tribunal Internacional.

En sus pronunciamientos ha dejado sentado que:

a) El reconocimiento del acceso a la información como derecho humano, evolucionó progresivamente en el marco del derecho internacional de los derechos humanos[16].

b) La legitimación para solicitar acceso a la información pública es amplia y, por lo tanto, corresponde a toda persona, sin que resulte necesario acreditar un interés directo para su obtención o una afectación personal[17]. Si la información es de carácter público no pertenece al Estado, sino que es del pueblo de la Nación Argentina y, en consecuencia, la sola condición de integrante de la comunidad resulta suficiente para justificar la solicitud[18].

---

15 Ver los «Principios sobre el derecho de acceso a la información» del Comité Jurídico Interamericano — CJI/RES. 147, LXXIII-O/08.

16 CSJN Fallos 321:2558, 2767 (1998) Fallos 330:3908 (2007).

17 CSJN Fallos 335:2393 (2012) Fallos 337:256 (2014) Fallos 337:1108 (2014) Fallos 338:1258 (2015) Fallos 342:208 (2019).

18 CSJN Fallos 335:2393 (2012) Fallos 342:208 (2019) En igual sentido, Fallos 344:344 (2021). En esta última sentencia es interesante el análisis que se realiza respecto a la información contable y presupuestaria del Colegio Público de Abogados de la Capital Federal, indicándose que revestía «un carácter eminentemente público, no sólo por ser materia inherente al control del gobierno de la entidad, sino también porque los recursos de dicho colegio profesional se conforman sustancialmente con aportes obligatorios fijados por ley y que deben ser integrados por la totalidad de los profesionales matriculados».

c) Respecto a la legitimación pasiva en el ejercicio del derecho de acceso a la información, los Estados no solo deben garantizar este derecho en el ámbito administrativo o de instituciones ligadas al Poder Ejecutivo:

> «(...) sino a todos los órganos del poder público, amplitud que supone incluir como sujetos obligados no solamente a los órganos públicos estatales, en todas sus ramas y niveles, locales o nacionales, sino también a empresas del Estado, hospitales, las instituciones privadas o de otra índole que actúan con capacidad estatal o ejercen funciones públicas»[19].

d) Para asegurar la publicidad de los actos de gobierno que caracteriza a un sistema republicano y garantizar el correlativo derecho a la información «no resulta suficiente con dar a conocer las normas que establecieron los programas sociales, las partidas de presupuesto ejecutadas en ese marco o información estadísticamente cuantitativa relativa al número total de los beneficiarios, sino que la publicidad debe atravesar todas las etapas del accionar público y decantar desde la norma general a todo lo que hace a su instrumentación particular ya que solo así es posible prevenir en forma efectiva la configuración de nichos de impunidad»[20].

e) El derecho a la libertad de pensamiento y de expresión prevé la protección del derecho de acceso a la información bajo el control del Estado, el cual contiene de manera clara las dos dimensiones: individual y social que indicada la Corte IDH, del derecho a la libertad de pensamiento y de expresión. Ambas, deben ser garantizadas por el Estado de forma simultánea[21].

f) La obligación de suministrar los datos solicitados no surge de la naturaleza jurídica del ente a quien se le requieren, sino del tipo de información[22].

g) Media una directa vinculación entre el acceso a la información y el resguardo de la transparencia y la publicidad de la gestión de los asuntos públicos. El principio de máxima divulgación que rige en la materia, implica que toda información en poder de autoridades públicas debe presumirse accesible, sujeta a un sistema restringido de excepciones legales[23].

---

19 CSJN Fallos: 337:256 (2014) Voto de los jueces Enrique S. Petracchi y Carmen M. Argibay y voto de la jueza Elena I. Highton de Nolasco; Fallos 335:2393 (2012).

20 CSJN Fallos 337:256 (2014).

21 CSJN Fallos 335:2393 (2012).

22 CSJN Fallos 335:2393 (2012).

23 CSJN Fallos 344:344 (2021).

h) El derecho de acceso a la información, es constitutivo de la libertad de expresión protegido por normas constitucionales y convencionales. Si bien no es un derecho absoluto y admite limitaciones, éstas:

> «(...) deben ser verdaderamente excepcionales, perseguir objetivos legítimos y ser necesarias para alcanzar la finalidad perseguida y el secreto solo puede justificarse para proteger un interés igualmente público».

Por ello, la reserva sólo resulta admisible si se asegura el:

> «(...) respeto a los derechos o la reputación de los demás o la protección de la seguridad nacional, el orden público, la salud o la moral pública»[24].

i) En una sociedad democrática los funcionarios públicos están más expuestos al escrutinio y a la crítica del público, ello en tanto sus actividades salen de la esfera privada para insertarse en el ámbito del debate público; «umbral que no solo se asienta en la calidad del sujeto, sino en el interés público de las actividades que realiza»[25].

j) La publicidad de las normas no solo apunta a que la ley sea conocida por los habitantes, pues descansa en otro derecho constitucional de singular trascendencia, que excede lo estrictamente individual y se proyecta en el plano social, como es el acceso a la información pública. Éste es pilar fundamental del sistema republicano de gobierno y, con ello, de la transparencia y control de la gestión pública por parte de la sociedad civil[26].

k) Toda vez que la solicitud efectuada pretende indagar sobre la actividad realizada por el organismo recaudador —AFIP— en el marco de un procedimiento tributario, ello reviste la naturaleza de información pública conforme a la reglamentación pues se relaciona con datos generados por un organismo público en ejercicio de su función administrativa, permitiendo el ejercicio de un adecuado control social sobre la celeridad y diligencia con que las autoridades competentes cumplen con las obligaciones que el ordenamiento les impone[27].

l) La privacidad y secreto fiscal no resultan afectados si la información solicitada se vincula exclusivamente con las actuaciones o conductas específicas desplegadas por el Fisco Nacional en el marco de una actuación, mas no implica develar ningún dato o contenido referente a la situación económico y/o financiera de un contribuyente ni tampoco a declaraciones o manifestaciones efectuadas éste al organismo recaudador[28].

---

24 CSJN Fallos 339:827 (2016).

25 CSJN Fallos 339:827 (2016).

26 CSJN Fallos 343:2184 (Voto del juez Rosatti).

27 CSJN Fallos 343:1663 (2020).

28 CSJN Fallos 343:1663 (2020).

5. Conclusiones

El «deber ser» de la Administración Pública exige que se ubique cerca del ciudadano, con visión dinámica y sistémica de la organización administrativa, sus procedimientos y el comportamiento de los servidores públicos.

La revisión de los esquemas tradicionales de la gestión pública otorgando a la transparencia y al acceso a la información pública una importancia sustancial en el desarrollo de los cometidos estatales, se enmarca en las bases de la denominada «buena administración».

En otras palabras, bajo esa perspectiva, este principio general se convierte en su eje para lograr un procedimiento administrativo en el cual abreven los derechos fundamentales y el interés público.

6. Bibliografía

Barnés Vázquez, Javier (2018). «Buena administración, principio democrático y procedimiento administrativo», en *Revista Digital de Derecho Administrativo*, 21, pp. 77-123. DOI: https://doi.org/10.18601/21452946.n21.06.

Corvalán, Juan Gustavo (2017). «Administración Pública digital e inteligente: transformaciones en la era de la inteligencia artificial», en *Revista de Direito Econômico*, vol. 8, núm. 2, pp. 26-61. DOI: 10.7213/rev.dir.econ.soc.v8i2.19321.

Fuenmayor Espina, Alejandro (2004). *El derecho de acceso de los ciudadanos a la información pública. Análisis jurídico y recomendaciones para una propuesta de ley modelo sobre el derecho de acceso de los ciudadanos a la información pública*. San José (Costa Rica): Oficina de la UNESCO para América Central.

Gelli, María Angélica (2018). *Constitución de la Nación Argentina, comentada y concordada.* Buenos Aires: Thomson Reuters-La Ley. Quinta edición ampliada y actualizada.

Ivanega, Miriam M. (2016). *El control público*. Buenos Aires: Astrea.

Ivanega, Miriam M. (2019). «La transparencia del procedimiento administrativo y la lucha contra la corrupción: el acceso a la información y la figura del *compliance*», en VV.AA. *Fuentes y procedimiento administrativo*. Buenos Aires: RAP, pp. 11-26.

Ivanega, Miriam M. (2022). *La transparencia en las contrataciones públicas*. Buenos Aires: La Ley.

MATILLA CORREA, Andry (2020). La buena administración como noción jurídico-administrativa. Madrid: Editorial Dykinson.

OSZLAK, Óscar (2012). «Gobierno Abierto: promesas, supuestos, desafíos», en *Voces en el Fénix*, año 3, núm. 18: 'La Sombra del Poder. Estado II. Plan Fénix', pp. 68-75.

PONCE SOLÉ Juli (2016). «El Derecho a una buena administración y el Derecho Administrativo Iberoamericano del Siglo XXI. Buen Gobierno y Derecho a una buena administración contra arbitrariedad y corrupción», en ALONSO REGUEIRA, E.M. (dir.). *El control de la actividad estatal.* Buenos Aires: Asociación de Docentes de la Facultad de Derecho y Ciencias Sociales de la Universidad de Buenos Aires, pp. 219-247. Disponible en: https://documentop.com/el-derecho-a-una-buena-administracion-y-el-derecho-administrativo_5a4f1c431723dd791bd655a7.html.

RIVERO ORTEGA, Ricardo (2011). «Simplificación administrativa y administración electrónica: objetivos pendientes en la transposición de la Directiva de servicios», en *Revista catalana de dret públic*, 42, pp. 115-138.

RODRÍGUEZ-ARANA MUÑOZ, Jaime (2016). «La Directiva europea de contratación pública y la lucha contra la corrupción», en VV.AA. *El combate a la corrupción desde la perspectiva del derecho administrativo*. México: Universidad de Guanajuato, pp. 327-356.

RODRÍGUEZ-ARANA MUÑOZ, Jaime (2020). «Prólogo», en MATILLA CORREA, A. *La buena administración como noción jurídico-administrativa*. Madrid: Editorial Dykinson, p. 15.

SUÁREZ BELTRÁN, Gonzalo y **LAGUADO GIRALDO, Roberto** (2007). *Manual de contratación pública electrónica para América Latina Bases conceptuales, modelo legal, indicadores, parámetros de interoperabilidad*. Santiago de Chile: CEPAL. Disponible en: https://repositorio.cepal.org/bitstream/handle/11362/3550/1/S2007302.pdf.

VILLANUEVA, Ernesto (2008). *Derecho de la información. Doctrina, legislación, jurisprudencia*. Ecuador: Quipus-Ciespal. Cuarta edición corregida y aumentada.

LA BUENA ADMINISTRACIÓN EN LOS PROCEDIMIENTOS DE ELABORACIÓN DE NORMAS

Good Administration in the rulemaking procedure

Raquel Cynthia Alianak[1]
Universidad Nacional de Rosario (Argentina)

Fecha de Recepción: 01/10/2022
Fecha de Aceptación: 31/10/2022

Resumen: La participación pública en la elaboración de reglamentos administrativos pone el foco en principios y valores que hacen a la esencia de la buena administración, como herramienta para motorizar nuevas ideas, canalizar experiencias y aportes técnicos y/o científicos por parte de la sociedad civil; y/o, como mecanismo de escucha activa a la sociedad en la elaboración, implementación, control y evaluación de políticas públicas, o como condición necesaria para el efectivo ejercicio de la democracia, a través de un proceso de co-construcción de políticas públicas. Y a partir de un análisis transversal de algunas regulaciones del Derecho comparado y las vigentes en Argentina (nacional y de la Provincia de Santa Fe), se identifican una serie de interrogantes necesarios que aportan reflexiones útiles, a la hora de diseñar, rediseñar o evaluar los procedimientos de creación de reglamentos en consulta con la comunidad, en las diversas temáticas jurídicas que aquéllos pueden involucrar.

Palabras clave: Participación pública. Elaboración de reglamentos. Políticas públicas. Leyes de participación democrática. Procedimiento negociado de elaboración de reglamentos. Decreto 1172/2003 de Argentina. Derecho comparado.

---

1 Doctora en Derecho. Profesora Titular de Derecho Administrativo. Co-Directora de la Carrera de Especialización en Derecho Administrativo. Universidad Nacional de Rosario - República Argentina.

Abstract: Public participation in the rulemaking procedure focuses on principles and values that make up the essence of Good Administration, as a tool to drive new ideas, channel experiences and technical and scientific contributions by civil society; as a mechanism for actively listening to society in the preparation, implementation, control and evaluation of public policies, or as a necessary condition for the effective exercise of democracy, through a co-construction process of public policies. And from a cross-sectional analysis of some regulations of Comparative Law and those in force in Argentina (national and of the Province of Santa Fe), a series of necessary questions are identified in order to provide useful contributions, when designing, redesigning or evaluating the procedures for creating regulations in consultation with the community, in the various legal issues that they may involve.

Keywords: Public participation. Rulemaking procedure. Public policies. Democratic participation acts. Negotiated rulemaking procedure. Administrative Procedure Act of U.S.A. Comparative law.

1. Introducción

La participación ciudadana, como proceso de co-creación de normas administrativas, refuerza el involucramiento de los ciudadanos en la gestión de los asuntos públicos, tal como lo señala la Carta Iberoamericana de Gobierno Abierto del año 2016, y asimismo la Carta Iberoamericana de Participación Ciudadana en la Gestión Pública del año 2009.

Asimismo, el Código Iberoamericano de Buen Gobierno (2006) individualiza, como una de las reglas esenciales de la «gestión pública», el derecho de los ciudadanos a formular, implantar y evaluar políticas públicas, y ello requiere una Administración Pública receptiva y accesible.

En este trabajo se revaloriza el rol de dicha participación pública; se reflexiona acerca de la necesidad de educar a la ciudadanía y a los órganos administrativos en hábitos, actitudes, y modalidades de participación, a partir del valor de la co-creación.

2. Premisa previa: ¿es deseable utilizar la técnica participativa?

Como paso previo al análisis de una serie de cuestiones o interrogantes, necesarios de ser efectuados a la hora de diseñar o de repensar un procedimiento participativo, debemos reflexionar acerca de la utilidad o no de la técnica participativa, como de «buena administración» en el procedimiento de elaboración de normas, realizando asimismo un confronte entre las ideas y la realidad.

La respuesta a dicha premisa previa resulta indubitable: señalamos la *conveniencia* de la participación pública en la elaboración de reglamentos administrativos, no sólo por aplicación de principios supranacionales, sino repasando asimismo las experiencias del Derecho Comparado, entre las cuales no podemos dejar de mencionar la regulación federal norteamericana de Procedimiento Administrativo —Administrative Procedure Act—, norma que tiene regulado este mecanismo desde el año 1946, abarcando dos modalidades, las cuales fueron fuente de inspiración para regulaciones de otros países:

- *El «procedimiento informal» —notice and written comments—,* es decir de noticia al público y posteriores comentarios escritos; de carácter no vinculante, y que consta de las siguientes etapas previas a la formulación del reglamento definitivo:

    1. Publicación en el Federal Register del texto del proyecto o de sus temas esenciales, así como la autoridad proponente.
    2. El plazo para que el público realice comentarios por escrito.
    3. Posibilidad de que dicho plazo sea reabierto por una agencia, cuando considere que no existen suficientes comentarios de gran calidad, o cuando en razón de los comentarios recibidos puede resultar muy conveniente adicionar mayor tiempo.
    4. Posibilidad de convocatoria a una audiencia oral, si se estimara necesario —actualmente, se utilizan también sesiones interactivas en Internet o webcast para ampliar el espectro del público asistente—.

  Se permite disponer, asimismo, un segundo período de comentarios a fin de recibir la réplica del público a los primeros comentarios vertidos, profundizando de este modo el diálogo público.

- *El «procedimiento formal» (formal rulemaking),* el cual —con idénticos recaudos de publicación que el anterior— se lleva a cabo por el juez administrativo en los casos en que es exigido de modo expreso por una ley.

  Se convoca a una *audiencia pública* en la que intervienen quienes tienen un directo interés en el reglamento a dictarse; se produce prueba de modo adversarial; y finalmente, el reglamento que en definitiva se dicte deberá basarse —de modo vinculante— en las constancias de hecho y derecho reflejadas en el expediente; es decir, se dicta «on the record».

2.1. Experiencias del derecho comparado

Las experiencias han resultado altamente positivas.

La Conferencia Administrativa de Estados Unidos, en sus informes, ha resaltado la utilidad de este tipo de procedimientos para garantizar no sólo la legalidad, sino el acierto y oportunidad, es decir, el buen momento —el «kairos» de los sofistas— de las decisiones administrativas generales, con regulaciones de calidad.

Otros aspectos positivos se vinculan con el involucramiento de la sociedad en las decisiones generales que adopta la Administración, y como consecuencia de ello, se logra una mayor legitimación de ese reglamento, así como una «rendición democrática de cuentas».

Por lo demás, este mecanismo participativo constituye una herramienta que promueve la transparencia activa en la gestión del interés general, plasmando así principios contenidos en instrumentos internacionales iberoamericanos —tales como la Carta iberoamericana de Participación Ciudadana en la Gestión Pública, el Código Iberoamericano de Buen Gobierno, entre otros—; constituyendo decididamente una arista del «derecho a una buena administración», citado en la norma de procedimiento administrativo de la provincia de Santa Fe —República Argentina— (Decreto n.° 4174/15), y plasmado en regulaciones foráneas modernas.

Esa estructura dialogal entre la Administración Pública y los ciudadanos redunda o debiera redundar en un obrar administrativo centrado en el servicio a los ciudadanos, abriendo un ámbito de composición de los intereses públicos.

2.2. Confrontación de las ideas con la realidad

Sin embargo, cuando confrontamos estas ideas con realidad, deviene imprescindible evaluar si existen reales incentivos en la sociedad para participar; si existe formación cívica en la cultura de la participación.

Desde la óptica de la República Argentina, debe realizarse una tarea profunda de educación, ya que no existe una tradición en procedimientos participativos, a partir de que la elaboración participativa de normas administrativas ha sido regulada recién en el año 2003, mediante el Decreto n.° 1172/03, en el ámbito nacional; y en la Provincia de Santa Fe, y de modo bastante deficiente, recién en el año 2015, con vigencia a partir de 2016 —Decreto provincial n.° 4174/15—.

2.3. Medidas de fomento y de educación en participación

Conforme a lo anteriormente expuesto, estimo interesantes algunas previsiones plasmadas en normas foráneas, como por ejemplo el *Reglamento*

Orgánico Tipo de Participación Ciudadana, del mes de Julio de 2018, elaborado por la Federación Española de Municipios y Provincias, adaptando entre otras, las modernas disposiciones de la *Ley de Andalucía de Participación Ciudadana n.º 7/2017* —del 27/12/17—.

En dicho Reglamento existe un capítulo importante destinado a las *Medidas de fomento para la participación ciudadana,* inexistentes en mi país: programas de formación para ciudadanos y para funcionarios de la Administración Pública, para adquirir aptitudes y actitudes para analizar, debatir y construir colectivamente en la práctica de participación.

Creo en la importancia real de esta práctica, desde edad temprana, en las escuelas y centros educativos.

Algunos ejemplos concretos en tal sentido, los podemos visualizar en la página web del Ayuntamiento de La Coruña: me refiero al Proyecto «Sementando Participación», en marcha desde hace cuatro años, implementado por el Servicio de Participación Ciudadana, y que está destinado a la infancia y adolescencia de la ciudad, practicando técnicas, herramientas y habilidades para la participación cívica.

En conclusión, el procedimiento participativo será realmente eficaz, en ámbitos sin tradición al respecto, si existen medidas concretas de sensibilización, difusión, y práctica; y que —asimismo— permitan la accesibilidad ciudadana a las nuevas tecnologías, las cuales constituyen —en muchas regulaciones— los canales para hacer efectiva esa participación.

3. Interrogantes o cuestiones a analizar en torno al procedimiento de participación pública en la elaboración de reglamentos administrativos

Cuando se trata de diseñar o —en su caso— de evaluar el funcionamiento en la realidad de procedimientos de ese tipo, creo necesario, a modo de chek-list, reflexionar sobre los tópicos que a continuación se detallan, partiendo de la regulación vigente (si existiera) así como de las connotaciones propias que han sido plasmadas por el derecho comparado, a la hora de instrumentarlos.

3.1. Tipo de procedimiento participativo a adoptar: su conveniencia

Desde este aspecto, la casi totalidad de las regulaciones que he elegido analizar adoptan un modelo similar al procedimiento informal del derecho norteamericano.

De modo idéntico, la *regulación argentina* lo hace —a nivel nacional— a través del *Decreto n.º 1172/03* —de participación elaborativa de reglamentos—, consistiendo sustancialmente en:

- La publicación en el Boletín Oficial y en la página web del *texto y fundamentos* de norma propuesta y del solicitante —si lo hubiera—.
- La posibilidad de tomar vista del expediente.
- La presentación de opiniones y propuestas por escrito, a través de formularios pre-establecidos.

En la *Provincia de Santa Fe,* para la elaboración o revisión de un reglamento, el *Decreto n.º 4174/15 de Procedimiento Administrativo* es similar al nacional, previendo —al igual que el modelo norteamericano— la posibilidad de convocar a una audiencia oral optativa, según fuere la cantidad y calidad de los comentarios brindados, los derechos en juego, los intereses públicos comprometidos y la naturaleza del reglamento a dictarse.

Si nos situamos en el Derecho Europeo, en *Francia,* su *Código de Relaciones entre la Administración Pública y los ciudadanos* —Ordenanza n.º 1341, del 23/10/15, con su última modificación en vigencia a partir del 07/03/2020—, en el capítulo denominado «*Asociación del público a las decisiones tomadas por la Administración, para la reforma o elaboración de un reglamento*», contempla un procedimiento parecido al informal norteamericano, plasmando líneas generales a seguir:

- La publicación de la modalidad.
- La puesta a disposición de los interesados, de informaciones útiles, dentro de un lapso temporal razonable, a fin de que la participación sea eficaz.
- La presentación de comentarios u observaciones escritas, con el deber de la Administración de asegurar que los resultados se hagan públicos (Art. 131).

Por su parte, en *España,* la *Ley de Procedimiento Común de las Administraciones Públicas de España, Nro. 39/2015* con vigencia a partir del *02/10/2016,* en su Art. 133 consagra el deber de la Administración Pública de realizar una consulta pública, en el portal web del órgano competente, a fin de recibir opiniones de los sujetos y de las organizaciones más representativas *potencialmente incididos* por la futura norma. Dicha consulta debe indicar los problemas que el proyecto pretende solucionar, la necesidad y oportunidad de su aprobación, los objetivos de la norma y las posibles soluciones alternativas regulatorias o no regulatorias.

Asimismo, está prevista la convocatoria a una *audiencia pública* para que participen, además, otras personas que puedan aportar opiniones al respecto (previa puesta a disposición de los interesados de la información necesaria, para poder opinar sustantivamente).

Advertimos así que fundamentalmente se trata de un *procedimiento escrito, similar a los anteriormente analizados.*

Si tomamos otros ejemplos, como las comunidades autónomas, la *Ley Foral de Navarra Nro. 12/2019 de Participación democrática (B.O. 01/04/19)* —que derogó la ley anterior n.° 11/2012 de Transparencia y Gobierno Abierto—, alineada a la Agenda 2030 de Naciones Unidas para el Desarrollo Sostenible, prevé una ampliación de procedimientos participativos públicos, incluyendo los procesos deliberativos, los presupuestos participativos, las consultas ciudadanas, entre otros.

Dichos procesos deliberativos —del Art. 16— implican un debate público que se integra a un procedimiento de decisión general o de adopción de una política pública general, y son parecidos al «procedimiento de naturaleza informal norteamericano», es decir, a través de comentarios por escrito, en tanto debe publicarse en la «Convocatoria» aquellos asuntos objeto de deliberación concretados en una propuesta o proyecto inicial; el órgano responsable; la duración máxima del proceso no mayor a 4 meses; las actividades previstas para garantizar esa participación; los medios de información del procedimiento. etc.

Luego de concluido, el órgano competente prepara el Informe Final, que tiene las conclusiones alcanzadas y la valoración de la deliberación efectuada.

De modo similar, la *Ley de Andalucía de Participación Ciudadana n.° 7/17,* cuyas disposiciones han sido incorporadas en el Reglamento tipo de Participación ciudadana de la Federación de Municipios de España —del año 2018—, también dispone la obligatoriedad, para la Administración, de recabar la opinión de sujetos y organizaciones más representativas, potencialmente afectados por la futura norma, a través de una consulta pública en el portal web, con recaudos idénticos a los establecidos en la Ley de Procedimiento Común de las Administraciones Públicas de España, dentro de un plazo no inferior a 15 días, para recibir los aportes y sugerencias del público.

En síntesis, podemos observar que casi todas las regulaciones comentadas han elegido el procedimiento de opiniones o comentarios escritos, con posibilidad opcional, según sea el caso, de una audiencia oral.

Y al respecto, creo que es el más apto y práctico para llevarse a cabo.

3.2. La iniciativa para llevar a cabo un procedimiento participativo: ¿la propuesta debe provenir sólo del Estado, o también de los ciudadanos?

Me inclino a pronunciarme por la segunda opción, asumida por las normativas nacional argentina y por la vigente en la provincia de Santa Fe.

Algunas de las normas foráneas anteriormente analizadas así lo consagran, como la ley federal norteamericana de procedimiento administrativo.

Por otra parte, esta modalidad complementa el derecho de acceso a la información pública.

En Europa, siguiendo igual criterio, la *Ley de Andalucía* contempla la *iniciativa reglamentaria* por parte de los ciudadanos, las organizaciones sindicales y empresariales, los colegios profesionales y demás entidades representativas de intereses colectivos.

Desde esta óptica, el *Reglamento tipo para Municipios de España de 2018* también prevé la *posibilidad de una propuesta de la ciudadanía para que se realice una «consulta participativa local»*, y en ese caso, al realizarse la convocatoria, deben identificarse las entidades o ciudadanos promotores.

3.3. ¿Participación pública eficaz o procedimiento adversarial?

Resulta interesante reflexionar acerca de si la elaboración participativa de reglamentos será realmente eficaz, o —por el contrario— podría llegar a transformarse en un procedimiento sumamente adversarial entre todos los intervinientes, en el supuesto de que existieran intereses diferentes y antagónicos en juego.

En ese caso, nos preguntamos cómo se lograría una dinámica más colaborativa y constructiva.

Frente a estas circunstancias, en Estados Unidos de Norteamérica se dictó en el año 1990 —re-autorizada luego en 1996— la *Ley del Procedimiento Negociado de creación de reglamentos —Negotiated Rulemaking Procedure Act—*, actualmente incorporada en la «Administrative Procedure Act» 5 U.S.C. 521-570.

Dicha norma regula un procedimiento previo cuyo objetivo es el logro del consenso necesario en la redacción del proyecto de regulación administrativa, la cual —posteriormente— será sometida al procedimiento participativo informal. Ese consenso debe lograrlo un Comité Negociador, en el cual estarán representados los distintos intereses involucrados en las temáticas a ser reguladas.

Para que este procedimiento pueda ser utilizado, una agencia debe fundamentar la existencia de un interés público en constituir el Comité, porque existe una efectiva necesidad de dictar el reglamento, debiendo verificarse —al mismo tiempo— los siguientes recaudos:

- La existencia de un número limitado de intereses identificables que serán incididos por este reglamento.
- Una posibilidad razonable de integración equilibrada de esos intereses en el Comité, y que ello no implique una demora irrazonable.
- El consenso arribado será la base del posterior procedimiento de noticia y comentario público.

a. Ventajas del procedimiento negociado de elaboración de reglamentos

Se ha señalado que este el procedimiento logra un equilibrio de intereses, sin predominio de unos sobre otros; y, asimismo, es posible obtener una mejor regulación, asegurando una menor litigiosidad posterior.

Se trata entonces de llegar a lo que podríamos denominar el *«consenso reglamentario»,* abarcando aquellos temas en los que equilibradamente se pueda arribar a puntos compartidos en común, entre quienes integran el Comité Negociador, para que ese proyecto sea sometido posteriormente a comentarios públicos, a través de la posterior participación amplia de todos los aquellos que tienen interés directo en el reglamento a dictarse[2].

La negociación dentro del Comité también puede ser ayudada por un Facilitador —neutral—.

En Estados Unidos, hay múltiples ejemplos actuales de uso de este procedimiento negociado[3].

La *Conferencia Administrativa de U.S.A.,* en su *Informe de Junio de 2017,* ha sugerido modificar el título de la ley para llamarse *«Procedimiento negociado de emisión de reglamentos y otras opciones para el involucramiento del público»*, a partir de la existencia de otras opciones de participación pública (como talleres técnicos, sesiones dialogales, reuniones públicas o privadas) que permiten a las agencias tener un feedback inmediato, en una etapa temprana del proceso de definición de la política, y al mismo tiempo, contar con mayor flexibilidad procedimental.

---

2 La idea de constituir este Comité negociador, así como su justificación, debe publicarse, con la descripción del contenido del reglamento, los intereses que se verán incididos por éste, las personas propuestas para integrarlo y procedimiento para ser parte en el Comité, así como la propuesta de agenda y soporte técnico y jurídico a brindar al Comité. Se recibirán entonces los comentarios acerca de la idea de su constitución y las propuestas para integrarlo. Será la agencia quien finalmente decidirá constituirlo o no, notificando fundadamente esa decisión a todos aquellos que solicitaron integrarlo.

3 Uno de ellos actualmente en curso, publicado en la página web del Departamento de Educación Federal, iniciado en 2021, tiene como objeto conformar un Comité Negociador para preparar una propuesta de regulación para el «Programa de Ayuda Federal a Estudiantes», autorizado en el marco de la Ley de Educación Superior y sus modificaciones. El Comité incluirá a representantes de organizaciones o grupos con intereses significativamente afectados por esa temática, fijando el 31/08/2021 como fecha límite para recibir nominaciones para integrarlo.
Se publican los tópicos de ese Programa que se van a tratar, y se establece quiénes deberían integrar el Comité: estudiantes dependientes de sus padres, estudiantes independientes, estudiantes que se encuentran devolviendo los préstamos obtenidos, los que cayeron en default, organizaciones de asistencia legal, miembros del servicio militar de USA, veteranos; oficiales de educación superior estatal, instituciones públicas y privadas de educación superior, colegios y universidades de minorías. Y por último se encuentran publicadas las fechas en que sesionará dicho Comité.

A mi juicio, este procedimiento negociado constituye una modalidad muy interesante, no contemplada en las regulaciones que he citado ni tampoco en mi país. Por ende, creo que es conveniente analizarla, a partir de evaluar cómo han funcionado los procedimientos participativos en la práctica de cada país.

3.4. Utilización obligatoria —para la Administración Pública— del procedimiento participativo, o mecanismo de uso meramente facultativo

Tanto en *Estados Unidos de Norteamérica como en España,* con regulación similar en este tópico, el *procedimiento participativo es obligatorio, excepto para materias expresamente excluidas,* materias éstas que en ambos ordenamientos son similares: organización administrativa, procedimiento administrativo, reglamentos de ejecución —interpretative rules—; cuestiones de dominio público, beneficios, contratos, declaraciones de política general; entre ellas.

A pesar de su obligatoriedad:

- En Estados Unidos, la agencia puede decidir fundadamente no utilizarlo, si considerara que es impracticable, innecesario o contrario al interés público —Sección 553 «B»—.
- En España, puede no utilizarse cuando la Administración considere que la propuesta no tendrá impacto significativo en la actividad económica; o no imponga obligaciones relevantes a los destinatarios de la misma.

Por su parte, la Ley Andaluza prevé otro supuesto para su no utilización: cuando se trate de la regulación de aspectos parciales de una materia, o cuando existan graves razones de interés público que lo justifiquen.

En *Francia* también el uso del procedimiento participativo es obligatorio, como también lo es en la *Ley Foral de Navarra Nro. 12/19 de Participación democrática,* la cual consagra expresamente el derecho a participar —Art. 9— y en múltiples ámbitos, salvo para materias expresamente exceptuadas por la ley[4].

---

4 Por su parte, en el Reglamento Tipo de Participación Ciudadana para Municipios y Ayuntamientos de España, del año 2018, reconoce carácter consultivo a los distintos mecanismos de participación, y consagra el derecho a participar de todos los ciudadanos y vecinos en procesos de dirección de asuntos públicos, directamente o a través de entidades de participación ciudadana, en diferentes procesos de participación: a) Deliberación participativa; b) presupuestos participativos y consultas populares.

Por el contrario, en el *régimen nacional argentino —Decreto Nro. 1172/03—, y en el régimen provincial santafecino —Decreto n.º 4174/15—,* el procedimiento de elaboración en consulta con los ciudadanos es de *utilización facultativa* para la Administración, en ambas jurisdicciones regulado de un modo similar, tal como ya se ha sintetizado anteriormente.

Ello nos lleva a reflexionar cuál de las dos modalidades será la más ventajosa.

Creo que su uso obligatorio, *con excepciones claramente definidas en la regulación* —tal como está consagrado en el derecho comparado—, es la óptima modalidad, pues la utilización meramente facultativa por la Administración Pública se traduce —en la práctica— en su no uso, quedando como letra muerta.

Sin embargo, resulta necesario recordar que ello va de la mano de la necesidad de fomentar —en la realidad y no sólo en declaraciones— una cultura en participación.

3.5. Participación general o participación «calificada»

Este tópico reside en analizar si —convocada que fuere la participación pública, de modo obligatorio o facultativo para la Administración— *pueden participar todos aquellos que deseen hacerlo, de modo «general»* —además de las consultas que pueden cursarse a organizaciones, expertos, universidades—; *o, por el contrario, esa participación debiera ser quizás «calificada»,* es decir, sólo dirigida a quienes demuestren interés específico en ser consultados sobre diversos tópicos a la hora del dictado de reglamentos, y que se encuentren inscriptos en Registros de participación ciudadana.

En todos los sistemas jurídicos analizados, la participación ha sido consagrada de modo general.

Pero resulta interesante evaluar otras intervenciones de participación pública, previstas en la Ley Foral de Navarra n.º 12/2019, garantizadas como «derechos específicos de participación ciudadana», en múltiples aspectos: en iniciativas legislativas populares; en tareas de control; en tareas de impulso al Gobierno mediante iniciativas ciudadanas; en la planificación, el seguimiento, la gestión y la evaluación de las políticas públicas.

Se prevén distintos procesos participativos para canalizar tales derechos: los deliberativos; los presupuestos participativos; las consultas con sus diversas modalidades: encuestas, audiencias públicas, las consultas ciudadanas propiamente dichas, con uso de modernas tecnologías informáticas y de la comunicación.

Y aquí yo advierto lo que podríamos llamar una especie de «participación calificada», pues los ciudadanos y entidades sociales se pueden inscribir voluntariamente en el *«Registro de Participación» —Art. 47—*, para recibir información sobre materias específicas; y —al estar inscriptos— pueden ser llamados a participar en una consulta o iniciativa ciudadana.

Tanto en esta Ley Foral de Navarra, como en la Ley de Participación de Andalucía y en el Reglamento tipo de participación para municipios españoles, se contemplan espacios de participación creados por la Administración, entre quienes se encuentren inscriptos en estos Registros:

- Los *Foros de consulta*: para debatir sobre los efectos reales de una determinada política en la calidad de vida de la ciudadanía.
- Los *Paneles ciudadanos*: compuestos por ciudadanos, expertos, miembros de entidades ciudadanas, como espacios de información constante e inmediata que se crean con carácter temporal —con una duración máxima de un año—, en los que la Administración Pública realiza consultas sobre asuntos de interés público y sobre las expectativas de futuro de los ciudadanos, evaluando la productividad y calidad de los resultados obtenidos.
- Los *Jurados ciudadanos*: grupos creados para analizar los efectos de un determinado programa o política, llevada a cabo por la Administración, integrados normalmente con diez personas elegidas por sorteo entre los inscriptos en los Registros, y un número de expertos.

Por ende, conforme la reseña realizada, este tópico constituye un aspecto interesante de la participación pública para ser evaluado a la hora de diseñar o de reformar modelos colaborativos ya existentes, a partir de los resultados efectivamente obtenidos en estos otros tipos de participaciones calificadas, si así podríamos llamarlas, en experiencias foráneas.

3.6. Deferencia a otorgar a los comentarios y observaciones recibidas del público, es decir, a los resultados de la participación

Esta cuestión es relevante al referir a la consideración y tratamiento que el órgano debe realizar de los resultados de la participación habida, en el texto definitivo del reglamento a dictarse.

Se pueden visualizar diversos *grados de intensidad en torno a esa deferencia, en nuestros regímenes nacional y santafecino, y en los del derecho comparado.*

- *En Estados Unidos de Norteamérica,* en el procedimiento informal (base de todos los contemplados en las otras regulaciones analizadas), aun no siendo vinculante, la agencia administrativa tiene el deber de considerar los temas relevantes propuestos, y realizar una declaración concisa y sintética de los fundamentos —en general— que han podido extraerse de dicha participación —Sección 553 «c», Administrative Procedure Act—.

- *En Francia,* la Administración debe hacer públicos los resultados de la participación; y respecto a la consulta abierta en Internet, cuando ésta finaliza, se prevé el deber de realizar una síntesis de las observaciones e información recibidas.
- *En el sistema argentino,* a nivel nacional —Decreto n.° 1172/2003— el grado de deferencia es más estricto, pues en el expediente, la Administración debe dejar constancia de la cantidad de opiniones recibidas y cuáles considera pertinentes incorporar en la norma; y asimismo, en los fundamentos del reglamento, deben constar los aportes recibidos y las modificaciones, que como consecuencia de los mismos, fueron incorporadas al texto.
- Han existido también otros grados más intensos de deferencia, como el contemplado en la anterior Ley Foral de Navarra n.° 11/2012, actualmente derogada, la cual preveía que en el texto definitivo del reglamento debían tenerse en consideración todos los comentarios recibidos, con una recepción o un rechazo fundado, publicando esas conclusiones en el portal web, y con el deber adicional de notificar personalmente una respuesta motivada a cada comentario u observación recibida.

  Ello resulta realmente impracticable.
- Finalmente, un inexistente grado de deferencia lo encontramos, por ejemplo, en el procedimiento participativo de la Provincia de Santa Fe —en Argentina—, resumido con anterioridad, el cual minimiza el valor de la participación.

  En efecto el estándar de «deferencia» que dicha norma contempla —en torno a los comentarios recibidos del público— permite arribar a la conclusión previa, pues textualmente expresa que la Autoridad responsable del procedimiento *«podrá tomar en consideración los mismos».*

De este escueto texto deviene que no se ha previsto obligación alguna de ponderación, ni de publicación de los resultados de la participación; no se alienta la intervención pública, y el procedimiento se convierte en absolutamente ineficaz.

Por ende, *sobre este último tópico tratado, podremos estar de acuerdo en un mayor o menor grado de consideración de los resultados de esa participación pública, pero en lo que todos debemos coincidir, como de buena administración en la elaboración normativa, es que la fórmula que se adopte debe garantizar una ponderación de los resultados objetivos en el reglamento final; o —en su caso— deberá motivarse, de modo general, las razones de su inviabilidad para ser receptados en aquél.*

4. Conclusiones

Para concluir, resulta también necesario que la estructura y organización administrativas se encuentren diseñadas de modo tal que la participación pública pueda ser implementada transversalmente en todos los organismos y entes del Estado.

Ejemplos en tal sentido hay muchos: espacios digitales de participación de Gobierno Abierto, como punto de acceso y centralización de todos los procedimientos participativos —en la Ley de Navarra del año 2019—; creación de Unidades especializadas en participación ciudadana, a fin de garantizar la puesta en marcha de estos mecanismos y de su evaluación.

En síntesis, las reflexiones realizadas en el presente trabajo sólo constituyen guías para abrir inquietudes que nos permitan visualizar aciertos, debilidades o lagunas en esta temática; y nos convocan a repensar y quizás a rediseñar procedimientos existentes, a fin de que las buenas ideas se transformen —en la realidad— en una gestión colectiva eficaz de los intereses de la sociedad.

5. Bibliografía

DERECHO ARGENTINO

Alianak, Raquel Cynthia (2016). «El procedimiento administrativo en el derecho comparado», presentado y publicado en el *Anuario de las XI Jornadas Rosarinas de Derecho Administrativo. Nuevo reglamento para el trámite de las actuaciones administrativas*, organizadas por la Carrera de Especialización en Derecho Administrativo de la Facultad de Derecho de la Universidad Nacional de Rosario.

Barraguirre, Jorge A. (h) (2015). «Los espacios de participación ciudadana. Quién le teme a la razón pública», en CARELLO, L.A. y ECHEN, D. (dir.). *El nuevo procedimiento administrativo santafecino. Comentarios al Decreto-Acuerdo 4174/15.* Argentina: Editorial Rubinzal - Culzoni Editores, capítulo XIII.

Decreto Nacional n.° 1172/2003, en *Boletín Oficial de la República Argentina*, del 4 de diciembre de 2003.

Decreto Provincial n.° 4174/2015, en *Boletín Oficial de la Provincia de Santa Fe,* del 3 de diciembre de 2015.

DERECHO COMPARADO

Agenda 2030 de la Organización de las Naciones Unidas para el Desarrollo Sustentable. Disponible en: https://www.un.org/sustainabledevelopment/es/development-agenda.

Carta Iberoamericana de Gobierno Abierto (2016). Bogotá: XVII Conferencia Iberoamericana de Ministros y Ministras de Administración Pública y Reforma del Estado.

Carta Iberoamericana de Participación Ciudadana en la Gestión Pública (2009). Lisboa: XI Conferencia Iberoamericana de Ministros y Ministras de Administración Pública y Reforma del Estado.

Código Iberoamericano de Buen Gobierno (2006). Uruguay: VIII Conferencia Iberoamericana de Ministros y Ministras de Administración Pública y Reforma del Estado.

Código de Relaciones entre la Administración Pública y los ciudadanos de Francia (2015). Ordenanza n.º 1341, del 23 de octubre de 2015, con su última modificación en vigencia a partir del 7 de marzo de 2020.

Ley de Andalucía de Participación Ciudadana n.º 7/2017, del 27 de diciembre de 2017.

Ley Federal de Procedimientos Administrativos —Administrative Procedure Act— de Estados Unidos de Norteamérica.

Ley Foral de Navarra Nro. 12/19 de Participación democrática (2019). *Boletín Oficial del Estado,* del 1 de abril de 2019.

Negotiated Rulemaking Procedure Act. Actualmente incorporada en la Administrative Procedure Act –5 U.S.C. 521-570—.

Reglamento Orgánico Tipo de Participación Ciudadana (2018). Madrid: Federación Española de Municipios y Provincias.

EL BUEN GOBIERNO A TRAVÉS DE UN ESQUEMA DE AUTORREGULACIÓN REGULADA

Good governance through a regulated self-regulation scheme

Jorge C. Albertsen[1]
Universidad Austral (Argentina)

Fecha de Recepción: 01/10/2022
Fecha de Aceptación: 31/10/2022

Resumen: La «autorregulación regulada», es una técnica que tiende aprovechar al máximo la capacidad de los particulares en la satisfacción de los fines públicos. Este propósito se consigue con la implementación de programas de integridad que definen estrategias de «buen gobierno corporativo» en el ámbito de las personas jurídicas que interactúan con la administración pública. De esta manera, como una suerte de privatización de la potestad regulatoria, la administración pública transfiere a los particulares el autocontrol normativo por medio de una combinación de sanciones e incentivos para evitarlas.

Palabras clave: Autorregulación. Integridad. Cumplimiento.

Abstract: The «regulated self-regulation» is a technique that tends to maximize the capacity of individuals in the satisfaction of public purposes. This purpose is achieved with the implementation of integrity programs that define «good corporate governance» strategies in the field of legal entities that interact with the public administration. In this way, as a sort of privatization of regulatory power, the public administration transfers regulatory self-control to individuals through a combination of sanctions and incentives to avoid them.

Keywords: Self-regulation. Integrity. Compliance.

1 Doctor en Derecho. Director del Departamento de Derecho Administrativo en la Universidad Austral de Argentina.

1. Introducción

El Derecho Administrativo ha experimentado una profunda transformación después de las reformas operadas en la última década del siglo pasado. Las instituciones que surgieron de aquellas reformas se originaron, en gran medida, por la transferencia al sector privado de ciertas funciones estatales que hasta ese entonces eran inimaginables fuera de la administración pública. En este sentido, cobra particular relevancia la transformación que han sufrido los llamados servicios públicos como consecuencia de su privatización.

A estas experiencias se han sumado, en los últimos tiempos, importantes avances tecnológicos que obligan a replantear algunos aspectos del derecho administrativo en general y del procedimiento administrativo en particular, a fin de adaptarlos a las nuevas realidades políticas, sociales y económicas derivadas de tales avances tecnológicos.

Lo notable es que la necesidad de adecuación a esta nueva realidad no reside en la función administrativa propiamente dicha, sino en un fenómeno relacionado con la creciente expansión de la ciencia y la tecnología que está atravesando la esencia misma del derecho administrativo. Es así que las llamadas nuevas tecnologías obligan a renovar las bases sobre las que hasta ahora se han sentado las instituciones públicas.

Particularmente, la inclusión de la tecnología en el universo jurídico incide directamente en las decisiones administrativas vinculadas a las funciones de control y regulación estatal. Desde luego, resulta complicado controlar y, más aún, regular lo que no se conoce.

Según Francisco Javier Quiroz Waldez (2005):

> «(...) el siglo XXI se presenta asomando el rostro de un nuevo paradigma de sociedad, un modelo donde la información entendida como conocimiento acumulado de forma comunicable aparece como el cimiento del desarrollo económico, político y social. El proceso de transformación hacia este modelo es irreversible. El avance tecnológico faculta al ser humano para hacer provecho de datos, información y conocimiento en formas, modos o maneras sin precedentes, propiciando un intercambio científico, cultural y técnico a escala mundial, pasando sobre las barreras geográficas, las divisiones políticas y las de tiempo».

Esta revolución tecnológica, por decirlo de algún modo, ha empoderado principalmente a las grandes corporaciones nacionales y multinacionales y ha colocado a la administración pública en un plano de desventaja a la hora de ejercer la función administrativa. El Estado, que hasta no hace mucho tiempo, gozaba de cierta omnipotencia ha venido a sucumbir ante el conocimiento tecnológico desarrollado por las grandes organizaciones.

Estas nuevas tecnologías han venido a modificar en muchos sentidos la forma en que se desarrolla la sociedad moderna, cuestión que, obviamente, no puede ser ajena a la administración pública. La incidencia del factor político en la ejecución de las políticas públicas no permite que las modernas tecnologías de la información y de la comunicación (TICs), tengan cabida en la administración pública del mismo modo en que lo tienen en las grandes corporaciones que destinan cuantiosas sumas de dinero para la inversión en tales factores.

La gestión del conocimiento supone el manejo de un vocabulario, unas técnicas y unas formas de operar tan específicas que no permiten su aplicación genuina en un sector público caracterizado por una burocracia torpe e incapaz de lidiar en estas áreas. Esta realidad genera la claudicación de cualquier teoría —por más pura que sea— que pretenda demostrar eficiencia, eficacia o calidad en la administración de la cuestión pública.

De cualquier manera, esta circunstancia no exime a la administración pública de la ejecución de la misión que —en miras a una oportuna gestión del bien común— constitucionalmente le ha sido encomendada.

Frente a esta realidad, resulta vital una reformulación de los actuales sistemas de control y regulación a efectos de evitar consecuencias perjudiciales derivadas de una eventual inacción en el ejercicio de tales potestades.

Con el propósito de reflexionar sobre posibles respuestas a esta encrucijada me permitiré, en este trabajo, encausar la cuestión desde la perspectiva de la «autorregulación regulada» en tanto técnica que tiende aprovechar al máximo la capacidad de los particulares en la satisfacción de los fines públicos. Esta técnica permite alcanzar, bajo el manto de una aparente desintervención de la administración pública, un progreso en la intensidad y extensión del control y regulación de las actividades privadas (Darnaculleta 2006).

La técnica de la «autorregulación regulada» en la República Argentina, con el alcance que aquí se le pretende dar, germinó en el derecho penal y, más concretamente en la llamada ley de responsabilidad penal empresaria. En virtud de ello, comenzaré el razonamiento partiendo de una reflexión sobre los programas de integridad —o de compliance— reglados por esa ley, analizando su naturaleza jurídica para concluir que la incorporación de esta técnica al derecho administrativo —a través del ejercicio del Poder de Policía— logra mejorar sustancialmente el resultado del ejercicio de las potestades de control y regulatorias.

2. Compliance como estrategia para el buen gobierno

En el año 2017, el Congreso de la Nación Argentina sancionó la ley 27.401 que entró en vigencia el 1 de marzo de 2018 a través de la que introdujo en nuestro país la responsabilidad penal de las personas jurídicas privadas. Una cuestión que hasta ese momento era inconcebible en nuestro derecho positivo.

Con la sanción de esta ley ha quedado definitivamente desactualizada idea de que las personas jurídicas no pueden ser penalizadas, al atribuirles una responsabilidad penal autónoma frente a delitos vinculados a la corrupción que se pudieran cometer en su nombre, por su cuenta y en su beneficio.

Obviamente, no resulta fácilmente discernible esta idea de responsabilizar penalmente a las personas jurídicas dado que, conceptualmente, el derecho penal regula conductas propias de las personas humanas que, en principio, no serían imputables a las personas de existencia ideal.

Sin embargo, para sortear estas dificultades, el legislador ha canalizado esta idea a través de la doctrina conocida ordinariamente como *Compliance* que define las técnicas y estrategias del «Buen Gobierno Corporativo» y que consiste en la implementación de programas de integridad en el ámbito de las personas jurídicas para garantizar el cumplimiento normativo por parte de sus colaboradores, empleados y funcionarios.

El compliance, básicamente, se define como el conjunto de políticas y procedimientos implementados por las propias personas jurídicas para garantizar el cumplimiento tanto de las normas jurídicas como de sus políticas y reglamentos internos. Estas políticas y procedimientos, principalmente, tienden a asegurar que los directivos, empleados y colaboradores de la organización cumplan las regulaciones del sector en el que se desenvuelven.

Consecuentemente, un programa de compliance no consiste sino en la sistematización de aquellas políticas y procedimientos para lograr, de manera eficiente y eficaz, el cumplimiento normativo y evitar de ese modo sanciones penales y/o administrativas. Además, entre otras ventajas, aplaca los daños a la reputación que los incumplimientos normativos traen aparejado.

Vale aclarar que los programas de compliance no debieran estar abocados sólo al cumplimiento de las normas legales y administrativas, sino que también deben —o debieran— incluir normas internas de la organización como sus códigos de ética y de procedimientos.

Concretamente, la responsabilidad penal que atribuye la ley encuentra su causa en la inobservancia del *debido* control en la organización interna de las personas jurídicas.

Esto significa, ni más ni menos, que la ley encuentra entre las razones que motivan los actos de corrupción la falta de control interno de las personas jurídicas y, de esta manera, viene a exigirles, dentro de un esquema de autorregulación, la implementación de estos programas de integridad.

Obviamente, para que esos programas cumplan su objetivo deben contener una serie de requisitos que expresamente exige la ley; de ahí que el esquema de autorregulación es, en verdad, de autorregulación regulada.

La regulación de la autorregulación está trazada en el artículo 22 de la ley 24.701, al definir los programas de integridad —que deben implementar las personas jurídicas— como:

> «(...) el conjunto de acciones, mecanismos y procedimientos internos de promoción de la integridad, supervisión y control, orientados a prevenir, detectar y corregir irregularidades, y actos ilícitos comprendidos por esta Ley».

Para esta regulación jurídica se han tenido en cuenta los lineamientos de la Convención de las Naciones Unidas contra la Delincuencia Organizada Transnacional y la Convención de las Naciones Unidas contra la Corrupción, además de las recomendaciones del Grupo de Acción financiera Internacional (GAFI), de la Organización para la Cooperación y el Desarrollo Económicos (OCDE) y los compromisos asumidos por Argentina ante el Grupo de los 20 (G20), entre otros muchos compromisos internacionales.

3. El sistema sancionatorio como fundamento del compliance

Nadie duda que, desde sus orígenes la potestad penal estuvo a cargo del Poder Judicial, de manera que la facultad de juzgar las causas criminales y de aplicar las sanciones consecuentes debía —necesariamente— quedar radicada en los tribunales.

Sin perjuicio del avance del Derecho Administrativo sobre el sistema sancionatorio, no podemos dejar de considerar la naturaleza penal que, al menos en apariencia, puede traslucir aquel sistema. En esta línea planteaba Garberí Llobregat (1989: 47) que:

> «(...) una de las cuestiones que encierra mayor problemática en la definición jurídica de la potestad sancionadora de la administración es la de si se constituye como un poder autónomo —en cuyo caso detentaría algunas competencias con carácter privativo y actuaría informada por principios propios— o bien es tan sólo un poder delegado, provisional y auxiliar, sujeto por tanto a la fiscalización oportuna por quien tiene constitucionalmente atribuida esa potestad: el Poder Judicial».

Evidentemente, es imprescindible aclarar esta disyuntiva antes de considerar la naturaleza jurídica de la potestad sancionatoria de la administración en tanto que, de tratarse de un poder autónomo, el control judicial habría de canalizarse por una vía diferente a la que cabría en caso de tratarse de un poder delegado, provisional y auxiliar.

Garberí Llobregat (1989: 25-ss), para diferenciar «Administración» de «Jurisdicción» se vale de una distinción fundada en criterios de naturaleza objetiva, subjetiva y adjetiva[2]. La dificultad de diferenciar estos dos conceptos tiene origen en la época en que el Derecho Administrativo y el Derecho Procesal aparecían orgánicamente fusionados. Recién a partir de finales del siglo XVIII se proclamó su separación formal.

Un primer criterio objetivo de distinción puede advertirse en la *aplicación* del Derecho; donde pareciera que para la Jurisdicción la aplicación del Derecho es un *fin,* mientras que para la administración no es más que un *medio* del que se vale para el ejercicio de la función administrativa. La Jurisdicción presupone la existencia de un conflicto entre unas partes y su actuación apunta a la resolución de ese conflicto por medio de la aplicación del Derecho; a la vez que la administración persigue la satisfacción de los intereses públicos que le han sido confiados y alcanzar el bien común que tiene la responsabilidad de gestionar. Mientras la Jurisdicción actúa *sobre* el conflicto, la administración lo hace *en* el conflicto (Carnelutti 1926: II, 229).

En esta línea también podemos hacer el razonamiento según la *finalidad* perseguida por las sanciones. Así tenemos que, para la Jurisdicción, el objetivo principal de su función es la de aplicar sanciones, mientras que, para la administración, las sanciones son herramientas puestas a su alcance para el logro eficiente y eficaz de sus fines administrativos. Visto desde otra óptica, Guasp Delgado (1968), sostiene que:

> «(...) mientras la Jurisdicción es función estatal de satisfacción de pretensiones, la administración es función estatal de cumplimiento de los fines de interés general».

Un segundo criterio objetivo de distinción es el «de la Cosa Juzgada». De acuerdo a este criterio, la diferencia entre la Jurisdicción y la administración radica en el hecho de que la potestad sancionatoria ejercida por el Poder Judicial no es revisable por ningún otro Poder del Estado[3]; mientras que esa misma potestad en cabeza de la administración es esencialmente revisable por todas las instancias judiciales.

2 Garberí (1989: 25-ss):
«Para diferencias Administración de Jurisdicción se puede el jurista valer de tres metodologías deferentes: la una consistiría en partir de un estudio profundo de la Administración, de sus órganos, características, potestades y funciones, intentando contrastar cada aspecto obtenido con sus homónimos jurisdiccionales; el segundo sistema vendría a ser justamente su contrapunto, es decir, partir del análisis completo de la jurisdicción de la potestad por ella ejercida, y cotejarlo con las potestades administrativas; conforme al tercer sistema, por último, se trataría de un estudio global de ambos poderes al hilo, precisamente, de su distinción en criterios de naturaleza objetiva, subjetiva y adjetiva».

3 Corresponde de todos modos hacer la salvedad de la jurisdicción internacional que eventualmente pudiera resultar competente.

Sin perjuicio de los criterios objetivos aquí expuestos, vale resaltar posturas en contrario que sostienen que la sanción administrativa siempre es de naturaleza penal como es el caso de María Susana Villarruel (2008: 127), quien postula que «el acto mediante el cual se impone una sanción no reviste naturaleza administrativa».

Por otro lado, según criterios subjetivos de distinción, el de la independencia y el de la imparcialidad, son los más relevantes.

La independencia del Poder Judicial, constituye el pilar fundamental sobre el que se asienta el sistema republicano; pero no es este aspecto el que tenemos en cuenta para diferenciarlo de la administración. En realidad, la diferencia la encontramos en que en la administración existe una relación jerárquica entre sus agentes —falta de independencia—, mientras que la Jurisdicción se caracteriza por la inexistencia de una relación jerárquica entre los funcionarios judiciales —existencia de independencia—.

Por otro lado, al momento de considerar el aspecto de la imparcialidad, vamos a advertir que en la jurisdicción constituye un rasgo relacionado directamente con su propia esencia, mientras que la administración, dentro del marco del procedimiento administrativo, aparece como juez y parte frente al administrado detalle que, desde un punto de vista subjetivo, resiente la imparcialidad.

Finalmente, de acuerdo a criterios adjetivos, podemos encontrar diferencias entre la Jurisdicción y la administración; así tenemos que los procesos judiciales son esencialmente formales, mientras que la informalidad, constituye uno de las características propias del procedimiento administrativo.

4. Régimen sancionatorio

Lo cierto es que, más allá de los criterios diferenciales entre la jurisdicción y la administración, las sanciones administrativas fueron paulatinamente quedando al margen del sistema penal. En sus orígenes las sanciones administrativas se circunscribían a la violación de las normas protectoras del orden y la seguridad públicas. Es decir que, más allá de la naturaleza penal de las sanciones, la aplicación de algunas de ellas —las administrativas— quedó en manos de la administración y no de los Tribunales.

5. Potestades administrativas

La potestad que habilita a la administración pública la aplicación de estas sanciones, como sabemos, encuentra fundamento en el hasta hoy llamado Poder de Policía.

Si bien los administrados gozaban de un conjunto de derechos que podían ejercer libremente, sin autorización previa del Estado, tales derechos no eran absolutos, en tanto no podían poner en riesgo el orden y la seguridad públicas.

La tutela de ese orden y seguridad públicas se asignó a la administración y esa asignación se sustentó en el Poder de Policía; de esta manera el Poder de Policía —en sus inicios— sirvió para tutelar el orden público.

Sin embargo, desde finales del siglo pasado, debido a las diferentes modalidades que ha experimentado el desarrollo social y económico, se viene observando un incremento de las funciones administrativas y, entre ellas, las derivadas del ejercicio del Poder de Policía.

Así es como el concepto «orden público» cuya protección perseguía el Poder de Policía, se extendió a otro tipo de «orden» como el social, el político, el económico, etc., estableciendo reglas cada vez más intensas.

Obviamente, esta ampliación de la potestad de policía, no estuvo exenta de fuertes críticas fundadas en la idea de que una persona no podía ser sancionada por una autoridad distinta de los tribunales de justicia; ya que la facultad de aplicar penas parecía ser exclusiva del Poder Judicial.

Sin perjuicio de tales cuestionamientos, como está a la vista, el Poder de Policía conlleva una potestad que permanece aún en el Poder Ejecutivo; aunque su ejercicio esté sujeto a algunas condiciones para garantizar los principios de legalidad y razonabilidad; además de su revisión judicial.

De cualquier manera, es indudable que las sanciones administrativas encuentran su fundamento en el Poder de Policía; y tanto es así, que me animaría a afirmar que, sin sanción administrativa, el Poder de Policía carecería de eficacia.

En definitiva, aun cuando se atribuya al Poder de Policía diversas formas de intervención administrativa, es allí donde las sanciones administrativas encuentran su origen y fundamento.

6. La autorregulación regulada

Quedando claro entonces que las sanciones administrativas encuentran fundamento en el Poder de Policía y se manifiestan a través de las potestades de control y regulación legítimamente reconocidas a la administración pública, entraré seguidamente al concepto de autorregulación regulada, al que hice referencia en la introducción a esta ponencia.

Este concepto pretende instalarse como una alternativa a la perspectiva represora y sancionadora que ofrece la concepción actual del Poder de Policía. En otras palabras, viene a sustituir la visión exclusivamente punitiva que prevé el Régimen regulatorio de la administración, por un esquema de autorregulación. Es obvio que esta autorregulación no está enteramente librada a la discrecionalidad de las personas jurídicas, sino encuadrada dentro de un marco legal que dispone ciertas reglas generales; de ahí que la «autorregulación» sea, al mismo tiempo, «regulada».

En la República Argentina, este esquema encuentra fundamento en los programas de integridad de la ley 27.401 conocida como ley de responsabilidad penal de las personas jurídicas.

Es interesante destacar que en este caso la ley penal no prevé la aplicación de una pena por la inobservancia de un mandato legal —como es la confección de un programa de integridad— sino que, contrariamente, califica como «no punible» o exento de pena el delito de corrupción cuando la persona jurídica haya cumplido aquel mandato legal. En otras palabras, si la persona jurídica cuenta con un programa de integridad adecuado, queda eximida de las penas previstas para el delito que haya cometido.

De esta manera, aun cuando este esquema venga a establecer una carga para las personas jurídicas, contienen un incentivo que viene a ser como la nota distintiva y original de la autorregulación.

Esta nota, según mi parecer, configura el núcleo de la cuestión: ¿Puede una persona jurídica deslindar su responsabilidad frente a delitos de corrupción cometidos en su nombre? Definitivamente, sí. ¿De qué modo? Pues con la implementación de un programa de integridad o de compliance que reúna los requisitos previstos legalmente.

Ahora bien, es importante aclarar que un programa de integridad que aspire a deslindar responsabilidad no puede limitarse a un documento de simulada legalidad, sigilosamente «colgado» en la página web de la organización, sino que, como expresamente lo exige la ley, debe cumplir una serie de requisitos que pongan en evidencia que el programa sirve para mitigar los riesgos de incumplimiento normativo a que está expuesta la persona jurídica.

Son varios los requisitos que legalmente debe contener un programa de integridad adecuado; sin embargo, en miras a amojonar el alcance de esta ponencia me abocaré a uno propio del procedimiento administrativo y que está relacionado con la confección —en la intimidad de la persona jurídica— de una política o protocolo para las relaciones con el sector público[4].

4 Ley 27401, art. 23:
«El programa de integridad deberá contener (...) inciso b) Reglas y procedimientos específicos para prevenir ilícitos en el ámbito de concursos y procesos licitatorios, en la ejecución de los contratos administrativos o en cualquier interacción con el sector público».

7. La contratación pública

Ciertamente, la exigencia a las personas jurídicas de reglas y procesos internos para su relación con la administración pública, viene a significar una suerte de privatización del control del cumplimiento normativo. Ya no es el Estado quien controla a los administrados, sino que son ellos mismos quienes, implementando programas de integridad adecuados, se autorregulan.

De esta manera las personas jurídicas que de cualquier modo interactúan con el Estado pueden eximirse, o al menos limitar, las penalidades que prevé la ley al atribuirle responsabilidad penal.

Particularmente, la contratación pública es una de las áreas de la interrelación entre la administración pública y los particulares donde la corrupción se manifiesta más frecuentemente. Por eso la aludida ley establece de modo expreso que la existencia de un programa de Integridad, resulta una condición necesaria para poder contratar con el Estado Nacional[5].

Pero, no es sólo la contratación pública el semillero de la corrupción; lamentablemente toda la administración pública resulta susceptible de contaminarse de este flagelo. Así podemos encontrar corrupción en las áreas de fiscalización, de los ingresos públicos, de la Aduana, etc.

Por ello, al margen del supuesto especial de la contratación administrativa, el artículo 23 de la ley expresamente prevé que la necesidad de los programas de integridad son un requisito para «cualquier interacción con el sector público».

De esta manera, los programas de integridad no solo constituyen un requisito para la celebración de los contratos administrativos, sino también para cualquier tipo de «interacción con el sector público» como lo establece el artículo 23.

Quiere decir entonces que, más allá de naturaleza penal de la ley 27.401, esta tiene efectos directos sobre el derecho administrativo en tanto reglamenta puntualmente los aspectos de la relación del Estado con sus contratistas y, de modo más general, cualquier tipo de relación de las personas jurídicas con el sector público.

5 Ley 27401, art. 24: «La existencia de un Programa de Integridad adecuado (...) será condición necesaria para poder contratar con el Estado Nacional». Puntualmente, la ley exige la implementación de un programa de integridad en los casos vinculados a los contratos administrativos que (i) por su monto deba ser aprobado por autoridad con rango no menor a Ministro; (ii) de aquellos que se encuentren comprendidos en el artículo 4.° del decreto 1023/01; y (iii) los de obra pública, de concesión de obra pública, de participación público-privada y en cualquier contrato de concesión o licencia de servicios públicos; prácticamente todos los contratos administrativos.

8. Los programas de integridad en el procedimiento administrativo

Condensando lo desarrollado hasta aquí y en lo que interesa al procedimiento administrativo, son dos los aspectos legales a considerar:

8.1. La existencia de un programa de integridad como eximente de una sanción penal

Este aspecto refleja la naturaleza penal del compliance; se trata de tipificar una conducta cuyo incumplimiento lleva aparejada una sanción y al mismo tiempo, reconocer una eximición —o limitación— de pena si se implementa un programa de compliance adecuado.

Es el típico caso del llamado «delito no punible»; que no significa que la sola implementación de un programa de compliance reconozca un «derecho» a violar la norma que éste pretende desalentar. Es importante no caer en este desacierto —de pensar que la sola existencia de un programa de compliance— pueda generar una suerte de derecho a la corrupción.

En nuestro caso, lo que la ley penal persigue es generar una cultura de cumplimiento normativo transfiriendo a las personas jurídicas el control interno de ese cumplimiento y, para ello, les genera el deber de implementar un programa de compliance o integridad que —si está bien desarrollado— les habrá de servir como eximente o atenuante de la pena que corresponda.

8.2. La existencia de un programa de integridad que incluya reglas y procedimientos específicos para la interacción con el sector público

El segundo aspecto a considerar —justamente el que tiene que ver con el derecho administrativo— que además del deber de implementar un programa de compliance prevé la inclusión —dentro de ese programa— de ciertas reglas y procedimientos para la interacción con el sector público.

El deber de implementar un programa de compliance ya está previsto en el artículo 24 de la ley 27401 para los contratistas del Estado lo que implica que también deberán prever —como parte ese programa— «sus» propias reglas y procedimientos para contratar con la administración pública.

Sin embargo, nada impide que, al mismo tiempo, la administración disponga un deber equivalente para todas aquellas relaciones que —sin ser contractuales— mantenga con los administrados.

En tal caso, la administración transferiría a los propios administrados el control del cumplimiento de las normas administrativas —bajo un esquema de autorregulación regulada— limitándose sólo al control de la validez y eficacia de los programas de compliance o integridad.

De este modo, se podrían eximir o atenuar las sanciones administrativas de que pudieran ser pasibles aquellos administrados que —a través de sus programas de compliance— demuestren su compromiso con el cumplimiento de las normas, aunque, circunstancialmente, puedan imputárseles ciertos incumplimientos normativos.

Una manera de ejemplificar el caso surge de la teoría del Garrote y la Zanahoria (Collado y Leyton 2020), según la cual se implementan incentivos —zanahoria— para evitar conductas que traen aparejada una sanción —garrote—.

Desde otra óptica, la administración podría incentivar la confección de estos programas reconociendo a los particulares —a modo de gratificación— algunas ventajas prácticas como, por ejemplo, la facilitación o simplificación de algunos trámites o pasos burocráticos.

9. Conclusiones

Para concluir, creo que la implementación de estos programas de compliance o integridad —que se manifiestan a través de la autorregulación del cumplimiento de las normas— no sólo genera un ahorro burocrático, sino que, principalmente, contribuye a fomentar en la sociedad una cultura y compromiso con el cumplimiento de las normas y, porque no, con la ética que tanto anhelamos en estos tiempos.

10. Bibliografía

Carnelutti, Francesco (1926). *Lezioni di Diritto Processuale Civile.* Padua: Cedam, 4 volúmenes.

Collado González, Rafael y **Leyton Flores, Patricio** (2020). «De garrotes y zanahorias: Derecho penal ambiental y compliance», en *Revista de Derecho Ambiental*, 13, pp. 111-143. Disponible en: https://revistas.uchile.cl/index.php/RDA/article/view/54191/61538

Darnaculleta i Gardella, María Mercè (2006). «Autorregulación regulada y medio ambiente. El sistema comunitario de ecogestión y auditoría ambiental», en Esteve Pardo, J. (coord.). *Derecho del medio ambiente y administración local.* Barcelona: Fundación Democracia y

Gobierno Local, pp. 325-344. Disponible en: https://www.researchgate.net/profile/Merce-Darnaculleta/publication/279683852_Autorregulacion_regulada_y_medio_ambiente_El_sistema_comunitario_de_ecogestion_y_auditoria_ambiental/links/5e71f4a9299bf1571845dc83/Autorregulacion-regulada-y-medio-ambiente-El-sistema-comunitario-de-ecogestion-y-auditoria-ambiental.pdf.

Garberí Llobregat, José (1989). *La Aplicación de los Derechos y Garantías Constitucionales a la Potestad y al Procedimiento Administrativo Sancionador*. Madrid: Editorial Trivium.

Guasp Delgado, Jaime (1968). *Derecho Procesal Civil*, tomo I. Madrid: Civitas Ediciones. Tercera edición.

Quiroz Waldez, Francisco Javier (2005). «Sociedad de la información y el conocimiento», en *Boletín de los Sistemas Nacionales Estadístico y de Información Geográfica.* Disponible en: https://seieg.iplaneg.net/seieg/doc/sociedad_1396044378.pdf

Villarruel, María Susana (2008). «El control judicial de las sanciones administrativas. Su modificación por el órgano judicial», en *Derecho Administrativo Austral*, 1.

LA BUENA ADMINISTRACIÓN EN LA TRAMITACIÓN DEL PROCEDIMIENTO ADMINISTRATIVO: LOS MODOS DE CULMINACIÓN[1]

Good Administration in the processing of the administrative procedure: the methods of completion

Luis Eduardo Rey Vázquez[2]
Universidad Nacional del Nordeste (Argentina)

Fecha de Recepción: 01/10/2022
Fecha de Aceptación: 31/10/2022

Resumen: En la presente ponencia analizaré la relación existente entre el principio de buena administración y los modos normales y anormales de terminación del procedimiento administrativo, así como la incidencia de los principios que prevalecen en dicha etapa. Lo haré entroncándolo en el debido proceso, como una manera de garantizar el respeto a la tutela administrativa efectiva, y en especial, el derecho a una decisión fundada y en un plazo razonable.

---

1 Abreviaturas utilizadas: CNACAF: Cámara Nacional de Apelaciones en lo Contencioso Administrativo Federal (Argentina); Corte Interamericana de Derechos Humanos (CorIDH); CSJN: Corte Suprema de Justicia de la Nación (Argentina); ED: El Derecho (Argentina); EDA: El Derecho Administrativo (Argentina); JA: Jurisprudencia Argentina; RDA: Revista de Derecho Administrativo (Argentina).

2 Abogado y Escribano (UNNE), Doctor en Derecho (UNNE), Especialista en Derecho Administrativo (UNNE), Doctor en Derecho Administrativo Iberoamericano de la Universidad de A Coruña (UDC). Profesor Adjunto por Concurso de Derecho Administrativo en la Facultad de Derecho y Ciencias Sociales y Políticas (UNNE) e Investigador Categorizado (IV). Profesor Titular de Derecho Administrativo General y Especial — Carrera de Abogacía de la Facultad de Ciencias Jurídicas y Políticas de la Universidad de la Cuenca del Plata. Miembro del Foro Iberoamericano de Derecho Administrativo. Presidente del Superior Tribunal de Justicia y del Consejo de la Magistratura de la Provincia de Corrientes.

Palabras clave: Procedimiento. Debido proceso. Plazo razonable. Caducidad.

Abstract: In this paper I will analyze the relationship between the principle of good administration and the normal and abnormal modes of termination of the administrative procedure, as well as the incidence of the principles that prevail in said stage. I will do so by linking it to due process, as a way to guarantee respect for effective administrative protection, and in particular, the right to a well-founded decision within a reasonable time.

Keywords: Process. Due process. Reasonable term. Expiration.

1. Preliminar

En la presente ponencia, enmarcada en la temática de las XIII Jornadas de Derecho Administrativo Iberoamericano, en homenaje al Maestro José Luis Meilán Gil, intituladas «La buena administración del procedimiento administrativo», dentro de la Mesa Redonda n.º 3 dedicada a «La buena administración en la tramitación del procedimiento administrativo», analizaré la relación existente entre el principio de buena administración y los modos normales y anormales de terminación del procedimiento administrativo, así como la incidencia de los principios que prevalecen en dicha etapa.

Lo haré entroncándolo en el debido proceso, como una manera de garantizar el respeto a la tutela administrativa efectiva, y en especial, el derecho a una decisión fundada y en un plazo razonable.

2. La buena administración como principio del procedimiento administrativo

2.1. Decisión fundada en un plazo razonable

El concepto de «buena administración», muy estudiado por la doctrina española[3] fundamentalmente, se halla consagrado en distintos instrumentos europeos y americanos con el rango de un derecho fundamental, como son

3 Entre otros, Rodríguez-Arana 2006; Meilán Gil 2014.

la Carta europea de los derechos fundamentales de la persona, el código europeo de buena conducta administrativa y la Carta iberoamericana de los derechos y deberes de los ciudadanos.

En Argentina, se encuentra plasmado en algunas normas provinciales, como la reciente ley mendocina de procedimiento administrativo, en los siguientes términos:

> «Art. 1.º... f) Principio de buena administración.
>
> La Provincia de Mendoza reconoce en sus procedimientos administrativos:
>
> 1) El principio fundamental de la buena administración pública, con sus derechos y deberes derivados, tanto para administradores como administrados. Éstos pueden exigir que los asuntos de naturaleza pública sean tratados con equidad, justicia, objetividad, imparcialidad y resolverse en plazo razonable, conforme las circunstancias de cada caso, apreciadas razonablemente con el fin último del servicio a la dignidad de la persona humana como contenido inexcusable del bien común.
>
> 2) La observancia del deber básico y común de administradores y administrados de actuar con lealtad en la tramitación de todo asunto administrativo, de colaboración, buena fe, veracidad, responsabilidad, respeto y decoro.
>
> 3) La protección en sede administrativa y judicial de los derechos humanos reconocidos en las diversas fuentes jurídicas con rango constitucional».

Aun cuando no aparezca mencionado de modo explícito en otras regulaciones, es posible hallarlo de modo plausible dentro del principio tradicional del debido proceso adjetivo, o, como también se denomina en recientes normativas y proyectos legislativos, como tutela administrativa efectiva[4].

4 Tal como ocurre en el Anteproyecto elaborado por la Comisión para el Estudio de la Reforma del Decreto Ley 7647/70 y sus modificatorias de la Provincia de Buenos Aires, a iniciativa del Poder Ejecutivo, en materia de procedimientos administrativos, cuando expresa en el Capítulo II, dentro de los Principios Generales:
«(...) inciso b) Tutela administrativa efectiva: (...) la cual comprende, entre otros, el derecho a: 1-Ser oído dentro de un plazo razonable, antes de que se adopte una decisión o algún curso de acción que pueda afectar sus derechos o intereses tutelados por el ordenamiento jurídico (...) 5-Obtener una resolución expresa y fundada que haga consideración de los principales argumentos y de las cuestiones propuestas, en tanto fuesen conducentes a la solución del caso. 6-Que los procedimientos administrativos tramiten y concluyan en un plazo razonable. 8-Ser notificado por un medio que garantice certeza de la fecha de recepción del instrumento de notificación y del texto completo del acto dictado y a que se le indiquen las vías administrativas o judiciales disponibles para su defensa. 9-A que los funcionarios y empleados públicos desarrollen su comportamiento en base a criterios de objetividad, justicia e imparcialidad...»

En el tratamiento clásico, la Ley Nacional de Procedimientos administrativos n.° 19.549, prescribe como aspecto concernido en el principio del debido proceso, al *Derecho a una decisión fundada*, que implica:

> «(...) 3) Que el acto decisorio haga expresa consideración de los principales argumentos y de las cuestiones propuestas, en tanto fueren conducentes a la solución del caso».

Tempranamente, sostuvo la CSJN, enarbolando el rol predicado del administrado como colaborador[5] en la elaboración de la decisión administrativa, que aun cuando no fuese exigible el procedimiento de reclamo administrativo previo, la circunstancia que el particular escogiese intentar una solución en sede administrativa no podía desmejorar su situación procesal de cara al proceso judicial posterior —en caso de no hallarla en aquél—.

Expresó el Alto Tribunal que:

> «La circunstancia de haber intentado el actor la satisfacción de su reclamo en sede administrativa, aunque no estaba obligado a hacerlo para habilitar la instancia judicial, no puede, de ninguna manera, desmejorar su situación procesal ni coartarle su acceso a la jurisdicción»[6].

Tal temperamento es consecuente con la garantía de tutela administrativa —y judicial— efectiva, conforme fuera reconocida por la Corte Suprema al expresar que:

> «(...) la garantía a la tutela administrativa y judicial efectiva, que supone la posibilidad de ocurrir ante los tribunales de justicia —y ante las autoridades administrativas competentes— y obtener de ellos sentencia o decisión útil relativa a los derechos de los particulares o litigantes y que requiere, por sobre todas las cosas, que no se prive a nadie arbitrariamente de la adecuada y oportuna tutela de los derechos que pudieren eventualmente asistirle sino por medio de un proceso —o procedimiento— conducido en legal forma y que concluya con el dictado de una sentencia —o decisión fundada...»[7].

---

5 Así en la causa «Actuar Agrupación Consultores Técnicos Universitarios Argentinos S.A. y otros v. Agua y Energía Eléctrica Sociedad del Estado» del 18-07-2002 (*Fallos* 325:1787), Considerando 10.° in fine, sostuvo la CSJN que:
«(...) Como contrapartida, el contratista debe comportarse con diligencia, prudencia y buena fe, habida cuenta de su condición de colaborador de la administración en la realización de un fin público...».
En la doctrina, puede citarse el artículo de TAWIL 1985. Asimismo, me he ocupado del tópico en REY 2016.

6 CSJN, 30-03-1989, «Elverdin, Jorge Julio v. UNLP. s/ ordinario», *Fallos* 312:417.

7 CSJN, 14-10-2004, «Astorga Bracht, Sergio y otro c/ COMFER — dto. 310/98 s/ amparo ley 16.986». *Fallos* 327:4185.

Es decir, jamás podría gravitar negativamente el hecho de que el particular hubiese apostado al procedimiento administrativo para intentar una solución de su pretensión en sede administrativa[8] —aun cuando culmine no hallándola y debiendo acudir a la justicia—.

La cuestión se ha reeditado recientemente en ocasión donde el Máximo Tribunal Nacional se pronunció robusteciendo el principio «*in dubio pro actione*»[9], al dejar sin efecto una sentencia de la SCJ de Mendoza que admitió la excepción de caducidad de la acción tendiente a que se declare la nulidad del decreto provincial que dispuso la caducidad de la concesión del servicio público de transporte de pasajeros de media y larga distancia por presuntas infracciones.

En efecto, la sentencia revocada había rechazado la demanda con fundamento en que *el recurso de revocatoria interpuesto por la actora contra el acto impugnado resultaba innecesario* y que debió cuestionarlo en sede judicial dentro del plazo de caducidad de treinta días del art. 20, Ley 3918 de Mendoza.

La Corte Nacional sostuvo que no asignarle gravitación al recurso administrativo interpuesto, constituye una decisión de injustificado rigor formal y comporta una exégesis de las reglas aplicables contraria a las garantías de debido proceso y al principio *in dubio pro actione* rector en la materia que vulnera la garantía constitucional de defensa en juicio —art. 18, Constitución Nacional—[10].

Resulta destacable cuando a partir de la no exigibilidad en el caso del recurso de revocatoria, sostiene que:

> «De ello no es posible deducir que en la hipótesis contraria —con participación del interesado en el expediente administrativo, como ocurriría en el sub lite a

8 En punto a la exigencia del reclamo administrativo previo, se ha señalado que su finalidad es la de «... *producir una etapa conciliatoria anterior al pleito, dando a la Administración la posibilidad de revisar el caso, salvar algún error y promover el control de legitimidad de lo actuado*» (CSJN, 13-07-1991, «Gasparri y Cía. S.A.», *Fallos* 314:725, consid. 7.°; criterio reiterado en CSJN, 04-08-2009, «E.D.E.M.S.A. c/ E.N.A. y M.E.O.S.P.N. s/ cobro de pesos». *Fallos* 332:1629).

9 CSJN, 18-10-2016, «Transportes Uspallata S.R. L. c/ Gobierno de la Provincia de Mendoza si acción procesal administrativa», *Fallos* 339:1483, remitiéndose al Dictamen de la Procuradora Fiscal Laura Monti.

10 Calificó de desprolija la conducta de la Administración por irregularidades en las notificaciones, al igual que al no haberse cerciorado respecto de la personería del supuesto representante de la empresa. También le enrostró haber incurrido en una interpretación del art. 178, Ley 3909 de Mendoza que restringe claramente el acceso a la jurisdicción y no se compadece con su texto expreso, el cual se limita a establecer que si el recurso es deducido por quien resulta afectado a raíz de un procedimiento en el que no intervino o contra una declaración dictada de oficio, el interesado puede ofrecer prueba y añade que, en estos supuestos, si la declaración impugnada emana del gobernador la decisión que recaiga en el recurso de revocatoria es definitiva y causa estado.

criterio del tribunal— se encuentre cercenado el derecho a interponer el recurso previsto por los arts. 177 y 178, pues dicha postura no permite la revisión del acto por parte de la máxima autoridad ni favorece la continuidad de la acción».

También ha sido una manifestación del debido proceso, la garantía de plazo razonable, conforme lo resuelto por la CSJN *in re* «Losicer»[11], donde se la extendió a los procedimientos administrativos sancionatorios, al sostener que:

1. La dilación del procedimiento administrativo que se extendió por más de 20 años es incompatible con el derecho al debido proceso amparado por el art. 18 de la Constitución Nacional y por el art. 8 de la CADH, si los hechos investigados no exhiben una especial complejidad y los sumariados no obstaculizaron el curso del procedimiento, ya que los prolongados lapsos de inactividad procesal son atribuibles inequívocamente a la autoridad administrativa, situación que se presenta como el principal motivo de la dilación.
2. El «plazo razonable» de duración del proceso al que se alude en el inc. 1 del art. 8 de la CADH, constituye una garantía exigible en toda clase de proceso, difiriéndose a los jueces la casuística determinación de si se ha configurado un retardo injustificado de la decisión.
3. Ante la ausencia de pautas temporales indicativas de la duración razonable de un proceso, deberá tenerse en cuenta a) la complejidad del asunto; b) la actividad procesal del interesado; c) la conducta de las autoridades judiciales y d) el análisis global del procedimiento[12].

2.2. Razonabilidad y proporcionalidad. Exceso de punición

El principio de razonabilidad, que se extrae del art. 28 de la Constitución de la Nación Argentina, hace referencia a la adecuada proporcionalidad que debe existir entre las medidas que el acto involucra, y la finalidad que el mismo persigue, y constituye uno de los límites del obrar discrecional, operando así como medio de interdicción de la arbitrariedad en el obrar de la Administración Pública.

---

11 CSJN, 26-06-2012, «Losicer, Jorge Alberto y otros c. BCRA — Resol. 169/05 (expte. 105666/B6 SUM FIN 708)», *Fallos*: 335:1126.

12 Corresponden a los sumarios de Editorial La Ley, AR/JUR/32230/2012. El criterio ha sido reiterado por la Corte en la causa «Bonder Aaron (Emperador Compañía Financiera S.A.) y otros c. B.C.R.A. s/ resol. 178/93», 19/11/2013, *La Ley* 2014-C, 524, AR/JUR/77309/2013. Con anterioridad, el Máximo Tribunal sostuvo que «La tramitación de un sumario que insumió casi una década, comportó «de hecho» una virtual sanción, en la medida en que el agente se vio privado en la práctica de progresar en su carrera administrativa» (CSJN, 30-10-2001, — «Méndez, Claudio C.», *JA* 2002-II-677).

Como tal, es un principio que permite apreciar, en cada caso concreto, cuando la sanción aplicada guarda relación con la falta imputada y debidamente comprobada, ya que, de existir desproporción, el acto se transforma en arbitrario y, por tanto, deviene ilegítimo[13].

A tal respecto, la Jurisprudencia tiene declarado que:

«(...) El Poder Judicial se encuentra investido de la potestad de revisar los actos administrativos de carácter disciplinario que emanan de la administración, comprendiendo el ámbito posible de la intervención de los magistrados, no sólo el control judicial de su regularidad, sino también la razonabilidad de las medidas que los funcionarios adopten en ejercicio de sus facultades, por lo que los jueces pueden anularlas cuando aquéllos hayan incurrido en arbitrariedad manifiesta»[14].

En la misma causa, sostuvo además que:

«La apreciación que efectúan las juntas de calificaciones respecto de la aptitud del personal para ascender, conservar el grado o pasar a situación de retiro, comporta el ejercicio de una actividad discrecional, no correspondiendo a los jueces sustituir el criterio de dichos organismos, salvo arbitrariedad o irrazonabilidad».

Agregó que:

«No se advierte que la Junta de Calificaciones haya actuado arbitrariamente si declaró al oficial actor no propuesto para permanecer en actividad por cuanto su proceder había puesto en evidencia una total falta de ética profesional y personal, falta de lealtad hacia la institución, circunstancias agravadas por su calidad de oficial superior, por lo que dejó de merecer la confianza de sus superiores inhabilitándolo para permanecer en las filas de la Prefectura Naval Argentina».

En la causa «Demchenko»[15], el Alto Tribunal de la Nación ha establecido que:

«La facultad de graduación de la multa entre el mínimo y el máximo previsto en la ley no escapa al control de razonabilidad que corresponde al Poder Judicial con respecto a los actos de la Administración Pública, incluso cuando se trata de facultades discrecionales de ésta»; agregando que: «La discrecionalidad no implica en modo alguno una libertad de apreciación extralegal que obste a la revisión judicial de la proporción o ajuste de la alternativa punitiva elegida por la autoridad respecto de las circunstancias comprobadas, de acuerdo con la finalidad de la ley».

13 CSJN, 22-03-1984, «Fadlala de Ferreyra, Celia Ramona», *Fallos* 306:126.

14 CNACAF, sala V, 26-11-1997, «Delgadillo, Ernesto José C. Ministerio de Defensa Prefectura Naval Argentina», *ED*, 177-503.

15 CSJN, 04-11-1998, «Demchenko, Iván c. Prefectura Naval Argentina», *ED*, 183-966.

En fecha más reciente, se ha hecho aplicación de dicho principio, en un caso donde se sancionó a un diplomático en situación de retiro, por hechos realizados en su ámbito privado, sosteniendo que:

> «(...) La sanción de exoneración aplicada al actor es inválida, pues existe falta de proporción de medio a fin entre las medidas que dicho acto involucra y la finalidad tenida en mira por la ley al conferir al Ministro de Relaciones Exteriores la potestad disciplinaria sobre el personal del servicio exterior de la Nación, en tanto que el accionante ya había sido relevado de sus funciones y le había sido aplicada la sanción de retiro obligatorio prevista en el art. 41, inc. b), ley 20.957. De lo cual resulta que el único efecto legal derivado de dicha exoneración ulterior es la pérdida de los haberes de retiro que le habían sido reconocidos previamente al sancionarlo con el retro obligatorio...»[16].

Cuando la sanción aplicada no guarda proporción con la falta cometida, se configura lo que la doctrina ha dado en llamar el vicio de «exceso de punición»[17].

Al respecto, la CSJN se ha pronunciado en el caso «Nassif, Eybel O.»[18], en los siguientes términos:

> «Si bien la cesantía y la exoneración tienen como efecto común separar al agente civil de la Administración, no puede admitirse que el Poder Ejecutivo pueda aplicarlas indistintamente según su criterio discrecional, pues el decreto-ley 6666/57 enumera las sanciones aplicables, en escala de gravedad creciente hasta llegar a la cesantía y separadamente, a la exoneración, operando ésta efectos complementarios respecto de los derechos jubilatorios y el posible reingreso a la Administración».

Asimismo, dijo el Alto Tribunal que:

> «En materia de poderes disciplinarios de la Administración sobre el personal, se requiere a los fines de la aplicación de las sanciones, que la vinculación de gravedad equivalente con las previstas en forma expresa, y el control de legalidad impone la adecuada configuración y clasificación de los hechos y que las sanciones se ajusten a su texto».

Y en lo que directamente se relaciona a la consecuencia del exceso de punición, estableció lo siguiente:

> «Aun cuando el acto administrativo impugnado sea vulnerable por haberse excedido en la sanción imponible aplicando la exoneración, corresponde dejar sin efecto ésta, pero no ordenar la reincorporación, dado que la sentencia ha comprobado infracciones que autorizan la cesantía».

---

16 CSJN, 05-09-2006, «Spinosa Melo, Oscar Federico c. E.N. — M.º de Relaciones Exteriores, Comer. Internacional y Culto s/empleo público», *Fallos* 329:3617 – [*EDA*, (31/10/2006, nro 11.625)].

17 *Vid.* Marienhoff 1989; COMADIRA 1990.

18 CSJN, 18-08-1964, *La Ley*, 117-185.

Como fácilmente se colige del fallo, la falta administrativa existió y fue debidamente acreditada en el expediente, pero la gravedad de la misma autorizaba la aplicación de la sanción de cesantía, y no la de exoneración, efectuando para ello la Corte el análisis respecto de la razonabilidad de la sanción aplicada, confrontada con los hechos comprobados[19].

2.3. El silencio como modo anormal de terminación del procedimiento administrativo. Interpretación restrictiva del plazo de caducidad

Respecto de los pronunciamientos que consideraron operativo el plazo de caducidad frente al silencio de la administración, soslayando así que ha sido instituido en beneficio del particular administrado, no para la Administración, cabe rememorar que ya en el caso «*Galián c/Provincia de Corrientes*» del 26-12-1978 registrado en Fallos 300:1292, ha dicho la CSJN que:

> «Resulta irrazonable que mediando una manifestación inequívoca y expresa del recurrente impugnando un acto o decisión de la Administración, suficiente para determinar la medida y el alcance de su reclamo, se presuma por vía legal su renuncia, cuando el órgano no cumple con su obligación de resolver dentro del plazo y el interesado no urge la decisión. En efecto, atribuir a esa renuncia por el art. 44 del Código Contencioso-administrativo de la Provincia de Corrientes al hecho de no haber urgido el procedimiento ante el silencio del órgano, no guarda coherencia con las reglas generales del procedimiento, premia la actitud negligente de la Administración, importa un trato desigual no razonable de los sujetos de la relación de derecho público y atenta contra la garantía de la defensa establecida en el art. 18 de la Constitución Nacional»20.

---

19 Sobre el tópico, apunta SESÍN (2004: 231) que:
«*(...) Para la Corte Suprema, entonces, en casos excepcionales, relativos al ejercicio de la potestad sancionadora de la Administración, los jueces no sólo pueden invalidar el acto ilegítimo sino también sustituirlo por una sanción inferior. Ello no vulnera la división de poderes ni implica introducirse en cuestiones de oportunidad o mérito, sino que, para la Corte, tal proceder transcurre en el marco de la interpretación de la ley, dentro de lo reglado, relativo a la proporcionalidad de la medida y la finalidad de la norma*»

20 Idéntico temperamento observó de manera concordante y sin fisuras el Alto Tribunal en los casos B 204 XXIX; «*Biain, Abel Rubén y Olivero, Antonio Jesús c/ Instituto de Previsión Social de la Provincia del Chaco s/ demanda contenciosoadministrativa*», 18-07-1995. *Fallos* 318:1349; C. 180. XXIV; «*Colegio Bioquímico del Chaco c/ Instituto de Previsión Social de la Provincia del Chaco s/ demanda contenciosoadministrativa*», 04-11-1993. *Fallos* 316:2477, donde sostuvo que:
«*La mecánica aplicación del plazo del art. 11 de la ley 848 de la Provincia del Chaco —efectuada sin considerar el pronto despacho y el recurso de revocatoria interpuestos— omite valorar la puntual conducta puesta de manifiesto por la actora y premia la actitud negligente de la administración, haciendo jugar en contra del particular la figura del silencio administrativo instituida en su favor*».

En otro caso, reiteró que

«(...) Atenta contra la garantía de defensa en juicio —art. 18, Constitución Nacional— la sentencia que declaró inadmisible una demanda judicial por falta de agotamiento de la vía administrativa, pese al silencio guardado frente a un pedido de pronto despacho, pues tal silencio constituye un derecho a su favor, y no una carga que se le imponga y cuya inobservancia revierta en su perjuicio, agravando el daño ocasionado por el incumplimiento de la Administración...», [agregando que] «(...) Configura sentencia arbitraria, que torna procedente el recurso extraordinario, la que declaró inadmisible una demanda judicial por falta de agotamiento de la vía administrativa, pese al silencio guardado por la Administración frente a un pedido de pronto despacho, ya que aplicó una norma legal que no regía para el caso —art. 118, Código de Procedimientos Administrativos provincial—, privando al administrado del acceso a la jurisdicción [Del dictamen de la Procuradora General Substituta al que la Corte remite]»[21].

Merece destacarse lo decidido en la causa «*Chacofi*»[22], donde expresa:

«4.°) (...) Que, según surge de la sentencia, el a quo consideró que el término para interponer la acción judicial había comenzado a correr a partir del vencimiento del plazo que tenía la Administración para pronunciarse respecto del primer recurso jerárquico, pues en ese entonces se había configurado la denegación tácita por silencio tal como lo prevé el art. 112 de la ley 3460...», [agregando luego en el Considerando 6.°)] «(...) Lo dicho por la recurrente para concluir en la inaplicabilidad del plazo de caducidad frente a una denegación tácita por silencio, comporta una inteligencia de las reglas aplicables imbuida por el principio de «in dubio pro actione» —rector en la materia y destacado por esta Corte al pronunciarse en la causa G.31.XXII. «Guerrero, Luis Ramón c. Municipalidad de Córdoba», del 8 de agosto de 1989-, que el a quo ha dejado de lado mediante afirmaciones dogmáticas y sin precisar norma alguna que, en el orden local, impusiera de modo expreso la solución que adopta en el fallo. A ello cabe agregar que en casos que presentan sustancial analogía con el de autos, este tribunal ha restado trascendencia a la configuración de un supuesto de denegación tácita cuando la propia Administración, aunque tardíamente, decide conocer sobre el fondo de la pretensión formulada y la resuelve explícitamente (Fallos: 295:276; 299:344 y 308:838) ...».

Asimismo, sostuvo la Corte en la referida causa «*Chacofi*» que:

«(...) Corresponde dejar sin efecto la sentencia que hace lugar a la excepción de caducidad de la acción opuesta por la repartición estatal demandada, al considerar por razones de seguridad jurídica, la no interrupción o suspensión de los

---

21 CSJN, 03-04-2001, «*Electroingeniería S.A. c. Dirección de Energía de Catamarca*», *Fallos* 324:1087.

22 CSJN, 07-04-1992, «*Chacofi S.A.C.I.F.e I. c. Dirección de Vialidad de la Provincia de Corrientes*», *Fallos* 315:656.

plazos de caducidad, pues contrasta con el hecho de que la inseguridad resultante de la indefinida posibilidad de accionar, sólo es imputable a la Administración, que puede poner fin a ella en cualquier momento, dictando la resolución expresa requerida por el interesado...».

En otro pronunciamiento, la Corte Suprema remarcó que:

«(...) resulta inaceptable que sea el propio órgano administrativo a quien la ley confía, en primer lugar, la atribución de decidir ... sobre la petición formulada, quien, mediante una prolongada demora en la observancia de su cometido —en el caso, dos años a noviembre de 2006— termine produciendo nada menos que lo que el legislador, con toda evidencia, quiso evitar...»[23].

Alude allí a la intención de querer relevarse de la obligación de resolver alegando el silencio a favor de la Administración, lo que resulta inadmisible atento a que constituye una opción exclusivamente del particular el reputar denegado tácitamente el reclamo.

Y en un caso más reciente sostuvo la Corte —adhiriendo al dictamen de la Procuradora Fiscal Dra. Laura Monti— que:

«(...) el criterio que aquí se propicia resulta congruente con el adoptado por la Corte en Fallos: 315:656; 316:2477 y 318:1349, al intervenir en instancia extraordinaria, cuando dejó sin efecto sentencias de tribunales provinciales que aplicaban plazos de caducidad para iniciar la demanda contencioso-administrativa mediando silencio de la Administración. En tales casos, los jueces locales entendían que el término para iniciar el proceso judicial comenzaba a transcurrir a partir del momento en el que se configuraba el silencio, sin embargo, el Tribunal descalificó tales fallos por incurrir en un injustificado rigor formal y poner de relieve una interpretación de las reglas aplicables contrarias al principio in dubio pro actione, rector en la materia, señalando, a su vez, que el criterio cuestionado premiaba la actitud negligente de la Administración y hacia jugar en contra del particular la figura del silencio administrativo, instituida, claramente, en su favor...»[24].

Por tal motivo, en dicha causa la Corte Suprema entendió, sobre la base que:

«(...) El control de constitucionalidad de las normas es uno de los fines supremos del Poder Judicial de la Nación, y la declaración de inconstitucionalidad de una disposición legal es un acto de suma gravedad institucional y una de las más delicadas funciones susceptibles de encomendarse a un tribunal de justicia y, por ello, debe ser considerada como ultima ratio del orden jurídico, qué sólo debe ejercerse cuando la repugnancia con la cláusula constitucional es manifiesta y la

23 CSJN, 26-03-2009, «Avila, Félix Esteban c. Ministerio de Justicia y DDHH», *Fallos* 332:611.

24 CSJN, 11-02-2014. «Biosystems S.A. c. EN - M.Salud - Hospital Posadas s/ contrato administrativo». *AR/JUR/145/2014.*

incompatibilidad es inconciliable...», [que] «... No corresponde declarar la inconstitucionalidad del art. 31 de la LNPA, en tanto no se condiciona el acceso a la justicia cuando la Administración no se pronuncia, debiéndose habilitar la instancia judicial a pesar de que la demanda se haya entablado luego del plazo de caducidad del art. 25 LNPA, ya que la imposición de un plazo de caducidad para demandar frente al silencio administrativo no es congruente con la finalidad de la opción procesal consagrada en el art. 26 de la LNPA, ni el modo de contar el plazo de caducidad previsto en el art. 25 de la LNPA para deducir la demanda, pues en los supuestos contemplados en este artículo dicho término se computa a partir de la notificación del acto que agota la vía administrativa y, en el supuesto del silencio no podría dar comienzo por la inexistencia de acto administrativo que notificar [Dictamen del Procurador que la Corte hace suyo]».

Agregó además que:

«(...) Es obligación de la Administración decidir las cuestiones que se le planteen en término (art. 1 LNPA), por lo que, frente al silencio, el particular tiene la opción de esperar el dictado de la resolución o bien acudir a la instancia administrativa o judicial que corresponda, pues cuenta con un medio idóneo para la protección de sus derechos frente a la actitud pasiva que lo perjudica [Dictamen del Procurador que la Corte hace suyo]».

La postura de la Corte en la causa «*Biosystems*», ha sido referenciada por la Dra. Laura Monti (2014: 167-ss), remarcando que:

«La aplicación de estos plazos de caducidad solo rige cuando existe un acto expreso del Estado, dictado en la vía impugnatoria o en la reclamatoria. Así lo ha dejado claro la Corte Suprema de Justicia de la Nación en la causa «Biosystems».

Sin embargo, en un voto disidente en su carácter de vocal de la CSJN, el juez Rosatti[25] sostuvo que la cuestión no se soluciona con apoyo en la sola hermenéutica, pues considera que resultaba necesaria la declaración de inconstitucionalidad de la norma del art. 31 de la ley 19.549, tal como está redactada, conforme redacción dada por la Ley 25.344.

En lo pertinente, expresó dicho magistrado que:

«(...) Por lo cual, el art. 31 de la ley 19.549 en su redacción actual, en la medida en que adopta expresamente una solución opuesta al criterio fijado por esta Corte, viola el principio de tutela judicial efectiva y configura un obstáculo al acceso a la justicia contrario al art. 18 de la Constitución Nacional. En efecto, si bien la declaración de inconstitucionalidad de las normas debe ser considerada como la última ratio del orden jurídico (Fallos: 249:51; 264:364; 288:325; 319:3148; 321:441; 322:1349; 328:1416, entre otros) y no cabe suponer la inconsecuencia del legislador asignando

25 CSJN, 20-02-2018, «Cooperativa de Provisión de Servicios Telefónicos y otros Servicios Públicos y comunitarios de Cen. c/ Estado Nacional s/ cumplimiento de contrato».

a la ley un sentido que ponga en pugna sus disposiciones (Fallos: 306:721; 307:518 y 993), tales premisas no pueden llegar al extremo de prescindir del sentido inequívoco de las palabras escritas en el texto de la cláusula mencionada en el inicio de este párrafo, que al expresar verbos que sugieren conductas diferentes («podrá» y «deberá») no pueden ser asimilados por la nuda voluntad del juez...»

2.4. El caso «Perrone y Preckel *vs.* Argentina» y la garantía de plazo razonable

El 8 de octubre de 2019 la CorIDH dictó una Sentencia mediante la cual declaró que el Estado de Argentina es responsable de la violación de la garantía del plazo razonable, prevista en el artículo 8.1. de la Convención Americana, en perjuicio de Elba Clotilde Perrone y Juan José Preckel[26].

Sin embargo, concluyó que el Estado no es responsable por la violación a los artículos 8.1 y 25 de la Convención Americana, en relación con las obligaciones previstas en el artículo 1.1 del mismo instrumento, respecto ambos, por la indebida motivación de las decisiones judiciales que desestimaron sus pretensiones ni por la falta de acceso a un recurso judicial efectivo.

En efecto, y dejando de lado la fecha en que ocurrieron los hechos —década del 70 del siglo XX— y que no estaba vigente aún en Argentina la Convención Americana de Derechos Humanos, ambas personas, empleados de la entonces Dirección General Impositiva, fueron objeto de privación de su libertad durante el gobierno de facto, y uno de ellos debió exiliarse, quedando desvinculados *inter tantum* del empleo que ejercían en el ente autárquico dependiente del Poder Ejecutivo Nacional.

Luego, al ser reincorporados en los años 1982 y 1984, ambos dedujeron reclamos administrativos tendientes al pago de los haberes no percibidos mientras estuvieron separados del empleo por causas ajenas a su voluntad, que al ser denegados en sede administrativa, motivaron la promoción de sendas acciones judiciales, que llegadas a la CSJN, tuvieron como resultado una negativa a sus pretensiones, con base a la constante jurisprudencia doméstica que postula el no-derecho al cobro de haberes por funciones no desempeñadas[27].

---

26 Corte IDH. «Caso Perrone y Preckel Vs. Argentina. Excepciones Preliminares, Fondo, Reparaciones y Costas», Sentencia de 8 de octubre de 2019, Serie C n.° 38. Disponible en: https://www.corteidh.or.cr/docs/casos/articulos/seriec_385_esp.pdf

27 Así, por ejemplo, CSJN, 21/05/1996, «Perrone, Elba Clotilde c/ Estado Nacional — Dirección General Impositiva», *Fallos* 319:844, sostuvo en el Considerando 8.°) «no ha existido disposición expresa que permita hacer excepción al principio esencial en materia de salarios, cual es, que no procede el pago de sueldos por funciones no prestadas (Fallos: 297:427; 307:1199 y muchos otros)»

Pero lo cierto es que dicho aspecto ha salido indemne a la luz del escrutinio internacional, mostrando la Corte IDH cierta deferencia respecto de la manera en que el derecho interno ha resuelto la cuestión planteada (Rosatti 2016). Solamente ha condenado a la Argentina por la violación de la garantía de plazo razonable, reparando en que la duración total desde que cada uno dedujo el reclamo administrativo hasta la sentencia de la CSJN, transcurrió un período total de alrededor de 11 años, lo que se entendió violatorio de dicha garantía.

3. Conclusiones

Resulta innegable la estrecha relación existente entre la buena administración con la tutela administrativa —y judicial— efectivas, para lo cual, amén de llevarse procedimientos con la debida participación de los interesados, en forma pública y transparente, debe procurarse arribar a la solución de la manera más eficiente y eficaz, debidamente fundada y motivada y en un plazo razonable, evitando interpretaciones que conduzcan a cercenar la posición procedimental o procesal del ciudadano.

Como apuntaba el Maestro Meilán Gil (2014):

> «La motivación del acto deja de ser un mero elemento de éste para constituirse en un derecho fundamental conectado con el también fundamental a la tutela judicial efectiva. Lo mismo sucede en el caso de la no resolución sin indebida dilación, especialmente importante en materia de silencio positivo, de modo que no corran los plazos para la interposición del recurso en tanto no se dicte la obligada resolución expresa».

O como expresa el profesor Rodríguez-Arana (2022):

> «La forma en el Derecho Administrativo encuentra su máxima realización, como es lógico, en el procedimiento administrativo. En efecto, el procedimiento administrativo es pura forma, pero forma animada por la objetividad que debe presidir todo su régimen y que debe traducirse en el resultado final, la resolución que pone fin al mismo procedimiento».

Finalmente, en clave de control de convencionalidad, vemos que la CorIDH verifica —en cambio— la observancia de las garantías del debido proceso y la tutela administrativa y judicial efectivas, siendo una de sus manifestaciones el derecho a ser juzgado en un plazo razonable, estándar que ha sido aplicado en un caso que versara sobre un tema propio del derecho administrativo, como es la relación de empleo público, y la duración de los procedimientos y procesos tendientes al reconocimiento del derecho esgrimido.

4. Bibliografía

COMADIRA, Julio R. (1990). «El exceso de punición y su incidencia sobre la validez del acto Administrativo», en *RDA,* 4, p. 273-ss.

MARIENHOFF, Miguel S. (1989). «El exceso de punición como vicio del acto jurídico de Derecho Público», en *La Ley*, 1989-E, 963.

MEILÁN GIL, José Luis (2014). «Una construcción jurídica de la buena administración», en *RDA,* 91, p. 121-ss, AP/DOC/2992/2013.

MONTI, Laura (2014). «Habilitación de la instancia contencioso administrativa en el orden federal», en *Revista de Derecho Público*, 8, p. 167-ss.

REY VÁZQUEZ, Luis Eduardo (2016). «El ciudadano colaborador en contratación administrativa argentina», en RODRÍGUEZ-ARANA MUÑOZ, J. (dir.). *Cuadernos de Mariñán*. A Coruña: Diputación Provincial de A Coruña, pp. 353-366.

RODRÍGUEZ-ARANA MUÑÓZ, Jaime (2006). *El Buen Gobierno y la buena administración de Instituciones Públicas.* Navarra: Thomson-Aranzadi.

RODRÍGUEZ-ARANA MUÑOZ, Jaime (2022). *La forma y el Derecho Administrativo*. Valencia: Tirant lo Blanch.

ROSATTI, HORACIO D. (2016). «Globalización, convencionalidad y estatidad. Sobre el 'margen de apreciación nacional' en la aplicación de normas internacionales», en *Academia Nacional de Derecho*, 145, AR/DOC/2524/2016.

SESÍN, DOMINGO J. (2004). *Administración Pública. Actividad reglada, discrecional y técnica. Nuevos mecanismos de control judicial*. Buenos Aires: LexisNexis - Depalma, segunda edición actualizada y ampliada.

TAWIL, Guido S. (1985). «El principio de colaboración y su importancia en el procedimiento administrativo», en *La Ley* 1985-E, 952; AR/DOC/18536/2001.

PROYECCIÓN DE LA BUENA ADMINISTRACIÓN A LA RELACIÓN ADMINISTRACIÓN-ADMINISTRADO A TRAVÉS DEL PROCEDIMIENTO ADMINISTRATIVO[1]

Projection of Good Administration to the Administration-administered relationship through the administrative procedure

Carlos E. Delpiazzo Rodríguez[2]
Universidad Mayor de la República Oriental del Uruguay

Fecha de Recepción: 01/10/2022
Fecha de Aceptación: 31/10/2022

Resumen: A partir de la consideración del principio de buena administración desde sus dimensiones jurídica, ética y tecnológica, se examina la incidencia del mismo en el procedimiento administrativo como ámbito de relacionamiento entre las Administraciones públicas y los administrados, poniendo el énfasis en la colaboración efectiva entre quienes participan en su desenvolvimiento.

---

1 Versión revisada de la ponencia preparada para las XIII Jornadas de Derecho Administrativo Iberoamericano (Pazo de Mariñán, 2020) en homenaje al Prof. José Luis Meilán Gil.

2 Doctor en Derecho y Ciencias Sociales por la Universidad Mayor de la República Oriental del Uruguay. Profesor Emérito de la Facultad de Derecho de dicha Universidad. Director de la Especialización y Maestría en Derecho Administrativo y Gestión Pública en la Facultad de Derecho de la misma Universidad. Catedrático de Derecho Administrativo en dicha Maestría y en la Facultad de Derecho de la Universidad de Montevideo. Ex Catedrático de Derecho Informático y de Derecho Telemático en la Facultad de Derecho de la Universidad Mayor de la República. Ex Director de la Escuela de Posgrado de dicha Facultad. Ex Decano de la Facultad de Derecho de la Universidad Católica del Uruguay Dámaso Antonio Larrañaga. Autor de 85 libros y más de 600 trabajos publicados en el país y en el exterior. Profesor Invitado del Instituto Nacional de Administración Pública (España). Profesor

Palabras clave: Procedimiento administrativo. Principio de buena administración. Principio de colaboración. Relación Administración-administrado.

Abstract: Starting from the consideration of the principle of good administration from its legal, ethical and technological dimensions, its incidence in the administrative procedure is examined as an area of relationship between the Public Administrations and the administered, emphasizing the effective collaboration between those who participate in its development.

Keywords: Administrative Procedure. Principle of good administration. Principle of Collaboration. Administration-administered relationship.

1. Sentido reconocimiento. Tras los pasos de un referente

«El 26 de junio de 2018 España perdió a uno de los constructores de la modernidad democrática, Galicia perdió a uno de sus hijos más dilectos, el Derecho Administrativo perdió a uno de sus grandes maestros del siglo XX, y yo perdí a un referente del que recibí siempre el trato de amigo».

Con estas palabras abría mi participación en el homenaje que muchos Profesores del mundo le brindamos al Prof. José Luis Meilán Gil a poco de su fallecimiento (Rodríguez-Arana 2020: 95).

Visitante de la Especialización en Derecho Administrativo de la Universidad de Belgrano (Argentina). Profesor Extraordinario Visitante de la Universidad Católica de Salta (Argentina). Miembro del Comité Académico de la Maestría de Derecho Administrativo de la Facultad de Derecho de la Universidad Austral (Argentina) y de la Comisión Académica del Programa de Doctorado de Derecho Administrativo Iberoamericano liderado por la Universidad de La Coruña (España). Ex Director y miembro del Instituto Uruguayo de Derecho Administrativo, del Instituto de Derecho Administrativo de la Universidad Notarial Argentina, de la Asociación Argentina de Derecho Administrativo, de la Asociación de Derecho Público del Mercosur, de la Asociación Centroamericana de Derecho Administrativo, de la Academia Internacional de Derecho Comparado, de la Asociación Iberoamericana de Derecho Administrativo, y del Instituto Internacional de Derecho Administrativo. Secretario General del Foro Iberoamericano de Derecho Administrativo. Miembro de Número de la Academia Nacional de Derecho y de la Academia Nacional de Economía del Uruguay.

Cerraba la misma imaginando en sus labios la frase paulina: «He combatido el buen combate, he concluido mi carrera, he conservado la fe»[3].

Para decirlo con sus propias palabras, tomadas de su poemario, cité las siguientes (Meilán 2012: 83):

> «Quedó el reloj parado, sin vigilia, vistió de lino para la aventura, se zambulló sin más en la alegría».

Convencido de que ya participa de la alegría eterna del Cielo, con admiración por su fecunda y rica obra jurídica, hago pie en su viejo (Meilán 1967) y renovado enfoque de la Administración como «servidora de los intereses generales en cuyo núcleo se encuentran los derechos fundamentales de la persona» (Meilán 2011: 25-ss).

Desde esa óptica, reflexionaré sobre las proyecciones de la buena administración a la relación Administración-administrado, especialmente a través del procedimiento administrativo, convencido por el Maestro (Meilán 2016: 190) de que hoy en día:

> «(...) la buena administración no responde a bien intencionados principios de Ciencia de la Administración sino a postulados con fuerza jurídica en un Derecho Administrativo acorde con el progreso tecnológico y los requerimientos de la profundización democrática».

Por supuesto, el empleo del vocablo «administrado» —participio pasivo de administrar— no connota para mí una desvalorización del sujeto que se relaciona con cualquier órgano público sino que, por el contrario, lo uso con la pretensión de abarcar las múltiples formas en que los Derechos positivos se refieren ora al habitante, ora al interesado, ciudadano, particular, usuario, expropiado, contratante, peticionario o recurrente, en definitiva, a la persona desde la centralidad de su dimensión relacional con la Administración[4] procurando una visión unitaria (González 2003: 22-ss) y expansiva (García-Trevijano 1974: I, 520).

2. Las dimensiones de la buena administración

2.1. Dimensión jurídica

Superada la etapa en que la noción de buena administración se vinculó al mérito más que a la legitimidad del quehacer administrativo (Giorgi 1976: 71-ss), al presente corresponde, en primer lugar, reconocer la consolidación de *la buena administración como principio general de Derecho* y, por ende, como regla de Derecho con máximo valor y fuerza (Delpiazzo 2020a: 127-ss).

3 San Pablo. *Segunda carta a Timoteo*, capítulo 4, versículo 7.

4 *Vid.* Delpiazzo 2014a: 227-ss; Delpiazzo 2020b: 244-245.

Al respecto, reiteradamente he enfatizado en la importancia de los principios generales como soportes estructurales del sistema jurídico, auténticos cimientos del mismo en cuanto constituyen los primeros criterios o fundamentos que expresan el asiento —piedras sillares— del ordenamiento al que dan sustento[5].

Como bien se ha destacado (Ruocco 2013: 100-ss):

> «En diversos trabajos de investigación se han expuesto nóminas de lo que se considera manifestaciones del principio de buena administración, advirtiéndose un sumatorio heterogéneo de valores, principios y reglas que se encuentran en la mayoría de los Derechos Administrativos de los Estados objeto de investigación y en diversos textos comunitarios... Estas proyecciones del principio sirven como importante fundamento para la apreciación de si ha existido mala administración, facilitando la aplicación de un test de corrección y de razonabilidad, sin perjuicio de la superior jurisdicción de los tribunales de justicia».

En todo caso, la recta traducción del principio de buena administración a la realidad (Rodríguez-Arana 2006: 54-55) supone:

> «(...) crear las condiciones para que cada hombre y cada mujer encuentre a su alrededor el campo efectivo, la cancha, en la que jugar libremente su papel activo, en el que desarrollar su opción personal, en la que realizar creativamente su aportación al desarrollo de la sociedad en la que está integrado. Creadas esas condiciones, el ejercicio real de la libertad depende inmediata y únicamente de los propios ciudadanos, de cada ciudadano. El buen gobierno, la buena administración ha de mirar precisamente a la generación de ese ambiente en el que cada ciudadano pueda ejercer su libertad en forma solidaria».

En segundo lugar, *la buena administración como deber* se concreta en hacer bien lo que hay que hacer, teniendo en cuenta que para toda la Administración —y, por tanto, para sus funcionarios— el ejercicio de la competencia, más que un conjunto de poderes jurídicos atribuidos por el ordenamiento para el cumplimiento de determinados cometidos, constituye un elenco de deberes a ser cumplidos, de modo que la expresión que mejor describe su situación es la de deber-poder y no la de poder-deber (Bandeira 2006: 108).

Según se ha dicho (Durán 2010: 176), con acierto:

> «Ese hacer bien las cosas comprende tanto la correcta determinación de fines como la adecuada selección de medios para alcanzarlos. Es que, si no se determinan correctamente los fines, las cosas no se pueden hacer bien; pero si se determinan bien los fines y no se eligen los medios adecuados, no se puede alcanzar el fin debido. Por tanto, aun admitiendo que lo más importante es la determinación de los fines, no se puede desdeñar los medios para hacer las cosas bien».

---

5 *Vid.* Delpiazzo 2009a: 229-ss; Delpiazzo 2009b: 32-ss; Delpiazzo 2008: 607-ss.

No puede ser de otra manera ya que la Administración no sólo debe ajustarse al principio de juridicidad, sino que debe actuar de acuerdo con las exigencias de la buena administración ya que «administrar bien es algo más que respetar el principio de legalidad» (Ruocco 2013: 97).

En tercer lugar, la afirmación de *la buena administración como derecho* es una lógica consecuencia del deber que viene de señalarse y de la servicialidad connatural al ejercicio de la función administrativa.

Como bien se ha dicho (Rodríguez-Arana 2008: 113-117):

> «En la medida que la Administración se contempla como la institución por excelencia al servicio de los intereses generales y éstos se definen de manera abierta, plural, dinámica, complementaria y con un fuerte compromiso con los valores humanos, entonces el aparato público deja de ser un fin en sí mismo y recupera su conciencia de institución de servicio a la comunidad. Así, de esta manera, es más fácil entender que si la tarea de dirección pública, sea en el gobierno o en la administración, se concibe desde esta aproximación, entonces el derecho ciudadano a un buen gobierno y a una buena administración pública es algo razonable y adecuado». [A la vez], «(...) el derecho fundamental a la buena administración de instituciones públicas constituye un paso decisivo en orden a garantizar unos mínimos democráticos en el ejercicio del poder».

Desde la perspectiva de nuestro ordenamiento jurídico, podría concluirse que la proclamación de este derecho no aporta nada nuevo. Sin embargo, el mismo tiene la virtud de resumir la formulación de un nuevo modo de concebir la relación de la Administración con los administrados y de incluir nuevas proyecciones según los tiempos y lugares. Así (Ruocco 2013: 98):

> «(...) el derecho de toda persona a reclamar una Administración que cuente con el personal adecuado al servicio de los habitantes y que actúe de acuerdo con las reglas de la ética pública. Además, la organización tiene que ser transparente. En su actuación, la Administración debe establecer trámites procedimentales que garanticen el respeto de los derechos de los interesados y que permitan alcanzar la mejor decisión. A su vez, la actividad administrativa tiene que ser eficaz y eficiente».

2.2. Dimensión ética

Como ya lo he destacado reiteradamente antes de ahora, la buena administración refiere a la adecuada elección de los medios y de la oportunidad de ejercicio de las competencias con relación al fin específico que se quiere satisfacer. Se trata de una nota propia de la función administrativa ya que la misma debe cumplirse de la forma más oportuna y más adecuada para la obtención de los fines objeto de la función pública[6].

6 *Vid.* Delpiazzo 2017: 189-ss; Delpiazzo 2020a: 95.

Consecuentemente, no puede sino coincidirse con la afirmación (Durán 2005: 154) de que:

> «(...) la Administración no puede ser sino buena; si no lo es, resulta ilegítima. Esa ilegitimidad radica en no hacer bien las cosas, es decir, en un actuar ineficaz».

Siendo así, fluye claramente que la afirmación de que *la Administración no puede ser sino buena* y la postulación de la buena administración como regla tienen una trascendencia no sólo jurídica sino ética en la medida que implican la calificación de un obrar conforme a lo bueno, es decir, a lo que está bien (Delpiazzo 2014b: 41-ss).

En tal sentido, sabido es que la Ética es «la disciplina teórico práctica que se ocupa del obrar humano en cuanto a la bondad y/o maldad y rectitud o no de sus actos y omisiones» (Etcheverry 2006: 16).

Siendo así, la Ética refiere a lo que está objetivamente bien u objetivamente mal por encima de las opiniones subjetivas de cada persona. Tal calificación debe tener en cuenta siempre tres elementos: el objeto, el fin y las circunstancias. Por lo tanto, no basta la buena intención y el fin no justifica los medios. Es en la universalidad de las reglas a aplicar que uno puede medir si las conductas son objetivamente buenas o malas; dicho en términos negativos: *«no hagas a los demás lo que no quieres que hagan contigo»*, y dicho en términos positivos: *«trata a los otros como te gustaría ser tratado»* (Delpiazzo 2011a: 787-ss).

Bajo esta perspectiva, la noción de buena administración ofrece un ancho cauce a la mejora de la relación entre la Administración y los administrados en el Estado Constitucional de Derecho de nuestros días.

2.3. Dimensión tecnológica

Esa mejora resulta potenciada por el vertiginoso desarrollo de la Informática y las Telecomunicaciones, que operan a mi juicio como una nueva dimensión de insospechadas proyecciones sobre la aplicación práctica de la buena administración (Delpiazzo 2015: 166-ss).

En tal sentido, desde la perspectiva de la actividad administrativa, tantas veces canalizada a través del procedimiento administrativo común y de los procedimientos administrativos especiales en los que son parte los administrados, las nuevas tecnologías de la información y de las comunicaciones posibilitan una *gestión transparente*.

En efecto, cuando se habla de transparencia de la gestión administrativa[7]:

> «(...) se quiere dar un paso más respecto a la publicidad... como que la publicidad implica mostrar, pero la transparencia implica algo más que mostrar, implica dejar ver; simplemente que el actuar de la Administración se deje ver como a través de un cristal».

7 *Vid.* Delpiazzo 2002: 29-ss; Delpiazzo 2003a: 43-ss; Delpiazzo 2003b: 113-ss.

Además, es inocultable que la Administración electrónica propende a la *desburocratización* mediante el efectivo acercamiento al administrado.

Igualmente, ninguna duda puede caber acerca de la *simplificación* que aporta a la tramitación tradicional de los más diversos asuntos que obligan a los administrados a conectarse con ella.

Según ilustraba la Exposición de Motivos de la ley española n.º 11/2007 de 22 de junio de 2007 sobre acceso electrónico de los ciudadanos a los servicios públicos:

> «Las tecnologías de la información y las comunicaciones hacen posible acercar la Administración hasta la sala de estar de los ciudadanos o hasta las oficinas y despachos de las empresas y profesionales. Les permiten relacionarse con ellas sin colas ni esperas... Esas condiciones permiten también a los ciudadanos ver a la Administración como una entidad a su servicio y no como una burocracia pesada que empieza por exigir, siempre y, para empezar, el sacrificio del tiempo y del desplazamiento que impone el espacio que separa el domicilio de los ciudadanos y empresas de las oficinas públicas. Pero, además de eso, las nuevas tecnologías de la información facilitan, sobre todo, el acceso a los servicios públicos a aquellas personas que antes tenían grandes dificultades para llegar a las oficinas públicas, por motivos de localización geográfica, de condiciones físicas de movilidad u otros condicionantes, y que ahora se pueden superar por el empleo de las nuevas tecnologías».

3. Incidencia de la buena administración en el procedimiento. Nueva mirada necesaria

En el marco de las transformaciones actuales del procedimiento administrativo[8], el principio de buena administración constituye un foco iluminador para la resolución de múltiples cuestiones.

En primer lugar, *desde su dimensión jurídica*, en tanto principio general —regla de Derecho con máximo valor y fuerza— el de buena administración posee una función directiva de la adecuación del Derecho procesal administrativo a los requerimientos de los tiempos que corren, cumple una función interpretativa útil para resolver las cuestiones que se vayan suscitando en la práctica, y tiene una función integradora de las lagunas del sistema normativo (Delpiazzo 2020a: 143).

En segundo lugar, *desde su dimensión ética*, no debe extrañar que (Rodríguez-Arana 2016: 593):

> «En las formulaciones recientes sobre la buena administración pública suele estar siempre presente la dimensión ética, seguramente porque se ha caído en la

8 *Vid.* Barnés 2008: 15-ss; Barnés 2006: 263-ss.

cuenta de que la buena Administración pública debe estar orientada al bienestar integral de los ciudadanos y debe facilitar, por tanto, a quienes son sus destinatarios el mejoramiento de sus condiciones vitales para que pueda libre y solidariamente desarrollar su personalidad».

Desde esta perspectiva, el procedimiento administrativo, tal como lo ilustra la Carta Iberoamericana de los Derechos y Deberes de los Ciudadanos frente a la Administración Pública (2013) (Rodríguez-Arana 2021: 303-ss), en línea con la Carta Europea de los Derechos Fundamentales (2000) (Rodríguez-Arana 2016: 599-ss), resulta incidido por los siguientes reconocimientos principales, entre otros con proyección ética:

a) Derecho a la motivación de las actuaciones administrativas.

b) Derecho a la tutela administrativa efectiva.

c) Derecho a una resolución amparada en el ordenamiento jurídico, equitativa y justa.

d) Derecho a no presentar documentos que ya obren en poder de la Administración pública.

e) Derecho a ser oído siempre antes de que se adopten medidas que les puedan afectar desfavorablemente.

f) Derecho a la participación en las actuaciones administrativas en las que tengan interés.

g) Derecho a presentar quejas y denuncias.

h) Derecho de acceso a la información pública, así como a los expedientes administrativos que les afecten.

i) Derecho a ser tratado con cortesía y cordialidad.

j) Derecho a exigir el cumplimiento de responsabilidades de quienes cumplan funciones administrativas.

En tercer lugar, *desde su dimensión tecnológica*, la incorporación de las nuevas tecnologías de la información y las comunicaciones, potencia la multifuncionalidad del procedimiento administrativo que, además del dictado de actos administrativos, puede cubrir más ampliamente aspectos (Schmidt-Assman 2008: 76-ss) tales como:

a) Garantizar la tutela de los derechos e intereses individuales.

b) Facilitar la participación.

c) Abrir cauces para el equilibrio y conciliación de intereses contrapuestos.

d) Incrementar la transparencia.

e) Facilitar la cooperación administrativa.

f) Promover la eficacia y eficiencia de la acción administrativa.

Por otra parte, como consecuencia de la interoperabilidad, se facilita y fomenta el *intercambio de información pública* entre las Administraciones, con lo cual se promueve asimismo el derecho de acceso de los habitantes a dicha información (Delpiazzo 2011b: 66-ss) y la simplificación de sus trámites.

A través del mismo se profundiza el control de la actividad administrativa y de quienes la realizan, permitiendo el pleno ejercicio de la soberanía del pueblo sobre sus mandatarios y, por ende, fortificando el sistema democrático republicano[9] y coadyuvando a superar el «déficit democrático» que supone el secretismo del obrar público (Pomed 1997: 471).

Consecuentemente, no puede llamar la atención el ancho cauce que las nuevas tecnologías aportan a la *modernización* del procedimiento administrativo en todas sus etapas y modalidades[10].

En tal sentido, resulta ilustrativa la Carta Iberoamericana de Gobierno Electrónico (2007) en cuanto reconoce ampliamente el derecho de los administrados a relacionarse electrónicamente con las distintas Administraciones públicas (Galli 2019: 280-ss).

4. Énfasis en la colaboración. Función y desvíos

Con la agudeza que lo caracteriza, Javier Barnés (2011: 405-ss) identifica lo que considera tres generaciones en la evolución del procedimiento administrativo, la tercera de las cuales —la actual— hace foco en la idea de colaboración.

Enseña que:

> «El procedimiento administrativo de primera generación constituye ante todo un instrumento o mecanismo para la correcta aplicación del Derecho, en manos de la Administración imperativa, especialmente diseñado para el dictado de actos administrativos singulares (decisiones unilaterales), potencialmente de gravamen o restrictivos de derechos... El procedimiento cumple una función adjetiva, accesoria o subordinada respecto del Derecho material, es decir, una función instrumental».

En cambio:

> «La segunda generación tiene por misión la elaboración de toda clase de normas reglamentarias, programas, planes o proyectos, en un entorno también de Administración imperativa. En este escenario, la Administración opera como si de un legislador se tratara».

---

9 *Vid.* Guichot 2011: 47-ss, 129-ss; Rodríguez 2004: II, 589.

10 *Vid.* Delpiazzo 2012a: I, 1319-ss; Delpiazzo 1992: 417-ss; Delpiazzo 2010: 79-ss; Delpiazzo 2012b: 73-ss; Delpiazzo 2012c: 1417-ss; Delpiazzo 2018: 129-ss; Delpiazzo 2014c: 17-ss; Delpiazzo 2014d: 49-ss.

A su tiempo:

> «La tercera generación de procedimientos se mueve en el marco de las nuevas formas de gobernanza, en un medio ambiente de colaboración, cuando no se trata sólo de aplicar el Derecho preexistente sino de buscar, entre múltiples actores y en forma cooperativa, la mejor solución».

Aparece aquí, casi como «palabra mágica» (Barnés 2010: 35), la idea de colaboración, propia de la noción de gobernanza, que se diferencia del clásico concepto de gobierno caracterizado por la dirección política de arriba hacia abajo, y que comprende tanto la colaboración interadministrativa como la público-privada (Delpiazzo 2020a: 93-ss).

Desde esta segunda perspectiva, interesa poner el énfasis en la proyección de la colaboración como elemento transformador de la relación Administración-administrado, tantas veces vista como confrontativa y no armónica aún en el disenso.

Es que la colaboración, como cualidad propia de la buena administración, implica —tal como resulta de la acepción dada a la palabra por la Real Academia Española— «trabajar con otra u otras personas en la realización de una obra» y «ayudar con otros al logro de un fin».

Ello se debe materializar no sólo en sede de contratación administrativa[11] sino también en los diversos procedimientos administrativos especiales a través de los cuales se canaliza el encuentro entre Administración y administrados para el logro de fines concretos enmarcados en el superior bien común.

Aun cuando tradicionalmente se ha visto como una de las características del procedimiento administrativo su carácter contradictorio, en el sentido de que suelen hacerse valer en él distintos intereses por sus respectivos titulares, tal circunstancia no puede inhibir su desarrollo en un marco de colaboración como condición básica de la relación Administración-administrado y verdadero presupuesto del procedimiento administrativo (Tawil 2010: 247-ss).

Lamentablemente, la práctica cotidiana nos muestra que en muchos casos la colaboración brilla por su ausencia, como acontece cuando la Administración impone a los administrados largas gestiones (muchas veces inerciales e inútiles) o les exige el pago de tasas o sellados, los somete a largas esperas, les obliga a concurrir reiterada e infructuosamente a las oficinas correspondientes y les pide documentos o información de los que ella dispone. No puede ser así.

Por eso, no puede sino compartirse (Tawil 2012: II, 13) que:

> «La idea del enfrentamiento entre la Administración y los administrados debe ser erradicada. Forma parte de la esencia misma del procedimiento administrativo que la decisión emanada del órgano estatal no sea consecuencia de una disputa

11 *Vid.* DELPIAZZO 2019: 23-24; MARTINEZ y TECHERA 2018: 59-ss.

entre ellos sino, por el contrario, el fruto de una conjunción de esfuerzos, una interacción imprescindible entre el particular y la Administración destinada a obtener un resultado justo y provechoso para el individuo y la comunidad en su conjunto».

5. Colofón. Necesarios medios de concreción

En su triple dimensión —jurídica, ética y tecnológica—, el principio de buena administración impone una colaboración efectiva que se traduzca asimismo en una simplificación de los procedimientos administrativos y en una facilitación de la participación de los administrados para el logro de sus fines en el marco del bien común sin desmedro de las garantías correspondientes.

Ya antes de ahora he insistido en la convicción de que el Derecho del siglo XXI, iluminado por el principio de la buena administración, debe cumplir el doble rol de ser facilitador y garante[12].

No puede ser de otra manera si, acudiendo a conceptos nucleares del Derecho Administrativo actual, se tiene en cuenta que, por un lado, es de la esencia de la Administración su servicialidad[13]. y que, por otro lado, la teoría del administrado se construye sobre la base —también esencial— de la centralidad de la persona humana como destinataria del quehacer estatal (Delpiazzo 2020b: 243-ss).

En efecto, de una parte, la referida *servicialidad*, tanto desde el punto de vista general como del procedimiento administrativo en lo que aquí interesa, está impuesta por la realidad de que el Estado constitucional de Derecho (Rodríguez-Arana 2004: 75):

> «(...) está para fomentar, promover y facilitar que cada ser humano pueda desarrollarse como tal a través del pleno ejercicio de todos y cada uno de los derechos humanos. Por tanto, el ser humano, la persona, es el centro del sistema; el Estado está a su servicio y las políticas públicas también».

Ello es así porque[14]:

> «El Estado de Derecho viene a configurarse-definirse conceptualmente por su finalidad: concurrir a la realización del hombre en plenitud mediante la función estatal protectora de la persona humana».

---

12 *Vid.* Delpiazzo 2004: 249-ss; Delpiazzo 2016: 11; Delpiazzo y Viega 2004 (2009): I, 234-ss.

13 *Vid.* Delpiazzo 2005: 7; Delpiazzo 2020a: 71.

14 *Vid.* Brito 2001: 63-ss; Brito 2004: 256.

Por otra parte, la *centralidad* de la persona humana —que Mariano Brito llama «protagonismo originario»[15]— se funda en su eminente dignidad (Brito 2012: 155-ss), que la hace irrepetible e insustituible para la realización de sus fines vitales esenciales.

Por eso, superada la doctrina tradicional que miraba al administrado como el sujeto pasivo de las potestades administrativas, se impone reivindicar con carácter general y desde la perspectiva del procedimiento administrativo en particular, su carácter de sujeto acreedor de la Administración desde el punto de vista de la justicia distributiva.

Según se ha destacado (Barra 1980: 259-260):

> «Contraparte de la Administración en cuanto persigue la satisfacción de intereses propios a través de la relación que entabla con aquélla, el administrado es también un colaborador necesario de la Administración pública, teniendo en cuenta que la realización concreta y efectiva del bien común sólo se logra mediante su justa distribución en el ejercicio de la virtud de la justicia distributiva».

6. Bibliografía

Bandeira De Mello, Celso Antonio (2006). *Curso de Derecho Administrativo.* México: Editorial Porrúa - Universidad Nacional Autónoma de México.

Barnés Vázquez, Javier (2006). «Sobre el procedimiento administrativo: evolución y perspectivas», en Barnés Vázquez, J. (ed.). *Innovación y reforma en el Derecho Administrativo.* Sevilla: Global Law Press, pp. 263-ss.

Barnés Vázquez, Javier (2008). «El procedimiento administrativo en transformación», en BARNÉS, J. (ed.). *La transformación del procedimiento administrativo*. Sevilla: Global Law Press, pp. 15-ss.

Barnés Vázquez, Javier (2010). «Procedimientos administrativos de tercera generación», en *AIDA. Revista de la Asociación Internacional de Derecho Administrativo,* 7, p. 35.

Barnés Vázquez, Javier (2011). «Una reflexión sobre los principios generales del procedimiento administrativo. Tres generaciones de procedimiento. Tres variedades de principios procedimentales», en VV.AA. *Congreso Internacional de Derecho Administrativo*. San Salvador, pp. 405-ss.

15 *Vid.* Brito 1991: 28; Brito 2004: 245.

Barra, Rodolfo Carlos (1980). *Principios de Derecho Administrativo.* Buenos Aires: Abaco Editorial.

Brito, Mariano R. (1991). «Libertad y autoridad del Estado», en VV.AA. *Aspectos legales y socioeconómicos de la desregulación y privatización.* Montevideo: F.C.U., pp. 28-ss.

Brito, Mariano R. (2001). «El Estado de Derecho en una perspectiva axiológica», en *Ius Publicum*, 6, pp. 63-ss.

Brito, Mariano R. (2004). *Derecho Administrativo. Su permanencia, contemporaneidad, prospectiva.* Montevideo: U.M.

Brito, Mariano R. (2012). «La dignidad humana como fundamento de nuestro Derecho Administrativo», en Delpiazzo Rodríguez, C.E. (coord.). *Pasado y presente del Derecho Administrativo Uruguayo.* Montevideo: F.C.U., pp. 155-ss.

Delpiazzo Rodríguez, Carlos E. (1992). «El procedimiento administrativo y las nuevas tecnologías de la información», en *Revista Uruguaya de Derecho Constitucional y Político*, tomo VIII, núm. 48, pp. 417-ss.

Delpiazzo Rodríguez, Carlos E. (2002). «La regulación legal del control social y transparencia», en *Revista de Antiguos Alumnos del Instituto de Estudios Empresariales de Montevideo*, año 5, núm. 1, pp. 29-ss.

Delpiazzo Rodríguez, Carlos E. (2003a). «Control social de la Administración y transparencia», en *Ius Publicum*, 11, pp. 43-ss.

Delpiazzo Rodríguez, Carlos E. (2003b). «De la publicidad a la transparencia en la gestión administrativa», en *Revista de Derecho de la Universidad de Montevideo*, año II, núm. 3, pp. 113-ss.

Delpiazzo Rodríguez, Carlos E. (2004). «¿Hacia dónde va el Derecho de Internet?», en *Anuario 'Derecho Informático'*, IV, pp. 249-ss.

Delpiazzo Rodríguez, Carlos E. (2005). *Derecho Administrativo Uruguayo.* México: Editorial Porrúa - Universidad Nacional Autónoma de México.

Delpiazzo Rodríguez, Carlos E. (2008). «Recepción de los principios generales de Derecho por el Derecho positivo uruguayo», en VV.AA. *Los principios en el Derecho Administrativo Iberoamericano. Actas del VII Foro Iberoamericano de Derecho Administrativo.* A Coruña: Netbiblo, pp. 607-ss.

Delpiazzo Rodríguez, Carlos E. (2009a). «Reconocimiento de los principios generales de Derecho en el Derecho Administrativo uruguayo», en Arancibia, J. y Martinez, J.I. (coord.). *La primacía de la persona. Estudios en homenaje al Prof. Eduardo Soto Kloss*. Santiago de Chile: Legal Publishing, pp. 229-ss.

Delpiazzo Rodríguez, Carlos E. (2009b). «Recepción de los principios generales de Derecho por el Derecho positivo uruguayo», en Brito, M.R., Cajarville Peluffo, J.P., Delpiazzo Rodríguez, C.E. y Duran Martinez, A. *Los principios en el Derecho Administrativo Uruguayo.* Montevideo: A.M.F., pp. 32-ss.

Delpiazzo Rodríguez, Carlos E. (2010). «Noción y regulación del procedimiento y del acto administrativos electrónicos», en *Estudios de Derecho Administrativo,* 1. Montevideo: La Ley Uruguay, pp. 79-ss.

Delpiazzo Rodríguez, Carlos E. (2011a). «De la ética individual a la ética pública», en VV.AA. *Congreso Internacional de Derecho Administrativo.* San Salvador, pp. 787-ss.

Delpiazzo Rodríguez, Carlos E. (2011b). «Los derechos a la privacidad y a la transparencia pública», en *Revista Iberoamericana de Derecho Público y Administrativo*, 11, pp. 66-ss.

Delpiazzo Rodríguez, Carlos E. (2012a). «Procedimiento administrativo y Derecho Informático», en Pozo Gowland, H., Halperin, D., Aguilar Valdez, Ó., Juan Lima, F. y Canosa, A. (dir.). *Procedimiento Administrativo.* Buenos Aires: La Ley, tomo I, pp. 1319-ss.

Delpiazzo Rodríguez, Carlos E. (2012b). «Supuestos y realidad del procedimiento administrativo electrónico», en VV.AA. *Aportes para un Estado eficiente. V Congreso Nacional de Derecho Administrativo.* Lima: Editorial Palestra, pp. 73-ss.

Delpiazzo Rodríguez, Carlos E. (2012c). «Lo nuevo y lo permanente de la actuación administrativa a través del procedimiento administrativo electrónico», en *Revista de Derecho Administrativo*, 83, pp. 1417-ss.

Delpiazzo Rodríguez, Carlos E. (2014a). «Las dimensiones del administrado», en VV.AA. *Jornadas en homenaje al Prof. Dr. Mariano R. Brito organizadas por el Anuario de Derecho Administrativo*. Montevideo: U.M., pp. 227-ss.

Delpiazzo Rodríguez, Carlos E. (2014b). «La buena administración como mandato ético para administradores y administrados», en *Revista de Derecho de la Facultad de Derecho de la Universidad Católica del Uruguay,* 10, pp. 41-ss.

Delpiazzo Rodríguez, Carlos E. (2014c). «A propósito del Decreto n.º 276/013 sobre procedimiento administrativo electrónico», en *Revista CADE de Doctrina y Jurisprudencia*, tomo XXVI, pp. 17-ss.

Delpiazzo Rodríguez, Carlos E. (2014d). «Procedimientos administrativos y nuevas tecnologías. A propósito de su nuevo marco normativo», en *Estudios de Derecho Administrativo*, 10. Montevideo: La Ley Uruguay, pp. 49-ss.

Delpiazzo Rodríguez, Carlos E. (2015). «Dimensión tecnológica de la buena administración», en *Anuario 'Derecho Informático'*, tomo XV, pp. 166-ss.

Delpiazzo Rodríguez, Carlos E. (2016). «Rol del Derecho frente a las nuevas aplicaciones informáticas», en *Tribuna del Abogado*, 198, p. 11.

Delpiazzo Rodríguez, Carlos E. (2017). Ética *y Administración Pública.* Montevideo: La Ley Uruguay.

Delpiazzo Rodríguez, Carlos E. (2018). «Tratamiento jurídico y evolución tecnológica del procedimiento administrativo en Uruguay», en Aberastury, P. y Corvalán, J.G. (coord.). *Administración pública digital*. Buenos Aires: Revista Jurídica de Buenos Aires, año 43, núm. 96, pp. 129-ss.

Delpiazzo Rodríguez, Carlos E. (2019). *Contratación Administrativa*. Montevideo: Clásicos Jurídicos Uruguayos, F.C.U. Edición aumentada y puesta al día.

Delpiazzo Rodríguez, Carlos E. (2020a). *Derecho Administrativo General,* 1. Montevideo, tercera edición actualizada y ampliada.

Delpiazzo Rodríguez, Carlos E. (2020b). *Derecho Administrativo General,* 2. Montevideo, tercera edición actualizada y ampliada.

Delpiazzo Rodríguez, Carlos E. y **Viega, María José** (2009). *Lecciones de Derecho Telemático*, tomo I. Montevideo: F.C.U. Primera edición 2004.

Durán Martínez, Augusto (2005). «Principio de eficacia y Estado subsidiario», en Canoni, J.A. *Liber Amicorum Discipulorumque.* Montevideo: F.C.U. p. 154.

Durán Martínez, Augusto (2010). «La buena administración», en *Estudios de Derecho Administrativo*, 1. Montevideo: La Ley Uruguay, p. 176.

Etcheverry Estrazulas, Nicolás (2006). *Un torneo de todos:* Ética *en la persona, la empresa y el Estado*. Montevideo: U.M.

Galli Basualdo, Martín (2019). *La buena administración en las organizaciones públicas nacionales y en la gobernanza local*. Buenos Aires: Marcial Pons.

Garcia-Trevijano Fos, José Antonio (1974). *Tratado de Derecho Administrativo*, tomo I. Madrid: Editorial Revista de Derecho Privado.

Giorgi, Héctor (1976). «El mérito y la validez del acto administrativo. El concepto de buena administración en la Constitución uruguaya», en *Estudios Jurídicos*. Montevideo: F.C.U., pp. 71-ss.

González Pérez, Jesús (2003). *El administrado*. Santiago de Querétaro: FUNDAP.

Guichot, Emilio (2011). *Transparencia y acceso a la información en el Derecho europeo.* Sevilla: Global Law Press.

Martínez Maruri, Elisa y **Techera Tealdi, Lucía** (2018). «El principio de colaboración en los contratos administrativos», en Delpiazzo Rodríguez, C.R. y Echevarria Petit, J.L. (coord.). *Cuaderno 3 de Contratación Pública*. Montevideo: U.M., pp. 59-ss.

MeilÁn Gil, José Luis (1967). *El proceso de la definición del Derecho Administrativo*. Madrid: Escuela Nacional de Administración Pública.

MeilÁn Gil, José Luis (2011). *Categorías jurídicas en el Derecho Administrativo.* Madrid: Editorial Iustel.

MeilÁn Gil, José Luis (2012). *Al pasar*. A Coruña: Editorial Obrigo.

MeilÁn Gil, José Luis (2016). *Derecho Administrativo Revisado*. Santiago de Compostela: Andavira Editorial.

Pomed Sanchez, Luis (1997). «El acceso a los archivos administrativos. El marco y la práctica administrativa», en *Revista de Administración Pública,* 142, p. 471.

RodrÍGuez Villafañe, Miguel Julio (2004). «Acceso a la información pública en Argentina», en *Anuario de Derecho Constitucional Latinoamericano*, II, p. 589.

Rodríguez-Arana Muñoz, Jaime (2004). *Ética, Poder y Estado*. Buenos Aires: RAP Editorial.

Rodríguez-Arana Muñoz, Jaime (2008). «El derecho fundamental al buen gobierno y a la buena administración de instituciones públicas», en *Anuario de Derecho Administrativo*, tomo XV, pp. 113-ss.

Rodríguez-Arana Muñoz, Jaime (2006). *El Buen Gobierno y la buena administración de Instituciones Públicas*. Navarra: Thomson Aranzadi.

Rodríguez-Arana Muñoz, Jaime (2016). *Derecho Administrativo y derechos sociales fundamentales*. Sevilla: Global Law Press.

Rodríguez-Arana Muñoz, Jaime (dir.) (2020). *José Luis Meilán Gil en el recuerdo (1933-2018)»*. A Coruña: Diputación Provincial de A Coruña.

Rodríguez-Arana Muñoz, Jaime (2021). «Nuevas tecnologías y buena administración pública», en Rodríguez-Arana Muñoz, J., Delpiazzo Rodríguez, C.E. y Rodríguez Martín-Retortillo, M.E. (eds.). *Exigencias del Derecho Administrativo del siglo XXI*. Montevideo: La Ley Uruguay, pp. 303-ss.

Ruocco, Graciela (2013). «La buena administración y el interés general», en Durán Martínez, A. y Hanna de Rosa, M. (coord.). Ética*, Estado de Derecho y buena administración.* Montevideo: U.C.U., pp. 100-ss.

Pablo, San. *Segunda carta a Timoteo*, capítulo 4, versículo 7.

Schmidt-Assmann, Eberhard (2008). «Pluralidad de estructuras y funciones de los procedimientos administrativos en el Derecho alemán, europeo e internacional», en Barnés Vázquez, J. (ed.). *La transformación del procedimiento administrativo*. Sevilla: Global Law Press, pp. 76-ss.

Tawil, Guido Santiago (2010). «El principio de colaboración en el procedimiento administrativo», en *Revista Argentina del Régimen de la Administración Pública,* 383, pp. 247-ss.

Tawil, Guido Santiago (2012). «Sobre el futuro del procedimiento administrativo», en Pozo Gowland, H., Halperin, D., Aguilar Valdez, Ó., Juan Lima, F. y Canosa, A. (dir.). *Procedimiento Administrativo.* Buenos Aires: La Ley, tomo II, p. 13.

PRINCIPIOS DE BUENA ADMINISTRACIÓN EN EL PROCEDIMIENTO ADMINISTRATIVO

Principles of Good Administration in the administrative procedure

Cristina Vázquez Pedrouzo[1]
Universidad de la República del Uruguay

Fecha de Recepción: 01/10/2022
Fecha de Aceptación: 31/10/2022

Resumen: El presente trabajo analiza el concepto de buena administración y sus principios rectores en el marco del procedimiento administrativo: *«pro actione», «favor acti», «conservatio acti»*, principios de la organización, eficacia, economía, simplicidad e informalismo, imparcialidad, y buena fe, entre otros.

1 Doctora en Derecho y Ciencias Sociales de la Universidad de la República (Uruguay); Master en Ciencia de la Legislación y Governance Política de la Universitá di Pisa (Italia); Posgrado en Utility Regulation and Strategy de la University of Florida (USA); Posgrados en Gestión de las Energías Renovables y El Sector de Petróleo y sus Derivados del Centro de Educación a Distancia para el Desarrollo Económico y Tecnológico (CEDDET) y Posgrado en Defensa de la Competencia de la Comisión de Defensa de la Competencia (España); Profesora Titular de Derecho Administrativo de la Universidad de la República (Uruguay); Directora del Instituto Uruguayo de Derecho Administrativo; Integrante de la Asamblea del Claustro de la Facultad de Derecho de la UDELAR; Directora del Programa Máster de Derecho Administrativo Económico (PMDAE) entre 2015 y 2017, y Profesora de Procedimientos Administrativos, Regulación y Competencia, Derecho de la Energía y Derecho de las Telecomunicaciones, en la Facultad de Derecho de la Universidad de Montevideo; Profesora Invitada de Master en Economía y Regulación de los Servicios Públicos de la Universidad de Barcelona (España); Integrante del Consejo Editorial de la Revista de Derecho y Tribunales; Integrante del Foro Iberoamericano de Derecho Administrativo (FIDA); Integrante del Instituto Internacional de Derecho Administrativo (IIDA); Integrante Académica Supernumeraria de la Academia Nacional de Economía; autora de libros y artículos sobre temas de la especialidad.

Palabras clave: Buena administración. Principios. Procedimiento administrativo.

Abstract: This paper refers to the concept of Good Administration and its guiding principles in the framework of the administrative procedure: *«pro actione», «favor acti», «conservatio acti»*, principles of organization, efficiency, economy, simplicity and informality, impartiality, and good faith, among others.

Keywords: Good administration. Principles. Administrative procedure.

1. El concepto de buena administración

El concepto de *«buena administración»* aparece consagrado en el artículo 41 de la Carta de los Derechos Fundamentales de la Unión Europea, proclamada por el Consejo Europeo, en su reunión de Niza (8 a 10 de diciembre de 2000), así como en el artículo II-101 del Tratado por el que se establece una Constitución para Europa, suscrito en Roma el 29 de octubre de 2004 y publicado en el Diario Oficial de la Unión Europea el 16 de diciembre de 2004 (DO C 310).

Bajo el título de *«Derecho a una buena administración»*, se establece que toda persona tiene derecho a que las instituciones y órganos de la Unión traten sus asuntos imparcial y equitativamente y dentro de un plazo razonable. A continuación, se expresa que dicho derecho incluye, en particular, el derecho a ser oído antes de una decisión desfavorable, el derecho a acceder al expediente, dentro del respeto de la confidencialidad y del secreto profesional y comercial; y la obligación de la Administración de motivar sus decisiones.

La norma también reconoce el derecho a la reparación de los daños causados por las instituciones o sus agentes en el ejercicio de sus funciones.

De manera clara y exhaustiva, Rodríguez-Arana Muñoz (2014) destaca, en relación con el principio de buena administración, la centralidad del ciudadano, al que la Administración debe servir objetivamente, evitando vicios y disfunciones. En cuanto a los principios que conforman el estatuto jurídico del ciudadano ante la Administración pública, enumera los siguientes:

de juridicidad; de servicio objetivo a los ciudadanos; de racionalidad que se extiende a la motivación y argumentación de las decisiones; de igualdad de trato; de eficacia para la consecución de la finalidad perseguida, con evitación del silencio administrativo y las dilaciones; de publicidad de las normas y procedimientos sin perjuicio del respeto a la intimidad y reservas pertinentes por razones de confidencialidad o interés general; de seguridad jurídica, previsibilidad y certeza normativa; de proporcionalidad; de ejercicio normativo del poder, evitando el abuso del mismo; de imparcialidad e independencia; de relevancia en cuya virtud las actuaciones deben adoptarse en función de los aspectos más relevantes; de buena fe; de confianza legítima; de asesoramiento a los ciudadanos sobre la tramitación; de responsabilidad por las lesiones causadas en el funcionamiento de los servicios; de facilitación a los ciudadanos; de celeridad; de transparencia y acceso a la información; de protección de la intimidad y promocional.

Con referencia al principio promocional de los Poderes Públicos —como se consigna en el Preámbulo de la *«Carta Iberoamericana de los derechos y deberes del ciudadano en sus relaciones con la Administración Pública»*, aprobada por el Consejo Directivo del CLAD en reunión presencial-virtual celebrada desde Caracas el 10 de octubre de 2013— el mismo implica la obligación de toda Administración Pública, que se deriva de la definición del Estado Social y Democrático de Derecho, de cumplir con:

> «(...) la denominada cláusula del Estado social: crear las condiciones para que la libertad y la igualdad de la persona y de los grupos en que se integra sean reales y efectivas, removiendo los obstáculos que impidan su cumplimiento y facilitando la participación social».

En el Capítulo segundo, Principios, de dicha Carta Iberoamericana, se establece que el fomento de tal participación procura que los ciudadanos «contribuyan activamente a definir el interés general en un marco de potenciación de la dignidad humana».

Como se explica en el Preámbulo, la Carta está dividida en cinco capítulos; el primero refiere a su finalidad: «subrayar la dimensión jurídica de la posición del ciudadano en relación con la Administración Pública».

El segundo capítulo desarrolla los principios rectores de la buena administración, que son, en lo fundamental, los mencionados por Rodríguez Arana, aunque incorporando el principio de eficiencia que obliga a las autoridades a optimizar los resultados alcanzados en relación con los recursos disponibles e invertidos; el de economía en el uso racional de dichos recursos; el de evaluación permanente; el de universalidad, asequibilidad y calidad de los servicios públicos; el de ética en el servicio; el de previsibilidad, claridad y certeza normativa; el de proporcionalidad; el de calidez, amabilidad, cordialidad y cortesía para la tramitación y asesoramiento de los asuntos públicos; y el de debido proceso que, en definitiva, engloba a gran parte de los mencionados.

El capítulo tercero atiende a la definición del derecho fundamental de la persona a la buena Administración Pública y conjunto de sus derechos componentes; el cuarto recapitula los principales deberes ciudadanos que se corresponden con tales derechos; y el quinto establece la protección procesal y administrativa del derecho fundamental a la buena administración y de sus derechos componentes.

Entre los derechos que se enumeran en el capítulo tercero, cabe destacar los siguientes: a la motivación; a la tutela administrativa efectiva; a una resolución administrativa amparada en el ordenamiento jurídico, equitativa y justa, de acuerdo con lo solicitado y dictada en los plazos y términos que el procedimiento señale; el derecho de petición; el derecho a no presentar documentos que ya obren en poder de la Administración; el derecho a los servicios públicos y de interés general de calidad; el derecho a presentar quejas y reclamaciones ante la Administración Pública; el derecho a conocer las evaluaciones de gestión que hagan los entes públicos y a proponer medidas para su mejora permanente; el derecho a copia sellada de los documentos que se presenten a la Administración Pública; el derecho a ser informado y asesorado en asuntos de interés general; el derecho a conocer el responsable de la tramitación del procedimiento administrativo; y el derecho a participar en asociaciones o instituciones de usuarios de servicios públicos o de interés general.

En cuanto a los deberes ciudadanos correlativos de los derechos reconocidos, la Carta Iberoamericana menciona los siguientes: lealtad al entero ordenamiento jurídico; buena fe; veracidad; responsabilidad en el ejercicio de los derechos que les reconoce el ordenamiento jurídico, absteniéndose de reiterar solicitudes improcedentes o impertinentes o de presentar acciones que representen erogaciones innecesarias de los recursos del Estado; respeto y decoro en el trato con la Administración; colaboración al buen desarrollo de los procedimientos y actuaciones administrativas, cumpliendo las obligaciones razonables y justas que les impone el ordenamiento, especialmente en materia tributaria, con reconocimiento de los costos establecidos para la atención demandada.

En definitiva, entonces, el derecho fundamental a la buena administración puede percibirse como un *«derecho madre»*, que se construye a partir de la centralidad del ciudadano, se rige por los principios fundamentales antes mencionados, y se traduce en el ejercicio de derechos más particulares y concretos como los listados, los que, a su vez, se corresponden y equilibran con los deberes ciudadanos aludidos.

En la Constitución uruguaya existe una referencia importante a la noción de buena administración, en el artículo 311:

> «Cuando el Tribunal de lo Contencioso Administrativo declare la nulidad del acto administrativo impugnado por causar lesión a un derecho subjetivo del demandante, la decisión tendrá efecto únicamente en el proceso en que se dicte.

Cuando la decisión declare la nulidad del acto en interés de la regla de derecho o de la buena administración, producirá efectos generales y absolutos».

La noción aparece también en disposiciones de jerarquía infra constitucional, como es el caso del artículo 14 del *«Pliego Único de Bases y Condiciones Generales para los Contratos de Suministros y Servicios No Personales»*, aprobado por Decreto del Poder Ejecutivo n.º 131/014 de 19 de mayo de 2014, que regula el acto administrativo de adjudicación en los contratos del Estado:

> «Recibido el informe de la Comisión Asesora de Adjudicaciones y cumplida la vista, en su caso, el ordenador competente dispondrá del plazo tentativo establecido en los procedimientos de contratación del organismo dentro del cual deberá adjudicar, declarar desierto o rechazar todas las ofertas, lo que deberá publicarse en el sitio web de Compras y Contrataciones Estatales, así como solicitar ampliación de información o seguir otros cursos de acción por razones de buena administración».

Otra norma que recoge el concepto es el artículo 33 del Texto Ordenado de Contabilidad y Administración Financiera (TOCAF), aprobado por Decreto n.º 150/012 de 11 de mayo de 2012, que impone para la contratación del Estado, la licitación pública u otro procedimiento competitivo expresamente previsto «de acuerdo a lo que mejor se adecue a su objeto, a los principios generales de la contratación administrativa y de acuerdo a lo previsto en la normativa vigente». Admite, sin embargo, causales de excepción que habilitan la contratación por licitación abreviada, la contratación directa, u «otro procedimiento que el ordenador determine por razones de buena administración». Decisiones fundadas en razones de buena administración aparecen también en otras disposiciones del TOCAF (artículos 44, artículo 68 y 137).

A su vez, el concepto es tomado en el artículo 23 del Decreto n.º 30/003 de 23 de enero de 2003, de normas de conducta en la función pública, en lo que refiere a la buena administración financiera:

> «Todos los funcionarios públicos con funciones vinculadas a la gestión del patrimonio del Estado o de las personas públicas no estatales deberán ajustarse a las normas de administración financiera aplicables, a los objetivos y metas previstos, al principio de buena administración, en lo relativo al manejo de los dineros o valores públicos y a la custodia o administración de bienes de organismos públicos. Sus transgresiones constituyen faltas administrativas aun cuando no ocasionen perjuicios económicos [artículos 119 y siguientes del TOCAF]».

Idéntica redacción recoge el artículo 25 del Código de Ética en la Función Pública (Ley n.º 19.823 de 18 de setiembre de 2019).

2. Principios rectores de la buena administración en el procedimiento[2]

Lo que podríamos considerar hoy el código de procedimiento administrativo de Uruguay es el Decreto n.° 500/991 de 27 de setiembre de 1991 —con sus normas modificativas—. Sus disposiciones alcanzan al procedimiento administrativo común o general (Vázquez 2021), desenvuelto en la actividad de los órganos de la Administración Central y a los «*especiales*» o técnicos en cuanto condigan con su naturaleza. Pueden mencionarse como ejemplos de este tipo de procedimientos, el de contratación[3], el tributario (Vázquez, Schiavi y Soca 2018) o el de promociones o ascensos, entre otros[4].

A su vez, el artículo 232 del citado Decreto n.° 500/991 alude a los regímenes particulares en razón de la especialidad de las reparticiones en que se aplican. Para estos procedimientos, el Decreto n.° 500/991 es de aplicación supletoria.

Al estudiar los principios rectores del procedimiento administrativo, Cajarville (1997) distingue entre aquellos que tienen el carácter de *principios generales del ordenamiento*, de los que son *propios del procedimiento administrativo*.

Entre los primeros incluye el de debido proceso (una de cuyas manifestaciones es el debido procedimiento recogido en el artículo 2.°, literal i) del Decreto n.° 500/991); el derecho al honor y a la dignidad y la presunción de inocencia (recogidos en los artículos 170 y 174 del Decreto n.° 500/991); el de imparcialidad (artículo 2.°, literal a) del Decreto n.° 500/991), el derecho a la seguridad que se manifiesta en la prescripción de las faltas y en el «*non bis in idem*» (artículos 172 y 173 del Decreto n.° 500/991); y los principios de buena fe, lealtad y presunción de verdad salvo prueba en contrario (artículo 2.°, literal k) del Decreto n.° 500/991).

El principio de debido proceso es recogido por el artículo 66 de la Constitución. A su vez, en su expresión de «*debido procedimiento*», es recibido por el Decreto n.° 500/991 en el ya citado literal i) del artículo 2.°, y en el artículo 5.°, que convoca todos los derechos y garantías que le son inherentes:

> «(...) de conformidad con lo establecido por la Constitución de la República, las leyes y las normas de Derecho Internacional aprobadas por la República[5]. Estos derechos implican un procedimiento de duración razonable que resuelva sus pretensiones».

---

2 Los principios escogidos para su análisis en este trabajo siguen la enumeración REALizada para el Volumen V de la Colección de Derecho Administrativo Comparado, dedicado precisamente a Procedimiento Administrativo, de próxima publicación.

3 *Vid.* VÁZQUEZ 1993: 31-ss; VÁZQUEZ 2013: 117-ss; VÁZQUEZ 2016.

4 *Vid.* VÁZQUEZ 2014a: 473-ss; VÁZQUEZ 2014b.

5 Por ejemplo, las garantías recogidas por el artículo 8.° del Pacto de San José de Costa Rica.

El principio supone el derecho a ser oído antes de la decisión (artículos 75 y 76 del Decreto n.° 500/991), a ser notificado de la existencia del procedimiento (artículos 91 y siguientes del Decreto n.° 500/991 con las modificaciones introducidas por el Decreto n.° 420/007), a conocer el contenido de las actuaciones, a comparecer en ellas con el patrocinio letrado que se estime necesario[6], y al diligenciamiento de la prueba admisible, pertinente y conducente (artículo 71 del Decreto n.° 500/991). Comprende, asimismo, el principio de motivación de la decisión (artículos 2.°, literal l), 123 y 124 del mismo Decreto). También es expresión de dicho principio, el de contradicción o contradictorio integral (artículos 2.°, literal j), 17 y 153 del mismo Decreto). En este caso, el conflicto se plantea no solo entre el individuo y la Administración, sino que aparece otro individuo en contienda con el primero. Entonces, la Administración está obligada a asegurar a las partes una situación igualitaria, garantizando al tercero interesado contrariamente, su participación en el procedimiento con igual carácter de parte, que el interesado principal[7].

El Decreto n.° 500/991 incluye una enumeración de principios rectores, los que, además, se señalan como criterio interpretativo para resolver las cuestiones que puedan suscitarse en la aplicación de las reglas de procedimiento[8].

En consonancia con el literal k) del artículo 2.° del Decreto, el artículo 6.° preceptúa el ajuste de la conducta de los partícipes en el procedimiento, al respeto mutuo y la lealtad y buena fe:

> «Las partes, sus representantes y abogados patrocinantes, los funcionarios públicos y, en general todos los participantes del procedimiento, ajustarán su conducta al respeto mutuo y a la lealtad y buena fe».

Entre los principios específicos del procedimiento administrativo, Cajarville menciona la legalidad objetiva (artículo 2.°, literal b) del Decreto n.° 500/991), la verdad material (artículo 2.°, literal d) del mismo Decreto), la impulsión de oficio (artículo 2.°, literal c), la delegación material (artículo 2.°, literal h) y los principios relativos a las formalidades (literales d), f) y g) del mismo artículo

---

6 VARIAS disposiciones del Decreto n.° 500/991 aluden a la asistencia letrada (artículos 6.°, 72, 77, 79, 82, 201, 208, 213, 218).

7 Conf. FRUGONE 1977.

8 Artículo 2.°:
«La Administración Pública debe servir con objetividad los intereses generales con sometimiento pleno al Derecho y debe actuar de acuerdo con los siguientes principios generales: a) imparcialidad; b) legalidad objetiva; c) impulsión de oficio; d) verdad material; e) economía, celeridad y eficacia; f) informalismo en favor del administrado; g) flexibilidad, materialidad y ausencia de ritualismos; h) delegación material; i) debido procedimiento; j) contradicción; k) buena fe, lealtad y presunción de verdad salvo prueba en contrario; l) motivación de la decisión; m) gratuidad. Los principios señalados servirán también de criterio interpretativo para resolver las cuestiones que puedan suscitarse en la aplicación de las reglas de procedimiento».

2.º). El artículo 2.º también recoge el principio de gratuidad en su literal m)[9]. En relación al principio de gratuidad, el artículo 74 establece que los gastos que ocasione el diligenciamiento de la prueba serán de cargo de la Administración o de las partes por el orden causado, pudiendo conferirse la auxiliatoria de pobreza en casos debidamente justificados mediante información sumaria.

Sin perjuicio de las enumeraciones (normativas y doctrinarias) de principios rectores de la buena administración en el procedimiento, que vienen de mencionarse; a continuación, se realiza un análisis de algunos principios que han sido más recientemente destacados por la doctrina comparada, y por el Derecho positivo o la jurisprudencia uruguayos.

2.1. Principio de finalidad

A diferencia de otros códigos de procedimiento administrativo, como es el caso del de Colombia[10] —en que el principio de finalidad aparece explicitado en relación con la protección y garantía de los derechos y libertades de las personas, la primacía de los intereses generales, la sujeción de las autoridades a la Constitución y demás preceptos del ordenamiento jurídico, el cumplimiento de los fines estatales, el funcionamiento eficiente y democrático de la administración, y la observancia de los deberes del Estado y de los particulares (artículo 1.º)— en el Decreto n.º 500/991 su recepción resulta más elíptica.

Así, por ejemplo, su Considerando I) destaca:

> «(...) el mérito de poner especial énfasis en los principios generales de conformidad con los cuales debe actuar la Administración a fin de servir con objetividad los intereses generales con sometimiento pleno al Derecho y para mejor tutelar los derechos e intereses legítimos de los administrados».

Este Considerando refleja de manera excelente la particular tensión que caracteriza a nuestra disciplina, la tensión entre las potestades del poder público en procura de la satisfacción del interés general y los derechos e intereses legítimos del administrado. Esa tensión debe encontrar un punto de adecuada armonización y a ello apuntan los principios rectores de aplicación en el ámbito del procedimiento administrativo.

En el mismo sentido, en el acápite del artículo 2.º del Decreto se expresa que la «*Administración Pública*» (entidad estatal actuando en función admi-

---

9 En relación con este aspecto, el artículo 74 dispone:
«Los gastos que ocasione el diligenciamiento de la prueba serán de cargo de la Administración o de las partes por el orden causado, sin perjuicio de que pueda conferirse el beneficio de auxiliatoria de pobreza en casos debidamente justificados mediante una información sumaria».

10 Código de Procedimiento Administrativo y de lo Contencioso Administrativo (Ley n.º 14537 de 18 de enero de 2011).

nistrativa) debe servir a los intereses generales con sometimiento pleno al Derecho y conforme a los principios que enumera. De este modo se consagra el principio de legalidad objetiva o sujeción a la regla de Derecho. El artículo 23, literal a) del Decreto-Ley Orgánico del TCA n.º 15.524 de 9 de enero de 1984 define a la regla de Derecho como «todo principio de derecho o norma constitucional, legislativa, reglamentaria o contractual».

Como señala Cajarville (2012: 194), en el procedimiento administrativo, el principio de finalidad juega en varios planos, de modo que cada actividad del procedimiento debe perseguir el fin debido, el procedimiento mismo debe hacerlo, y la utilización de un procedimiento para un fin diverso para el que ha sido instituido configura ilegitimidad por «*desviación de procedimiento*».

Sayagués (2022) señala que los órganos de la Administración se mueven dentro de los límites precisos que fija el Derecho y sujetándose a reglas de procedimiento determinadas, indispensables para encauzar a las administraciones públicas y que constituyen garantía de los particulares afectados por las actividades que éstas desenvuelven. Es así que el cumplimiento de las normas de procedimiento es un deber de los órganos públicos. En el mismo sentido de lo señalado por Sayagués, García de Enterría y Fernández (2004) destacan la función garantizadora del procedimiento administrativo respecto de las relaciones jurídicas que surgen en el marco del Derecho Administrativo material y de los derechos e intereses de los administrados que esas relaciones jurídicas ponen en juego. Como expresan estos autores, la garantía procedimental completa doblemente la jurisdiccional. Por un lado, porque ésta solo puede actuar «*a posteriori*», ante conductas cumplidas cuya potencialidad lesiva no siempre puede contrarrestarse debidamente por la dificultad de repristinar las situaciones legalmente alteradas. Por otro lado, la garantía procedimental permite ingresar en el mérito, aspecto que escapa a la actuación jurisdiccional.

Agrega Sayagués (2022) que, incluso, las reglas del procedimiento tienen importancia al punto que su cumplimiento condiciona generalmente la validez de los actos dictados.

Estos autores también ponen de relieve la trascendencia democratizadora del procedimiento administrativo sobre las instancias de decisión, como espacio que permite la participación y colaboración de las personas cuyos derechos y obligaciones se verán afectados.

De lo expresado surge la nota de instrumentalidad del procedimiento administrativo al servicio de los relevantes objetivos mencionados.

2.2. Principio de impulsión de oficio

Como se ha anticipado, el principio de impulsión de oficio se encuentra entre los enumerados por el artículo 2.º del Decreto n.º 500/991, resultando mencionado en su literal c).

Más adelante, el Capítulo VI (De la sustanciación del trámite) del Título II del Libro I del Decreto, se abre con el artículo 56 que dispone:

> «La impulsión del procedimiento se realizará de oficio por los órganos intervinientes en su tramitación, a cuyos efectos la autoridad correspondiente practicará las diligencias y requerirá los informes y asesoramientos que correspondan, sin perjuicio de la impulsión que puedan darle los interesados.
>
> La falta de impulsión del procedimiento por los interesados no produce la perención de las actuaciones, debiendo la Administración continuar con su tramitación hasta la decisión final».

También es relevante para la impulsión de las actuaciones lo previsto en el artículo 83 cuando establece que:

> «(...) los jefes o funcionarios que tuvieren a su cargo el despacho de los asuntos serán directamente responsables de la tramitación, debiendo adoptar las medidas oportunas para que no sufran retraso».

Por su parte, el primer inciso del artículo 89 mandata a la Administración a intimar la comparecencia del interesado en un plazo prudencial que fijará de acuerdo con la naturaleza del asunto, cuando el trámite se hubiere paralizado por causas imputables al mismo por un término de treinta días.

Agrega la disposición:

> «En caso omiso y no mediando causa debidamente justificada, la Administración dejará la respectiva constancia y podrá continuar el procedimiento hasta dictar resolución.
>
> Si el interesado compareciere antes de que ésta sea dictada, tomará intervención en el estado en que se encuentre el procedimiento.
>
> Cuando la inactividad del interesado impida a la Administración continuar la sustanciación del expediente, vencidos los plazos a que se refiere el inciso primero, aquélla se pronunciará sin más trámite sobre el fondo del asunto, de acuerdo con los elementos de juicio que obren en autos».

El principio de impulsión de oficio comprende el principio de instrucción, que impone a la Administración el realizar todas las diligencias probatorias necesarias para esclarecer la realidad de los hechos relevantes. Y guarda importante relación con los principios de economía, celeridad y eficacia recogidos en el literal e) del artículo 2.º del Decreto n.º 500/991.

2.3. Principio «pro actione»

El principio «pro actione», que procura la interpretación más favorable a dar curso a peticiones y recursos administrativos, no se ha incluido a texto expreso en el Decreto n.º 500/991. No obstante, la norma sí ha recogido otros principios que se examinan más adelante, como los vinculados a las formalidades, que muchas veces permiten superar objeciones al ingreso o prosecución de tales peticiones y recursos.

En cualquier caso, a pesar de la ausencia de referencia expresa al principio «pro actione», por fortuna el mismo ha sido pacíficamente acogido por la jurisprudencia del TCA.

En numerosísimas sentencias[11], el Tribunal ha invocado dicho principio reputando correctamente interpuestos recursos administrativos que habían sido desestimados en vía administrativa, sea por errores en la denominación, inadvertencia de delegación de atribuciones en el dictado del acto, consentimiento de actos implícitos y otras objeciones.

Por ejemplo, en sentencia n.º 635/019 de 15 de octubre de 2019, el Tribunal expresa que:

> «(...) en relación a la fecha de interposición de la recurrencia administrativa, corresponde inclinarse en la duda a favor del administrado, como se estableció en sentencias n.ºs. 401/2018, 506/2012, 467/2007 y 448/1992».

En sentencia n.º 774/015 el Tribunal, citando a García de Enterría y Fernández (2004: 457), expresa que este principio:

> «(...) postula en favor de la mayor garantía y de la interpretación más favorable al ejercicio del derecho de acción y, por lo tanto, en el sentido de asegurar, en lo posible, más allá de las dificultades de índole formal, una decisión sobre el fondo de la cuestión objeto del procedimiento».
>
> En sentencia n.º 278/018 de 9 de agosto de 2018 se expresa que el derecho de defensa interpretado a la luz de los principios «pro actione» y de tutela efectiva conduce a hacer primar una lectura garantista del ordenamiento jurídico. Igualmente, en sentencia n.º 274/018 de 9 de agosto de 2018 —vinculando el principio «pro actione» con el de tutela efectiva y citando a Belsito y Caporale (2006)— ha señalado que el acceso a la justicia no debe convertirse en un desagradable juego de confusiones en desmedro de los particulares. Los citados autores destacan que la incertidumbre o falta de claridad en la configuración del agotamiento de la vía administrativa constituye una violación al principio de tutela efectiva.

11 Sentencias n.º 726/019 de 29 de octubre de 2019, 636/019 de 15 de octubre de 2019, 603/019 de 10 de setiembre de 2019, 357/019 de 11 de junio de 2019, 261/019 de 9 de mayo de 2019, 69/019 de 19 de febrero de 2019, 504/018 de 30 de octubre de 2018; 433/018 de 11 de octubre de 2018, 401/018 de 25 de setiembre de 2018, 282/018 de 9 de agosto de 2018, 260/018 de 9 de agosto de 2018, 84/018 de 19 de abril de 2018, 931/017 de 28 de noviembre de 2017, 627/017 de 15 de agosto de 2017, 418/017 de 6 de junio de 2017, 273/017 de 20 de abril de 2017, 265/017 de 20 de abril de 2017, 2/017 de 7 de febrero de 2017, 798/016 de 8 de diciembre de 2016, 698/016 de 27 de octubre de 2016, 627/015, 446/015, 410/015, 263/2014, 385/2012, 1005/2011, 684/2006, 67/2000 y 307/997 de 2 de febrero de 1997, entre muchas otras.

2.4. Principio «favor acti». Presunción de juridicidad

El Derecho positivo uruguayo no recoge el principio «favor acti» en su vertiente de presunción de juridicidad del acto administrativo. En ausencia de texto expreso, la doctrina más reciente se ha agrupado en torno de dos posiciones extremas, la que niega la existencia de dicha presunción como principio aplicable más allá de su recepción en el ordenamiento, representada fundamentalmente por Durán Martínez[12], y la representada por Richino (2011)[13] que, por el contrario, sostiene su existencia[14].

A su vez, la jurisprudencia también reciente del TCA (sentencias n.°s. 172/019 de 2 de abril de 2019, 40/019 de 14 de febrero de 2019, 7/019 de 7 de febrero de 2019, 685/018 de 18 de diciembre de 2018, 435/018 de 1.° de octubre de 2018, 606/017 de 8 de agosto de 2017, entre otras) se ha pronunciado sobre el particular, en los términos siguientes:

> «Lo cierto es que en nuestro Derecho —a diferencia del argentino y el español— ninguna disposición establece dicha presunción de legitimidad, ni cabe inferirla de principio general alguno.
>
> En tal sentido, recientemente el Tribunal ha expresado que "... es ciertamente discutible —por carencia de apoyatura normativa— el principio que admite la existencia de una presunción de legitimidad «iuris tantum», en beneficio de los actos dictados por la Administración, directriz reiteradamente relevada por jurisprudencia del Cuerpo en anteriores integraciones (Sentencias Nos. 656/2001, 773/2006, 680/2007, 589/2007, etc.), cuya aplicación al presente pretende la demandada..." ...y citando al Prof. Durán Martínez agregó que "... la presunción de constitucionalidad de las leyes distorsiona los principios generales de derecho de mayor valor y fuerza y la Constitución en función de los intereses del legislador y la presunción de legitimidad de los actos administrativos distorsiona esos mismos principios, la Constitución y la ley en función de los intereses de la Administración, todo ello en definitiva en detrimento de los derechos humanos".... Esas presunciones, pues —la de constitucionalidad de las leyes y la de legitimidad del acto administrativo—, no se adecuan al precepto de interpretación conforme a la Constitución».

12 *Vid.* Durán 2007: 119; Durán 2009: 848.

13 Richino (2011) incluso afirma que el principio puede considerarse recogido en normas procesales y civiles que refieren al valor probatorio de instrumentos extendidos por funcionarios competentes.

14 También Rotondo (2000: 356) sostiene la presunción de legitimidad del acto administrativo, más como carácter del acto que como principio, aunque señalando que la misma no alcanza las situaciones de inexistencia y de nulidad absoluta.

El Tribunal objeta la aplicación de dicho principio como:

> «(...) criterio apriorístico de valoración del accionar administrativo que, como tal, sin respaldo jurídico en nuestro ordenamiento logra privilegiar a uno de los sujetos del proceso, en detrimento de su contraparte inobservando la igualdad de los litigantes que informa y preside el proceso contencioso administrativo de anulación (art. 4 C.G.P., art. 104 del Decreto-Ley 15.524)» (Sentencia 420/2012, entre otras).

Y concluye que, en función de lo expresado, «la defensa basada en la presunción de juridicidad del acto no puede prosperar».

Desde la posición contraria a la de Durán Martínez, Richino (2011) ve en esta presunción una consecuencia lógica y necesaria del proceso de creación de normas jurídicas, específicamente las normas de atribución de competencias a los órganos del Estado, al asignar a esos órganos las potestades para actuar cuando están en juego los intereses generales. Expresa el autor:

> «El fundamento de la presunción de legitimidad de los actos administrativos es, simplemente, una consecuencia necesaria de las necesidades de organización y actuación de la Administración resultante del Estado de Derecho. Todas las competencias orgánicas (de los órganos del Poder Ejecutivo o de las administraciones descentralizadas, ya sean sus titulares electos o no) son asignadas como resultado de una elaboración normativa que remite necesariamente a la Constitución y a las Leyes, y en el ejercicio de esas competencias «la Administración Pública debe servir con objetividad los intereses generales con sometimiento pleno al Derecho» (Artículo 2.° del Decreto 500/991 de 27 de setiembre de 1991). El hecho de que en ocasiones los actos administrativos no se ajusten a Derecho no enerva esta idea, que es un auténtico principio general del sistema que conocemos como Estado de Derecho».

El autor incluso lo define como «*un principio estructurante*» del sistema jurídico, que adquiere por ello:

> «(...) calidad de carácter primario de los actos administrativos, de los que se derivan los demás caracteres jurídicos de los mismos (estabilidad, ejecutividad, impugnabilidad, y cuando corresponda, ejecutoriedad)».

Más allá de los argumentos de una y otra parte, no debe olvidarse que, en todo caso, estaríamos ante una presunción «*juris tantum*» y que, como señala el propio Tribunal en las sentencias antes citadas:

> «En realidad, la apariencia de una presunción que no existe no es más que la aplicación en estos procesos, del principio dispositivo que hace gravitar sobre el actor la carga de alegación y, eventualmente, de prueba, para justificar la decisión que pretende».

2.5. Principio «conservatio acti»

En la normativa sobre procedimiento administrativo uruguaya no está recogido con esta denominación el principio «conservatio acti», entendido como principio de subsanación o convalidación de trámites y actos administrativos que adolecen de irregularidades no esenciales.

No obstante, la doctrina lo ha considerado incluido en el principio de materialidad. Así, comentando el Decreto n.° 500/991, Frugone (1991: 34) ha expresado:

> «El principio de materialidad pone el acento en lo significativo, en lo que tiene importancia por representar algún valor. Esto lleva a la aplicación del criterio de la idoneidad de las formas con relación al fin perseguido, por lo que, en caso de violación del precepto, siempre que el fin se cumpla, sin menoscabo de los derechos y garantías del administrado, se conserva el acto (art. 7.°)».

El aludido artículo 7.°, en el que la doctrina y la jurisprudencia han considerado consagrado el principio de trascendencia, dispone:

> «Los vicios de forma de los actos de procedimiento no causan nulidad si cumplen con el fin que los determina y si no se hubieren disminuido las garantías del proceso o provocado indefensión. La nulidad de un acto jurídico procedimental no importa la de los anteriores ni la de los sucesivos que sean independientes de aquél. La nulidad de una parte de un acto no afecta a las otras que son independientes de ella, ni impide que el acto produzca los efectos para los que es idóneo».
>
> Así, la jurisprudencia del Tribunal de lo Contencioso Administrativo sobre anulación de actos de adjudicación indica que, a efectos de tal anulación, el vicio en el acto administrativo debe revestir la condición de «vicio trascendente». Por ejemplo, en sentencia 12/999 de 3 de febrero de 1999 ha expresado:
>
> «Esta nulidad, supone siempre una medida grave, muchas veces distorsiona dado el tiempo transcurrido desde la adjudicación hasta esa decisión anulatoria, y como tal debe ser siempre la respuesta a una trascendente violación de los principios que regulan la decisión adjudicataria».

Por su parte, con respecto al mentado artículo 7.°, Cajarville (1991: 35) ha destacado que el incumplimiento de la forma no se aprecia en sí mismo, sino con referencia al agravio que produce. La trascendencia se aprecia en relación con el fin propio del acto de procedimiento vicioso y con las garantías del interesado en el mismo y no en relación con la juridicidad material o de fondo del acto final.

2.6. Principios de la organización: jerarquía, desconcentración, descentralización, coordinación

El artículo 2.° del Decreto n.° 500/991 recoge, en su literal h) el principio de delegación material.

En la expresión de delegación material, los autores han considerado comprendidas a las diferentes modalidades de la centralización administrativa: la distribución de tareas o imputación funcional, la autonomía técnica, la delegación de atribuciones, y la desconcentración privativa y no privativa, técnicas organizativas que operan dentro del ámbito de la jerarquía.

La doctrina clásica define a la centralización administrativa como una forma de organización interna en la que los órganos que integran el conjunto orgánico aparecen vinculados en forma tal que el jerarca concentra la dirección del mismo. Las modalidades de la centralización constituyen alteraciones en el sistema centralizado, que son puramente funcionales ya que no afectan su estructura.

La imputación funcional implica la asignación de tareas materiales o técnicas, correspondientes al sistema, a un órgano subordinado. Puede comprender el dictado de actos administrativos de carácter auxiliar, preparatorios o de ejecución, no principales o decisorios.

La autonomía técnica o natural supone una actuación del inferior que se desenvuelve según los principios de su ciencia o arte, con un margen de discrecionalidad que el jerarca debe respetar. En los casos de asesoramiento, se emite un dictamen o juicio expresando la voluntad del asesor, que será seguido o no por el superior, pero que queda fuera del poder de mando.

La delegación de atribuciones ha sido definida por Cajarville (1988) como:

> «(...) el acto por el cual el órgano delegante debidamente autorizado para ello por una norma expresa inviste al delegado de la potestad (poder deber) de expresar la voluntad orgánica, en un determinado sector de competencia».

La desconcentración no privativa implica la atribución a un subordinado, de la potestad de dictar actos administrativos principales, o sea de decidir una determinada cuestión por actos imputables al sistema a que ese órgano pertenece, sin privar al jerarca de dicha potestad, esto es, preservando su potestad de avocación.

La avocación permite al jerarca decidir un asunto sometido a consideración del inferior, sea a petición de parte, de oficio o ante planteo de un órgano de contralor.

La desconcentración privativa se caracteriza —según la define Prat (1977)— por:

> «(...) un tenue descenso de poderes de administración muy limitado, en favor de un órgano subordinado que los ejercerá a título de competencia propia, privativa, en una determinada materia, por cierto, muy restringida».

Fuera de la materia desconcentrada la jerarquía es total; en esa materia, en cambio, se ven limitados los poderes del jerarca, el que no puede avocar[15].

2.7. Principios de eficacia, economía, celeridad, simplicidad e informalismo

En general, se define la eficacia como la capacidad de obtener un resultado deseado, mientras que la eficiencia es la capacidad de lograr ese resultado con el mínimo posible de recursos (Vázquez 1999: 103-ss)[16].

Los funcionarios públicos deben utilizar medios idóneos para el logro del fin de interés público a su cargo, procurando alcanzar la máxima eficiencia en su actuación (artículo 19 del Decreto de Normas de Conducta de la Función Pública n.° 30/003 de 23 de enero de 2003 y artículo 21 de la Ley de Código de Ética en la Función Pública n.° 19.823 de 18 de setiembre de 2019).

En materia de procedimiento administrativo, el principio de eficacia se ha recogido a texto expreso en el literal e) del artículo 2.° del Decreto n.° 500/991. En el mismo numeral, la norma recibe, asimismo, otros principios de derivados del principio de eficacia, como lo son los de economía y celeridad.

Adicionalmente, el artículo 8.° del Decreto n.° 500/991 dispone:

> «En el procedimiento administrativo deberá asegurarse la celeridad, simplicidad y economía del mismo y evitarse la realización o exigencia de trámites, formalismos o recaudos innecesarios o arbitrarios que compliquen o dificulten su desenvolvimiento, estos principios tenderán a la más correcta y plena aplicación de los otros principios enunciados en el artículo 2.°».

Los principios de economía, celeridad y eficacia se concretan a su vez en otras disposiciones del Decreto, como por ejemplo la que prevé, en conocimiento de alguna irregularidad administrativa, la realización de una información de urgencia por el jefe o encargado de la repartición respectiva.

> «Ésta consiste en los procedimientos inmediatos tendientes a individualizar a los posibles autores, cómplices y testigos y para evitar la dispersión de la prueba. A tales efectos, personalmente o por el funcionario que designe, interrogará al

15 El Decreto n.° 500/991 no tiene previsión expresa relativa al principio de coordinación. Puede verse un atisbo de voluntad de coordinación y consideración del fenómeno de la descentralización, en la exhortación de su ya citado artículo 235 a los Entes Descentralizados, a adoptar sus disposiciones por decisiones internas, agregando que el Poder Ejecutivo apreciará, en el ejercicio de sus poderes de contralor, el modo como se cumpla esta exhortación.

16 La propia Constitución incorpora la noción de eficiencia administrativa en su artículo 60, con referencia al Servicio Civil.

personal directamente vinculado al hecho, agregará la documentación que hubiere y ocupará todo otro elemento que pueda resultar útil a los fines de ulteriores averiguaciones» (artículo 180).

La denuncia con la información de urgencia debe ponerse en conocimiento del jerarca dentro de las cuarenta y ocho horas, sin perjuicio de la comunicación inmediata si la gravedad del hecho lo justifica (artículo 181).

Otra expresión de los principios de celeridad y economía es la disposición que prevé la posibilidad de acumular actuaciones (artículo 162):

> «La autoridad administrativa ante la cual se tramiten recursos relacionados con un mismo acto administrativo, podrá disponer su acumulación y resolver en una sola decisión ...».

Puede considerarse, asimismo, expresión de dichos principios, lo dispuesto en el artículo 11 cuando asigna a las distintas dependencias o reparticiones resolver asuntos que consistan en la simple confrontación de hechos o en la aplicación automática de normas, tales como libramiento de certificados, anotaciones e inscripciones, instrucción de expedientes, cumplimiento y traslado de los actos de las autoridades superiores, devolución de documentos, etc[17].

También son relevantes en relación con el principio de eficacia, los principios de *«verdad material»* (literal d) del artículo 2.° del Decreto), *«informalismo en favor del administrado»* (literal f), *«flexibilidad», «materialidad»* y *«ausencia de ritualismos»* (literal g), así como de *«presunción de verdad salvo prueba en contrario»* (literal k).

El principio de verdad material implica que los actos se funden en la verdad material de los hechos, sin que los acuerdos entre las partes o la falta de alegación o prueba de dichos hechos, exima a la Administración de investigarlos y ajustarse a ellos (artículo 4.° del Decreto n.° 500/991).

El *«informalismo en favor del administrado»,* desarrollado a su vez en el artículo 9.° del Decreto, permite subsanar la inobservancia de exigencias formales no esenciales y que puedan ser cumplidas posteriormente. La aplicación de este principio plantea los siguientes supuestos: a) que las formalidades que no se han observado sean *«no esenciales»*, b) que las mismas puedan cumplirse posteriormente, y c) una interpretación de la situación en favor del administrado, esto es que la inobservancia de tales exigencias formales no esenciales no puede ser de la Administración ni interpretarse a favor de ésta.

17 También pueden considerarse concreciones de tales principios las previsiones de los artículos 13 y 14, sobre «omiso medio» e intercambio permanente y directo de datos e información entre todas las unidades y reparticiones de la Administración Pública, así como las contenidas en los artículos 60 y siguientes sobre impulsión simultánea y decisión conjunta de asuntos y concentración de actuaciones.

Los principios de flexibilidad, materialidad y ausencia de ritualismos, por su parte, apuntan a evitar trámites, formalismos o recaudos innecesarios o arbitrarios, que compliquen el desenvolvimiento del procedimiento

2.8. Principio de imparcialidad. Excusación, recusación e impedimentos de funcionarios

En relación con el principio de imparcialidad, enumerado entre los principios rectores del procedimiento administrativo, en el literal a) del artículo 2.° del Decreto n.° 500/991, el mismo es a continuación especialmente desarrollado por el artículo 3.° del mismo Decreto.

Dicho artículo 3.°, con la redacción dada por el artículo 1.° del Decreto n.° 420/007 de 7 de noviembre de 2007 mandata la excusación y la recusación de los funcionarios intervinientes en el procedimiento administrativo:

> «(...) cuando medie cualquier circunstancia comprobable que pueda afectar su imparcialidad por interés en el procedimiento en que intervienen o afecto o enemistad en relación a las partes, así como por haber dado opinión concreta sobre el asunto en trámite (prejuzgamiento)».

La excusación y la recusación no producen suspensión del procedimiento ni implican la separación automática del funcionario interviniente, pero la autoridad competente para decidir debe disponer preventivamente la separación, cuando existan razones que, a su juicio, lo justifiquen.

Con el escrito de excusación o recusación se forma un expediente separado, al cual se agregan los informes necesarios, elevándose dentro de los cinco días al funcionario jerarca inmediatamente superior, el cual debe decidir la cuestión. Si admite la excusación o recusación, debe designar en el mismo acto al funcionario que debe continuar con la tramitación del procedimiento.

Las disposiciones mencionadas alcanzan a toda persona que, sin ser funcionario, pueda tener participación en el procedimiento, cuando su imparcialidad sea exigible en atención a la labor que cumpla (peritos, asesores especialmente contratados, etc.)[18].

---

18 En el procedimiento de contratación el principio de imparcialidad se ve también protegido en el artículo 46 del Texto Ordenado de Contabilidad y Administración Financiera (TOCAF), por la vía de previsión de impedimentos para contratar en caso de:
«(...) ser funcionario de la Administración contratante o mantener un vínculo laboral de cualquier naturaleza con la misma, no siendo admisibles las ofertas presentadas por éste a título personal, o por personas físicas o jurídicas que la persona integre o con las que esté vinculada por razones de representación, dirección, asesoramiento o dependencia. No obstante, en este último caso de dependencia podrá darse curso a las ofertas presentadas

Como señala Cajarville (2012: 156), si bien la Administración no puede ser imparcial en el procedimiento administrativo, porque en él está en juego el interés general de que es gestora, debe serlo ante el conflicto entre intereses particulares que puedan plantearse en dicho procedimiento.

2.9. Principio de buena fe. Confianza legítima

Como se ha anticipado el literal k) del artículo 2.º del Decreto n.º 500/991 recoge los principios de lealtad y buena fe.

Sin embargo, no se ha recogido en la norma el principio de confianza legítima, que claramente se deriva del mencionado principio de buena fe. Ello no ha obstado a que el TCA haya desarrollado una importante jurisprudencia recogiendo dicho principio de confianza legítima como corolario de la buena fe.

Así, por ejemplo, en sentencia n.º 296/018 de 21 de agosto de 1918, el Tribunal ha expresado:

> «En lo que refiere al principio de buena fe, —aplicado al Derecho Administrativo— viene al caso citar al autor Jesús GONZÁLEZ PÉREZ quien señaló que este principio representa el contenido ético social en el orden jurídico y, concretamente, el valor confianza en la conducta de los agentes públicos y de los administrados. Los valores de lealtad, honestidad, moralidad y transparencia que su aplicación conllevan, resultan hoy especialmente necesarios en las relaciones entre las Administraciones públicas y los administrados. (Cfme. GONZÁLEZ PÉREZ, Jesús (1999). El principio general de la buena fe en el Derecho Administrativo. Madrid: Civitas, p. 36)».

A su vez, como consigna la misma sentencia n.º 296/018, el Tribunal ha recibido, también en relación con los principios de buena fe y confianza legítima, *«la regla del acto propio»*:

> «En Sentencia No. 391/2014 el Tribunal sostuvo: «(...) Como lo expresa Jonás BERGSTEIN en su excelente estudio, la regla del acto propio supone la prohibición de alegar un derecho en contradicción con una conducta anteriormente asumida. Se tutela la coherencia del comportamiento, sancionando la conducta de aquel que contraría o traiciona la confianza que él mismo ha suscitado a través de una

---

cuando no exista conflicto de intereses y la persona no tenga participación en el proceso de adquisición. De las circunstancias mencionadas, deberá dejarse constancia expresa en el expediente».
También supone impedimento:
«(...) haber actuado como funcionario o mantenido algún vínculo laboral de cualquier naturaleza, asesor o consultor, en el asesoramiento o preparación de pliegos de bases y condiciones particulares u otros recaudos relacionados con la licitación o procedimiento de contratación administrativa de que se trate».
(numerales 1.º y 4.º).

> conducta anterior. Se requiere una conducta previa y relevante, susceptible o apta de generar en la contraparte el estado de confianza que el Derecho tutela, aptitud ésta que debe ser apreciada conforme a los criterios de razonabilidad que inspiran todo el ordenamiento jurídico.
>
> Y sus consecuencias no son otras que la inoponibilidad (ante ciertas personas), de la conducta contradictoria, esto es, la desestimación de la pretensión contradictoria (Cf. BERGSTEIN, Jonás (2008). «La regla del acto propio en las relaciones entre el Fisco y el contribuyente», Montevideo: FCU, págs. 10 y 11)»[19].

Igual postura se recoge en sentencias de la Corporación n.ºs 942/017 de 30 de noviembre de 2017, 782/017, 781/017 y 776/017 de 10 de octubre de 2017, 701/017 de 24 de agosto de 2017 y 599/017 de 8 de agosto de 2017, entre otras.

2.10. Principio de lealtad

En consonancia con el literal k) del artículo 2.º del Decreto n.º 500/991, su artículo 6.º preceptúa el ajuste de la conducta de los partícipes en el procedimiento, al respeto mutuo, la lealtad y la buena fe.

En relación con este deber jurídico ha expresado Cajarville (2012: 523-524) que:

> «(...) se trataría de la 'buena fe-lealtad' (distinta de la 'buena fe-creencia'), deber recíproco que recae sobre ambas partes de la relación". Esa buena fe-lealtad debe traducirse "en un comportamiento cumplido con 'honestidad y honradez', conforme con las valoraciones vigentes en la comunidad; se suele concretar para el subordinado, en un deber de colaboración, de ejecutar el trabajo (...) de abstenerse de todo acto que pueda perjudicar al empleador y cumplir aquellos que tiendan a la protección de los intereses de éste (...) evitando el trabajo para terceros durante el horario de trabajo, de no revelar secretos de fabricación o comerciales, abstenerse de concurrencia desleal y omitir todas las formas de corrupción.
>
> En resumen, para los funcionarios públicos se trataría en verdad del correcto cumplimiento de los deberes en el desempeño de la función pública, con muy limitado alcance de las actividades del funcionario ajenas a la función, salvo en cuanto a la abstención en esas actividades privadas de actos que puedan perjudicar a la Administración».

El enfoque de Cajarville es acogido por el TCA en sentencia n.º 743/019 de 5 de noviembre de 2019. A su vez, en sentencia n.º 728/019 de 29 de octubre de 2019, la Corporación cita al civilista Jorge Gamarra, en cuanto sostiene: «La buena fe objetiva es un modelo típico de conducta, una noción prejurídica que el Derecho toma en préstamo de la moral».

---

19 El Tribunal cita también para este tema a GELSI 1988; BARBIERI 1999; y BERGSTEIN 2008.

3. Bibliografía

Barbieri, Laura (1999). «La doctrina de los actos propios y nuestra jurisprudencia», en *Anuario de Derecho Civil Uruguayo*, XXX, pp. 767-ss.

Belsito, Cecilia y **Caporale, Andrés** (2006). *Tutela Judicial Efectiva*. Argentina: Nova Tesis Editorial Jurídica.

Bergstein Kleckin, Jonás King (2008). «Algunas reflexiones a propósito de la vigencia de la regla del acto propio en materia tributaria», en *Revista Tributaria*, 205, pp. 477-506.

Cajarville Peluffo, Juan Pablo(1988). *Dos estudios de Derecho administrativo*. Montevideo: FCU.

Cajarville Peluffo, Juan Pablo(1991). «Procedimiento administrativo común», en *Revista Uruguaya de Derecho Constitucional y Político*, Serie Congresos y Conferencias, 5.

Cajarville Peluffo, Juan Pablo(1997). *Procedimiento Administrativo en el Decreto 500/991*. Montevideo: Ediciones IDEA.

Cajarville Peluffo, Juan Pablo(2012). «Sobre teoría jurídica de la actividad administrativa: Procedimiento administrativo», en *Sobre Derecho Administrativo*, tomo II. Montevideo: FCU, 3.ª Edición.

Durán Martínez, Augusto (2007). «La presunción de legitimidad del acto administrativo: un mito innecesario y pernicioso», en *Revista de Derecho 2007/02*. Cita on line: LA LEY UY/DOC/268/2010.

Durán Martínez, Augusto (2009). «Otra vez sobre la inexistente presunción de legitimidad del acto administrativo», en *Anuario de Derecho Constitucional Latinoamericano*, 15.

Frugone Schiavone, Héctor (1997). «Principios fundamentales del procedimiento administrativo», en *Procedimiento administrativo*. Montevideo: ACALI.

García de Enterría Martínez-Carande, Eduardo y **Fernández Rodríguez, Tomás Ramón** (2004). *Curso de Derecho Administrativo*, tomo II. Madrid: Civitas, novena edición.

Gelsi Bidart, Adolfo (1988). «Acerca de la teoría del acto propio», en *Revista Jurídica Estudiantil*, año 3, núm. 5.

Prat, Julio A. (1997). *Derecho Administrativo*, tomo II. Montevideo: Acali Editorial.

Richino, Álvaro (2011). «Defensa de la presunción de legitimidad del acto administrativo (un concepto básico estructurante del Estado de Derecho)», en Vázquez Pedrouzo, C. (coord.). *Estudios jurídicos en homenaje al Profesor Juan Pablo Cajarville Peluffo*. Montevideo: FCU.

Rodríguez-Arana Muñoz, Jaime (2014). «El derecho fundamental a la buena administración en la Constitución española y en la Unión Europea», en *Revista Eurolatinoamericana de Derecho Administrativo*, vol. 1, núm. 2.

Rotondo Tornaría, Felipe (2000). *Manual de Derecho Administrativo.* Montevideo: Ediciones del Foro.

Sayagués Laso, Enrique (2022). *Tratado de Derecho Administrativo*, tomo I. Montevideo: FCU, edición actualizada.

Vázquez Pedrouzo, Cristina (1993). «Distintos procedimientos de contratación y sus supuestos», en *La contratación administrativa en Uruguay y Argentina frente al MERCOSUR*. Montevideo: I.E.E.M., pp. 31-ss.

Vázquez Pedrouzo, Cristina (1999). «Equilibrio entre eficiencia y control en las contrataciones estatales», en *Actualidad de la contratación administrativa*. Montevideo: FCU.

Vázquez Pedrouzo, Cristina (2013). «Variedad de procedimientos de contratación», en *Renovación de la contratación pública*. Montevideo: FCU, pp. 117-ss.

Vázquez Pedrouzo, Cristina (2014a): «Procedimiento de resolución de disputas en materia de regulación económica por parte de los Entes Reguladores - La Ley Uruguay», en *Estudios de Derecho Administrativo*, 10, pp. 473-ss.

Vázquez Pedrouzo, Cristina (2014b). «Procedimientos marcarios», en *El procedimiento administrativo y la función pública en la actualidad*. Montevideo: Instituto de Derecho Administrativo - FCU.

Vázquez Pedrouzo, Cristina (2016). *Procedimientos administrativos*, tomo II. Montevideo: La Ley Uruguay. Texto del Texto Ordenado de Contabilidad y Administración Financiera (TOCAF), anotado y comentado por Cristina Vázquez Pedrouzo y citas de jurisprudencia a cargo de Pablo Schiavi.

Vázquez Pedrouzo, Cristina (2018). *Procedimientos administrativos*, tomo III. Montevideo: La Ley Uruguay. Código Tributario comentado y anotado por Cristina Vázquez, en coautoría con Pablo Schiavi y Martín Soca.

Vázquez Pedrouzo, Cristina (2021). *Procedimientos administrativos*, tomo I. Montevideo: La Ley Uruguay, segunda edición actualizada. Texto del Decreto n.º 500/991, anotado y comentado por Cristina Vázquez y citas de jurisprudencia a cargo de Pablo Schiavi.

LA BUENA ADMINISTRACIÓN EN EL PROCEDIMIENTO ADMINISTRATIVO SANCIONADOR

Good Administration in the administrative sanctioning procedure

Graciela Ruocco[1]
Universidad Católica del Uruguay

Fecha de Recepción: 01/10/2022
Fecha de Aceptación: 31/10/2022

Resumen: El presente trabajo refiere a las proyecciones del principio de buena administración en el procedimiento administrativo sancionador, su contenido plural, su configuración como principio rector, como derecho fundamental y como deber de la Administración en el ámbito del ejercicio del poder sancionatorio.

Palabras clave: Buena administración. Poder sancionatorio.

Abstract: This paper refers to the projections of the principle of good administration in the administrative sanctioning procedure, its plural content, its configuration as a guiding principle, as a fundamental right and as a duty of the Administration in the field of the exercise of sanctioning power.

Keywords: Good administration. Sanctioning power.

Sumario: 1. Introducción; 2. Potestad sancionadora; 3. La buena administración como un derecho fundamental de contenido plural en el ámbito sancionador; 4. La buena administración como un deber, correlativo del derecho;

---

1 Doctora en Derecho. Profesora Titular Grado 5 de Derecho Administrativo de la Universidad Católica del Uruguay. Profesor Titular Grado 5 de Derecho Público de la Universidad de la República. Máster en Derecho, con énfasis en Derecho Constitucional y Derechos Humanos. Miembro del Foro Iberoamericano de Derecho Administrativo. Miembro de la Red Internacional de Bienes Públicos. Miembro de la Asociación de Derecho Público del Mercosur. Miembro de la Asociación Internacional de Derecho Administrativo. Abogada I de la Dirección Jurídica del Poder Legislativo de Uruguay.

1. Introducción

La buena administración —hemos de insistir en ello frecuentemente— es un concepto de amplio contenido y de reciente creación, que habrá de irse recogiendo en diversas disposiciones y que la jurisprudencia deberá empezar a delimitar en su contenido, así como a utilizarlo en la resolución de conflictos.

Creemos que el concepto de buena administración responde a las posturas más recientes del derecho administrativo, caracterizadas por el intento de superar la visión estrictamente formal que legitima la Administración para el mero cumplimiento neutral y objetivo de la norma que le otorga las potestades de actuación, y poner el énfasis en la voluntad de situar a la persona en el centro de la preocupación de las normas que ordenan la actividad administrativa.

Sobre tal premisa Rodríguez-Arana Muñoz (2006: 11) insiste de forma reiterada, cuando afirma:

> «Esta toma de conciencia del buen gobierno o de la buena administración como derecho humano pone en relieve que el centro de la acción del gobierno o de la acción administrativa es la persona y sus derechos y libertades».

El fundamento del orden político y la paz social está en la dignidad de toda persona, en sus derechos y en el respeto a la ley y a los derechos de los demás. En España éstos son principios constitucionales explícitos contenidos en el artículo 10 de la Constitución de 1978, que ponen a la persona como centro de la vida pública, y enmarcan la actuación del Estado, y consecuentemente de toda Administración (Rodríguez-Arana 2007: 113-114).

La Constitución uruguaya no contiene una disposición semejante, aunque, reconoce a los habitantes el derecho a ser protegidos en el goce de la vida, el honor, la libertad, la seguridad, el trabajo y la propiedad (artículo 7.º). En su mérito, corresponde a los poderes públicos promover las condiciones para que tales derechos del individuo y de los grupos en los que se integra, sean reales y efectivos. Por ello, la Administración tiene que remover los obstáculos que impidan o dificulten el ejercicio de estos derechos y debe facilitar la participación de todos los habitantes en la vida política, económica, cultural y social (Ruocco 2012: 307).

Al presente —dice Delpiazzo Rodríguez (2009)—, la noción de gobernanza se asocia a las de buen gobierno y buena administración, aspirando a colocar en el centro del sistema a la persona y sus derechos fundamentales.

Rodríguez-Arana (2006: 52-ss) señala que:

> «Definir a la persona como centro de la acción pública significa crear las condiciones para que cada persona encuentre a su alrededor el campo efectivo, la cancha, en la que jugar libremente su papel activo, en el que desarrollar su opción personal, en la que realizar creativamente su aportación al desarrollo de la sociedad en la que está integrado. Creadas esas condiciones, el ejercicio real de la libertad depende inmediata y únicamente de los propios ciudadanos, de cada ciudadano. El buen gobierno, la buena administración ha de mirar precisamente a la generación de ese ambiente en el que cada ciudadano pueda ejercer su libertad en forma solidaria».

Para que ello sea posible la Administración debe servir con objetividad, eficacia y equidad al interés general y debe someterse plenamente al derecho. De esta premisa deriva el «principio de buena administración» y su concreción en la Administración nacional y local (Ruocco 2012: 308).

El proceso de reconocimiento de la «buena administración» ha sido descrito por Durán Martínez (2010: 173-ss) con su habitual rigor y claridad, a punto de partida del «deber de buena administración», que primero fue considerado una cuestión de mérito, para luego ser admitido por la más moderna doctrina uruguaya como una cuestión de legitimidad.

Se trata de una nota propia de la función administrativa ya que la misma debe cumplirse de la forma más oportuna y más adecuada para la obtención de los fines objeto de la función pública (Delpiazzo 2009).

Derivado de ese deber, la doctrina desentrañó como correlativo el «derecho a la buena administración» y finalmente reconoció el concepto como un principio.

Una mirada crítica a ese tardío reconocimiento del derecho y del principio de buena administración, con una visión neoconstitucionalista, hoy nos permite afirmar primero, la existencia de un «principio rector de buena administración» como mandato de optimización (Alexy 2004: 13), dirigido al legislador y a las entidades administrativas. Aquél lo transformará en regla cuando lo concrete en el reconocimiento de derechos fundamentales específicos, los que, a la vez, generarán el correlativo deber de la Administración de actuar en consecuencia. Como dice Durán Martínez (2010: 181): «*Existe el deber porque existe el derecho*».

En los últimos años, el principio de buena administración ha ido adquiriendo en Europa una creciente importancia como principio rector de la actuación de las administraciones públicas, y se ha llegado a formular en algunos textos como derecho fundamental —Carta Europea de Derechos Fundamentales, Estatuto de Autonomía de Cataluña, y en la «Ley de la buena administración y del Buen Gobierno de las Illes Balears» de 27 de agosto de 2010—.

Se ha ido extendiendo la práctica de explicitar en diversos foros, sedes institucionales y documentos lo que se entiende por principio de buena administración. Tales principios ya están en buena parte efectivamente institucionalizados en el derecho y la práctica administrativa de la Unión Europea y de la mayoría de los países miembros. Pero el grado y la forma de institucionalización varía mucho dependiendo de la tradición legal y administrativa de cada país y del grado de desarrollo o calidad institucional alcanzado en cada uno de ellos (Prats 2017).

En las páginas que siguen expondremos las proyecciones de este principio en el procedimiento administrativo sancionador, su contenido plural, su configuración como principio rector, como derecho fundamental y como deber de la Administración en el ámbito del ejercicio del poder sancionatorio.

2. Potestad sancionadora

A lo largo de las últimas décadas el poder sancionador de la Administración ha ido en aumento, y no sólo como potestad «doméstica», vinculada a las relaciones de sujeción especial que la Administración mantiene con sus funcionarios, sino también respecto de los administrados. Creemos que no puede caber duda hoy acerca de la existencia de una potestad sancionadora de la Administración, entendida como la facultad pública de fiscalización de ciertos comportamientos de los administrados/funcionarios, y la imposición de medidas restrictivas de derechos ante la inobservancia de las reglas que se prescriben en los diversos sectores de la sociedad (Ruocco 2011: 121).

Siendo que en la actualidad se proclama un Estado Constitucional de Derecho, por algunos denominado «Neoconstitucionalismo», es decir un Estado con características de democracia, supremacía constitucional y prioridad en la protección de los derechos fundamentales, el *ius puniendi* será la potestad atribuida a determinados órganos del Estado con la finalidad de imponer penas, en sentido amplio, a quienes después de un concreto proceso, contemplado previamente en la ley, sean responsables de los delitos o faltas que se les atribuyan. Pero, sin perder de vista que la dignidad de la persona humana se ubica en el centro del ordenamiento jurídico —como dice Durán Martínez (2009: 90-ss)—, el que debe interpretarse y aplicarse desde esta perspectiva, a fin de «balancear el ejercicio de la libertad con el uso de la autoridad» (Guariglia 2007: 177)[2].

De modo que la potestad sancionadora de la Administración se encuentra relacionada directamente con los derechos fundamentales inherentes a la persona humana, que además se hallan reconocidos en diversos tratados

2 Guariglia 2007: 177.
«Allí reside, entonces, una de las claves del funcionamiento Real *del Estado de Derecho».*

internacionales en materia de derechos humanos, por lo que su actual regulación y ejercicio debe encontrarse arreglada a éstos[3].

Intentaremos determinar, a la luz de los fundamentos del Estado Constitucional de Derecho, las proyecciones del principio de buena administración en el contenido y los alcances de los principios de legalidad, tipicidad y prescripción que han sido reconocidos en el ámbito de la potestad sancionadora administrativa, no sin dejar de reconocer que cuando del derecho administrativo sancionador hablamos, nos movemos en un «*mar sin orillas*», lo que hace que no todo quede dicho, como expresa con agudeza Alejandro Nieto[4].

Desde esta perspectiva —siguiendo a Durán Martínez (2009: 73-74)[5]—, en la relación entre el Estado y el individuo, este último deja de ser súbdito o administrado para situarse en la posición central. El desarrollo de su dignidad como persona es la razón de ser del poder público, y el ejercicio de dicho poder está vinculado a sus derechos fundamentales. Las normas que atribuyen poderes sancionatorios a la Administración, deberán interpretarse siempre atendiendo a esta finalidad primaria, desde la Constitución y desde el «bloque de convencionalidad» o «bloque de derechos» (Risso 2011: 72).

La buena administración reclama la exigencia de una administración que dé satisfacción de forma eficaz a las necesidades de los habitantes a cuyo servicio tiene que actuar siempre. Y es cuando ejerce el poder sancionador que se advierte una de las más trascendentes proyecciones del principio de buena administración.

Desde las normas de mayor rango, pues, se impone a la Administración una forma de actuar que deberá ser recogida en las normas de rango inferior y en la actuación concreta de la Administración, y se dota a los imputados de falta administrativa del instrumento jurídico de reacción para exigir el cumplimiento de este deber.

3. La buena administración como un derecho fundamental de contenido plural en el ámbito sancionador

La buena administración se nos presenta, por tanto, como un derecho fundamental. Así lo recoge el artículo 41 de la Carta Europea de Derechos

3 *Vid.* Ruocco 2011: 123-124; Ruocco 2018: 14.

4 *Ibidem*, p. 124.

5 Durán 2009: 73-74. Dice el autor:
«*Como las Constituciones modernas se basan en definitiva en la dignidad de la persona humana, la dignidad de la persona humana se ubica en el centro del ordenamiento jurídico, el que debe interpretarse y aplicarse desde esta perspectiva*».

Fundamentales[6] y «Ley de la buena administración y del Buen Gobierno de las Illes Balears» de 27 de agosto de 2010.

Como nuevo derecho, a nuestro entender, su novedad radica en el hecho de que logra integrar bajo un único concepto un conjunto de manifestaciones ya existentes como derechos en sí mismos.

En efecto, como expresa Rodríguez-Arana Muñoz (2007: 119):

> «Una primera lectura del artículo 41 (...) sugiere que dicho precepto es un buen resumen de los derechos más relevantes que los ciudadanos tenemos en nuestras relaciones con la Administración. La novedad reside en que a partir de ahora se trata de un derecho fundamental de la persona. (...) El problema para que sea un derecho susceptible de invocabilidad ante los Tribunales, reside en la exigibilidad de los parámetros que caracterizan dicho derecho. Parámetros que en el precepto son claros».

El derecho fundamental a una buena administración que se reconoce en el artículo 41 de la Carta Europea, en lo que aquí interesa, integra el derecho a un trato imparcial, equitativo y guiado por el principio de celeridad; el derecho de audiencia antes de la imposición de una medida individual desfavorable; el derecho de acceso al expediente y a una resolución motivada.

Si ponemos en conexión este conjunto de derechos con nuestra ordenación, podemos llegar a la conclusión de que no se aporta nada nuevo. Sin embargo, el reconocimiento del derecho a una buena administración ha tenido la virtud de resumir en esta expresión la formulación de la nueva forma de concebir la relación de la Administración con los habitantes y de construir esta relación como un derecho de éstos.

Lo más trascendente que queda en evidencia a poco que se avanza en la lectura de los cuerpos que reconocen la buena administración como un derecho, es que, a diferencia de lo que ocurría tradicionalmente, no se trata de un manual de procedimientos que refleje la propia organización y funcionamiento de la Administración. Por el contrario, las obligaciones que surgen a cargo de la Administración han sido formuladas a partir de los derechos de los ciudadanos que reconoce.

---

6 El artículo 41 de la Carta lleva por título «Derecho a una buena administración» y establece:
«*1. Toda persona tiene derecho a que las instituciones, organismos y agencias de la Unión traten de sus asuntos imparcial y equitativamente y dentro de un plazo razonable. 2. Este derecho incluye en particular: a) el derecho de toda persona a ser escuchada antes de que se tome en su contra una medida individual que le afecte desfavorablemente; b) el derecho de toda persona a acceder al expediente que le afecte, dentro del respeto de los intereses legítimos de la confidencialidad y el secreto profesional y comercial; c) la obligación que incumbe a la Administración de motivar sus decisiones. 3. Toda persona tiene derecho a la reparación por la Unión de los daños causados por sus instituciones o agentes en el ejercicio de sus funciones de conformidad con los principios generales comunes a los derechos de los Estados miembros. 4. Toda persona puede dirigirse a las instituciones de la Unión en una de las lenguas de la Constitución y tiene que recibir una contestación en esa misma lengua*».

Por otra parte, puede incluirse en esa expresión, otras manifestaciones de lo que debe entenderse por buena administración, cuya ductilidad permitirá comprender otras proyecciones, no contenidas en la citada disposición, según los tiempos y lugares.

Por ejemplo, en lo que al procedimiento sancionador refiere, puede incluirse el derecho de toda persona a reclamar una administración que cuente con el personal que actúe de acuerdo con las reglas de la ética pública; que establezca trámites procedimentales que garanticen el respeto de los derechos de los inculpados y que permitan alcanzar la mejor decisión.

4. La buena administración como un deber, correlativo del derecho

Durán Martínez (2008: 14) analiza la buena administración, desde la perspectiva del deber[7], como un concepto derivado:

> «(...) directamente del carácter servicial de la Administración. La Administración está para servir y para servir bien. Si no sirve bien, no tiene sentido. En otras palabras, si es ineficaz porque no logra los fines debidos o los logra con un costo desproporcionado o inmotivadamente elevado, deviene ilegítima».

En su más reciente trabajo relaciona con acierto el deber de buena administración con el principio de eficacia (Durán 2010: 175), el que, a nuestro juicio, debe entenderse en un sentido amplio, comprensivo —correlativamente— de todas las manifestaciones del derecho a la buena administración que referimos.

Un derecho en sentido amplio es la conjunción entre distintas relaciones o posiciones jurídicas (Cruz 2007: 34-36). Entre las relaciones jurídicas subjetivas, los conceptos «correlativos» hacen referencia a una relación intersubjetiva donde cada elemento de cada par constituye el «inverso» o «correlativo» del otro (Cruz 2007: 33).

A los efectos de este estudio interesa considerar la pretensión o derecho en sentido estricto, que tiene como correlativo un deber —lo que Kelsen llama «derecho reflejo»—.

Es en este sentido que el reconocimiento del derecho a la buena administración, en todas sus proyecciones, genera el correlativo deber de las Administraciones públicas de actuar en consecuencia.

En lo que refiere a ejercicio del poder sancionatorio, el inculpado, sea funcionario público —poder disciplinario— sea un tercero —poder correc-

7 Durán Martínez (2010: 174-175) cita —nota número 7— doctrina que adopta el mismo enfoque de la buena administración como deber, a saber: Bandeira de Mello, Frugone Schiavone, Brito, Cajarville...

tivo—, el derecho a una buena administración le permitirá exigir el respeto por los principios de legalidad, tipicidad, debido procedimiento y derecho de defensa, los principios de proporcionalidad y razonabilidad, la adopción de una decisión motivada y en tiempo prudencial.

5. La buena administración como un principio rector

Aquella nueva forma de concebir la posición de la Administración en su relación con los habitantes evidencia proyecciones diversas para que la buena administración pueda ser una realidad en el ejercicio del poder sancionador.

Asimismo, la enorme carga potencial de este principio se revela a la vez como regla y como principio de orientación de la potestad legislativa, y reglamentaria en materia de infracciones y sanciones y el procedimiento para su imposición. Como tales, son el fundamento sobre el que se va construyendo el derecho a la buena administración.

El principio se proyecta, pues, no sólo en el ejercicio del poder sancionador, sino en la tarea de regulación de dicho ejercicio, tanto por el legislador como por el administrador a la hora de dictar los reglamentos en la materia.

En diversos trabajos de investigación se han expuesto nóminas de lo que se consideran manifestaciones del principio de buena administración, advirtiéndose un sumatorio heterogéneo de valores, principios y reglas que se encuentran en la mayoría de los derechos administrativos de los Estados objeto de investigación y en diversos textos comunitarios[8].

8 Tales como Resoluciones del Consejo europeo, sentencias del Tribunal Europeo de Justicia y del Tribunal Europeo de Primera Instancia, la Carta de Derechos Fundamentales de la Unión Europea, el Código de Buen Comportamiento Administrativo del Defensor del Pueblo Europeo, y el Tratado que establece la Constitución europea. Encuentro de trabajo del grupo sobre derecho administrativo. Primer Encuentro en Estrasburgo. 29 de septiembre de 2004. Principies of good administration in Council of Europe member States. Citado por PRATS 2007. Este documento incluye: 1. Legalidad u obligación de comportarse conforme a la ley. 2. Ausencia de discriminación, igualdad y prohibición de comportamiento arbitrario. 3. Proporcionalidad. 4. Prohibición de abuso de poder. 5. Imparcialidad, objetividad, neutralidad de la administración y los funcionarios. 6. Comportamiento funcionarial consistente y ajustado a las expectativas legítimas de los ciudadanos. 7. Deber de facilitar la información y el asesoramiento necesario. 8. Trato cortes del público. 9. Deber de comportamiento funcionarial equitativo y razonable. 10. Uso de un leguaje claro, simple y comprensible. 11. Reconocimiento del recibo de cualquier petición o demanda e indicación expresa del funcionario responsable. 12. Aseguramiento de que las peticiones o quejas llegan a la autoridad competente. 13. Derecho a ser oído y a formular alegaciones. 14. Deber de resolver o tomar decisiones en un límite de tiempo razonable. 15. Deber de razonar las decisiones administrativas. 16. Deber de indicar los recursos y reclamaciones posibles. 17. Deber de notificar las decisiones. 18. Deber de respetar los principies de privacidad y de protección de datos. 19. Deber de acceder a la información y de respeto de la confidencialidad. 20. Deber de archivar las comunicaciones, peticiones, documentos y decisiones adoptadas. 21. Seguridad jurídica y protección de los intereses legítimos. 22.

De ellos cabe destacar, en lo que a nuestro tema interesa, los principios de legalidad y tipicidad, ausencia de discriminación, igualdad y prohibición de comportamiento arbitrario, proporcionalidad y razonabilidad, prohibición de abuso de poder, imparcialidad, objetividad, neutralidad de la administración y los funcionarios, deber de facilitar información, derecho a ser oído y a formular descargos, deber de resolver o tomar decisiones en un límite de tiempo razonable, deber de motivar las decisiones administrativas, deber de indicar los recursos y reclamaciones posibles, deber de notificar las decisiones, deber de respetar los principies de privacidad y de protección de datos, deber de acceder a la información y de respeto de la confidencialidad, derecho de recurrir.

Un ejemplo claro de este tipo de documentos es el «Código de Buena Conducta Administrativa para el Personal de la Comisión Europea en sus Relaciones con el Público», aprobado el 13 de setiembre de 2000[9], que en lo que nos interesa, dedica un primer capítulo a lo que denomina «Principios generales de buena administración», incluyendo: legalidad, no discriminación e igualdad de trato, proporcionalidad y coherencia. Luego consagra «Directrices para la Buena Conducta Administrativa», comprendiendo la objetividad e imparcialidad y la información sobre los procedimientos. Para finalmente definir «Los Derechos de las Partes Interesadas», a saber: escuchar a todas las partes directamente interesadas, deber de motivar las decisiones, deber de establecer normas de recurso, protección de datos personales e información confidencial.

Cuando la ley concreta el principio de buena administración en reglas, conteniendo derechos fundamentales especialmente protegidos, configura la buena administración como un derecho fundamental de contenido limitado, pero con garantías reforzadas. Ello no debe suponer, a nuestro entender, que ésta sea la única forma posible de concebir la buena administración. En efecto, junto al derecho fundamental configurado, mantiene su existencia y su fuerza expansiva el principio rector de la buena administración, fundamentalmente en aquellos ordenamientos, como el uruguayo, en que no se han explicitado aún tales reglas.

Derecho de recurso contra las decisiones administrativas. 23. Acceso electrónico a las autoridades y servidos públicos. 24. Flexibilidad de las prácticas de trabajo de las autoridades administrativas. 25. Eficiencia. Continuidad de los servidos públicos. Productividad en el trabajo administrativo. 26. Transparencia de las actividades administrativas. Políticas activas de información. 27. Sencillez: en el esquema organizativo; coordinación de procedimientos; simplificación de documentos y procedimientos; principio de reducción de trámites y documentos. 28. Principio de actuación con diligencia. 29. Principio de mejora de las reglas internas de la Administración. 30. Mantenimiento, defensa y salvaguardia de la propiedad pública. 31. Formación de los funcionarios. 32. Respeto de los requerimientos presupuestarios. 33. Racionalización de la organización administrativa.

9 Publicado en el *Diario Oficial de las Comunidades Europeas*, con el número DO L 267, de 20/10/2000.

La Administración, en resumen, debe actuar de acuerdo con el principio rector de la buena administración tratando que se haga realidad toda la variedad de su contenido plural.

6. La buena administración como mandato de optimización

Configurar el principio de buena administración como un principio de contenido plural, si bien, por un lado, amplía su radio de acción, por otro lado, puede hacerle perder fuerza imperativa. Al final, «la buena administración» podría convertirse en un mero recordatorio del deber general de la Administración para que sirva con objetividad y eficacia a los intereses generales.

Esta apreciación nos coloca ante la conveniencia de explicitar el principio rector de la actuación de las administraciones públicas como mandatos de optimización. Veamos cuáles son esas proyecciones en lo concerniente al poder sancionatorio.

Por sobre los mandatos a nivel de la organización interna, dotándolos de sentido, debe prevalecer la finalidad de servicio a la persona, que revela otros mandatos de optimización, respecto de la *actuación administrativa que trasciende a la Administración*. En tal sentido, cabe señalar que cuando el principio de buena administración se ha positivizado en forma de derecho fundamental, su contenido se traduce en derechos del sujeto dentro del procedimiento administrativo, y en particular el sancionador. Así sucede con el artículo 41 de la Carta Europea de Derechos Fundamentales.

El principio de buena administración se ha identificado también con el hecho de que la Administración tiene que seguir el debido procedimiento que en cada caso permita llegar a la mejor resolución. La buena administración se conecta, así, de forma directa con el ejercicio de la potestad discrecional y la sujeción de la Administración a un procedimiento riguroso para la toma de sus decisiones, lo que coloca al procedimiento administrativo debido, en particular el sancionador, como «*un elemento de legitimación de las administraciones públicas*» (Ponce 2001: 127).

7. Alcance del concepto en el derecho uruguayo

La potestad sancionatoria encuentra su fundamento en la condición social del hombre, en su relación con los demás, lo que nos conduce a recordar nuevamente, la concepción hohfeldiana, que parte de concebir los derechos como relaciones jurídicas entre sujetos respecto a un objeto. Entre esas relaciones nos interesa destacar —como ya señalamos— los conceptos «correlativos» que hacen referencia a una relación intersubjetiva donde cada elemento de cada par constituye el «inverso» o «correlativo» del otro (Cruz 2007: 33).

Un derecho en sentido amplio es la conjunción entre distintas relaciones o posiciones jurídicas (Cruz 2007: 34-36): Una pretensión o derecho en sentido estricto tiene como correlativo un deber. Un privilegio o libertad tiene como correlativo un no-derecho, y no un deber; quedando un margen en el que cierto daño o interferencia está permitido. El poder o competencia, como la posibilidad jurídica que tiene una persona de provocar un cambio que afecte a otra persona, tiene como correlativo la sujeción de esa persona a ese cambio. Finalmente señala la inmunidad como correlativo de la incompetencia, que muestra la existencia de supuestos en los que se reconocen garantías constitucionales frente al poder del Estado —lo que Alexy (2004) denomina «eficacia vertical» de los derechos fundamentales—.

Es claro que de ese conjunto de correlativos jurídicos la potestad sancionadora involucra al menos dos de esas posiciones jurídicas: la relación de libertad-no derecho y la situación de poder-sujeción. En efecto, el ejercicio de la competencia de imponer una sanción determina la sujeción del destinatario de la misma, con base en la limitación de la libertad —no-derecho— que establece el Derecho. Sin perjuicio, claro está, de la situación de inmunidad que se genera a favor de la persona humana ante la incompetencia del Estado de limitar derechos fundamentales absolutos, o sin respetar las garantías constitucionales de aquellos que admiten limitación.

Lo cierto es que una potestad sancionadora en manos de la Administración es indispensable para su propia inmediación, efectividad y eficacia —proyecciones de la buena administración—, con respeto de los derechos humanos (Ruocco 2017: 307). El propósito del poder sancionador administrativo busca resolver la contraposición entre libertad y no-derecho, entre poder y sujeción, entre prerrogativa y garantía, en fin, entre autoridad y libertad, y su ejercicio debe exhibir un justo equilibrio entre las razones de interés público y las garantías debidas al destinatario del mismo.

Es claro, entonces, que respecto de los derechos fundamentales que no tienen carácter absoluto o ilimitado, el Estado tiene la potestad general de inspección, que comprende la vigilancia del equilibrio armónico entre la libertad y la autoridad (Guariglia 2007: 177), su cumplimiento e incluso la aplicación de sanciones en caso de su eventual incumplimiento. Todo con el fin de satisfacer un interés público imperativo, y bajo los reconocidos principios que obligan a elegir las limitaciones que —siendo adecuadas al fin perseguido—, restrinjan en menor escala el derecho protegido, y que sean en general apegadas a los límites de razonabilidad y proporcionalidad que nuestro sistema constitucional exige (Risso 2008: 36-37).

La Administración cuenta con esa potestad en todo procedimiento administrativo que tenga un fin sancionatorio del sujeto pasivo de la relación administrativa que incurra en incumplimiento, careciendo de relevancia si aquél forma parte de la estructura administrativa como funcionario, o si aquélla nace como consecuencia de una relación especial que así lo vincule a ella como administrado.

La diferenciación entre ambas potestades es puesta de manifiesto por un amplio sector de la doctrina, para quienes en el primer caso cabe hablar de «potestad sancionatoria disciplinaria» y para el segundo de «potestad sancionadora correccional», según que los destinatarios sean servidores públicos o particulares (Ossa 2000: 127).

Por su parte, Escola (1984: 208) precisa dichos conceptos de la siguiente manera:

> «La potestad sancionadora disciplinaria es interna de la administración... La potestad sancionatoria correctiva, en cambio, es externa de la administración pública, puesto que se ejerce respecto de todas las personas, en tanto y en cuanto éstas incurran en violación o desconocimiento de las órdenes y mandatos que a su respecto dicte la administración».

En la doctrina uruguaya, Méndez (1971: 112) refiere al llamado derecho punitivo de la Administración, incluyendo la potestad «correctiva» que se aplica al medio externo; y la «disciplinaria» que se aplica al medio interno del órgano.

La expresión «potestad correccional o correctiva» no es de uso frecuente entre nosotros para referirse al poder punitivo externo; por el contrario, es común en nuestro medio el uso de la expresión «potestad sancionatoria» como especie dentro del género reservándola para la potestad punitiva respecto de los administrados, y «potestad disciplinaria» para referir a la punición sobre funcionarios.

Sin embargo, utilizaremos la expresión «potestad sancionatoria correctiva» porque tiene la virtud de evidenciar la finalidad principal de la medida sancionatoria ejercida sobre los administrados, «...que conduce a la corrección» (RAE 1992: 407) más que a la represión.

Lo cierto es que el Estado, por un lado, puede establecer regulaciones especiales sobre un sector de actividad determinada, teniendo los particulares obligación de someterse a tales regulaciones si quieren dedicarse al ejercicio de esa actividad en consideración a intereses de rango superior. Ello constituye ejercicio de potestad sancionatoria.

Pero también, por otro lado, la potestad sancionatoria se ejerce sobre los funcionarios; se desarrolla en el interior de la relación de servicio, y aparece como garantía de cumplimiento de sus deberes, con sanciones que inciden sobre sus derechos, potestad que siempre ha estado justificada en términos sustanciales como un instrumento para la eficacia del principio de jerarquía, en aras de aquellos intereses de rango superior. La finalidad de la responsabilidad disciplinaria es asegurar la observancia de las normas de subordinación y, en general, del exacto cumplimiento de todos los deberes de la función. El derecho disciplinario presupone una relación de subordinación entre el sujeto sometido a la disciplina y el que la establece o aplica, y su ejercicio no sólo tiene por finalidad castigar el incumplimiento, sino corregir mediante el ejemplo, e incluso educar al infractor de la norma. Eso también es potestad sancionatoria.

Pese a las diferencias existentes entre ambas potestades —correccional y disciplinaria—, las proyecciones del principio de buena administración que describiremos, garantías derivadas de los principios de legalidad, tipicidad y prescripción, tienen plena aplicación en uno y otro caso.

En el ámbito de la potestad administrativa sancionatoria, el principio de legalidad tiene una doble condición: de un lado, es el principio rector del derecho sancionador, y de otro, es el principio rector del ejercicio del poder.

De manera que de él se infiere, en primer lugar, que la atribución a la Administración de la potestad para imponer sanciones, debe realizarse a través de ley en sentido formal, lo que se relaciona con el principio de especialidad. Es claro que la atribución de la potestad —en el sentido utilizado por Jellinek[10]— es de reserva de ley, de ahí que no se pueda afirmar que el poder sancionador es un «poder ínsito natural» de la Administración. Es la ley la que debe habilitar a la Administración para el ejercicio de su potestad sancionadora, puesto que, con su ejercicio se pueden suprimir o limitar derechos de los administrados, lo que impone aplicar en este ámbito de actuación de la Administración, el principio de reserva de ley.

Y en segundo lugar, significa que no puede haber infracción ni sanción administrativa posible sin que la ley las determine previamente, lo que, como destaca Risso Ferrand (2006: 477), también significa «reserva de ley», en tanto la limitación de los derechos sólo puede provenir de ésta. Es en este segundo sentido que el principio de legalidad se relaciona con el principio de tipicidad, manifestación de aquél.

La legalidad no sólo es un deber sino un derecho. En efecto, si consideramos que el principio de legalidad es un presupuesto que limita la actividad de la Administración, en el Estado Constitucional de Derecho también configura un derecho para los destinatarios del ejercicio de dicha potestad. La legalidad de la potestad sancionadora de la Administración tiene una dimensión subjetiva, que se materializa en el derecho a la legalidad, y como tal este principio no puede estar al margen del ámbito de la protección de los derechos constitucionales, frente a supuestos como la creación reglamentaria *ex novo* de faltas y sus complementarios supuestos de agravación, o la aplicación de determinados tipos infraccionales sin cobertura legal.

10 En el sentido utilizado por MÉNDEZ (1971: 100-101), siguiendo a Jellinek, que define a la potestad con un sentido positivo, que agrega un derecho ampliando la capacidad de actuar, la competencia.

Los límites de la potestad sancionadora de la Administración, en cuanto al principio de legalidad, tienen que apreciarse en la consideración de la legalidad como derecho de los sujetos, ya que el principio de legalidad se aplica con el alcance de una función de garantía de la seguridad jurídica, para que el sujeto pueda prever las consecuencias de su conducta.

Del reconocimiento de ese valor y fuerza supraconstitucional, se pueden extraer dos exigencias y dos prohibiciones que impone el principio de legalidad, como proyección de la buena administración, desde su dimensión de derecho. Del lado de las exigencias: 1) que por ley se establezcan las infracciones y 2) que las conductas prohibidas estén claramente delimitadas por la ley; y del lado de las prohibiciones: 1) que no es posible la aplicación por analogía y 2) tampoco el uso de cláusulas generales e indeterminadas en la tipificación de las infracciones[11].

Tampoco podemos obviar la referencia al principio de eficacia, ya que la adecuada elección de los medios y de la oportunidad de ejercicio de las competencias, entre las que se encuentra el poder sancionador, con relación al fin específico que se quiere satisfacer, resulta fundamental a la hora de valorar si se ha hecho un uso legítimo de la potestad sancionatoria. «La Administración no puede ser sino buena —en palabras de Durán Martínez (2005: 154)–: si no lo es, resulta ilegítima».

Lo cierto es, pues, que, aun afirmando una aplicación menos rigurosa del principio de legalidad en el ejercicio del poder sancionatorio administrativo, el mismo se encuentra delimitado por los principios de seguridad, buena fe y eficacia.

En el derecho disciplinario, en razón del fin que persigue, cual es el del orden interno de la Administración, y de la materia que regula —la conducta de los funcionarios—, la determinación de la infracción o falta disciplinaria puede ser menos exigente que la del ilícito penal, ya que, al decir de Durán Martínez (1991: 84) es «diversa la entidad de los valores en juego».

Sin embargo, en lo que hemos definido como poder correctivo, esto es el ejercicio del poder sancionatorio administrativo frente a terceros, ante los administrados, la finalidad es otra; es la protección del orden social general. Y, por tanto, mayor aún debe ser la cautela a la hora de restringir el rigor con que debe aplicarse el principio de tipicidad.

Cabe preguntarnos si basta que la norma sancione con carácter general el incumplimiento de las obligaciones legalmente establecidas. La tipicidad exige una descripción de la conducta específica a la que se conectará una sanción (García de Enterría y Fernández 1993: II, 176). ¿De dónde debe provenir dicha descripción?

---

11 Aunque no se excluye la utilización de conceptos jurídicos indeterminados, práctica frecuente en esta materia.

El ejercicio de este poder no es discrecional. Procede aplicar sanciones por toda falta a los deberes funcionales o administrativos, sin necesidad de que estén detalladas concretamente en la ley formal como hecho sancionable. Pero la descripción de los hechos punibles debe provenir de la minuciosa consagración reglamentaria de las obligaciones, con cobertura legal, que si bien no tiene carácter limitativo —porque puede adecuarse a los cambios con la facilidad que admite su origen reglamentario— deben estar previstas. La discrecionalidad podrá exhibirse en la determinación del grado de la sanción a imponer, con los límites provenientes de la ley formal, y de los principios de proporcionalidad y razonabilidad[12].

Corresponderá a la Administración calificar las infracciones teniendo en cuenta que al hacerlo no desarrolla una facultad discrecional, sino una actividad jurídica de aplicación de normas que exige como presupuesto objetivo, el encuadre de la conducta en el tipo predeterminado por ley —complementada por el reglamento— (Carruitero).

El juez que deba juzgar la legitimidad de la actuación administrativa en la situación planteada, podría admitir la regulación reglamentaria de los deberes inherentes a la actividad en la medida que exhiba la necesaria cobertura legal, pero deberá controlar que el ejercicio de la potestad sancionatorias mediante el dictado de las resoluciones o disposiciones generales del caso, se ajuste a las respectivas leyes y reglamentos, y que estos últimos no se aparten de la ley.

8. Proyecciones concretas de la buena administración en el procedimiento sancionador

Como hemos mencionado, en Uruguay no existe norma constitucional o legal que explicite el principio, pero la buena administración como principio rector de la actuación de las administraciones públicas, cuyo alcance es mayor en la medida que su carácter plural y su fuerza expansiva puedan sustentar una nueva cultura en la actuación de las administraciones públicas, puede encontrar su base en el artículo 311 que confiere eficacia general a la sentencia del Tribunal de lo Contencioso Administrativo que anule un acto administrativo en interés de la buena administración (Durán 2010: 173-174).

Asimismo, en la medida que su consideración como mandato de optimización, permite su concreción en reglas de protección de verdaderos derechos fundamentales, podemos señalar la recepción en el Derecho uruguayo de diversas manifestaciones del principio, a saber:

- *Deber de motivación de los actos administrativos.* Fue recogido en el artículo 123 del Decreto n.º 500/991 que impone explicar las razo-

12 Ruocco, Graciela. estudios la ley 2010.

nes de hecho y de derecho que lo fundamentan, hacer una relación directa y concreta de los hechos del caso específico en resolución, exponiéndose además las razones que con referencia a él en particular justifican la decisión adoptada. En idénticos términos es recogido por el artículo 21 del Decreto n.º 30/003, que dedica un segundo inciso a la fundamentación de la actividad discrecional, disponiendo que en tal caso se requerirá la identificación clara de los motivos en que se funda la opción, en consideración al interés público.

- *Principio de eficacia.* El artículo 60 de la Constitución refiere a la administración eficiente. La eficacia fue recogida entre los principios rectores del procedimiento (artículo 2.º, literal e, del Decreto n.º 500/991). Al mismo tiempo y bajo el *nomen juris* de «Eficacia y eficiencia», el artículo 19 del Decreto n.º 30/003 también enuncia el principio en los siguientes términos: «*Los funcionarios públicos utilizarán medios idóneos para el logro del fin de interés público a su cargo, procurando alcanzar la máxima eficiencia en su actuación*».
- *Procedimientos de plazo razonable.* El artículo 212 del decreto n.º 500/991 establece el plazo para la finalización de todo procedimiento de sumario o investigación administrativa (sesenta días), pero lamentablemente la acertada disposición que establecía la clausura de los procedimientos si a los dos años no había decisión sobre el fondo del asunto (artículo 223) fue derogada por el artículo 1.º del Decreto n.º 420/007. La buena senda fue encauzada por la Ley n.º 19.121 (Estatuto del Funcionario de la Administración Central), de 28 de agosto de 2013, que en su artículo 78 reimplanta el citado plazo[13].
- *Imparcialidad.* Los artículos 20 y 21 de la Ley n.º 17.060 enumeran expresamente el deber de imparcialidad al regular los aspectos administrativos contra el uso indebido de los poderes públicos (corrupción), reglamentados por el artículo 16 del decreto n.º 30/003.
- *Conocimiento de los actos.* Los artículos 75 y 76 del Decreto n.º 500/991 regulan la obligatoriedad de conferir vista de las actuaciones, antes de adoptar resolución, cuando resulte que pueda recaer una decisión contraria a la petición formulada, o se hubiere deducido oposición, o cuando se trata de procedimientos iniciados de oficio con motivo de la aplicación de sanciones o de la imposición de un perjuicio a determinado administrado. Este derecho/deber es la antesala del principio de debido procedimiento y del derecho de defensa, directamente vinculado al principio de eficacia[14].

---

13 Aunque debe advertirse el limitado ámbito de aplicación de la norma, a los funcionarios de la Administración Central —Poder Ejecutivo y sus dependencias—.

14 Durán (2010: 176) identifica a los efectos de su estudio, los términos eficacia y eficiencia, cuando dice: «Eficacia y eficiencia se toman indistintamente en el sentido de hacer bien

Agotar la lista de estas manifestaciones del «derecho a la buena administración» no es el propósito de este trabajo. Pero sí resulta imperioso señalar que el alcance y proyecciones del derecho a la buena administración, reconocida constitucionalmente entre nosotros como el derecho a obtener una sentencia anulatoria de un acto administrativo de efectos generales cuando el Tribunal de lo Contencioso Administrativo anula en interés de la buena administración, pueden ser reconsiderados o ampliados sin necesidad de una reforma constitucional, porque —al decir de Durán Martínez (2009: 79-80)— la ductilidad es la característica más saliente del derecho en el Estado Constitucional (Zagrebelsky 2005: 16)[15].

En apariencia, la jurisprudencia uruguaya parece reticente a llenar de contenido el concepto de «buena administración».

Sin embargo, a poco que se indague, la jurisprudencia del Tribunal de lo Contencioso Administrativo evidencia una evolución muy marcada en el sentido de anular con fundamento en muchas de las manifestaciones que señalamos como integrantes del concepto de buena administración, a saber: anulación de los actos por falta de motivación, por falta de razonabilidad, por violación del derecho a la vista previa, entre otros.

Lo cierto es que la evolución reseñada entre los países del continente europeo demuestra que ha tomado tiempo generar la convicción de la necesidad de reunir en un solo cuerpo las proyecciones del principio en estudio, no por considerar que ello es necesario para la consagración de los derechos que en tales documentos se incluyan, sino por la conveniencia de explicitarlos como derechos fundamentales y evitar problemas interpretativos.

9. Bibliografía

Alexy, Robert (2004). *Epílogo a la Teoría de los Derechos Fundamentales*. Madrid: Centro de Estudios Políticos y Constitucionales.

las cosas». Por su parte, Cajarville (2012: 218-ss) indica «El derecho a defenderse en vía administrativa y la eficacia y eficiencia de la administración».

15 Zagrebelsky (2005: 16) dice:
«*Si, mediante una palabra lo más aproximada posible, quisiéramos indicar el sentido de este carácter esencial del derecho de los Estados constitucionales actuales, quizás podríamos usar la imagen de la ductilidad.*
La coexistencia de valores y principios, sobre la que hoy debe basarse necesariamente una Constitución para no renunciar a sus cometidos de unidad e integración y al mismo tiempo no hacerse incompatible con su base material pluralista, exige que cada uno de tales valores y principios se asuma con carácter no absoluto, compatible con aquellos otros con los que debe convivir».

CAJARVILLE PELUFFO, Juan Pablo(2012). «El derecho a defenderse en vía administrativa y la eficacia y eficiencia de la administración», en *Sobre Derecho Administrativo*, tomo II. Montevideo: FCU, tercera edición actualizada y ampliada.

CARRUITERO, Francisco. *Blog de Francisco Carruitero.* Perú. Disponible en: http://blog.pucp.edu.pe.

CRUZ PARCERO, Juan Antonio (2007). *El lenguaje de los derechos. Ensayo para una teoría estructural de los derechos.* Madrid: Editorial Trotta.

DELPIAZZO RODRÍGUEZ, Carlos E. (2009). «Marco conceptual de la gobernanza con especial referencia a Internet», en Ámbito Jurídico. Disponible en: www.ambito-jurídico.com.br/site/index.php?n_link=revista; consultada el 31 de octubre de 2021.

DURÁN MARTÍNEZ, Augusto (1991). «Principios del procedimiento disciplinario», *Procedimiento administrativo (Decreto n.° 500/991, de 27 de septiembre de 1991).* Revista Uruguaya de Derecho Constitucional y Político. Serie Congresos y Conferencias, 5.

DURÁN MARTÍNEZ, Augusto (2005). «Principio de eficacia y Estado subsidiario», en CAGNONI, J.A. *Liber Amicorum Discipulorumque*. Montevideo: FCU.

DURÁN MARTÍNEZ, Augusto (2008). «Principio de eficacia y Estado Subsidiario», en DURÁN MARTÍNEZ, A. *Estudios de Derecho Público*, volumen II. Montevideo.

DURÁN MARTÍNEZ, Augusto (2009). «En torno al Neoconstitucionalismo», en *Estudios Jurídicos*, 7. Montevideo: Facultad de Derecho de la Universidad Católica del Uruguay.

DURÁN MARTÍNEZ, Augusto (2010). «La buena administración», en *Estudios de Derecho Administrativo,* 1. Montevideo: La Ley Uruguay.

ESCOLA, Héctor (1984). *Compendio de Derecho Administrativo*, volumen I. Buenos Aires: Editorial Depalma.

GARCÍA DE ENTERRÍA MARTÍNEZ-CARANDE, Eduardo Y **FERNÁNDEZ RODRÍGUEZ, Tomás Ramón** (1993). *Curso de Derecho administrativo,* volumen II. Madrid: Civitas.

GUARIGLIA, Carlos (2007). *El Conflicto entre los derechos fundamentales. Bases para una interpretación.* Montevideo: A.M.F.

MÉNDEZ, Aparicio (1971). *La Teoría del Órgano*. Montevideo: A.M.F.

OSSA ARBELÁEZ, Jaime (2000). *Derecho Administrativo Sancionador*. Argentina: Editorial Legis.

Ponce Solé, Juli (2001). *Deber de buena administración y derecho al procedimiento administrativo debido*. Valladolid: Editorial Lex Nova.

Prats, Joan (2017). «La Búsqueda de Principios de buena administración. Referencia a la experiencia europea». Cita on line: aigob.org/content/view/230/25/.

Real Academia Española (1992). *Diccionario de la Real Academia Española*. Madrid: 21.ª edición.

Risso Ferrand, Martín (2006). *Derecho Constitucional*, tomo I. Montevideo.

Risso Ferrand, Martín (2008). *Algunas garantías básicas de los derechos humanos.* Montevideo: FCU.

Risso Ferrand, Martín (2011). «Algunas Garantía Básicas de los Derechos Humanos», en *Colección Internacional*, 27. Bogotá: Pontificia Universidad Javeriana y Grupo Editorial Ibáñez. Segunda edición actualizada y ampliada.

Rodríguez-Arana Muñoz, Jaime (2006). *El buen gobierno y la buena administración de las instituciones públicas.* Pamplona: Editorial Thomson - Aranzadi.

Rodríguez-Arana Muñoz, Jaime (2007). «El Derecho Fundamental a la buena administración y el Buen Gobierno de Instituciones Públicas», en *Anuario de Derecho Administrativo*, tomo XV. Montevideo: F.C.U.

Ruocco, Graciela (2011). «Principios de legalidad, tipicidad y de prescripción en materia de actividad sancionatoria de la Administración», en Durán Martínez, A. (dir.). *Estudios de Derecho Administrativo,* 2. Montevideo: La Ley Uruguay.

Ruocco, Graciela (2012). «Proyecciones del concepto de buena administración», en Delpiazzo Rodríguez, C.E. (coord.). *Pasado y presente del Derecho administrativo uruguayo.* Montevideo: FCU.

Ruocco, Graciela (2017). «Régimen sancionatorio administrativo en el marco de la Ley de Transparencia Fiscal Internacional, Prevención del Lavado de Activos y Financiamiento del Terrorismo (Ley n.º 19.484, de 5 de enero de 2017)», en Durán Martínez, A. (dir.). *Estudios de Derecho Administrativo,* 16. Montevideo: La Ley Uruguay.

Ruocco, Graciela (2018). «Principios aplicables al régimen administrativo sancionatorio», en Vázquez Pedrouzo, C. (coord.). *Derecho Administrativo Sancionatorio*. Homenaje al Prof. Carlos Labaure Aliseris. Montevideo: FCU.

Zagrebelsky, Gustavo (2005). *El derecho dúctil. Ley, derechos, justicia*. Madrid: Editorial Trotta.

ALGUNOS ASPECTOS INICIALES DEL PROCEDIMIENTO ADMINISTRATIVO DE CONTRATACIÓN EN LA PERSPECTIVA DE LA BUENA ADMINISTRACIÓN. EL PRINCIPIO DE TRANSPARENCIA

Some initial aspects of the administrative contracting procedure from the perspective of Good Administration. The Principle of Transparency

Manuel Javier Paolino[1]
Universidad de Montevideo (Uruguay)

Fecha de Recepción: 01/10/2022
Fecha de Aceptación: 31/10/2022

Resumen: El trabajo se ubica en el procedimiento administrativo de contratación. Sin perjuicio de recurrir a algunos conceptos de la Teoría General del Derecho, se localiza en las disposiciones del Derecho positivo uruguayo. Luego focaliza el estudio en la interpretación y aplicación de la normativa de los Principios Generales de Derecho, en especial el Principio de Transparencia, en el procedimiento de selección del co-contratante. Articulación de las normas del principio de transparencia y normas legales específicas. El trabajo concluye con el análisis de la reserva o el secreto de la información y el principio de transparencia, y el cruce con las normas jurídicas relativas a la actividad de control.

Palabras clave: Procedimiento. Contratación. Principios. Transparencia. Confidencialidad. Control.

---

1 Doctor en Derecho. Adscrito en la Administración Nacional de Usinas y Trasmisiones Eléctricas (UTE) de Uruguay.

Abstract: The article refers to the public procurement procedure. Notwithstanding to appeal to some concepts of the General Theory of Law, it is focused on the Uruguayan law and the interpretation and application of the General Principles of Law, especially on the Principle of Transparency in the selection of the co-contractor. Articulation of the principle of transparency and specific legal rules. The article concludes with the analysis of the reserve of information confidentiality and the principle of transparency, considering the crossing with the legal norms related to the control activity.

Keywords: Procedure. Public procurement. Principles. Transparency. Confidentiality. Control.

1. Homenaje

Desde la lejana América del Sur, donde nos separa un océano, pero nos junta un idioma común y el Derecho administrativo es necesario recordar hoy al Profesor José Luis Meilán Gil. Por su obra, por su vasta y profunda obra; por sus valiosos aportes científicos, pero antes que eso por lo que demostraba ser como ser humano. Para el recuerdo recurro a sus propias palabras. El 15 de diciembre de 2004, a iniciativa de quienes se reconocen como sus alumnos, se le realizó en A Coruña un merecido homenaje. Con las palabras pronunciadas en esa oportunidad por el Prof. Meilán Gil cumplo con la carga de la prueba según lo afirmado en estas líneas. Sólo dos párrafos parciales de sus palabras.

> «Sólo afecto quiero descubrir en este homenaje. El que ha movido a sus promotores, mis discípulos del área de Derecho Administrativo. Es una alta compensación que ofrece el oficio universitario. No se trata sólo de transmitir conocimiento, sino también de forjar una convivencia intelectual y humana que asegura la continuidad.
>
> (...) La Unión Europea y su Derecho y la experiencia nos muestran múltiples cauces de colaboración entre lo público y lo privado, y su fecundidad. También aquí se necesitan puentes, trátese de personas o de estructuras. Nada está defini-

tivamente construido. Si Don Quijote existiera, volviera a ser escudero en la aventura patriótica de liberar a la Dulcinea Galicia de los atrancos que entorpezcan su progreso».

Formularemos algunas referencias, puntuales y breves, al procedimiento administrativo de contratación en el Derecho Positivo uruguayo, sin que ello implique agotar un tema que, por sí, se muestra como muy amplio y con algunos aspectos de notoria complejidad.

La doctrina especializada nacional y la extranjera son contestes en referirse al Principio de Transparencia como la expresión de varias reglas que rigen la contratación pública.

En la doctrina española, Rodríguez Martín-Retortillo (2016) ha expresado:

> «La transparencia, cuyo papel para evitar los conflictos de intereses y la corrupción en la contratación pública ha sido analizado por la jurisprudencia comunitaria, se erige como un principio de la contratación pública en su doble vertiente de publicidad y de transparencia de los procesos de licitación, constituye una concreción del principio de igualdad y guarda una íntima conexión con el principio de competencia.
>
> Si bien la corrupción puede darse en todas las fases de la actividad contractual del Estado, existen actuaciones especialmente vulnerables a este fenómeno que se pueden materializar en cada una de las etapas de la contratación pública: "en la fase de formación de la voluntad de la administración se manipula la demanda pública —aspecto interno de la corrupción—, en el proceso precontractual se distorsionan los mecanismos de adjudicación —aspecto adjetivo de la corrupción— y finalmente el proceso culmina con la ineficiencia en la ejecución del contrato —aspecto material de la corrupción—"».

La más destacada doctrina nacional y extranjera es conteste en la necesidad de profundizar en el valor de la ética en la actividad pública.

Muchos de los Ordenamientos jurídicos democráticos han avanzado significativamente en esa materia, en las últimas décadas.

Así, ha dicho Jaime Rodríguez-Arana Muñoz (1999: 273):

> «(...) no limitándose a la prevención o reacción frente a la corrupción sino garantizando la vigencia y realización de todos los valores éticos en el ámbito de la Administración, fundados en el valor trascendente de la persona y en el carácter servicial de la Administración ya que, en definitiva, es la dignidad humana la que marcará las pautas de conducta. Dignidad en el administrador y en el administrado, en el que realiza las funciones administrativas y en su destinatario».

A su vez, señala Carlos E. Delpiazzo (2011):

> «En lo que refiere a la Administración pública, a las tres "e" que se han puesto de moda con los procesos de reforma y modernización estatal —economía, eficiencia y eficacia— se agrega últimamente una cuarta "e", correspondiente a la ética».

2. Algunas cuestiones generales del procedimiento administrativo. Ubicación del análisis

Como corresponde a toda experimentación jurídica, el punto de partida de cualquier análisis debe ser el Derecho Positivo pues se trata de una ciencia cuyo objeto es la norma jurídica y, más precisamente, el objeto de esta ciencia es el sistema jurídico. En principio, se tratará del sistema jurídico del Estado donde el autor focalice el análisis, sin perjuicio que el estudio pueda abarcar el análisis de más de un sistema jurídico, ya sea con finalidad comparativa o cualquier otro fin. Posiblemente puedan ser excepción a esa regla algunos temas de Filosofía del Derecho o de la Teoría General del Derecho, o de la Estimativa Jurídica si se considerare a esta última dentro de la Ciencia Jurídica. En estos casos el estudio puede trascender lo dispuesto por un ordenamiento jurídico concreto.

En todo análisis jurídico suele ser muy útil y productivo, sino imprescindible, recurrir a los estudios de autores nacionales y extranjeros. Cuando se trate de estos últimos deberá tenerse en cuenta que, razonablemente, esos autores formularán análisis y llegarán a conclusiones en base a lo que disponga el Derecho Positivo del país donde desarrollan su actividad, o del país cuyo ordenamiento convoca su interés científico. En los ordenamientos jurídicos de los países con orígenes culturales en la tradición latina, los respectivos ordenamientos suelen presentar similitudes; esas similitudes, especialmente en los Principios, suelen hacer útil los respectivos aportes científicos, en los estudios que tienen como base otros ordenamientos jurídicos.

No obstante, el estudio habrá de tener cuidado en no transpolar linealmente las conclusiones de dichos autores a los estudios que tratan de responder a otros ordenamientos, pues en ello suelen tenerse presentes las similitudes, pero perderse de vista las diferencias. Una conclusión de contendido jurídico puede ser correcta y válida para un ordenamiento, pero no necesariamente para otros.

Señalamos precedentemente que identificamos a la norma jurídica como el objeto de esta ciencia; e igualmente puede decirse que el objeto es el ordenamiento jurídico mismo. No se trata de afirmaciones contrapuestas; la norma jurídica, todas esas normas, integran un determinado sistema normativo. Este puede ser: el ordenamiento jurídico de cada país, o de cada Estado, o el sistema creado en un ámbito de integración. Cada ordenamiento se crea, funciona, se interpreta y se aplica, precisamente como un sistema.

Es tan parte de la denominada «realidad jurídica» cada norma, como el conjunto, ya sea el sistema en su globalidad, como los sub-sistemas de un mismo ordenamiento. Para el aplicador del Derecho, cualquiera sea el mismo, la interpretación del alcance normativo de cada Regla de Derecho, tiene un requisito previo imprescindible, este es, ubicar correctamente el contexto normativo en que se ubican la o las normas a aplicar. La eficacia material de una misma norma jurídica suele variar en razón del contexto en el cual debe interpretarse y aplicarse.

Las normas sobre procedimiento administrativo son normas adjetivas, en función de las cuales los derechos sustantivos de los habitantes se realizan en sus relaciones con la Administración. Ese carácter adjetivo no le quita nada de lo fundamental que pueden tener todas las normas sustantivas.

Las normas de procedimiento son mucho más que la descripción de ciertas reglas que la Administración utiliza para el cumplimiento de sus deberes jurídicos. El cumplimiento de las reglas del procedimiento administrativo es uno de los presupuestos del o de los actos administrativos a dictar por el órgano competente. El incumplimiento de esas reglas puede generar la ilegitimidad del referido acto. Pero, simultáneamente, el cumplimiento de esas normas de procedimiento constituye un elemento esencial en el Estado de Derecho y en el cumplimiento del Principio democrático.

Con acierto, Javier Barnés (2019) ha expresado:

> «La primera y más clásica relación entre el procedimiento y el principio democrático se da, pues, cuando el procedimiento administrativo constituye el instrumento por excelencia que posee la Administración para llevar a efecto lo que la ley —expresión de la voluntad popular— haya establecido para cada caso. En ese contexto, se entiende la tradicional afirmación de que un ejecutivo «fuerte» o, si se prefiere, una Administración capaz de aplicar con diligencia lo que la ley haya dispuesto, se erige en un requisito sine qua non para que la democracia se haga efectiva. El procedimiento se erige así en instrumento al servicio de la democracia, en la medida en que hace posible que las decisiones que se ha dado el pueblo a través de sus representantes en el parlamento se hagan realidad».

3. Normativa sobre procedimiento administrativo en Uruguay

En Uruguay, cuando se trate de interpretar o aplicar una norma de procedimiento administrativo es imprescindible abocarse, muchas veces, a la no siempre fácil o quizás muy compleja tarea de ubicar el contexto. Esa complejidad puede surgir de algunas paradojas del sistema que, en la perspectiva de la Estimativa Jurídica, puede decirse se trata de deficiencias del sistema. De esta afirmación deriva la constatación de otro aspecto de la mencionada «realidad jurídica»: que cada ordenamiento sea un sistema no implica que el mismo sea perfecto e infalible. Que sea un sistema implica que cada norma debe articularse en el mismo, en el sistema en que se inscribe o participa. Que sea un sistema implica que posee una función lógica que actúa como articulador. Pero como todo es obra humana —cada norma como el sistema mismo— participa de una característica común de todo hacer humano, su posible —y casi segura— imperfección. Que un sistema tenga errores o inconsecuencias no le quita la condición de sistema, que, aunque no sea cien por ciento lógico, tiende a ser creado, funcionar y ser aplicado bajo las reglas de la Lógica. De ahí que el Título Preliminar del Código Civil uruguayo haya establecido las reglas para la interpretación de las normas de rango legal que, a falta de reglas expresas para la interpretación de normas de otro rango, serán igualmente de aplicación. Es el método que se integra con dos elementos que a su vez dan nombre al método, esto es: i) lógico —sistemático— contextual, y ii) teleológico.

En Uruguay, puede decirse que existen, aproximadamente, tantos cuerpos normativos que regulan el procedimiento administrativo general como personas públicas estatales existen. Es más, en algunas personas jurídicas, integradas con más de un sistema orgánico, hay más de un Reglamento de Procedimiento Administrativo. No hay una ley, aplicable a todas las personas públicas estatales, que regule el procedimiento administrativo general (Durán 2014). Curiosamente, sí existen normas legales que regulan un procedimiento administrativo especial, es el caso en análisis, del procedimiento de administrativo de contratación. Pero estas normas legales sólo refieren a los aspectos específicos de la contratación administrativa.

4. Procedimiento administrativo de contratación de una entidad pública estatal en Uruguay

Si tenemos que responder a la pregunta sobre cuáles son las normas que regulan todo el procedimiento administrativo de contratación de una entidad púbica estatal en el Derecho Positivo uruguayo, la respuesta debe ser que ellas se integran: i) con las normas generales y abstractas de rango legal que refieren al procedimiento para la formación de la voluntad de la Administración en los contratos que esta deba celebrar; y ii) con las normas del procedimiento administrativo general que tienen rango reglamentario, esto es que son normas de efectos generales y abstractos que se ponen en vigencia por acto administrativo; Las primeras son algunas de las normas contenidas en el denominado TOCAF —Texto Ordenado de Contabilidad y Administración Financiera—. Estas normas legales, a diferencia de las que tienen de rango reglamentario, aplican a los procedimientos de contratación de todos órganos del Estado, inclusive a la Administración descentralizada por servicio y por territorio. En Uruguay, en los procedimientos de contratación, ante una hipótesis de antinomia insuperable entre las normas de la reglamentación general del procedimiento administrativo y las normas específicas del procedimiento de contratación administrativa contenidas en el TOCAF, estas últimas desaplican las primeras, no solo por el mayor rango normativo de las legales, sino también porque las últimas son normas especiales para ese tipo de procedimiento.

Para la llamada Administración Central —Poder Ejecutivo y sus dependencias—, las normas del procedimiento administrativo general están contenidas en el Decreto del Poder Ejecutivo n.º 500/991 de 27 de setiembre de 1991 que, desde el comienzo de su vigencia, ha tenido varias modificaciones y ajustes. En las otras administraciones estatales, los respectivos reglamentos de procedimiento administrativos que han sido puestos en vigencia por los respectivos jerarcas de la persona pública o del sistema orgánico, por lo general han tomado como base las normas del citado Decreto n.º 500/991. No ingresaremos ahora al estudio de aspecto de la regulación normativa de ese procedimiento, pues nos interesa focalizar en algunos aspectos del procedimiento de selección del co-contratante, en especial los vinculados al Principio de Transparencia.

5. Procedimiento de contratación administrativa

El artículo 33 del TOCAF dispone:

> «Las contrataciones se realizarán mediante licitación pública u otro procedimiento competitivo expresamente previsto, de acuerdo a lo que mejor se adecue a su objeto».

Las normas vigentes disponen, pues, que la regla de principio es que el instrumento para la selección de la o las personas que contraten con el Estado es el procedimiento competitivo. En principio, la regla es la licitación pública; pero esa regla admite excepciones. Estas excepciones son motivadas en el monto total de la operación, o en las características del objeto del futuro contrato. Estos motivos fundamentan la potestad discrecional otorgada por las normas vigentes. Se trata de potestad discrecional, aunque parcialmente reglada. En este marco, la posibilidad de optar por varias posibilidades estará condicionada de diversa manera. Por lo pronto, la potestad de recurrir a un procedimiento competitivo diferente estará limitada por lo «que mejor se adecue a su objeto». Por lo tanto, la autoridad competente estará obligada en esos casos a motivar correctamente la resolución, explicando cuáles son las características del objeto de la futura contratación. Pero los típicos límites propios de la discrecionalidad, en este caso, se integran, además, por la regla de adecuación del acto a dictar «a los principios generales de la contratación administrativa».

El literal D) del mismo artículo 33 dispone el poder jurídico de la Administración para contratar: «Directamente o por el procedimiento que el ordenador determine, cualquiera sea el monto de la operación, en los siguientes casos de excepción». A continuación, la norma señala, en 36 numerales, determinados casos en los cuales el ordenador tiene la discrecionalidad para seleccionar al co-contratante sin que sea imprescindible la licitación pública. Aun en los casos en que no sea posible la licitación pública, esa potestad discrecional tampoco implica poderes irrestrictos para que el ordenador haga lo que se le ocurra, sin necesidad de fundar su decisión y respetar los límites de la discrecionalidad. Entre esos límites de la potestad discrecional están —según ha quedado dicho— «los principios generales de la contratación administrativa».

No es el único límite, pero quizás sí, el más importante. Por lo tanto, ante la necesidad de comenzar un procedimiento para la contratación en alguno de esos 36 casos del citado art. 33, si el contexto de la situación jurídica y de hecho permiten instrumentar un procedimiento competitivo, el ordenador se encontrará ante el deber jurídico de optar por ese procedimiento competitivo y no por la contratación directa, pues dentro de los principios generales de la contratación administrativa el primero y principal es el Principio de transparencia. A esto se suman otras reglas y principios, entre ellas la conveniencia de la competencia entre posibles proveedores del Estado, y no sólo porque se trate de una aplicación del principio de igualdad de los oferentes, sino que, además, en cualquier caso, esa situación de competencia —de sana y leal competencia— entre oferentes, evidentemente, favorece los intereses de la Administración. Esa forma de actuación es también conteste con el principio de «concurrencia en los procedimientos competitivos para el llamado y la selección de las ofertas» que recoge el artículo149 del TOCAF, en su literal B).

Es de regla general que los actos administrativos deben ser fundados; la ausencia de motivación puede generar la ilegitimidad del acto y provocar su anulación. La motivación es imprescindible en todos los casos de dictado de un acto administrativo, con mayor razón cuando se trata del ejercicio de potestad discrecional, pues esa motivación es la que permitirá comprobar la legitimidad del acto. Este principio es recogido a texto expreso en el artículo 123 del Decreto n.º 500/991 antes citado.

En este sentido, enseña José Luis Meilán Gil (2013):

> «El contenido descrito constituiría el núcleo fundamental del derecho del mismo nombre a la buena administración, que se sitúa en un nivel constitucional. En ese sentido, por ejemplo, la motivación se enlaza con la caracterización del Estado como democrático de Derecho. No es un mero elemento del acto administrativo. Alcanza también a reglamentos y disposiciones generales o normativas, tradicionalmente consideradas como campo propio de la discrecionalidad e incluso exentas de control jurisdiccional en algunas etapas del ordenamiento jurídico».

6. Selección del co-contratante. Potestad discrecional

Es constatable que, en los casos de ejercicio de la potestad discrecional consagrada en el citado literal D) del artículo 33 del TOCAF por los órganos de la Administración uruguaya, en la inmensa mayoría de los casos, el acto administrativo del ordenador que dispone proceder por la contratación directa o por un procedimiento competitivo alternativo a la licitación pública, sólo hace mención a la aplicación de la citada norma, transcribiendo su texto.

Tal costumbre bastante generalizada constituye, sin lugar a dudas, una irregularidad; en efecto, la mera transcripción de una norma, legal o reglamentaria, no fundamenta nada, no explica cómo se adecúa típicamente la situación concreta en que se encuentra el ordenador en ese caso, al contenido dispositivo de la norma. Y, por otra parte, además, cuando se opta por la contratación directa, por lo general se omite explicitar por qué no es posible un procedimiento competitivo; ya sea posible un procedimiento que cuente con antecedentes o de otro procedimiento competitivo formulado para ese caso, por ese ordenador. Para todos sus actos, la Administración está obligada a explicar los fundamentos de lo que hace o dispone. Si actúa en el marco de potestad reglada, totalmente reglada, bastará con señalar la o las reglas aplicables y explicar —lógicamente— cómo aplican al caso concreto. Los motivos siempre deberán ser explicados. Si actúa en el marco de potestad discrecional, las exigencias en materia de explicación de su proceder serán más exigentes, debido a que tendrá que explicar, además, por qué descarta las otras opciones también legítimas. La ausencia de estas explicaciones, las cuales constituyen la motivación imprescindible del acto administrativo, determina inexorablemente su ilegitimidad.

Al final del citado artículo 33 se dispone expresamente:

> «Las contrataciones directas previstas en las excepciones precedentes deberán ser autorizadas (...) por resolución fundada, explicitando las razones de hecho y de derecho que la justifican».

Esto es, la ley estableció algo que ya era norma positiva emanada de los Principios del sistema y de las reglas que regulan el perfeccionamiento de los actos administrativos; seguramente con la intención de vencer la cultura inveterada de no fundar las excepciones establecidas en dicho literal D) del artículo 33. Quizás podría intentarse incidir en esa cultura mediante la actuación de los órganos de contralor, tanto en vía administrativa como jurisdiccional, con la finalidad de garantizar la aplicación de las normas vigentes.

Por otra parte, cuando se presentan algunos de los casos señalados en el citado literal D) del artículo 33 del TOCAF y el ordenador opta por realizar un procedimiento competitivo diferente a la licitación pública, ello obliga al ordenador a: i) establecer un procedimiento que cumpla con «los principios generales de la contratación administrativa»; si bien no se incluyen las reglas específicas y que hayan sido dispuestas en exclusividad para la licitación pública, deben aplicarse todas las demás reglas de la contratación administrativa, entre ellas las reglas y principios que aplican a todo procedimiento competitivo. ii) Luego de dictado el acto que dispone ese procedimiento competitivo alternativo, la Administración no puede, ya sea antes o después de la adjudicación, tratar el procedimiento como si fuera una contratación directa, pues las normas que surgen del acto por el cual el ordenador optó por otro procedimiento competitivo, obligan a todos, inclusive al mismo ordenador y a la Administración. En todo el procedimiento, inclusive luego de la adjudicación, rigen las reglas y principios de la contratación administrativa y las que puedan corresponder al procedimiento competitivo alternativo elegido para ese caso.

Estas consideraciones descartan de plano algunas teorías sostenidas desde las Áreas jurídicas de algunas entidades estatales. Según esas teorías, cuando la Administración se encuentra ante algunos de los casos señalados en el citado literal D) del artículo 33 del TOCAF, debido a que el ordenador tiene la facultad de realizar una contratación directa, la Administración contrata como si fuera un particular. Sin lugar a dudas, la tesis es infundada e insostenible. La Administración, y en general todo órgano estatal, actuando en cualquiera de las funciones jurídicas del Estado, siempre actúa regida por el Principio de Legalidad; nunca puede actuar bajo las reglas del Principio de Libertad; bajo este último sólo actúan los particulares.

Enseña Sayagués Laso (1988: 447):

> «(...) al revés de lo que ocurre con los particulares, que se mueven bajo el principio de libertad y deciden como quieren, mientras no vulneren una norma jurídica prohibitiva, los órganos de administración actúan para el cumplimiento de los fines que el derecho objetivo establece, y de conformidad con las reglas de fondo y de forma. Los órganos de administración están pues, en una situación de deber para cumplir, a la cual el Derecho les asigna determinados poderes públicos».

7. Principio de legalidad y autonomía de la voluntad

El Principio de autonomía de la voluntad, que para algunos autores de Derecho Privado no es tal, es incompatible con el Principio de Legalidad, el cual, como dijimos, rige la actuación de los órganos públicos. En efecto, si bien prestigiosa doctrina uruguaya de Derecho Privado sostiene la existencia de ese principio en la contratación entre los particulares, hay autores dentro de ese sector de la doctrina que han cuestionado o relativizado las reglas del referido principio. Aun dando por correcto que, en el Derecho Privado uruguayo de los contratos, rige un principio denominado de autonomía de la voluntad, es insostenible, debido a la mencionada incompatibilidad, que dicho principio aplique o exista entre las normas que rigen la actuación de las Personas de Derecho Público, ya sea en el marco de los contratos o de cualquier otra actividad. En el ordenamiento jurídico uruguayo la aplicación del Principio de Legalidad, para la actuación de las Personas de Derecho Público y de sus órganos rige, sin excepciones, en sus contratos, tanto en la etapa del procedimiento administrativo de selección del co-contratante como en la etapa de ejecución de los contratos. En el Derecho Positivo uruguayo, ninguna norma escrita o Principio general fundamenta que la contratación directa derogue o desaplique el Principio de Legalidad.

8. El principio de transparencia. Ubicación de los principios generales de derecho

El estudio de los Principios generales de Derecho tiene una lectura ineludible, nos referimos a la obra del Profesor Juan Pablo Cajarville Peluffo (1996).

Algunas puntualizaciones:

Primera puntualización. Si intentamos ubicar los Principios Generales de Derecho en los respectivos ordenamientos comenzamos por aclarar que esos principios son parte del Derecho Positivo, se integran con disposiciones puestas y no supuestas. Si difícil puede ser la tarea técnica de interpretar una norma escrita —como puede ser un artículo de la ley o de un reglamento— más difícil es interpretar el Ordenamiento Jurídico para desentrañar las reglas que surgen de los referidos Principios. Es habitual ver que se pretenda fundar una determinada opinión jurídica convocando la presencia de un determinado Principio General; muy difícilmente la mera invocación de un principio fundamente razonablemente alguna afirmación.

Segunda puntualización. Si se pretende fundar una decisión o cualquier otra conclusión, ajustada a las reglas de la ciencia jurídica, es tarea ineludible del intérprete explicar las razones lógicas por las cuales se puede concluir que un determinado Principio es parte del Ordenamiento jurídico en el cual se esté actuando. Muchos principios están enunciados como tal en una norma escrita de ese ordenamiento, lo que facilita la tarea de identificación del principio. En estos casos, y mucho más cuando no se cuenta con normas escritas que identifiquen un principio, es condición ineludible explicitar los fundamentos lógicos que permitan concluir que tal principio es parte del ordenamiento en que se está actuando. Es habitual ver en la doctrina las opiniones de autores haciendo referencia a determinado principio, omitiéndose toda referencia a las bases técnicas jurídicas que respalden esa afirmación. Que un principio sea parte de otro u otros ordenamientos no implica, forzosamente, que sea parte del ordenamiento donde se está operando. Por lo tanto, una determinada afirmación realizada por la doctrina extranjera puede no ser trasladable linealmente al ordenamiento donde se está actuando.

Tercera puntualización. De los Principios Generales de Derecho surge una o más Reglas de Derecho y la tarea del operador jurídico —cualquiera sea el mismo, inclusive un juez— es explicar, razonando sobre el Principio, cuáles son las reglas que surgen del mismo para el caso que se analiza. Para aplicar alguna de las reglas que surgen del Principio, el operador jurídico debe desarrollar la tarea técnico-jurídica de análisis e interpretación, de manera de arribar a una conclusión fundada sobre la eficacia material de la norma que intenta explicar y aplicar. Asimismo, deberá explicar cómo se articula la eficacia material de esa norma, que surge del Principio, con la eficacia material de las otras normas contenidas en el respectivo Ordenamiento Jurídico y que eventualmente apliquen en la situación planteada. Es habitual ver o escuchar fundamentaciones jurídicas recurriendo a la cita de un determinado principio, en el cual se explica correctamente su existencia en ese ordenamiento, pero se omite la imprescindible explicación de la Regla —que es aplicable a ese caso— y que es conclusión lógica de la existencia de ese principio. Además, muchas veces se omite explicar cómo se subsumen los hechos y actos del caso concreto que se analiza, en el contenido dispositivo —genérico— de la norma contenida en el Principio.

Cuarta puntualización. Las explicaciones sobre la existencia efectiva de un Principio, y del contenido de determinada regla aplicable al caso que surge de ese principio también pueden resultar insuficientes. Es imprescindible también ubicar el rango normativo de la o las reglas que surgen del principio cuya aplicación se pretende. Así, por ejemplo, en el ordenamiento jurídico uruguayo, si un principio refiere a deberes, derechos y garantías identificados como inherentes a la personalidad humana o a la forma republicana de gobierno, el mismo tendrá rango —eficacia formal del acto— constitucional —conforme al artículo 72 de la Carta—. Pero pueden existir otros principios que refieren a los procedimientos administrativos o más concretamente al procedimiento administrativo de contratación, que pueden tener rango inferior al rango constitucional. Como en todos los casos de interpretación de normas jurídicas, para su aplicación a un caso, el operador deberá ubicar todas las normas que en principio son aplicables al caso que analiza; luego deberá ubicar la eficacia formal de cada uno de los actos que pusieron en vigencia esas normas, y determinar la eventual desaplicación concreta de alguna de esas normas a ese caso, debido a la mayor eficacia formal del acto jurídico creador de cada una de las señaladas normas. En algunos supuestos, por ejemplo, ante normas puestas en vigencia por actos de igual eficacia formal, la aplicación o desaplicación de una norma surgirá de las normas sobre la competencia de los órganos emisores de los respectivos actos.

Quinta puntualización. Los Principios son parte del ordenamiento; de ellos surgen normas positivas, no son meras referencias genéricas; no tienen como función llenar ningún vacío, pues, además, el Ordenamiento Jurídico en términos «lógicos-jurídicos» no tiene vacíos. Y el Ordenamiento no tiene vacíos, precisamente porque además de las normas escritas está integrado por los Principios Generales. Entonces, si bien puede decirse que los Principios sirven como criterio interpretativo de otras normas, sin lugar a dudas, son más que eso, son precisamente Reglas de Derecho; y esto es así no sólo porque lo diga el literal a) del artículo 23 del Decreto-Ley n.º 15.524 —Orgánico del Tribunal de lo Contencioso Administrativo—; ello surge de manera inequívoca del texto y contexto constitucional.

Sexta puntualización. Aunque resulte obvio, nos referimos a los Principios Generales, exclusivamente como fuente formal del Derecho. La identificación de los Principios generales de derecho puede tener muchísimos enfoques, desde la misma Ciencia del Derecho y desde otras ciencias afines. La existencia, determinación, alcance y efectos de esos principios puede ser muy diferente si se analiza desde el punto de vista de las fuentes materiales del Derecho. En especial, entonces, cuando referimos en estas líneas al Principio de Transparencia aludimos al mismo como fuente formal de Derecho.

9. Los principios generales de derecho en la contratación administrativa

En el Derecho Positivo uruguayo, en la regulación de los contratos de la Administración, esto es, donde una de las partes de la relación contractual es el Estado, rigen los Principios de Derecho como parte del respectivo ordenamiento. Rigen, por una parte, los principios generales propios de la contratación administrativa, que son de rango legal; y rigen por otra parte los Principios Generales de Derecho que se identifican como de rango constitucional. En la etapa de selección del co-contratante rigen además los principios generales del Procedimiento administrativo, donde coexisten principios, algunos de rango legal y otros de rango reglamentarios. Así, entonces, si el Principio es de los mencionados en el TOCAF, o que surge inequívocamente del contexto de ese texto ordenado o de otros textos legales, se estará en presencia de un Principio de rango legal. Por el contrario, si por ejemplo se trata de un Principio que se menciona o surge del contexto del Reglamento General de actuación administrativa, contenido en el ya citado Decreto n.º 500/991 la eficacia formal será de acto reglamentario; esto es, norma puesta en vigencia por un acto jurídico dictado en ejercicio de función administrativa. Esto último siempre y cuando no ocurra que el principio de que se trate surja también de normas creadas por actos de mayor eficacia formal, ya sea legal o constitucional. Debido a que las normas de este reglamento han sido puestas en vigencia por acto administrativo el rango de sus normas será el que corresponde a este tipo de actos.

En el Derecho Positivo uruguayo, en todos los casos, sin excepciones, las normas reglamentarias son creadas por actos jurídicos de inferior eficacia formal que la de los actos legislativos. Por ejemplo, si se trata de un Principio general que refiere a deberes derechos o garantías inherentes a la personalidad humana, su recepción o mención en una norma reglamentaria no trasforma el principio en normas de rango reglamentario, seguirá teniendo rango de norma constitucional, porque así surge del texto constitucional. De igual manera, si se trata de un principio general de la contratación administrativa recogido en los respectivos textos legales, el principio tendrá rango legal aun en el caso que mismo sea recogido o mencionado, además, por una norma reglamentaria. La consagración o recepción de un Principio, así como en las normas escritas, entre las disposiciones constitucionales, «congela» el rango.

En Uruguay, hasta en los contratos del Estado cuyo régimen jurídico no es el establecido en el TOCAF, como son por ejemplo los contratos administrativos perfeccionados en aplicación de contratos de préstamos con organismos internacionales de crédito de los que la República forma parte, en los procedimientos para la selección de ofertas, deberán respetarse los principios generales de la contratación administrativa.

Entonces, es necesario reiterar, cuando el operador jurídico concluye en la aplicación de un Principio General, es imprescindible que identifique claramente el rango normativo del principio que pretende aplicar y deberá, además, determinar cómo se articula con las otras normas aplicables al caso.

10. El principio de transparencia en la contratación administrativa

En esta referencia genérica a los Principios Generales de Derecho y a los Principios de la contratación administrativa es oportuno focalizar en uno de estos Principios; nos referimos al Principio de Transparencia

Las reglas sobre la transparencia han adquirido cada vez mayor relevancia en toda la actuación administrativa, en especial en la esfera de la contratación del Estado. En la mayoría de los países de América del Sur se ha vuelto una necesidad impostergable que el Principio de Transparencia, desparramado por todo los Ordenamientos, tenga una realidad que sea algo más que las múltiples referencias normativas que a él se hacen.

Ha quedado demostrado que, si los órganos de contralor, tanto los que actúan en ejercicio de función jurisdiccional como en función administrativa, no pueden actuar con profesionalismo, autonomía auténtica y honestidad, difícilmente la transparencia pase de ser mera referencia normativa, muy valiosa en la perspectiva técnico-jurídica, pero intrascendente en la perspectiva de la realidad socio-económica que intenta regular.

Si en el ordenamiento jurídico uruguayo aplicable a la contratación administrativa fuéramos a tratar de comprobar que la transparencia es un Principio General de Derecho, la tarea sería sencilla pero agotadora. Si analizamos una por una las normas jurídicas que regulan la contratación del Estado, en una gran mayoría de ellas es posible desentrañar la aplicación de las reglas del Principio de Transparencia. Pero antes de ello, el análisis de la gran mayoría de las normas que regulan la actuación de los órganos públicos permite percibir en normas escritas de diferente rango, tanto constitucional como legal y reglamentario, la recepción de citado principio. En Uruguay, en los últimos lustros, es muy significativa la cantidad de normas jurídicas, especialmente leyes, que se han puesto en vigencia y que recogen el Principio de Transparencia; para ello se ha recurrido a diferentes instrumentos, tales como ajustes a la actuación de las entidades estatales, especialmente en materia de contratación, creación de órganos especializados, etc., que, aunque insuficientes, y con avances y retrocesos, apuntan a elevar el nivel ético de los administradores y gobernantes.

Parte de la doctrina uruguaya especializada ubica, en opinión que compartimos, el Principio de Transparencia entre los Principios inherentes a la forma republicana de gobierno. Por lo tanto, tiene siempre rango constitucional, por su recepción en el artículo 72 de la Constitución de la República.

Asimismo, y a manera de ejemplo para señalar la recepción del Principio de transparencia, podemos ubicar la mirada en el estudio de los elementos y presupuestos del acto administrativo, destacando la denominada motivación del acto, cuya omisión o defecto genera ilegitimidad.

Si bien no es requisito exclusivo de los actos perfeccionados en ejercicio de función administrativa, pues la regla de la motivación informa todas las actuaciones de los órganos estatales, en especial es requisito para el perfeccionamiento legítimo de los actos típicos de la función administrativa. La explicación razonable de la existencia y legitimidad de los presupuestos del acto administrativo hace, inevitablemente, a la legitimidad del acto.

De todos los presupuestos, en particular el presupuesto de la existencia de un motivo del acto —motivo que realmente exista y que sea legítimo—, debemos recordar que el mismo constituye una —o más— circunstancias extrínsecas al acto mismo. Por lo tanto, el motivo siempre es previo al perfeccionamiento de acto, y el órgano a cargo del perfeccionamiento del acto tiene la obligación de identificarlo en el mismo. Una pretendida motivación posterior al perfeccionamiento del acto no genera el efecto jurídico requerido por las normas aplicables. Y de lo dicho subrayamos, explicación razonable; no es imprescindible frondosa literatura, pero la mera inclusión de referencias genéricas no cumple con el imperativo normativo. Las referencias genéricas, así como las pretendidas fundamentaciones que pueden servir para explicar el sentido del contenido dispositivo de ese acto, y también para fundamentar un acto en sentido contrario, tienen valor: cero[2]. Por eso, la habitual fundamentación de un acto con la transcripción total o parcial de la o las normas atributivas de competencia es una costumbre errada e inconducente para motivarlo. Una cosa es la descripción hipotética —de hechos, actos o circunstancias— que forma parte del contenido dispositivo de una norma, y otra cosa son los hechos, actos o circunstancias concretos previos o contemporáneos al dictado del acto.

El Profesor José Luis Meilán Gil (2013: 49) nos enseña:

> «Aunque la realización del Derecho que concierne a la Administración no agote el alcance de la dimensión ética de la actuación de sus autores, en gran medida

2 El artículo 123 del Decreto 500/991 dispone:
«Todo acto administrativo deberá ser motivado, explicándose las razones de hecho y de derecho que lo fundamentan. No son admisibles fórmulas generales de fundamentación, sino que deberá hacerse una relación directa y concreta de los hechos del caso específico en resolución, exponiéndose además las razones que con referencia a él en particular justifican la decisión adoptada».

el comportamiento conforme a Derecho es síntoma de comportamiento ético. La desviación de poder, en el mayor número de los casos, supone una conducta éticamente reprobable, aunque técnicamente no haya sido así calificada en un proceso. Algo similar podría decirse de la arbitrariedad, motivación ausente o sesgada. La corrupción se corresponde con actuaciones de esa naturaleza, sean puniblemente castigadas o toleradas o silenciadas».

11. Transparencia: principio y excepción

Como la transparencia es la regla, diversas normas legales han dispuesto expresamente excepciones. Por ser excepciones a un Principio General las mismas quedan acotadas a los supuestos normativos previstos. En materia de contratación administrativa citamos algunos ejemplos que establecen excepciones, excluyéndose a determinado tipo de información del carácter de información pública. En estos casos se tratará de información excluida del conocimiento del público en general.

Así, por ejemplo, el inciso 3.° del artículo 24 de la Ley n.° 19.355 en la redacción dada por el artículo 51 de la Ley n.° 19.924 establece:

> «Los Entes Autónomos y Servicios Descentralizados del dominio industrial y comercial del Estado, podrán disponer la reserva de la información contenida en su plan anual de contratación, para los bienes o servicios que integran en forma directa o indirecta su oferta comercial, cuando la misma se desarrolle en régimen de competencia. Dicha reserva deberá disponerse por acto administrativo del ordenador primario, no obstante, lo cual, quedará sujeta a los controles que efectúe el Tribunal de Cuentas o la Auditoría Interna de la Nación, en cumplimiento de sus respectivos cometidos».

Tratándose de actividad a cargo de los entes descentralizados del dominio industrial y comercial del Estado, el control del *Tribunal de Cuentas o la Auditoría Interna de la Nación,* dispuesto por la citada norma legal, no enerva ni altera de forma alguna el deber de control a cargo del Poder Ejecutivo sobre la actividad de dichos entes, y sus directores, en razón de lo dispuesto en los artículos 197 y 198 de la Constitución de la República. En estos casos es ilegítimo que el Poder Ejecutivo omita su deber de contralor pretextando el control dispuesto por la citada norma legal. Es más, en las respectivas competencias de contralor del Tribunal de Cuentas, de la Auditoría Interna de la Nación y del Poder Ejecutivo, es este último el que posee poderes jurídicos de mayor trascendencia y eficacia, incluyéndose, entre otros poderes jurídicos, la posibilidad de rectificar los actos jurídicos dictados por dichos entes autónomos.

El artículo 63 inciso final del TOCAF, dispone:

> «En todos los casos será responsabilidad de la administración contratante el resguardo de las ofertas utilizando los procedimientos y tecnologías que aseguren la confidencialidad de la información de tal forma que sea inviolable hasta el momento fijado para su apertura».

Esta norma establece un deber para la Administración con referencia a toda la información contenida en las ofertas de un procedimiento competitivo de contratación. Ninguna persona podrá invocar algún derecho de acceso a la información sobre el contenido de las ofertas, desde la presentación de la oferta hasta el momento de la apertura. Luego de la apertura de ofertas las normas sobre reserva de la información cambian sustancialmente; se vuelve a la transparencia como regla, quedando algunos casos en los cuales, por excepción, la transparencia queda limitada. Alguna información puede quedar excluida del acceso del público en general. Veremos este punto en el numeral siguiente.

12. Transparencia en el procedimiento administrativo de contratación

En la contratación del sector público, la doctrina especializada ha vinculado el principio de transparencia al principio de igualdad. Este último es un principio que refiere a los procedimientos competitivos, a todos los procedimientos competitivos, de ese sector de la contratación. La vinculación es correcta, pero el Principio de Transparencia extiende sus efectos más allá de las reglas de igualdad de los oferentes en las contrataciones del sector público perfeccionadas con un procedimiento competitivo. El Principio de Transparencia informa toda la actuación de los «servidores públicos». Aunque no se convoque el Principio de igualdad, la aplicación de las reglas emergentes del Principio de Transparencia tiene más amplia y profunda aplicación en los casos de contrataciones directas. En efecto, la contratación directa es un instrumento de buena administración, para ciertos casos, destinado a mejorar las condiciones en que contrata el Estado. Nunca debería tomarse ese instrumento como una «patente de corso» para que el administrador deje de lado el Principio de Buena administración, y olvide que la principal finalidad de su trabajo es la satisfacción del interés general, y nunca el interés propio o de algún amigo.

Lo que venimos de decir implica que la Administración tiene el deber de desplegar toda su atención desde el momento en que comienza a elaborar los pliegos de condiciones, en los cuales necesariamente debe asegurar que todas las reglas que aplicará al procedimiento de selección y en la ejecución del contrato, estén formuladas de forma clara, precisa e inequívoca. De las peores costumbres de ciertas administraciones públicas es la de intentar tapar un error con otro error de signo contrario y más grande. Cuando la Administración detecta un error en un procedimiento o en algún acto propio anterior, cuenta con todos los elementos que el Ordenamiento jurídico proporciona para salvar el error con un proceder acorde a Derecho. La costumbre de tratar de tapar un error u omisión, sin tener en cuenta la manera adecuada a Derecho de superarlo, es de franco rechazo. Si la Administración no cayó en ilegitimidad en el primer error caerá, seguramente, en el segundo, al tratar de ocultar o disimular el primer error.

Dijimos entonces que luego de la apertura de las ofertas, parte de la información contenida en las ofertas puede tener el carácter de reservada. Este aspecto está regulado en el artículo 65, inciso 11 del mismo texto ordenado, el cual dispone:

> «En el contenido de las ofertas se considerarán informaciones confidenciales, siempre que sean entregadas en ese carácter —artículo 10 de la Ley n.° 18.381, de 17 de octubre de 2008—, la información de clientes, la que puede ser objeto de propiedad intelectual, y aquellas de naturaleza similar de acuerdo con lo que establezcan los pliegos únicos o, en su caso, el pliego particular. No se consideran confidenciales los precios y las descripciones de bienes y servicios ofertados y las condiciones generales de la oferta».

A todos los efectos de la actividad pública, en general el artículo 10 de la Ley n.° 18.381 dispone:

> «[Información confidencial]. Se considera información confidencial:
>
> 1) Aquella entregada en tal carácter a los sujetos obligados, siempre que:
>
> a) Refiera al patrimonio de la persona.
>
> b) Comprenda hechos o actos de carácter económico, contable, jurídico o administrativo, relativos a una persona física o jurídica, que pudiera ser útil para un competidor.
>
> c) Esté amparada por una cláusula contractual de confidencialidad.
>
> 2) Los datos personales que requieran previo consentimiento informado.
>
> Tendrán el mismo carácter los documentos o secciones de documentos que contengan estos datos».

La información que venimos de señalar puede, eventualmente, tener el carácter de confidencial. En ese caso queda excluida de acceso del público en general, la información que esté contenida en la oferta, sobre la cual el respectivo oferente haya establecido que tenga el carácter de confidencial —*siempre que sean entregadas en ese carácter*—. De todas maneras, habrá información contenida en una oferta, la cual, aunque el oferente señale el carácter de confidencial, no tendrá tal condición. Cualquiera sea lo que haya estipulado un oferente, en ningún caso podrá ser información confidencial: a) los precios, b) las descripciones de bienes y servicios ofertados, y c) las condiciones generales de la oferta. El motivo de la estipulación legal parece claro; sería absurdo que la información contenida en una oferta, que lleva a la Administración a concluir que es la oferta más conveniente, sea opaca para los otros eferentes, impidiendo el control al cual tienen derecho los oferentes cuyas ofertas no resulten adjudicadas.

Hasta aquí nos hemos referido a la información entregada por los oferentes y que, eventualmente, puede llegar a la condición de confidencial o reservada. Sobre la información generada en la misma Administración o de la que tenga posesión por otros motivos u origen, la misma sigue las reglas generales, esto es, sólo será no accesible la información respecto a la cual la

Administración haya establecido la reserva, fundando con toda claridad los legítimos motivos para ello. Aunque la Administración haya establecido la reserva de parte de su información, si no cumplió con la carga de establecer con total claridad los motivos por los cuales, específicamente en ese caso, la información debe quedar reservada, la misma tendrá el carácter de información pública. Aunque resulte evidente, reiteramos que no cumple con la regla de la debida fundamentación, las pretendidas motivaciones con la sola inclusión de expresiones o términos generales, que en sustancia nada dicen del caso concreto. Ya dijimos que menos aun será una fundamentación que cumple con la referida carga, la sola transcripción de texto legal, cualquiera sea el mismo. En todos los casos, las descripciones contenidas en las normas jurídicas son la explicitación del supuesto de hecho que ha hecho el emisor del respectivo acto jurídico. Lo que el ordenamiento exige es la correcta y razonable explicación de por qué ese caso concreto encarta en el supuesto hipotético y general de la norma jurídica.

13. Principio de transparencia y normas legales específicas

Señalamos ya el Principio de transparencia en las normas constitucionales; ahora una breve cita a la recepción del principio en algunas de las normas de rango legal.

En Uruguay, en el año 2008 se promulga la antes citada Ley n.° 18.381 denominada Ley de acceso a la información pública, cuyo artículo 1.° establece:

> «[Objeto de la ley]. La presente ley tiene por objeto promover la transparencia de la función administrativa de todo organismo público, sea o no estatal, y garantizar el derecho fundamental de las personas al acceso a la información pública».

Correctamente, la ley tiene por objeto promover la transparencia; promueve lo que ya es regla de rango constitucional.

El artículo 8.° de la misma ley establece:

> «[Excepciones a la información pública]. Las excepciones a la información pública serán de interpretación estricta y comprenderán aquellas definidas como secretas por la ley y las que se definan seguidamente como de carácter reservado y confidencial.

Y el artículo 9.° agrega: (Información reservada): «Como información reservada podrá clasificarse aquella cuya difusión pueda». A continuación, este mismo artículo, en siete literales señala taxativamente la información que puede ser declarada reservada.

Y los tres incisos finales del mismo artículo disponen:

«La clasificación de la información reservada deberá realizarse por el sujeto obligado en el momento en que esta se genere, obtenga o modifique, mediante resolución debidamente fundada y motivada, en la que se demuestre la existencia de elementos objetivos que permitan determinar que la divulgación de la misma genera un riesgo claro, probable y específico de daño al interés público protegido, de acuerdo con las excepciones referidas en el presente artículo.

Excepcionalmente, la información podrá clasificarse como reservada en el momento en que se reciba una solicitud de acceso a la misma. En este caso, la resolución fundada que disponga la clasificación de la información deberá remitirse en el plazo de cinco días hábiles a la Unidad de Acceso a la Información Pública, la que, en ejercicio de su cometido de control, solicitará al sujeto obligado su desclasificación si la misma no se ajustare a lo dispuesto en el presente artículo. En cualquier caso, el plazo de reserva comenzará a computarse a partir de que la información pudo ser clasificada.

En todo momento, la Unidad de Acceso a la Información Pública podrá tener acceso a la información clasificada para evaluar la regularidad de su clasificación».

Por otra parte, en el año 2009 se promulgó la Ley n.º 19.823 de Código de Ética en la Función Pública.

En el TÍTULO I de esta Ley, titulado *Buenas prácticas de actuación en la función pública,* el artículo 1.º establece:

«Declárase de interés general la adecuación de prácticas de actuación en la función pública, para el fortalecimiento de la transparencia en la Administración Pública.

La presente ley, sin perjuicio de todas las demás normas que surjan del ordenamiento jurídico, tiene por objeto regular las conductas de los funcionarios públicos definidos en los artículos 2.º y 3.º de la presente norma, en un marco de profesionalización, transparencia, eficacia y eficiencia, de prácticas honestas y responsables de actuación».

En el Capítulo II. Principios Generales, del mismo Título I, el artículo 20 establece:

«[Transparencia y publicidad]. El funcionario público debe actuar con transparencia en el cumplimiento de su función.

Los actos, documentos y demás elementos relativos a la función pública pueden ser divulgados libremente, salvo que por su naturaleza deban permanecer reservados o secretos o hayan sido declarados tales por ley o resolución fundada, en todo caso bajo la responsabilidad a que hubiere lugar por derecho.

Queda comprendido en lo dispuesto precedentemente el deber de garantizar, a los particulares interesados que lo solicitaren, el acceso a la información que resulte del empleo y aplicación de medios informáticos y telemáticos para el desarrollo de las actividades de las administraciones públicas y el ejercicio de sus competencias».

Por su parte, el artículo 331 de la Ley n.º 19.889 establece la competencia de la Agencia Reguladora de Compras Estatales. Entre sus variadas atribuciones destacamos:

> «12) Promover el uso de las tecnologías de la información, observando los lineamientos y recomendaciones definidos por el Poder Ejecutivo, a fin de simplificar los procedimientos y favorecer el desempeño de compradores y proveedores, como herramientas para la mejora de la gestión y la transparencia del sistema de compras y contrataciones en el sector público.
>
> 13) Generar mecanismos que provean información al ciudadano sobre las contrataciones que realicen las entidades estatales, de manera actualizada y de fácil acceso, promoviendo la transparencia del sistema y la generación de confianza en el mismo».

14. La reserva o el secreto de la información y el principio de transparencia

No puede escapar a la percepción de cualquier observador que en algunos casos el Estado debe mantener ciertos datos en reserva. El conocimiento público de ciertos elementos vinculados a un contrato, ya sea en el procedimiento administrativo de selección del co-contratante, como en la etapa de ejecución de contrato, puede llevar a perjudicar la actividad del Estado en el propósito de obtener el mejor resultado posible para la Administración. Y subrayo, para la Administración, no para el administrador.

Tanto en sede de normas legales sobre contratación administrativa (TOCAF), como en sede de normas legales de acceso a la información pública —Leyes citadas Números 18.381 y 19.823— la regla es la transparencia, y la reserva es la excepción. Pero antes de la aplicabilidad de esas normas legales, bajo la aplicación de las normas constitucionales, la regla es la transparencia y la reserva es la excepción.

En este punto cabe una puntualización inevitable. La reserva de la información, que debe estar originada en la sensibilidad de su contenido y a los casos que taxativamente la norma legal lo permite; no puede servir de excusas para que un órgano sujeto a contralor oculte información relativa a su actividad, al órgano controlante. Veremos este punto en el numeral siguiente.

En el Ordenamiento jurídico uruguayo, en el año 2008, con el dictado de la Ley n.º 18.381 el legislador ubicó como objetivo de esa ley:

> «(...) promover la transparencia de la función administrativa de todo organismo público, sea o no estatal, y garantizar el derecho fundamental de las personas al acceso a la información pública».

El artículo 2.° de dicha Ley se marca el alcance, en el contexto de la Ley, de la expresión «información pública», en los siguientes términos:

> «Se considera información pública toda la que emane o esté en posesión de cualquier organismo público, sea o no estatal, salvo las excepciones o secretos establecidos por ley, así como las informaciones reservadas o confidenciales».

Entonces, corresponde formular dos conclusiones primarias y evidentes:

Primera conclusión. La expresión en la ley: «información pública», no refiere a toda la información emanada o en posesión del órgano público estatal o no estatal. Existen informaciones que emanan o están en posición del órgano público, que son informaciones reservadas o confidenciales, y no constituyen «información pública».

Segunda conclusión. El calificativo de pública no refiere a la condición de Derecho Público de la persona o del órgano creador o poseedor de la información. El calificativo «pública» refiere a que la información es de acceso del público en general, de cualquier persona, aunque no exista «vínculo» alguno entre el solicitante y el contenido de la información de que se trate.

15. Transparencia, acceso a la información y actividad de control

En los párrafos anteriores analizamos las hipótesis en la cuales cierta información queda excluida de acceso del público en general por aplicación de lo dispuesto en la Ley n.° 18.381 y normas concordantes; pero ¿qué pasa con el tratamiento que debe darse a esa misma información, supongamos correctamente constituida como información reservada —la hipótesis incluye que el ordenador ha cumplido con todas las exigencias legales para la reserva— con referencia a las personas u órganos, que tienen la atribución, constitucional o legal, de control jerárquico u otro tipo de control administrativo sobre la actividad —total o parcialmente— del emisor o poseedor de la información? Evidentemente la ley n.° 18.381 no tiene incidencia alguna en esas atribuciones de contralor ni en los poderes jurídicos para acceder a la información necesaria para cumplir con el cometido —poder-deber— de control. La mencionada ley regula el posible acceso a la información del público en general, y nada regula en relación a las competencias de algunas personas y órganos en materia de control.

La actividad de control es de la esencia de todo sistema democrático. En la cúspide del sistema orgánico del Estado una de las dos actividades que integran la competencia del Parlamento es el control sobre el Poder Ejecutivo y sobre toda la actividad administrativa del Estado. Entre los deberes y garantías inherentes a la forma republicana de gobierno debe ubicarse la actividad de control sobre todos los órganos del Estado, en particular el control administrativo sobre todos los órganos que actúan en función administrativa. Los controles pueden referir a una actividad o a un sector de esa actividad, con independencia de la naturaleza jurídica del órgano controlado; por ejemplo, el control a cargo del Tribunal de Cuentas abarca el control sobre toda la actividad donde esté en juego la Hacienda Pública.

Cuando la atribución de control está dispuesta por norma constitucional, sólo una norma creada por un acto de igual eficacia formal puede limitar los poderes jurídicos de acceso a la información del órgano controlante. De esta manera, si se intenta interpretar las normas de la Ley n.º 18.381 como aplicables a la competencia del órgano de contralor, la ley sería inconstitucional. Por el contrario, si se interpreta las normas de esta ley como corresponde, de acuerdo a su texto, coincidente además con su contexto, debido a que las normas de esa ley —correctamente interpretada— no interfieren en la competencia de los órganos de contralor, la ley resulta adecuada a texto y contexto constitucional.

Cuando la atribución de control está dispuesta por norma legal, en la medida en que las normas legales especiales sobre contralor obligan a un órgano público a controlar la actividad de otra persona u otro órgano, sólo una norma especial en el ámbito de la regulación del respectivo control podría restringir la atribución de control y, por lo tanto, consecuentemente, limitar los poderes jurídicos de acceso a la información sobre la actividad controlada. Mientras que ello no ocurra la ley especial que dispone la atribución de contralor, desaplica para esos casos, la norma general; aunque ambas hayan sido creadas por actos jurídicos de igual eficacia formal (Supervielle 1958: 385-ss).

Señalamos como ejemplo, la referencia que ya hicimos a la norma de rango legal contenida en el artículo 65, inciso 11 del TOCAF, que dispone:

> «No se consideran confidenciales los precios y las descripciones de bienes y servicios ofertados y las condiciones generales de la oferta».

Esta constituye una norma especial —Ley Especial— en materia de contratación de las entidades estatales, regulando el tratamiento de información aportada por los oferentes y en posesión de la Administración, que desaplica cualquier norma general —Ley General— que regule el acceso a la información. Reiteramos: desaplica, no deroga.

La ley regula pues, el tratamiento del acceso a una parte de la información emanada o en posesión de una persona o de un órgano de Derecho Público estatal o no estatal. En cualquier caso, cuando una norma constitucional o legal coloca entre la competencia de un órgano la actividad de control sobre la actividad de otro órgano o persona, otorga los poderes jurídicos para que el controlante pueda tener conocimiento de la actividad controlada. Sería un evidente absurdo lógico que se adjudique a un órgano el deber de controlar una actividad y simultáneamente el ordenamiento impida al controlante conocer la información que contiene la actividad controlada.

En muchos casos, la o las normas atributivas de competencia incluyen la respectiva atribución —de control—, y además señalan expresamente algunos de los poderes jurídicos para el cumplimiento de los deberes que surgen de la atribución —situación de poder-deber—. Pero los poderes jurídicos para el cumplimiento del deber de control no se restringen, no se puede restringir, a los establecidos expresamente, también deben considerarse incluidos todos los poderes jurídicos que razonablemente sean necesarios para cumplir con el deber de contralor[3].

Esto es lo que la doctrina ha designado como Teoría de los Poderes implícitos. Lo que implica que un órgano público tendrá sólo las atribuciones que el ordenamiento jurídico le atribuye —Principio de Legalidad y su derivado el Principio de especialidad—, pero, los poderes jurídicos para cumplir con los deberes incluidos en esas atribuciones tienen dos fuentes, la primera fuente son los poderes específicos incluidos en las normas atributivas de competencia y la segunda fuente es la que surge de la aplicación de la «Teoría de los poderes implícitos». Quedan incluidos, así todos los poderes necesarios para que el controlante pueda cumplir razonablemente con sus deberes jurídicos. Por lo tanto, para que haya alguna información referida a la actividad del controlado a la que no tenga acceso el controlante es imprescindible que una norma jurídica expresa impida o limite al controlante el acceso a cierta parte de la información; por lo que en ese sector quedará exonerado de su deber de contralor.

Recientemente hemos tenido conocimiento de que algún o algunos legisladores habrían recurrido a la aplicación de la Ley n.º 18.381 para acceder a información de cierta actividad de un órgano que ejerce función administrativa. Si es así, tiene todas las características de un absurdo injustificable. El Parlamento y los parlamentarios tienen competencia constitucional de control sobre la actividad del Poder Ejecutivo y ella alcanza hasta la Administración descentralizada por servicios, competencia de control que en la normativa constitucional no tiene limitación alguna.

Si fuera cierta tal información, el absurdo es doble pues se estaría intentando limitar la competencia constitucional de control por norma creada por un acto de inferior eficacia formal, pero además la limitación se produciría por aplicación de una Ley cuyo objetivo es, precisamente, el opuesto. El objetivo de la Ley es, efectivamente, la transparencia, nunca la opacidad. De similar manera, constituye un absurdo jurídico cuando se oculta información originada o en posesión de algún órgano administrativo a un órgano con competencia de control, cuando el origen de esa competencia es de origen legal. De similar manera, constituye una evidente ilegitimidad cuando un órgano sometido a contralor intenta ocultar información al órgano estatal de contralor, pretextando la declaración de reserva sobre la información solicitada por el controlador, con invocación de la aplicación de lo dispuesto en la Ley n.º 18.381.

---

3 *Vid.* Aragón 1995; Delpiazzo 2001; Vázquez 2016.

La declaración de reserva en referencia a cierta información originada o en posesión de órgano público sólo tiene el efecto de impedir el acceso a la misma al público en general, pero ello no puede incidir en eliminar o limitar los poderes jurídicos connaturales a cualquier actividad de control encomendada por norma constitucional o legal.

Por lo tanto, la Ley n.° 18.381 no está regulando el acceso a información de órganos o personas que tienen el deber de controlar la actividad de la cual la información forma parte, y tampoco regula el acceso a la información de personas que, por tener una situación jurídica preexistente que le configura el derecho a acceder a la información, sea o no sea información pública, con el alcance que la Ley n.° 18.381 le da al término.

El controlado no puede ocultar información al controlante en la materia objeto de la atribución de control. Reitero, el controlante sólo está impedido legítimamente de acceder a una información cuando una norma expresa en la regulación de esa actividad de control lo limita. Tampoco podrá el controlante acceder a la información de terceros, aun en poder o custodia del controlado, cuando este último no tiene derecho a conocer la misma por cierto tiempo. Por ejemplo, un órgano sometido a contralor, en el procedimiento de contratación recibe las ofertas en sobre cerrado; el mismo órgano controlado —en este caso Administración contratante— debe mantener el sobre cerrado hasta el momento de la apertura de ofertas. Ni el controlado ni el controlante pueden acceder a la información contenida en el o los sobres. Luego de la apertura de ofertas, como hemos expresado, la situación jurídica para el manejo de la información, cambia.

Por lo que dijimos supra, en los casos en que cierta información en poder de una Administración pública haya sido correctamente establecida, esto es cumpliendo con los extremos que exige la Ley n.° 18.381, como información reservada, ello impedirá el acceso al público, pero, la información no podrá ser ocultada al controlante. Si bien no conocemos norma expresa, entendemos que, en esos casos en aplicación del Principio de racionalidad, el controlado tiene la carga de informar al controlante que la información solicitada ha sido declarada como reservada, explicando los motivos de la reserva establecidos en el respectivo acto administrativo que dispuso la reserva. Lo razonable es que en esos casos el controlante tenga la obligación de manejar la información con todas las limitaciones que establece la ley para la información reservada.

16. Gobernantes y administradores. Buena administración y transparencia

En los contratos del Estado, ya sea que los contratos se rijan —según lo disponga el respectivo ordenamiento jurídico— por normas de Derecho Público o por normas de Derecho Privado, ya sea que la actuación se cumpla por una persona de Derecho Público o de Derecho Privado, la transparencia es regla legítimamente ineludible. En el Derecho Positivo uruguayo, las normas constitucionales que regulan el manejo de la Hacienda Pública, que establecen cargas y obligaciones para los respectivos órganos y funcionarios, no discriminan entre Público y Privado.

Las normas constitucionales establecen deberes de transparencia de forma incondicionada, por el simple hecho de manejarse «dineros públicos». Pero aun en los contratos donde no se comprometa la Hacienda Pública la regla es la transparencia; por lo que sólo una reserva debidamente establecida, esto es correctamente fundada, puede limitar el acceso del público en general.

En la función de dirigir un país, aplicando las normas constitucionales y legales, en particular las reglas democráticas y las inherentes a la forma republicana de gobierno, es tarea de los gobernantes y administradores poner en valor las reglas de la transparencia y las que surgen del Principio de buena administración. Enseña Jaime Rodríguez-Arana Muñoz (2012):

> «El derecho fundamental a la buena administración de instituciones públicas constituye un paso decisivo en orden a garantizar unos mínimos democráticos en el ejercicio del poder. Que el poder se use de manera abierta, plural, social, equilibrada y humana es algo que se debe considerar el solar de racionalidad desde el que proyectar las diferentes formas de gobernar y administrar a partir de las distintas opciones políticas. Algo que en el tiempo que vivimos no es fácil ni sencillo por la sencilla razón de que el ansia de poder, de dinero y de notoriedad ciegan de tal manera a nuestros gobernantes y administradores que les impide ver con claridad las necesidades colectivas, reales de los ciudadanos».

17. Conclusiones

A manera de conclusión comenzamos por transcribir dos enseñanzas.

La primera enseñanza es del profesor Augusto Durán Martínez[4]:

> «Desde el punto de vista conceptual, cabe coincidir con la caracterización amplia de la corrupción como "la utilización de una determinada posición, sea cual sea, para procurar obtener para sí o para otro, un beneficio indebido cualquiera sea su naturaleza". Al respecto, como bien se ha dicho, no interesa que el beneficio sea económico para que haya corrupción. No interesa que haya daño al Estado o a la organización a la cual el corrupto pertenece. No interesa tampoco que el sujeto sea funcionario público o no. Lo que importa son dos cosas: a) que un sujeto, en virtud de ocupar una determinada posición, sea cual sea y donde sea, ejerza sus poderes para procurar obtener un beneficio de cualquier naturaleza para sí o para otro, que de no tener esa posición no lo habría podido obtener; y b) que ese beneficio sea ilegítimo».

4 *Vid.* Durán 1999: 138; Durán 2000: 155-156; Durán 2006: 7-8.

La segunda enseñanza es del profesor Carlos E. Delpiazzo (2015):

> «Por eso, antes de ahora, haciendo propias las palabras del Preámbulo de la Convención de las Naciones Unidas contra la Corrupción suscrita en Mérida (México) del 9 al 11 de diciembre de 2003, he enfatizado que la corrupción socava "los valores de la democracia, la ética y la justicia". Desde la perspectiva de la buena administración, se impone la capacitación de los funcionarios en las buenas prácticas, la difusión de una cultura asentada en valores, y la articulación de políticas públicas consistentes».

El concepto de «buena administración» tiene como elemento interno esencial, ineludible e incuestionable, la transparencia. En todos los casos y circunstancias el sistema democrático reclama transparencia. Pero, en los contratos que celebra el Estado es donde el cumplimiento del Principio y todas sus reglas se torna dramáticamente imprescindible, por la sencilla razón que en esos casos se compromete la mayor parte de la Hacienda Pública. Las mayores inversiones del Estado y muchos de sus gastos se concretan mediante la celebración de contratos.

> «Hay, pues, toda una parte de la realidad que se nos ofrece sin más esfuerzo que abrir ojos y oídos —el mundo de las puras impresiones—. Bien que le llamemos mundo patente. Pero hay un trasmundo constituido por estructuras de impresiones, que si es latente con relación a aquel no es, por ello, menos real. Necesitamos, es cierto, para que este mundo superior exista ante nosotros, abrir algo más que los ojos, ejercitar actos de mayor esfuerzo, pero la medida de este esfuerzo no quita ni pone realidad a aquel. El mundo profundo es tan claro como el superficial, solo que exige más de nosotros» (Ortega 2005).

18. Bibliografía

Aragón, Manuel (1995). *Constitución y control del poder*. Buenos Aires: E.C.A.

Ariño Ortiz, Gaspar (1999). *Principios de Derecho Público Económico.* Granada: Comares.

Barbé Pérez, Héctor (1969). «Adecuación de la administración conformadora del orden económico y social a las exigencias del Estado de Derecho», en *Perspectivas del Derecho Público en la segunda Mitad del Siglo XX*. Madrid: Instituto de Estudios de Administración Local, tomo V, pp. 21-ss.

Barbé Pérez, Héctor (1970). «Adecuación de la administración conformadora del orden económico y social a las exigencias del Estado de Derecho», en *Revista Derecho, Jurisprudencia y Administración*, 65, pp. 1-ss.

Barnés Vázquez, Javier (2019). «Buena administración, principio democrático y procedimiento administrativo», en *Revista Digital de Derecho Administrativo,* 21, pp. 77-123.

Brito, Mariano R. (1977). «Planificación y libertad en el Estado social de Derecho», en *Revista Uruguaya de Estudios Administrativos*, año I, núm. 1, pp. 31-ss.

Brito, Mariano R. y **Delpiazzo Rodríguez, Carlos E.** (1998). *Derecho Administrativo de la Regulación Económica*. Montevideo: U.M.

Cagnoni, José Aníbal (1996). *Introducción a la teoría del control.* Montevideo: Edit. Universidad.

Cajarville Peluffo, Juan Pablo (1979). «El Poder Ejecutivo como conductor de políticas sectoriales», en *Estudios de Derecho Administrativo: Publicación en homenaje al centenario de la Cátedra de Derecho Administrativo.* Montevideo: FCU, tomo II, pp. 69-ss.

Cajarville Peluffo, Juan Pablo (1996a). «Reflexiones sobre los principios generales de Derecho en la Constitución uruguaya», en *Estudios Jurídicos en memoria de Alberto Ramón Real.* Montevideo: F.C.U.

Cajarville Peluffo, Juan Pablo (1996b). «Sobre reforma del Estado y Derecho Administrativo. Personas públicas no estatales», en *Cuaderno de Derecho Público,* 5.

Cajarville Peluffo, Juan Pablo (2003). «Apuntes sobre funciones y cometidos del Estado», en *Revista Uruguaya de Derecho Constitucional y Político*, tomo III, núm. 18, pp. 345-ss.

Cajarville Peluffo, Juan Pablo (2008a). *Sobre Derecho Administrativo.* Montevideo: F.C.U., segunda edición ampliada.

Cajarville Peluffo, Juan Pablo (2008b). «El 'principio de subsidiariedad' como posible límite de la actividad industrial y comercial del Estado», en *La función administrativa y sus cometidos en el Derecho uruguayo, a principios del siglo XXI,* tomo 1. Montevideo: FCU.

Delpiazzo Rodríguez, Carlos E. (1994). *Manual de Contratación Administrativa*. Montevideo: PRONADE - IEEM, tomo II, capítulo VII.

Delpiazzo Rodríguez, Carlos E. (1998). «Bases conceptuales de la organización administrativa uruguaya», en *Revista de Administración Pública Uruguaya*, 22, pp. 61-ss.

Delpiazzo Rodríguez, Carlos E. (1999). *Contratación Administrativa*. Montevideo: U.M., capítulo XIII.

Delpiazzo Rodríguez, Carlos E. (2001a). «Alcance del control administrativo sobre las relaciones privadas de consumo», en *Revista Actualidad en el Derecho Público*, 17, pp. 66-ss.

Delpiazzo Rodríguez, Carlos E. (2001b). *Desafíos actuales del control.* Montevideo: F.C.U.

Delpiazzo Rodríguez, Carlos E. (2004). «Los derechos fundamentales y la libertad económica», en Brewer Carías, A.R. (coord.). *VII Jornadas Internacionales de Derecho Administrativo*. Caracas: FUNEDA, tomo I, pp. 59-ss.

Delpiazzo Rodríguez, Carlos E. (2005). *Derecho Administrativo Uruguayo.* Porrúa: Universidad Nacional Autónoma de México.

Delpiazzo Rodríguez, Carlos E. (2009). *Derecho Administrativo Especial,* 2 volúmenes. Montevideo: A.M.F.

Delpiazzo Rodríguez, Carlos E. (coord.). (2010a). *Transformaciones actuales del Derecho Administrativo*. Montevideo: F.C.U.

Delpiazzo Rodríguez, Carlos E. (coord.). (2010b). «La responsabilidad estatal en el actual Estado de Derecho», en *Anuario Jurídico*, IV.

Delpiazzo Rodríguez, Carlos E. (2011). «El Derecho Administrativo como garante de la ética pública», en *Suplemento de Derecho Administrativo de Revista El Derecho*, año XLIX, núm. 12737, pp. 1-ss.

Delpiazzo Rodríguez, Carlos E. (coord.). (2013). «Calidad del Estado de Derecho», en *Revista de Derecho de la Universidad de Montevideo*, XIII, 23.

Delpiazzo Rodríguez, Carlos E. (2015). «Ética y transparencia en la contratación pública», en *Comentarios al TOCAF sobre la contratación pública.* Montevideo.

Durán Martínez, Augusto (1999). «Corrupción y derechos humanos. Aspectos de Derecho Administrativo», en *Estudios sobre Derechos Humanos*. Montevideo: Ingranusi.

Durán Martínez, Augusto (2000). «Corrupción y derechos humanos. Aspectos de Derecho Administrativo», en *Estudios en memoria de Héctor Frugone Schiavone*. Montevideo: A.M.F.

Durán Martínez, Augusto (2006). «Corrupción. Mecanismos sociales y jurídicos para su control», en *La Justicia Uruguaya*, 134, Sección Doctrina.

Durán Martínez, Augusto (2014). «El procedimiento administrativo en Uruguay», en *La justicia uruguaya: revista jurídica,* 150.

Frugone Schiavone, Héctor (1977). «Introducción al estudio de la organización administrativa. Bases para una teoría del órgano», en *Revista Uruguaya de Estudios Administrativos*, año I, núm. 2, pp. 47-ss.

FRUGONE SCHIAVONE, Héctor (1979). «Consideraciones generales sobre la Ciencia de la Organización y algunas de las teorías actuales», en *Estudios de Derecho Administrativo. Publicación en homenaje al centenario de la Cátedra de Derecho Administrativo.* Montevideo, tomo II, pp. 179-ss.

GARCÍA DE ENTERRÍA MARTÍNEZ-CARANDE, Eduardo (1979). *La lucha contra las inmunidades del poder.* Madrid: Civitas.

GARCÍA DE ENTERRÍA MARTÍNEZ-CARANDE, Eduardo y **FERNÁNDEZ RODRÍGUEZ, Tomás Ramón** (2004). *Curso de Derecho Administrativo*, tomo II. Madrid: Civitas, novena edición.

JIMENEZ DE ARECHAGA, Justino (1966). *La Constitución del Uruguay de 1952.* Montevideo: C.E.D., tomo II.

KORZENIAK, José (1971). *Curso de Derecho Constitucional 2.°*. Montevideo: F.C.U., volumen 2.

MEILAN GIL, José Luis (2013a). «La buena administración como institución jurídica», en *Revista Andaluza de Administración Pública*, 83.

MEILÁN GIL, José Luis (2013b). «El paradigma de la buena administración», en *Anuario da Facultade de Dereito da Universidade da Coruña,* 17, pp. 233-257.

MUÑOZ, Guillermo (2001). «Responsabilidad del Estado por omisión», en *Jornadas sobre responsabilidad del Estado y del funcionario público*. Buenos Aires: Ciencias de la Administración de la Universidad Austral.

ORTEGA Y GASSET, José (2005). *Meditaciones del Quijote.* Madrid: Cátedra.

RODRÍGUEZ MARTÍN-RETORTILLO, María Del Carmen (2016). «Los principios de igualdad y transparencia en la modificación de los contratos públicos. Su sentido y alcance en la jurisprudencia del Tribunal de Justicia de la Unión Europea», en *Revista de Derecho (UCUDAL),* año 10, núm. 14.

RODRÍGUEZ-ARANA MUÑOZ, Jaime (1999). «La Ética en la modernización de las Administraciones públicas», en *Revista de Derecho Administrativo*. Buenos Aires.

RODRÍGUEZ-ARANA MUÑOZ, Jaime (2003). «Nuevas orientaciones doctrinales sobre la responsabilidad patrimonial de la Administración pública», en *Revista de Derecho de la Universidad de Montevideo*, año II, núm. 4.

RODRÍGUEZ-ARANA MUÑOZ, Jaime (2011). *Reflexiones sobre el poder público.* Santiago de Compostela: Editorial Andavira.

RODRÍGUEZ-ARANA MUÑOZ, Jaime (2012). «El derecho a la buena administración en las relaciones entre ciudadanos y Administración Pública», en *Anuario da Facultade de Dereito da Universidade da Coruña,* 16, pp. 247-274.

Sayagués Laso, Enrique (1988). *Tratado de Derecho Administrativo*. Montevideo: FCU, tomo I.

Supervielle, Bernardo (1958). «De la derogación de la leyes y demás normas jurídicas», en *Estudios jurídicos en memoria de Juan José de Amézaga*. Montevideo, pp. 385-ss.

Vázquez Pedrouzo, Cristina (1995). «Fundamentos de la responsabilidad del Estado en la doctrina juspublicista», en *Revista de Derecho Público, 7*.

Vázquez Pedrouzo, Cristina (1998). «El usuario de servicios», en *Anuario de Derecho Administrativo*, VI, pp. 71-ss.

Vázquez Pedrouzo, Cristina (2008). «Régimen jurídico de la defensa de la competencia en Uruguay», en *Estudios Jurídicos en homenaje al Prof. Mariano R. Brito.* Montevideo: F.C.U., pp. 395-ss.

Vázquez Pedrouzo, Cristina (2017). *Control estatal en materia de defensa de la competencia.* Uruguay: Instituto de Derecho administrativo.

VV.AA. (1980). *Orden Económico Y Derecho Administrativo.* Montevideo: A.M.F.

VV.AA. (1983). *La cuestión económica y el Estado social de Derecho*. Montevideo: A.M.F.

VV.AA. (1989). *El poder y su control*. Montevideo: UCUDAL.

CONTRATACIÓN PÚBLICA ELECTRÓNICA

Rodolfo Carlos Barra y Martín Ignacio Plaza

Fecha de Aceptación: 31/10/2022

Sumario: 1. Derecho, tecnología y contrato administrativo; 2. Los principios de la contratación administrativa; 3. El contrato administrativo electrónico; 4. Aspectos normativos; 5. Conclusiones.

1. Derecho, tecnología y contrato administrativo

El derecho administrativo, al ser un derecho «in fieri» como dijo el maestro Marienhioff, va permanentemente adaptándose a los distintos fenómenos que ocurren en la realidad. Está siempre atento a los cambios, no se fosiliza. Estos cambios pueden ser, entre otros de carácter político, económico, o tecnológico. En este caso nos vamos a ocupar de las innovaciones que nos trae la llamada **era de la información**, innovaciones que han explotado como consecuencia de la pandemia. Las llamadas TICs[1] (tecnologías de la

---

1 https://es.wikipedia.org/wiki/Tecnologías_de_la_información_y_la_comunicación
Tecnologías de la Información y la Comunicación (TIC) es un término extensivo para la tecnología de la información (TI) que enfatiza el papel de las comunicaciones unificadas, la integración de las telecomunicaciones (líneas telefónicas y señales inalámbricas) y las computadoras, así como el software necesario, el middleware, almacenamiento y sistemas audiovisuales, que permiten a los usuarios acceder, almacenar, transmitir y manipular información.
El término TIC también se utiliza para referirse a la convergencia de redes audiovisuales y telefónicas con redes informáticas a través de un único sistema de cableado u enlace. Existen grandes incentivos económicos para fusionar la red telefónica con el sistema de red informática utilizando un único sistema unificado de cableado, distribución de señales y gestión. TIC es un término general que incluye cualquier dispositivo de comunicación, que abarca radio, televisión, teléfonos celulares, computadoras y hardware de red, sistemas satelitales, etc., así como los diversos servicios y dispositivos con ellos, tales como videoconferencias y aprendizaje a distancia.
Las TIC son un tema amplio y los conceptos están evolucionando. Cubre cualquier producto que almacene, recupere, manipule, transmita o reciba información electrónicamente en forma digital (por ejemplo, computadoras personales, televisión digital, correo electrónico o robots).

información y de las comunicaciones) abarcan distintas tecnologías ya sea de equipos, programas informáticos, servicios y aplicaciones, que pueden ser usados en formatos de internet, telefónicos, de aprendizaje a distancia, televisión, ordenadores, redes.

Estamos frente a «nuevas realidades», una expresión que nos trae la evocación, más que pertinente en el caso, del título de la encíclica fundadora de la Doctrina Social de la Iglesia, *Rerum novarum*, del Papa León XIII, que muy bien podríamos traducir como «de las cosas, o de las realidades, nuevas». La encíclica es de 1891, en plena Primera Revolución Industrial; hoy estamos en la 4ta. o 5ta. Revolución, según los autores que consultemos, la que parecería ser mucho más revolucionaria que aquella primera, no sólo en lo en el campo económico y político, sino también y principalmente, jurídico.

Estas «nuevas cosas nuevas», podrían traer aparejado un muy importante cambio en el sistema de adjudicación de bienes por el mercado, al menos tal como lo conocemos al presente. A la vez también un muy revolucionario cambio en el sistema jurídico-económico capitalista: no habrá apropiación excluyente de los medios físicos de producción, gracias, por ejemplo, a la producción 3D, quizás con excepción de las materias primas naturales, aunque algunas de ellas también podrán ser susceptibles de remplazo[2]. Tampoco habría apropiación de la energía (que será generada por medios alternativos de cada vez más bajo costo) y, algunos afirman, también posible de transportar vía internet; de la misma manera serán conectadas las máquinas, ya no por *ethernet*, sino por 5G, *wireless*, lo que, se afirma, importará una verdadera revolución en la industria[3].

2 Detengámonos, a modo de ejemplo, en lo que informa La Nación, Buenos Aires, 11 de febrero de 2021, «Carne artificial: Israel crea un bife con una impresora 3D y células vivas». Dice la noticia: «El Instituto de Tecnología de Israel (Technion) y la firma local Aleph Farms acaban de anunciar el primer cultivo de carne de origen animal con un sistema de impresión 3D. El bife, creado mediante el uso de células de vacas REALES, es el primero en su tipo que se obtiene sin necesidad de sacrificar un animal» (destacados en el original). En el mismo sentido, «Revolución 3D», sin firma, El País, Madrid, 18 de marzo de 2021. El economista Jeremy RIFKIN denuncia lo que él llama «Ecocidio», «título original "*Beyond beef*"», traducción italiana «Ecocidio; ascesa e caduta della cultura della carne», Mondadori, Milano, 2002. Aquí el autor intenta demostrar los daños ambientales y, sobre todo, culturales, que se derivan de la producción y consumo masivos de carne vacuna. Más allá del acierto o error de esta teoría, si de una célula podemos producir un bife, podríamos imaginar también un futuro donde las necesidades de alimentación de la población mundial estuviesen satisfechas (al menos, en lo que hace a las proteínas) a un costo marginal de cero ¿Será posible? Un interrogante para teólogos: la multiplicación de los panes y de los peces sería entonces físicamente posible, sin perjuicio de que la naturaleza milagrosa del hecho histórico, en tanto que Jesús lo hizo desde su voluntad y poder divinos (no tenía laboratorio ni computadora) aunque siempre utilizando cinco panes y dos peces ya existentes.

3 «El "hilo invisible" que revolucionará la industria», artículo sin firma, El País, Madrid, 26 de abril de 2021. En un artículo anterior, «No todo es velocidad y volumen de datos: así se está desplegando el 5G verde», el mismo medio, con fecha 18 de marzo de 2021,

Pero también se trata de un revolución cultural, un gran desafío al humanismo. En este plano, el filosofo Byung-Chul Han, ha manifestado su preocupación por el reinado de las que denomina no-cosas. «Nuestra obsesión no son ya las cosas, sino la información y los datos. Ahora producimos y consumimos más información que cosas». «La revolución industrial reforzó y expandió la esfera de las cosas. Solo nos alejaba de la naturaleza y la artesanía. La digitalización acaba con el paradigma de las cosas. Supedita estas a la información. El hardware es soporte del Software»[4].

Es decir, pasamos de estructuras analógicas a estructuras digitales. Hay un fetichismo de la información, que sobrevalora la acumulación de la misma, sin detenerse en la posibilidad de análisis, de crítica, de valoración.

No hay tiempo de hacerlo, esa es la lógica informática. Luhmann explicaba que la cosmología de la información «no es una cosmología del ser, sino de la contingencia». El diario de hoy ya es demasiado antiguo.

Es imposible una vida sana con esa vertiginosidad de información real o irreal. Falsa o verdadera. Chequeada o no chequeada.

Byung Chul Han señala que: «No es posible detenerse en la información. Tiene un intervalo de actualidad muy reducido. Vive del estímulo que es la sorpresa».

En el aspect sin duda positive que aquí nos ocupa, el IoT (internet de las cosas o «*internet of things*») afectará también, con reducción de costos, al sistema de transporte y comercialización de los productos terminados, por la velocidad del procesamiento de datos, abaratamiento de la energía, deslocalización de las compras. Sumemos a esto la también deslocalización, total o parcial según los casos, del lugar del trabajo dependiente, con una impresionante reducción del costo de los activos físicos y de los gastos generales de las empresas. Claro que también para el trabajador habrá una importante reducción de costos: no necesitará viajar, ni gastar en restaurante, ni en ropa (podrá trabajar en pantuflas y pijama, lo que, sumado al hecho de estar en su propio hogar, lo convertirá sicológicamente en un «no dependiente») tendrá más tiempo libre (una o dos horas por día ahorradas del traslado al trabajo).

El nuevo sistema económico, según Rifkin[5], permitirá producir a un costo marginal de cero o casi cero, y así adjudicar los productos también a un valor de casi cero. En lugar de ser un sistema de productores y consumidores, será una sociedad de «*prosumers*», es decir **consumidores que producen lo que**

indica que «(L)a razón de ser del 5G es la multiplicación exponencial del tráfico de datos, a enorme velocidad. Pero la eficiencia energética es otro elemento clave en el diseño y ejecución de las redes». Eficiencia y eficacia de un medio tecnológico que muy bien puede servir para los PCC a los que me refiero en el texto.

4 Byung-Chul, Han en «No-Cosas. Quiebres del mundo de hoy». Taurus 2021, p. 14

5 Rifkin, Jeremy, «*The Zero Marginal Cost Society*», Palgrave, 2014, edic. Kindle.

ellos mismos consumen. Atención: así la incidencia del lucro y la plusvalía en el proceso económico se reduciría a escalas más razonables, o hasta, en algunos casos, desaparecería, sin necesidad de ninguna revolución proletaria. Habría así una nueva forma de propiedad de los medios de producción —o al menos de ciertos medios de producción, con relación a también determinados tipos de bienes o servicios— a la que podemos denominar «Propiedad Común Colaborativa» (PCC)[6].

¿El sistema del PCC, o el del IoT, es «utópico», es ciencia ficción? Muchos fenómenos que hasta hace poco eran propios de la imaginación de autores como Ray Bradbury (ni pensemos en Julio Verne) hoy son realidad.

Esta «revolución» ya está ingresando en el ámbito cotidiano de las empresas. El articulista de El País Juan Pablo Zurdo nos informa acerca de estas nuevas realidades[7]. «Asistimos a un cambio forzado y rápido del modelo productivo y del modelo industrial que se empieza a definir como la economía del dato (omito cita). La digitalización de las empresas y de la administración, el uso de datos masivos y de la inteligencia artificial, la sanidad digital, el turismo inteligente, la movilidad sostenible, la robótica o la agricultura de precisión, entre otros, formarán parte de la **nueva cotidianidad**. Aquellos entornos y sociedades que no sepan adaptarse a los nuevos cambios no sobrevivirán» (destacado en el original). Zurdo cita, entre otros ejemplos, el del Puerto de Barcelona (ejemplo que podría trasladarse y adaptarse a la actividad procedimental de cualquier administración compleja) «...que gestiona telemáticamente más de 31 millones de intercambios documentales al cabo del año, con el trajín de entre 3000 y 4000 camiones diarios para carga y descarga de contenedores. Solo la digitalización logra que esta ingente cantidad de trayectos sea fluida o que (se pueda) operar a pleno rendimiento a pesar de las restricciones locales e internacionales durante la pandemia» (omito cita). «Esta dotación tecnológica incluye otras aplicaciones que determinan el tiempo de acceso a las instalaciones, definen la cadena de transporte óptima entre origen y destino, un sistema centralizado de trazabilidad de contenedores u otro de gestión de los servicios prestados a los buques, entre otros».

En este mismo sentido advierte el Profesor de la Universidad Roma Tor Vergata, Maurizio Talamo[8] que «se viene a configurar un ecosistema virtual en el cual el valor se crea, se consume y se transfiere entre identidades digitales». La tecnología habilitante de todo este proceso, señala Talamo, es la

6 En esta ocasión sólo podemos mencionarlo; sin duda es un tema que merece un estudio muchísimo más profundo.

7 Zurdo, Juan Pablo, «Sostenible y digital, un binomio indivisible», El País, Madrid, 7 de septiembre de 2021.

8 Talamo, Maurizio, Conferencia pronunciada por el Profesor y Pro Rector de la Universidad de Roma Tor Vergata, Talamo Maurizio en el Congreso Internacional convocados por las universidades Austral y Roma Tor Vergata, Cicare y Cria, 25 y 26 de noviembre de 2021

que se apoya en «la introducción del internet de las cosas, el blockchain y la inteligencia artificial», donde los medios de uso y producción pueden encadenarse, las empresas organizarse virtualmente y las máquinas tomar decisiones de modo autónomo». ¿No es esto una revolución en el sistema, la cuarta o quinta Revolución industrial? ¿La soportará el capitalismo tal como hoy lo conocemos? ¿Y la Administración Pública? Debemos asegurarnos que la Revolución sea humanitaria, democrática, inclusiva, solidaria, y no la instalación definitiva de dictaduras tecnocráticas. Debemos lograr que la máquina pensante sea la misericordiosa y leal Klara[9] y no el posthumano personaje resultante de ingenierías biológicas y tecnológicas, un monstruo tal que ni siquiera Huxley pudo imaginar (a pesar de que, en 1932, imaginó la manipulación del embrión humano, hoy también una realidad).

Estas son las «*rerum novarum*» que la organización de la Administración pública y con ella el Derecho administrativo, deben afrontar. En esencia, el Derecho administrativo, como ciencia moderna que ajusta el actuar del Estado al plexo normativo, evoluciona, en gran medida, en razón de las adaptaciones a las que el fenómeno jurídico debe someterse con respecto a los avances tecnológicos. Así por ejemplo, la teoría de los servicios públicos se desarrolló en Europa, entre fines del siglo XIX y comienzos del XX, como consecuencia de la posibilidad técnica de la prestación masiva del servicio de electricidad, o del uso práctico de las maquinas a carbón. También la teoría del acto administrativo evolucionó en función de la organización administrativa moderna, que responde a una concepción de ciencia de la administración basada en un modelo organizativo inspirado en el fordismo.

En nuestra época, estas TICs, que abarcan distintas formas de dispositivos que, a través de usos técnicos, permiten desarrollar tareas de distintos grados de complejidad, vienen ocupando lugares destacados en la gestión de intereses privados y públicos.

En ese marco de desarrollo tecnológico, se ha instalado el concepto y la práctica del *e-Goverment*, un nuevo modelo de gestión pública que supone un generalizado uso de las TICs, en lo que hace a la organización interna, como así también las relaciones entre los administrados y el Gobierno.

La contratación pública electrónica es uno de los aspectos esenciales de esta nueva concepción de la gestión pública, actualizando y confirmando la centralidad que históricamente ocupaba la colaboración de los particulares, en la clásica gestión de la Administración Pública.

Es por esto que consideramos que los importantes avances tecnológicos de los que somos testigos en la actualidad, y los que vendrán en los próximos

9 Nos referimos al personaje (un robot inteligente, capaz incluso de remplazar al humano) imaginado por Kazuo Ishiguro como actor central de su novela «Klara and the sun», Faber & Faber, Londres, 2021, edic Kindler

tiempos, deben ser analizados en el marco de esquema de valores y principios con los que fue concebido el Estado Social de Derecho.

De este modo, la tecnología vendrá a traer más eficiencia, eficacia, transparencia, participación y calidad, respecto de la desactualizada y devaluada gestión de los intereses públicos. A su vez, los valores y principios clásicos que guían el sistema de contrataciones, otorgarán equilibrio, equidad y dimensión humana a la técnica contemporánea bajo análisis.

El dialogo entre derecho y tecnología va a crecer día a día en los próximos tiempos. «La desconfianza, seguridad, trasparencia, control, modernización, sistematización, incredulidad»[10], que naturalmente genera cualquier cambio, más aun en este caso si es mediatizado por maquinas, debe ser pensado y previsto en el marco de un esquema de principios, lo que permitirá mantener el fenómeno a escala humana.

Estos principios del derecho público nos servirán para darle una sistemática teórica al tema, lo que permitirá tener un carácter ordenador.

Podemos resumir estos principios fundamentales como sigue: 1)Administración gestora de Bien Común; 2) Administración distribuidora del Bien Común; 3) Administración sometida positivamente a la ley: sólo puede hacer o que la ley le autoriza o manda, 3) Administración protectora y garante de los derechos humanos

En los último tiempos, la tecnología ha ocupado cada vez más actividades relacionadas al derecho[11]. En forma paralela, se ha ido desarrollando también un virtual «derecho informático», que conforme a una clasificación de Ana Dobratinich podemos catalogar, según su relación con distintas áreas jurídicas, a) informática jurídica documental, b) informática jurídica de gestión, c) informática jurídica decisoria[12].

---

10 Ana Dobratinich Gonzalo en «Derecho y Tecnologia. Dialogos in-calculables», ob. col. «Derecho y Nuevas tecnologías», p. 1. La Ley 2020. Versión Digital

11 Ana Dobratinich Gonzalo en «Derecho y Tecnología. Dialogos in-calculables», ob. cit.: *«Sin poder agotar la totalidad de los vínculos entre el espacio jurídico y el tecnológico, podemos citar: sistemas inteligentes en la justicia; block chain en los contratos; big data en el sector público y privado; gobernanza de datos en instituciones; protección de datos en el tratamiento electrónico; smart cities, gobierno electrónico; formas de violencia en las redes sociales; derecho a la salud; y desarrollo tecnológico; género; sociedad e información; plan de modernización del Estado; cibercrimen; protección de derechos humanos en internet; Administración pública digital; criptomonedas; acceso a las tecnologías de la información u de la comunicación; obligaciones en el diseño y aplicación de la inteligencia artificial; impacto y responsabilidad de los cambios tecnológicos en el cuidado ambiental; permisos en el uso de algoritmos; discriminación y sesgos algorítmicos; desempleo tecnológico; derechos laborales frente a la automatización del trabajo con la robótica; propiedad intelectual y flujo de datos; responsabilidad jurídica de máquinas autónomas; protección de datos digitales del ciudadano digital; compras electrónicas; sociedad de la información y el conocimiento; educación tecnológica digital».*

12 Ana Dobratinich Gonzalo en «Derecho y Tecnología. Dialogos in-calculables», ob. cit.

Esta clasificación, nos permitirá dejar planteado el principal dilema que nos trae el estado actual del tema: si la Inteligencia Artificial, mediante un sistema algorítmico, llegará a tomar decisiones jurídicas. Tenemos un caso para hacer el seguimiento del tema, en el Proyecto Prometea, que es el sistema creado por el Ministerio Publico Fiscal de la Ciudad de Buenos Aires[13]. De todos modos, analizaremos en el punto 3, el dilema planteado con relación específicamente a la actividad contractual.

Es interesante escuchar la voz de Byung-Chul Han en este tema:

> «La inteligencia artificial no piensa porque nunca está fuera de sí misma. El espíritu originariamente esta fuera de sí mismo o estremecido. La inteligencia artificial puede calcular con rapidez, pero le falta el espíritu. Para el cálculo, el estremecimiento solo sería una perturbación.
>
> "Analógico" es lo que guarda correspondencia. Heidegger se vale aquí del parentesco entre vocablos de su idioma. El pensamiento como proceso analógico se corresponde (*entspricht*) con una voz (*Stimme*) que lo determina (*be-stimmt*) y sintoniza (*durch-stimmt*) con él. El pensamiento no es interpelado por tal o cual ente, sino por la totalidad de lo ente, por el ser de lo ente. La fenomenología de la disposición anímica de Heidegger ilustra la diferencia fundamental entre el pensamiento humano y la inteligencia artificial. En ¿Qué es la filosofía? Escribe Heidegger: "El corresponder (*Das Ent-sprechen*) escucha la voz de una llamada. Lo que nos dice como voz del ser, determina (*be-stimmt)* nuestra correspondencia. 'Corresponder' significa entonces: estar determinado, por el ser del ente. [...] La correspondencia es necesariamente, y siempre, no solo estar determinado accidental y ocasionalmente. Es un estado de determinación. Y es solo a partir de la disposición anímica que el decir de la correspondencia recibe su precisión, su ser determinado". El pensamiento oye, mejor, escucha y pone atención. La inteligencia artificial es sorda. No oye esa "voz"».[14]

2. Los principios de la contratación administrativa

La normativa aplicable a los contratos administrativos de carácter federal, especialmente el Reglamento General aprobado decreto n.° 1023/01, enumera en su artículo 3.°, los principios generales a los que deberán ajustarse la gestión de las contrataciones públicas, siempre teniendo especialmente en cuenta las particularidades de cada una de ellas.

La importancia de los principios, en el derecho administrativo en general, y en el sistema de contrataciones públicas en general, ya fue tratado tempranamente por nuestra doctrina y jurisprudencia.

13 CORVALAN, Juan Gustavo en *Prometea. Inteligencia Artificial para transformar organizaciones públicas*. Versión Digital

14 BYUNG-CHUL, Han, en ob. cit., p. 55

La norma mencionada enumera los principios de:

1. Razonabilidad del proyecto y eficiencia de la contratación para cumplir con el interés público comprometido y el resultado esperado
2. Promoción de la concurrencia de interesados y de la competencia entre oferentes.
3. Transparencia en los procedimientos.
4. Publicidad y difusión de las actuaciones.
5. Responsabilidad de los agentes y funcionarios públicos que autoricen, aprueben o gestionen las contrataciones.
6. Igualdad de tratamientos para interesados y para oferentes.
7. Sustentabilidad, que garanticen el mejor impacto al ambiente, mejores condiciones éticas y económicas, así como el cumplimento de legislación laboral vigente[15].
8. Todo ordenamiento normativo (es decir, el sector normativo del ordenamiento jurídico) contiene *principios generales*, los que, según su ubicación y/o la jerarquía de las normas de las que resultan, serán propios de una institución (p. ej., de los contratos públicos; o del matrimonio, etc.), de un cuerpo de normas (p.ej. del Código Canónico) o de una rama del ordenamiento normativo (p.ej., del Derecho Civil, del Derecho Administrativo, etc.) de un ordenamiento general (por ej., de la Iglesia) con lo cual deberían ser considerados como principios generales del mismo ordenamiento jurídico.

Los principios generales son normas jurídicas y por tanto el recurso a ellos tiene carácter regulativo y no meramente interpretativo[16], denominando aquí con la expresión de «regulativo» a la norma que «regula» o rige la cuestión fáctica presentada, mientras que lo interpretativo es sólo un mecanismo de intelección de la norma en sí misma, en principio con independencia del caso concreto. Claro está que las normas «regulativas» pueden servir, según las situaciones, para ayudar a la interpretación de otras, como también ocurrirá con cualquier norma jurídica, p.ej., el caso de dos o más artículos de un mismo cuerpo legislativo, que requerirán de una «interpretación integrativa», etc. Ello sin perjuicio de que los principios generales puedan servir para interpretar otras normas, ya que, por su jerarquía, sirven también de criterios rectores de todo o del sector del ordenamiento normativo que corresponda.

Estos principios generales pueden encontrarse expresos en una norma jurídica —por ej. el principio del debido proceso en el art. 18 de la Constitución argentina, o el de la interpretación restrictiva de las normas limitativas de dere-

15 *Cfr.* Ley 8072 de Contrataciones de Salta, art. 9, inc i)

16 De esta manera resulta, por ej., del art. 19 del Código de Derecho canónico, que, en caso de laguna legislativa, manda decidir «la causa» conforme, entre otros, «a los principios generales del derecho aplicados con equidad canónica...».

chos, que resulta del art. 19 de la Constitución— o bien ser obtenido por inducción de un grupo de normas que guarden entre si coherencia sistémica (ya que el principio actuaría así, como la idea directriz de ese sistema) para luego aplicarlo por vía deductiva al caso concreto. Pero lo cierto es que actúan como verdaderas normas jurídicas y también como criterios-guías de interpretación de relaciones jurídicas (normas autónomas) y normas heterónomas.

Los *principios generales* son también principios *fundamentales*; lo primero en tanto se aplican a todo el cuerpo de normas o del sistema al que se aplican, lo segundo porque dan el fundamento a todo ello. En tanto que *generales*, es decir, de aplicación general, tienen carácter normativo, de manera que integran la *hipótesis fáctica normativa*: el administrador debe actuar en la contratación como un «buen padre de familia» bajo pena de vicio en la causa del acto de adjudicación, el órgano-persona contratante en la contratación XX ha actuado con negligencia de tal severidad en el procedimiento contractual que su conducta no cuadra, en el caso, en dicha pauta de conducta, de esta manera corresponde aplicar *la consecuencia jurídica*: la adjudicación se encuentra afectada de nulidad absoluta. Por otra parte, como principios fundamentales, además de servir como principal criterio de interpretación, no admiten contradicción, siquiera normativa, salvo por una norma que, en calidad de principio fundamental, sustituya expresamente a un dado principio concreto.

Cabe también calificar como principios generales los identificados en algunas normas como «fines». Es que todos los principios generales, en la medida que expresen normas-guía de la gestión administrativa, son también fines, ya que, como es sabido, el fin es primero en la intención y último en la ejecución. Es decir, el fin es meta u objetivo (finalidad) y regla fundamental de la acción (principio).

Entendemos que esta teoría de los principios generales aplicable a los contratos administrativos en general, receptada jurisprudencial y legalmente, es la clave para el correcto desarrollo de aquellos sinalagmas que incluyan algún tipo de modalidad de TICs en su celebración, ejecución, o interpretación.

Antes esta riquísima posibilidad que brindan los medios tecnológicos, de justamente hacer más efectivos los fines buscados en los principios, (ya que por ejemplo la concurrencia, publicidad y trasparencia se ven inmediatamente potenciados), son esos mismos principios los que darán la clave de interpretación de eventuales conflictos o interpretaciones.

Una vez comprendida la realidad del contrato administrativo electrónico (temática del próximo punto), volveremos sobre la cuestión de la aplicabilidad de los principios.

3. El contrato administrativo electrónico

Hay contrato administrativo, cuando uno de los sujetos intervinientes es público, el fin buscado es público y se expresa en una relación jurídica donde la ecuación fundamental la integran las prerrogativas de la Administración y as garantías del administrado. Estos caracteres del contrato administrativo, han sido elaborados por la jurisprudencia, receptados normativamente, y consolidados por la doctrina. La utilización de un medio o dispositivo electrónico no altera la esencia del mismo. Solo implicaría una modalidad de instrumentación en alguna de sus etapas de formación de la voluntad, celebración, ejecución e interpretación. En alguna de estas etapas, debe ser decisiva la utilización de una TICs. Si solo son una herramienta de apoyo, no se podría tomar el contrato como electrónico.

En ese sentido, cabe diferenciar el simple uso de herramientas tecnológicas, respecto del uso de Inteligencia Artificial.

En el primer caso, puede ocurrir facilidades y y universalización en la presentación de ofertas, fortaleciendo de esta manera los principios de concurrencia e igualdad. Así como también agilizando el control de servicio y obra, y el complementario pago por el servicio prestado.

Una cosa distinta es el uso de Inteligencia Artificial, es decir la posibilidad de uso de algoritmos [17], que consiste en llegar a una solución posible entre miles, para la gestión del contrato. Sean esto para la etapa de selección del contratista, o de interpretación de aspectos del contrato ya celebrado.

Ricardo Guiborg[18] explica muy bien que cualquier mecanismo de inteligencia, incluidos los de carácter artificial, se resumen tradicionalmente en dos elementos: la descripción del mundo y el motor inferencial. El primero sería el modelo detallado del sistema que abarca lo existente, más allá de un mero conocimiento enciclopédico, mientras que lo segundo seria la capacidad de cálculo lógico y matemático entre esas posibilidades. El autor agrega dos componentes fundamentales más a tener en cuenta: el plan de acción diseñado para alcanzar el objetivo (habilidades, propósitos y decisión, lo que sería el software en una maquina), y por último la posibilidad de creación, de inventiva.

En esta descripción puede entenderse la diferencia entre una informática jurídica de gestión y documental, respecto de una decisoria. En esta última, las distintas interpretaciones, valoraciones, y motivaciones jurídica y no jurídicas, obstan a una unidad organizada, predecible, y de los resultados. Es decir, podría afectar uno de los factores determinantes de la utilidad del derecho: la previsibilidad.

17 https://es.wikipedia.org/wiki/Algoritmo. En matemáticas, lógica, ciencias de la computación y disciplinas relacionadas, un algoritmo es un conjunto de instrucciones o reglas definidas y no-ambiguas, ordenadas y finitas que permite, típicamente, solucionar un problema, realizar un cómputo, procesar datos y llevar a cabo otras tareas o actividades. Dados un estado inicial y una entrada, siguiendo los pasos sucesivos se llega a un estado final y se obtiene una solución.

18 Guibourg Ricardo en «Inteligencia natural en la inteligencia artificial» en *Derecho y nuevas tecnologías* (Ob. cit.)

Es decir, se debe estar atento más allá del natural entusiasmo tecnológico, respecto del incipiente peligro que puede alcanzar dimensiones preocupantes en el futuro. «Pero, sobre este panorama alentador, se cierne un peligro. Ese peligro es que la reacción de los operadores jurídicos se haga esperar, y que, mientras tanto, se perfeccione la capacidad de aprendizaje de la inteligencia artificial. si eso sucede, tal vez las máquinas sean enviadas a la Facultad de Derecho para que los profesores les expliquen la superioridad jerárquica de los principios y los derechos, la necesidad de ponderar las razones invocadas y decidir entre ellas equitativamente, las doctrinas del abuso del derecho, del interés superior del menor y de los diferentes grados de capacidad civil, los alcances de la discreción judicial, las ventajas o desventajas del activismo y las consecuencias prácticas de las diversas teorías acerca de la justificación de la pena. Todas estas ideas, que hoy son fundamentales en la formación de un jurista, no podrán ser comprendidas ni asimiladas por una computadora de desarrollo mediano. Pero, en la hipótesis que aquí se plantea, la inteligencia artificial no haría otra cosa que reproducir, y acaso multiplicar, los resultados que, desde hace milenios, produce la inteligencia natural de los juristas. Esos resultados ¿son satisfactorios? Un amplio consenso responde afirmativamente en lo técnico, y sólo debate opiniones divergentes acerca de la justicia de cada contenido normativo. A cada uno de nosotros corresponderá valorar las alternativas: el futuro de nuestra inteligencia jurídica, cualquiera sea su soporte, es lo que está en juego».[19]

En sentido coincidente Corra señala: «Por otra parte, la implementación y el desarrollo de las contrataciones electrónicas, públicas o privadas, exige a) desde el aspecto legal regulatorio, que —como mínimo— se reconozca la equivalencia funcional de los actos electrónicos con los actos instrumentados con las formas tradicionales de firma ológrafa y escritura en soporte papel: esto significa que se reconozca valor legal y eficacia jurídica y probatoria a los actos instrumentados por medios electrónicos, b) desde el aspecto técnico, que se desarrollen e implementen las soluciones tecnológicas que permitan canalizar estas transacciones con un grado de confiabilidad, seguridad e interoperatividad adecuado; y c) desde el aspecto social, la internalización y educación de nuestra sociedad y nuestras Administraciones públicas en la cultura de la información»[20].

4. Aspectos normativos

El decreto 1023/01 destina el Capitulo II a la Contrataciones Públicas Electrónicas. El artículo 21 menciona la posibilidad de realizar contrataciones en formato digital. Este articulo, solo se refiere específicamente a las posibilidad de utilizar el mencionado formato, con la firma digital respectiva.

19 Guibourg, Ricardo en Ob.Cit.

20 Corra, María Ines en «La Contratación Pública Electrónica» en *Cuestiones de Contratos Administrativos. Jornadas Universidad Austral*. Ob. Col., p. 281. Rap. 2007.

Formato digital o **documento electrónico**, también conocido como **documento digital**, es un documento cuyo soporte material es un dispositivo electrónico o magnético, y en el que el contenido está codificado mediante algún tipo de código digital que puede ser leído, interpretado, o reproducido mediante sus conocimientos sociales adquiridos por las redes informáticas que nos ayuda a abrir un documento electrónico. [21]

Firma digital, conforme el artículo 2.° de la ley 25506, es el resultado de aplicar a un documento digital un procedimiento matemático que requiere información de exclusivo conocimiento del firmante, encontrándose bajo su absoluto control. La misma debe ser susceptible que dicha verificación simultáneamente permita identificar al firmante y detectar cualquier alteración del documento digital posterior a su firma...[22]

El artículo 22 del decreto 1023/01, autoriza también la realización de otras fases de las contrataciones públicas a través de modalidades electrónicas. Es decir, prevé la regulación integral del sistema por estos medios. En particular enumera:

1. Régimen de publicidad y difusión.
2. Gestión de las contrataciones.
3. Procedimientos de pago por medios electrónicos.

---

21 https://es.wikipedia.org/wiki/Documento_electronico

22 Normativa complementaria: Resolución SIP n.° 68/20 Se autoriza por única vez y como excepción a lo establecido en la «Política Única de Certificación v3.0» para la Autoridad Certificante de la OFICINA NACIONAL DE TECNOLOGÍAS DE INFORMACIÓN, la renovación de los certificados de firma digital emitidos por esa Autoridad Certificante a sus suscriptores, sin la exigencia de la presencia física ante las Autoridades de Registro para aquellos certificados cuyo vencimiento operará el día 22 de octubre de 2020. Resolución n.° 42/2019: Apruebanse las «PAUTAS TECNICAS Y PROCEDIMIENTOS PARA LA CAPTURA Y VERIFICACION DE HUELLA DACTILAR Y FOTOGRAFIA DIGITAL DE ROSTRO» de los solicitantes de certificados digitales emitidos por los certificadores licenciados AC-ONTI y AC MODERNIZACION-PFDR en el marco de la ley n.° 25.506 y modificatoria, que obra como ANEXO y forma parte de la presente. Deroga la Resolución n.° 38/2019. Resolución n.° 38/2019: (derogada por Resolución n.° 42/2019). Resolución SMA n.° 2/2019: Aprueba la actualización de los siguientes documentos de la AC ONTI en su versión 3.0: «POLÍTICA ÚNICA DE CERTIFICACIÓN», «MANUAL DE PROCEDIMIENTOS», «ACUERDO CON SUSCRIPTORES», «TÉRMINOS Y CONDICIONES CON TERCEROS USUARIOS» y la «POLÍTICA DE PRIVACIDAD v2.0». Disposición SsTG n.° 6/15: Aprueba la actualización de los documentos de la AC ONTI en su versión 2.0: «MANUAL DE PROCEDIMIENTOS», «ACUERDO CON SUSCRIPTORES» y «TÉRMINOS Y CONDICIONES CON TERCEROS USUARIOS». Disposición SsTG n.° 11/14: Aprueba la adhesión de la OFICINA NACIONAL DE TECNOLOGÍAS DE INFORMACIÓN en su calidad de Certificador Licenciado a la «Política Única de Certificación» cuyo texto forma parte de la citada Disposición como Anexo. Resolución SGP n.° 227/2010: Otorga la licencia a la OFICINA NACIONAL DE TECNOLOGÍAS DE INFORMACIÓN para operar como Certificador Licenciado y aprueba la «Política de Certificación para Personas Físicas de Entes Públicos, Estatales o no Estatales, y Personas Físicas que REALicen trámites con el Estado v1.6» de la Autoridad Certificante de la OFICINA NACIONAL DE TECNOLOGÍAS DE INFORMACIÓN (AC ONTI).

4. Notificaciones por vía electrónica.
5. Automatización de los procedimientos.
6. Digitalización de la documentación.
7. Expedientes digital.

El decreto n.° 1030 de 2016, reglamentario del 1023/ 01, también adopta disposiciones relacionadas al tema.

El artículo 31.° profundizan los principios aplicables, teniendo en cuenta las particularidades de la actividad, en ese sentido dispone que «Las contrataciones públicas electrónicas se realizarán mediante medios tecnológicos que garanticen neutralidad, seguridad, confidencialidad e identidad de los usuarios, basándose en estándares públicos e interoperables que permitan el respaldo de la información y el registro de operaciones, permitiendo operar e integrar a otros sistemas de información».

También el artículo 32.° dispone que la Oficina Nacional de Contrataciones, habilitará los medios para efectuar en forma electrónica los procedimientos prescriptos, y dictará los manuales de procedimiento en los que se podrán estipular condiciones específicas que se aparten de lo dispuesto en el mismo.

Una vez que estos estén habilitados, dispone la norma que se tendrán por no escritas las disposiciones relativas a actos materiales o presenciales cuya realización se traduzca en operaciones virtuales en el sistema electrónico.

A su vez, el artículo 33.°, establece que la Oficina nacional de contrataciones, será la encargada de autorizar las excepciones a la tramitación de los procedimientos de selección en forma electrónica, cuando se encuentren acreditada la imposibilidad de tramitación de la contratación en forma electrónica o justificada la excepción por circunstancias objetivas.

Deberá dictarse el respectivo manual de procedimientos, a efectos de regular el registro y los sistemas de autenticación que permitan verificar la identidad de los usuarios en los medios tecnológicos que se utilicen para realizar las contrataciones públicas electrónicas, los que podrán admitir en la gestión de los procedimientos de selección la firma electrónica o digital a fin de otorgar mayores niveles de seguridad sobre la integridad de los documentos.(artículo 34.°)

El sitio digital es donde se desarrolla en la Argentina la modalidad de contrataciones públicas electrónicas es:

https://www.argentina.gob.ar/jefatura/innovacion-publica/oficina-nacional-de-contrataciones-onc/comprar

5. Conclusiones

Quiero señalar una clasificación que realizan Camacho y Praxedes al respecto: «Las capacidades de implementación de políticas públicas de IA pueden, a su vez, ser divididas en las (i) de tipo técnico y práctico, (ii) de recursos y capacidades económicas, y (iii) legales, culturales e institucionales. En su conjunto, apuntan a la identificación de precondiciones y barreras preexistentes que deben permitir medir el nivel de disposición y preparación para la implementación de IA en el sector público. Así, de acuerdo con el análisis de lo que se tiene y lo que se puede en efecto lograr —o no—, y aquello en lo que todavía es preciso avanzar, los tomadores de decisiones no solo debieran poder acondicionar el diseño de las políticas públicas a expectativas modestas, sino que debieran poder avanzar en la mejora de sus competencias internas tanto a nivel individual como organizativo, si desean apuntar a su implementación exitosa (OECD, 2019; Ubaldi *et al.*, 2019)».[23]

Tengo mucha confianza en que el derecho administrativo, en este tema, como ya lo hizo con situaciones y dilemas anteriores, va a dar la respuesta adecuada conforme el criterio de justicia distributiva que lo rige.

Este principio orientador, es clave para el desarrollo humanista del tema. Las normativas se irán actualizando, ya que la materia no tiene techo, son infinitas las posibilidades. En cambio los principios se mantendrán en el tiempo, y le darán un sentido, una orientación a los cambios.

23 Camacho Gutierrez, Olga y Victor Praxedes, Saavedra Rionda en «El Acercamiento del sector público a la IA: la divergencia entre la expectativa y la realidad», en *Derecho y Nuevas tecnologias*, en ob. cit.

LAS BUENAS MANERAS EN EL PROCEDIMIENTO ADMINISTRATIVO SANCIONATORIO

Pablo O. Gallegos Fedriani y Antonella Stringhini
Doctor en Derecho y Abogada, respectivamente
Universidad de Buenos Aires Universidad de Buenos Aires

Fecha de Aceptación: 31/10/2022

Resumen: El artículo aborda el procedimiento administrativo sancionatorio a partir de tres ejes. En primer lugar, a través de la distinción y/o similitud que existe entre los delitos penales y las contravenciones, según la doctrina de la Corte Suprema de Justicia de la Nación. En segundo lugar, los principios aplicables al procedimiento administrativo sancionatorio. En tercer lugar, la exigencia del pago previo de la infracción administrativa, como presupuesto para habilitar la instancia judicial y el efecto devolutivo asignado al recurso de apelación contra la sanción interpuesta por el Banco Central de la República Argentina. Los tres aspectos bajo la óptica de los derechos y garantías consagradas en la Constitución Nacional y los Tratados Internacionales de Derechos Humanos.

Palabras clave: Procedimiento administrativo sancionatorio. Contravenciones. Delitos. Garantías constitucionales. Principio *solve et repete*

1. Introducción

En la procura de la realización del derecho y la salvaguarda del interés general, el bien común y el orden público, la Administración Pública es dotada de potestades por el ordenamiento normativo.

En esta oportunidad, nos referiremos a la potestad sancionatoria administrativa, que consiste en la atribución otorgada por la ley formal a la Administración Pública, para concretar la elaboración de infracciones, faltas y contravenciones, e imponerles sanciones a las personas humanas y jurídicas.

En palabras de la Corte Suprema de Justicia de la Nación, esta potestad es inherente a la administración pública y apareja un mínimo indispensable de autoridad jerárquica autónoma[1].

El objetivo de este artículo es analizar el procedimiento administrativo sancionatorio a partir de tres ejes. En primer lugar, la distinción y/o similitud que existe entre los delitos penales y las contravenciones, según la doctrina de la Corte Suprema de Justicia de la Nación. En segundo lugar, los principios aplicables al procedimiento administrativo sancionatorio. En tercer y ultimo lugar, la inconstitucionalidad de la exigencia del pago previo de la infracción administrativa, como presupuesto para habilitar la instancia judicial y el efecto devolutivo asignado al recurso de apelación contra una sanción impuesta por el Banco Central de la República Argentina. Todo ello, bajo la óptica de los derechos y garantías consagradas en la Constitución Nacional y los Tratados Internacionales de Derechos Humanos.

2. Delitos y contravenciones: diferencias y similitudes en la jurisprudencia de la corte suprema de justicia de la nación

Penalistas y administrativistas, a nivel nacional e internacional, han debatido sobre la distinción y/o similitud entre contravenciones y delitos.

Entre los primeros, encontramos a Soler, quien ha sostenido que la contravención reproduce o puede reproducir todas las cualidades que se atribuyen a los delitos, con lo que la diferencia es meramente cuantitativa, desplazando el ámbito de la discusión a la distribución de facultades y competencias para legislar sobre la materia entre el Estado y las provincias en el marco de la forma federal de Estado adoptada en la Constitución Nacional. (conf. arts. 1.°, 5, 75 incs. 12 y 13, 121, 122, 123 y 126 de la C.N.)[2].

En cambio, en la doctrina administrativista, se destaca Linares, quien expresa que la distinción es solo posible en líneas muy generales y destaca cuatro diferencias: 1) las contravenciones se refieren a infracciones de menor

1 Corte Suprema de Justicia de la Nación, «Tramite personal — denuncia — Aires Jorge Carlos s/ denuncia contra oficial notificador», 1996, Fallos: 319:1034.

2 SOLER, Sebastián, Derecho Penal Argentino, Tomo I. Ed. Tea, Buenos Aires, 1988, Edición actualizada por Guillermo Fierro.

gravedad social que los delitos; 2) la materia de la infracción contravencional se refiere a la falta de cooperación del ciudadano con la Administración Pública; 3) la legislación sobre penas no contravencionales es competencia del Congreso de la Nación, y la de las contravenciones incumbe a las legislaturas provinciales y a los municipios; y 4) en materia de contravenciones no existe una responsabilidad objetiva, pero a diferencia de los delitos, la culpa o dolo se presume y el imputado puede probar la ausencia de esos elementos subjetivos de la infracción[3].

La discusión no ha sido solo doctrinaria. Desde hace años, la Corte Suprema de Justicia de la Nación ha ido delimitando las bases de la similitud y/o diferencia entre delitos y contravenciones. Veamos.

2.1. Diferencias

Primero. Regulación normativa. El Congreso ha dejado librada a las provincias la legislación sobre faltas y contravenciones[4]. No obstante, esta atribución y su sanción con penas de alcance puramente local tiene dos límites. En primer lugar, que esos hechos u omisiones no caigan en la órbita de la legislación nacional punitiva[5]. En segundo lugar, que la facultad de configurar o definir las faltas y contravenciones es de estricto carácter legislativo y ajena a los órganos de aplicación o juzgamiento[6], así, los gobernadores de provincia, por ejemplo, no se hallan facultados para legislar sobre faltas y contravenciones por vía de reglamentación[7].

La configuración de un delito por leve que sea, así como su represión, es materia que hace a la esencia del Poder Legislativo y escapa de la órbita de las facultades ejecutivas. Nadie está obligado a hacer lo que la ley no manda, ni privado de lo que ella no prohíbe (artículo 19 de la Constitución Nacional). De ahí nace la necesidad de que haya una ley que mande o prohíba una cosa, para que una persona pueda incurrir en falta por haber obrado u omitido obrar en determinado sentido. Y es necesario que haya, al mismo tiempo,

---

3 Linares, Francisco J., *Derecho Administrativo*, 2.ª reimpresión, Astrea, 2007, p. 451 y 452.

4 Corte Suprema de Justicia de la Nación, «Cimadamore, Esio Bruno», 1941, Fallos: 191:245 (2.° Edición 191:171).

5 Corte Suprema de Justicia de la Nación, «Irala Jara Alba Rosa s/ art. 51 del Código Contravencional», 2001, Fallos: 324: 1307; Corte Suprema de Justicia de la Nación, «B.G.L.», 2015; Procuración General de la Nación, «Martín, Pablo Félix s/ inf. art. 76 Código Penal», 2006.

6 Corte Suprema de Justicia de la Nación, «Mouviel, Raúl Oscar, y otros», 1957, Fallos: 237:636.

7 Corte Suprema de Justicia de la Nación, «Cimadamore, Esio Bruno», 1941, Fallos: 191:245 (2.° Edición 191:171)

una sanción legal que reprima la contravención para que esa persona deba ser condenada por tal hecho (art. 18 de la Constitución Nacional)[8].

Segundo. Características especiales determinadas por la cuestión local. Si bien algunas clases de contravenciones constituyen, en algunos casos, verdaderos pequeños delitos comunes a los cuales podría aplicárseles los principios generales de la legislación nacional, más frecuentemente, ofrecen características especiales determinadas por las costumbres de cada localidad, por las necesidades de orden moral o material de los pueblos o por el resguardo de ciertas instituciones locales, cuyo regular funcionamiento les interesa más directamente, o porque existen en cada región muchos y pequeños intereses que hay que contemplar en ese género de represión y que lógicamente pueden ser mejor apreciados por los poderes locales[9].

Tercero. Aplicación de los principios de especialidad y ley más benigna. En casos en que el mismo hecho podría constituir tanto un delito como una contravención, no resultan de aplicación los principios de especialidad ni de ley más benigna, que sólo rigen respecto de figuras penales vigentes[10]. Debido a que, el criterio contrario resultaría en principio constitucionalmente inaceptable, pues permitiría considerar a un mismo hecho constitutivo de un delito en una jurisdicción, y en otra de una contravención, porque su legislación lo prevé como tal[11].

Cuarto. Conducta humana como presupuesto sistémico para la construcción del concepto de delito. Más allá de lo que pueda establecerse en ciertas leyes de naturaleza penal, el requerimiento de conducta humana como presupuesto sistemático para la construcción del concepto de delito responde a una mínima exigencia de racionalidad republicana dentro del método dogmático jurídico-penal y su definición se halla condicionada por los contenidos que surgen de ciertos postulados de jerarquía constitucional, entre los cuales se destaca el *nullum crimen sine* conducta[12].

---

8 Corte Suprema de Justicia de la Nación, «Cimadamore, Esio Bruno», 1941, Fallos: 191:245 (2.° Edición 191:171)

9 Corte Suprema de Justicia de la Nación, «Cimadamore, Esio Bruno», 1941, Fallos: 191:245 (2.° Edición 191:171)

10 Procuración General de la Nación, «Cabrera, FERNANDO Gabriel s/ infr. art. 241 del C.P», 2007; Corte Suprema de Justicia de la Nación, «Pereiro de Buodo, María Mercedes c/ resolución 948 MAS», 1987, Fallos: 310:316.

11 Procuración General de la Nación, «Cabrera, FERNANDO Gabriel s/ infr. art. 241 del C.P», 2007.

12 Corte Suprema de Justicia de la Nación, «Fly Machine S.R.L. s/ recurso extraordinario», 2006, disidencia de Zaffaroni.

Quinto. Tipicidad. Como regla se acepta que las infracciones disciplinarias no son susceptibles de ser típicamente descritas, en el sentido en que lo son los delitos del derecho criminal[13].

Sexto. Aplicación de los principios del Derecho penal. Las correcciones disciplinarias no importan el ejercicio de la jurisdicción criminal propiamente dicha ni del poder ordinario de imponer penas; por lo cual no rige a su respecto lo establecido en el artículo 4 del Código Penal ni, por consiguiente, en las disposiciones del mismo sobre prescripción[14].

2.2. Similitudes

Primero. El dolo. Es de tenerse en cuenta que la distinción entre delitos y contravenciones o faltas no tiene una base cierta, que pueda fundarse en la distinta naturaleza jurídica de cada orden de infracciones, para establecer un criterio seguro o una fórmula clara para distinguirlos. El dolo no es criterio suficiente de distinción. El Código Penal reprime como delitos hechos cometidos por culpa o imprudencia y sinnúmero de contravenciones se cometen con dolo[15].

Segundo. Debido proceso. Las formas substanciales de la garantía constitucional de la defensa en juicio, incluyen la de asegurar al imputado la posibilidad de ofrecer prueba de su inocencia o de su derecho, sin que corresponda diferenciar causas criminales, juicios especiales o procedimientos ante tribunales administrativos. Todos deben ofrecer a quienes comparezcan ante ellos, un tribunal imparcial y apto ante el cual presentar el caso, dándoles ocasión de hacer valer sus medios de defensa y producir prueba, y proscribiendo los procedimientos que conducen necesariamente a la condena del imputado, porque no le permiten sino la apariencia formal de su defensa[16].

Asimismo, la facultad otorgada por ley a la autoridad administrativa para juzgar y reprimir contravenciones no atenta contra la garantía de la defensa en juicio, en tanto se otorgue al justiciable la oportunidad de ocurrir ante el órgano judicial con el fin de que cualquier decisión de dicha autoridad sea materia del consiguiente control ya que, al ser así, al margen de lo actuado

13 Corte Suprema de Justicia de la Nación, «Spinosa Melo, Oscar Federico c/ E.N. CM de Relaciones Exter. Comer. Internacional y CultoC s/ empleo público», 2006.

14 Corte Suprema de Justicia de la Nación, «Gardey, Emilio c/ Dithurbide, Adriano. Dunn de García, Honora c/ Eckerdt, Santiago», 1945, Fallos 203:399; Corte Suprema de Justicia de la Nación, «Trimarco, Alejandro Nicolás. Ferrari Hardoy de Rodríguez Arias, Amalia c/ Rodríguez Arias, Casiano J.», 1963, Fallos: 256:97.

15 Corte Suprema de Justicia de la Nación, «Castellini, Ernani Luis c/ Dirección General del Impuesto a los Réditos», 1946, Fallos: 205:173.

16 Corte Suprema de Justicia de la Nación, «Cía. Azucarera del Norte, S.A.», 1957, Fallos: 237:193.

en el procedimiento administrativo, aquél tuvo ocasión de ejercitar en plenitud el derecho que dice conculcado en el proceso judicial posterior[17].

La discusión doctrinaria sobre la similitud y/o diferencia entre delitos y contravenciones, también atravesó a la Corte Suprema. No obstante, el Máximo Tribunal parece inclinarse por la distinción entre ambos institutos, a partir de destacar las disimiles competencias en materia de regulación normativa entre ambos, las características especiales determinadas por la cuestión local que traen consigo las contravenciones, la no aplicación de los principios de especialidad y ley más benigna a las contravenciones y el presupuesto de la conducta humana para la comisión de los delitos.

3. Principios aplicables al procedimiento administrativo sancionatorio

El derecho administrativo sancionatorio desde antiguo ha sido equiparado al derecho penal entendiendo que son comunes los principios de tipicidad, el debido proceso, el control judicial y la debida proporcionalidad entre la pena y el delito de contravención. Veamos.

3.1. Tipicidad

En el derecho administrativo sancionatorio se admite una tipicidad menos rigurosa que en el derecho penal.

El principio de tipicidad, se deriva del principio de legalidad consagrado en el articulo 19 de la Constitución Nacional, en cuanto establece que «*nadie está obligado a hacer lo que la ley no manda, ni privado de lo que ella no prohíbe*». Y del artículo 18 de la Constitución Nacional, en cuanto establece que «*ningún habitante de la Nación puede ser penado sin juicio previo fundado en ley anterior al hecho del proceso*».

La tipicidad es el poder y el deber del Congreso de crear, en el marco de ese poder de regulación, las infracciones y las sanciones con densidad, de modo de cumplir con el mandato constitucional. Es decir, que el legislador debe decir cuáles son las conductas prohibidas —infracciones— y cuál es el castigo —sanciones—[18].

---

17 Corte Suprema de Justicia de la Nación, «César y Antonio Karam SCICA», 1987, Fallos: 310:360; Corte Suprema de Justicia de la Nación, «N., J. G. s/ infr. art. 15, inc. 4.°, LCP s/ incidente de inconstitucionalidad», 2010.

18 Monzón Capdevila, Margarita, «La sustantividad del derecho administrativo sancionador en el ordenamiento jurídico argentino», SAIJ, 2018.

Este principio, le permite al particular conocer de antemano qué conductas pueden constituir una infracción y cuál será, eventualmente, la respuesta punitiva que le corresponderá por tal actividad[19].

Por lo tanto, la tipicidad se refiere a que la norma legal debe describir la conducta infractora y las características de la sanción que le corresponde en cada caso.

La Corte Suprema ha sostenido que para que exista una obligación legal cuyo incumplimiento acarrea una sanción, debe existir una descripción precisa de la figura típica, puesto que, de lo contrario, se genera un amplio campo de discrecionalidad para quien aplica la norma, que no es judicial y que puede incurrir en abusos[20].

3.2. Debido proceso

El debido proceso se encuentra reconocido en la Constitución Nacional[21], en los Tratados Internacionales de Derechos Humanos[22] y en la Ley de Procedimiento Administrativo Nacional[23]. Este principio vislumbra el derecho a ser oído, a ofrecer y producir pruebas y a obtener una decisión fundada.

En concreto, las garantías del debido proceso y la defensa en juicio comprenden el derecho a conocer con certeza las reglas del procedimiento a las que las partes han de atenerse para hacer valer sus derechos[24].

La Corte Interamericana de Derechos Humanos ha sostenido que la justicia, realizada a través del debido proceso legal, como verdadero valor jurídicamente protegido, se debe garantizar en todo proceso disciplinario, y los Estados no pueden sustraerse de esta obligación argumentando que no se aplican las debidas garantías del artículo 8 de la Convención Americana en el caso de sanciones disciplinarias y no penales. Ya que permitirle a los Estados dicha interpretación equivaldría a dejar a su libre voluntad la aplicación o no del derecho de toda persona a un debido proceso[25].

---

19 MARENGO, Federico, «El principio de legalidad de las sanciones administrativas. Su proyección en el ámbito de las relaciones del consumo», *Revista Pensamiento Penal.*

20 Corte Suprema de Justicia de la Nación, «Colegio de Escribanos de la Provincia de Bs. As. c/ PEN s/ sumarísimo», 2018, Fallos: 341:1017.

21 Ver artículo 18.

22 Ver *Convención Americana sobre Derechos Humanos, entre otros.*

23 Ver artículo 1 inciso f.

24 Corte Suprema de Justicia de la Nación, «Pugibet Fevrier, Jacqueline y otro s/ sucesión testamentaria», 2016, Fallos: 339:1695.

25 Corte Interamericana de Derechos Humanos, «Baena Ricardo y otros Vs. Panamá», 2001.

En mismo sentido, la Corte Suprema ha entendido que la garantía de inviolabilidad de la defensa en juicio en procedimientos de imposición de sanciones administrativas exige entre otros requisitos que el Estado provea los medios necesarios para que el juicio a que se refiere el artículo 18 de la Constitución Nacional se desarrolle en paridad de condiciones respecto de quien ejerce la acción pública y quien debe soportar la imputación, mediante la efectiva intervención de la defensa (Fallos: 312:1998, considerando 4.°, del voto de la mayoría)[26].

3.3. Control judicial

El sistema actual ha admitido la imposición de sanciones por parte de la Administración Pública siempre que exista un control judicial suficiente.

Este control judicial debe quedar ceñido, en lo sustancial, a que el ejercicio de las potestades de los restantes poderes del Estado se mantenga dentro de los límites de la garantía de razonabilidad y no avance sobre prohibiciones específicas contenidas en la Constitución o, en su caso, en las leyes. Ello es así en razón de que no compete a los tribunales juzgar el acierto o conveniencia del medio arbitrado por los otros poderes, en el ámbito propio de sus atribuciones, para alcanzar el fin propuesto[27].

La Corte Suprema, ha sostenido que cuando tales funciones jurisdiccionales administrativas son ejercidas por órganos que no integren el Poder Judicial, se requiere garantizar una posterior instancia de revisión del mismo carácter: judicial, lo cual no es exigible si las facultades de referencia son ejercidas por tribunales de justicia[28].

Asimismo, ha adoptado posturas más restrictivas respecto del control judicial, por ejemplo, cuando sostuvo que la potestad del Poder Judicial de revisar los actos disciplinarios emanados de la Administración sólo comprende, como principio, el control de su legitimidad que no excluye la ponderación del prudente y razonable ejercicio de las facultades de que se hayan investido los funcionarios competentes, pero no el de la oportunidad, mérito o conveniencia de las medida por éstos adoptadas; y dicho control de legitimidad supone el de la debida aplicación de las normas estatutarias, de manera que los hechos se clarifiquen adecuadamente y que las sanciones se ajusten al texto legal[29].

---

26 Corte Suprema de Justicia de la Nación, «N., J. G. s/ infr. art. 15, inc. 4.°, LCP s/ incidente de inconstitucionalidad», 2010.

27 Corte Suprema de Justicia de la Nación, «Asociación Francesa Filantrópica y de Beneficencia s/ quiebra s/ incidente de verificación de crédito por L.A.R. y otros», 2018, Fallos: 341:1511.

28 Corte Suprema de Justicia de la Nación, «Guardia, Carlos Eduardo y otra c/ Corte Suprema de Justicia de la Nación», 1985, Fallos 307: 1779.

29 Corte Suprema de Justicia de la Nación, «Ramírez Aragón, Carlos Alberto c/ Banco Hipotecario Nacional. Caputo, Luis Osvaldo», 1984, Fallos: 306:1792.

3.4. Debida proporcionalidad entre la pena y el delito de contravención

La debida proporcionalidad entre la pena y el delito de contravención, deriva del principio de legalidad y razonabilidad consagrado constitucionalmente, en cuanto hace referencia a la adecuada proporcionalidad que debe existir entre las medidas que el acto involucra, y la finalidad que el mismo persigue.

Este principio implica el deber de sustentar expresamente en la ley formal la especie y cantidad de la sanción aplicada, para evitar un obrar discrecional de la Administración Pública.

Garcia Pullés sostiene que las sanciones administrativas en muchos casos guardan un importante valor de «comiso», «retiro de los efectos del delito» o «indemnizatorio», extremo que debe ser apreciado para examinar su proporcionalidad[30].

La Corte Suprema ha sostenido que, si no se ha demostrado la existencia de una inequidad manifiesta, o de un apartamiento írrito del principio de igualdad, el juicio referente a la proporcionalidad de la pena es de competencia exclusiva del legislador y ajeno a la competencia judicial[31].

3.5. Pena

En el ámbito del derecho penal, frente a la comisión de un delito, el Código Penal prevé una pena, la cual puede ser de reclusión, prisión, multa e inhabilitación (artículo 5). Mientras que, en el ámbito del derecho administrativo, la comisión de una contravención, trae aparejada una sanción.

La Corte Suprema ha sostenido que las correcciones disciplinarias no importan el ejercicio de imponer penas[32].

Por otro lado, en los términos del derecho penal, la condena no se cumple hasta tanto exista una sentencia judicial firme que condene al imputado (condenado) a cumplir con la pena impuesta; considerándose todos los recursos con efecto suspensivo.

En cambio, en el ámbito del derecho administrativo sancionador, la impugnación de cualquier acto administrativo que implique liquidación de un crédito

30 García Pulles, Fernando, *Lecciones de Derecho Administrativo*, Abeledo Perrot, Ciudad Autónoma de Buenos Aires, 2015.

31 Corte Suprema de Justicia de la Nación, «Lufthansa Líneas Aéreas Alemanas c/ Dirección Nacional de Migraciones — disp. DNM. 4783/96», 1999, Fallos 322:2346.

32 Corte Suprema de Justicia de la Nación, «Guardia, Carlos Eduardo y otra c/ Corte Suprema de Justicia de la Nación. Bossi, Fernando Miguel c/ Provincia de Córdoba», 1985, Fallos 307: 1779.

a favor del Estado solo es posible si el particular se aviene previamente a realizar el pago que se pretende, lo que se denomina, principio *solve et repete*.

De acuerdo a este principio, «el acusado» debe cumplir la pena antes de poder ser escuchado/a y ejercer su derecho de defensa y sin tener una sentencia firme y pasada en autoridad de cosa juzgada. En síntesis, es culpable antes de condenado, yendo en contra del principio de presunción de inocencia.

4. La inconstitucionalidad del principio *solve et repete* para habilitar la instancia judicial

El principio *solve et repete* tiene como fundamento el hecho de que el Estado no se quede sin recursos mientras se discutan, tanto en sede administrativa como judicial, los impuestos, tasas y derechos que los ciudadanos deban pagar.

Resulta obvio que los impuestos, tasas y derechos entran dentro de la ley de presupuesto que no es otra cosa —en síntesis— que un análisis de los recursos y gastos que el Estado deberá afrontar para la prosecución del bien común.

Es evidente y no requiere ningún análisis profundo que, en el supuesto de las sanciones aplicadas dentro del campo del derecho administrativo sancionatorio, no se persigue la percepción de impuesto alguno y tampoco puede considerarse una fuente de recursos del Estado Nacional porque habría allí sin duda un desvío de poder. En efecto, lo que se persigue mediante estas sanciones dinerarias es castigar al responsable de un ilícito que no se encuentra dentro del código penal y que por tal razón no requiere ser juzgado por un juez penal, sino que puede ser aplicada por un funcionario administrativo a través de un acto de la misma especie y no de una sentencia judicial.

Por ende, si el fin es distinto, las multas no pueden ser consideradas como recursos fiscales para el presupuesto de gastos y recursos del Estado Nacional. De allí es que no cabe asimilar esta situación —en manera alguna— al principio de *solve et repete*.

Además, este principio sostiene que la apelación de las sentencias que condenan al pago de tributos, se otorgará al sólo efecto devolutivo.

En igual sentido, sucede en el ámbito del Banco Central de la República Argentina (BCRA). De acuerdo a la previsión contenida en el art. 42, quinto párrafo de la Ley n.º 21.526, la circunstancia de que la ejecutada apelara la multa impuesta por el BCRA, encontrándose aún pendiente de decisión judicial, no impide el avance de la ejecución, por el hecho de que la norma establece que la apelación deducida se concede al solo efecto devolutivo.

El efecto devolutivo acordado significa precisamente que dicha resolución es ejecutable, no obstante, se cuestione en sede judicial. Por ello, de no abonarse su importe en el momento de serle reclamado en sede administrativa, queda expedita la vía judicial para proceder a su cobro, más allá de que se haya interpuesto el recurso de apelación del art. 42 de la ley 21.526.

El criterio jurisprudencial imperante (con excepción hasta ahora de la sala IV de la Cámara Federal de Apelaciones en lo Contencioso Administrativo[33]) es aquel según el cual es constitucional el efecto devolutivo con el que se califica al recurso que en los términos del artículo 42 de la Ley n.º 21.526 interponen quienes han sido sancionados con una multa por el BCRA.

Sin perjuicio de ello se admite la posibilidad del dictado de medias cautelares, suspendiendo la ejecución de las sumas adeudadas, o bien en los términos de la constante jurisprudencia de la Corte Suprema conforme la cual si se demuestra el carácter confiscatorio de las sumas requeridas aquéllas pueden ser admitidas, o bien mediante la aplicación del artículo 12 de la Ley Nacional de Procedimientos Administrativos (aplicable como fundamento en sede judicial), en los términos del dictado de medidas cautelares contra la administración y de los preceptos del Código Procesal[34].

A este tópico le resultan aplicables parecidos cuestionamientos a los que, desde distintos ámbitos, se han expresado contra el principio *solve et repete*. Veamos.

Primero. Las fuentes del derecho administrativo. Los Tratados Internacionales de Derechos Humanos reconocen el amplio acceso a la justicia. Por ejemplo, la Convención Americana de Derechos Humanos reconoce que «*Toda persona tiene derecho a un recurso sencillo y rápido o a cualquier otro recurso efectivo ante los jueces o tribunales competentes, que la ampare contra actos que violen sus derechos fundamentales reconocidos por la Constitución, la ley o la presente Convención...*».

La Constitución Nacional, reconoce que *ningún habitante de la Nación puede ser penado sin juicio previo fundado en ley anterior al hecho del proceso, ni juzgado por comisiones especiales, o sacado de los jueces designados por la ley antes del hecho de la causa. (...) Es inviolable la defensa en juicio de la persona y de los derechos (...)*.

De lo cual, se desprende que el objetivo de nuestro sistema normativo es garantizar el pleno acceso de la persona a la instancia judicial y no restringir su derecho por no haber cumplido con una determinada exigencia legal, como es el pago previo de una multa. Pues de lo contrario, se estaría vulnerando su derecho a un debido proceso judicial.

---

33 Cámara Federal de Apelaciones en lo Contencioso Administrativo, Sala IV, «Prácticos Río de la Plata Caja de Crédito y otros, en liq. c. Banco Central de la República Argentina», 1999.

34 Ampliar en: Gallegos Fedriani, Pablo O., Suspensión de la aplicación de las sanciones impuestas por el Banco Central de la República Argentina en los términos del artículo 42 de la ley 21.526, El Derecho 189-615.

Segundo. La Doctrina de la Corte Suprema. En varias oportunidades, la Corte Suprema ha sostenido que la regla *solve et repete* no es por sí misma contraria a los derechos de igualdad y de defensa en juicio (artículos 16 y 18 de la Constitución Nacional) y que corresponde reconocer, en principio, la validez de las normas que establecen el requisito del previo pago para la intervención judicial y la necesidad de morigerar ese requisito en supuestos de excepción que involucren situaciones patrimoniales concretas de los obligados, a fin de evitar que ese pago previo se traduzca en un real menoscabo de derechos[35].

Asimismo, que no se vulnera el artículo 8, inciso 1 de la Convención Americana, si el apelante ni siquiera ha alegado que le fuere imposible, debido al excesivo monto del depósito, interponer el recurso de apelación previsto en la liquidación cuestionada, de tal forma de impedir real y efectivamente el ejercicio de su derecho. Ya que tal solución se ajusta, por lo demás, a la jurisprudencia dictada por la Corte en casos similares al interpretar el artículo 18 de la Constitución Nacional[36].

Tercero. La inconstitucionalidad del principio *solve et repete* y el efecto devolutivo asignado al recurso de apelación previsto en el artículo 42 de la Ley n.° 21.526. En primer lugar, el pago del tributo previo a la instancia judicial, convierte a la persona en culpable antes de condenado, yendo en contra del principio de presunción de inocencia. Además, es contrario a los principios del derecho constitucional y de los tratados de derechos humanos que consagran el principio de la tutela judicial efectiva.

En segundo lugar, deviene inconstitucional el efecto devolutivo asignado al recurso de apelación previsto en el artículo 42 de la Ley n.° 21.526 correspondiendo otorgarle efecto suspensivo, a los recursos interpuestos contra las sanciones aplicadas por cualquiera de los organismos rectores en el decurso y finalización de un sumario financiero.

5. Conclusiones

En el derecho administrativo sancionatorio, la Administración Pública impone sanciones para castigar al responsable de un ilícito. Estas sanciones no se encuentran dentro del código penal, por lo cual no requieren ser juzgadas por un juez penal, sino que pueden ser aplicadas por un funcionario administrativo a través de un acto de la misma especie.

Si bien no existe una regulación expresa sobre dicho procedimiento, el derecho administrativo sancionatorio desde antiguo ha sido equiparado al

35 Corte Suprema de Justicia de la Nación, «Giaboo SRL s/ recurso de queja», 2015, G. 360. XLIX. REX.

36 Fallos, 215:225 y 501; 219:668; 247:181; 261:101; 285:302; 312:2490.

derecho penal entendiendo que son comunes los principios de tipicidad, debido proceso, control judicial y la debida proporcionalidad entre la pena y el delito de contravención.

Por lo cual, en todo procedimiento se deben respetar los derechos, garantías y principios consagrados en la Constitución Nacional y los Tratados Internacionales de Derechos Humanos, ya que la imposición de una sanción implica una afectación a la esfera jurídica de las personas y una acción represiva por parte del Estado.

LA BUENA ADMINISTRACIÓN Y EL PROCEDIMIENTO ADMINISTRATIVO

Good Administration and the administrative procedure

María Alejandra Ferreyra[1]
Resistencia, Chaco (Argentina)

Fecha de Recepción: 01/10/2022
Fecha de Aceptación: 31/10/2022

Resumen: El derecho fundamental a la buena administración, considerando al hombre como eje central de todo el sistema, impacta con nuevos imperativos directos en el ejercicio de la función administrativa, como en su procedimiento. Es por ello que, desde la centralidad del ser humano, las funciones estatales en el marco de sus competencias, deberán redirigir su accionar bajo esta mirada, adoptando: procedimientos más agiles, inmediatos, efectivos, eficaces, supliendo omisiones o subsanando obstáculos que impidan la concreción de derechos humanos fundamentales. Todo ello apuntara a la relevancia de los derechos fundamentales de las personas, cuya concreción se torna obligatoria para los estados, pasando de un estado declarativo a un verdadero estado efectivo en la realización de los derechos humanos de las personas, con nuevas improntas exigibles en todos los sistemas del derecho administrativo.

Palabras clave: Imperativos. Persona. Derechos fundamentales. Estado Constitucional. Procedimiento. Función Administrativa.

Abstract: The fundamental right to good administration, considering man as the central axis of the whole system, impacts with new direct imperatives in the exercise of the administrative function, as well as in its procedure. It is for this reason that from the centrality of the human being, the state functions, within

---

1 Especialista en Derecho Tributario. Especialista en Derecho Procesal Civil y Comercial. Magíster en Derecho Administrativo. Magíster en Magistratura y Derecho Judicial. Ex-Secretaria Relatora del Juzgado de Faltas Municipal de Resistencia (Chaco, Argentina). Actual Secretaria Letrada de la Cámara Contencioso-Administrativo de Resistencia (Chaco, Argentina).

the framework of their competences, must redirect their actions under this perspective, adopting more agile, immediate, effective and efficient procedures, making up for omissions or correcting obstacles that prevent the realization of fundamental human rights. All this will point to the relevance of the fundamental rights of individuals, whose realization becomes mandatory for states, moving from a declarative state to a true effective state in the realization of human rights of individuals, with new enforceable imprints in all systems of administrative law.

Keywords: Imperatives. Person. Fundamental Rights. Constitutional State. Procedure. Administrative Function.

1. Introducción

El presente trabajo está dirigido a demostrar como evidentemente existen nuevos imperativos que surgen como consecuencia de conceptos emergentes en los distintos estados, que impactan en la función administrativa y el procedimiento administrativo como obligaciones existenciales, mandatos constitucionales y convencionales, que imponen asumir el rol de la administración pública desde otra perspectiva, con absoluta consideración a los derechos humanos.

En este sentido será necesario partir del eje y centro de todo el sistema, es decir el ser humano en el marco del ejercicio de la función administrativa.

Por tal motivo resulta pertinente resaltar, como se impone la obligatoriedad de que el estado a través de sus distintas manifestaciones, se desarrolle a la luz de los principios de la buena administración, como servicio al que está llamado a prestar. Pues ejercer una función implica un servicio constante, que no debemos olvidar.

Para ello será pertinente, repasar brevemente que se entiende por función administrativa y procedimiento administrativo. Lo cual nos llevara inexorablemente a advertir el rol que asume el estado en administrar lo de todos «la res publica», el que no puede evadir su consideración al hombre como eje central de todo el sistema. Concretizando su labor administrativa en el marco de una buena administración, o justa administración si se quiere, como derecho humano fundamental, como principio, pero sobre todo como obligación estatal.

Desde esa perspectiva ver luego, como se proyectan los derechos humanos en la función administrativa concretizada en el procedimiento administrativo, volviendo a la esencia de considerar al hombre como eje de toda organización, dejando de lado la tradicional concepción que concibe al hombre, tan solo como un centro de imputación normativa.

Para arribar a conclusiones que nos ayuden a descifrar, como la evolución de los conceptos y de los nuevos paradigmas se van proyectando —como obligaciones ineludibles del estado— con nuevas improntas evolutivas en la administración, en ejercicio de la función administrativa, en el procedimiento administrativo y por sobre todo en el servicio al que estamos llamados a prestar.

2. Función administrativa

Dejando de lado las distinciones doctrinarias sobre la naturaleza de la misma —lo que escapa a este trabajo— queda claro que la función administrativa es: aquella actividad, que por la naturaleza del órgano y /o en su caso la materia sobre la cual debe expedirse —criterio mixto mayoritario—, que tiende a exteriorizar la voluntad de la administración como gestora del bien común. Voluntad que debe exteriorizarse a través de una serie de actos concatenado y ordenados, denominado procedimiento.

En tal contexto, la función administrativa básicamente se traduce en una declaración. Ahora bien, como lo enuncia el Dr. Julio Rodolfo Comadira (1996: 751):

> «La declaración importa, precisamente, la exteriorización de una idea, de un pensamiento, algo más que la mera conducta física. Es una expresión intelectual a través del lenguaje escrito, oral o de otro signo convencional o ideográfico».

Exteriorización que no puede ser más que el reflejo de una actividad desarrollada a la luz de considerar al hombre como eje central de todo el sistema.

Ello es así, en atención a que:

> «(...) en el Estado Social, Constitucional y Convencional de Derecho la persona humana y su dignidad constituyen el máximo valor de la normatividad constitucional y su reconocimiento efectivo conlleva para los poderes públicos el deber de promover o crear las condiciones jurídicas, políticas, sociales, económicas y culturales, que permitan el desarrollo de la persona»[2].

2 En tal sentido, la Corte Suprema de Justicia de la Nación *(Fallos:* 333:2.306 y sus citas; 327:3.753; 330:1.989) ha expresado:
«La dignidad humana (...) es el centro sobre el que gira la organización de los derechos fundamentales de nuestro orden constitucional y del orden internacional adoptado»

Y, para ello, la tutela efectiva resultara, un instrumento fundamental.

Imponiendo un imperativo de máximos estándares, que apuntan no solo a la sujeción a la ley por parte del obrar de la administración, sino que, a su vez a la correcta aplicación de sus potestades, como guía estructural y fundamental del obrar de la administración.

Desde tal perspectiva (Delpiazzo 2012: 298-299):

> «(...) el Estado Constitucional de Derecho expresa una fórmula cuyo elemento medular consiste en una concepción instrumental de las instituciones al servicio de los derechos fundamentales, en la cual el principio de juridicidad supone el sometimiento del poder no únicamente a límites formales, sino también a límites sustanciales impuestos por los principios generales y por la eminente dignidad de la persona humana, de la que derivan todos sus derechos».

Resultando precisamente en ese marco donde la función administrativa deberá proyectar su accionar, no sólo como una facultad, sino muy por el contrario como un imperativo. Donde no quedan dudas que el acto administrativo deriva genéticamente de la función administrativa.

Todo lo que presupone, que la función administrativa, estará innegablemente vinculada (Sanmartino 2009: 60) a:

> «(...) todos los tópicos en que se fragmenta metodológicamente esa teoría —desde el concepto de acto administrativo hasta sus modos de extinción, pasando por los elementos, caracteres y el sistema de invalidez— los que se ven concernidos por los principios capitales del Estado constitucional que surgen de la constitución reformada y de la interpretación que de ella viene realizando la Corte Federal».

Y también la Corte Interamericana de Derechos Humanos, como se verá más adelante.

3. Buen gobierno y buena administración

En atención a lo manifestado anteriormente, resulta inconcebible que el obrar de la administración en todo su contexto, no se circunscriba al buen gobierno, buena administración o justa administración, en el marco del estado social y constitucional de derecho en el que estamos inmersos.

Conforme lo menciona el Dr. Rodríguez-Arana Muñoz (2006: 34):

> «(...) la buena administración y buen gobierno, aspira a colocar en el centro del sistema a la persona y sus derechos fundamentales».

La buena administración constituye no solo un derecho fundamental de los ciudadanos y un principio rector en su obrar, sino que también en lo que a este trabajo interesa, importa una verdadera obligación en el accionar estatal. Por lo cual y en esa línea los ciudadanos tienen el derecho de exigir determinados patrones o estándares en el funcionamiento de la administración (Rodríguez-Arana 2013: 24).

Todo ello implicara indefectiblemente un extra, pues de la mano de lo enunciado ira un constante esfuerzo para consolidar una administración plena. Dado que la administración no es una entidad abstracta, sino que muy por el contrario está integrada personas tan reales como ciudadanos a los que sirve, la que se concretiza a través de la función administrativa que desarrolla, a través de un procedimiento.

Dentro de las características más sobresalientes de cómo llevar adelante esta función, debemos resaltar: a) la centralidad de la persona. Pues es al servicio de la ciudadanía, su tendencia a la mejora de las condiciones de vida de las personas donde se debe apuntar y b) la apertura a la realidad, lo que implica que se deberán atender a las circunstancias sociales, económicas, culturales y políticas que impregnan la actividad situada en cada caso en particular.

En tal sentido la buena o justa administración exigirá receptividad: es decir tener la sensibilidad suficiente para captar las preocupaciones e intereses de la sociedad en sus diversos sectores y grupos, en los individuos y colectividades que la integran, tendiendo lógicamente como sustrato a la persona y su realidad.

Es allí donde, la función administrativa deberá ser conducida por una serie de criterios mínimos llamados de buena administración, constituyendo un derecho de naturaleza fundamental que reposa en la democracia y en la clara concepción de que las instituciones no son propiedad de algunos políticos o de altos funcionarios, sino del dominio popular. Donde las instituciones públicas son de soberanía popular.

En esa línea, nuestra CSJN (2009) se ha expedido en numerosos fallos, considerando al hombre como eje de todo el sistema jurídico y en tanto fin en sí mismo, más allá de su naturaleza trascendente, su persona es inviolable.

Por tal motivo, el buen gobierno o justo gobierno, vendrá a nacer a partir de la necesidad de superar el paradigma de Administración Tradicional con apego desmesurado al principio de legalidad, intentando reemplazar el esquema por otro, donde el ciudadano se coloca en el eje central del sistema y el ejercicio de la función administrativa no podrá escapar a ello.

La Carta Iberoamericana de los Derechos y Deberes del Ciudadano entiende que, buena administración es aquella que se dirige a la mejora integral de las condiciones de vida de las personas.

Con ello, el rol de los legisladores, jueces y los representantes del ejecutivo deberán traducir su gestión en esa línea.

Es que la buena administración, abre una nueva perspectiva basada en estándares internacionales que constituyen el marco de las decisiones no solo judiciales sino también aquellas que derivan del ejercicio de la función administrativa, por efecto del compromiso estatal asumido internacionalmente.

De tal forma advertimos que la Carta Iberoamericana de los Derechos y Deberes del Ciudadano, desde su preámbulo resalta a la buena administración como una obligación de todos los poderes públicos en su accionar[3]. Si bien constituye una norma Soft Law o derecho suave, estas normas no solo importan reconocer bases de reflexión sobre los problemas referenciados a las administraciones públicas, sino que recogen recomendaciones para los órganos públicos y para quienes prestan servicios en los mismos, a los fines de una efectiva realización de la democracia, constituyendo del uno de los verdaderos paradigmas del Estado Social Constitucional y Convencional de Derecho, al que no es ajeno el derecho administrativo.

En dicho instrumento la buena administración se enuncia como:

- Un principio —es decir un mandato de optimización—;
  - Derecho Fundamental: donde la persona es el auténtico y genuino derecho, tendiente a subrayar la dignidad del hombre; y
  - *Una obligación del Estados Social y Democrático de Derecho*, inherente a los poderes públicos, de crear las condiciones para que la libertad e igualdad de las personas sean efectivas, removiendo los obstáculos que impiden su cumplimiento o facilitando a que se realicen.

De esta manera la función administrativa, deberá salir al encuentro del ciudadano de manera integrada y armónica, a fin de consolidar la tarea del constituyente de la constitución democrática, profundamente humana, solidaria, participativa de las políticas públicas, a fin de dar funcionalidad a los gobiernos y a las administraciones.

Ahora bien, desde una posición importante de la doctrina que comparto, los derechos humanos no requieren consagración legislativa positiva para tener su existencia pues al ser derechos subjetivos positivizados, preexisten a su reconocimiento normativo positivo. De modo tal que los derechos humanos existen antes de su consagración legislativa, pues en realidad su fuente es la propia dignidad del hombre y en tal sentido debe entenderse a la buena administración en nuestro sistema.

---

3 Carta Iberoamericana de los Derechos y Deberes del ciudadano. Preámbulo:
«[La buena Administración Pública es, pues,] *una obligación inherente a los Poderes Públicos en cuya virtud el quehacer público debe promover los derechos fundamentales de las personas fomentando la dignidad humana de forma que las actuaciones administrativas armonicen criterios de objetividad, imparcialidad, justicia y equidad, y sean prestadas en plazo razonable*»

En el orden Nacional del Estado Argentino, si quisiéramos ubicarlo constitucionalmente, podríamos decir que el derecho al buen gobierno o buena administración surge desde el propio preámbulo al determinar sus fines y objetivos, cuando hace referencia tanto a afianzar la justicia y a promover el bienestar general, dada que este último sólo se concibe desde el reconocimiento de lo particular para luego generalizarse. A su vez, también podría encontrarse su ubicación en el artículo 1 de la forma republicana de gobierno y/o del art. 33 de los derechos implícitos.

A lo cual podríamos agregar que encontramos partes de sus elementos, o sub-derechos, en la propia constitución Nacional, tratados internacionales con jerarquía constitucional, en decretos del poder ejecutivo y en las propias normas de derecho administrativo local. Tal cual los reflejan las normas del debido proceso adjetivo, o debido proceso sustantivo, la razonabilidad, el derecho de defensa, el procedimiento previo al dictado de un acto, derecho a peticionar, responsabilidad del estado, etc. Todo lo cual se proyecta lógicamente en los ámbitos provinciales y municipales.

Sin lugar a dudas este derecho, tendrá mucho que ver con la adecuada preparación de las personas que representan y conforman los organismos públicos. Las que debieran trabajar sobre la realidad, utilizar la razón y contemplar los problemas colectivos desde perspectivas de equilibrio para ser capaces de entender dichos problemas y contemplar la pluralidad de enfoques (Rodríguez-Arana 2013: 25).

4. El principio de la buena administración como imperativo obligatorio en el procedimiento administrativo

En absoluta coincidencia como lo reseña el Dr. Patricio Sammartino (2007):

> «El estado constitucional gira centralmente en torno de la primacía efectiva de la Constitución y sus valores. En la Argentina, después de la reforma constitucional de 1994, la concretización de esos valores se manifiesta en el compromiso real de las instituciones con la dignidad del ser humano».

Ahora bien, puede resultar que el propio estado en ejercicio de la función administrativa reflejada en el procedimiento, genere injusticias, iniquidades, desigualdades o vulneración de derechos con su obrar, lo que se traducirá en posibles supuestos de responsabilidad estatal. Contrariando cualquier precepto orientado al resguardo de los derechos humanos.

Por tal razón, es que el Estado deberá en el ejercicio de su función, establecer distinciones objetivas y razonables, de conformidad con la aplicación de normas que mejor protejan a la persona humana y en tal sentido dirigir su accionar y la respectiva toma de decisiones.

Pues de todo lo expuesto, no caben dudas que su mal proceder o accionar, derivará en responsabilidad estatal conforme se verá en el marco internacional, donde ya encontramos ejemplos de ello.

Es que el procedimiento no solo constituirá un elemento esencial del acto administrativo, particularmente en nuestro ordenamiento. Sino que a su vez configurara un mecanismo de trasparencia y correcto obrar de la administración, con pautas claras precisas a desarrollar, donde se plasme la voluntad estatal con cumplimiento a las pautas legalmente establecidas. Y por otra parte constituirá una verdadera garantía para el ciudadano en el quehacer estatal.

Frente a todo lo cual, todos los órdenes de organización estatal, deberán prestar especial importancia al ser humano y sus condiciones, y adoptar las acciones positivas que entiendan pertinente a los efectos de dar efectividad a los derechos humanos esenciales, lo que viene como consecuencia del control de convencionalidad en el que estamos inmersos, dentro del Sistema Internacional de Derechos Humanos.

5. El procedimiento administrativo desde la perspectiva convencional

La Corte Interamericana de Derechos Humanos se ha expedido en determinados fallos, responsabilizando a los estados, en la generación u agravamiento —ya sea por acción o por omisión del obrar estatal— de situaciones que generan injusticias que repercuten de manera inmediata en el ser humano como eje central de todo el sistema. *Imponiendo con ello la obligatoriedad de adoptar medidas positivas, en resguardo del ser humano, a las que los Estados partes están obligados*, donde la función administrativa revelada a través del procedimiento administrativo, ya no se basará sólo en ejercer su potestad, sino en la obligación de adoptar los medios necesarios para proteger y consagrar los derechos efectivos de las personas.

Lejos de los grandes sistemas de protección de los derechos, que han visto su aurora a principios del siglo XXI, interponiendo entre el hombre y la protección, el renombrado tecnicismo de los sistemas de protección —crecientemente abstractos, administrativos y burocráticos—, el ejercicio de la buena administración en el procedimiento administrativo impone focalizarse ante una concreta realización de los derechos humanos, donde el derecho y la propia administración en todos sus ejes, está al servicio del hombre (Basset 2017: 19-ss).

Así por ejemplo podemos nombrar, el caso *Caso Furlan Vs. Argentina* de la Corte Interamericana de Derechos Humanos (2012: 134-135), donde se sostuvo que:

> «(...) no basta con que los estados se abstengan de violar los derechos, sino que es imperativo la adopción de medidas positivas, determinables en función a las particularidades del sujeto de derecho, ya sea por su condición personal o por situación específica en que se encuentren».

En el caso, *Caso Ivcher Bronstein Vs. Perú,* sentencia de 6 de febrero de 2001 la Corte Interamericana de Derechos Humanos (2001: 106-107) destaca:

> «En el caso concreto, existen suficientes elementos para afirmar que durante las actuaciones administrativas que se realizaron para elaborar el Informe No. 003-97-IN/05010 (supra párr. 76.p), la Dirección General de Migraciones y Naturalización no informó al señor Ivcher que su expediente de nacionalización no se hallaba en los archivos de la institución, ni le requirió que presentara copias con el fin de reconstruirlo; no le comunicó los cargos de que se le acusaba, esto es, haber adulterado dicho expediente e incumplido el requisito de renuncia a su nacionalidad israelí, y, por último, tampoco le permitió presentar testigos que acreditaran suposición (...). No obstante, lo anterior, dicha Dirección emitió la «resolución directoral» que dejó sin efecto legal el título de nacionalidad del señor Ivcher. De tal forma culminó un proceso que, como se ha señalado, se llevó a cabo con la presencia exclusiva de las autoridades públicas, en especial de la Dirección General de Migraciones y Naturalización, y durante el cual se impidió al señor Ivcher intervenir con pleno conocimiento, en todas las etapas, a pesar de ser la persona cuyos derechos estaban siendo determinados».

Destacando con todo ello, como la administración en el marco del procedimiento reseñado, omitió pasos, etapas y participación esencial del sujeto al cual estaba destinado los actos a dictarse, omitiendo cualquier consideración hacia la persona y las consecuencias que generarían en su vida, avasallando derechos fundamentales y la dignidad del Sr. Bronstein.

Marcando con ello como el ejercicio de la función administrativa y su consecuente procedimiento no visualizo, ni considero la afectación de los derechos humanos fundamentales del ser humano, haciéndolo plenamente responsable.

Lo que concluyo en la condena por unanimidad al estado, por violación a derechos a la nacionalidad, derecho a la protección judicial, a la propiedad privada, a la libertad de expresión, entre otros, incumpliendo con las obligaciones asumidas sobre derechos humanos, con sendas violaciones, a los derechos sustantivos reseñados.

A su vez, en el caso *Niñas Yean y Bosico Vs. República Dominicana*, la comisión (Corte IDH 2011: 231) fue muy clara al peticionar concretamente en sus alegatos que:

> «(...) es necesario que en este caso se dé una reparación integral del daño causado a las niñas que garantice la no repetición de ese tipo de situaciones. No puede pretenderse que con la entrega de documentos al margen de la ley dominicana se repare una violación que tuvo fuertes efectos en las víctimas, especialmente susceptibles, que requerían una especial protección estatal; (...) el Estado modifique el sistema de registro para asegurar que no se niegue el derecho a un acta de nacimiento a los niños dominicanos de ascendencia haitiana, sea por ley o por su aplicación discrecional por parte de funcionarios estatales».

Determinando concretamente en cuanto al ejercicio de funciones estatales, dentro de las cuales están inmersas a su vez las funciones administrativas y su procedimiento que (Corte IDH 2011: 236):

«Los Estados deben adoptar "las medidas legislativas o de otro carácter que fueran necesarias para hacer efectivos" los derechos reconocidos por la Convención Americana. Esta es una obligación que el Estado debe cumplir por el hecho de haber ratificado dicho instrumento legal».

Por lo cual, la Corte ordena que la República Dominicana, de acuerdo con el artículo 2 de la Convención Americana, deberá adoptar las medidas legislativas, administrativas y de cualquier otra índole que sean necesarias para regular el procedimiento y los requisitos conducentes a adquirir la nacionalidad dominicana, mediante la declaración tardía de nacimiento. Dicho procedimiento debe ser sencillo, accesible y razonable, en consideración de que, de otra forma, los solicitantes pudieran quedar en condición de ser apátridas. Además, debe existir un recurso efectivo para los casos en que sea denegada la solicitud.

Resolviendo por unanimidad, la violación del Estado de distintos artículos de la Convención Americana de Derechos Humanos, referidos a derechos a la nacionalidad, igualdad ante la ley, derechos al nombre, al reconocimiento de la personalidad jurídica, y a la integridad personal imponiendo obligación de reparar en tal sentido. Expidiéndose sobre la necesidad de fijar límites en el actuar de la Administración en materia de sectores especialmente vulnerables, en la OC-17/02, Condición Jurídica y Derechos Humanos del Niño (Corte IDH 2011: 240-242) y en la OC-18/03, Condición Jurídica y Derechos de los Migrantes Indocumentados (Corte IDH 2003).

Es decir, dejando en claro como el Estado a través del ejercicio de la función administrativa, sin consideración del ser humano en derechos humanos fundamentales, incumplió de manera reiterada, artículos de la convención generando las consecuencias analizadas.

Más recientemente en el año 2020, nos encontramos con el *caso Comunidades Indígenas Miembros de la Asociación Lhaka Honhat (nuestra Tierra) Vs. Argentina (Derecho a la Propiedad Comunitaria),* en el cual se reclamaba la propiedad sobre tierras ubicadas en la Provincia de Salta. El reclamo provenía desde más 35 años sin una solución.

Los ocupantes indígenas carecían de título de propiedad, los reclamos se inician sin lograr titulación desde el año 1984 sin obtener respuesta y con una serie de procedimientos administrativos truncos e ineficaces. Ínterin el Gobierno de salta autorizo sobre dichas tierras la realización de una serie de obras públicas —puentes, talas— que afectaban sus recursos naturales y sobre todo el derecho a un ambiente sano. En el decisorio la CIDH considera que:

«No se respetaron los estándares por: 1) la modificación sucesiva de los procedimientos aplicables a la reclamación territorial, y 2) la efectividad ultima de los procedimientos de reclamación para permitir el goce efectivo del derecho de propiedad territorial. Por lo que la CIDH declaro que Argentina fue responsable de violación de los art. 8 y 25 de la CADH en conexión con el 21. Por lo cual condeno al Estado Argentino, no sólo por no regularizar el dominio de las tierras en trato, sino que a su vez por violación a la obligación positiva del Estado de Implementar los Estándares de protección medio ambiental. Donde de forma específica los estados tienen el deber de prevenir daños al medio ambiente y territorios indígenas o tribales, remarcando que tal deterioro reduce sus capacidades estratégicas tradicionales en términos de alimentación, agua y actividades de subsistencia».

Por todo lo cual ordeno concretar la propiedad comunitaria, y por primera vez en un caso contencioso analizo los derechos a un ambiente sano, a la alimentación adecuada, al agua y a la identidad cultural en forma autónoma. Es decir, fue más allá del objeto de la pretensión, considerando derechos humanos existenciales de las personas, como ser acceso al agua y a una alimentación adecuada.

Conforme lo cual se ordenó como reparación, y dentro del plazo delimitado, dispuso como medida principal concluir los procedimientos a fin de otorgar un título que reconozca la propiedad, a la comunidad indígena. A su vez (Corte IDH 2020: 166):

> «Ordeno a Argentina a: 1) Abstenerse de realizar actos, obras o emprendimientos en territorio indígena que puedan afectar su existencia, valor, uso o goce, sin previa participación de las comunidades; 2) Presentar a la Corte un estudio que identifique situaciones críticas de falta de acceso al agua potable o la alimentación, formule un plan de acción para acceder a esas situaciones y comience su implementación; 3) Elabore en un plazo máximo de un año un estudio en el cual se establezca las acciona que deben instrumentarse para la conservación de aguas y para evitar y remediar su contaminación, garantizar el acceso permanente del agua potable y evitar que continúe la pérdida o disminución de recursos forestales y procurar su recuperación y posibilitar el acceso a alimentación nutricional y culturalmente adecuada».

En suma, claramente la CIHD aparte de advertir las deficiencias del procedimiento administrativo y en su caso el especifico de la función administrativa por parte de los gobiernos, impone medidas urgentes para definir la situación dominial, vuelve a centrar su mirada en el ser humano de manera prioritaria —como eje central de todo el sistema «Principio de buena administración»—, y en función a ello a pesar de no estar pedido, se proyecta sobre los derechos humanos existenciales de la persona que resultan afectados como ser el derecho de acceso al agua potable y una buena alimentación, imponiendo plazos y políticas concretas en tal sentido.

Desde la mención de los fallos, no quedan dudas que se impone como obligación para el ejercicio de las funciones estatales y en particular el de la función administrativa, considerar al ser humano y su dignidad en todo momento como eje central del sistema, es decir adoptando los conceptos propios del principio de derecho fundamental de la buena administración.

6. Conclusiones

Con todo lo expuesto, se evidencia la importancia de reencaminar el ejercicio de la función administrativa y nuestros procedimientos desde el principio de buena administración; y en ese contexto, partir de la centralidad de todo el sistema en el ser humano.

Dejando en evidencia que, es precisamente en la organización estatal donde se asevera mayormente una relación inmediata entre gobernantes y gobernados, administradores y administrados, y donde los principios como el de la buena administración no solo constituyen enunciados ilustrativos, sino que imperativos necesarios para resolver y dar respuestas a las situaciones fácticas constantes y habituales que se presentan, en el gran quehacer de administrar y tomar decisiones, en pos de la realización del bienestar general y el afianzamiento de la justicia.

Pues no quedan dudas, que la función administrativa —entendida como mecanismo de exteriorización de la voluntad estatal— y su correlativo procedimiento —como serie de actos concatenados donde se plasma esa función— debe estar impregnada de estas consideraciones, imponiéndose como un imperativo indiscutible a la luz del Estado Social, Constitucional y Convencional de Derecho, su reformulación en el ejercicio de la función que le es propia de cara al ser humano y su dignidad, por sobre todas las cosas.

Ello es así, dado que como lo desarrolláramos en todo este trabajo, es el ser humano, con cumulo de circunstancias que lo acompañan en su entorno social, el auténtico sujeto de derechos y libertades. A ese hombre, a esa mujer, con su determinada edad, su grado de cultura y de formación, mayor o menor, con su procedencia concreta y sus intereses particulares, propios, legítimos, es a quien la buena administración debe servir, en todos los órganos mediante los cuales se representa el accionar estatal y por sobre todo en la función administrativa.

No podemos dejar de advertir que, es momento de profunda crisis en tantos sentidos, la indignación reinante también se canaliza hacia la exigencia de una buena administración pública que trabaje sobre la realidad, desde la racionalidad, centrada en el ser humano, actúe con mentalidad abierta, buscando el entendimiento y haciendo gala de una profunda sensibilidad social (Rodríguez-Arana 2013: 25). Lo que indefectiblemente va unida a la idea de órganos creados con la capacidad técnica e independencia necesaria para llevar adelante su cometido, respetando por sobre todas las cosas la dignidad de la persona y evitando por todos los medios, situaciones injustas y vejatorias.

Con el examen de los casos nombrados por la Corte Interamericana de Derechos Humanos, no caben dudas que el ejercicio injusto de la función administrativa genera obligaciones de los Estados a reparar y evitar en lo futuro. Casos que involucran, la función administrativa desde sus orígenes con afectación a derechos, personalísimos, económicos, sociales, culturales, entre otros, donde tanto la CIDH como la Corte IDH han gestado un claro estándar relativo a la plena aplicabilidad de la garantía que hacen a toda persona incluso en el marco de los procedimientos administrativos y allí en la función desarrolladas por los mismos. Lo que se extiende no solo en el orden internacional sino también en el local, debiendo respetarse en toda situación en la que alguna autoridad pública, no judicial, dicte resoluciones que diriman obligaciones y derechos.

Dejando en claro con todo ello, que el centro de la acción pública es la persona y sus derechos fundamentales, por lo cual tanto el procedimiento como el ejercicio de la función administrativa deben obligatoriamente considerar los conceptos expuestos, como un imperativo estructural del Moderno Estado Social, Constitucional y Convencional de Derecho.

Pues, partir de la centralidad del ser humano —objetivo esencial del principio de la buena o justa administración— es una obligación imprescindible para ordenar jurídica y racionalmente el ejercicio de la función administrativa, facilitar la transparencia del obrar administrativo, y brindar legitimidad al obrar estatal.

Reconociendo que, el eje de todo el sistema vuelve a ser el ser humano, frente al cual las instituciones son creadas para servirlo, tomando como origen la soberanía popular que da nacimiento a las instituciones que nos gobiernan, con un profundo respeto hacia el ser humano y su dignidad. Exigiendo un plus en su formación y una concreta ubicación en la realidad que a cada orden económico y social le toca transitar.

Resultando el derecho administrativo y sus exteriorizaciones, ese derecho constitucional y convencional concretizado, al que como Estado hemos asumido la obligación y el fiel compromiso de orientar nuestro accionar.

7. Bibliografía

Basset, Úrsula Cristina (2017). «La vulnerabilidad como perspectiva: una visión latinoamericana del problema. Aportes del sistema Interamericano de derechos humanos», en Basset, U.C, Fulchiron, H., Bidaud-Garon, C., y Lafferriere, J.N. (2018). *Tratado sobre la vulnerabilidad*. Buenos Aires: La Ley.

Comadira, Julio Rodolfo (1996). *Algunos aspectos de la Teoría del Acto Administrativo*. Argentina: Universidad Nacional de La Plata, JA 1996-IV-750. Material Diplomatura.

Delpiazzo Rodríguez, Carlos E. (2012). «El tiempo en el procedimiento administrativo», en *Revista da Procuradoria Geral do Municipio de Juiz de Fora (RPGMJF)*, 2, pp. 298-ss.

Sanmartino, Patricio Marcelo E. (2007). *EDA*, 2007-639.

Sanmartino, Patricio Marcelo E. (2009). *La causa y el Objeto del Acto Administrativo en el Estado Constitucional*. Argentina: Universidad Austral. Material Diplomatura.

Rodríguez-Arana Muñoz, Jaime (2006). *El buen gobierno y la buena Administración de instituciones públicas.* Navarra: Thomson - Aranzadi.

Rodríguez-Arana Muñoz, Jaime (2013). «La buena Administración como principio y como derecho fundamental en Europa», en *Revista de Derecho y Ciencias Sociales*. Bogotá.

8. Jurisprudencia

CSJN Portal de Belén 05/03/02, La Ley 2002-B-502: Arriola 25/08/2009, La Ley 2009-F.

CORTE I.D.H. (2001). *Caso Ivcher Bronstein Vs. Perú*, 06/02/2001.

CORTE I.D.H. (2003). *Condición Jurídica y Derechos de los Migrantes Indocumentados.* Opinión Consultiva OC-18/03, de 17 de septiembre de 2003. Serie A número 18.

CORTE I.D.H. (2011). *Caso Niñas Yean y Bosico Vs. República Dominicana*, 10/10/2011.

CORTE I.D.H. (2012). *Caso Furlan y familia vs. Argentina*, 31/08/2012.

CORTE I.D.H. (2020). *Caso Comunidad Indígenas Miembros de la Asociación Lhaka Honhat Vs. Argentina*, 06/02/2020, numeral 60.

LA CADUCIDAD DEL PROCEDIMIENTO SANCIONADOR

The expiration of the sanctioning procedure

Armando Enrique Mena Castro[1]
Madrid (España)

Fecha de Recepción: 02/11/2022
Fecha de Aceptación: 30/11/2022

Resumen: El presente trabajo tiene por objetivo describir los aspectos fundamentales de la caducidad y su aplicación en el procedimiento administrativo sancionador salvadoreño. Para ello, se parte de describir los aspectos generales del instituto de la caducidad como su concepto, fundamento y la diferencia con la prescripción, para después analizar las reglas específicas de funcionamiento de la caducidad en el procedimiento sancionador como son las relativas al cómputo del plazo, los efectos, su carácter automático, etc.

Palabras clave: Caducidad. Procedimiento. Sancionador.

Abstract: The purpose of this paper is to describe the fundamental aspects of expiration and its application in the Salvadoran sanctioning administrative procedure. For this, it starts by describing the general aspects of the expiration institute as its concept, foundation and the difference with the prescription, to later analyze the specific rules of operation of the expiration in the sanctioning procedure such as those related to the computation of the term, the effects, its automatic nature, etc.

Keywords: Expiration. Procedure. Sanctioning.

---

1 Doctor en Derecho Administrativo por la Universidad de Deusto (Bilbao, España). Director del Área de Derecho Administrativo y Regulatorio en Ribón Abogados (Madrid, España).

1. Introducción

Una vez cumplidos todos los trámites que de acuerdo con la ley constituyen el procedimiento administrativo sancionador, la forma normal de concluirlo será mediante el dictado de la resolución definitiva. Sin embargo, junto a la resolución, el ordenamiento jurídico prevé otras formas de terminación anormal del procedimiento, entre las que destaca la caducidad, que es el objeto de este trabajo.

La caducidad del procedimiento administrativo y, en particular, la caducidad del procedimiento sancionador, a pesar de ser una categoría clásica dentro del Derecho administrativo, es en la práctica una de las cuestiones más controvertidas y que, en el caso de El Salvador, ha carecido de una regulación general y adecuada hasta antes de la entrada en vigor de la Ley de Procedimientos Administrativos (LPA), al mismo tiempo que su interpretación jurisprudencial no siempre se muestra uniforme ni estable.

Desde el punto de vista normativo, la LPA salvadoreña contiene distintas disposiciones en torno a la figura de la caducidad; sin embargo, se trata de una regulación que a nuestro juicio es incompleta y que, como se muestra en la práctica, no está siendo suficiente para resolver cuestiones como: ¿desde cuándo se empieza a contar el plazo de la caducidad del procedimiento?, ¿qué consecuencias produce la declaratoria de caducidad?, ¿si es posible la aplicación retroactiva de las normas reguladoras del plazo de caducidad?, etc.

Como ha dicho la SCA, en su sentencia 27 de septiembre de 2019, proceso 153-2014:

> «(...) si en el derecho [en general] el transcurso del tiempo no es un elemento inocuo con relación a la titularidad de derechos y obligaciones, con supremacía deberá ser así, cuando de lo que se trata, es del ejercicio de la potestad sancionadora aplicada de manera unilateral en perjuicio de la esfera jurídica de los administrados».

En el presente trabajo, se parte de recoger los aspectos básicos sobre la figura de la caducidad, para después analizar la forma de computar el plazo, la posibilidad de decretarse de oficio, los efectos de la caducidad, etc.

2. Aspectos generales sobre la caducidad

2.1. Concepto

Desde una perspectiva general, la caducidad constituye un modo anormal de terminación del procedimiento administrativo como consecuencia del vencimiento del plazo máximo de duración fijado en la norma sin haberse dictado resolución expresa por el órgano competente (Meseguer 2002: 8). La extinción del procedimiento puede tener lugar debido a la pasividad imputable al interesado, o bien como secuencia de la inactividad o inacción de la Administración.

Mediante la caducidad o, lo que es lo mismo, la perención del procedimiento se dota de mayor grado de certeza a la relación de los interesados con la Administración, y con ella se pretende poner fin a una situación jurídica de pendencia indefinida.

La SCA[2] ha señalado que:

> «(...) [l]a caducidad administrativa, por otro lado, es un modo anormal de finalizar un proceso administrativo que ha sido paralizado durante un tiempo considerado por la Ley, esta figura no extingue en ningún momento una obligación puesto que esta puede ser interpuesta nuevamente dentro de un nuevo procedimiento administrativo, siempre y cuando dicha obligación siga siendo exigible».

Tanto la prescripción como la caducidad, cualquier que sea el ámbito del ordenamiento jurídico en los que operen, encuentran su fundamento habitual en el principio de seguridad jurídica, puesto que su función es brindar certeza y certidumbre a las relaciones jurídicas entre la Administración y los particulares; en este caso a la relación que surge como consecuencia del ejercicio del poder punitivo por parte de la Administración.

2.2. Fundamento

El fundamento para declarar la caducidad del procedimiento sancionador como consecuencia del transcurso del plazo es de carácter legal o jurídico, pues la obligación de declarar la extinción del procedimiento una vez que se agota el plazo para su tramitación, en las circunstancias preestablecidas, viene regulado en la LPA.

Ello no obsta para que también se pueda invocar un fundamento lógico dogmático que inspira el instituto de la caducidad, y el cual reside en los

2 Sentencia de la SCA, de 25 de enero de 2010, proceso 29-2006.

principios generales aplicables al Derecho administrativo[3]. Gamero Casado (Gamero y Fernández 2017: 461), por ejemplo, retomando la jurisprudencia del Tribunal Supremo Español, señala que:

> «(...) la caducidad en estos procedimientos —los iniciados de oficio— obedece a los principios de seguridad jurídica, interdicción de la arbitrariedad y tutela judicial efectiva, en su manifestación como un derecho a un procedimiento sin dilaciones indebidas con el fin de evitar que pueda recaer una resolución de gravamen o limitativa de derechos extemporánea, fuera ya de los plazos razonables en que se debiera esperar, que no son otros que los plazos máximos de duración del procedimiento».

Tanto la prescripción como la caducidad, cualquiera que sea el ámbito del ordenamiento jurídico en los que operen, encuentran su fundamento habitual en el principio de seguridad jurídica, puesto que su función es brindar certeza y certidumbre a las relaciones jurídicas entre la Administración y los particulares, en este caso a la relación que surge como consecuencia del ejercicio del poder punitivo por parte de la Administración.

En el ámbito del Derecho administrativo sancionador, mediante la caducidad, ya sea de la acción sancionadora o del procedimiento, se establece un límite temporal al ejercicio de la potestad sancionadora, de modo que esta no quede abierta de forma indefinida en el tiempo, impidiendo que los particulares se vean amenazados a una acción sancionatoria o a un procedimiento sancionador incierto.

La importancia de los plazos en el ejercicio de la potestad sancionadora ha sido puesta de manifiesto por la SCA en su sentencia de 27 de septiembre de 2019, proceso 153-2014, en la que ha señalado que:

> «(...) resulta necesario advertir que al examinar la LACAP, en ésta no se perfila un apartado o articulado que desarrolle de forma expresa, los límites temporales al ejercicio del poder sancionatorio de la Administración pública, específicamente lo relativo a la caducidad del procedimiento, la prescripción de la acción ni de la sanción; de ahí que, ante esta laguna normativa, se torna necesario en aras de la seguridad del administrado, buscar en el ordenamiento jurídico una disposición complementaria que regule estas figuras jurídicas, a efecto de brindar una solución a la pretensión de la actora».

Además, en la misma resolución se ha añadido que:

> «(...) la única solución impensable en un Estado de Derecho, es que exista una consecuencia más gravosa para la inactividad dentro de un procedimiento [léase, encontrarse abierto ad perpetuam, es decir, eterna o indefinidamente], versus la

3 Sobre los varios fundamentos de la caducidad del procedimiento iniciado de oficio, puede verse el trabajo Fernando 2014: 11-47.

inactividad en el ejercicio del derecho punitivo al accionar/iniciar el procedimiento administrativo [que sí conlleva la prescripción de la facultad del ejercicio del ius puniendi en el caso concreto]; dado que tal conclusión implicaría una conculcación al principio de razonabilidad, seguridad jurídica, y proporcionalidad del poder punitivo, ambos de orden constitucional, según el artículo 246 Cn».

Finalmente, cabe señalar que la caducidad, en principio, no tiene una relevancia constitucional, pues se trata de una cuestión de legalidad ordinaria. Sin embargo, la aplicación de los plazos puede adquirir relevancia constitucional, cuando se produce un rechazo irracional o arbitrario de la caducidad solicitada por el interesado, pues en este caso se estaría violando el derecho a la protección jurisdiccional y no jurisdiccional (artículo 2 de la Constitución).

2.3. Diferencia entre la prescripción y la caducidad

A pesar de que tanto la prescripción como la caducidad suponen un límite temporal al *ius puniendi*, se trata de dos categorías plenamente diferenciables y que inciden de distinta manera en el ejercicio de la potestad sancionadora[4].

La prescripción recae o incide sobre la acción sancionadora, produciendo su extinción definitiva y enterrando cualquier posibilidad de que la Administrativa pueda plantear una acción sancionatoria por los mismos hechos, mientras que la caducidad incide sobre el procedimiento, al cual ha de ponerse fin como consecuencia de haber excedido el plazo previsto para su tramitación, pero sin impedir que este se pueda reabrir cuando la infracción no haya prescrito.

Cometida una supuesta infracción, los órganos con competencia sancionadora cuentan con un período de tiempo para ejercer la acción o la potestad punitiva, trascurrido dicho plazo tal potestad se extingue por prescripción. Por el contrario, la caducidad del procedimiento ocurre una vez que, ejercida por la Administración la potestad sancionadora mediante la incoación del expediente, no se dicta la resolución definitiva dentro del plazo previsto legalmente (Defuentes *et al.* 2009: 494).

Las diferencias entre ambos institutos en el Derecho administrativo sancionador pueden ser resumidas en los siguientes términos:

a) El principal efecto de la prescripción es la extinción de la potestad de perseguir el cometimiento de la infracción por el transcurso de

4 El profesor Nieto (2005: 552) nos explica el funcionamiento entre la prescripción y la caducidad, señalando que:
«(...) la secuencia procedimental será, pues las siguiente: Cometida una falta empieza a correr un plazo de prescripción —tres, dos o un año, según la gravedad— que se interrumpe con la iniciación del procedimiento sancionador; ahora bien, si éste no es resuelto dentro de seis meses, se produce una perención con la consecuencia del archivo de las actuaciones y de la reanudación del cómputo de la prescripción: siendo de advertir, además, que la Administración puede abrir un nuevo expedientes por la misma falta antes de que ésta haya prescrito».

un periodo de tiempo determinado; mientras que en el caso de la caducidad el transcurso del tiempo produce la finalización del procedimiento y el archivo de las actuaciones, pero sin impedir volver a abrir otro procedimiento con el mismo objeto y sin que ello suponga violación *al non bis in idem*.

b) La prescripción es renunciable, la caducidad no es renunciable por aquel a quien favorezca.

c) El plazo de prescripción puede ser interrumpido mediante el ejercicio de la potestad sancionadora, lo que implica que el plazo de prescripción, una vez interrumpido, vuelve a comenzar; y en cambio, el plazo de caducidad no puede ser objeto de interrupción, sino únicamente de suspensión en los casos legalmente previstos; y en caso de suspenderse, el plazo se reanuda.

3. La caducidad y el procedimiento sancionador

3.1. Planteamiento

El instituto de la caducidad cobra especial relevancia en el Derecho administrativo sancionador, donde tiene diversas manifestaciones, garantiza la seguridad jurídica y constituye un límite al poder punitivo de la Administración.

Con ese fin, el artículo 114, apartado 2, de la LPA, prescribe que:

> «(...) [e]n los procedimientos en que la Administración ejercite potestades sancionadoras o, en general, de intervención, susceptibles de producir efectos desfavorables o de gravamen, se producirá la caducidad. En estos casos, la resolución que declare la caducidad ordenará el archivo de las actuaciones, con los efectos previstos en esta ley».

Por su parte, la SCA, en su sentencia de 13 de enero de 2021, proceso 156-2017, ha señalado que:

> «(...) la caducidad del procedimiento, es una figura jurídica de naturaleza netamente adjetiva, se define como una forma de terminación del procedimiento por rebasar el plazo máximo para resolver, cuyo incumplimiento impide su prosecución y resolución final; es decir, supone, la terminación de un procedimiento sancionador sin una resolución sobre el fondo, cuando éste, se encuentra detenido durante un plazo excesivo de tiempo, sin que le sea notificada al administrado resolución expresa.
>
> En esa línea, cuando la caducidad del procedimiento es producida exclusivamente por causa de la Administración pública, imposibilita a que la autoridad, ante su propia inactividad, continúe instruyendo un procedimiento sancionatorio fuera del plazo legalmente establecido para ello. Es decir, que una vez iniciado un

procedimiento si éste no concluye en el plazo legal, la consecuencia jurídica, es que el mismo caduca, liberando de responsabilidad al administrado, por la desidia de la Administración, configurándose entonces una forma de darlo por finalizado.

Por ello, si se dicta una resolución fuera del plazo previsto, la sanción se habrá impuesto de manera ilegal, por haberse configurado la caducidad del procedimiento».

De ahí que en la caducidad puede verse una concreción de los principios de seguridad jurídica y de eficacia en la actuación de la Administración pública, de modo que las relaciones jurídicas surgidas a partir de la incoación de un expediente sancionador no queden indefinidas en el tiempo.

3.2. Caducidad del procedimiento y de la acción sancionadora

La caducidad del procedimiento sancionador, entendida como la extinción de este como consecuencia del plazo para resolver, no debe confundirse con la denominada «caducidad de la acción» —que en ocasiones nuestra jurisprudencia ha tratado como «prescripción de la acción sancionadora»—, por la cual se impone a la Administración un plazo máximo para incoar el procedimiento sancionador.

La caducidad de la acción o prescripción de la acción no supone la extinción del procedimiento, sino que está llamada a evitar el inicio del procedimiento sancionador, es decir, que actúa antes de que se inicie el procedimiento sancionador, y además su principal efecto es que produce la extinción de la responsabilidad sancionadora, lo cual no ocurre con la caducidad del procedimiento, cuyo efecto inmediato es el archivo del expediente, pero no la extinción de responsabilidad, como se ahondará más delante.

Sobre la caducidad del procedimiento, la SCA[5] ha señalado que:

«(...) la prescripción interna o caducidad del procedimiento, la cual se refiere a que una vez iniciado un procedimiento dentro del término que establece la ley; la Administración debe también actuar diligentemente, evitando dilataciones innecesarias e injustificadas, que mantengan en un estado de sospecha indeterminado al administrado; por ello, en suma, si la Administración no declara y notifica la sanción dentro del término legal establecido, ésta devendrá en ilegal por estar prescrita la facultad de declararla».

La LPA, como hemos adelantado, contiene distintas disposiciones que se ocupan de la caducidad del procedimiento (artículos 89, 114 y 117), pero no hay ninguna disposición sobre la denominada caducidad de la acción o prescripción de la acción, de modo que se trata de una figura que tendrá lugar únicamente cuando una norma especial así lo prevea. Aunque la SCA,

5 Sentencia de la SCA, de 16 de mayo de 2019, proceso 60-2017.

en su sentencia de 7 de junio de 2019, proceso 75-18-PC-SCA, entiende que es una exigencia de la seguridad jurídica que el particular no sea sometido de manera indefinida al riesgo de padecer un procedimiento sancionatorio.

3.3. Cómputo del plazo

La doctrina viene señalando que la fecha inicial para el computo del plazo de caducidad del procedimiento será la fecha en que se adopte el acuerdo de incoación del procedimiento sancionador[6].

Nos parece que esta ha sido, por otra parte, la línea que ha querido seguir el legislador salvadoreño al señalar en el artículo 89, inciso 2.°, que:

> «(...) el procedimiento administrativo deberá concluirse por acto o resolución final en el plazo máximo de nueves meses posteriores a su iniciación».

La clave para arribar a tal interpretación es que la norma determina que el plazo de 9 meses ha de ser posterior a la «iniciación» del procedimiento, es decir, a la mera emisión del auto de inicio, resultando irrelevante a tales efectos si se dicho auto se ha notificado o no. Si la intención del legislador hubiera sido otra, pudo haber dicho directamente que el plazo se contará desde la fecha de notificación del auto o resolución de inicio.

Este ha sido el criterio sostenido por el Pleno de la Corte Suprema de Justicia, que, al conocer de un expediente sancionador contra un notario, dictó la resolución de 17 de noviembre de 2020, proceso D-01-NH-2019, en la que señala que el plazo de caducidad se contará desde la fecha del acuerdo o resolución que ordena el procedimiento sancionador, es decir, no desde su notificación.

Sin embargo, la SCA, en una reciente resolución de 27 de septiembre de 2021, dictada en el proceso 5-21-PC-SCA, ha señalado, en alución a los procedimientos sancionatorios, que:

> «De este modo, el inicio de la potestad sancionadora de la Administración se configura desde que ésta tiene los elementos informativos necesarios para estimar la configuración de una posible infracción; de lo contrario, no resultaría procedente iniciar el correspondiente procedimiento sancionatorio. Por ello, la actuación que marca el inicio de dicho procedimiento es la notificación de la resolución en la que se determina la posibilidad de una infracción y se procede a iniciar el trámite sancionatorio con todas sus garantías. En esa misma línea se ha pronunciado

---

6 Gamero y Fernández (2017: 457) señalan que:
«(...) la fecha del acuerdo de iniciación es la fecha de comienzo del procedimiento, esto es la que debe figurar preceptivamente en el documento que contiene el acto de incoación. De modo que no sirven de fecha inicial ni las fechas de las eventuales denuncias y actuaciones o diligencias preparatorias que puedan preceder al acuerdo de inicio del procedimiento».

esta Sala, al estimar que la fecha de inicio del procedimiento sancionatorio se determina a partir de la notificación de la resolución que resuelve iniciar tal procedimiento, puesto que la Administración, después de realizar el examen de la denuncia, considera que es procedente tramitar el procedimiento contra un determinado infractor [sentencia de las once horas con treinta y siete minutos del siete de julio de dos mil veintiuno, emitida en el proceso contencioso administrativo con referencia 98-2016]».

Consideramos que tal interpretación resulta ahora incompatible no solo con lo dispuesto en el citado artículo 89, inciso 2.° —según el cual el plazo de 9 meses ha de ser posterior a la «iniciación» del procedimiento—, sino también a la propia esencia y finalidad de la caducidad, que es brindar la máxima seguridad jurídica en quien deba padecer la incoación de un expediente sancionador.

Es cierto que el plazo de prescripción de las infracciones solo se puede ver interrumpido con la notificación de la resolución que ordena el inicio del procedimiento sancionador, sin embargo, esta no es la regla aplicable cuando nos referimos al plazo de caducidad del procedimiento, puesto que la interrupción del plazo del plazo de prescripción beneficia a la Administración, mientras que el plazo de caducidad opera en beneficio del supuesto infractor.

Además, la interpretación hecha por la SCA ofrece, cuando menos, dos problemas de orden práctico. En primer lugar, porque deja en manos de la Administración la posibilidad de aplazar arbitrariamente la notificación del auto de inicio, con el único objetivo de que no se inicie el computo del plazo de caducidad. En segundo lugar, porque en aquellos casos en los que el procedimiento sancionador se inicie contra varios sujetos y se notifique en fecha distintas a cada uno de ellos, el plazo de caducidad del procedimiento sería distinto para cada uno de ellos, causando una situación de inseguridad jurídica e incluso de posible desigualdad de trato.

3.4. Resolución que da lugar al inicio del cómputo del plazo

En la práctica continúa planteándose la duda sobre cuál es la resolución que sirve de punto de partida para contabilizar el plazo de caducidad, es decir, si a estos efectos solo resulta útil el auto formal de inicio del procedimiento sancionador —con el contenido prescrito en el artículo 151 de la LPA— o si también los actos que puedan haberse dictado en una fase previa.

La respuesta a esta cuestión ha de encontrarse en el texto del artículo 89, inciso 2.°, de la LPA, que al utilizar la palabra «iniciación», lo hace en alusión al auto o resolución que acuerda el inicio del procedimiento sancionador y no a otros actos que pudieran haberse producido previamente. Es decir, el computo del plazo solo puede empezar a contarse con la resolución motivada que, cumpliendo con el artículo 151 de la LPA, contiene la identificación del supuesto infractor, una relación sucinta de los hechos, la calificación preliminarmente la infracción y la posible sanción a imponerse; y por la que, además, se informa al supuesto infractor del derecho a presentar alegaciones y las pruebas que estime oportunas. Por lo tanto, las actuaciones previas a este auto de inicio —como la denuncia, las inspecciones, los requerimientos, etc.—, han de considerarse irrelevantes a los efectos de empezar a contar el plazo de la caducidad, a menos que una ley especial lo determine así expresamente.

Este es el criterio sostenido por la SCA en su sentencia de 10 de julio de 2018, proceso 125-2005, donde ha señalado que:

> «El procedimiento administrativo sancionador está comprendido de diversas etapas; dentro de éstas, se configura la denominada fase previa o de actuaciones preliminares de los órganos de investigación, que se constituye como una facultad administrativa que se produce con anterioridad a la iniciación formal de un procedimiento, con el objetivo de establecer con carácter preliminar si concurren circunstancias que justifiquen tal iniciación; es decir, su principal función estriba en la adquisición del conocimiento sobre las circunstancias del caso, a fin de decidir sobre la conveniencia o no de iniciar el procedimiento sancionatorio».

3.5. Finalización del cómputo del plazo

La LPA no contiene una regulación específica en cuanto al cómputo final del plazo —el *dies ad quen*— o, lo que es lo mismo, la fecha en la que ha de considerarse interrumpido el plazo de caducidad del procedimiento.

Sin embargo, ha de interpretarse que tal plazo se ve interrumpido en la fecha en la que tiene lugar la notificación válida de la resolución sancionadora, pues es la única manera de garantizar la seguridad jurídica del administrado y, por otra parte, de evitar que la Administración antedate una resolución tardía.

3.6. Incidencias en el cómputo del plazo

Mientras transcurre el plazo durante el cual la Administración debe dictar la resolución sancionatoria, pueden concurrir algunas circunstancias que inciden en el plazo de la caducidad.

El artículo 114, inciso final, de la LPA, al regular los efectos del silencio en los procedimientos iniciados de oficio, dispone que:

> «(...) en los supuestos en los que el procedimiento se hubiera paralizado por causas imputables al interesado, se interrumpirá el computo del plazo para resolver y notificar la resolución».

Pero la suspensión del cómputo del plazo también puede tener lugar por aplicación de lo dispuesto en el artículo 90 de la LPA, el cual, con carácter general y, por lo tanto, aplicable al procedimiento sancionador, prevé los supuestos en los que podrá acordarse la suspensión «del plazo máximo para resolver un procedimiento y notificar la resolución».

En este caso, la suspensión requerirá una resolución motivada en la que se justifique cualquiera de los cuatro supuestos previstos en dicha norma, que además tienen un carácter tasado. Cuánto tiempo quedará suspendido el computo del plazo en este caso, ello depende del motivo de suspensión que se invoque. Por ejemplo, en el apartado 1 del citado artículo 90 se establece que, si fuera necesario recabar un informe, la suspensión sería por el tiempo que medie entre la petición del informe y la recepción —resoluciones que habrá que notificar a los interesados—, pero en ningún caso la suspensión podrá exceder más de dos meses.

Finalmente, la suspensión del cómputo del plazo puede tener lugar como consecuencia de que los mismos hechos se estén conociendo en el orden penal, en cuyo caso la suspensión tendrá lugar desde el momento en que la Administración instructora tenga conocimiento fehaciente de las actuaciones penales y hasta que de la misma manera conozca lo resuelto en el proceso penal.

El cómputo del plazo para resolver también puede verse afectado por la prórroga acordada por la Administración. Sin embargo, a diferencia de lo que ocurre en otros ordenamientos como en el español[7], en la LPA salvadoreña el artículo 83, inciso 1.°, establece que la prórroga o ampliación no será aplicable «al plazo previsto para concluir el procedimiento, ni al previsto para la interposición de los recursos». Por lo tanto, la única posibilidad de que se pudiera prorrogar el plazo para resolver un expediente sancionador sería si una norma especial contemplase tal posibilidad.

Lo anterior, sin embargo, no debe confundirse con la posibilidad de que, con fundamento en el artículo 83 de la LPA, se pueda prorrogar el plazo para llevar a cabo una actuación de trámite dentro del procedimiento sancionador, por ejemplo, para recabar un informe o dictamen. Estas prórrogas deberán acordarse mediante resolución motivada y no podrán exceder de la mitad del tiempo establecido.

4. El automatismo de la caducidad y el deber de decretarla de oficio

Del artículo 114. 2 de la LPA se desprende que, vencido el plazo máximo para resolver, en el caso de los procedimientos sancionadores, se producirá

7 El artículo 32 de la Ley 39/2015, del Procedimiento Administrativo Común de las Administraciones Públicas, autoriza la ampliación del plazo para resolver cualquier procedimiento, incluido el sancionador.

la caducidad, la cual ha de operar de manera automática[8], esto es, sin que sea necesario ningún trámite o constatar la dejación de parte de la Administración, y tampoco hará falta que medie petición del interesado.

Por otra parte, la caducidad en el ámbito sancionador puede y debe ser declarada de oficio, tanto en la vía administrativa como en la judicial, aun cuando no hubiera sido invocada por el interesado, ya que se trata de un mandado impuesto por ley, que opera automáticamente y como consecuencia del transcurso del plazo. Se trata de una cuestión de orden público, ajena al poder dispositivo de los interesados, quienes incluso no podrán renunciar a la caducidad y sus efectos (Santamaría 2005: 29-30).

De acuerdo con el artículo 114, inciso 1.°, de la LPA, la Administración pública tiene siempre la obligación de dictar resolución expresa en todos los procesos, a pesar de que hubiera vencido el plazo para resolver y se haya producido la caducidad. En este caso, es obvio que la resolución que se dicte únicamente podría tener como objeto declarar o constatar la caducidad del procedimiento. Ha de ser una resolución en la que se haga referencia a los antecedentes de hecho relevantes y a los fundamentos jurídicos para declarar la terminación anormal del procedimiento por motivos de caducidad.

Ahora bien, puede ocurrir que la Administración dicte una resolución expresa que sancione al infractor, a pesar de que el procedimiento hubiera caducado. En este caso, la Administración ya no podría dejar sin efecto la resolución expresa dictando otra resolución que declare caducado el procedimiento, puesto que la caducidad no es el mecanismo idóneo para la revisión de los actos administrativos. En casos como este, la Administración debe aplicar algunas de los mecanismos para la revisión de oficio de los actos administrativos, y después declarar la caducidad del procedimiento.

Pero la caducidad también puede y debe ser declarada de oficio por los jueces y tribunales del orden contencioso administrativo, pues su naturaleza de orden público implica que no haga falta que medie petición del demandante.

No hace falta que se hubiera pedido la caducidad en la vía administrativa, de modo que su petición puede aparecer *ex novo* en el proceso judicial. Se plantea, además, si es preceptivo alegar la caducidad en la demanda. Entendemos que puede plantearse en cualquier momento del proceso jurisdiccional, incluso en la vía de recursos, sin que ello suponga una modificación extemporánea del objeto del proceso. Lo que se amplía son los motivos de impugnación, no las pretensiones, que, en este caso, seguirá siendo declarar la nulidad del acto sancionador.

8 Aunque el profesor Rodríguez-Arana (1993: 15) nos ofrece otro planteamiento al señalar que:
«(...) ese carácter no automático que acompaña a la caducidad en el Derecho Público es general en todas sus manifestaciones, ya se trata de la caducidad del procedimiento (art. 92 LRJAPPC), del recurso contencioso administrativo (art. 67.1 LJCA) o de concesiones o licencias administrativas».

5. Los efectos de la caducidad

5.1. La caducidad no extingue la responsabilidad del infractor

Una de las diferencias entre la prescripción y la caducidad consiste, precisamente, en que la caducidad no supone la extensión de la responsabilidad del supuesto infractor, sino que es un instituto que afecta el ejercicio de la potestad sancionadora en el sentido de provoca el decaimiento o extinción del procedimiento incoado.

En ese sentido, el artículo 117 de la LPA prescribe que:

> «(...) [l]a caducidad no producirá por sí sola la prescripción de los derechos de los particulares o, en su caso, las facultades de la Administración, pero los procedimientos caducados no interrumpirán el plazo de la prescripción».

De ahí que, según reza el inciso 2.º de la citada disposición:

> «(...) [e]n los casos en los que sea posible la iniciación de un nuevo procedimiento, por no haberse producido la prescripción, podrán incorporarse a este los actos y trámites cuyo contenido se hubiera mantenido igual, de no haberse producido la caducidad. En todo caso, en el nuevo procedimiento deberán cumplirse los trámites de alegaciones, proposición de prueba y audiencia al interesado».

De ahí que la declaratoria de caducidad del procedimiento, incluso cuando ha sido declarada en más de una vez, no impide que la Administración pueda incoar nuevamente el inicio de otro procedimiento y, por lo tanto, la caducidad no supone la extinción de responsabilidad del infractor[9]. Desde la perspectiva de la Administración, lo dispuesto en esta disposición significa también que la caducidad no supone un agotamiento de la potestad sancionadora.

Así se ha pronunciado la SCA, en la sentencia de 7 de junio de 2019, proceso 75-18-PC-SCA, donde se ha señalado que:

> «En la prescripción de la auto tutela declarativa cabe aclarar que, si bien comprende la caducidad del procedimiento, esta se diferencia en su efecto, ya que es un modo anormal de terminación del proceso, por no haber dictado la Administración Pública resolución expresa dentro de los plazos estipulados, estando obligada a impulsarlo de oficio. Ahora bien, en este punto es relevante señalar que la caducidad suspende, a diferencia de la prescripción que interrumpe, lo cual supone que el plazo se reanuda por el tiempo que restaba en el momento de verificarse aquélla. Por ello, de perfilarse [la caducidad], no inhibe per se a la Administración la facultad de impo-

9 Como ha destacado Estévez (2000: 1253-ss), el régimen jurídico de la caducidad y la prescripción son diferentes, de modo que la apreciación de la primera no supone la aplicación automática de la segunda.

ner una sanción; ya que la caducidad no producirá, necesariamente, la prescripción de la facultad sancionatoria de la Administración; de modo que, si la infracción no ha prescrito, podrá iniciar un nuevo procedimiento por los mismos hechos; eso sí, observando que el procedimiento caducado no interrumpirá la prescripción».

Con la instrucción del nuevo procedimiento sancionador, una vez que el primero había caducado, no se produce una violación a la prohibición de doble juzgamiento en su dimensión del derecho a no padecer dos procedimientos por los mismos hechos, ya que se entiende que la caducidad no supone un juzgamiento del fondo y que, en consecuencia, no se afecta tal garantía del supuesto infractor[10].

Además, como manifestación de los principios de conservación de los actos administrativos y de eficacia, en el nuevo procedimiento podrán incorporarse aquellas actuaciones y diligencias producidas en el procedimiento caducado. Por ejemplo, podrán incorporarse las actas de inspección, informes periciales, certificaciones públicas, etc.

La resolución que declare la caducidad, además de ordenar el archivo del expediente, ha de producir los siguientes efectos:

a) Que la caducidad no producirá, por sí misma, la prescripción de la infracción, de modo que, si la infracción no ha prescrito, la Administración pública conserva la acción para poder incoar nuevamente un expediente sancionador, sin que ello suponga una violación al principio de prohibición de doble juzgamiento (artículo 117, inciso 3.° LPA).

b) Que el procedimiento caducado no interrumpe el plazo de prescripción de las infracciones, por lo que la Administración no puede alegar que la prescripción se ha interrumpido durante el tiempo que se ha tramitado el expediente acabado anormalmente por caducidad (artículo 117, inciso 3.° LPA).

No obstante, a pesar de que hubiera transcurrido el plazo de para resolver, el procedimiento podrá continuar, al igual que acontece con el desistimiento o la renuncia, si, por ejemplo, hubiese terceros interesados o si el interés general así lo demanda, de modo que se continuará sustanciando para definir o esclarecer su objeto (artículo 117, inciso 2.°, LPA)[11].

5.2. La invalidez de la sanción

Una vez que vence el plazo para resolver el expediente sancionador, la Administración sigue obligada a dictar resolución, pero, como ya hemos

10 Aunque en la doctrina española, por ejemplo, también ha habido voces que han considerado que abrir un nuevo procedimiento sancionador caducado, tratándose de los mismos hechos, viola el principio de *non bis in ídem*. (Doménech 2007).

11 En ese sentido también se ha expresado la doctrina, por ejemplo, Parada 2012: 217.

expuesto, esa resolución solo puede ser para declarar la caducidad y consecuente archivo del expediente, la cual deberá notificarse a los interesados.

Sin embargo, es posible que la Administración dicte fuera de plazo una resolución con un contenido distinto al antes señalado, incluso sancionatoria y, en su caso, ordenando, medidas para reestablecer derechos afectados o sanciones accesorias, lo cual supone un patente quebrantamiento al ordenamiento jurídico.

Se plantea, no obstante, si esa ilegalidad ha de considerarse una nulidad relativa o una nulidad de pleno derecho. Si la caducidad tiene como efecto inmediato la extinción del procedimiento, sin que se pueda continuar su sustanciación, quiere decir que la posible resolución sancionatoria que se dicte ha de entenderse pronunciada fuera de todo procedimiento, lo que equivaldría a imponer una sanción de plano, de modo que nos encontraríamos ante un vicio de nulidad de pleno derecho, que encaja en el artículo 36, letra b) de la LPA, ya que se trataría de una resolución dictada prescindiendo absolutamente del procedimiento[12].

Esta es la posición adoptada por la SCA[13], que, citando la doctrina, ha señalado que:

> «(...) si se dicta una resolución fuera del plazo previsto, la sanción se ha impuesto sin que exista procedimiento previo, pues el existente ya había finalizado de otra manera, de modo que la sanción resultaría nula de pleno derecho, por haber sido impuesta prescindiendo total y absolutamente del procedimiento legalmente establecido».

5.3. La conservación de algunos trámites

El artículo 117, inciso final, dispone que:

> «(...) [e]n los casos en los que sea posible la iniciación de un nuevo procedimiento, por no haberse producido la prescripción, podrán incorporarse a este los actos y trámites cuyo contenido se hubiera mantenido igual, de no haberse producido la caducidad. En todo caso, en el nuevo procedimiento deberán cumplirse los trámites de alegaciones, proposición de prueba y audiencia al interesado».

De esta disposición cabe extraer dos consecuencias: por una parte, la posibilidad de que en el nuevo procedimiento se incorporen ciertos actos o trámi-

---

12 En ese sentido, De Diego (2014:112), para quien:
«(...) puede afirmarse, en fin, que no se trata de una supuesto de anulabilidad, sino de nulidad de pleno derecho (art. 62 de la LRJPAC), toda vez que la resolución sancionadora se base en un procedimiento inválido e ineficaz en la medida en que el mismo, por haberse producido la caducidad, debió archivarse en su momento».

13 Sentencia de 7 de junio de 2019, proceso 75-18-PC-SCA.

tes que se habían sustanciado en el procedimiento caducado, siempre que su contenido se hubiera mantenido igual de no haberse declarado la caducidad, como sería el caso de los informes, peritajes, actas o documentos.

Por otra parte, esta disposición también se desprende que en el nuevo procedimiento sancionador han de sustanciarse las etapas esenciales de este, como son la audiencia, prueba o alegaciones. La omisión de estas etapas viciaría la resolución definitiva, bien con nulidad relativa, bien con nulidad absoluta.

6. La aplicación temporal de las normas que regulan el plazo de caducidad

En el Derecho salvadoreño, hasta antes de 2019, dada la falta de una ley general de procedimientos administrativos[14], lo normal había sido que las leyes sectoriales no previeran un plazo máximo para resolver el procedimiento, es decir, que no se regulaba la caducidad del procedimiento sancionador.

Fue hasta la entrada en vigor de las Disposiciones Transitorias del Procedimiento Administrativo y del Régimen de la Administración Pública (DTPARAP), el 31 de enero de 2018, cuando se prevé por primera vez que «el procedimiento administrativo —incluidos los sancionatorios— deberá concluirse por acto o resolución final en el plazo máximo de noventa días posteriores a su iniciación» (artículo 5). Además, en el artículo 7, se establecía que, tratándose de procedimientos iniciados de oficio, la falta de resolución dentro de ese plazo produciría la caducidad.

Un poco más tarde, la LPA, vigente desde el 13 de febrero de 2019 y que derogó las DTPARAP, vino a establecer que el plazo para resolver cualquier procedimiento sería de 9 meses (artículo 89), y también dispuso que, en los procedimientos iniciados de oficio, la falta de resolución expresa dentro de ese plazo, produciría la caducidad y, el consecuente, archivo del expediente (artículo 114).

En la práctica se han planteado algunas interrogantes respecto a la aplicación temporal de las normas que regulan el plazo de caducidad del procedimiento, las cuales se pueden formular en los siguientes términos: ¿se puede aplicar el plazo de caducidad a los procedimientos iniciados antes de la entrada en vigor, primero, de las DTPARAP y, después, de la LPA? ¿qué plazo de caducidad corresponde aplicar a los procedimientos iniciados entre el 31 de enero de 2018 —entrada en vigor de las DTPARAP— y el 13 de febrero de 2019, que es cuando entra en vigor la LPA?

14 El Salvador no había tenido ninguna ley reguladora de los procedimientos administrativos hasta antes de la entrada en vigor de la Ley de Procedimientos Administrativos, aprobada en 2017 y vigente desde el 13 de febrero de 2019.

Quizá la segunda de estas interrogantes sea una cuestión más sencilla, y por ello podemos dejarla resulta desde ya. La LPA fija en 9 meses el plazo para resolver los procedimientos —incluidos lo sancionadores—, frente a los 90 días previsto en las DTPARAP. Dado que el plazo de caducidad previsto en las DTPARAP es bastante más favorable al infractor que el previsto en la LPA, no tiene lugar invocar la aplicación retroactiva de la LPA, de modo que a los procedimientos iniciados dentro de ese período deberá aplicarse el plazo de caducidad previsto en las DTPARAP.

Para responder la primera de las interrogantes, hay que recordar que en nuestro sistema de Derecho administrativo sancionador está garantizada la irretroactividad de las disposiciones sancionadoras —sustantivas— desfavorables, mientras que las disposiciones sancionadoras favorables al presunto infractor se aplicaran retroactivamente (artículos 21 de la Constitución[15] y 139. 3 de la LPA).

De acuerdo con estas reglas, podrán tener aplicación retroactiva las normas más favorables al infractor que regulen aspectos sustantivos o materiales, como son los relativos a las infracciones, las sanciones y la prescripción.

Sin embargo, tratándose de nomas procesales, como es el caso de las que regulan el plazo de caducidad del procedimiento, se ha afirmado por nuestra jurisprudencia, que, en principio, no les resultan aplicables las reglas que se desprenden del artículo 21 de la Constitución y 139.3 de la LPA, es decir, que no podrían tener efectos retroactivos, a pesar de que se aprecie que resulten favorables al infractor. Por otra parte, también se ha dicho que respecto a la aplicación temporal de las normas procesales rige en principio *tempus regit factum,* lo que significa que, por regla general, y ante el silencio del legislador acerca de la retroactividad de una nueva normativa sobre los plazos de caducidad, deberían aplicarse los plazos vigentes al inicio del procedimiento.

Este ha sido, en efecto, el criterio adoptado por la CCA, en su sentencia de 31 de enero de 2019, proceso 00034-18-ST-COPC-CAM. En este caso, la parte demandante, que había sido sancionada por infracciones a la LACAP, en su demanda pedía la ilegalidad de la sanción, entre otros motivos, porque consideraba que la resolución sancionatoria se dictó fuera del plazo de 90 días previsto en el artículo 5 de las DTPARAP, que a su juicio debía aplicarse retroactivamente al ser una norma que le era favorable, de acuerdo con el artículo 21 de la Constitución. La autoridad demandada, por su parte, alegaba que al tratarse de una norma procesal esta no podía tener efectos retroactivos.

---

15 El artículo 21 de la Constitución, que establece «las leyes no pueden tener efecto retroactivo, salvo en materias de orden público, y en materia penal cuando la nueva ley sea favorable al delincuente»; principio que también ha sido recogido en la LPA, en el artículo 139.3, en el que se dispone que:
«Irretroactividad: solo podrán aplicarse las infracciones y sanciones vigentes en el momento de producirse los hechos que constituyan infracción administrativa. Las disposiciones sancionadoras solo tendrán efecto retroactivo en los supuestos previstos en el artículo 21 de la Constitución».

La CCA entra a analizar en esta sentencia la aplicación en el tiempo de las normas que regulen los plazos de caducidad y, tras citar doctrina y jurisprudencia extranjera, concluye que:

> «De lo antes apuntado esta Cámara advierte que, la norma que pretende sea aplicada —DTPARA—, en específico la figura de la caducidad, corresponde a un aspecto de carácter procedimental, tal como ha sido expuesto por la doctrina citada, la norma que pretende aplicarse no contiene regulación sobre infracciones y sanciones, sino normas sobre plazos del procedimiento, lo que por seguridad jurídica y de conformidad a lo antes expuesto, no es posible su aplicación retroactiva. En razón de ello, esta Cámara deberá desestimar el motivo de ilegalidad alegado».

Sin embargo, este planteamiento de la CCA ha sido rectificado por la SCA, que, al conocer en apelación de dicha sentencia, ha admitido la posibilidad de que las normas procesales puedan ser aplicadas retroactivamente, aunque en el caso concreto termina rechazando la aplicación retroactiva de las DTPARAP, pero no por ser norma procesal, sino debido a su carácter de norma transitoria[16]. En su sentencia, la SCA razona que:

> «En este sentido, tal como ha quedado planteado en párrafos que preceden, si bien no puede descartarse per se, la posibilidad de aplicar la retroactividad de normas de contenido procesal; esta excepción no es extensible a leyes temporales o transitorias; de ahí que, la Administración pública no tenía la posibilidad legal ni material para declarar la caducidad del procedimiento administrativo de conformidad a los dispuesto en los artículos 5 y 7 de las DTPARAP. En esta línea de argumentos, esta Sala conforme a las competencias atribuidas en el artículo 517 del Código Procesal Civil y Mercantil, que confiere las facultades de resolver las cuestiones de fondo que son objeto del debate, exponiendo las razones de derecho que considere pertinentes, advierte, que si bien no acompaña los motivos por los cuales la Cámara

16 Sentencia de 23 de octubre de 2020, proceso 11-20-RA-SCA. La SCA retoma los planteamientos expuestos por la SCn., en su sentencia de 26 de julio de 2002, proceso de amparo 342-2000, en la que se razona que:
«(...) en materia procesal penal también es predicable la circunstancia que establece el inc. 1.°, parte final, del artículo 21 de la Constitución; es decir, puede existir —en relación con el 'delincuente'— una nueva norma procesal que le sea más favorable, ya que las normas del derecho procesal no pueden considerarse como indefectiblemente 'neutras'. En efecto, estas normas no sólo regulan fríos procedimientos, sino que también establecen cargas procesales, derechos y obligaciones de la misma naturaleza, como corresponde en aplicación de las categorías constitucionales procesales: derecho de audiencia (art. 11 Cn.), de defensa (art. 12 Cn.), derecho a recurrir (arts. 2 y 172 Cn.), derecho a una asistencia técnica (art. 12 Cn.), a una equivalencia de armas procesales o 'igualdad procesal' (art. 3 Cn.), entre otras. Así pues, en esta materia, la nueva norma podrá ser más favorable al imputado o condenado cuando, por un lado, garantice en mayor medida —y de forma directa o exclusiva— las posibilidades de defensa de su posición procesal, es decir, que incida de forma clara e independiente en las oportunidades para acreditar su inocencia; y, por otro, cuando la nueva ley procesal establezca aspectos procedimentales menos gravosos al imputado, vinculados a los medios para asegurar la eficacia de la sentencia y a la ejecución de la misma».

decidió rechazar la aplicación retroactiva de las DTPARAP; lo cierto es que, éstas, al clasificarse como normas de carácter transitorio, no era procedente su aplicación para regular situaciones ocurridas con efectos hacia el pasado».

Por nuestra parte, a pesar de que existen diversas posturas sobre el particular, nos decantamos por aquellas que se muestran a favor de la aplicación retroactiva de las normas reguladoras de los procedimientos administrativos, siempre que resulten más favorables al supuesto infractor, pues consideramos que es una posición más acorde con el principio de seguridad jurídica.

Si la norma con la que se inició el procedimiento administrativo no preveía un plazo de caducidad, nos parece que son precisamente los principios de seguridad jurídica y de protección no jurisdiccional, los que demandan aplicar el plazo de caducidad previsto en la LPA a aquellos procedimientos iniciados al amparo de una norma que no regula plazo de caducidad para resolver. Las normas procedimentales no siempre tienen un carácter neutro para el infractor, sino que, en ocasiones, como ocurre en este caso, inciden favorablemente en el supuesto infractor, pues el hecho de aplicar un plazo de caducidad condiciona objetivamente la posibilidad de padecer o no una sanción, de modo que es posible hacer una aplicación retroactiva en virtud de lo dispuesto en el artículo 21 de la Constitución y 139.3 de la LAP.

Por ello, la primera de las interrogantes que formulábamos al inicio de este apartado ha de ser resulta en el sentido de que el plazo de caducidad previsto, primero, en las DTPARAP y, después, en la LPA debe aplicarse retroactivamente a los procedimientos iniciados antes de su entrada en vigor.

Cuestión distinta es cómo o, para ser más exactos, desde cuándo ha de contabilizarse el plazo de caducidad en los procedimientos iniciados antes de la entrada en vigor de las normas que fijan determinan el plazo de caducidad. A nuestro juicio, en virtud de los principios de seguridad jurídica y de interés general —que demanda la eficacia de la actuación administrativa—, el plazo debe empezar a computar desde la fecha de entrada en vigor de la LPA, es decir, el 13 de febrero de 2019. Lo que en este supuesto no parece admisible sería pretender contar el plazo desde la fecha en que se inició el procedimiento sancionador.

7. Bibliografía

De Diego Diez, Luis Alfredo (2014). *Tratamiento y efectos de la caducidad en el procedimiento sancionador.* Madrid: Fe d´erratas.

Defuentes Bardají, Joaquín *et al.* (2009). *Manual de Derecho Sancionador,* tomo I. Navarra: Aranzadi, segunda edición.

Doménech Pascual, Gabriel (2007). «¿Es compatible con el principio *non bis in ídem* reabrir un procedimiento sancionador caducado?», en *REDA,* 136.

Estévez Goytre, Francisco (2000). «La prescripción y caducidad en el Derecho administrativo sancionador», en *Actualidad Administrativa,* núm. 46, vol. 2000-3.

Fernando López, Ramón (2014). «La caducidad del procedimiento de oficio», en *RAP,* 194.

Gamero Casado, Eduardo y **Fernández Ramos, Severiano** (2017). *Manual Básico de Derecho Administrativo.* Madrid: Editorial Tecnos, edición decimocuarta.

Meseguer Yebra, Joaquín (2002). *La caducidad del procedimiento administrativo sancionador.* Barcelona: Editorial Bosch.

Nieto García, Alejandro (2005). *Derecho administrativo sancionador.* Madrid: Editorial Tecnos, cuarta edición.

Parada Vázquez, Ramón (2012). *Derecho administrativo. Parte general,* tomo I. Madrid: Marcial Pons, decimonovena edición.

Rodríguez-Arana Muñoz, Jaime (1993). *La caducidad en el derecho administrativo español.* Madrid: Editorial Montecorvo.

SANTAmaría Pastor, Juan Alfonso (2005). «Caducidad del procedimiento (art. 42.2. LEJAP)», en *Revista de Administración Pública*, 168.

BUENA ADMINISTRACIÓN ANTE EL PRINCIPIO DE TAXATIVIDAD EN EL PROCEDIMIENTO ADMINISTRATIVO SANCIONADOR: PERSPECTIVAS DESDE ESPAÑA, PERÚ Y EL SALVADOR

Good Administration before the principle of classification in the sanctioning administrative procedure: perspectives from Spain, Peru and El Salvador

José Ignacio Herce Maza[1]
Universidad Rey Juan Carlos (España)

Fecha de Recepción: 02/11/2022
Fecha de Aceptación: 30/11/2022

Resumen: Cuando se estudia la potestad sancionadora de la Administración la referencia al principio de tipicidad es obligada. Aunque en muchas ocasiones se dé por sentado su plena implementación en el Ordenamiento jurídico la regulación y el comportamiento de la Administración no siempre es coherente los postulados que impone el citado principio. En este estudio se demostrará que el principio de tipicidad representa una problemática todavía viva que ha de ser resuelta bajo los principios de la buena regulación y administración.

Palabras clave: Principio de Tipicidad. Buena administración. Derecho Administrativo Iberoamericano. Derecho Administrativo Sancionador.

---

1 Doctor en Derecho. Abogado en ejercicio y profesor de Derecho Administrativo en la Universidad Rey Juan Carlos de Madrid (URJC), especializado en Derecho Administrativo, Fashion Law y Derecho de Caza. Página web: https://joseignacioherce.es/.

Abstract: When the sanctioning power of the Administration is studied, the reference to the principle of typicity is mandatory. Although on many occasions its full implementation in the legal system is taken for granted, the regulation and behavior of the Administration is not always in accordance with the principle. In this study it will be shown that the principle of criminality represents a problem that is still alive and must be resolved under the principles of good regulation and administration.

Keywords: Typicity Principle. Good Administration. Ibero-American Administrative Law. Sanctioning Administrative Law.

1. Introducción

Al hacer referencia a los principios de la potestad sancionadora de las Administraciones Públicas el principio de tipicidad merece una atención especial. No solo por su importancia para la salvaguarda del principio de legalidad y los derechos fundamentales de las personas, sino por la complejidad que reviste su aplicación. El aterrizaje práctico de la taxatividad todavía suscita multitud de problemas en el momento de configurar una norma jurídica y de aplicarla. De la interpretación de este principio ha resultado una interesante jurisprudencia consecuencia de la litigación contencioso-administrativa que no pocas veces ha desembocado con posterioridad en la jurisdicción constitucional.

Si el Derecho administrativo se considera un derecho especial formado por un equilibrio entre los privilegios de la administración y las garantías de los ciudadanos (Rivero 1995), el estudio del Derecho administrativo sancionador a la luz del derecho fundamental de una buena administración es una necesidad para promover la dignidad del ser humano. En este marco el respeto de las garantías que emanan del principio de legalidad y tipicidad son esenciales en un Estado social y democrático de Derecho.

La taxatividad es una categoría jurídica de gran relevancia en el Derecho administrativo y penal que por todos es conocida. Parte de la doctrina la considera una cuestión superada que se aleja de las modas actuales en el debate jurídico. Pese a lo anterior, es un problema vivo que requiere de respuestas bajo el paradigma que imponen los derechos fundamentales de las personas, entre ellos, el derecho fundamental a una buena administración. En este trabajo se demostrará como existe numerosa litigación que pone en duda la adecuada configuración de las normas o su aplicación en relación con la tipicidad y taxatividad.

Aunque no se puede negar el gran interés y relevancia de las materias más de moda en el debate jurídico como las tecnologías digitales, las *Smart cities* o la regulación de internet, los nuevos debates no han de olvidar a los clásicos. Las nuevas realidades jurídicas se sustentan también en los principios fundamentales como el de legalidad o razonabilidad que despliegan sus efectos en la realidad administrativa sancionadora.

Los principios clásicos mantienen su viveza. La realidad va siempre más lejos de la teoría jurídica y por ello los debates tradicionales no se encuentran completamente cerrados. Incluso cuando parece que se han resuelto grandes cuestiones los conflictos de la realidad y la litigación las resucitan. Más aún en la actualidad, donde está asumido que el Derecho administrativo ubica en una posición central al ser humano (Rodríguez-Arana 2022). Una Administración que no respeta el principio de legalidad se encuentra muy alejada de los postulados que promueven la dignidad del hombre.

Es un reto escribir sobre los principios del procedimiento sancionador. Es imposible albergar en unas páginas lo que ya ha sido objeto de tratamiento en un sinfín de estudios dotados de extensión y profundidad (López 2008: 159). La problemática relativa a su concreción en la norma y posterior aplicación todavía origina jurisprudencia que sigue acotando el principio y reivindicándolo en aquellos casos en los que no es respetado.

Se afirma en este trabajo que el debate sobre los contornos el principio de taxatividad sigue todavía vigente. Para dar respuesta a la cuestión son esenciales los parámetros que marca la buena regulación y el derecho fundamental a una buena administración. Con el objetivo de demostrar la vigencia del debate sobre el principio de tipicidad se hará mención expresa a problemáticas suscitadas en torno a éste en España, Perú y El Salvador mediante casos concretos que han resuelto los órganos judiciales de cada país respectivamente.

El Derecho penal y el Derecho administrativo son manifestaciones del *ius puniendi del Estado.* El principio de tipicidad es una concreción del principio de legalidad en su vertiente material que concreta la exigencia *lex scripta, lex previa y lex certa.* El principio *nullum crimen, nulla poena sine lege* impone la determinación normativa de las conductas sancionables y la necesidad de que éstas se vean concretadas en un tipo. En las siguientes líneas se reflexionará sobre el principio de taxatividad desde la óptica de la buena regulación y administración.

2. El principio de tipicidad desde la óptica de la buena regulación y administración

2.1. Consideraciones sobre el principio de tipicidad o taxatividad

Cuando se reflexiona sobre los principios de la potestad sancionadora de la Administración Pública el principio de tipicidad requiere de importante atención. Las regulaciones vigentes todavía no han podido resolver la problemática que le acompaña (Cueto 2008: 96). Las sanciones administrativas tienen un régimen peculiar en el conjunto de la actividad de las administraciones públicas inspirado de manera parcial en el Derecho penal. A partir de esta inspiración se pretende que los ciudadanos tengan unas garantías parcialmente similares en el ámbito del Derecho administrativo a aquellas que los ciudadanos tienen en un proceso penal (Rebollo *et al.* 2005).

El motivo que justifica tal consideración es que ambas son manifestaciones del *ius puniendi* del Estado. Entre sanción administrativa y pena hay elementos comunes que justifican que a ambas se les dé un fundamento común. En ambos casos tienen carácter aflictivo y su inflicción está en manos del Estado (García 2008). El poder público en su total concepto y plenitud efectiva posee la fuerza fáctica para forzar las conductas de sus ciudadanos y castigar al reticente a sus órdenes (García 2008). Para garantizar el mantenimiento del orden público el Estado puede aplicar medidas coercitivas bajo el amparo del principio de legalidad y el de tipicidad junto con otros como el de proporcionalidad.

El principio de tipicidad emana del principio de legalidad. El principio de legalidad toma su origen del art. 8 de la Declaración de Derechos del Hombre y del Ciudadano proclamada a finales del siglo XVIII en París:

> «La Ley sólo debe establecer penas estricta y evidentemente necesarias, y tan sólo se puede ser castigado en virtud de una Ley establecida y promulgada con anterioridad al delito, y aplicada legalmente».

Pulido Quevedo (2001) recuerda que uno de los grandes principios del Estado de Derecho en su concepción liberal y mantenida con posterioridad es el principio de legalidad.

Todo el Derecho público moderno descansa en la Ley y atraviesa todo el Ordenamiento jurídico manifestándose con alta intensidad en los espacios donde se muestra el *ius puniendi* del Estado: el Derecho penal y el Derecho administrativo sancionador (Pulido 2001). El principio de legalidad en el ámbito penal se extiende a la potestad sancionadora de la Administración Pública[2].

El principio de legalidad encuentra reconocimiento constitucional en el art. 25.1 de la Constitución Española. En el ámbito del Derecho administrativo se concreta en el art. 25 de la Ley 40/2015, de 1 de octubre, de Régimen Jurídico del Sector Público —en adelante, LRJSP—, que impone que:

> «(...) la potestad sancionadora de las Administraciones Públicas se ejercerá cuando haya sido expresamente reconocida por una norma con rango de Ley, con aplicación del procedimiento previsto para su ejercicio y de acuerdo con lo establecido en la Ley 40/2015».

Y también en la Ley 39/2015, de 1 de octubre de Procedimiento Administrativo Común de las Administraciones Públicas —en adelante, LPACAP—. En ese mismo articulado el legislador dedica el art. 27 a describir las manifestaciones del principio de tipicidad. En el destaca la siguiente afirmación:

> «Sólo constituyen infracciones administrativas las vulneraciones del ordenamiento jurídico previstas como tales infracciones por una Ley».

La Sentencia del Tribunal Supremo de 26 de noviembre de 2020 (Sala Tercera), núm. 1610/2020 destaca como una de las vertientes del principio de legalidad es el de *lex certa,* también conocido como principio de tipicidad o taxatividad. El precitado impone obligaciones al legislador y al intérprete o aplicador de la norma. La Administración como aplicadora de la misma deberá salvaguardar el derecho fundamental a una buena administración previsto en la Carta Europea de Derechos Fundamentales y en la Carta Iberoamericana de Derechos y Deberes del Ciudadano en sus relaciones con la Administración Pública.

El Tribunal Constitucional en su Sentencia núm. 218/2005, de 12 de septiembre recuerda que el principio de taxatividad impone al legislador el deber de precisar en la ordenación de la legislación sancionadora con la mayor exactitud posible los tipos abstractos que definen las conductas merecedoras

2 *Vid.* Parada 1972; Martín-Retortillo 1993; Nieto 2005.

de sanción. Al aplicador o intérprete le ordena realizar de manera adecuada la subsunción del hecho apreciado en la norma tipificadora de tal manera que la *inserción no fuerce el sentido de las palabras.*

La citada sentencia, que pese a reconocer la relevancia de la salvaguarda del imperativo que impone la taxatividad, incide en el siguiente aspecto. La tipicidad y taxatividad impide:

> «(...) que el órgano sancionador actúe frente a comportamientos que se sitúan fuera de las fronteras que demarca la norma sancionadora. En esa misma resolución, este Tribunal añadió que como quiera que dicha frontera es, en mayor o menor medida, ineludiblemente borrosa —por razones ya de carácter abstracto de la norma, ya de la propia vaguedad y versatilidad del lenguaje—, el respeto del órgano administrativo sancionador al irrenunciable postulado del art. 25.1 CE deberá analizarse, más allá del canon de interdicción de la arbitrariedad, el error patente o la manifiesta irrazonabilidad, propio del derecho a la tutela judicial efectiva, con el prisma de la razonabilidad que imponen los principios de seguridad jurídica y de legitimidad de la configuración de los comportamientos ilícitos que son los que sustentan el principio de legalidad».

El principio de taxatividad se vincula de manera directa a los principios de proporcionalidad y razonabilidad. El órgano administrativo deberá atender al principio de legalidad buscando la subsunción del hecho perseguido con el tipo y la consecuencia jurídica de la norma en atención a la realidad. Se verá más adelante como para ello se admite la técnica de los conceptos jurídicos indeterminados y el empleo de márgenes de valoración para la imposición de la sanción dentro de unos cánones concretos. La determinación de límites a la discrecionalidad al órgano sancionador responde a la interdicción de la arbitrariedad en materia sancionatoria.

El mandato de tipificación tiene dos vertientes que recuerda la STS (Sala 3.º), núm. 199/2022 de 17 de febrero. No solo la infracción sino la sanción ha de estar debidamente prevista en la norma, que ha de tener rango de ley. Ha de existir una correlación entre las sanciones y las infracciones. No cabe atribuir a la discrecionalidad administrativa, recuerda la STC núm. 25/2002 de 14 de marzo, *el establecimiento de la correspondencia necesaria entre los ilícitos y las sanciones.* El caballo de Troya del Derecho administrativo ha de estar suficientemente delimitada en el Derecho administrativo sancionador (García de Enterría 2014), manifestación de la fuerza pública.

Una conducta es típica, recuerdan Gamero Casado y Fernández Ramos (2014: 831), cuando se aprecia identidad entre sus componentes fácticos y los descritos en la norma jurídica. Existe homogeneidad entre el hecho cometido y los elementos normativos que describen y fundamentan el contenido material del injusto. En las próximas líneas se realizará una aproximación al alcance del principio de tipicidad.

2.2. Alcance del principio de tipicidad

Como se ha señalado *ut supra,* el subprincipio de taxatividad viene a imponer que la infracción y sus consecuencias han de estar formuladas con la máxima concreción posible. Así se logra una precisa subsunción de los hechos en la norma. De esta forma se previene la arbitrariedad administrativa y judicial evitando la inseguridad jurídica (Gómez *et al.* 2010: 66).

Los elementos definitorios más importantes que muestran el alcance del principio de tipicidad se basan en sus aspectos materiales (De Fuentes 2005: 157). La STS —Sala 3.º— de 14 de octubre de 2003 pone de manifiesto la garantía de orden material (exigencia de predeterminación normativa de conductas ilícitas y sus sanciones) y la garantía formal o de reserva de Ley —la potestad sancionadora ha de estar regulada por una norma con rango de Ley—.

Se formularán a continuación algunas referencias a la tipificación de infracciones y sanciones —y su correlación—, el empleo de conceptos jurídicos indeterminados en la norma sancionadora, tipificación por remisión y prohibición de la analogía.

a. Tipificación de infracciones y sanciones y su correlación. El empleo de conceptos jurídicos indeterminados

El Tribunal Constitucional ha señalado en reiteradas ocasiones que la tipificación de infracciones y sanciones ha de realizarse desde una cobertura legal. Ejemplo de ello es la STC núm. 101/1988, de 8 de junio. Una manifestación de aquello es la reserva de ley tributaria prevista en el art. 8.g) de la Ley 58/2003, de 17 de diciembre, General Tributaria que preceptúa que *será regulado por ley el establecimiento y modificación de las infracciones y sanciones tributarias.*

La STC de 1988 citada expone sobre la garantía formal que:

> «(...) que mira al rango necesario de las normas tipificadoras de aquellas conductas y sanciones, por cuanto, como este Tribunal ha señalado reiteradamente, el término "legislación vigente" contenido en dicho art. 25.1 es expresivo de una reserva de Ley en materia sancionadora.

El acto administrativo sancionador, incide la STS de 21 de mayo de 1987, *ha de atender al análisis del hecho concreto, de su naturaleza y alcance, para apreciar si la existencia del ilícito administrativo perseguido es o no subsumible en alguno de los supuestos-tipo de infracción previstos en la ley.* No puede ser calificada una conducta como infracción si las acciones u omisiones cometidas por el sujeto no guardan una similitud perfecta con la descrita en los tipos legales (Delgado 2011).

No cabe la tipificación en ausencia de ley ni cláusulas de carácter general para tipificar infracciones que no permitan identificar de manera adecuada la conducta infractora (Cueto 2008). Como la exigencia de una total concreción paralizaría el ejercicio de la potestad sancionadora se ha de alcanzar el mayor grado de precisión que sea posible. Se entiende así que es asumible la descripción suficiente del tipo y de encaje de los hechos previstos en la norma (Cueto 2008).

Recuerda Rivera Temprano (1994: 149) que sería deseable que la descripción de conductas y tipificación de infracciones fuera hecha por la norma de manera precisa y autónoma, lo que resulta casi imposible en el Derecho administrativo sancionatorio. Un legislador que pretenda determinar de manera exhaustiva todas las conductas prohibidas fracasará (Gómez 2004: 287). La taxatividad exige certeza o exhaustividad suficiente en la descripción de las conductas sancionables y sus sanciones (Gonzáles 2009: 367).

La taxatividad no impone una precisión absoluta de la sanción para una infracción. La norma puede establecer unos límites que permitan a la Administración Pública la graduación de la sanción atendiendo a las circunstancias del caso concreto. Un ejemplo de los muchos posibles es la Ley 3/2015, de 5 de marzo, de Caza de Castilla-La Mancha que en su art. 77 establece la posibilidad de graduar las sanciones en aplicación del principio de proporcionalidad. Algunos aspectos que podrán graduar la sanción serán la existencia de intencionalidad, la naturaleza e intensidad del daño, el riesgo generado o el grado de culpa. Las multas de cuantía ilimitada son inconstitucionales como señaló la STC núm. 29/1989, de 6 de febrero.

El empleo de los conceptos jurídicos indeterminados en la definición de infracciones administrativas es una cuestión que asume nuestro Tribunal Constitucional bajo una condición determinante. La STC núm. 62/1982 impone que la concreción de dichos conceptos ha de ser factible en atención a criterios lógicos, técnicos o de experiencia. Ha de ser posible determinar con suficiente grado de certeza las conductas que se sancionan.

No es nada desdeñable que el legislador opte por establecer definiciones legales de algunos conceptos jurídicos indeterminados, como los términos «ocultación» o «anomalías sustanciales en contabilidad en materia tributaria». La cuestión ha sido tratada con especial intensidad en el análisis de los códigos deontológicos de los Colegios Profesionales y del régimen jurídico de la Administración Pública. En ellas las normas o los códigos han utilizado conceptos elásticos en la configuración del sistema sancionador (Pemán 1998a). No existe un aparato que cuantifique el grado de precisión, pero si la intuición jurídica nos lleva a determinar que existen unas normas más precisas que otras (Ferreres 2002: 101).

La posición respetuosa (Pemán 1998b) del Tribunal Constitucional con el empleo de conceptos jurídicos indeterminados se ha puesto de manifiesto en el orden penal con la admisibilidad del empleo de términos como moral, pudor o buenas costumbres —STC 62/1982, de 15 de octubre— o términos como la falta de probidad moral y material o la desobediencia a los superiores o autoridades —STC 81/1983, de 10 de octubre— (Pemán 1998b). La amplitud de la zona de penumbra determina el margen de indeterminación de un concepto. El grado de precisión o vaguedad de éste depende de la extensión de casos marginales que pueda generar su aplicación (Navarro y Manrique 2005), lo que se proyecta de manera inevitable, más allá de la cuestión semántica, a los medios para decidir de manera racional los conflictos de principios (Navarro y Manrique 2005).

Lo que no es admisible es que las sanciones tengan unos enunciados amplios o vagos que puedan dar lugar a la arbitrariedad del interprete y aplicador. En ese sentido la STC núm. 210/2015 y 293/2006 recuerdan que no caben formulaciones *tan abiertas por su amplitud, vaguedad o indefinición,* que por su formulación condicionen *su efectividad* de una decisión *prácticamente arbitraria del intérprete y juzgador.* La vaguedad o una excesiva ambigüedad determinará que sea la autoridad administrativa o judicial la que se decida con excesiva discrecionalidad sobre la conducta y sanción a imponer.

No caben en la configuración de una norma sancionadora, indica Muñoz Machado (2015: 315), fórmulas como las que consideran, en general, constitutivas de infracción determinadas conductas o las que emplean formulas residuales que consideran infracciones otra conducta no específicamente relacionada en la lista de tipos que contienen las normas. Son admitidos los conceptos jurídicos indeterminados siempre que sean determinables atendiendo a criterios lógicos, técnicos o de experiencia. Su concreción en la realidad práctica exige un mayor esfuerzo de motivación por el órgano aplicador. A mayor libertad mayor responsabilidad, y por ello cuanta mayor es la discrecionalidad mayor es el deber de motivación (Casarini 2016).

Analizada la tipificación de infracciones y sanciones, su correlación y el papel de los conceptos jurídicos indeterminados en la configuración del Derecho administrativo sancionador a continuación se hará una referencia a la tipificación por remisión.

b. La tipificación por remisión

Se ha expuesto *ut supra* la principal garantía formal del principio de tipicidad: la reserva de ley. Cabe preguntarse cuál es su alcance en aras de terminar la relación de la institución con los reglamentos. ¿Ha de contener la Ley todos los elementos del ilícito, y por ello se excluye la intervención del reglamento? El ordenamiento jurídico, se verá a continuación, prevé una dinámica de colaboración reglamentaria (Ramírez 2011) sometida a ciertos límites.

La LRJSP ha previsto en lugar de un modelo rígido de reserva de ley una dinámica de cobertura legal de tal manera que cabe la colaboración de la institución de la potestad reglamentaria en la creación de infracciones y sanciones en el debido respeto a la Ley. Permite aumentar el grado de precisión de la dinámica sancionadora en el establecimiento de infracciones y sanciones. En términos de García Manzano (1993: 371) contribuye a robustecer por vía reglamentaria la certeza sobre la materia.

La STC núm. 101/1988, de 8 de junio indica respecto a la vertiente formal de reserva de ley que:

> «(...) puede producirse una relativización del principio de legalidad, en el sentido de permitir un mayor margen de actuación al Ejecutivo en la tipificación de ilícitos y sanciones administrativos, "bien por razones que atañen al modelo constitucional de distribución de las potestades públicas, bien por el carácter en cierto modo insuprimible de la potestad reglamentaria en ciertas materias (STC 2/1987, de 21 de enero), bien, por último, por exigencias de prudencia o de oportunidad que pueden variar en los distintos ámbitos de ordenación territoriales (STC 87/1985, de 16 de julio) o materiales", pero sin olvidar que, en todo caso, "aquel precepto constitucional determina la necesaria cobertura de la potestad sancionadora de la Administración en una norma de rango legal, habida cuenta del carácter excepcional que los poderes sancionatorios en manos de la Administración presentan" (STC 77/1983, de 3 de octubre, y 42/1987, de 7 de abril)».

Cabe en Derecho administrativo sancionador y en relación con el principio de tipicidad la remisión reglamentaria. Cueto Pérez (2008) indica que la remisión ha de ser expresa, en la norma legal ha de incluirse el núcleo esencial de la prohibición y una definición básica de la conducta que se prohíbe en la Ley.

La necesidad de certeza ha de ser satisfecha sin que quepa una remisión indiscriminada o en blanco (Cueto 2008). Es contrario al principio de tipicidad la renuncia del legislador a favor de la Administración en la que se la habilite a crear *ex novo infracciones y sanciones* (Fernández 1994). A la Ley le corresponde regular los elementos esenciales de la prohibición y el reproche.

La STC 83/1984, de 24 de julio y la citada STC 101/1988 ya citada recuerdan que:

> «(...) la exigencia de cobertura legal no excluye la posibilidad de que las leyes contengan remisiones a normas reglamentarias, mas ello siempre que en aquéllas queden suficientemente determinados los elementos esenciales de la conducta antijurídica —de tal manera que sólo sean infracciones las acciones u omisiones subsumibles en la norma con rango de ley— y la naturaleza y límites de las sanciones a imponer».

El art. 27.3 LRJAP prevé que las disposiciones reglamentarias de desarrollo podrán introducir especificaciones o graduaciones al cuadro de las infracciones o sanciones establecidas legalmente. Éstas no pueden constituir nuevas infracciones o sanciones ni alterar la naturaleza o límites de las que la ley contempla. Las disposiciones reglamentarias que complementen dichas especificaciones han de contribuir a la más correcta identificación de las conductas o a una determinación de las sanciones más precisa.

La STC 61/1990, de 29 de marzo aclara que se infringe el principio de tipicidad aquella remisión reglamentaria que haga posible una regulación independiente que no esté claramente subordinada a la Ley. Ha de ser examinado caso por caso si se ha respetado el límite establecido por la ley (Mestre 1998) en aras de salvaguardar la subordinación del reglamento a la legislación. Los postulados de la buena regulación deberán ser observados por la Administración en su actividad reglamentaria, en especial, cuando concreta y amplia las previsiones legales en disposiciones de Derecho administrativo sancionador.

c. La prohibición de la analogía

La prohibición de la analogía es una expresión del principio de tipicidad (Ramírez 2011). El art. 27.4 LRJSP prevé que las normas definidoras de infracciones y sanciones no serán susceptibles de aplicación analógica. La técnica hermenéutica del art. 4.1 del Código Civil, prohibida en el apartado segundo del citado artículo es extensiva al Derecho administrativo sancionador. Cano Campos (2002: 55-ss) señala que su admisión implicaría romper con la esencia del principio de taxatividad.

La STS —Sala 3.º— núm. 1610/2020 de 26 de noviembre señala que una de las vertientes del principio de legalidad es el de *lex stricta*, por lo que es patente la interdicción de la *analogía in malam partem.* La analogía está prohibida porque el razonamiento por analogía no se emplea para interpretar la norma sino para crearla jurisprudencialmente. Es la virtud creadora de la analogía la que justifica la prohibición en tanto en cuento vulnera el principio de legalidad en su vertiente formal y material (Muñoz 2015: 315). La analogía *in bonus* si se admite, como la que establece atenuantes, prevé eximentes o reducen la responsabilidad de alguna forma.

2.3. El principio de tipicidad desde el derecho fundamental a una buena administración

Instituciones clave del Derecho administrativo, como las potestades de que goza la Administración para cumplir con su labor constitucional, requieren de nuevos planteamientos. Un ejemplo de ellos es la potestad sancionadora. En el sistema democrático actual el centro es el ciudadano, y por ello la Administración Pública ha de facilitar la promoción y defensa de sus derechos fundamentales[3].

Pero, ¿qué es una buena administración? Una buena administración no es otra que aquella que toma las decisiones en función del interés general y reconoce que la persona humana es el centro del sistema y del Ordena-

3 *Vid.* Rodríguez-Arana 2011; Rodríguez-Arana 2015: 594.

miento jurídico. Con ello se quiere decir que el poder de una buena administración se ejerce siempre desde la idea del servicio objetivo al interés general y no desde el privilegio. Esta idea de buena administración lleva aparejada una serie de consideraciones éticas (Herce 2020).

Como se ha expuesto en los epígrafes anteriores el principio de tipicidad impone a la Administración su observancia en dos aspectos: en el momento de ejercitar su actividad reglamentaria para complementar una ley en lo relativo a las disposiciones sancionadoras y en el momento de aplicar una normativa de carácter sancionador. El derecho fundamental a una buena Administración ampliamente considerado despliega sus efectos en toda la dinámica sancionadora: desde en su regulación por remisión dentro de los límites legales hasta su posterior aplicación.

El derecho fundamental a una buena administración ha de tomar buenas decisiones. Sus decisiones deben ser legales, y en el marco de dicho principio, han de ser de calidad, adecuadas, racionales, eficientes, objetivas y coordinadas. Ponce Solé (2010) recuerda que es un imperativo que proviene de los arts. 9.3, 31.2 y 103.1 CE. Las Administraciones Públicas han de asumir todos los esfuerzos posibles para tomar la mejor decisión, lo que implica: i) que esté respaldada por un buen expediente, ii) acompañada de buenas razones que la justifiquen y iii) que demuestren que han ponderado todos los hechos relevantes y la normativa aplicable (Ponce 2010).

El principio de tipicidad exige que la Administración que está ejercitando la potestad sancionadora precise el tipo infractor a la hora de dictar el acto por el que impone una sanción. El Tribunal Constitucional y el Tribunal Supremo han anulado infracciones cuando han sido tipificados de manera incorrecta. Ejemplos de ello son la STC 297/2005 y la STS de 7 de marzo de 2011. En ningún caso corresponde a los tribunales buscar y aplicar un tipo sancionador alternativo. El acto administrativo sancionador ha de ser coherente con la realidad y la norma aplicada.

Desde el punto de vista del mandato imperativo del principio de tipicidad al aplicador del Derecho, la STS 218/2005 de 12 de septiembre de 2005, indica lo siguiente:

> «(...) resulta elemento realmente esencial del principio de tipicidad, ligado indisolublemente con el principio de seguridad jurídica (art. 9.3 CE), la necesidad de que la Administración en el ejercicio de su potestad sancionadora identifique el fundamento legal de la sanción impuesta en cada resolución sancionatoria. En otros términos, el principio de tipicidad exige no sólo que el tipo infractor, las sanciones y la relación entre las infracciones y sanciones, estén suficientemente predeterminados, sino que impone la obligación de motivar en cada acto sancionador concreto en qué norma se ha efectuado dicha predeterminación y, en el supuesto de que dicha norma tenga rango reglamentario, cuál es la cobertura legal de la misma».

El principio de tipicidad prohíbe a la Administración Pública realizar interpretaciones extensivas o analógicas de las normas sancionadoras (Suay 1986). Una buena administración respetará el texto legal y en la aplicación de la norma sancionadora velará por la coherencia entre los hechos probados, la conducta reprochable y la sanción impuesta. Aplicará conceptos jurídicos indeterminados con la máxima delicadeza, atendiendo a su sentido y al ser posible adoptando parámetros lo más objetivos posibles.

En lo relativo a la actividad reglamentaria una buena administración mantendrá los límites de la potestad reglamentaria sin establecer preceptos que debieran estar regulados por ley a partir de la reserva legal estudiada. La Administración podrá complementar el régimen sancionador previsto en una ley sin alterar su núcleo esencial, de tal manera que ayuden a determinar con mayor precisión las conductas infractoras sin definir nuevos tipos.

No ha de ser olvidado que una buena administración también mantendrá el debido respeto a todas las garantías del Derecho administrativo sancionador desde el punto de vista procesal, reconociendo entre otros, el derecho de audiencia al ciudadano (Rodríguez-Arana 2013).

3. El principio de tipicidad: un problema vigente: aproximaciones desde España, Perú y El Salvador

3.1. Justificación de las resoluciones judiciales seleccionadas sobre el principio de tipicidad en España, Perú y El Salvador

Han sido seleccionadas una serie de resoluciones judiciales sobre el principio de tipicidad en España, Perú y El Salvador. El principal objeto de este trabajo es señalar como el debate sobre la aplicación del principio de tipicidad sigue vivo en la práctica forense y desemboca con cierta frecuencia en resoluciones de órganos judiciales y constitucionales.

Se han seleccionado dos resoluciones por cada país, todas ellas relacionadas con aspectos mencionados en este trabajo en relación con el principio de taxatividad. Aspectos como los conceptos jurídicos indeterminados, la graduación de las sanciones o la remisión a reglamentos son abordados por las sentencias referenciadas en las líneas siguientes.

3.2. El principio de tipicidad en la jurisprudencia española: referencias al catálogo de sanciones de la Ley 8/1975, de 12 de marzo, de zonas e instalaciones de interés para la Defensa Nacional y al art. 52 de la Ley 11/1998, de 9 de julio, de protección de los consumidores de la Comunidad de Madrid

a. El catálogo de sanciones de la Ley 8/1975, de 12 de marzo, de zonas e instalaciones de interés para la Defensa Nacional

El Tribunal Supremo de España se pronunció recientemente sobre el principio de taxatividad en una ley preconstitucional. En la STS de 17 de febrero de 2022 fija doctrina sobre la taxatividad. La Ley 8/1975, de 12 de marzo, de zonas e instalaciones de interés para la Defensa Nacional establece un catálogo de sanciones económicas cuyos límites cuantitativos vienen delimitados por el órgano administrativo que sanciona. En ella no se establece la correspondencia necesaria con las conductas tipificadas como infracción, dejando a la discrecionalidad judicial o administrativa esa correspondencia que ha de estar predeterminada por la Ley.

La sanción vulnera el principio de tipicidad en relación con la Constitución Española y el art. 37 de la Ley 40/2015. Omite un sistema de graduación de sanciones por clase de infracción y gravedad de conductas castigadas. Establece la norma de 1975 un mecanismo de límites máximos en función de la autoridad competente. Se incumple la garantía legal de predeterminación legal de las sanciones. El TS se planteó expresamente:

> «(...) si la tipificación de sanciones con arreglo a una horquilla máxima en función de la competencia del órgano sancionador respeta las exigencias constitucionales de tipicidad».

El Alto Tribunal recuerda que el principio de tipicidad impone que no solo la infracción sino la sanción ha de estar debidamente prevista en una norma con rango de ley. Una vez tipificadas las infracciones, las normas han de atribuirlas unas sanciones determinadas, de tal manera que unas y otras estén correlacionadas. No cabe dar al órgano aplicación una discrecionalidad tal que su actuación emane un alto potencial de arbitrariedad y falta de previsibilidad del operador jurídicos.

En la *litis* a la que se hace referencia no hay graduación alguna de las sanciones en función de las infracciones: solo un límite máximo. El órgano aplicador goza de un excesivo margen de apreciación en la fijación del importe máximo de la multa, lo que no garantiza el principio de seguridad jurídica. La técnica legislativa empleada infringe el art. 25.1 CE porque encomienda por entero a la discrecionalidad administrativa o judicial el establecimiento de la correspondencia entre ilícitos y sanciones. El principio de seguridad jurídica ha de ser salvaguardado con el principio de tipicidad.

b. El catálogo de sanciones de la Ley 11/1998, de 9 de julio, de protección de los consumidores de la Comunidad de Madrid

El Juzgado de lo Contencioso-Administrativo núm. 12 de Madrid instó una cuestión de inconstitucionalidad al Tribunal Constitucional respecto el art. 52 de la Ley 11/1998, de 9 de julio, de protección de los consumidores de la Comunidad de Madrid. La entidad recurrente en el proceso *a quo* presentó en la tramitación de dicha cuestión un escrito de alegaciones en el que hacía referencia a la vulneración del principio de taxatividad. El TC resuelve la consulta en su STC núm. 77/2022, de 15 de junio de 2022, ratificando la validez de la norma impugnada.

Señala el recurrente que el principio de taxatividad se vulnera cuando confiere a la Administración la potestad de determinar si una infracción se califica como leve, grave o muy grave trasladando la decisión al momento aplicativo del tipo infractor. Considera la recurrente que en este caso los criterios de agravación pueden ser elegidos por la Administración con total libertad, ya que todos son, aparentemente, igual de relevantes para incrementar el reproche de la conducta. Se permite al órgano sancionador valorar en qué medida es apreciable o no el criterio al no haber referencias objetivas o cuantificables.

Indica la empresa sancionada que:

> «(...) las sanciones que se le han impuesto confirman que los criterios invocados para calificar como muy graves las infracciones cometidas podrían ser aplicables a cualquier conducta de una empresa cuya actividad tenga por destinatarios a consumidores».

El TC recuerda que la Administración en el ejercicio de su potestad sancionadora dispone de un margen de apreciación en su aplicación sujeto a la posterior revisión de los órganos judiciales. La concreción de si una determinada conducta constituye una infracción de mayor o menor gravedad debe estar suficientemente predeterminada en la norma. Un tipo infractor que traslade la calificación de la gravedad de las infracciones a un momento aplicativo posterior y externo a la previsión legal no respeta el principio de taxatividad.

El TC considera que el art. 52 de la Ley 11/1998 no solo establece unos criterios para valorar la gravedad de las infracciones, sino que incorpora expresamente unas reglas para vincular tales criterios con la calificación de aquellas, como exige la STC 150/2020. El órgano constitucional defiende que la norma cumple con el mandato de taxatividad del art. 25.1 CE. Declara la constitucionalidad del citado artículo, a diferencia de su criterio en otras disposiciones como la Ley Foral 7/2006, de 20 de junio de defensa de los consumidores y usuarios de Navarra que, no incluía las reglas de vinculación a las que hace referencia el TC.

3.3. El principio de tipicidad en Perú: el empleo de conceptos jurídicos indeterminados en el procedimiento sancionador y demanda de inconstitucionalidad contra la Ley 30057 de Servicio Civil

a. El empleo de conceptos jurídicos indeterminados: el decoro en el empleo del uniforme reglamentario

El TC del Perú en su Sentencia n.° 01345-2014-PA/TC declaró nula la sanción que se impuso a dos suboficiales de la Policía por la difusión de fotos íntimas sin su consentimiento. En las fotografías se mostraban a las integrantes de las fuerzas de seguridad empleando de forma indecorosa el uniforme reglamentario.

Las fotografías se habían difundido por un tercero en la red social Facebook sin mediar consentimiento previo. En la citada resolución el TC reflexiona sobre el alcance de los jurídicos indeterminados en el Derecho administrativo sancionador. La Policía Nacional del Perú inició un procedimiento administrativo disciplinario por la realización de actos indecorosos con el uniforme oficial aplicando la Ley n.° 29356 del Régimen Disciplinario de la Policía Nacional del Perú.

En la Resolución la Corte Constitucional más allá de reconocer la vulneración del derecho a la intimidad estableció unas interesantes delimitaciones conceptuales sobre el empleo de conceptos jurídicos indeterminados en el Derecho administrativo sancionador a los que se ha hecho referencia en páginas anteriores de este trabajo. Cabe el empleo de conceptos jurídicos indeterminados en el Derecho sancionatorio bajo ciertos requisitos.

El TC presentó una serie de criterios para que el órgano administrativo tenga de referencia al tener que aplicar un concepto jurídico indeterminado. A saber: i) ha de observar si se cumplieron los elementos reglados de la actuación, ii) comprobar si se realizó una adecuada evaluación de los hechos determinantes, iii) tener en cuenta si se cumplió con principios generales como la proporcionalidad y la confianza legítima y iv) verificar si fueron respetados los derechos fundamentales.

La inobservancia de los criterios fijados por la sala implicaría una vulneración del derecho al debido proceso por contravenir los principios de legalidad y tipicidad. El tipo sancionador es un concepto jurídico indeterminado, ya que como señala el propio TC del Perú:

> «(...) la norma que los recoge define el supuesto de hecho a través de formulaciones abstractas que solamente pueden ser materializados en su aplicación práctica».

Aunque la norma jurídica peruana pretendía proteger su imagen institucional, el término «acto indecoroso» no precisa si las conductas deben realizarse en el ejercicio de sus funciones o si deben producirse dentro de las instalaciones de la institución. En este sentido reitera el órgano constitucional que el órgano administrativo que ejercita la potestad sancionadora:

> «(...) no debe perder de vista que los actos de la vida privada de cada quién no pueden ser sancionables salvo que se acredite (...) que esas conductas (...) tenga directa incidencia en el ejercicio de la función desempeñada y (...) hayan sido previamente tipificadas».

Para que la imposición de la sanción fuera válida, además de salvaguardar las garantías previstas en el proceso que señala el TC, la norma sancionadora debiera haber delimitado con mayor precisión el concepto jurídico indeterminado.

b. La inconstitucionalidad de diversos artículos de la Ley n.º 30057 de Servicio Civil de Perú: especial referencia a la imprecisión del tipo de prevaricación

El Tribunal Constitucional de Perú conoció de una serie de demandas de inconstitucionalidad contra la Ley n.º 30057, del Servicio Civil. El TC dictó sentencia el 26 de abril de 2016 en relación con los expedientes 0025-2013-Pirre; 0003-2014-PI/TC, 0008-2014-PUTC, 0017-2014-P1/1C. El TC declaró la inconstitucionalidad de la norma por contribuir el texto constitucional del Perú y afectar a derechos como la negociación colectiva, huelga, igualdad, garantía de carrera administrativa y no haber sido aprobada como Ley orgánica. En su sentencia adopta una interesante posición en relación con los conceptos jurídicos indeterminados en el Derecho administrativo sancionador que se trae a colación en este trabajo.

Los recurrentes señalaron que el régimen disciplinario de la norma impugnada (arts. 85h, 89, 90, 92 y 93) contraviene el principio de tipicidad del procedimiento sancionador. A grandes rasgos alegan que se establecen infracciones administrativas poco precisas y la falta de distinción entre faltas graves y leves. A continuación, se hará referencia al concepto «prevaricación» cuya conformidad con el principio de tipicidad se pone en duda.

Aunque el demando sostiene que la falta administrativa de prevaricación sanciona la misma conducta que el art. 418 del Código Penal prevé como delito para jueces y fiscales, señala el TC que:

> «(...) tal contenido normativo (...) no se deriva de la formulación legal objeto de análisis por lo que incumple el principio de tipicidad».

Ya que de conformidad con el art. 230.4 de la ley 27444 del Procedimiento Administrativo General solo constituyen conductas sancionables en vía administrativa las infracciones previstas de forma expresa en normas con rango de ley mediante su tipificación como tales.

Sobre la falta de prevaricación, el Tribunal afirma lo siguiente:

> «Dicha disposición jurídica, en los términos en los que ha sido redactada, carece de la suficiente precisión, puesto que no permite conocer con suficiencia la conducta o conductas que ella pretende sancionar; es decir, no permite conocer de modo indubitable, qué comportamientos están prohibidos y cuáles están permitidos, lo cual, imposibilita su aplicación a un hecho concreto. En la misma línea, tal formulación normativa es demasiado indeterminada, puesto que incluye una multitud de supuestos de aplicación, lo que, evidentemente impide delimitar los alcances de la prohibición legal».

Tras una serie de reflexiones sobre los principios de legalidad y tipicidad considera el Tribunal que la certeza de la ley es compatible con cierto margen de indeterminación de las conductas prohibidas siempre que se garantice el núcleo base en la materia objeto de prohibición, por lo que convalida el resto de artículos cuya conformidad con el principio de legalidad era puesta en duda. No hay inconstitucionalidad del resto de preceptos impugnados de su régimen sancionatorio ya que establece un conjunto de criterios para la gradación de la sanción a imponer por razón de naturaleza y gravedad de infracción, posición del servidor y antecedentes.

3.4. El principio de tipicidad en El Salvador. La precisión de las multas en la Ley de Medio Ambiente y la remisión a normas técnicas en el Derecho administrativo sancionador en materia financiera

a. Consideraciones acerca de la precisión del art. 89 de la Ley de Medio Ambiente

La Sala de lo Constitucional de la Corte Suprema de Justicia de Él Salvador en su sentencia núm. 115-2012 realiza un interesante examen del principio de tipicidad en relación con la fijación de las multas previstas en el art. 89 de la Ley del Medio Ambiente. En la Sentencia de referencia declara su inconstitucionalidad. El art. 89 determinaba que las multas se establecerán en salarios mínimos mensuales. Los recurrentes alegaron infracción del principio de legalidad porque prevé una sanción indeterminada. No se precisa cual es el salario mínimo al que ha de acudirse para imponer la sanción.

En el Derecho salvadoreño el salario mínimo se clasifica en función del sector productivo —comercio y servicio, industria, textil y confección, agropecuario—. La Sala indica expresamente que:

> «(...) la categoría del salario mínimo diario urbano vigente para la ciudad de San Salvador, no ha sido previsto por el ordenamiento jurídico, ya que no es uno de los parámetros desarrollados por medio de los decretos ejecutivos que fijan el salario mínimo en El Salvador».

Dada la indeterminación señalada el aplicador de la sanción puede determinar la tarifa de la sanción que imponer a su libre arbitrio. El aplicado tendrá que elegir en una amplia gama de salario. Señala la Sala Constitucional salvadoreña que las limitaciones y penalidades impuestas por el poder público para salvaguardar el interés general, en este caso el medio ambiente, no implica que la Administración Pública goce de un espacio en el que los sujetos queden despojados sus derechos fundamentales o que pueda limitarlos sin habilitación legal previa.

La determinación de la multa o sanciones económicas amparadas en un concepto abstracto como el que es objeto de la *litis,* debe ser concretado por parte del legislador sobre la especie de salario al que se acudirá según el sector productivo o clasificación en aras de garantizar la seguridad jurídica y el principio de legalidad.

Señala el TC de El Salvador que:

> «(...) existe una excesiva indeterminación de qué rubro económico debe ser tenido en cuenta para la integración de la sanción penal. Y origina un ámbito de discrecionalidad judicial difícilmente justificable, derivada de una defectuosa regulación de la materia, la cual pone en serio riesgo la aplicación efectiva del Derecho Administrativo Sancionador, con el consiguiente desmedro de la seguridad jurídica en general».

b. De la posible infracción del principio de tipicidad por remisión reglamentaria del art. 44 de la Ley de Supervisión y Regulación del Mercado Financiero

La Sala de lo Constitucional de la Corte Suprema de Justicia toma una interesante decisión sobre la constitucionalidad del art. 44b de la Ley de Supervisión y Regulación del Sistema Financiero en una demanda de inaplicación. Reflexiona sobre una cuestión de interés: la función colaborativa del Reglamento en el Derecho administrativo sancionatorio.

El recurrente señala dos motivos de inconstitucionalidad. El citado apartado no prevé un contenido sobre las conductas constitutivas de infracción, sino que remite a un reglamento, norma técnica e instructivo para configurar las prohibiciones u obligaciones cuyo incumplimiento dan lugar a una infracción. A su vez, se establece que las multas pueden imponerse a las personas jurídicas hasta un 2 % de su patrimonio, un concepto jurídico indeterminado que no otorga una previsión razonable. Son conculcados los principios de reserva de ley y seguridad jurídica al no especificar el contenido esencial de las conductas punibles objeto de sanción.

Señala la Sala de lo Constitucional que en Derecho administrativo sancionador el principio de legalidad exige que una norma con fuerza de ley establezca una descripción genérica de las conductas sancionables, clases y cuantía de las sanciones. Se admite la posibilidad de remitir a reglamentos, instructivos y normas técnicas la descripción pormenorizada de las conductas sancionables, las clases y cuantía de las sanciones, pero con posibilidad de remitir a reglamentos, instructivos y normas técnicas la descripción pormenorizada de las conductas reprochables, que complementen los enjunciados legales.

En materia de supervisión bancaria la Sala acude al Derecho comparado, indicando que es frecuente encontrar que los órganos de inspección y vigilancia:

> «(...) tienen facultades para sancionar el incumplimiento de reglamentaciones e instrucciones dadas por las mismas, sin que ello se considere contrario a los principios de tipicidad y legalidad, debido a que los elementos básicos de la conducta reprochable, la sanción y el procedimiento a seguir para aplicarla figuran en el cuerpo de una norma de rango legal. La remisión a instructivos, resoluciones o circulares se debe limitar a precisar aspectos técnicos y específicas que serían de difícil regulación por medio de la ley, por la dinamicidad que ofrece el sector económico sometido a control y vigilancia».

En virtud de lo anterior, reconoce la Sala que el legislador salvadoreño ha otorgado a la entidad supervisora la competencia para emitir normativa técnica que regule la actividad de los entes supervisados.

4. Conclusiones

Se ha estudiado en el presente trabajo el principio de tipicidad o taxatividad. Es un principio fundamental para salvaguardar la seguridad jurídica y otorgar previsibilidad a los operadores jurídicos en relación con la actuación de la Administración frente a conductas reprochables. El Derecho administrativo sancionador está dotado de garantías reforzadas, similares a las del Derecho penal, para salvaguardar la dignidad de la persona en un Estado social y democrático de Derecho que defiende los derechos fundamentales de la persona.

Del principio de tipicidad se despliega una garantía formal y material. La primera se refiere a la reserva de Ley del Derecho administrativo sancionador. Una regla que se flexibiliza al admitir la colaboración del reglamento en cuestiones accesorias al núcleo de la infracción y sanción predeterminada por la ley. La segunda está referida la imperiosa necesidad de predeterminación normativa que permite el empleo de conceptos jurídicos indeterminados siempre que su concreción sea posible mediante técnicas basadas en la técnica y razonabilidad.

La litigiosidad en torno al principio sigue viva en el Ordenamiento jurídico español y en el iberoamericano. No es una cuestión ni mucho menos zanjada como se ha podido comprobar a partir de la jurisprudencia estudiada en España, El Salvador y Perú.

Si el derecho administrativo sancionador tiene cláusulas de blindaje para el ciudadano como la taxatividad, el derecho fundamental a una buena administración incrementa el canon de protección al imponer al poder público deberes jurídicos y éticos en la configuración de la normativa reglamentaria que desarrolle un sistema sancionador *secundum legem* y en la aplicación del órgano administrativo responsable de un expediente sancionador.

5. Bibliografía

Casarini, Luis (2016). «La motivación como elemento de control de la discrecionalidad administrativa», en VV.AA. *El control de la actividad estatal.* Buenos Aires: Asociación de Docente de la Universidad de Buenos Aires.

Cano Campos, Tomás (2002). «La analogía en el Derecho Administrativo sancionador», en *Revista Española de Derecho Administrativo*, 113, pp. 51-ss.

Cueto Pérez, Miriam (2008). «Los principios de la potestad sancionadora de las Administraciones Públicas. Tipicidad y responsabilidad», en *Documentación Administrativa*, 280-281, pp. 96-ss.

De Fuentes Bardají (dir.) (2005). *Manual de Derecho Administrativo Sancionador*. Navarra: Thomson-Aranzadi.

Delgado Sancho, Carlos David (2011). «Elementos constitutivos de la infracción tributaria», en *Crónica Tributaria*, 139.

Fernández Montalvo, Rafael (1994). *Principios sustantivos de la potestad sancionadora de la administración*. Madrid: Consejo General del Poder Judicial.

Ferreres Comelia, Víctor (2002). *El principio de taxatividad en materia penal y el valor normativo de la jurisprudencia*. Madrid: Civitas.

Gamero Casado, Eduardo y **Fernández Ramos, Severiano** (2014). *Manual Básico de Derecho Administrativo*. Madrid: Editorial Tecnos.

García Amado, Juan Antonio (2008). «Sobre el ius puniendi: su fundamento, sus manifestaciones y sus límites», en *Documentación Administrativa*, 280-281.

García De Enterría Martínez-Carande, Eduardo (2014). «El control de los poderes discrecionales de la Administración», en *Revista de Derecho Público*, 17.

García Manzano, Pablo (1993). *Comentario sistemático a la ley de régimen jurídico de las Administraciones Públicas y del procedimiento administrativo común*. Madrid: Carperi.

Gómez Pajaveau, Carlos (2004). *Dogmática del derecho disciplinario.* Bogotá: Universidad Externado de Colombia.

Gómez Rivero, María del Carmen; Martínez González, María Isabel y **Núñez Castaño, Elena** (2010). *Nociones Fundamentales de Derecho Penal. Parte General*. Madrid: Editorial Tecnos.

Gonzáles La Rosa, Daniel A. (2009). «El principio de tipicidad y la cláusula de efecto equivalente en la legislación de libre competencia», en *Círculo de Derecho administrativo*, 8, pp. 365-371. Disponible en: https://revistas.pucp.edu.pe/index.php/derechoadministrativo/article/view/14007.

Herce Maza, José Ignacio (2020). «Los límites de acceso a la información pública y la buena administración: especial mención a los intereses económicos y comerciales», en *La buena administración y la ética pública en el Derecho administrativo. Libro conmemorativo del XXV aniversario del acceso a la Cátedra de Jaime Rodríguez-Arana Muñoz.* Bogotá: Grupo Editorial Ibáñez.

López Menudo, Francisco (2008). «Principios del procedimiento sancionador», en *Documentación Administrativa*, 280-281.

Martín-Retortillo Baquer, Lorenzo (1993). *Las sanciones de orden público en Derecho español*. Madrid: Editorial Tecnos.

Mestre Delgado, Juan (1988). «Potestad reglamentaria y principio de legalidad: las limitaciones constitucionales en materia sancionadora», en *Revista de Derecho Administrativo*, 57.

Muñoz Machado, Santiago (2015). *Tratado de Derecho Administrativo y Derecho Público General*, Tomo XII: Actos Administrativos y Sanciones Administrativas. Madrid: Boletín Oficial del Estado.

Navarro, Pablo E. y **Manrique, Laura** (2005). «El desafío de la taxatividad», en *ADPCP*, LVIII.

Nieto García, Alejandro (2005). *Derecho administrativo sancionador*. Madrid: Editorial Tecnos.

Parada Vázquez, Ramón (1972). «El poder sancionador de la Administración y la crisis del sistema judicial penal», en *Revista de Administración Pública*, 67.

Pemán Gavín, Ignacio (1998a). *El sistema sancionador español: hacia una teoría general de las infracciones y las sanciones administrativas*. Madrid: Colex.

Pemán Gavín, Ignacio (1998b). «Claridad descriptiva de las infracciones y sanciones. Conceptos jurídicos indeterminados», en *El sistema sancionador español: hacia una teoría general de las infracciones y sanciones administrativas*. Barcelona: Cedecs Editorial.

Ponce Solé, Juli (2010). «El control judicial del procedimiento administrativo y la garantía del derecho a una buena administración», en *Revista de Derecho Administrativo*, 9.

Pulido Quevedo, Manuel (2001). «Principio de legalidad administrativa y Ordenanzas municipales: ¿un nuevo enfoque?, en *Repertorio Aranzadi del Tribunal Constitucional*, 9.

Ramírez Torrado, María Lourdes (2011). «La tipicidad en el Derecho administrativo sancionador», en *Estudios de Derecho*, 151.

Rebollo Puig, Manuel; Izquierdo Carrasco, Manuel; Alarcón Sotomayor, Lucía Y Bueno Armijo, Antonio (2005). «Panorama del derecho administrativo sancionador en España: los derechos y las garantías de los ciudadanos», en *Estudios Socio-Jurídicos*, 7(1).

Rivera Temprano, Ezequías (1994). *Estudio de la L.R.J. de las Administraciones Públicas y del Procedimiento Administrativo Común II*. Madrid: Consejo General del Poder Judicial.

Rivero Ysern, Enrique (1995). «Derecho administrativo sancionador», en *Revista Española de Derecho Constitucional*, 43.

Rodríguez-Arana Muñoz, Jaime (2011). «El derecho fundamental a una buena administración y la centralidad del ciudadano en el Derecho administrativo», en VV.AA. *El nuevo derecho administrativo: libro homenaje al prof. Enrique Rivero Ysern*. Salamanca: Ratio Legis Librería Jurídica.

Rodríguez-Arana Muñoz, Jaime (2013). «La buena administración como principio y como derecho fundamental en Europa», en *Misión Jurídica: Revista de Derecho y Ciencias Sociales*, 6.

Rodríguez-Arana Muñoz, Jaime (2015). *Derecho administrativo y derechos sociales fundamentales*. Madrid: INAP.

Rodríguez-Arana Muñoz, Jaime (2022). «Derecho administrativo, dignidad humana y derechos sociales fundamentales», en *Revista Jurídica Austral,* 1.

Suay Rincón, José (1986). «El derecho administrativo sancionador: perspectivas de reforma», en *Revista de Administración Pública*, 109.

EL PROCEDIMIENTO ADMINISTRATIVO SANCIONADOR: LAS DOS CARAS DE JANO[1]

The administrative sanctioning procedure: two faces of Janus

José Luis Said[2]
Universidad de Buenos Aires (Argentina)
Universidad Nacional del Litoral (Argentina)

Fecha de Recepción: 02/11/2022
Fecha de Aceptación: 30/11/2022

Resumen: El trabajo pretende demostrar que la aplicación de los principios y las garantías del derecho penal al procedimiento administrativo sancionador es perjudicial para la protección de los intereses públicos. Y que las garantías y principios del derecho administrativo aplicadas a la investigación administrativa son *suficientes* para respetar el debido proceso legal. También se examina la intervención de los ciudadanos en las investigaciones sobre afectaciones a intereses colectivos.

Palabras clave: Sanción administrativa. Autonomía del DAS. Buena administración como principio. Intereses colectivos. Procedimiento administrativo sancionador.

---

1 El texto contiene las bases de mi intervención en las XIII Jornadas Profesor MEILÁN GIL de Derecho Administrativo Iberoamericano. Agradezco profundamente al Prof. Jaime RODRÍGUEZ-ARANA Muñoz por la invitación a participar en ellas y compartir la experiencia jurídica y la amistad con colegas de Iberoamérica. Valgan estas líneas como un homenaje a los Maestros MEILÁN GIL y RIVERO Ysern, a quienes conocí y de quienes aprendí en el Pazo de Mariñán. Y mi reconocimiento a todo el equipo que organiza y gestiona estas Jornadas con cordialidad y generosidad.

2 Doctor en Derecho. Profesor titular en las carreras de Especialización y Maestría en Derecho Administrativo en las facultades de Derecho de la Universidad de Buenos Aires y en la Universidad Nacional del Litoral, Argentina.

Abstract: The work aims to demonstrate that the application of the principles and guarantees of criminal law to the administrative sanctioning procedure is detrimental to the protection of public interests. And that the guarantees and principles of administrative law applied to administrative investigation are *sufficient* to respect due process of law. It also examines the intervention of citizens in research on effects on collective interests.

Keywords: Administrative sanction. Autonomy of the DAS. Good administration as a principle. Collective interests. Administrative sanctioning procedure.

1. Preliminar

> «Resulta sorprendente, pero el hecho es que indefectiblemente se consideran progresistas las actitudes que recortan las potestades administrativas, aunque sea a costa de los intereses públicos y generales» (Nieto 2012).

Jano, dios de la mitología de la Antigua Roma, aparece simbolizado por la imagen de un ser con dos caras que miran en direcciones contrapuestas. La tradición popular encuentra en esta figura el símbolo de lo dual, de los opuestos que forman un mismo ente.

La representación de Jano me ha parecido una forma de hacer notar la dualidad de fines del procedimiento administrativo sancionador y la aparente aporía entre la protección a los derechos y garantías de los particulares y la efectividad de los intereses generales.

Casino Rubio (2018: 45)[3] señala dos caminos posibles para la construcción del Derecho Administrativo Sancionador:

> «Como insistentemente ha denunciado Nieto, al respecto existen dos opciones básicas: o se comprende como garantía personal del infractor o, en cambio, como garantía de los intereses generales y colectivos lesionados por el infractor».

3 Casino 2018, con prólogo de Alejandro Nieto. Resulta ineludible dar estudio a Nieto 2012, para hacer pie con firmeza en un terreno bastante resbaladizo.

Previo a considerar esa cuestión, formularé un bosquejo de la teoría del Derecho Administrativo Sancionador —potestad, procedimiento, infracción, sanción, etcétera— en que me baso.

2. Dos preguntas iniciales

Una rápida mirada a la *realidad* de la actuación del Estado permite advertir sin dificultad que existen medidas que imponen un mal o privan de un bien a las personas —físicas y jurídicas— que, según sea el caso, son impuestas por jueces penales o por autoridades administrativas. Este hecho habilita la formulación de dos preguntas fundamentales (Huergo 2019: 515-ss) para guiar las investigaciones sobre el Derecho Administrativo Sancionador (DAS).

La primera: ¿qué razones darían legitimidad a la actividad de la administración pública para imponer sanciones —que en ocasiones son tanto o más graves que algunas penas— sin aplicar las mismas garantías que los jueces penales? La siguiente: ¿por qué se reconoce a quienes —presuntamente— han cometido una infracción más garantías que a las personas expuestas a ser destinataria de otros actos administrativos tanto o más gravosos que algunas sanciones administrativas?

En otros términos: ¿debe aplicar la Administración en el procedimiento sancionador las garantías y principios del Derecho penal (DP)? y ¿no debería aplicarse el régimen jurídico sancionador a todos los actos que restringen derechos?

Para responder ambas preguntas preciso un encuadre epistemológico que permita identificar y regular el DAS sin acudir al DP y determinar su ámbito de aplicación entre las variadas formas de la actividad administrativa que restringe derechos e intereses y no son sanciones[4].

---

4 Aftalión (1947: 90-708) examinó hace 75 años el carácter autónomo o no de lo que en ese entonces se denominaba Derecho Penal Administrativo, expresión que aún hoy es utilizada por la CSJN para referirse al DAS. Señalaba el autor:

«*Lo que importa destacar a nuestro juicio es que esta cuestión de si el Derecho penal administrativo es una rama autónoma, o un simple recuadro especial dentro del Derecho Penal, no es asunto puramente académico, ni puede resolverse en el plano lógico-abstracto (...). En efecto, toda vez que se proclama, en el terreno de la doctrina la autonomía de un determinado sector de la experiencia jurídica, lo que se hace, en el fondo, es sostener que, si se aplican a ese sector los principios generales propios de la disciplina central conexa, no se satisface las exigencias de la justicia*».

Y luego, haciendo referencia al «eminente jurista alemán James Goldschmidt, para quien existirían diferencias esenciales, ontológicas, entre el 'ilícito penal' y lo que llama 'ilícito administrativo'» agrega que esas diferencias llevan a Goldschmidt que en el campo sancionador:

«*(...) pierden validez muchos principios fundamentales del Derecho penal clásico —nullum crimen, nulla poena sine lege; irretroactividad, culpabilidad, participación, tentativa, responsabilidad de las personas jurídicas, competencia de tribunales judiciales y no administrativos, etc.—*».

3. El derecho administrativo sancionador es derecho administrativo[5]

Baso mis consideraciones en una concepción de la *potestad sancionatoria* que examina la potestad que se reconoce[6] o se asigna a las administraciones públicas a partir de su enraizamiento primario con el Derecho Administrativo.

Dada la desprotección de los intereses públicos que se derivan de la mirada (tradicional) que engarza esa potestad en el poder penal del Estado[7] —sea en forma directa, sea a través de un incierto «ius puniendi» que abrazaría al DP y al DAS— es preciso formular una dogmática que aleje a la administración sancionatoria del DP y la escinda de las frecuentes versiones doctrinarias y jurisprudenciales que la sumergen en el magma del DP. A ese fin son fundamentales las enseñanzas de Alejandro Nieto García y las precisas y certeras distinciones de Jesús Silva Sánchez, que intento entrelazar para dotar de sólidos cimientos al carácter diferenciadamente administrativo del régimen jurídico sancionador —de hetero y de auto protección; de sujeción general y también especial—. La síntesis es sencilla: *el DAS es, ante todo, una especialización del Derecho Administrativo* y debe ser considerado a partir de la dogmática y la pragmática, la tópica y la sistémica de esta rama jurídica. Esto implica someterlo a un régimen de principios, conceptos, funciones y relaciones que son propios del DA y de su ciencia, y expurgar de su teoría la sumisión al DP y a su ciencia que lo esterilizan en su finalidad tuitiva de los intereses generales[8].

---

5 Nieto 2012: 25.
«En definitiva, contra viento y marea hay que afirmar que el Derecho Administrativo Sancionador es, como su mismo nombre lo indica, Derecho Administrativo engarzado en el Derecho público estatal y no un Derecho penal vergonzante».

6 Hay quien la considera una potestad inherente. Así se afirma en sentencias de la Corte Constitucional de Colombia:
«(...) [la] *potestad sancionadora como potestad propia de la administración es necesaria para el adecuado cumplimiento de sus funciones y la realización de sus fines, pues (...) permite realizar los valores del orden jurídico institucional, mediante la asignación de competencias a la administración que la habilitan para imponer a sus propios funcionarios y a los particulares el acatamiento, inclusive por medios punitivos, de una disciplina cuya observancia propende indudablemente a la realización de sus cometidos».*
Sentencia C-818/05 y también Sentencia C-214 de 1994, citadas por Pastor y Ortíz 2019: 143-ss.

7 En Argentina, *vid.* Cassagne 1994: 222-233; García 2020.

8 Un claro ejemplo es la Ley de Responsabilidad Penal de la Personas Jurídicas n.° 27401, de clara impronta sancionadora administrativa, pero que al ser considerada complementaria del Código Penal (art. 27 Aplicación complementaria. La presente ley es complementaria del Código Penal) y disponer la aplicación supletoria del Código Procesal Penal de la Nación (art. 28) posterga indefinidamente la aplicación de una sanción y su ejecución, al excluir la aplicación de la autotutela ejecutiva (ejecutoriedad del acto administrativo, art. 12, LPA).

Hay quien se rasga las vestiduras y tacha de pre-beccariano al Derecho sancionador que se aleja del DP (García de Enterría 1976)[9]. Entiendo que ese planteo resulta equivocado pues lo que aquí se propone es i) regular esta potestad de sancionar con todas las herramientas que dan *forma y sustancia al Estado Constitucional de Derecho* y ii) *garantizar los derechos humanos de las personas físicas y los derechos constitucionales de las personas morales*, cuando se vean sometidas al poder sancionador (Pastor y Ortiz 2019)[10]. Enmarco el examen del DAS en la fabulosa construcción que cumple la doble misión de (i) dar legitimación a la actuación administrativa del Estado y (ii) constituir las garantías que protejan los derechos e intereses de las personas individuales y de los grupos colectivos frente a la Administración y a los demás poderes institucionales y fácticos que configuran la vida y las relaciones intersubjetivos de una comunidad.

No existen razones, a mi juicio, para *configurar* tanto la potestad sancionadora de la administración como las garantías frente a ella a partir de la expansión de las reglas y principios del Derecho Penal[11]. Reglas y principios estos que —sea por pereza intelectual, simplismo metódico o conformismo ideológico, o bien por convicciones científicas o principistas— se reclama que sean aplicados cada vez que la Administración pretende investigar una infracción e imponer una sanción bajo la imprecisa justificación de la «proximidad científica» entre ambos subsistemas jurídicos.

9 García de Enterría 1976, quien plantea el desplazamiento de la potestad sancionatoria desde la Administración al Poder Judicial:
«Esa devolución al juez implicará también beneficiar a los administrados con las sustanciales técnicas de garantía ligadas al Derecho procesal penal y que en modo alguno pueden encontrar un sustitutivo en el Derecho procedimental administrativo, ordenado a otros fines».

10 Pastor y Ortíz 2019:
«De esta manera, lo que se exige frente al derecho al debido proceso no es que los principios de la normatividad sustantiva y procesal del derecho penal se apliquen a todas las actuaciones judiciales administrativas o de carácter sancionatorio, sino que en todo caso de actuación administrativa exista un proceso debido, que impida y erradique la arbitrariedad y el autoritarismo, que haga prevalecer los principios de legalidad y de justicia social, así como los demás principios y fines del Estado, y que asegure los derechos constitucionales y convencionales de todas las personas».

11 En contra García Pullés (2020), citado para quien la afirmación de la CIDH y los fallos de la Corte IDH referidos a las garantías del art. 8 del PSJR indicando que son exigibles en la determinación de derechos y obligaciones de índole civil, fiscal, laboral o de cualquier otro carácter:
«*(...) supone algo más que su contenido textual, porque implica afirmar que* todas *las garantías constitucionales del derecho penal del orden jurídico positivo argentino deben ser también consideradas propias del derecho administrativo sancionador y, especialmente, del procedimiento utilizado para el ejercicio de tales potestades*».

Aunque referidas a la situación en España, son igualmente aplicables a nuestro país las conclusiones que formula Miguel Casino Rubio (2018: 26-27):

> «Por el momento baste con insistir en que el concepto de sanción administrativa, con el que arranca todo el Derecho administrativo sancionador, es un asunto, como podrá comprobarse en el que los principios propios del Derecho administrativo, con la gestión de los intereses generales al frente, han sido paradójicamente los primeros en caer, en favor de los principios y garantías propios del Derecho penal. Una conclusión realmente llamativa y que prueba hasta qué punto los intereses públicos y generales han quedado efectivamente marginados en el proceso de elaboración teórica del Derecho administrativo sancionador».

4. La matriz epistemológica del DAS

Dado el carácter introductorio de estas ideas para una más clara exposición del tema de mi intervención —el procedimiento administrativo sancionador— señalaré en forma esquemática la diferente matriz sobre la que se construyen el Derecho penal y del Derecho administrativo sancionador:

a) El Derecho penal protege «bienes jurídicos» de actos que puedan «ofenderlos»[12]; el Derecho administrativo sancionador tutela «contextos» o «entornos» incluyendo las conductas menores o nimias, actos de peligro en abstracto, situaciones de riego, infracciones formales o de mera conducta, conductas de terceros, etcétera (Silva 2001).

b) El Derecho penal parte del dato micro, del caso singular, el Derecho administrativo sancionador toma en cuenta la perspectiva estadística o de acumulación (Silva 2001).

c) El Derecho penal cuenta con la posibilidad de imponer penas privativas de libertad, el Derecho administrativo sancionador no puede aplicar forma alguna de privación de libertad[13].

d) Finalmente —y para terminar esta enunciación no taxativa—, el Derecho penal es aplicado por los jueces, y el Derecho administrativo sancionador por la Administración y otras autoridades que no integran el sistema penal[14].

La situación de encontrarnos inmersos en lo que se ha denominado «la sociedad de riesgo» (Beck 1998) y la enorme incidencia de las grandes compañías y de las corporaciones en la vida cotidiana de las personas tienen la

12 Artículo 19 de la Constitución Argentina.

13 Según el art. 23 de la CN sólo previa declaración del estado de sitio puede el Poder Ejecutivo disponer el arresto de personas.

14 *Vid.* Nieto 2012; Silva 2001; Guyomar 2014; entre muchos otros.

gravedad suficiente para exigir de los juristas un examen de la idoneidad que puede tener el DAS sujetado a la matriz del DP para hacerse cargo de regular, fiscalizar y sancionar ese ámbito de conductas y de sujetos.

Inscribo estas reflexiones en lo que el profesor Nieto (2012) denomina «el giro administrativo» en la evolución del Derecho administrativo sancionador. Es a partir de esas pautas y esa dogmática que se puede dar respuesta a numerosas e inquietantes cuestiones que el DAS apoyado en el Derecho penal liberal no puede resolver consistentemente:

a) La responsabilidad de las personas jurídicas.

b) La matriz objetiva de la responsabilidad.

c) El tratamiento del riesgo.

d) La responsabilidad solidaria.

e) Las infracciones que no afectan bienes jurídicos.

f) La perspectiva «macro» o cumulativa para pensar la eficacia del sistema (Silva 2003).

Cualquiera que sea el valor que se le reconozca para investigar y sancionar los comportamiento de los seres humanos, nadie que observe el cuadro de situación con una mirada atenta e imparcial podría afirmar que el Derecho Penal de culpabilidad, responsabilidad personal, personalidad de la pena, etc... pueda resultar útil para sancionar a los entes ideales, cuyos titulares, en ocasiones, son otros entes ideales, personas jurídicas que carecen de la capacidad para actuar por sí, que no tienen una estructura psíquica que les permita conocer y decidir, que no deliberan sus decisiones, que realizan actividades consideradas riesgosas, etc.

El historiador Harari (2017: 46) describe magníficamente la situación de paradoja en la que nos encontramos:

> «Así, desde la revolución cognitiva, los sapiens han vivido en una realidad dual. Por un lado, la realidad objetiva de los ríos, los árboles y los leones; y por el otro, la realidad imaginada de los dioses, las naciones y las corporaciones. A medida que pasaba el tiempo, la realidad imaginada se hizo cada vez más poderosa, de modo que en la actualidad la supervivencia de ríos, árboles y leones depende de la gracia de entidades imaginadas tales como dioses, naciones y corporaciones».

Resulta necesario, entonces, revisar los postulados ideológicos que a partir del pensamiento liberal de los siglos XIX y comienzos y fines del XX consideran que el mayor peligro para la sociedad y los mercados lo constituye el Estado, que debe ser neutralizado limitando su posibilidad de regular, fiscalizar y sancionar (Hayek 1976). En particular ello resulta necesario para fortalecer las herramientas de las AAPP para dar eficacia a la gestión de los intereses generales que —cada vez más— la sociedad le encarga. Entiendo que habrá que incorporar las dimensiones difusas de lo que Ulrich Beck llamó *sociedad de riegos* (Beck 1998: 304). Sociedad y situaciones de riesgos que complican extremadamente a la teoría del Derecho, que durante miles de años trató de disciplinar las relaciones personales a partir del valor de la seguridad jurídica, estableciendo procedimientos y dispositivos para dotar de certeza a los conflictos[15]. Pero que desde el siglo XX, y ya bien afirmados en el siglo XXI, es convocado a reglar los riesgos, que es el territorio de la incerteza, de la incertidumbre; que carece de bases científicas suficientes sobre las cuales decidir si conviene o no permitir una nueva tecnología, una innovación, una conducta con la cual se pretende actuar en (o sobre) el ambiente.

Como expresa Jaques Chevallier (2014: 8-9):

> «(...) la lógica de "mantener el orden" sobre la que se apoyan tradicionalmente las actividades de policía está ahora dentro de una problemática mucho más grande, la de la "seguridad" (...) La promoción del tema de la seguridad testimonia una inflexión en profundizar la problemática clásica de mantener el orden. La "seguridad interior" es entendida de manera extensiva, como implicando la protección de la población contra las amenazas de toda clase: la idea de que la seguridad es un "derecho fundamental"».

En un diálogo con Danilo Zolo, Beck (2005: 308) señala el surgimiento de desafíos a la modernidad de la Ilustración que califica de «riesgos globales» y enuncia a «la crisis ecológica y (...) la turbulencia de los mercados financieros». En tal línea de argumentos se ha señalado (Esteve 2003: 53-82) que:

> «Las modernas sociedades han experimentado, en paralelo a su desarrollo tecnológico, un cambio ya muy perceptible en el origen de los daños que puedan afectarlas. Históricamente, ese potencial dañoso, aflictivo, tenía un origen natural: las limitaciones y los peligros propios de la naturaleza. El progreso industrial y tecnológico ha conseguido superar o eliminar muchos de esos peligros naturales, pero con el coste de los riesgos que genera la propia tecnología empleada para alcanzar, con notables éxitos por lo demás, estos objetivos. Así es como hemos pasado de una sociedad expuesta mayoritariamente, exclusivamente en un principio, a los peligros y limitaciones naturales a otra que se caracteriza por su destacada y hasta preferente exposición a los riesgos de la tecnología que ella misma ha generado. (...) La incerteza que se cierne en torno a los efectos de procesos industriales, productos, instalaciones y demás intervenciones de la técnica en un mundo saturado de ella

15 López-Jurado (2008: 153-155) afirma:
«Aunque el agente jurídico gusta de la certeza científica para poder cumplir su función estabilizadora, la ciencia en contacto con la estructura racional de la realidad es reacia a los blancos y los negros y prefiere las realidades intermedias».
«El ejercicio de las responsabilidades conferidas a las autoridades competentes exige de éstas la toma de decisiones razonables en presencia de las alternativas entre actuar o no y, decidida la acción, entre distintas actuaciones concretas a llevar a cabo. La tarea del regulador y, por tanto, también, la del jurista consiste en idear nuevos métodos y procedimientos que permitan una mejor coexistencia de la innovación y el riesgo».

es un problema complejo y de gran relevancia para el Derecho que se plantea con especial agudeza en dos momentos: uno es el de la adopción de decisiones y otro el de la responsabilidad por daños causados en entornos de incerteza, considerando en cualquier caso que esos daños, si se deben a una tecnología, no pueden ya imputarse a un destino ineluctable como el que mueve las fuerzas de la naturaleza, sino que siempre podrá advertirse en su origen una o varias decisiones humanas».

De ese modo, la regulación, control y sanción de conductas consideradas riesgosas desafía el código genético del constitucionalismo tradicional —autoridad-libertad— que se expresa en el aforismo *in dubio pro libertatis*[16] y las capacidad de rendimiento —efectividad— de un derecho represivo que se configura a partir del DP liberal.

Julio B.J. Maier (2011: 34-35) advertía que en la sociedad de riesgo la función del Estado de procurar el bien común precisaba el ejercicio del poder de policía:

> «(...) incluso de medios de coacción directos, que le permitan operar ese bienestar común y prevenir los riesgos de la vida moderna mediante el control de múltiples actividades —salud pública o general, sustancias o mercaderías en el comercio, uso y existencia de ciertas armas, medicamentos, elaboración y consumo masivo de mercaderías, recaudación y subvención pública—. Por ello me parece que un Derecho administrativo sancionador, por supuesto de intervención, siempre moderado en sus injerencias sobre las personas, que solo opere con sanciones que, de demostrarse un error (...) puedan ser reparadas por el Estado de la mejor manera posible, representa, esquemáticamente, un principio de solución del problema: en esta zona [cita a Winfried Hassemer] "no se trata de compensar el injusto, sino de prevenir el daño; no se trata de punir, sino de controlar; no se trata de retribuir, sino de asegurar; no se trata del pasado, sino del futuro"».

5. ¿Qué es una sanción?

La definición y caracterización de la categoría jurídica *sanción* permitirá distinguirla de otros actos por medio de los cuales la Administración también restringe o priva de derechos sin carácter represivo y de los actos no procedimentalizados de coacción administrativa directa.

Suay Rincón (1989: 221) examina la sanción administrativa entendida como:

> «(...) un acto de gravamen, un acto, por tanto, que disminuye o debilita la esfera jurídica de los particulares, bien sea mediante la privación de un derecho —interdicción de una determinada actividad, sanción interdictiva—, bien mediante la imposición de un deber antes inexistente —condena al pago de una suma de dinero: sanción pecuniaria—»[17].

---

16 Recuérdese que los principios jurídicos ambientales que contrastan con el principio *pro libertatis* son: precaución, equidad intergeneracional y solidaridad.

17 *Apud.* RAMÍREZ 2007.

Se trata, es dable inferir, de una especie del género *actos de gravamen*.

Otra nota distintiva fue señalada en el fallo «Baena» por la Corte Interamericana de Derecho Humanos al determinar que las sanciones administrativas —como las penales— «implican menoscabo, privación o alteración de derechos de las personas, *como consecuencia de una conducta ilícita*»[18].

También se ha afirmado que la determinación de la existencia de la conducta infractora que opera como f*actor de reconocimiento* de la sanción se constate mediante un procedimiento administrativo que satisfaga las exigencias del *debido proceso legal*, dotado de previo contradictorio y amplia defensa (Ferreira 2001: 22).

Y, por último, debe tenerse presente la *finalidad* del acto administrativo pues, como fue señalado en la jurisprudencia de la Corte Suprema de Justicia de la Nación Argentina: «la finalidad de las sanciones administrativas —disciplinarias o represivas— *es restaurar el orden jurídico infringido*, reafirmando la vigencia de la norma, para cuyo cometido es necesario *herir al transgresor* en su patrimonio y no reparar un perjuicio o constituir una fuente de recursos para el erario (CSJN, Fallos: 328:2752, sentencia del 28.07.2005, del voto del juez Enrique Santiago Petracchi en la causa «Transportes del Tejar S:A: c/ Tribunal Municipal de Faltas — Municipalidad de la Ciudad de Buenos Aires)[19]. Nieto (Casino 2018) agrega que la finalidad de la sanción administrativa es doble: el servicio público, la defensa de los intereses generales, por un lado, y el castigo del infractor, por otro.

6. ¿Cómo diferenciarla de otros actos gravosos?

No todas las medidas restrictivas de derechos determinadas o ejecutadas por la Administración cumplen con las cuatro características enunciadas en el punto anterior para poder ser consideradas como «sanciones administrativas».

La necesidad de diferenciarlas tiene relevancia para definir cuál será el régimen jurídico que las regula, pues —es una verdad de Perogrullo— el DAS tanto en lo sustancial como en lo procedimental solo se refiere a los actos administrativos dirigidos a imponer sanciones. El carácter represivo sancionatorio no debe ser atribuido a todos actos de la Administración que impactan en forma negativa en los derechos, intereses y deberes del administrado. Rebollo Puig (1990: 42) sostiene la necesidad urgente de «depurar el concepto mismo para excluir de él las falsas sanciones y, consiguiente-

18 Corte IDH, caso «Baena Ricardo y otros vs. Panamá» (Fondo, Reparaciones y Costas), 02/02/200, párrafos 106 y 107.

19 Ramírez 2007 afirma que:
«(...) el carácter represivo de la sanción: [es el] elemento diferenciador con otras instituciones jurídicas que imponen cargas al administrado, el carácter represivo es el eje sobre el que se edifica el concepto de sanción».

mente, todo el régimen jurídico de otras medidas administrativas igualmente gravosas, pero de naturaleza no propiamente represiva» como pueden serlo la expropiación, las medidas urbanísticas, etc.

Así, por un lado, encontramos las *medidas de policía* que constituyen la consecuencia jurídica de conductas de los particulares, que no pretende la inmediata aplicación de una sanción, sino que se dirigen a la conservación del orden legalizado o regulado, la salvaguardar los intereses públicos de cara a los derechos de los demás ciudadanos y a restablecer el orden jurídico conculcado. Entre los fundamentos de estas medidas que, por su urgencia prescinden del previo procedimiento contradictorio para que su aplicación resulte efectiva, se encuentra i) la necesidad de autodefensa administrativa y ii) el uso de la fuerza para evitar hechos punibles.

Aguirreazkuenaga (1990: 60-61) recuerda que en las medidas de coacción directa —las más extremas dentro de las de policía—, Merkl observaba tres elementos fundamentales «a) la conservación del orden como fin, b) la prevención de los peligros como método y, c) la coacción como medio.

Conviene efectuar otra distinción que se muestra con nitidez cuando se examina la revocación de permisos, licencias o autorizaciones. Tal revocación puede responder a) al incumplimiento de los requisitos objetivos y subjetivos que permitieron el otorgamiento de la autorización, o b) al incumplimiento de las condiciones y límites ya en el ejercicio de la actividad autorizada. En estos casos, si lo que se investiga es la inobservancia del régimen sustantivo que regula el ejercicio de la actividad autorizada y la consecuencia puede ser la revocación de la habilitación, se está en el ámbito del DAS. En cambio, si se detecta una transgresión al régimen de los requisitos de la autorización, la cuestión es ajena al DAS y se regula por los principios y reglas generales referidas a los vicios en la actividad de la Administración (Casino 2018: 105-ss).

> «De modo que cuando el correspondiente incumplimiento es del régimen jurídico que ordena la correspondiente actividad y constituye una infracción sancionable la revocación que lo castiga funciona entonces como sanción. En caso contrario, la conclusión es lógicamente la opuesta y, en consecuencia, la revocación es en tales casos una simple medida administrativa descargada de contenido sancionador, que se limita a apurar las consecuencias derivadas del incumplimiento objetivo de los requisitos que habilitan el ejercicio del derecho o la actividad pretendida. Esa es, en efecto, la tesis hoy dominante entre nosotros» (Casino 2018: 104).

Tampoco se considera entre las sanciones administrativa la aplicación de daños punitivos, dado que a) tienen una naturaleza civil, b) se hallan previstas en la Ley de Defensa del Consumidor, y c) se aplican por los jueces competentes en esa materia[20].

---

20 Puede consultarse con provecho para el lector la obra Gómez 2012.

7. El procedimiento sancionatorio —o de qué manera conciliar los dos rostros de Jano—

Teniendo ya una —relativa— determinación de lo que pueden considerarse sanciones administrativas, corresponde ingresar a considerar la relación entre buen gobierno y procedimiento sancionador. Como lo han destacado eminentes catedráticos (Meilán 2013: 250):

> «(...) el Derecho administrativo es algo más que un sistema de garantías, por muy importante que éste sea. No puede reducirse a combatir la arbitrariedad, la actuación ultra vires —Schwartz, García de Enterría y epígonos—. Es cauce para la satisfacción de los intereses generales, que son de los ciudadanos, y justifica la misión servicial de la Administración Pública».

Y (Nieto 2012: 34), en particular para el DAS:

> «(...) los avances logrados en las garantías aseguradas por el Derecho Administrativo Sancionador —que son pura y simplemente irrenunciables— no autorizan a silenciar una grave disfunción de la política represiva en la que se han desequilibrado sus elementos componentes en beneficio de la garantía y en perjuicio de la punición. El objetivo del Derecho Administrativo Sancionador no es la protección del autor de la infracción sino su castigo con respeto de las garantías que como ciudadano de un Estado democrático de Derecho se merece».

Puesta de relieve la fundamental trascendencia de la potestad sancionadora para la satisfacción de los intereses públicos que la sociedad encomienda a la Administración, la decisión de configurar el procedimiento administrativo sancionador a partir del Derecho Penal o por del Derecho Administrativo no es neutral. La máxima tutela garantista que el procedimiento penal debe tener *en su ámbito*[21] resulta inapropiada para el procedimiento administrativo sancionatorio y trae como consecuencia la neutralización de la actividad

---

En Argentina, la CSJN en la sentencia del 3 de marzo de 2020, publicada en Fallos: 343:140 expresó:
«13) Que, en la reunión de la Comisión de Asuntos Constitucionales de la Cámara de Senadores (...) el asesor del Ministerio de Justicia, doctor Sanmartino, expresó que 'La sanción pecuniaria disuasiva es una multa civil que está prevista, por ejemplo, en el artículo 52 bis de la ley del consumidor. Es decir que es una sanción que se vincula por el incumplimiento de un contrato de consumo, de una relación de consumo. No se refiere a lo que son las astreintes. La sanción pecuniaria disuasiva básicamente se llama daño punitivo. *La astreinte (...) es un medio compulsivo en el marco de un proceso judicial. Y la sanción pecuniaria disuasiva es otra cosa; es una multa en el marco de una relación contractual de consumo».*

21 La rigidez de las garantías y principios tradicionalmente vigentes en el Derecho penal se halla en relación con las consecuencias jurídicas que eran usuales en ese sistema: la pena de muerte y los castigos corporales, y actualmente la privación de la libertad (cf. SILVA 2001: 116-117).

administrativa dirigida a dar eficacia a las normas y actividades administrativas dirigidas a la concreción de los intereses generales cuando son afectadas por infracciones administrativas. El procedimiento administrativo que so pretexto de garantismo se nutre defensas previstas para evitar la muerte, los castigos y la prisión[22], obtura el ejercicio de la potestad administrativa y trae perjuicio a la sociedad.

He tomado partido por la naturaleza administrativa del DAS en todos sus ámbitos a fin de lograr que se atienda en forma equilibrada las dos miradas de Jano. El procedimiento administrativo sancionador no es ajeno a ese encuadre. Silva Sánchez (2001: 151) lo expresa con absoluta claridad:

> «(...) ni en todo el sistema jurídico debe haber las mismas garantías, ni en todo el sistema de derecho sancionatorio tiene porqué haber las mismas garantías, ni siquiera en todo el sistema sancionatorio penal tienen por qué exigirse las mismas garantías».

La razonabilidad de este planteo se advierte en la relación que efectúa Lozano Cutanda (1997) entre el rigor en la aplicación de las garantías, por una parte, y la gravedad de la sanción a imponer. En sentido semejante Huergo Lora (2019: 17) sostiene que se debe:

> «(...) dejar de operar con las sanciones administrativas como una categoría homogénea, y operar al igual que lo hace el TEDH distinguiendo en función de la gravedad de las sanciones a las que se aplican determinadas garantías en la medida en que tengan una especial gravedad».

---

22 SAID 1999:
«En los siglos XVIII o XIX, cuando el ciudadano era el sujeto débil en la relación de poder con el estado, cuando el estado tenía la concentración más importante de saber, de recursos económicos y de coacción, era razonable (y legítimo) que surgiera una resistencia con un discurso de derechos y libertades individuales para limitar al poder. Esto es una cosa. (...) Pero cuando en las postrimerías del milenio con lo que nos encontramos es con aquello que el profesor Grecco dejaba sentado, que no sabemos si hay estado; cuando hoy el saber no es una característica determinante y central del poder del estado —hay más saber dando vueltas afuera, y lo tienen las corporaciones, que el saber que genera el Estado con sus universidades y centros de investigaciones—; cuando el poder económico de organismos y grupos transnacionales hace que parezcan ingenuas las ideas de soberanía, autodeterminación, etc.; (...) entonces tampoco el Estado tiene un poder relevante para generar recursos económicos; y, por último, cuando fenómenos como el narcotráfico y la guerrilla nos señalan que existen, inclusive, estados donde hay organizaciones que tienen mayor poder de fuego y armamento que el propio Estado; cuando todo esto se presenta, yo me pregunto si el discurso hoy de limitación del poder de policía tiene algo que ver con la lucha de resistencia que fue creando al 'ciudadano' durante los siglos XVI a XVIII, como correlato de la ley y limitación al estado. *(...) Hoy la resistencia a la noción de poder de policía, me parece, pasa por otro lado. Por el lado que pasa —según creo— es por la libertad del zorro en el gallinero; por la garantía de una mínima intervención estatal en ámbitos que los actores económicos hegemónicos quieren aprovechar sin dar demasiadas explicaciones al estado, para lo cual deben resistir esta noción».*

Es menester que reitere la frontera dentro de la cual la propuesta en la que me enrolo pueda ser aplicada: *el sistema administrativo sancionatorio no puede incluir medidas privativas de la libertad*. Con claridad lo expresaba Julio B. J. Maier (2011: 33): «el Derecho contravencional no debe funcionar, cuando menos, sobre la base de la privación de la libertad».

Coincido con quienes afirman que las garantías democráticas del Derecho sancionador no proceden del Derecho Penal sino de los valores comunitarios plasmados en la Constitución (Lascuraín 2005). No advierto que la Constitución sacrifique en el altar de las *garantías penales* los intereses públicos, generales o el bien común que ella establece, autoriza a los poderes constituidos a determinar según las circunstancias e impone como deber de realización a la Administración. La desnaturalización del procedimiento administrativo para el ejercicio de la potestad sancionadora lesiona el interés público consistente en conceder a la Administración una potestad para reforzar la observancia de la ley.

Incluso, desde la perspectiva de quienes propugnan la aplicación de las bases del Derecho Penal al DAS (Gómez 2012: 31) se ha sostenido:

> «Probablemente desde un punto de vista procesal, también los principios garantistas deben ser idénticos. Así, por ejemplo, la presunción de inocencia, el derecho a la defensa, el derecho a no declarar contra sí mismo, etc. Otra cosa es que su articulación concreta no deba ser la misma que en el Derecho Procesal Penal».

La diferencia de estructura y finalidad entre los «principios» y las «normas» (Zagrabelsky 2003) permite que los principios penales tengan un desarrollo normativo diferente en cada ámbito examinado. Así lo ha entendido el Tribunal Constitucional Español al expresar que el principio de culpabilidad es un principio estructural básico del Derecho penal, «sin embargo la consagración constitucional de ese principio no implica en modo alguno que la Constitución haya convertido en norma un determinado modo de entenderlo»[23]; en esa dirección hermenéutica la Corte IDH ha establecido en relación las garantías judiciales del art. 8 de la CADH que, si bien deben ser respetadas dentro de todo tipo de procesos, sean administrativos o jurisdiccionales[24], cuando la aplicación es realizada por autoridades no judiciales no son aplicables las garantías receptadas en el ar. 8.1 propias de un órgano judicial. Debe sí aplicarse «aquellas destinadas a asegurar que la decisión no sea arbitraria»[25].

23 STC, 246/1991, del 19 de diciembre.

24 Caso «Baena»

25 Caso «López Lone» párrafo 207

Como puede verse, la aplicación de los mismos principios penales admite un desarrollo normativo diferenciado en el DAS de acuerdo con la jurisprudencia de la Corte IDH y de la CSJN de Argentina[26].

8. Principios del procedimiento administrativo sancionador

8.1. El PAS y los DDHH

Voy a partir, para el encuadre adecuado de las normas del procedimiento sancionatorio y simplificar la exposición, de un documento producido por la CIDH[27] referido a los estándares del Sistema Interamericano de Derechos Humanos para que el acceso a la justicia opere como garantía de los DESC[28]. En particular en cuanto examina los principios y elementos que componen el debido proceso legal en sede administrativa. No pierdo de vista que el informe se refiere al procedimiento administrativo referido a los derechos sociales, pero sus pautas son, en su mayor parte, trasladables al PAS pues la decisión de pautar con precisión los elementos que integran la «garantía» de los particulares en esos procedimientos ante la Administración es compartido por el DAS y se dirige a dar cumplimiento al debido proceso, evitar la aplicación discriminatoria del Derecho y limitar la discrecionalidad de la Administración.

De acuerdo con la CIDH los elementos que componen el debido proceso legal en sede administrativa son los siguientes: i) La garantía de una audiencia de determinación de derechos. El derecho a la representación legal; ii) La notificación previa sobre la existencia del proceso; iii) El derecho a contar con una decisión fundada; iv) La publicidad de la actuación administrativa; v) El derecho al plazo razonable del proceso administrativo; y, vi) El derecho a la revisión judicial de decisiones administrativas.

8.2. El PAS y la buena administración

La Carta Iberoamericana de los Derechos y Deberes de los Ciudadanos en relación con la Administración, cuyo borrador fue redactado por el profesor

26 En verdad, la jurisprudencia de la CSJN no presenta una posición uniforme, lo que dificulta aún más establecer una clara comprensión del DAS en la Argentina. SÁNCHEZ (2015) expresa que: «(...) podemos ir encontrando casos que avalan la necesidad de traslación plena de principios entre ambas ramas del derecho, como así también de la modulación en la aplicación de los mismos».

27 OEA/Ser.L/V/II.129 Doc. 4, septiembre 2007.

28 El acceso a la justicia como garantía de los derechos económicos, sociales y culturales. Estudio de los estándares fijados por el sistema interamericano de derechos humanos.

Jaime Rodríguez-Arana Muñoz (2014: 17-30), ha incorporado en el debate a «la buena Administración Pública». El autor explica que la buena administración:

> «(...) puede ser concebida como obligación de los Poderes Públicos, como derecho humano y, también, como no, como principio general del Derecho Público y de la Ciencia de la Administración Pública. Extremo que explica también claramente el preámbulo de la Carta (CIDYDCAP): "La buena Administración Pública adquiere una triple funcionalidad. En primer término, es un principio general de aplicación a la Administración Pública y al Derecho Administrativo. En segundo lugar, es una obligación de toda Administración Pública que se deriva de la definición del Estado Social y Democrático de Derecho, especialmente de la denominada tarea promocional de los poderes públicos en la que consiste esencialmente la denominada cláusula del Estado social: crear las condiciones para que la libertad y la igualdad de la persona y de los grupos en que se integra sean reales y efectivas, removiendo los obstáculos que impidan su cumplimiento y facilitando la participación social. En tercer lugar, desde la perspectiva de la persona, se trata de un genuino y auténtico derecho fundamental a una buena Administración Pública, del que se derivan, como reconoce la presente Carta, una serie de derechos concretos, derechos componentes que definen el estatuto del ciudadano en su relación con las Administraciones Públicas y que están dirigidos a subrayar la dignidad humana"».

El PAS, examinado desde la perspectiva del derecho a la buena administración, exigirá poner en primer plano, la función de garantía de los particulares que el procedimiento debe cumplir. Así, la Carta establece —en cuanto ahora me interesa destacar— en el apartado 24, *el principio de debido proceso.* Indica que:

> «(...) las actuaciones administrativas se realizarán de acuerdo con las normas de procedimiento y competencia establecidas en los ordenamientos superiores de cada uno de los países miembros, con plena garantía de los derechos de representación, defensa y contradicción».

Luego, enuncia entre los derechos de los ciudadanos, entre otros:

> «8. Derecho de participación en las actuaciones administrativas en que tengan interés, especialmente a través de audiencias y de informaciones públicas (...). 12. Derecho a presentar quejas, reclamaciones y recursos ante la Administración Pública (...) 13. Los ciudadanos podrán denunciar los actos con resultado dañoso que sufran en cualquiera de sus bienes y derechos producidos por los entes públicos en el ejercicio de sus funciones».

Se da énfasis a la protección de las situaciones jurídicas de los administrados en sede administrativa y se establecen ciertos mecanismos de participación en el procedimiento: audiencias, informaciones, denuncias, quejas, reclamaciones y recursos.

Mas la buena administración no es sólo un derecho de los particulares. Es también un principio general del derecho administrativo. Así lo explica Jaime Rodríguez-Arana Muñoz (2014: 17-30):

> «La buena Administración Pública puede ser concebida como obligación de los Poderes Públicos, como derecho humano y, también, como no, como principio general del Derecho Público y de la Ciencia de la Administración Pública. Extremo que explica también claramente el preámbulo de la Carta (CIDYDCAP): "La buena Administración Pública adquiere una triple funcionalidad. En primer término, es un principio general de aplicación a la Administración Pública y al Derecho Administrativo. En segundo lugar, es una obligación de toda Administración Pública que se deriva de la definición del Estado Social y Democrático de Derecho, especialmente de la denominada tarea promocional de los poderes públicos en la que consiste esencialmente la denominada cláusula del Estado social: crear las condiciones para que la libertad y la igualdad de la persona y de los grupos en que se integra sean reales y efectivas, removiendo los obstáculos que impidan su cumplimiento y facilitando la participación social. En tercer lugar, desde la perspectiva de la persona, se trata de un genuino y auténtico derecho fundamental a una buena Administración Pública, del que se derivan, como reconoce la presente Carta, una serie de derechos concretos, derechos componentes que definen el estatuto del ciudadano en su relación con las Administraciones Públicas y que están dirigidos a subrayar la dignidad humana"».

La dimensión de la buena administración como principio general del DA exige considerar las implicancias que para el PA y para el PAS en particular —tema de esta ponencia— se derivan de ese principio.

Aparece aquí, nuevamente, la otra cara de Jano: la que mira hacia la tutela, garantía y satisfacción de los intereses públicos. En el prólogo al libro de Casino Rubio, el maestro Alejandro Nieto (Casino 2018: 16) expresa:

> «Casino —después de denunciar incansablemente la desviación provocada por la falsa perspectiva de enjuiciar las sanciones desde el punto de vista de las garantías individuales— insiste en el surco trazado por otros autores, fundamentalmente Huergo y Rebollo Puig, recuperando la visión del Derecho Administrativo Sancionador como una institución al servicio, en primera línea, de los intereses públicos y generales».

Esta visión centrada en dotar a la Administración de potestades para la debida atención de los intereses públicos, de los «entornos» (Silva 2001), que operan como un refuerzo sancionatorio para la ordinaria tarea de gestión de ámbitos trascendentes para la sociedad[29], no es compatible con la mirada del PAS a partir de los principios y garantías del Derecho Penal que postula por

29 NIETO (2012: 25) indica:
«(...) la potestad administrativa sancionadora es una potestad aneja a toda potestad atribuida a la Administración para la gestión de los intereses públicos».

un sector de la doctrina[30]. Mirada ésta que esteriliza —inevitablemente— las potestades y prerrogativas tuitivas de los intereses públicos. Con toda claridad Meilán Gil (2010: 73) enseñaba:

> «Privilegios y prerrogativas que no se compadecen ya con la orientación constitucional, aunque se resistan a desaparecer. No tiene sentido seguir manteniendo la defensa de las potestades de la Administración como algo exorbitante del Derecho privado. Forman parte necesaria de la función encomendada constitucionalmente a la Administración pública y esencial al Derecho administrativo».

Y agrega la contundente explicación del Tribunal Supremo español:

> «Las potestades que la Constitución y las leyes encomiendan a la Administración no son privilegios, sino instrumentos normales para el cumplimiento de sus fines y, en definitiva, para la satisfacción de los intereses generales».

8.3. El PAS en la Ley Nacional de Procedimientos Administrativos

La ley 19.549 no contiene reglas específicas para el procedimiento administrativo sancionador. No obstante, los principios y garantías que establece en ella dan adecuada recepción normativa al principio y garantía del debido proceso constitucionalmente establecido y corresponde que sean aplicados como matriz de los procedimientos sancionatorios[31].

Esto no implica rechazar que se establezca una normativa común para todas las especies de procedimientos sancionadores; unas bases comunes que tomando en cuenta las diferentes características y fines de diversas expresiones de castigo —auto/hetero protección; sujeción general/especial; fundamentalmente— fijen las condiciones de regularidad mínimas que deben resguardarse en todos las investigaciones administrativas con la mirada puesta en dos objetivos: proscribir la indefensión y resguardar los intereses públicos afectado por la infracción.

---

30 En contra, García Pullés (2020: 186) afirma:
«(...) el derecho no regala a la Administración las prerrogativas por razones de mera eficacia. Por el contrario, en un contexto republicano de división de poderes prevista para asegurar los beneficios de la libertad, tales prerrogativas han sido otorgadas con fundamentos concretos y raíz moral». Sin embargo, luego expresa en distinto sentido que «la finalidad del gobierno es la consecución del interés público y que este se jerarquiza sobre los intereses particulares. Es aquí donde debe hallarse el justificativo republicano de la prerrogativa de la autotutela ejecutiva».

31 En contra: García Pullés (2020: 193) sostiene que:
«(...) no es posible continuar postulando la aplicación de la Ley Nacional de Procedimientos Administrativos y su reglamento al procedimiento administrativo en el que se ejercita la potestad sancionadora de las administraciones públicas».

Pero lo que, entiendo, resulta definitorio para que se deba aplicar la LNP a los procedimientos sancionatorios es que, salvo ley expresa que indique la aplicación de otro régimen, corresponde tratar toda la materia administrativa, en primer término, con las reglas del DA[32].

8.4. Innecesaridad de aplicar principios penales en el PAS

Creo haber expresado razones suficientes para postular que la aplicación de los principios y garantías propios del Derecho Penal sustantivo y adjetivo es perjudicial para la adecuada y necesaria actividad administrativa gestora de los intereses públicos que le son asignados por la Constitución y las leyes.

En una posición diametralmente opuesta sobre este asunto García Pullés (2020: 199) sostiene que la Opinión Consultiva 11/90 de la CIDH y los fallos de la Corte IDH:

> «(...) supone[n] algo más que su contenido textual, porque implica afirmar que todas las garantías constitucionales del derecho penal del orden jurídico positivo argentino deben ser también consideradas propias del derecho administrativo sancionador y, especialmente, del procedimiento utilizado para el ejercicio de tales potestades».

Y sobre esa base conjetura que en el orden jurídico argentino se ha impuesto como régimen supralegal directamente aplicable al DAS el conjunto de garantías penales y sustanciales, enfatizando que «repito que no es una cuestión de opiniones doctrinarias».

Entiendo que esa afirmación quita toda relevancia a la expresión «en ocasiones» que la Corte IDH utiliza para equiparar *en ocasiones* —valga la repetición— sanciones penales y administrativas. Considero que tampoco la jurisprudencia de la CSJN brinda apoyo a esa exégesis pues el Alto Tribunal ha afirmado —al decidir un recurso relativo a una sanción impuesta por la Comisión Nacional de Valores— que:

> «Los principios y reglas del derecho penal resultan aplicables en el ámbito de las sanciones administrativas (...) siempre que la solución no esté prevista en el ordenamiento específico y en tanto aquellos principios y reglas resulten compatibles con el régimen jurídico estructurado por las normas especiales»[33].

---

32 En sentido opuesto, García Pullés (2020: 201) sostiene que su rechazo a la aplicación de las garantías del procedimiento administrativo en que «la pretensión de obtener este relajamiento de los principios y garantías del derecho penal de una interpretación dogmática pero no de una ley expresa». Este argumento contiene una petición de principio, *pues no ha quedado demostrado que exista una ley que obligue —por regla— a aplicar los principios y garantías penales,* por lo que esa exigencia procedería de otra dogmática del sistema administrativo.

33 Fallos: 335:1089

Queda abierto así un margen muy amplio para decidir en qué casos aplicar y en cuales no esos principios, así, por ejemplo ¿deberían aplicarse todas las garantías del derecho penal en un procedimiento administrativo para imponer una sanción de apercibimiento o una breve suspensión en el ejercicio de algún derecho? Mi respuesta es, claramente, que no; y, a mi juicio, también es negativa la de las Cortes mencionadas y la de otros Tribunales:

> «(...) la estricta imparcialidad e independencia de los órganos del poder judicial no es, por esencia, predicable con igual significado y en la misma medida de los órganos administrativos»[34].

8.5. Presunción de inocencia del supuesto infractor *vs.* Presunción de legitimidad del acto administrativo

Este es, a mi modo de ver, uno de los puntos críticos que llevan a la doctrina tradicional partidaria de aplicar los principios penales a resistirse a abandonar su pretensión colonizadores del DAS. Se afirma que, aplicado los principios penales, el proceso para que se realice control judicial de la sanción debe tener efectos suspensivos, hasta tanto se agote la vía judicial —que insume entre dos y tres tribunales, según sea el caso—. Invocan que debe extenderse a todas las sanciones el efecto suspensivo que tiene la vía judicial cuando la sanción es privativa de libertad.

Me parece harto evidente que las sanciones que privan de la libertad ambulatoria no pueden equiparse a las demás sanciones. Para las primeras todas las garantías[35], para la demás prudencia y mesura. Mesura y prudencia que encuentran en la LNPA suficiente equilibrio pues, luego de proclamar la presunción de legalidad y la fuerza ejecutoria de los actos administrativos, concede al interesado y a la propia Administración la facultad de disponer la suspensión de la ejecución del acto (art. 12 LPA) en sede administrativa, y la jurisprudencia y doctrina han desarrollado la viabilidad de la tutela judicial cautelar estando pendiente la vía administrativa.

Se equilibra así la prerrogativa de llevar adelante el acto dictado con la garantía de los particulares de obtener una medida cautelar que inhiba esa fuerza ejecutoria.

Por lo demás, los grandes infractores —por su estructura societaria y poder económico— dada su existencia ideal no pueden ser privados de su libertad por lo que a su respecto ninguna garantía vinculada con la libertad ambulatoria puede —ni debe— serles extendida.

---

34 Tribunal Constitucional de España, STC 76/90, del 26.04.1990

35 Dejo a salvo que, según lo expuse, el DAS no puede contener sanciones referidas a la privación de la libertad de los infractores.

9. La buena administración y los intereses colectivos en el PAS

Voy a partir ahora de la consideración de la *buena administración* en su dimensión de *principio*. Desde esa perspectiva es posible dar toda la trascendencia que presenta la necesaria, oportuna, eficaz y eficiente gestión de los intereses de la comunidad. El principio insufla las potestades, técnicas, instituciones y procedimientos con los que la Administración desarrolla su actividad.

9.1. Intereses colectivos y legitimación para intervenir en el PAS

Apunté ya que la Carta Iberoamericana reconoce a los ciudadanos ciertos derechos:

> «8. Derecho de participación en las actuaciones administrativas en que tengan interés, especialmente a través de audiencias y de informaciones públicas (...). 12. Derecho a presentar quejas, reclamaciones y recursos ante la Administración Pública (...). 13. Los ciudadanos podrán denunciar los actos con resultado dañoso que sufran en cualquiera de sus bienes y derechos producidos por los entes públicos en el ejercicio de sus funciones».

Nada hay en Carta limita estos derechos a participar, conocer, reclamar, presentar quejas o hacer denuncias a que se refieran a intereses individuales de quien pretende intervenir.

Todo indicaría que si se cumpliera la Carta Iberoamericana cualquier persona debería encontrarse legitimada para tomar parte «en las actuaciones administrativas en que tenga interés» en defensa de derechos e intereses colectivos, supraindividuales, homogéneos; sin embargo, el reconocimiento de la condición de *parte* aparece gravemente limitada en las normas de procedimiento administrativo general (art. 3.° del Reglamento de Procedimientos Administrativos Decreto 1759/72 — T.O. 2017), que sólo considera parte interesada a:

> «(...) cualquier persona humana o jurídica, pública o privada, que invoque un derecho subjetivo o un interés legítimo; éstas serán consideradas parte interesada en el procedimiento administrativo. También tendrán ese carácter aquellos a quienes el acto a dictarse pudiera afectar en sus derechos subjetivos o intereses legítimos y que se hubieren presentado en las actuaciones a pedido del interesado originario, espontáneamente, o por citación del organismo interviniente cuando éste advierta su existencia durante la sustanciación del expediente».

Congruentemente con dicha disposición el art. 74 del Reglamento dispone:

> «Sujetos. Los recursos administrativos podrán ser deducidos por quienes aleguen un derecho subjetivo o un interés legítimo».

El Reglamento de Procedimientos Administrativos vigente solo autoriza el carácter de parte a quien invoque o pueda ver afectados sus derechos subjetivos o sus intereses legítimos. Nada dice respecto de los derechos de incidencia colectiva y de los intereses supraindividuales.

Sin embargo, ese silencio no impide que, a la luz de lo establecido por el art. 43 de la Constitución de la Nación, la doctrina y la jurisprudencia hayan extendido la legitimación procesal que se reconoce para accionar ante el Poder Judicial al afectado, a la Defensoría del Pueblo y a las asociaciones que propenden a la defensa de esos derechos[36], a la legitimación para ser parte en los procedimientos administrativos vinculados con derechos colectivos (Balbín 2008: 490-491)[37].

Otra vía para fundar la legitimación amplia en materia de derechos colectivos puede hallarse en Decreto 229/2000 por medio del cual el Poder Ejecutivo nacional aprobó el Programa *«Carta Compromiso con el Ciudadano»* cuyo art. 3.º:

> «(...) reafirma[ndo] los derechos de los que goza el ciudadano frente a la Administración Pública Nacional, a saber: a) DERECHO a obtener información clara, veraz y completa sobre las actividades desarrolladas por la Administración Pública Nacional. (...) d) DERECHO a conocer el estado de tramitación de las actuaciones administrativas en las que tenga la condición de interesado y a obtener copias de los documentos contenidos en ellas. (...) i) DERECHO a que la Administración dicte resolución expresa ante sus peticiones, solicitudes o denuncias».

La conjunción de los derechos a obtener información y conocer el estado de las actuaciones que la Administración lleva adelante por una denuncia del particular que lo requiere o de terceros que involucre derechos supraindividuales, y el derecho a una decisión expresa de las peticiones y denuncias referidas a esos derechos, dan apoyo al reconocimiento de la calidad de «parte» en el procedimiento administrativo sancionador a quienes se interesan, denuncian o requieren la actuación sancionatoria de la Administración cuando se encuentran en juego derechos e intereses de incidencia colectiva[38].

---

36 Caputi (2005: 567-592) examina la legitimación de las asociaciones conforme la Constitución de 1994.

37 Canda (2019: 269-270) agrega que respecto del derecho colectivo a un ambiente sano también se encuentra legitimado para accionar el Estado —nacional, provincial y municipal— de acuerdo con el art. 30 de la Ley General del Ambiente, aut. cit, «Procedimiento Administrativo Ambiental. Diálogo e interdependencia con el procedimiento administrativo».

38 Gordillo 2004: IV, 193:
«Es suficiente con que una persona manifieste su voluntad una sola vez en el sentido de qué es lo que pretende o reclama de la administración pública, para que ésta se encuentre con la posibilidad e incluso con el deber jurídico de resolver esa presentación, hubiere o no sido dictado el acto adverso al momento de su interposición. Ello dimana también del expreso

En consecuencia, si la infracción objeto de investigación por la Administración se vincula con el incumplimiento de normas referidas a los derechos e intereses colectivos y supraindividuales debe admitirse la legitimación a todo interesado, sea una persona física o jurídica, en la forma más amplia que reconoce el ordenamiento jurídico argentino[39].

9.2. Oficialidad *vs.* Oportunidad

No basta con el reconocimiento a los particulares de la legitimación para ser parte en el procedimiento sancionatorio si no va acompañado del deber de la Administración de investigar las infracciones ejerciendo la competencia que le asignan las normas. Esta afirmación exige formular ciertas conside-

---

derecho que el decreto 229/2000 reafirma a las personas a que sean resueltos en cuanto al fondo —obviamente— tanto sus recursos y reclamos como sus denuncias».

39 SAID 2009: 489-ss. Al examinar el problema de la legitimación para requerir la declaración de invalidez de actos administrativos viciados por el accionar corrupto de los funcionarios expresé ciertas ideas que considero que se aplican también al tema en examen.
«Es clásica la posición de Hans Kelsen en cuanto a que no existe derecho sin acción: 'Hay derecho subjetivo, en el sentido específico de la palabra, cuando entre las condiciones de la sanción figura una manifestación de voluntad, querella o acción judicial emanada de un individuo lesionado en sus intereses por un acto ilícito. Solamente cuando una norma jurídica coloca así a un individuo en posición de defender sus intereses, se crea un derecho subjetivo en su favor'. Por su parte, Roberto Vernengo, agrega que 'La distribución de los derechos subjetivos indica, así como se distribuye el poder dentro de un grupo social'. (...) Si esas afirmaciones son correctas —y entiendo que lo son— del reconocimiento normativo-constitucional del derecho ciudadano al desempeño probo de la función pública (art. 36, CN) se deriva la posibilidad de que cualquier persona pueda —es decir: está legitimado para— *requerir el control administrativo y judicial de los actos de la Administración Pública sospechados de corrupción. Legitimación que expresa la atribución de un poder de control que los poderes políticos no están dispuestos a distribuir. (...) 2. La posibilidad de que cualquier ciudadano —o un grupo de ellos— cuente con la facultad de articular una pretensión dirigida a invalidar actos sospechados de corrupción resulta ajena a la lógica del sistema* [o, agrego ahora, para participar en un procedimiento en que se persigue la infracción de derechos colectivos]. *Por ello, la mezquindad con la que se establece la legitimación en las normas de procedimiento y en los códigos procesales,* tiene que ver directamente con la falta de voluntad del Poder de someterse a control. *Pero como el Poder no quiere que veamos su pretensión de impunidad, establece ciertos mecanismos para concentrar la legitimación para la investigación o impugnación de estos hechos en manos de un pequeño grupo de funcionarios. Funcionarios que, cualquiera que sea su intensión, no podrán hacerse cargo de tan ciclópea tarea, y dejarán enormes márgenes para la impunidad. Paralelamente, ello permitirá que el gobierno actué ante la sociedad y ante la comunidad internacional 'como sí' le preocupara la corrupción y le ocupara el control de la actividad ilícita. Frente a la inactividad de esos funcionarios, sólo quedará la posibilidad de una mera denuncia contra ellos ante otros funcionarios, y así en un círculo* ad eternun. *(...) 3. Por eso, el reconocimiento de un derecho de incidencia colectiva a contar con una administración que actúe con probidad, eficiencia y eficacia, otorga legitimación a los afectados —todos quienes habitan en este suelo—, a las organizaciones de la sociedad civil vinculadas con el tema y al Defensor del Pueblo de la Nación para cuestionar los actos sospechados».*

raciones referidas al carácter obligatorio u optativo del ejercicio de la acción persecutoria y de la imposición sancionatoria. El punto de partida para contestar el interrogante debe buscarse en los caracteres de la competencia administrativa. Al respecto, el art. 3 de la LNP dispone:

> «La competencia de los órganos administrativos será la que resulte, según los casos, de la Constitución Nacional, de las leyes y de los reglamentos dictados en su consecuencia. Su ejercicio constituye una obligación de la autoridad o del órgano correspondiente y es improrrogable».

Regla que se refuerza con el deber impuesto a la Administración por el art. 1.°, a) de la ley: «Impulsión e instrucción de oficio, sin perjuicio de la participación de los interesados en las actuaciones».

Si bien la obligación de ejercer la competencia atribuida estaría reglada, resta saber si el órgano competente, al cumplir con el deber de examinar la denuncia o noticia sobre una inconducta, cuenta con la discrecionalidad —o no— para abrir la investigación o desestimar la denuncia (Said 1997: 1040).

La ampliación de los ámbitos de intervención del Estado —protección del medio ambiente, del patrimonio histórico, del hábitat urbano, de los mercados, de la salud, etc...— a través de la regulación de actividades va acompañada de una ampliación paralela de la función de control y de la potestad sancionatoria para dotar de efectividad a la gestión Administrativa. Se genera así una multiplicación de conductas infractoras que no pueden ser investigadas ni sancionadas (Lozano 1997: 86), fenómeno que también se presenta en materia penal. Ante esta situación se ha afirmado que la realidad «nos enseña que es materialmente imposible sancionar y aun expedientar a todos los infractores».

La situación resulta seriamente problemática. Sostener el dogma del principio de legalidad y oficiosidad en la persecución de los infractores, estando vedada al órgano a cargo de la investigación la posibilidad de disponer de la acción por razones de oportunidad; o admitir el ejercicio facultativo de la PAS con limitaciones precisas como lo plantea Nieto y otros autores (Lozano 1997: 88). Ambas soluciones presentan la posibilidad de graves consecuencias:

a) Frente el mandato de persecución oficial, cumplida incondicionada y obligatoriamente por órganos administrativos, «la inacción en su sencillez y comodidad, otorga la más incontrolable potestad»[40].

b) La falta de obligatoriedad en el ejercicio de la potestad sancionatoria desvirtúa el carácter disuasivo de la sanción y, además, abre la puerta a la corrupción pues la infracción puede quedar lícitamente impune a voluntad de la Administración[41].

40 Saban Godoy en Lozano 1997: 91.

41 Rebollo Puig en Lozano 1997: 90.

9.3. Armando el rompecabezas

He tratado de justificar en los párrafos previos que:

1. El DAS es una especie dentro del DA y no precisa la aplicación subsidiaria ni directa de los principios y normas del DP.
2. La buena administración, en tanto principio, impone a la Administración el deber de hacer efectivos los intereses de la comunidad.
3. La aplicación de los principios penales en al DAS afecta la capacidad de gestión de los intereses públicos que la Constitución y las leyes encargan a la Administración.
4. Las normas del Derecho Internacional de los DDHH y las propias de la Ley de Procedimiento Administrativo garantizan suficiente y adecuadamente los derechos de quienes son investigados en sede administrativa.
5. La buena administración, en tanto derecho ciudadano, exige que se reconozca la posibilidad de participación de las personas en los procedimientos administrativos en que se ventilen intereses públicos, derechos colectivos, intereses supraindividuales.
6. La legitimación en calidad de «parte» de todos quienes tengan interés en participar en procedimientos administrativos sancionatorios referidos a derechos e intereses colectivos tiene fundamento en el art. 43 de la Constitución nacional, y no puede ser restringido sobre la base de la LNP y su reglamentación (ambas del año 1972), que, en este punto se han vuelto inconstitucionales frente al estatuto constitucional de 1994.

9.4. La denuncia: técnica para la participación

Podemos considerar la denuncia administrativa como el acto voluntario por el cual una persona pone en conocimiento de la autoridad administrativa la actuación de un agente o funcionario público o de otra persona, física o jurídica, que resulta contraria al ordenamiento jurídico que regula una determinada actividad. La denuncia administrativa es una expresión del derecho a la participación en la función pública, que permite colaborar con la Administración para que intereses particulares ilícitos no afecten, o dejen de afectar, la realización de los intereses públicos, fin al que debe estar destinada la actividad del Estado.

No desconozco que la doctrina clásica limita a la «denuncia» a la función de poner en conocimiento de la Administración circunstancias que se consideran que deberían ser controladas, sin conferir derecho a quien colabora con esa presentación (Comadira 1996: 55-59), pues es un acto jurídico idóneo para instar el control administrativo y no una vía para el ejercicio de derechos propios. Y que la jurisprudencia[42] todavía se apoya en caracterización de la denuncia al señalar que:

> «No entra en juego el principio "in dubio pro actione", pues al tratarse de una denuncia para que la Administración controle la regularidad del ejercicio de una actividad de gestión de consorcio y no de la reparación de un derecho o el cese de actos gravosos, el derecho a peticionar a las autoridades regulado por la legislación admitiendo sólo la posibilidad de instar el procedimiento ante la administración resulta una opción que —aunque opinable— no cabe descalificar como irrazonable. El carácter de denunciante de la parte recurrente naturalmente limita su actuación en el procedimiento —y luego en el proceso— a diferencia de quien asume el carácter de parte. Ese no es el caso en autos. Tampoco se trata de un menoscabo al derecho al acceso en la jurisdicción; la legitimación, cuya principal regulación dimana de los actos legislativos, tiende a ordenar el proceso para las partes».

Tengo esperanza en que paulatinamente, la doctrina y jurisprudencia argentina reconocerán que el derecho ciudadano a solicitar que la Administración investigue conductas que pueden infringir normas destinadas a la preservación de intereses colectivos —entre ellos los actos de corrupción en la función pública— también le otorga legitimación procesal para ser parte en el procedimiento administrativo sancionador y en el eventual proceso judicial. Es que, como lo recuerda Gordillo (2004), la legitimación para obrar en defensa de derechos de incidencia colectiva es una «garantía federal [que] impone la Constitución nacional».

10. Bibliografia

Aftalión, Enrique R. (1947). «Las sanciones en el derecho penal económico», en *La Ley,* pp. 90-708.

Aguirreazkuenaga, Iñaki (1990). *La coacción administrativa directa.* Madrid: Civitas-IVAP.

Balbín, Carlos F. (2008). *Curso de Derecho Administrativo*, tomo II. Buenos Aires: La Ley.

Beck, Ulrich (1998). *La sociedad de riesgo.* Barcelona: Editorial Paidós.

Beck, Ulrich y **Danilo, Zolo** (2005). «La sociedad global del riesgo: Una conversación entre Ulrich Beck y Danilo Zolo», en *Sociológica México: Revista del Departamento de Sociología de la Universidad Autónoma Metropolitana*, año 19, núm. 57. Disponible en: http://www.sociologicamexico.azc.uam.mx/index.php/Sociologica/article/view/313.

42 TSJ CABA, ..., del voto del juez Luis F. Lozano

Boron, Atilio (2003). «Justicia sin capitalismo, capitalismo sin justicia. Una reflexión acerca de las teorías de John Rawls», en *Análisis Político*, 49.

Canda, Fabián (2019). «Procedimiento Administrativo Ambiental. Diálogo e interdependencia con el procedimiento administrativo», en *Fuentes y Procedimiento Administrativo. Cuestiones actuales y perspectivas*. Argentina: UA-Rap.

Caputi, María C. (2005). «Perspectivas actuales de la legitimación de las asociaciones,» en Cassagne, J.C. (dir.). *Procedimiento y proceso administrativo*. Buenos Aires: LexisNexis-Abeledo-Perrot.

Cassagne, Juan Carlos (1994). *La intervención administrativa*, Buenos Aires: Abeledo-Perrot.

Casino Rubio, Miguel (2018). *El concepto constitucional de sanción administrativa*. Madrid: CEPC.

Comadira, Julio R. (1996). *Procedimiento Administrativo y denuncia de ilegitimidad.* Buenos Aires: Abeledo-Perrot.

Chevallier, Jacques (2014). «La police est-elle encore une activité régalienne?», en Vautrot-Schwarz, C. (dir.). *La police administrative*. París: PUF.

Esteve Pardo, José (2003). «La protección de la ignorancia: Exclusión de responsabilidad por los riesgos desconocidos», en *Revista de Administración Pública*, 161, pp. 53-82. Disponible en: https://dialnet.unirioja.es/descarga/articulo/721277.pdf.

Ferreira, Daniel (2001). *Sanções Administrativas*. Brasil: Malheiros.

García Pullés, Fernando (2020). *Principios del Derecho Administrativo Sancionador.* Buenos Aires: Abeledo Perrot.

García De Enterría Martínez-Carande, Eduardo (1976). «El problema jurídico de las sanciones administrativas», en *Revista Española de Derecho Administrativo,* 10, pp. 399-430.

Gómez Tomillo, Manuel (2012). *Límites entre el Derecho Sancionador y el Derecho Privado. Daños punitivos, comiso, responsabilidad patrimonial derivada de infracciones administrativas*. Valladolid: Lex Nova.

Gordillo, Agustín A. (2004). *Tratado de Derecho Administrativo*, 4 volúmenes. México: Editorial Porrúa.

Guyomar, Mattias (2014). *Les sanctions administratives*. París: Lextenso éditons.

Harari, Yival Noah (2017). *De animales a dioses: Breve historia de la humanidad.* Buenos Aires: Editorial Debate.

HAYEK, Friedich (1976). *Law, Legislation and Liberty.* Chicago: University of Chicago Press.

HUERGO LORA, Alejandro (2019). «Las sanciones administrativas en el marco del law enforcement», en ZEGARRA VALVIDIA, D. (dir.). *La proyección del Derecho Administrativo Peruano*. Perú: Editorial Palestra.

LASCURAÍN SÁNCHEZ, Juan Antonio (2005). «Por un Derecho Penal sólo penal: Derecho Penal, Derecho de medidas de seguridad y Derecho Administrativo sancionador», en BAJO FERNÁNDEZ, M. *et al.* (coord.). *Homenaje al Profesor Dr. Gonzalo Rodríguez Mourullo.* Pamplona: Thomson Civitas.

LÓPEZ-JURADO ESCRIBANO, Francisco B. (2008). «Los procedimientos Administrativos de Gestión de Riesgos», en BARNÉS VÁZQUEZ, J. (ed.). *La transformación del procedimiento administrativo.* Sevilla: Global Law Press.

LOZANO CUTANDA, Blanca (1997). «La tensión entre eficacia y garantías en la represión administrativa: aplicación de los principios constitucionales del orden penal en el derecho administrativo sancionador con especial referencia al principio de legalidad», en *Cuadernos de Derecho Judicial,* 11, pp. 41-78.

MAIER, Julio B.J. (2011). «El Derecho contravencional como Derecho Administrativo Sancionatorio», en *Contextos: Revista del acervo de la Biblioteca Jurídica Virtual del Instituto de Investigación de la UNAM,* 1, pp. 21-39.

MEILÁN GIL, José Luis (2013). «El paradigma de la buena administración», en *Anuario da Facultade de Dereito da Universidade da Coruña*, 17.

MEILÁN GIL, José Luis (2010). «Intereses generales e interés público desde la perspectiva del derecho público español», en *A&C. Revista de Direito Administrativo e Constitucional*, año 10, núm. 40. DOI: http://dx.doi.org/10.21056/aec.v10i40.527.

NIETO GARCÍA, Alejandro (2012). *Derecho Administrativo Sancionador*. Madrid: Editorial Tecnos.

PASTOR DE PEIROTTI, Irma y **ORTIZ DE GALLARDO, María Inés del C**. (2019). «Potestad Disciplinaria de la Administración: principios constitucionales desarrollados por la jurisprudencia de la Corte Suprema de Justicia de la Nación», en *Cuadernos de Derecho Público,* 7, pp. 143-ss. Disponible en: https://1library.co/document/ydj23m1y-potestad-disciplinara-administracion-principios-constitucionales-desarrollados-jurisprudencia-justicia.html.

Ramírez Torrado, María Lourdes (2007). «La sanción administrativa y su diferencia con otras medidas que imponen cargas a los administrados en el contexto español», en *Revista de Derecho,* 27, pp. 272-292. Disponible en: https://www.redalyc.org/pdf/851/85102711.pdf.

Rebollo Puig, Manuel (1990). «Derecho administrativo sancionador de las Comunidades Autónomas», en *Revista Andaluza de Administración Pública*, 2, pp. 39-62.

Rodríguez-Arana Muñoz, Jaime (2014). «Sobre la Carta iberoamericana de los derechos y deberes del ciudadano en relación con la administración pública», en *Anuario da Facultade de Dereito da Universidade da Coruña*, 18.

Said, José Luis (1997). «Sobre la facultad de las provincias para reglar el principio de oportunidad en la persecución penal», en *La Ley,* 1040.

Said, José Luis (1999). «Poder de Policía», en *Revista Actualidad en Derecho Público*.

Said, José Luis (2009). «La corrupción como causa de nulidad del acto administrativo y del reglamento», en *Cuestiones de Acto Administrativo, Reglamento y otras fuentes del Derecho Administrativo*. Argentina: RAP - Ediciones Especiales.

Sánchez Santander, Juan Manuel (2015). «Garantías constitucionales del Proceso Penal: su aplicación en el procedimiento administrativo», en *Plataforma de información para políticas públicas de la Universidad Nacional de Cuyo.* Disponible en: http://www.politicaspublicas.uncu.edu.ar/articulos/index/garantias-constitucionales-del-proceso-penal-su-aplicacion-en-el-procedimiento-administrativo-sancionador.

Silva Sánchez, Jesús María (2001). *La expansión del Derecho Penal. Aspectos de la política criminal en las sociedades posindustriales*. Madrid: Civitas.

Silva Días, Augusto (2003). «¿Y si todos lo hiciéramos? Consideraciones acerca de la '(in)capacidad de resonancia' del Derecho penal con la figura de la acumulación», en *Anuario de Derecho Penal y Ciencias Penales,* tomo 56, fasc/mes 1, pp. 433-470. Disponible en: https://dialnet.unirioja.es/descarga/articulo/1217139.pdf.

Suay Rincón, José (1989). *Sanciones Administrativas*. Zaragoza: Bolonia - Real Colegio de España.

Zagrabelsky, Gustavo (2003). *El derecho dúctil. Ley, derechos, justicia*. Madrid: Editorial Trotta.

DISTRIBUCIÓN EQUITATIVA EN EMERGENCIA PERMANENTE FRENTE A LA «NUEVA NORMALIDAD»[1]

Equitable distribution in a permanent emergency facing the 'new normal'

Alejandro Pérez Hualde[2]
Universidad Nacional de Cuyo (Argentina)
Universidad Austral (Argentina)

Fecha de Recepción: 01/10/2022
Fecha de Aceptación: 31/10/2022

Resumen: Procuramos brindar un panorama simplificado de la crisis que ha provocado el Covid-19 en un país que ya venía sufriendo otras ocasionadas por fracasos políticos y económicos incurridos en las últimas décadas. Analizamos cómo se han empleado los mismos instrumentos políticos normativos de corte autoritario para enfrentar el problema obteniendo los mismos resultados frustrantes como era de esperar, sobre todo en el campo social. Buscamos la salida en la educación, especialmente afectada por la pandemia, cuya recuperación estamos obligados a enfrentar; pues ella nos brinda la oportunidad de innovar con técnicas regulatorias y colaborativas propias que hoy ofrece para arribar a la calidad educativa en un campo que es objeto de todas las estrategias políticas contemporáneas.

---

1 El tema, que nos preocupa hace tiempo, lo hemos elaborado tomando como base nuestra ponencia *Derechos humanos en emergencia permanente y 'nueva normalidad'*, presentada ante el X Congreso Internacional de Derecho Administrativo de la Asociación Internacional de Derecho Administrativo (AIDA), realizado en Guadalajara (México) entre el 1 y 2 de diciembre de 2021, bajo el Subtema: «Derechos Humanos y Derecho Administrativo»; publicado en Rendón Huerta Barrera, T. (coord.) (2021). *Construyendo una agenda del Derecho Administrativo en la pospandemia del COVID-19*. México: Universidad de Guanajuato, Grañén Porrúa, Lito-Grapo, pp. 381-395. También hemos actualizado nuestras reflexiones llevadas a cabo en Hualde Pérez, A. (2021). «El trato equitativo y digno», en *RAP. Revista Argentina del Régimen de Administración Pública*, 510-511, pp. 24-51.

2 Doctor en Derecho. Catedrático de Derecho Administrativo y de Teoría de los Servicios Públicos. Universidades Nacional de Cuyo y Austral (Argentina).

Palabras clave: Distribución equitativa. Emergencia. Pandemia. Nueva normalidad.

Abstract: This essay offers a synthetic overview of the crisis caused by COVID-19 in a country that had already suffered others, due to the political and economic failures experienced in recent decades. We therefore verify how the same authoritarian normative political instruments have been used again to tackle the problem, obtaining the same frustrating results, especially in the social sphere. It is necessary to look for a way out in education (particularly affected by the pandemic and the lockdown) whose recovery we are forced to face: in fact, this serious crisis offers us the opportunity to innovate with a whole series of regulatory and collaborative techniques that can be implemented today to achieve a good quality level in education, an objective that is ultimately at the center of all contemporary political strategies.

Keywords: Equitable distribution. Emergency. Pandemic. New normal.

1. Introducción

Pondremos el foco en esos supuestos imprescindibles de los derechos fundamentales: la «equidad» y la «dignidad» como valores que adjetivan y buscan comprometer y contextuar al tradicional principio de «igualdad» obligándolo a aterrizar remozado en el nuevo milenio. La Constitución Argentina (CN) ya contaba en su texto con el reconocimiento del derecho a «condiciones dignas y equitativas de labor» y al «acceso a una vivienda digna»[3] y agregó en la Reforma del '94 compromisos con la justicia social, la dignidad y el trato equitativo.

Junto a una importante corriente constitucional[4] y doctrinaria, encontramos un vínculo inseparable entre dignidad e igualdad —a la que agregamos «equitativa»— ya que es inconcebible la primera sin la segunda en modo efectivo.

> «El sustrato que soporta los estados democráticos supone dos principios fundamentales. El primero es que cada vida humana tiene un valor objetivo especial

3 Arts. 14 bis y hoy se suman el 42, el 75 incs. 2, 8, 19, 23, etc.

4 El Preámbulo de la Declaración Universal de los DDHH sostiene: *«Considerando que la libertad, la justicia y la paz en el mundo tienen por base el reconocimiento de la dignidad intrínseca de los derechos iguales e inalienables de todos los miembros de la familia humana».*

y por ello debe ser protegida de manera tal que pueda desarrollarse. El segundo, que cada persona tiene una responsabilidad especial para alcanzar el éxito en su propia vida, responsabilidad que incluye su propio juicio sobre la clase de vida que sería exitosa en su caso. Estos dos principios definen las bases y condiciones de la dignidad humana y reflejan los dos valores centrales de la teoría política occidental: igualdad y libertad» (López y García 2011: 234).

Distinguimos pobreza (Ramírez 2009: II) de desigualdad estructural e injusta en nuestra sociedad, que impide nuestro crecimiento y —por ello— nos vamos a concentrar en esta segunda. Pues hacemos dos reflexiones: una primera es que la pobreza, como la indigencia, no son únicamente un concepto económico sino integral (Recalde 2017: 394-ss); y otra, segunda, es que comprobamos que podría haber grados de desigualdad, más o menos solucionables, pero que no implican necesariamente la pobreza escandalosa por la que atravesamos hoy en nuestra región; esto más allá de la insatisfacción y la sensación de indignidad que provocan aun en las sociedades más desarrolladas[5].

2. La trilogía igualdad-equidad-dignidad como principio

La trilogía «igualdad-equidad-dignidad» encierra una interdependencia socio política conceptual que aporta las claves de interpretación y permiten intentar despojar a cada uno de esos términos del arrastre de un uso demagógico, generalmente intencionado y distorsivo, que ha buscado esconder —u ocultar— su negación o su afirmación eufemística que suele ser la caparazón más frecuentemente empleada por quienes, conscientes de la imposibilidad de su rechazo formal, por ser políticamente «incorrecto», persiguen su esterilización, cuando no su eliminación, en el terreno de los hechos.

No es nuestro objetivo, ni estamos capacitados para ello, el ir hacia una profundización filosófica de los fenómenos que cada uno de estos conceptos encierra y que han sido estudiados en el mundo académico cercano a la filosofía del derecho (Riberi 2007).

> «Para nosotros la dignidad del ser humano tiene tal envergadura y relevancia jurídica, no solamente ética o filosófica, que se yergue y se erige omnipotente y soberanamente, sobreponiéndose a cualquier embate o agresión del poder, sea cual fuere su naturaleza. Por eso, las instituciones, conceptos y categorías de todas las ramas del Derecho, también las del Derecho Administrativo, deben ser repensadas y reconsideradas a luz de ese principio capital» (Rivero y Rodríguez-Arana 2018: 9).

5 Ver: ONU (2020): *World Social Report 2020,* disponible en: https://www.un.org/development/desa/dspd/world-social-report/2020-2.html, donde se manifiesta que: *«Urbanization offers unmatched opportunities, yet cities find abject poverty and opulent wealth in close proximity, making gaping and increasing levels of inequality all the more glaring».*

Y partiendo de la afirmación de que «lo digno, como cualidad del ser, es una adjetivación de mérito como condición de su esencia y existencia» (Ghersi 2014: 1).

Y es el único derecho que no reconoce límites y además «es el único derecho que iguala a todos los seres humanos en forma real» (Ghersi 2014: 2); se hacen conceptualmente inseparables: dignidad e igualdad; provocan la superación del carácter meramente económico del problema.

La jurisprudencia confirma la vinculación de los derechos del usuario del servicio público con los derechos humanos fundamentales del sistema convencional fijando un punto referencial para toda la relación del hombre frente a su Administración. Así lo hace nuestra Corte Suprema en forma expresa[6] con asiento en el derecho humano fundamental a una «vivienda adecuada».

También debemos tener presente una nueva visión dialógica de los temas que vinculan derechos fundamentales con las bases del pensamiento constitucional mediante el abandono del esquema de «checks and balances» para adentrarnos en un sistema que busque:

> «(...) orientarse hacia otros fines, de modo tal de organizar u facilitar una conversación extendida y entre iguales» [pues se ha hecho notar que] «(...) el lenguaje del diálogo conlleva, [ya de por sí], una connotación emotiva favorable, en la medida en que apela a una civilizada y respetuosa resolución de conflictos, en momentos marcados por los antagonismos políticos» ya que las «soluciones dialógicas, en tal sentido, eluden las críticas a la "última palabra" judicial; y pueden ayudar a que la política vuelva a ocupar un lugar prominente —antes que relegado— en el proceso de toma decisiones» (Gargarella 2013: 5).

En otras palabras, apuntamos a un nuevo espacio de composición y regulación de los derechos fundamentales.

La Corte Suprema argentina está alertando frente al peligro denunciado por la doctrina italiana más moderna en materia tarifaria en el sentido de que:

> «(...) la injusticia radica en el carácter general y total de las restricciones —pese a su pretendido equilibrio y a su naturaleza aparentemente democrática—. Parece haber ahí un contrasentido, pero lo cierto es que quitar a todos en igual medida —o hacer que más personas paguen más en proporción— supone un acto de flagrante injusticia, ya que perjudica a los más desfavorecidos, los pobres y los necesitados. Este efecto perverso, si no se corrige adecuadamente, provoca una grieta en la sociedad que separa a las clases privilegiadas de la inmensa mayoría de la población, es decir, de los sectores afectados por la recesión».

En el caso argentino, el derecho al «trato equitativo y digno» incorporado expresamente por el art. 42 CN, impone su interpretación en un marco más

6 La mayoría en CEPIS: Centro de Estudios para la Promoción de la Igualdad y la Solidaridad, y otros el Ministerio de Energía y Minería s/amparo colectivo, CSJN, 18/8/2016.

amplio que el de esa relación de consumo porque está estrechamente vinculado a las normas ligadas con el empleo de «criterios objetivos de reparto, equidad, grado equivalente de desarrollo, calidad de vida e igualdad de oportunidades» (art. 75.2 y 8 CN), y al «desarrollo equilibrado, igualdad real de oportunidades y de trato» (art. 75.19 y 23 CN); todos deberes que la Reforma constitucional de 1994 le impuso como facultad-deber al Congreso de la Nación.

El ministro Rosatti propone en su voto en el caso «CEPIS» que:

> «(...) el imperativo igualitario aplicable en la presente causa no solo deriva de modo genérico del artículo 16 y cc. CN sino también, en particular en lo relativo a la prestación de un servicio público esencial, en lo dispuesto por el art. 42 CN incorporado en la reforma constitucional de 1994, en tanto reconoce a los usuarios el derecho a un trato "equitativo"[7]».

La Reforma del '94 incluyó normas que constituyen una definición significativa en el campo ideológico; implica asumir el derecho social constitucional y el compromiso de su realización:

> «(...) la satisfacción de las necesidades de quienes están en una situación de mayor vulnerabilidad requieren del esfuerzo conjunto de todos —en especial de quienes están en mejor posición—» (Abramovich y Curtis 2006: 28).

La interpretación corre en el mismo sentido de las afirmaciones de Steven Pinker (2018):

> «No somos clones. Hay variaciones biológicas y culturales y por eso siempre va a haber concesiones mutuas entre la libertad y la igualdad. Si tratas a las personas de manera igualitaria, van a terminar siendo desiguales. Algunas personas son más inteligentes que otras, trabajan más, toman más riesgos o tienen más suerte. La única manera de que las personas terminen siendo iguales en el resultado, es si las tratas de una manera no igualitaria. La libertad y la igualdad tienen concesiones mutuas. No se puede tener mucho de ambas. La libertad también tiene concesiones con el desarrollo humano».

Se impone el tratamiento urgente del tema de la igualdad equitativa y de la justicia social en la medida en que en los últimos treinta años en Argentina la pobreza nunca estuvo por debajo del 25 %[8]; ello a pesar de haber introducido (art. 75 inc. 19 CN) el deber del Congreso de:

> «(...) proveer lo conducente al desarrollo humano, al progreso económico con justicia social (...) al crecimiento armónico de la Nación y al poblamiento de su territorio; promover políticas diferenciadas que tiendan a equilibrar el desigual desarrollo relativo de provincias y regiones».

---

7 Caso *«CEPIS»*, voto Rosatti, cons. 23 in fine.

8 Informe de Centro de Implementación de Políticas Públicas para la Equidad y el Crecimiento (Cippec), el Centro de Estudios Distributivos, Laborales y Sociales (Cedlas) y el Programa de las Naciones Unidas para el Desarrollo (PNUD). Véase GASPARINI *et al.* 2019.

Una realidad ya observada por Rawls (1997: 27) que nos recuerda que:

> «(...) las desigualdades sociales y económicas, por ejemplo, las desigualdades de riqueza y autoridad, sólo son justas si producen beneficios compensadores para todos y, en particular, para los miembros menos aventajados de la sociedad».

Una sociedad que busca crecer con igualdad debe hacerse cargo de las consecuencias de su pasado comprometiendo su presente, y de su futuro compartido, al que también condiciona decididamente. Y no pareciera ser que se logrará a través de imposiciones normativas ni decisiones unilaterales, sino mediante el empleo de los modernos mecanismos de participación, composición y prevención de conflictos entre los intereses en juego y sobre los cuáles transitan hoy las ideas regulatorias del mundo administrativo y económico, bajo la vigilancia de autoridades independientes, pero —sobre todo— el compromiso político.

3. Hacernos cargo de un pasado que ha generado resultados desiguales, inequitativos y —consecuentemente— indignos

Fácilmente comprobamos que se trata de un pasado fundamentalmente construido sobre la base del esfuerzo individual, del mérito personal —muchas veces *«a codazos»*—, fruto de las propias capacidades, de la intransferible suerte, de los inevitables riesgos —como menciona Pinker (2018)—, de las oportunidades, de la mayor o menor calidad de alimentación en edad temprana y del nivel educativo de su formación inicial; todas virtudes en general desigualmente distribuidas a veces por la naturaleza, otras por las políticas erróneas e insensibles que las ignoran.

Son todas notas individuales, muy ponderadas e imprescindibles para la conformación de muchas de las riquezas de que gozamos y de las cuales carecen muchos pueblos vecinos y alejados. Sostenidos siempre en la convicción, honesta —pero con fuerte base ideológica—, de que la suma de todos esos logros individuales arrojaría necesariamente como resultado el *«bienestar general»* propuesto por nuestro Preámbulo.

Pero pareciera evidente que esa suma no se ha producido ni se presenta con claridad porque también esos avances individuales, muy meritorios desde ese punto de vista, han sido y son generadoras de una gran desigualdad objetiva y material cada vez más incorregible e irreversible.

Frente a esos factores virtuosos no existe ni es posible la imposición de una igualdad sin un marco determinante que la proponga como valor social imprescindible; que construya complementos de sistemas de seguridad que impidan resultados objetivamente injustos e inadmisibles como puede ser el que hoy exhibimos de un alto porcentaje de la población sumergida en la pobreza[9].

Son muchos los institutos abocados a la búsqueda de respuestas; así señala la doctrina que hoy en la Universidad de Harvard existe el *«Multidisciplinary Program on Inequality and Social Policy»*, mientras que en la Universidad de Stanford opera el *«Stanford Center on Poverty and Inequality»* y en la Universidad de Oxford, concretamente en el tradicional Nuffield College, surgió el *«Institute for New Economic Thinking»* entre otros más[10].

Afirma Kovadloff (2019) que:

«No es, sin embargo, esta una deuda reciente del poder político y económico. Es una vieja deuda con la sociedad. Y, por lo tanto, reiteradamente impaga. Si tal ha sido la insistencia en el error, no se puede hablar de casualidades. Tampoco de un equívoco inocente. Se trata, en cambio, del resultado de una intención. El Estado entre nosotros ha sido manipulado para promover y no para superar ese mal».

Lo cierto es que «hemos crecido sin distribuir», como lo denunció Frías (2005: 22), y por ello se impone la necesidad de afrontar los desequilibrios que ha producido en nuestra sociedad; no desconocemos el enorme esfuerzo y los importantes recursos públicos destinados a la acción social en estos tiempos —en las últimas décadas por distintos gobiernos-, pero se hace necesario un análisis crítico en la medida en que los resultados no aparecen con claridad y en que los aportes extraordinarios tienden a ordinarizarse, a crecer, y a esclerosarse en un nivel de gasto difícilmente sostenible sin un gran empeño en este tiempo de emergencias.

La imposibilidad de suprimir aquellos factores virtuosos individuales, sin generar un estado totalitario, hace necesaria la búsqueda y construcción de pautas de igualación de bases; de criterios que tengan en cuenta y atiendan las necesidades de quienes están por debajo de la línea que hoy llamamos «de pobreza» y la doctrina refiere como «pobreza lacerante» (López y García 2011: 233); se trata no ya de respuestas coyunturales como las que no negamos y que vemos a diario bajo distintas formas, sino de acciones estructurales que debemos elaborar en conjunto los distintos sectores de la comunidad, componiendo los intereses en juego y con especial esfuerzo de los que estamos en posiciones evidentemente aventajadas.

---

9 Nos referimos al Observatorio de la Deuda Social Argentina de la Universidad Católica Argentina. Véase: http://uca.edu.ar/es/observatorio-de-la-deuda-social-argentina; también Buchanan 2019.

10 Ver: Burgos y Sandim 2018. Confirma nuestra aseveración el otorgamiento del Premio Nobel de Economía 2019 a los profesores Michael Kremer, de Harvard, y a sus colegas Abhijit Barnerjee y Esther Duflo, del MIT, por sus trabajos sobre «su enfoque experimental para aliviar la pobreza mundial», porque «han mejorado notablemente nuestra posibilidad de luchar contra la pobreza», según la prestigiosa Academia sueca. Véase: https://www.bbc.com/mundo/noticias-50040319.

Acciones participativas y coordinadas que deben necesariamente comprender también a las distintas organizaciones sociales que no pueden por sí solas producir las políticas sociales porque las exceden en su capacidad de respuesta; porque «influyen en lo político, pero no lo configuran. La política tiene sus propias estructuras que no deben ser dominadas por las organizaciones sociales» (Frías 2005: 27).

El trato equitativo y digno es el que se encuentra atrás del razonamiento de Rosatti (Fallo CEPIS, cons.23):

«(...) la necesidad de incorporar como factor de ponderación los ingresos individuales o familiares del usuario para determinar la tarifa de los servicios públicos no significa consagrar una casuística individual que contemple las casi infinitas situaciones fácticas de los usuarios del país, dificultando al extremo la tarea de cálculo propia del poder administrador, sino el establecimiento de categorías dentro de las cuales puedan agruparse conjuntos homogéneos».

Se trata de convencernos acerca del establecimiento de bases comunes para satisfacer las necesidades que se hacen imprescindibles, y efectuar las distinciones ineludibles, para que una vida pueda ser llamada «digna» (Cassetti 2010), un mínimo al que es acreedor toda persona por el sólo hecho de serlo, un nivel que las convenciones de derechos humanos denominan «nivel adecuado de vida»; en las cuáles nos hemos obligado formalmente desde nuestro Estado a empeñar hasta el «máximo de los recursos de que disponga»[11].

Y debemos revisar minuciosamente cómo hemos dado y damos —además de los servicios públicos— esos recursos sanitarios, económicos, educativos, culturales, que, a pesar de llegar a su destino con distintos resultados, algunos síntomas indicarían que no son recibidos con agrado, sino que, por el contrario, pareciera que realimentan el reclamo e incrementan la insatisfacción. Fundamentalmente, sostenemos que las medidas y propuestas aparecen y surgen «desde afuera», desde «arriba», como dádiva, sin la participación activa, sin el marco institucional de contención, que exige el momento político y social.

Se cumple así ese augurio de transformación de los reclamos sociales en demandas «desde afuera» que son incontestables e imposibles de satisfacer y que justifican a su modo la continuación «sine die» de la lucha popular y la construcción del «enemigo» esencial para el populismo (De la Torre 2017: 47-ss).

Y es fundamental percibir que las propuestas y las medidas económicas no pueden venir desde afuera porque los protagonistas de las causas de la decrepitud económica y social no están afuera; la fuga de capitales y la exclusión de inversiones no se han producido hacia o desde el extranjero o sólo por intereses foráneos. Todos los recursos necesarios y los capitales y la confianza que es necesario conseguir no es menester que sea buscada afuera.

---

11 Pacto Internacional de Derechos Económicos Sociales y Culturales, Parte II, art. 2.°, inc. 1.

Por ello es que resultan fundamentales la forma y los medios empleados para llevar a cabo este esfuerzo económico que podrá o no ser incrementado en su monto total, pero que se preocupe sobre los instrumentos a emplear de tal modo de cubrir también su *«dignidad»* y eso se puede lograr desde un sinceramiento entre los propios integrantes de nuestra comunidad para restablecer un consenso de confianza recíproca basado en la convicción del compromiso sobre metas claras, cumplibles y de verificación progresiva.

4. Respecto del crecimiento y su distribución equitativa

Tal como también enseñaba Pedro José Frías, la riqueza de un pueblo no es la ya obtenida sino la que se está por construir; esa riqueza que se está elaborando ya está en plena obra en estos días en el mundo de la tecnología de la información y el conocimiento (TICs) y de la inteligencia artificial; los valores informáticos tienen hoy su prevalencia sobre cualquier tipo de activo físico o económico que pretenda superarlos o ignorarlos; se afirma (Durán 2019) con acierto que:

> «Los nuevos millonarios no son dueños de plantas industriales sino del Facebook, Google y otras plataformas que valen mucho más que las instalaciones industriales. En algunos casos su presupuesto es mayor que el de muchos países».

También parece evidente que no es posible recargar todo el esfuerzo a quienes hoy poseen inversiones y emprendimientos imprescindibles para el sostenimiento y el crecimiento de una economía que necesita aumentar en puestos de trabajo; no pueden transformarse ellos en los rehenes de una salida sólo aparente, que sólo es transitoria, coyuntural y por ello endeble y sin futuro.

Atrasan todas esas posturas tradicionales de la vieja izquierda que postula distintas maneras de distribuir lo ya existente a través de reformas agrarias; son pobres, y —además— no alcanzarían para solucionar los problemas de desigualdad y de hambre que el mundo debe enfrentar; la supresión del mercado, la pretensión de ignorarlo, como pauta de construcción de la economía en un ámbito de libertad no es posible; no puede ser sustituido, pero sí regulado y ordenado como se lo hace en todo el planeta donde ello es factible.

Sobre todo, si somos conscientes de que el mundo de las TIC y de la globalización transita sobre reglas de mercado libre que intenta —y logra en gran medida— ser incontrolable y de que muchos, más de los que creemos, son jugadores locales radicados entre nosotros y que ello seguirá así únicamente mientras les convenga.

4.1. Mercado: «sus» reglas y «las» reglas

Hemos comprobado que el mercado, aquí y allá —en todo el mundo—, no atiende necesidades sino demandas; quienes no están en condiciones de adquirir, demandar, quedan afuera; y no por una falla del mercado sino porque no es ésa alguna de sus finalidades propias (Trimarchi 2002).

En tanto y en cuanto se trata de un espacio humano y cultural el mercado necesita de su regulación para no convertirse en salvaje; donde sólo reine la ley del más fuerte, como hoy podemos observar en varios de los terrenos del mundo globalizado, como por ejemplo el financiero (Häberle 1991: 37). En otras palabras, el mercado supone un soporte político que aporte reglas para su funcionamiento adecuado, desde el punto de vista estrictamente económico.

La estatalidad solitaria e inerme marca el límite y el condicionante para los gobiernos locales en la realización de las políticas económicas y sociales que puedan hacer realidad esas aspiraciones en materia de derechos (Todorov 2012: 116); pues han excedido todos los marcos del intento regulatorio pretendidamente soberano aislado de controlarlo.

La construcción de sistemas sobre valores sociales y humanitarios, como la constitucional pretensión de *«trato equitativo y digno»*, no son algo factible de ser exigido al mercado en forma natural y espontánea; él sólo provee de normas económicas eficientes y requiere de reglas de competencia sana en su propia protección para la satisfacción de su objetivo natural que es el de obtener máximas utilidades del modo más eficiente y por el mayor tiempo posible; por ello *«sólo una instancia ajena a la lógica económica puede limitar este apetito»* (Todorov 2012: 101); y más que limitarlo, se trata de orientarlo y ordenarlo.

Claro que ese mercado no permanece estático esperando las normas reguladoras o las decisiones que lo limiten; no sólo resiste a las improntas reguladoras con fines sociales y culturales, humanitarios, sino que escapa a todo control y direccionamiento que se pretenda desde el estado otrora soberano y su administración.

El compromiso expresado en el art. 1 del Protocolo de San Salvador[12] que expresa:

> «Los Estados partes en el presente Protocolo Adicional a la Convención Americana sobre Derechos Humanos se comprometen a adoptar las medidas necesarias tanto de orden interno como mediante la cooperación entre los Estados, especialmente económica y técnica, hasta el máximo de los recursos disponibles».

Esto se ha vuelto un imperativo conjunto de todos los Estados parte y no una obligación individual de cada uno.

12 Ver: https://www.oas.org/juridico/spanish/tratados/a-52.html.

El accionar conjunto y participativo es el único modo de equilibrar fuerzas efectivas de imposición ya que los intereses globalizados están encarnados en actores que poseen las herramientas para desafiar y confrontar con los propios estados nacionales que pretenden someterlos a sus regulaciones. No ignoramos la utilidad, aunque cada vez más debilitada por sus fuertes enemigos, de los acuerdos de derechos humanos introducidos en los tratados comerciales internacionales como condición de cumplimiento alentada por algunas organizaciones internacionales y que constituyen una línea de avance posible en el sentido propuesto (Ríos 2018).

Por ello tampoco constituyen respuesta aquellas propuestas basadas en un posible natural *«derrame»* que no llega ni permite la eficiente economía de negocios de nuestros días, despersonalizada y globalizada, y atada fuertemente a sus *«cadenas globales de valor»*[13] —y por ello inasible— que descomprometen a todos o a varios de los eslabones productivos frente a la emergencia social.

4.2. La globalización de la regulación de la generación de riquezas

El compromiso es (Valcárcel 2015) de:

> «(...) las autoridades públicas en una economía de mercado, que, por una parte, han de velar por su buen funcionamiento y el respeto de las reglas del mismo por todos los sus actores, y, por otra, han de garantizar el interés general, en particular, la satisfacción de las consideradas necesidades esenciales de los ciudadanos y la conservación de los bienes públicos cuando el mercado no lo consigue».

Pero muchos eslabones de la cadena escapan al control de una de esas autoridades. Es por ello que únicamente a través de un accionar conjunto, también *«encadenado»*, podría hacerse posible un control y una orientación hacia los valores sociales que es necesario preservar por lo que urge su implementación en estos días.

No obstante nuestra afirmación, en el mundo empresario también existe la conciencia de que no habría mercado sin gente; por ello, en lo que tiene de sensibilidad de la realidad humana de sus integrantes, busca también respuestas para asegurar ese mundo que no depende únicamente de las reglas económicas eficientes[14] evitando la ponderación reducida a índices

---

13 La economista Pittaluga (2013) las define como:
«(...) sistemas de producción internacionales organizados para optimizar la producción, el marketing y la innovación, al localizar productos, procesos y funciones en diferentes países, buscando beneficios por diferencias de costo, tecnología y logística, entre otras variables».

14 Porter, M.: https://web.archive.org/web/20151217230131/http://www.socialprogressimperative.org/data/spi.

económicos como el Producto Bruto (PBI) que puede estar sólo compuesto por el enriquecimiento de unos pocos escondiendo el empobrecimiento de muchos (Ramírez 2009: 18).

El mundo de negocios emergentes de las TIC y de la inteligencia artificial se encuentra totalmente globalizado; por lo que debemos ser conscientes de que lo que estamos tratando de regular, de someter a reglas y valores constitucionales, transita por cauces pensados e inventados —precisamente— para evitar controles; Internet tiene su origen histórico militar creada para la hipótesis en que una potencia lograra concentrar el manejo de la red de información universal.

En este rumbo, se hace necesario plantear la necesidad imperiosa de aquello que señalara el G-20 en su reunión de Londres de 2009, donde esbozó lo que podrían ser las bases del futuro: *«Una crisis global exige una solución global»* (Ramírez 2009: 84)[15]. Por ello no es posible elaborar respuestas a la globalización que no sean también globalizadas; y éstas se encuentran en la investigación y el conocimiento que requiere necesariamente de una muy sólida educación. *«Necesitamos una gran revolución educativa en la que participe toda la sociedad y particularmente los maestros»* (Durán 2019); y siempre conscientes de que:

> «La identidad es una riqueza —cultural, nacional, histórica, artística—, y cada país tiene la suya, pero debe ser integrada mediante el diálogo. Esto es decisivo: desde la propia identidad, abrirse al diálogo para recibir, de las identidades de los demás, algo más grande. No hay que olvidar nunca que el todo es superior a las partes. La globalización, la unidad, no debe ser concebida como una esfera, sino como un poliedro: cada pueblo conserva la propia identidad en la unidad con los demás»[16].

4.3. La protección social, laboral y el trabajo esclavizado

Hoy percibimos con particular preocupación la precarización y caída de los niveles de ocupación —en especial la formal— en el mundo laboral. Se proponen reformas laborales y fuertes oposiciones a ellas.

Existe una realidad que nuestro país ya experimentó en la década del '90 y es el efecto inexorable que arrastran consigo los altos niveles de desocupación: hasta un determinado grado subsiste la actividad sindical, huelgas, protestas, etc.; luego, superado ese nivel, desaparece esa actividad pues ya

---

15 Art. 1 de la Declaración 2/4/2009 en Londres. Ver también Ramírez Cleves (cit., p. 84).

16 Francisco I, papa. Disponible en: www.vaticannews.va/es/papa/news/2019-08/papa-rancisco-soberanismo-conduce-guerras-necesario-dialogo.html.

son demasiados los que no tienen trabajo y nadie los representa; el nivel ascendente del índice demuele las condiciones laborales que dejan de tener vigencia efectiva; los límites a la jornada laboral, los horarios extraordinarios, los pagos fraccionados o en bonos, los descansos semanales, pasan a ser negociables en el caso por caso entre desiguales.

Con el arribo a ese nivel de ausencia generalizada de protecciones laborales es que se pretende lograr competitividad con aquellos países que tampoco las tienen, que nunca las tuvieron ni pueden reclamarlas, que —por ello— ni siquiera las conocen. Mucho más difícil es nuestro caso, como muchos países similares, en que sí se conocieron y se gozaron y que experimentan la dolorosa pérdida y el retraso al comprobar la supresión de oportunidades de futuro.

5. La tarea que nos desafía: la regulación globalizada

Pedro José Frías (2005: 22) recomienda:

> «No es cuestión de ser primero ricos, para después ser justos, la solidaridad nunca está después del desarrollo, está en su ser mismo».

Nos habla de no regalar pescado sino de enseñar a pescar. ¿Cuál es hoy la pesca y la caña necesaria para ello? El cardumen es hoy el que se encuentra en las posibilidades inagotables de la inteligencia artificial y de los activos informáticos y aplicaciones que permiten el acceso a la riqueza que hoy se está construyendo. La caña es una *«red»*, hoy más que nunca, es *«la»* RED y el cúmulo de conocimientos necesarios para acceder a ella y operar en su ámbito a todos los efectos: sociales, educativos, económicos, medicinales, etc.

El desafío hoy nos impone entonces la consolidación de un régimen sólido republicano (Kovadloff 2019) que garantice los caminos hacia la distribución equitativa de esfuerzos y recursos disponibles para construir el futuro y corregir —cuando no evitar— las consecuencias del pasado. Salud, salubridad, protección y apoyo familiar (Martínez 2019), educación colaborativa y capacitación con apertura física y cultural para asumir y distribuir el futuro próximo; hoy muy especialmente debemos colocar el acento en la educación de calidad en equipos procurando el aseguramiento de la mayor equidad posible, en la libertad de elección de dónde estudiar (Milanovic 2016: 217-222) y en las condiciones de partida del esfuerzo conjunto de la comunidad que depende cada vez más recíprocamente de sus recursos culturales y humanos.

Es necesario *«prestar atención»* al necesitado, establecer cuáles son sus necesidades (Pérez 2019: 7-18) considerándolo en su entorno familiar y percibir sus inquietudes; pero para eso —insistimos— forzosamente hay que *«tocar»* esa realidad que nos reclama su respuesta y abrirle la puerta de la participación. Se pregunta Albertsen (2019): «*¿sabemos qué quieren los pobres? ¿O les damos lo que creemos que quieren?*». Los incalculables alcances de la informática hoy nos permiten personalizar la atención y la detección de necesidades individuales y familiares de grandes proporciones de nuestra población, así como también abrir los canales de participación imprescindibles.

6. Bibliografía

Abramovich, Víctor y **Courtis, Christian** (2006). *El umbral de la ciudadanía. El significado de los derechos sociales en el Estado social constitucional*. Buenos Aires: Ediciones del Puerto.

Albertsen, Jorge (2019). «Inclusión social, comunidad y bien común», en *Jornadas 'Realidades y Desafíos del Derecho Administrativo Institutos centrales en clave de bien común, vulnerabilidad e inclusión social'*. Buenos Aires: Universidad Austral, Facultad de Derecho.

Buchanan, Mark (2019). «La desigualdad no es necesariamente terrible. La desigualdad económica en los países desarrollados ha alcanzado niveles sin precedentes desde la década de 1920. Sus efectos van más allá de la economía», en *Perfil*, 5 de noviembre. Disponible en: https://www.perfil.com/noticias/bloomberg/bc-la-desigualdad-no-es-necesariamente-terrible-mark-buchanan.phtml.

Burgos, Fernando y **Sandim, Tatiana** (2018). «Caminhos para a reduçao de Desigualdades: o que nos dizem as experiëncias internacionais em outras ciudades», en *Revista Parlamento e Sociedade*, vol. 6, núm. 10.

Cassetti, Luisa (2010). «Il diritto di 'vivere con dignità' nella giurisprudenza della Corte Interamericana dei Diritti Umani», en *Federealisimi: Rivista di diritto pubblico italiano, comunitario e comparato.* Disponible en: http://www.federalismi.it/nv14/articolo-documento.cfm?artid=17237.

De La Torre, Carlos (2017). *Populismos. Una inmersión rápida*. Barcelona: Tibidabo Editorial.

Durán Barba, Jaime (2019). «Las transformaciones inevitables», en *Perfil*, 4 de agosto. Disponible en: www.perfil.com/noticias/columnistas/las-transformaciones-inevitables.phtml.

Francisco I, Papa. Disponible en: www.vaticannews.va/es/papa/news/2019-08/papa-rancisco-soberanismo-conduce-guerras-necesario-dialogo.html.

Frías, Pedro J., (2005). *Cuestiones del poder. Colección en defensa de la constitución*. Salta: Virtudes editorial Universitaria.

GARGARELLA, Roberto (2013). «El nuevo constitucionalismo dialógico, frente al sistema de los frenos y contrapesos», en *Revista Argentina de Teoría Jurídica,* 14. Disponible en: http://www.derecho.uba.ar/academica/posgrados/2014-roberto-gargarella.pdf.

Gasparini, LEONARDO, TORNAROLLI, Leopoldo y **GLUZMANN, Pablo** (2019). «El desafío de la pobreza en Argentina. Diagnóstico y perspectivas», en *CEDLAS: Centro de Estudios Distributivos, Laborales y Sociales,* 252. Disponible en: https://www.cedlas.econo.unlp.edu.ar/wp/wp-content/uploads/doc_cedlas252.pdf.

GHERSI, Carlos Alberto (2014). «La dignidad como principio general del derecho», en *Revista La Ley*, tomo 2014-D.

HÄBERLE, Peter (1991). «Incursus. Perspectiva de una doctrina constitucional del mercado: siete tesis de trabajo», en LANDA, C. (coord.). *Constitución económica del Perú (Foro Económico Asia-Pacífico APEC): Revista de Jurisprudencia y Doctrina*, año III, núm. 6.

KOVADLOFF, Santiago (2019). «Debemos sincerarnos: ¿en qué Argentina queremos vivir?», en *La Nación,* 8 de diciembre. Disponible en: www.lanacion.com.ar/sociedad/debemos-sincerarnos-en-queargentina-queremos-vivir-nid231148.

LÓPEZ AYLLÓN, Sergio y **GARCÍA, Adriana** (2011). «Distribución de la riqueza: el complejo equilibrio de la democracia constitucional», en FIX-ZAMUDIO, H. Y VALADÉS, D. (coord.). *Instituciones sociales en el constitucionalismo contemporáneo.* México: UNAM - El Colegio Nacional.

MARTÍNEZ OLIVER, F. (2019). «La escuela no logra reducir las inequidades en Estados Unidos. El rol de la familia», en *Centro de Bioética,* 15 de julio. Disponible en: https://centrodebioetica.org/la-escuela-no-logra-reducir-las-inequidades-en-estados-unidos-el-rol-de-la-familia/.

MILANOVIC, Branko (2016). *Global inequality. A new approach for the age of globalization*, Cambridge - Massachusetts: The Belknap Press of Harvard University.

PÉREZ HUALDE, Alejandro (2019). «La necesaria determinación de la desigualdad para el tratamiento equitativo de los derechos fundamentales», en XII Jornadas de Derecho Administrativo Iberoamericano (Universidad de A Coruña); publicado en *Revista Argentina del Régimen de la administración Pública (RAP)*, año XLI, núm. 486, pp. 7-18.

PINKER, Steven (2018). «Los progresistas odian el progreso», en *Perfil*, 30 de septiembre. Disponible en: https://www.perfil.com/noticias/periodismopuro/los-progresistas-odian-el-progreso.phtml.

Pittaluga, Lucía (2013). «¿Qué son las cadenas globales de valor? Se consolida una nueva forma de producción a escala mundial». Disponible en: https://web.archive.org/web/20131115063153/http://brecha.com.uy/index.php/politica-uruguaya/2308-que-son-las-cadenas-globales-de-valor.

Ramírez Cleves, Gonzalo (2009). *Pobreza, globalización y derecho: ámbitos global, internacional y regional de regulación.* Bogotá: Universidad Externado.

Rawls, John B. (1997). *Teoría de la Justicia*. México: Fondo de Cultura Económica.

Recalde, Mariano C. (2017). «Pobreza e indigencia: una mirada en clave constitucional», en *Revista El Derecho Constitucional*, pp. 394-ss.

Riberi, Pablo (2007). *Variaciones sobre igualdad. Como valor, principio y derecho*. Córdoba: Editorial Mediterránea.

Ríos Ruiz, Alma (2018). *Libre comercio a la luz de los derechos humanos*. México: Porrúa - Escuela Libre de Derecho.

Rivero Ysern, Enrique y **Rodríguez-Arana Muñoz, Jaime** (2018). «Introduçao», en Rivero Ysern, E. y Rodríguez-Arana Muñoz, J. *O Direito Administrativo da dignidade humana e do interesse geral. Fundamentos e principios*. São Paulo: Imprenta Oficial do Goberno do Sao Paulo.

Todorov, Tzvetan (2012). *Los enemigos íntimos de la democracia.* Buenos Aires: Galaxia Gutenberg.

Trimarchi Banfi, Francesca (2002). «Considerazioni sui *«nuovi»* servizi pubblici», en *Rivista Italiana di Diritto Pubblico Comunitario*.

Valcárcel Fernández, Patricia (2015). «Prestación de Servicios de Interés General (SIG) y contratos públicos», en *Revista Iberoamericana de Derecho Administrativo y Regulación Económica*, 14, IJ-XCIV-843.

¿UNA NUEVA ERA EN LA RESPONSABILIDAD PATRIMONIAL DE LAS ADMINISTRACIONES PÚBLICAS?

A new era in the patrimonial liability of the Spanish State Public Administrations?

Josep Ramón Fuentes i Gasó[1]
Universidad Rovira i Virgili (España)

Fecha de Recepción: 02/11/2022
Fecha de Aceptación: 30/11/2022

Resumen: El objetivo de este artículo es analizar los cambios impulsados en materia de responsabilidad patrimonial del Estado español a partir de la reforma de la legislación pertinente al régimen jurídico de las Administraciones Públicas y del procedimiento administrativo común. Con la derogación de la Ley n.° 30/1992, de 26 de noviembre, de Régimen Jurídico de las Administraciones Públicas y del Procedimiento Administrativo Común, el tema sufrió modificaciones llevadas a cabo por la promulgación de la Ley n.° 39/2015, de 1 de octubre, de Derecho Común Procedimiento Administrativo de las Administraciones Públicas, y la Ley 40/2015, de 1 de octubre, de Régimen Jurídico del Sector Público, que introdujo cambios relevantes en la materia. Este análisis se realiza mediante el análisis de la jurisprudencia más relevante y, en particular, en relación con los daños en la vía pública exigidos a la administración local.

Palabras clave: Responsabilidad patrimonial del Estado. Régimen jurídico de la Administración Pública. Estado español. Reparación de daños. Derecho Administrativo español.

Abstract: The purpose of the article is to analyze the changes promoted in the subject of the Spanish State's patrimonial liability from the reform of the legislation pertinent to the legal regime of public administrations and the common administrative procedure. With the repeal of Law n.° 30/1992, of November 26, which regulated the Legal Regime for Public Administrations

1 Doctor en Derecho. Director de la Cátedra de Estudios Jurídicos Locales Màrius Viadel i Martín, de la Universidad Rovira i Virgili (Tarragona, España).

and for the Common Administrative Procedure, the subject underwent changes made by the promulgation of Law n.° 39/2015, of October 1, of the Common Administrative Procedure for Public Administrations, and Law n.° 40/2015, of October 1, of Public Sector Legal Regime, which introduced relevant changes in the matter. This analysis is carried out by analyzing the most relevant jurisprudence and, in particular, in relation to damages on public roads required of the local administration.

Keywords: Patrimonial responsibility of the State. Legal regime of Public Administration. Spanish State. Damage repair. Spanish Administrative Law.

1. Introducción[2]

> «Es un hecho, en definitiva, que la jurisprudencia ha ido extendiendo el ámbito de la responsabilidad de la Administración en términos que, por de pronto, resultan singulares respecto de todos los países occidentales, y que encuentran, además, dificultad de explicación dogmática en bastantes casos y, finalmente, que comienzan a pesar ya de manera seria sobre las finanzas públicas» (García de Enterría 2002: 20).

El derecho administrativo, en palabras del profesor Prosper Weil (1986: 123), es un derecho con dos grandes vertientes, por un lado, un derecho de privilegios exorbitantes para la Administración Pública que garanticen la eficacia de su actuación en defensa de los intereses generales, y por otra parte, un derecho de garantías de los ciudadanos que se podría resumir en la siguiente frase y manifestación: que la Administración actúe pero que pague, cuando actúa en perjuicio de los ciudadanos, he ahí el fundamento de la responsabilidad.

Así pues, el concepto de responsabilidad administrativa puede definirse en el Ordenamiento Jurídico español como la obligación que tienen las Administraciones Públicas de indemnizar a los ciudadanos por los daños o lesiones que les puedan ser causados por el funcionamiento normal o anormal de los servicios públicos o por la mera actividad o inactividad, siempre que el ciudadano no tenga el deber jurídico de soportar el daño causado, ni exista un supuesto de fuerza mayor.

2 *Vid. in totum*, García y Fuentes 2017, y Fuentes 2020: 291-368.

El instituto de la responsabilidad pivota sobre la actuación de la Administración Pública, quien, cuando actúa, debe hacerlo con sometimiento pleno a la Ley y al Derecho y en pro del interés general, de tal forma que si su funcionamiento como servicio público, ya sea normal o anormal, lesiona a terceros deberá asumir tales daños y perjuicios.

2. Evolución normativa

El derecho de toda persona a ser indemnizado por los daños que otro le hubiere causado ya venía recogido en el artículo 1902 del Código Civil, en el sentido de que «el que por acción u omisión causa daño a otro, interviniendo culpa o negligencia, está obligado a indemnizar el daño causado», es la denominada «responsabilidad civil extracontractual».

El hoy derogado artículo 1903 del Código Civil, en su redacción original, reconocía al Estado responsable cuando obraba por mediación de un agente especial, en cuanto a su aplicación se refiere Macià Hernández (2015) indica que se regulaba la responsabilidad de la Administración Pública por los artículos 1902 y 1903 del Código Civil, aunque algunas leyes sectoriales establecieron normas específicas para servicios públicos concretos, como los ferrocarriles.

Pero la interpretación del citado artículo 1903 —derogado por la Ley 1/1991— suscitó una jurisprudencia muy restrictiva que exigía la presencia de «un agente especial» para que se diera responsabilidad de la Administración por culpa «in vigilando».

Alemany Garcías (2016:133) indica:

> «Frente a la responsabilidad administrativa basada en la existencia del daño, el sistema civil exige probar una conducta culposa o negligente por parte del sujeto a quien se imputa. Por ello, a la sociedad se le aplicarán las mismas reglas del sistema de responsabilidad propia del derecho privado contemplado en el art. 1902 y siguientes del Código Civil.
>
> Pero hay que añadir que existe un derecho constitucional de los particulares a ser indemnizados por toda lesión que sufran en cualquiera de sus bienes y derechos, siempre que la lesión sea consecuencia del funcionamiento de los servicios públicos.
>
> La empresa no deja de ser la forma de prestación de un servicio público, por lo que la administración queda obligada a asumir la responsabilidad por toda lesión que los particulares sufran en cualquiera de ella de sus bienes y derechos consecuencia del funcionamiento de los servicios públicos, sin perjuicio de la traslación de la responsabilidad a la empresa personificada».

El origen normativo de la institución, en el Derecho Administrativo, cabe buscarlo en la Ley de 16 de diciembre de 1954 sobre expropiación forzosa

—en adelante, LEF— y en el Texto refundido de la Ley de Régimen Jurídico de la Administración del Estado, aprobada mediante Decreto de 26 de julio de 1957.

El artículo 121 de la LEF establecía un reconocimiento expreso de la obligación de indemnizar por las lesiones que los particulares sufriesen en los bienes y derechos a los que se refería la propia ley de expropiación forzosa, siempre que hubieran sido provocadas por el funcionamiento normal o anormal de los servicios públicos.

El artículo 122 señalaba que el daño debía ser efectivo, evaluado económicamente e individualizado con relación a una persona o grupo de personas y además establecía el plazo de prescripción de la acción de un año, un plazo para resolver de cuatro meses y el sentido del silencio administrativo.

El Texto refundido de la Ley de Régimen Jurídico de la Administración del Estado, por su parte, supondría unos de los pilares fundamentales para la construcción de una Administración Pública moderna que constituiría las bases del posterior sistema democrático constitucional, regulando en su Título IV la responsabilidad del Estado, sus autoridades y funcionarios, esto es, artículos 40 a 47, ambos inclusive.

Con la entrada en vigor de la Constitución Española —en adelante CE—, la figura de la responsabilidad patrimonial alcanza reconocimiento expreso, por un lado, el artículo 9.3 de la CE consagra como principio general la responsabilidad de los poderes públicos, y por otro, se convierte en un derecho que se halla expresamente reconocido en el artículo 106.2 CE:

> «(...) los particulares, en los términos establecidos por la Ley, tendrán derecho a ser indemnizados por toda lesión que sufran en cualquiera de sus bienes y derechos, salvo los casos de fuerza mayor siempre que la lesión sea consecuencia del funcionamiento de los servicios públicos».

De acuerdo con el artículo 149.1.18 CE, el Estado tiene competencia[3] exclusiva sobre el sistema de responsabilidad de las administraciones públicas.

---

3 En relación al marco competencial sobre el sistema de responsabilidad patrimonial, el Tribunal Constitucional (Pleno) en su Sentencia n.° 79/2019 de 5 junio (RTC 2019\79) ha señalado lo siguiente:
«Al Estado le corresponde establecer el régimen de responsabilidad de las administraciones públicas, si bien el art. 149.1.18 C.E. no puede excluir que, además de esa normativa común que representa el sistema de responsabilidad para todo el territorio, las comunidades autónomas puedan establecer otros supuestos indemnizatorios en concepto de responsabilidad administrativa, siempre que, naturalmente, respeten aquellas normas estatales con las que en todo caso habrán de cohonestarse y sirvan al desarrollo de una política sectorial determinada. En ese sentido, la eventual regulación de nuevos supuestos indemnizatorios en el ámbito de las competencias exclusivas autonómicas constituye una garantía —indemnizatoria— que se superpone a la garantía indemnizatoria general que al Estado compete establecer» (STC 61/1997 (RTC 1997, 61) , FJ 33).

Y en el marco de esa competencia la Ley 30/1992, de 26 de noviembre, del Régimen Jurídico de las Administraciones Públicas y del Procedimiento Administrativo Común —en adelante, LRJAP-PAC— pasa a regular el título X (artículos 139[4] a 146) la denominada responsabilidad patrimonial de la Administración Pública, desarrollando así el mandato constitucional del artículo 106 y establece una regulación básica, que fue desarrollada posteriormente por el reglamento de los Procedimientos de las Administraciones Públicas en materia de responsabilidad patrimonial, Real Decreto 429/1993, de 26 de marzo.

Ambas normativas pasan a constituir el núcleo de la legislación estatal a la hora de establecer la exigibilidad a la Administración del resarcimiento de los daños o perjuicios causados por el funcionamiento de sus servicios hasta la entrada en vigor de la Ley 39/2015, de 1 de octubre, del Procedimiento Administrativo Común de las Administraciones Públicas —en adelante, LPAC—, que en su disposición derogatoria única las derogaba expresamente.

El nuevo y vigente régimen jurídico, de esta institución, se enmarca en las dos leyes básicas por excelencia del Derecho Administrativo. Por un lado, en la Ley 40/2015, de 1 de octubre, de Régimen Jurídico del Sector Público —en adelante, LRJSP—, en sus artículos 32 a 37 establece los principios básicos de la responsabilidad patrimonial de las Administraciones Públicas y, por otro lado, en la LPAC se ha integrado el procedimiento especial de responsabilidad patrimonial como una especialidad del procedimiento administrativo común.

Este nuevo régimen jurídico comportó como inmediata consecuencia, la vuelta a la opción legislativa vigente antes de la aprobación de la LRJPAC —sin perjuicio de la *vacatio legis* de un año—, esto es, tal y como se recogía en la histórica Ley de Régimen Jurídico de la Administración del Estado de 1957, el retorno a la opción de diferenciar en dos leyes el contenido regulado hasta ahora por la LJRPAC siguiendo el dictamen de la Comisión para la Reforma Administrativa (CORA)[5].

Así,

«(...) *más allá de la regulación estatal las comunidades autónomas también pueden establecer otros supuestos indemnizatorios en concepto de responsabilidad administrativa, siempre que, naturalmente, respeten aquellas normas estatales con las que en todo caso habrán de cohonestarse y sirvan al desarrollo de una politica sectorial determinada*» (STC 164/2001, de 11 de julio (RTC 2001, 164) , FJ 47).

La comunidad autónoma puede, en consecuencia, establecer otros supuestos indemnizatorios en concepto de responsabilidad administrativa que sirvan al desarrollo de una política sectorial determinada, pero siempre que respeten las normas estatales.

4 El artículo 139.1 LRJPAC disponía que:

«(...) *los particulares tendrán derecho a ser indemnizados por las Administraciones Públicas correspondientes, de toda lesión que sufran en cualquiera de sus bienes y derechos, salvo en los casos de fuerza mayor, siempre que la lesión sea consecuencia del funcionamiento normal o anormal de los servicios públicos*».

5 La CORA tiene su origen en el Acuerdo de 26 de octubre de 2012 del Consejo de ministros, por el que se crea una Comisión para la reforma de las Administraciones Públicas. La

A pesar de la vocación de regular de forma separada y completa la organización administrativa, por un lado, y el procedimiento administrativo común, por otro, existen distintas materias en las que coexisten disposiciones en ambos textos legales —regulación de órganos administrativos, uso de medios electrónicos, potestad sancionadora, responsabilidad patrimonial, etc...—.

Así, la promulgación de la LPAC en conjunción con su melliza LRJSP supone un cambio en el régimen jurídico de actuación de las Administraciones Públicas, las que se ven lógicamente sometidas a dicho cauce formal en su actividad, incluidas las entidades que integran la Administración local, tal y como el artículo 2.1 c) de la propia LPAC preceptúa.

Estas normas son consecuencia, según se recoge de forma expresa en la exposición de motivos, de los indicados trabajos de la CORA[6], en cuyos documentos, amén de actualizar el contenido de la LRJAPC, se pretendió una mejora, reforma, simplificación y racionalización del conjunto de la Administración Pública española. En definitiva, la dualidad legislativa respondería a una voluntad de orden, sistematización y coherencia del ordenamiento jurídico.

En conjunto, tal y como afirma Santamaría Pastor (2015), en términos muy generales, los dos textos merecen una valoración positiva desde una perspectiva formal. Lo cierto es que, se coincida o no con sus contenidos, es obligado reconocer que nos hallamos ante dos documentos elaborados con minuciosidad y técnica jurídica depurada, que revelan un intenso trabajo de fondo. No se trata, como ha sucedido en otras muchas ocasiones, de proyectos redactados apresuradamente, sin cuidado alguno por el estilo y la claridad, y trufados de ocurrencias, sino de iniciativas muy estimables y meritorias.

Podríamos decir que la LPAC se trata de un bloque normativo *ad extra* que regula el procedimiento administrativo y las relaciones de la Administración con los ciudadanos y las empresas. Y por su parte, la LRJSP es la vertiente *ad intra* de la Administración, es decir, su carácter interno que busca un fortalecimiento del sector público electrónico, expone una marcada voluntad de

---

Comisión se adscribió al Ministerio de Hacienda y Administraciones Públicas, a través de la Secretaría de Estado de Administraciones Públicas y fue presidida por el subsecretario de la Presidencia. Fruto del trabajo de dicha comisión se produjo el citado informe y posteriormente el Real Decreto 479/2013, de 21 de junio, creó la Oficina para la Ejecución de la Reforma de la Administración (OPERA), con el objetivo de velar por la ejecución de las medidas incluidas en el informe de la Comisión para la Reforma de las Administraciones Públicas, asumir su seguimiento, impulso, coordinación y, en su caso, proponer nuevas medidas. El Real Decreto 671/2014, de 1 de agosto, otorga carácter permanente a OPERA y le asigna además las funciones relativas al Portal de la Transparencia, dependiente del Ministerio de la Presidencia, derogándose el Real Decreto 479/2013, de 21 de junio.

6 Con respecto a dicha comisión de reforma administrativa y sus conclusiones puede consultarse Gimeno 2013: 19.

poner fin a la desmesura y al descontrol de la administración institucional, poniendo limitaciones y restricciones a la fuga del derecho administrativo. Por tanto, marcando una tendencia compiladora y de uniformidad legislativa, el legislador ha optado, en definitiva, por regular los aspectos procedimentales puros de estas instituciones en la LPAC y dejar, en la LRJSP, los aspectos materiales, como el concepto y las características.

Avanzamos ya que las características esenciales de la institución de la responsabilidad patrimonial, según Martín Rebollo (2000: 295), podrían resumirse en las siguientes:

1. Constituye un sistema unitario puesto que rige para todas las Administraciones Públicas y tanto si actúan en relaciones de Derecho público como privado (art. 149.1.18.a CE).
2. Es un sistema general que abarca toda la actividad o inactividad de la Administración.
3. Obedece a un criterio de responsabilidad directa y no sólo subsidiaria que simplemente da cobertura del funcionario responsable.
4. Es un sistema de responsabilidad objetiva en el que la culpa no es determinante.
5. Persigue una reparación integral de todo tipo de daños —materiales o morales— sufridos por los particulares.
6. Responde al principio de unidad jurisdiccional —con la sola excepción de la jurisdicción penal cuando la responsabilidad civil deriva de un delito cometido por funcionarios; supuesto en el que la responsabilidad de la Administración es sólo subsidiaria—.

En definitiva, se trata de «un sistema sencillo, avanzado y generoso. Pero es también un sistema casuístico —lo cual es inevitable— y un sistema inseguro, lo cual cabe preguntarse si es igualmente inevitable». De ahí que, Mir Puigpelat (2002: 29) afirme que:

> «(...) el sistema de responsabilidad objetiva global instaurado por la Ley de expropiación forzosa de 16 de diciembre de 1954 (LEF) ha comenzado a tambalearse tras más de cuarenta años de pacífica aceptación doctrinal».

3. El régimen jurídico de la responsabilidad patrimonial

El nuevo régimen jurídico de la responsabilidad patrimonial de las Administraciones Públicas no introduce grandes novedades respecto a su regulación antecesora, sin embargo, la dualidad legislativa en la que se encuentra regulada nos da pie para realizar un análisis de esta clásica figura del derecho administrativo.

Como se ha visto, la responsabilidad patrimonial, no se trata únicamente de una responsabilidad extracontractual, sino de un instituto jurídico de índole propia, recogido y regulado tanto en la CE como en la ya derogada LRJPAC, substituida actualmente por LPAC y LRJSP, que se han convertido en leyes básicas por excelencia del Derecho Administrativo.

En cuanto al procedimiento se refiere, la LPAC regula los aspectos procedimentales en los artículos 13.f), 24.1, 35.h), 61.4, 65, 67, 68, 81, 82.5, 86.5, 91, 92 y 96.4, Disposición transitoria 5.ª y Disposición derogatoria única, donde, entre otras normas, deroga la LRJPAC y el RRP[7].

El título IV de la LPAC (artículos 53 a 92), al regular las disposiciones del procedimiento administrativo común a lo largo de sus siete capítulos que comprenden del artículo 53 al artículo 92, recoge a su vez la regulación del procedimiento especial de responsabilidad patrimonial de la Administración, en su día regulada por la LRJPAC completada con el Real Decreto. De tal forma que la novedad radica en que ya no existe una doble regulación del procedimiento general —antes LRJPAC— y del procedimiento especial en materia de responsabilidad —antes RRP—, sino que éstos se mimetizan en una única regulación recogida en una única norma.

Este planteamiento responde a uno de los objetivos que persigue la LPAC, la simplificación de los procedimientos administrativos y su integración como especialidades en el procedimiento administrativo común, contribuyendo así a aumentar la seguridad jurídica.

A tal efecto, el preámbulo de la LPAC dispone lo que:

> «(...) ante este escenario legislativo, resulta clave contar con una nueva Ley que sistematice toda la regulación relativa al procedimiento administrativo, que clarifique e integre el contenido de las citadas Ley 30/1992, de 26 de noviembre y Ley 11/2007, de 22 de junio, y profundice en la agilización de los procedimientos con un pleno funcionamiento electrónico. Todo ello revertirá en un mejor cumplimiento

7 En este sentido, el preámbulo de la LPAC afirma que:
«(...) El título IV, de disposiciones sobre el procedimiento administrativo común, se estructura en siete capítulos y entre sus principales novedades destaca que los anteriores procedimientos especiales sobre potestad sancionadora y responsabilidad patrimonial que la Ley 30/1992, de 26 de noviembre, regulaba en títulos separados, ahora se han integrado como especialidades del procedimiento administrativo común. Este planteamiento responde a uno de los objetivos que persigue esta Ley, la simplificación de los procedimientos administrativos y su integración como especialidades en el procedimiento administrativo común, contribuyendo así a aumentar la seguridad jurídica. De acuerdo con la sistemática seguida, los principios generales de la potestad sancionadora y de la responsabilidad patrimonial de las Administraciones Públicas, en cuanto que atañen a aspectos más orgánicos que procedimentales, se regulan en la Ley de Régimen Jurídico del Sector Público. (...) Asimismo, este título incorpora a las fases de iniciación, ordenación, instrucción y finalización del procedimiento el uso generalizado y obligatorio de medios electrónicos. Igualmente, se incorpora la regulación del expediente administrativo estableciendo su formato electrónico y los documentos que deben integrarlo».

de los principios constitucionales de eficacia y seguridad jurídica que deben regir la actuación de las Administraciones Públicas. (...) Durante los más de veinte años de vigencia de la Ley 30/1992, de 26 de noviembre, en el seno de la Comisión Europea y de la Organización para la Cooperación y el Desarrollo Económicos se ha ido avanzando en la mejora de la producción normativa –"Better regulation" y "Smart regulation"—.

Los diversos informes internacionales sobre la materia definen la regulación inteligente como un marco jurídico de calidad, que permite el cumplimiento de un objetivo regulatorio a la vez que ofrece los incentivos adecuados para dinamizar la actividad económica, permite simplificar procesos y reducir cargas administrativas.

Para ello, resulta esencial un adecuado análisis de impacto de las normas de forma continua, tanto ex ante como ex post, así como la participación de los ciudadanos y empresas en los procesos de elaboración normativa, pues sobre ellos recae el cumplimiento de las leyes. (...) Sin embargo, es necesario contar con una nueva regulación que, terminando con la dispersión normativa existente, refuerce la participación ciudadana, la seguridad jurídica y la revisión del ordenamiento».

Es por lo tanto una de las principales novedades de la LPAC incluir la regulación del procedimiento sancionador y de responsabilidad patrimonial dentro de la regulación del procedimiento administrativo común delimitándolo a su vez como «especialidades» propias de dicho procedimiento común. Novedad que, tal y como se proclama en su Exposición de motivos, persigue uno de los principales objetivos de la nueva Ley: el aumento de la seguridad jurídica mediante la simplificación procedimental.

Sin embargo, si hiciéramos una crítica constructiva de esta novedad, podríamos llegar a decir, que dicha inclusión de los procedimientos sancionadores y de responsabilidad patrimonial en la regulación del procedimiento común lleva aparejada la inclusión de sus particularidades con un resultado que dista mucho de ser favorable, y es que, al margen de la valoración positiva de la introducción de su normativa en la LPAC, con la consiguiente elevación de rango y subsiguiente derogación de sus respectivas normas reglamentarias, su consideración como especialidades no contribuye en nada a alcanzar el nuclear objetivo de seguridad jurídica que —se dice— inspira la LPAC.

Y ello no sólo por la exigua regulación que ésta hace de los mismos (de su texto desaparecen los principios que deben inspirar el ejercicio de una y otra potestad —principios que se llevan a la LRJSP— con la justificación de que afectan más a «*aspectos orgánicos que procedimentales*») sino por la evidente dispersión que esta opción supone: la centrifugación de sus particularidades a lo largo del texto de la LPAC provoca una importante confusión en el lector y mina la coherencia que proporcionaba la normativa anterior.

Como razona el Consejo de Estado en el Dictamen sobre el Proyecto de la LPAC: «esta opción supone desconocer la verdadera naturaleza de estas instituciones y despojarlas de su particular identidad»[8]; además:

> «(...) perjudica, en última instancia, la calidad técnica de la norma y su coherencia interna. Y ello porque al intercalar en la regulación del procedimiento administrativo común las llamadas especialidades aplicables en materia sancionadora y de responsabilidad, se dificulta la comprensión general de la Ley y se oscurece el conocimiento completo y unitario del régimen jurídico aplicable.
>
> De este modo, el objetivo de clarificación y simplificación queda frustrado, lográndose precisamente el efecto contrario: aumentar la confusión y complejidad de la norma al regular en ella de forma dispersa las reglas propias y específicamente aplicables a los procedimientos a través de los cuales se ejerce la potestad sancionadora o se encauza el régimen de la responsabilidad patrimonial, rompiendo además con ello la continuidad en la ordenación de lo que ha de ser, en sentido estricto, el procedimiento administrativo común»[9].

En cuanto al procedimiento propiamente dicho, no hay grandes novedades por más que el Preámbulo de la LPAC, afirme que la regulación preexistente contiene «procedimientos administrativos demasiado complejos» que en ocasiones han generado problemas de inseguridad jurídica, lo que exigiría una «reforma integral». Ni esta Ley supone una reforma «integral» que rompa radicalmente con las precedentes en lo que al procedimiento se refiere, ni el procedimiento común que contemplaba la LRJPAC era complejo, pues se limitaba, como por lo demás hace también la nueva Ley, a regular unas fases bien sencillas —iniciación, instrucción y finalización— cuya concreto desarrollo —sobre todo en la fase de instrucción— podía incluir e incluía tanto procedimientos simples e inmediatos como otros más complejos en los que se exigía, como es lógico, la presencia de informes, dictámenes, pruebas, consultas y audiencias o informaciones pública, etc., en aras de asegurar la legalidad, acierto y oportunidad de la medida, como decía ya la vieja Ley de Procedimiento de 1958. Así, pues, la complejidad no derivaba de la Ley básica, bien sencilla, sino de cada procedimiento concreto.

Dicho esto, las novedades más destacables en materia procedimental previstas en la LPAC se refieren a: la aceptación de las copias (art. 27) aunque recogiendo aspectos del derogado artículo 30 de la Ley 11/2007, de 22 de

8 Dictamen del Consejo de Estado 275/2015, de 29 de abril de 2015, Anteproyecto de Ley del Procedimiento Administrativo Común de las Administraciones Públicas, página 12.

9 En la misma línea, el Consejo General del Poder Judicial dudaba en su informe (p. 23) sobre si la regulación de dichas «especialidades» era suficiente para lograr «una regulación completa que contemple los principios propios del procedimiento sancionador». Dicho Informe está disponible en http://www.poderjudicial.es/cgpj/es/Poder-Judicial/Consejo-General-del-Poder-Judicial/Actividad-del-CGPJ/Informes/Informe-sobre-Anteproyecto-de-Ley-del-Procedimiento-Administrativo-Comun-de-las-Administraciones-Publicas.

junio, de acceso electrónico de los ciudadanos a los Servicios Públicos; la consideración de los sábados como días inhábiles (art. 30.2), igualando así la regulación administrativa de los plazos con la normativa procesal; la previsión de un novedoso procedimiento simplificado (art. 96) y otras de menor entidad.

En relación a la tramitación simplificada en el caso de procedimientos en materia de responsabilidad patrimonial, podrá acordarse la tramitación simplificada si una vez iniciado el procedimiento administrativo el órgano competente para su tramitación considera inequívoca la relación de causalidad entre el funcionamiento del servicio público y la lesión, así como la valoración del daño y el cálculo de la cuantía de la indemnización, podrá acordar de oficio la suspensión del procedimiento general y la iniciación de un procedimiento simplificado.

Por otro lado, y de acuerdo con la sistemática seguida, los principios generales de la potestad sancionadora y de la responsabilidad patrimonial de las Administraciones Públicas, en cuanto que atañen a aspectos más orgánicos que procedimentales, se regulan en la LRJSP.

Quedan fuera de la LPAC, la regulación de los principios de la potestad sancionadora y la responsabilidad de la Administración, que se contemplan en la LRJSP.

La LPAC se estructura en 133 artículos, distribuidos en siete títulos, cinco disposiciones adicionales, cinco disposiciones transitorias, una disposición derogatoria y siete disposiciones finales.

Presenta una estructura similar a la LRJPAC, si bien con matices, teniendo en cuenta que faltan los dedicados en esta última a las relaciones interadministrativas (título I), los órganos administrativos (título II), las reclamaciones previas al ejercicio de acciones civiles y laborales, que ahora desaparecen (título VIII), la potestad sancionadora (título IX) y la responsabilidad de la Administración (título X). Todos ellos, excepto el título VIII de la LRJPAC, en gran parte y sin muchas modificaciones, pasan a integrarse en la nueva LRJSP, que sustituye también a la Ley 6/1997, de 4 abril, de Organización y Funcionamiento de la Administración General del Estado y a la Ley 28/2006, de 18 julio, de Agencias Estatales, además de derogar aspectos parciales de otras normas y modificar de manera significativa la Ley 50/1997, de 27 noviembre, del Gobierno.

4. Los presupuestos de la responsabilidad patrimonial

En el capítulo cuarto, de título preliminar la LRJSP, esto es, en sus artículos 32 a 37, se concentra la regulación de la institución de la responsabilidad de las Administraciones Públicas. Pudiendo afirmar que la misma se describe en términos muy similares a aquellos que en su día se recogían en la LRJPAC e incluso en su RRP. A excepción, de dos materias en las que se innova a la LRJPAC, todo ello sin obviar que tales innovaciones ya venían siendo reconocidas y, en parte, delimitadas jurisprudencialmente, que se desarrollarán posteriormente:

1. La responsabilidad de la Administración en relaciones de Derecho privado. El artículo 144 LRJPAC, actualmente derogado, establecía que en tales casos la Administración respondía directamente de los daños y perjuicios de conformidad con el régimen de responsabilidad patrimonial de la Administración. Sin embargo, el nuevo artículo 35 de la LRJSP extiende esta unificación del régimen jurídico y del fuero jurisdiccional a los supuestos en los que la Administración actúa «a través de una entidad de Derecho privado».
2. La responsabilidad del Estado legislador, recogida en los apartados 3 a 6 del artículo 32 de la LRJSP. En el primero de ellos se regula lo ya previsto en el derogado artículo 139.3 de la LRJPAC, relativo al derecho de los particulares a ser indemnizados por lesiones derivadas de la aplicación de actos legislativos cuando así se establezca en la propia norma, si bien, en parte, la cuestión ya la encontrábamos en el Real decreto 515/2013, de 5 de julio, por el que se regulan los criterios y el procedimiento para determinar y repercutir las responsabilidades por incumplimiento del derecho de la Unión Europea. Mientras que en el resto de los apartados anunciados se regula el derecho de los particulares a ser indemnizados por: los daños infligidos por leyes declaradas inconstitucionales; y por los daños derivados de la aplicación de una norma contraria al derecho de la Unión Europea.

Así pues, en la LRJSP, salvo las novedades que acabamos de citar, no se introducen cambios importantes y significativos en cuanto se refiere a los principios y los requisitos de responsabilidad patrimonial.

4.1. Requisitos objetivos y casuística relativa a los accidentes acaecidos en la vía pública[10]

La LRJSP no ha hecho más que continuar con una regulación de la responsabilidad patrimonial de la Administración pública diseñada en la ley como una responsabilidad general y directa que entra en juego siempre que se cumplan los requisitos que exige la norma, y se siga el procedimiento previsto en la LPAC.

---

10 *Vid. in totum*, Fuentes 2020 (291-368).

El artículo 32 de la LRJSP proclama los principios de la responsabilidad, estableciendo que:

> «Los particulares tendrán derecho a ser indemnizados por las Administraciones Públicas correspondientes, de toda lesión que sufran en cualquiera de sus bienes y derechos, siempre que la lesión sea consecuencia del funcionamiento normal o anormal de los servicios públicos salvo en los casos de fuerza mayor o de daños que el particular tenga el deber jurídico de soportar de acuerdo con la Ley».

En cuanto al daño alegado, el art. 32.2 LRJSP establece que debe «ser efectivo, evaluable económicamente e individualizado con relación a una persona o grupo de personas» y el artículo 34.1 LRJSP prevé que:

> «(...) sólo serán indemnizables las lesiones producidas al particular provenientes de daños que éste no tenga el deber jurídico de soportar de acuerdo con la Ley. No serán indemnizables los daños que se deriven de hechos o circunstancias que no se hubiesen podido prever o evitar según el estado de los conocimientos de la ciencia o de la técnica existentes en el momento de producción de aquéllos, todo ello sin perjuicio de las prestaciones asistenciales o económicas que las leyes puedan establecer para estos casos».

Como afirma el Tribunal Superior de Justicia de Asturias, Sala de lo Contencioso-Administrativo, Sección 1.ª, en su Sentencia núm. 476/2021 de 18 mayo, los anteriores preceptos establecen:

> «(...) en sintonía con el art. 106.2 de la CE, un sistema de responsabilidad patrimonial: a) unitario: rige para todas las Administraciones; b) general: abarca toda la actividad —por acción u omisión— derivada del funcionamiento de los servicios públicos, tanto si éstos incumben a los poderes públicos, como si son los particulares los que llevan a cabo actividades públicas que el ordenamiento jurídico considera de interés general; c) de responsabilidad directa: la Administración responde directamente, sin perjuicio de una eventual y posterior acción de regreso contra quienes hubieran incurrido en dolo, culpa, o negligencia grave; d) objetiva: prescinde de la idea de culpa, por lo que, además de erigirse la causalidad en pilar esencial del sistema, es preciso que el daño sea la materialización de un riesgo jurídicamente relevante creado por el servicio público; y, e) tiende a la reparación integral».

La Sala Tercera del Tribunal Supremo ha declarado reiteradamente que la responsabilidad patrimonial de la Administración se configura como una responsabilidad objetiva[11] o por el resultado en la que es indiferente que la

11 Los criterios del Tribunal Supremo han evolucionado como recoge en su sentencia para la unificación de la doctrina de 13-9-2002 (recurso 3192/2001), en el sentido de precisar que el carácter objetivo de la responsabilidad patrimonial de las Administraciones públicas, que se configura como una responsabilidad sin culpa y en suma como una responsabilidad sin causa, no lleva sin embargo a que el mero dato de la que lesión patrimonial se produzca en el entorno de los servicios públicos, o por extensión en las instalaciones o

actuación administrativa haya sido normal o anormal, bastando para declararla que como consecuencia directa de aquella, se haya producido un daño efectivo, evaluable económicamente e individualizado, configurándose así la responsabilidad patrimonial de la Administración por funcionamiento normal o anormal de los servicios públicos, en una responsabilidad de carácter objetivo; y debiendo tener en cuenta además que ha de darse a la expresión de servicio público un sentido amplio como toda actuación, gestión o actividad propias de la función administrativa, incluso por la omisión o pasividad cuando la Administración tiene el concreto deber de obrar o comportarse de modo determinado[12].

El daño indemnizable es únicamente el que merezca la consideración de lesión, entendida, según la doctrina y jurisprudencia, como daño antijurídico; antijuricidad que deriva no del hecho de que la conducta de quien lo causa sea contraria a Derecho, sino de que el perjudicado no tenga el deber jurídico de soportarlo (artículo 34.1 de la Ley 40/2015), por no existir causas de justificación que lo legitimen.

Así pues, los presupuestos[13] de la responsabilidad patrimonial son:

1. existencia de un daño efectivo, evaluable económicamente e individualizado en relación a una persona o grupo de personas,
2. el daño ha de ser antijurídico, en el sentido de que la persona que lo sufre no tenga el deber jurídico de soportarlo de acuerdo con la Ley,

---

establecimientos públicos, sea por sí determinante de la existencia de dicha responsabilidad patrimonial, pues para que ello ocurra es necesario que sea la propia actividad servicial o los propios elementos de las instalaciones públicas los determinantes de la lesión, en tanto en cuanto éstos servicios se presten, o se encuentren estas instalaciones, por debajo de los estándares sociales razonables y adecuados a sus características y finalidades propias, como se recoge, en sentencias del Tribunal Supremo de: Sala 3.ª, Sección 6.ª, de 17-5-2001 (recurso 7709/2000); Sala 3.ª, Sección 6.ª, de 9-4-2002 (recurso 6338/1998); Sala 3.ª, Sección 3.ª, de 20-6-2003 (recurso 10077/1998); Sala 3.ª, Sección 4.ª, de 9-7-2003 (recurso 192/2000); Sala 3.ª, Sección 6.ª, de 30-9-2003, (recurso 732/1999); Sala 3.ª, Sección 6.ª, de 20-12-2004 (recurso 3999/2001); Sala 3.ª, Sección 6.ª, de 12-1-2005 (recurso 6718/2000); Sala 3.ª, Sección 6.ª, de 14-3-2005 (recurso 8107/2000), además de las antes citadas.

Como asevera el Tribunal Supremo en la Sentencia de 6 de marzo de 1998:

«(...) no cabe considerar que el vigente sistema de responsabilidad patrimonial objetiva de las administraciones públicas convierta a éstas en aseguradoras universales de todos los riesgos con el fin de prevenir cualquier eventualidad (...) porque, de lo contrario (...) se transformaría aquél en un sistema providencialista no contemplado en nuestro ordenamiento jurídico».

12 *Vid.* STSJ Galicia, Sala de lo Contencioso, de 18 de octubre de 2022, recurso número 616/2021.

13 Conforme la reiterada jurisprudencia (STS, Sala 3.º, de 10 de octubre de 1998 (RJ 1998, 8835), 14 de abril de 1999 (RJ 1999, 4522) y 7 de febrero de 2006 (RJ 2006, 736), más recientes de 19 de febrero de 2016 (recurso 4056/2014) y 23 mayo de 2014 (recurso 5998/2011)).

3. existencia de relación de causalidad entre la actividad administrativa y el resultado dañoso,
4. el daño ha de imputarse a la Administración por ser consecuencia del funcionamiento normal o anormal de un servicio público o actividad administrativa y
5. ausencia de fuerza mayor.

Partiendo de lo anteriormente expuesto, resulta acertado examinar los presupuestos de responsabilidad patrimonial en el ámbito de las administraciones locales en base a la casuística habida por acontecimientos acaecidos en la vía pública, cuya titularidad recae en los ayuntamientos.

En la esfera de las administraciones locales, mayoritariamente, las reclamaciones de responsabilidad patrimonial que se presentan contra un ente local son bajo el paraguas[14], de lo dispuesto en el artículo 54 de la Ley 7/85 de 2 de abril, Reguladora de las Bases del Régimen Local y del artículo 223 del Real Decreto 2568/1986, de 28 de noviembre, por el que se aprueba el Reglamento de Organización, Funcionamiento y Régimen Jurídico.

Ahora bien, la atribución de una posible responsabilidad patrimonial basada en la mera titularidad de un servicio público o de la actuación, en ejercicio de su cargo, de una autoridad, funcionario o agente dependiente de un ente local tiene sus límites a efectos de una imputación automática de la responsabilidad patrimonial.

En efecto, como señala la doctrina y la jurisprudencia, la responsabilidad patrimonial se configura como una responsabilidad directa y objetiva, que obliga a indemnizar toda lesión que sufran los particulares en cualquiera de sus bienes o derechos, siempre que sea consecuencia del funcionamiento

14 *Vid.* STSJ de Madrid de 20 de junio de 2019 (recurso 654/2018): En la esfera de las administraciones locales el art. 54 de la Ley 7/1985, de 2 de abril de Bases de Régimen Local establece que:
«Las entidades locales responderán directamente de los daños y perjuicios causados a los particulares en sus bienes y derechos como consecuencia del funcionamiento de los servicios públicos o de la actuación de sus autoridades, funcionarios o agentes, en los términos establecidos en la legislación general sobre responsabilidad administrativa».
Y en línea con esto, el art. 223 del Real Decreto 2568/86, de 28 de noviembre, que aprueba el Reglamento de organización, funcionamiento y régimen jurídico de las Entidades Locales dispone que:
«Las entidades locales responderán directamente de los daños y perjuicios causados a los particulares en sus bienes y derechos como consecuencia del funcionamiento de los servicios públicos o de la actuación, en ejercicio de sus cargos, de sus autoridades, funcionarios o agentes, en los términos establecidos en la legislación general sobre responsabilidad administrativa».

normal o anormal de los servicios públicos, ahora bien, dicha configuración no convierte la administración pública como una aseguradora universal[15].

En una apelación planteada contra la sentencia desestimatoria de un recurso contencioso-administrativo interpuesta por los daños y perjuicios derivados de una caída en la vía pública, el Tribunal Superior de Justicia de Navarra[16], ha eco de los criterios establecidos por el propio Supremo en cuanto a la responsabilidad directa y objetiva:

> «En este punto cabe destacar como el Tribunal Supremo tiene establecido, entre otras muchas, en STS de 17-4-2007 (ROJ: STS 2776/2007-ECLI:ES:TS:2007:2776), Recurso: 3923/2003, Ponente: Octavio Juan Herrero Pina sobre la existencia de nexo causal con el funcionamiento del servicio que: «la jurisprudencia viene modulando el carácter objetivo de la responsabilidad patrimonial, rechazando que la mera titularidad del servicio determine la responsabilidad de la Administración respecto de cualquier consecuencia lesiva relacionada con el mismo que se pueda producir, así señala la sentencia de 14 de octubre de 2003 que: «Como tiene declarado esta Sala y Sección, en sentencias de 30 de septiembre del corriente, de 13 de septiembre de 2.002 y en los reiterados pronunciamientos de este Tribunal Supremo, que la anterior cita como la Sentencia, de 5 de junio de 1998 (recurso 1662/94), la prestación por la Administración de un determinado servicio público y la titularidad por parte de aquella de la infraestructura material para su prestación no implica que el vigente sistema de responsabilidad patrimonial objetiva de las Administraciones Públicas, convierta a éstas, en aseguradoras universales de todos los riesgos, con el fin de prevenir cualquier eventualidad desfavorable o dañosa para los administrados que pueda producirse con independencia del actuar administrativo, porque de lo contrario, como pretende el recurrente, se transformaría aquél en un sistema providencialista no contemplado en nuestro Ordenamiento Jurídico. Y, en la sentencia de 13 de noviembre de 1997, (recurso 4451/1993), también afirmamos que «Aun cuando la responsabilidad de la Administración ha sido calificada por la Jurisprudencia de esta Sala, como un supuesto de responsabilidad objetiva, no lo es menos que ello no convierte a la Administración, en un responsable de todos los resultados lesivos que puedan producirse por el simple uso de instalaciones públicas, sino que, como antes señalamos, es necesario que esos daños sean consecuencia directa e inmediata del funcionamiento normal o anormal de aquélla».

Partiendo de la anterior jurisprudencia son innumerables los casos y sentencias dictadas por los Tribunales Superiores de Justicia, frente recursos de apelación contra recursos contenciosos administrativos desestimatorios

15 Sala de lo Contencioso Administrativo del T.S.J. de Andalucía (Granada), en sentencia de fecha 21-1-2013 ha señalado que:
«(...) la responsabilidad de las administraciones públicas es objetiva al residenciarse en el resultado antijurídico, pero sin que, como dice la jurisprudencia, se constituya la Administración en aseguradora universal».

16 *Vid.* STSJ de Navarra, sala de lo Contencioso, de 19 de julio de 2022, (recurso 202/2022).

de reclamaciones de responsabilidad patrimonial por desperfectos en la vía pública, que modulan esta responsabilidad directa y objetiva y rechazando una asignación automática de la responsabilidad de la administración por el mero hecho de ser titular del servicio.

A título de ejemplo, el Tribunal Superior de Justicia de la Comunidad Valenciana[17]:

> «(...) no puede pretenderse —pues ello supondría consagrar una auténtica responsabilidad automática— que las calles estén en perfecto estado, de forma continuada y a lo largo de todos los momentos del día, pues ello supone desconocer que son transitadas por multitud de ciudadanos, por lo que ocasionalmente pueden existir sobre las aceras y calzadas, vertidos, objetos, obstáculos, etc., que generen un transitorio riesgo hasta que su presencia es advertida y comunicada a los funcionarios municipales; es inviable y excede de lo razonablemente exigible, pretender de la Administración que responda en tales supuestos, pues el servicio público no puede llegar al extremo de una prestación continuada y en todos los rincones de la población, ya que ello supondría su colapso».

En igual sentido se ha manifestado el Tribunal Superior de Justicia de Galicia[18], en relación a la asunción de daños acaecidos en la vía pública por el hecho de que ésta sea de su titularidad[19]:

> «(...) En efecto, admitida la competencia de los municipios en materia de mantenimiento de la limpieza viaria y recogida de residuos (artículo 25.2, letra l) de la Ley 7/1985, de 2 de abril) y su obligación de mantener las vías públicas en condi-

17 *Vid.* STSJ de la Comunidad Valenciana, de 30 de diciembre de 2019, recurso 241/2017.

18 *Vid.* STSJ de Galicia, sala de lo contencioso, de 27 de mayo de 2015, recurso 110/2015.

19 La Sentencia de la Sala Tercera del Tribunal Supremo de 17 de abril de 2007 señala que: *«Sobre la existencia de nexo causal con el funcionamiento del servicio, la jurisprudencia viene modulando el carácter objetivo de la responsabilidad patrimonial, rechazando que la mera titularidad del servicio determine la responsabilidad de la Administración respecto de cualquier consecuencia lesiva relacionada con el mismo que se pueda producir, así señala la sentencia de 14 de octubre de 2003 que: «... la prestación por la Administración de un determinado servicio público y la titularidad por parte de aquélla de la infraestructura material para su prestación no implica que el vigente sistema de responsabilidad patrimonial objetiva de las Administraciones Públicas, convierta a éstas en aseguradoras universales de todos los riesgos, con el fin de prevenir cualquier eventualidad desfavorable o dañosa para los administrados que pueda producirse con independencia del actuar administrativo, porque de lo contrario, como pretende el recurrente, se transformaría aquél en un sistema providencialista no contemplado en nuestro Ordenamiento Jurídico. Y, en la sentencia de 13 de noviembre de 1997, también afirmamos que «Aun cuando la responsabilidad de la Administración ha sido calificada por la Jurisprudencia de esta Sala, como un supuesto de responsabilidad objetiva, no lo es menos que ello no convierte a la Administración, en un responsable de todos los resultados lesivos que puedan producirse por el simple uso de instalaciones públicas, sino que, como antes señalamos, es necesario que esos daños sean consecuencia directa e inmediata del funcionamiento normal o anormal de aquélla». En el mismo sentido las sentencias de 19 de septiembre de 2002 y 20 de junio de 2003, 7 de*

ciones objetivas de seguridad para el tránsito de vehículos y personas, la exigencia de cumplimiento debe ajustarse a criterios razonables y no exorbitantes, con un nivel de mínimos y no de medios, habida cuenta que, de un lado, las Administraciones Públicas, aun calificándose de objetiva la responsabilidad patrimonial que les incumbe, no se configuran como aseguradoras universales que deban asumir todo siniestro que tenga lugar en vías de su titularidad, sino tan solo cuando ha mediado una inobservancia de las obligaciones que les incumben. Y, además y complementariamente a lo expuesto, es reiterada la jurisprudencia (sentencia del Tribunal Supremo de 17/06/2014; RC 4856/2011), que en los supuestos de responsabilidad derivados de una inactividad, lo que se exige es la prueba de una razonable utilización de los medios disponibles en orden a evitar hechos lesivos como el que ahora analizamos, lo que en términos de prevención se traduce en una prestación adecuada a las circunstancias de tiempo, lugar, desarrollo de la actividad, estado de la técnica, capacidad de acceso, distribución de recursos, en definitiva, lo que se viene considerando un funcionamiento estándar del servicio».

La anterior sentencia nos conduce a definir lo que se viene considerando un funcionamiento estándar del servicio, como ya señalé (Fuentes 2020b: 320):

«Los estándares, como indicadores que definen de forma precisa el alcance de los derechos de los usuarios y por tanto el alcance del servicio público, permiten establecer los parámetros para determinar lo que se puede considerar un servicio público o actividad administrativa exigible y lo que se puede considerar como servicio público a los efectos de responsabilidad de la Administración titular».

A pesar de su espíritu, actualmente no existen unos criterios normativos que regulen el establecimiento de unos estándares de calidad en la prestación de los servicios públicos que servirían de parámetro de referencia a los órganos judiciales a la hora de determinar la normalidad o anormalidad del funcionamiento de un servicio en cuestión, en este sentido Caraza Cristín (2016) señala que:

«(...) la determinación de esa línea que separa lo que ha de entenderse como funcionamiento normal o como anormal no está trazada normativamente en la

febrero y 6 de marzo de 1998, refiriendo estas últimas que no resulta tal responsabilidad de prevenir cualquier eventualidad desfavorable o dañosa para los administrados, por el hecho de que la Administración ejerza competencias en la ordenación de un determinado sector o sea necesaria su autorización. Y en relación con supuestos de inactividad de la Administración, no resulta exigible a la Administración una conducta exorbitante, siendo una razonable utilización de los medios disponibles en garantía de los riesgos relacionados con el servicio, como se desprende de la sentencia de 20 de junio de 2003, lo que en términos de prevención y desarrollo del servicio y sus infraestructuras se traduce en una prestación razonable y adecuada a las circunstancias como el tiempo, lugar, desarrollo de la actividad, estado de la técnica, capacidad de acceso, distribución de recursos, en definitiva lo que se viene considerando un funcionamiento estándar del servicio».

mayoría de casos, y ello implica que los órganos consultivos y los judiciales tengan que acudir a interpretaciones jurídicas y al empleo de conceptos jurídicos indeterminados como el de la razonabilidad y del estándar de servicio».

En conclusión, tenemos sentado por la jurisprudencia que la mera titularidad de un servicio no comporta de forma automática la asunción de una responsabilidad patrimonial, si bien lo que hay que acreditar es que esos daños acaecidos sean consecuencia directa e inmediata del funcionamiento normal o anormal de la administración sin embargo es difícil establecer los datos o factores determinantes de ese funcionamiento normal o anormal de un servicio público o actividad administrativa exigible a los efectos de responsabilidad de la Administración titular.

De ahí, a título ejemplificativo, el Tribunal Superior de Justicia de Aragón[20], en un supuesto de una caída un punto destinado a parada de autobús, ha manifestado que no es posible que un Ayuntamiento mantenga en perfecto estado todas las vías, aceras, infraestructuras e instalaciones de la ciudad, y por ello es necesario hacer distinciones en zonas en las que no puede exigirse a los peatones una atención específica, es más, la diligencia que debe exigirse al Ayuntamiento en la conservación y mantenimiento debe ser mayor en estas zonas:

> «Los espacios destinados a los peatones exigen un mayor cuidado que las calzadas para los automóviles, y dentro de las aceras puede admitirse que ocasionalmente pueda haber zonas más deterioradas en las que los peatones deberán extremar el cuidado, y se podrá matizar si los desperfectos son muy visibles y fácilmente evitables con una atención ordinaria. Sin embargo, en el presente caso el lugar a tener en cuenta está específicamente destinado a parada de autobús, delimitado en un corto espacio de menos de cinco metros sobre los que los peatones deben posicionarse para subir al vehículo. En esas circunstancias, avanzar sobre una superficie del suelo notablemente deteriorada, con otras personas sobre el mismo lugar y atendiendo a la llegada del autobús, no permite sortear el obstáculo con la facilidad con la que puede hacerse al caminar sobre una acera amplia que permite observar el obstáculo y evitarlo. En definitiva, es mayor la diligencia que debe exigirse al Ayuntamiento en la conservación y mantenimiento de estas zonas. Y, por el contrario, no puede exigirse a los peatones en estos lugares una mayor atención para evitar los obstáculos y desperfectos que podrían ser más fácilmente evitados en zonas más amplias».

El Tribunal Superior de Justicia de las Islas Baleares[21], frente una caída ocurrida en una vía pública con un pavimento de losas de piedras irregu-

20 *Vid.* STSJ de Aragón, de 1 de abril d e2019, recurso número 242/2018.

21 *Vid.* STSJ de las Islas Baleares de 19 de octubre de 2022, recurso número 120/2022.

lares —con el objeto de mantener la estética tradicional propia del casco histórico—, ha desestimado el recurso de planteado, pues del examen del estándar de prevención[22] exigible:

«(...) no puede pretenderse que la nivelación del pavimento sea el mismo que el de un nuevo embaldosado prefabricado. La irregularidad en la forma y corte de la piedra natural determina irremediables y, al caminar por dicho tipo de pavimento, el peatón debe adecuar su paso al estado del mismo. Y aunque el hueco que provocase la caída resultase de un incremento en la irregularidad, coincidimos con la sentencia apelada en que el mismo no tiene la entidad suficiente como para considerarlo como potencialmente peligroso, pues de haber caminado la recurrente con la atención adecuada y que requería la pavimentación tradicional de la plaza, podría haberse evitado la caída».

En cuanto al daño se refiere, este debe ser antijurídico[23], injusto, esto es, que el perjudicado no se tenga el deber jurídico de soportarlo de acuerdo con la ley, como precisa el Tribunal Supremo en sus sentencias de 5 de junio de 1997 y 28 de enero de 1999:

«(...) puede concluirse que para que el daño concreto producido por el funcionamiento del servicio a uno o varios particulares sea antijurídico basta con que el

---

22 STSJ de las Islas Baleares de 11 de 2015:
«A la Administración le es exigible que adopte medidas al objeto de prevenir y evitar de modo razonable y normalizado posibles riesgos generables a las personas como consecuencia del estado de las vías públicas —y en particular de las aceras—, pero no puede exigirse de la Administración municipal que su estándar de prevención consista en un control y seguimiento exhaustivo de pequeñas irregularidades que objetivamente analizadas no son potencialmente peligrosas».

23 *Vid.*, entre otras muchas, la STS de 30 de enero de 2017 (Recurso 58/2014), precisa que:
«(...) no todo daño causado por la Administración ha de ser reparado, sino que tendrá la consideración de auténtica lesión resarcible, exclusivamente, aquella que reúna la calificación de antijurídica, en el sentido de que el particular no tenga el deber jurídico de soportar los daños derivados de la actuación administrativa».
Con tal requisito se viene a indicar que el carácter indemnizable del daño no se predica en razón de la licitud o ilicitud del acto causante sino de su falta de justificación conforme al ordenamiento jurídico, en cuanto no impone al perjudicado esa carga patrimonial y singular que el daño implica. Así se ha reflejado por la jurisprudencia, señalando que la antijuridicidad, como requisito del daño indemnizable, no viene referida al aspecto subjetivo del actuar antijurídico de la Administración sino al objetivo de la ilegalidad del perjuicio, en el sentido de que el ciudadano no tenga el deber jurídico de soportarlo, ya que en tal caso desaparecería la antijuridicidad de la lesión al existir causas de justificación en el productor del daño, esto es en el actuar de la Administración (S. 13-1-00, que se refiere a otras anteriores de 10-3-98, 29-10-98, 16-9-99 y 13-1-00). En el mismo sentido, la sentencia de 22 de abril de 1994, que cita las de 19 enero y 7 junio 1988, 29 mayo 1989, 8 febrero 1991 y 2 noviembre 1993, señala:
«(...) esa responsabilidad patrimonial de la Administración se funda en el criterio objetivo de la lesión, entendida como daño o perjuicio antijurídico que quien lo sufre no tiene el deber jurídico de soportar, pues si existe ese deber jurídico decae la obligación de la Administración de indemnizar (en el mismo sentido sentencias de 31-10-2000 y 30-10-2003)».
Por todas sentencias de 18 de junio de 2012 (recurso 4113/010 y de 1 de julio de 2009 (recurso 15151/2005).

riesgo inherente a su utilización haya rebasado los límites impuestos por los estándares de seguridad exigibles conforme a la conciencia social. No existirá entonces deber alguno del perjudicado de soportar el menoscabo y, consiguientemente, la obligación de resarcir el daño o perjuicio causado por la actividad administrativa será a ella imputable».

A título de ejemplo el daño sufrido por una caída en bicicleta fruto de la existencia de un poste radar en un carril bici, es antijurídico tal como declara el Tribunal Superior de Justicia de Castilla y León[24]:

> «Ha de entenderse que la existencia de un poste metálico en el centro del carril bici, poste que soporta los elementos técnicos necesarios para el control de la velocidad de los vehículos que circulan por la calzada principal, constituye la introducción de un elemento sumamente arriesgado en la circulación de los ciclistas. De forma que este elemento es contrario al estándar de seguridad que es exigible al Ayuntamiento, al que corresponde por sus competencias la conservación de las vías en un estado adecuado. (...) Por todo ello, ha de entenderse que la causa adecuada en la producción del resultado es la no correcta ubicación del poste sustentador de las instalaciones de control de velocidad, tan es así que tras el accidente fue retirado por la Administración. Por ello ha de entenderse que la existencia de dicho poste es un factor preponderante, frente a una eventual falta de diligencia, no acreditada en el ciclista accidentado».

Por su parte, en cuanto a la antijuricidad, el Tribunal Superior de Justicia de Extremadura, en su sentencia de 21 de enero de 2022, ha añadido que, a efectos de su determinación, no sólo se tendrá en cuenta la actuación de la administración sino también otras circunstancias como la zona en la que se produjo la caída, la diligencia del apelante, etc.:

> «Tal y como dijimos en la sentencia de apelación 96/ 2016, lo relevante es determinar la antijuricidad, es decir, si el resultado dañoso debe imputarse a la propia perjudicada o a la Administración, debiéndose tener presente que no toda negligencia es determinante de responsabilidad, toda vez que no es adecuado el principio del versari in re ilícita en nuestro Derecho, de manera que ha de tenerse en cuenta la concurrencia de las conductas para determinar cuál es la relevante para imputarle la responsabilidad, si las circunstancias de la zona o la indiligencia de la apelante, de manera que no por toda caída surge responsabilidad para quien tiene el deber de vigilar la situación del suelo sino que si se produce además un evento dañoso que no se había producido antes es debido a que no se usó la diligencia debida, atendiendo a esas circunstancias, si el suelo se encontraba en tal situación en un periodo largo de tiempo».

El daño, no sólo debe ser antijurídico sino también efectivo y real, esto es, un daño realmente producido. Así pues, no tendrá cabida un daño futuro o hipo-

---

24 *Vid.* STSJ de Castilla y León, Sala de lo contencioso de 10 de febrero de 2020, recurso 405/2019.

tético —expectativas de ganancias o imaginaciones de beneficios futuros—, sin embargo, sí que se puede reparar el daño emergente y el lucro cesante[25].

El daño acaecido puede ser material, físico[26], psíquico o moral[27], pero en todo caso debe ser evaluable económicamente e individualizado en relación con una persona o grupo de personas, de manera que la lesión comporte siempre un sacrificio excesivo y desigual para un ciudadano o grupo de ciudadanos, pues no serán indemnizables las cargas generales a la colectividad.

En cuanto a la existencia de relación de causalidad[28] entre la actividad administrativa y el resultado dañoso, el Tribunal Supremo[29] ha remarcado que:

> «(...) no se requiere otro requisito que la relación de causalidad entre el acto y el daño, siempre que la actuación lícita o ilícita de la Administración se produzca dentro de sus funciones propias».

---

25 *Vid.* STS de 20 de enero de 2001 y véase Sentencia n.° 93/2020 del Tribunal Superior de Justicia de la Comunidad Valenciana de 13 de febrero de 2020, recurso de apelación n.° 304/2018:
«Por último, hay que tener en cuenta que en el concepto de lucro cesante: a) Se excluyen las meras expectativas o ganancias dudosas o contingentes, puesto que es reiterada la postura jurisprudencial del Tribunal Supremo (así en Sentencia de 15 de octubre de 1986) que no computa las ganancias dejadas de percibir que sean posibles, pero derivadas de resultados inseguros y desprovistos de certidumbre, cuando las pruebas de las ganancias dejadas de obtener sean dudosas o meramente contingentes. b) Se excluye, igualmente, la posibilidad de que a través del concepto de lucro cesante y del daño emergente se produzca un enriquecimiento injusto, puesto que la indemnización ha de limitarse al daño emergente que genera el derecho a la indemnización. c) Finalmente, de acuerdo con la jurisprudencia (Sentencia, entre otras, de 3 de febrero de 1989), tanto en el caso de lucro cesante, como en el del daño emergente, se exige una prueba rigurosa y en coherencia con reiterada jurisprudencia de la Sala Tercera del Tribunal Supremo (Sentencia de 15 de octubre de 1986, entre otras), ha de apreciarse de modo prudente y restrictivo».

26 *Vid.* STS de 21 de abril de 1998.

27 *Vid.* STS de 8 de octubre de 1998.

28 La jurisprudencia TS ha declarado que la relación de causalidad no opera del mismo modo en el supuesto de comportamiento activo que en el supuesto de comportamiento omisivo, por todas STS de fecha 31 de marzo de 2009:
«Tratándose de una acción de la Administración, basta que la lesión sea lógicamente consecuencia de aquélla. Problema distinto es si esa conexión lógica debe entenderse como equivalencia de las condiciones o como condición adecuada; pero ello es irrelevante en esta sede, pues en todo caso el problema es de atribución lógica del resultado lesivo a la acción de la Administración. En cambio, tratándose de una omisión de la Administración, no es suficiente una pura conexión lógica para establecer la relación de causalidad: si así fuera, toda lesión acaecida sin que la Administración hubiera hecho nada por evitarla sería imputable a la propia Administración. (...) Ello conduce necesariamente a una conclusión: en el supuesto de comportamiento omisivo, no basta que la intervención de la Administración hubiera impedido la lesión, pues esto conduciría a una ampliación irrazonablemente desmesurada de la responsabilidad patrimonial de la Administración. Es necesario que haya algún otro dato en virtud del cual quepa objetivamente imputar la lesión a dicho comportamiento omisivo de la Administración; y ese dato que permite hacer la imputación objetiva sólo puede ser la existencia de un deber jurídico de actuar».

29 *Vid.* STS de 24 de octubre de 2000 y 29 de noviembre de 2001.

Por tanto, no es imprescindible que el funcionamiento del servicio público sea la causa única y exclusiva de la lesión, sino que entre la actuación administrativa y daño hay de haber un nexo causal que tiene que ser directo, inmediato y exclusivo, esto es sin la interferencia de elementos extraños que puedan alterar el nexo causal[30] y que exista prueba de ello.

---

30 *Vid.* Sentencia n.° 246/2019 de 23.12.19 del Juzgado Contencioso Administrativo 13 de Barcelona que trata el nexo causal en relación a los daños producidos por la presencia de sustancias oleaginosas o resbaladizas en la vía:
«- En los supuestos de daños producidos con ocasión de accidentes de tráfico en los que la situación de peligro inminente en la circulación se origina a causa de la acción directa de terceros sobre la calzada (en concreto, en los supuestos de que dicho peligro se produce por la presencia en la calzada de sustancias oleaginosas derramadas desde vehículos que circulan sobre la misma con anterioridad al siniestro) no queda excluido que se establezca la imputación de la responsabilidad a la Administración. El presupuesto necesario en estos casos es que el funcionamiento del servicio público opere, de forma mediata, como nexo causal (SSTS de 8 de octubre de 1986 y 11 de febrero de 1987, entre otras). - Debe repararse, sin embargo, en que el nexo causal ha de establecerse en estos supuestos con relación: a) o bien, a una situación de inactividad por omisión de la Administración titular de la explotación del servicio en el cumplimiento de los deberes de conservación y mantenimiento de los elementos de las carreteras a fin de mantenerlas útiles y libres de obstáculos en garantía de la seguridad del tráfico que se prescriben en el artículo 15 de la *Ley 25/1988, de 29 de julio, de Carreteras y arts. 25 y siguientes de la Ley Reguladora de las Bases de Régimen Local* b) o bien, con relación a una situación de ineficiencia administrativa en la restauración de las condiciones de seguridad alteradas mediante la eliminación de la fuente de riesgo o, en su caso, mediante la instalación y conservación en la carretera de las adecuadas señales viales circunstanciales de advertencia del peligro de pavimento deslizante que prescribe el *artículo 57* del *Real Decreto Legislativo 339/1990, de 2 de marzo. - Para la apreciación de la responsabilidad de la Administración cuando concurre la actividad de tercero y la inactividad de la Administración, debe tenerse en cuenta el criterio jurisprudencial señalado en la sentencia de la Sala Tercera del Tribunal Supremo de 17 de marzo de 1993 —en el mismo sentido las ss. TS de 27.11.1993 y 31.1.1996— a cuyo tenor «... ni el puro deber abstracto de cumplir ciertos fines es suficiente para generar su responsabilidad (por mera inactividad de la Administración) cuando el proceso causal de los daños haya sido originado por un tercero, ni siempre la concurrencia de la actuación de éste exime de responsabilidad a la Administración cuando el deber abstracto de actuación se ha concretado e individualizado en un caso determinado...». A este efecto, el examen de la relación de causalidad entre el daño y la inactividad de la Administración en la prevención de situaciones de riesgo, ha de dirigirse a dilucidar, como se señala en la sentencia de la Sala Tercera del Tribunal Supremo de 7 de octubre de 1997 «...si, dentro de las pautas de funcionamiento de la actividad de servicio público a su cargo, se incluye la actuación necesaria para evitar el menoscabo». Aportándose, en la propia sentencia, el siguiente criterio metodológico: «...Para sentar una conclusión en cada caso hay que atender no sólo al contenido de las obligaciones explícita o implícitamente impuestas a la Administración competente por las normas reguladoras del servicio, sino también a una valoración del rendimiento exigible en función del principio de eficacia que impone la Constitución Española* EDL 1978/3879 a la *actuación administrativa».- En consecuencia, en los supuestos de daños causados a los usuarios del servicio de carreteras o vías públicas en general por la presencia en la calzada de sustancias oleaginosas provenientes de vehículos que circulan sobre la misma con anterioridad al siniestro, es a la parte demandante a quien corresponde, en principio, la carga de la prueba sobre las cuestiones de hecho determinantes de la existencia, de la antijuridicidad, del alcance y de la valoración económica de la lesión, así como del sustrato fáctico de la relación de causalidad*

El Tribunal Supremo, en reiterada jurisprudencia ha remarcado que para acceder a una reclamación por responsabilidad patrimonial de la Administración Pública debe mediar:

> «(...) una relación directa, inmediata y exclusiva de causa a efectos entre el acto de la Administración y el daño que este acto ha producido, siendo necesario que exista un acto o una omisión de la Administración Pública y un daño derivado de ellas efectivo, real, evaluable económicamente e individualizado, lo que supone la existencia —activa o pasiva— de una actuación administrativa, con resultado dañoso y relación de causa a efecto entre aquella y ésta; incumbiendo su prueba a quien la reclame, a la vez que es imputable a la Administración la carga referente a la existencia de fuerza mayor, cuando se alegue como causa de exoneración».

Por tanto, incumbirá en el administrado acreditar ese nexo causal la deficiente actividad o inactividad de la administración de forma que supere el estándar de seguridad exigible a la Administración en cumplimiento de sus obligaciones.

---

que permita la imputación de la responsabilidad a la Administración, en tanto que corresponde a la Administración titular del servicio la prueba sobre la incidencia, como causa eficiente, de la acción de terceros, salvo que se trate de hechos notorios, y, en el caso de ser controvertido, la acreditación de las circunstancias de hecho que definan el estándar de rendimiento ofrecido por el servicio público para evitar las situaciones de riesgo de lesión patrimonial a los usuarios del servicio derivadas de la acción de terceros y para reparar los efectos dañosos, en el caso de que se actúen tales situaciones de riesgo.- Solo ante la ausencia o insuficiencia de prueba encaminada a acreditar que por la Administración demandada se desarrolló toda la actividad posible encaminada a advertir del peligro existente en la calzada o a restaurar las condiciones de seguridad alteradas cabe emitir un pronunciamiento de responsabilidad patrimonial, (STSJ País Vasco Sala de lo Contencioso— Administrativo de 3 septiembre 2007 EDJ 2007/259762).- En el caso de que por la Administración se desarrollara prueba de cargo suficiente encaminada a acreditar las actuaciones anteriores al accidente en relación a la conservación y mantenimiento de dicha carretera en el lugar o proximidades del lugar del accidente, (con expreso detalle de empresa encargada de la ejecución, hora de intervención, duración de la misma, así como medios aplicados para tal actividad) no cabrá emitir pronunciamiento alguno de responsabilidad de la Administración demandada, pues en tal supuesto cobra aplicación la doctrina de que la prestación por la Administración de un determinado servicio público y la titularidad por parte de aquélla de la infraestructura material para su prestación no implica que el vigente sistema de responsabilidad patrimonial objetiva de las Administraciones Públicas convierta a éstas en aseguradoras universales de todos los riesgos con el fin de prevenir cualquier eventualidad desfavorable o dañosa para los administrados que pueda producirse con independencia del actuar administrativo, (o, dicho de otra manera no puede exigirse a la Administración un funcionamiento que excede de lo razonadamente exigible, al no poder desplegar una vigilancia tan intensa y puntual como para mantener libre y expedito el tráfico sobre la calzada sin mediar prácticamente lapso de tiempo desde que se produjo el derrame sobre la vía)».

Como bien apunta el Tribunal Superior de Justicia de Asturias[31], en vía administrativa:

«(...) la carga de la prueba que asiste a la parte demandante bajo los términos contundentes del art. 67.2 de la Ley 39/2015, de 1 de octubre de Procedimiento Administrativo Común: « ... en la solicitud que realicen los interesados se deberán especificar las lesiones producidas, la presunta relación de causalidad entre éstas y el funcionamiento del servicio público, la evaluación económica de la responsabilidad patrimonial, si fuera posible, y el momento en que la lesión efectivamente se produjo, e irá acompañada de cuantas alegaciones, documentos e informaciones se estimen oportunos y de la proposición de prueba, concretando los medios de que pretenda valerse el reclamante»».

En vía contenciosa-administrativa, el Tribunal Superior de Justicia de Madrid[32], recuerda que la carga de la prueba incumbe al administrado:

«(...) con arreglo al artículo 217.2 de la Ley de Enjuiciamiento Civil en relación con la Disposición Final Primera de la Ley 29/1998, de 13 de julio, reguladora de la Jurisdicción Contencioso-Administrativa, le corresponde a la actora la carga de probar la certeza de los hechos de los que pretende derivar el derecho reclamado. Si no logra acreditarlos, conforme a una reiterada doctrina, no puede pretender que los Ayuntamientos y las administraciones públicas en general se conviertan en aseguradores universales o en entidades providencialistas reparadoras de todos los daños que sufran los ciudadanos al utilizar las vias públicas (por todas, STS, Sala 3.ª, de 8 de abril de 2003, rec. 11774/98, y de 27 de junio de 2003, rec. 11/2003). Así pues, en defecto de la acreditación de un vínculo causal eficiente entre la producción de los daños y el invocado mal estado de la vía pública, el particular deberá soportar los perjuicios que sufra, a los que no cabe conferir la consideración de antijurídicos».

En los mismos términos se pronunció el TSJ de Galicia en sentencia núm. 1028/2005, de 16 de noviembre:

«Es a quien reclama a quien incumbe probar la relación de causalidad, así como la concurrencia de los demás requisitos positivos que han de concurrir para que se dé la responsabilidad patrimonial de la Administración. Dicho con otras palabras, no puede considerarse suficiente para que sean atribuibles a la Administración Municipal, en relación de causalidad, las consecuencias de una caída, cuando no consta acreditado el lugar de los hechos, pues en ese caso todos los posibles accidentes que en relación física pudieran producirse en la localidad podrían serle imputables al Ayuntamiento demandado, con tan solo decir que la caída se produjo en un lugar como el referido en autos».

---

31 *Vid.* STSJ de Asturias, Sala de lo Contencioso, de 18 de mayo de 2021.

32 *Vid.* STSJ de Madrid, Sala de lo Contencioso, de 6 de junio de 2019, recurso 775/2018.

Por consiguiente, quien haya sufrido el daño o la lesión es quien le incumbe y le corresponde la carga de la prueba sobre la existencia de antijuricidad, alcance y valoración económica de la lesión, y demostrar la relación de causalidad que permita la imputación de la responsabilidad patrimonial.

La falta de acreditación, o ausencia de prueba, en la producción del daño y del resultado lesivo no será la única circunstancia que comporte la extinción de la responsabilidad patrimonial de la Administración, otras circunstancias como la conducta del administrado puede llegar a comportar la exoneración de responsabilidad, una modulación o una compensación de la responsabilidad de la Administración y del particular.

En todo caso debe ser exigido un determinado nexo causal entre dicha titularidad o la prestación del servicio público y el resultado dañoso. Aplicando esta doctrina la Sala de Contencioso del Tribunal Superior de Justicia de Catalunya[33] en una apelación de responsabilidad patrimonial fruto de una caída en la vía pública ha declarado la concurrencia de culpas pues:

> «(...) se desprende, sin lugar a dudas que, si bien la zona en que se produce la caída está en malas condiciones, no puede decirse que el estado de la misma fuera tan peligroso como para ocasionar una lesión de la entidad de la que sufrió la recurrente. Ciertamente hay roturas de baldosas en la zona de la caída, pero no un socavón como el que describe la sentencia de instancia en el cual el pie de una persona pudiera adentrarse. Además, dada la hora del día en que acaece la caída y las propias declaraciones de la lesionada y su hija que la acompañaba, deben de conducir a la ineludible conclusión de que la Sra. (...) no prestó la atención suficiente al andar por un tramo de acera en que el mal estado es visible a simple vista. Ciertamente el principio de confianza de quienes circulan por los espacios públicos debe regir, pero también la exigencia de atención por parte de los ciudadanos ya que las vías públicas es normal que presenten irregularidades e imperfecciones. Por ello procede aplicar la doctrina de la concurrencia de culpas atribuyendo a la Sra. (...) el 70 por ciento de la misma y el 30 por ciento restante a la Administración demandada».

Por el contrario, la Sala Contenciosa, del Tribunal Superior de Justicia de Galicia[34], en un caso similar al anterior, afirma que:

> «No estamos ante un supuesto de concurrencia de culpas; es tal el deterioro del pavimento en ese lugar que la culpa ha de recaer con carácter exclusivo en quien, por su función, se halla obligado a su mantenimiento y conservación, sin que quepa exigir a la viandante que lo utilice caminando con la mirada fija en el suelo para evitar la caída presuponiendo una inesperada basculación de la loseta. Se trata de un resalte de 2 o 3 centímetros de elevación derivado de la indicada basculación de la loseta a causa de la pisada de la transeúnte, suficiente para provocar el tropiezo incluso de una persona joven, ágil y diligente».

---

33 *Vid.* STSJ de Catalunya, Sala de lo Contencioso de 20 de diciembre de 2021, recurso 1041/2021.

34 *Vid.* STSJ de Galicia, Sala de lo Contencioso, de 7 de marzo de 2022, recurso 333/2021.

Transitar por una zona no habilitada para ello, puede ser causa de exoneración de responsabilidad, a saber, la sentencia de la Sala de lo Contencioso del Tribunal Superior de Justicia de Cataluña, de 25 de mayo de 2012, desestimatoria de una reclamación de responsabilidad patrimonial fruto de una caída producida con un patinete en la vía pública porqué la zona por la que discurría la víctima con el patinete no estaba habilitada para ello, o en el caso de festejos populares, la sal Contenciosa del Tribunal Superior de Justicia de Castilla y León[35] ha indicado que participar en un encierro urbano es asumir el riesgo derivado del festejo.

Por su parte, la sala contenciosa del Tribunal Superior de Justicia de Asturias[36] ha indicado que la conducta del usuario es concluyente en la producción de daño:

> «Pues bien, baste indicar que todo usuario de las vías públicas, sean carreteras o aceras, tiene la carga y deber de prestar atención a su uso. La relación jurídico-administrativa entre Administración y usuario se centra en el deber de aquella de mantener las aceras en condiciones de uso y la carga de éste de utilizarlas con mínima atención. En esas condiciones, el peatón es muy libre de transitar distraídamente, pero ello encierra una conducta de riesgo que asume, ante la notoria eventualidad de que el pavimento de forma sobrevenida —con culpa o no administrativa— ofrezca elementos o desperfectos anómalos».

De hecho, en el caso de las caídas en la vía pública, no es objeto de análisis únicamente la mecánica o la producción de la caída; sino que también es objeto de análisis, en relación a la conducta del usuario, el tipo de vía o la zona concreta en la que se producen las caídas. De ahí, la sala contenciosa del Tribunal Superior de Justicia de Aragón[37] añade una distinción más según se trate de una vía pública destinada al tránsito de vehículos o de peatones, en el caso concreto —caída en una vía pública cerrada al tráfico y solo habilitada para peatones en motivo de una festividad— la sala indica:

> «Será exigible al Ayuntamiento una diligencia mayor en la conservación de las zonas específicamente destinadas al tránsito de peatones, no de la misma entidad que para la conservación de la calzada destinada al tráfico de vehículos. Los peatones, si la calzada está libre de vehículos y la utilizan, lo harán asumiendo el riesgo de si en ella existen imperfecciones, peligrosas para ellos, pero no para los vehículos a los que están destinadas las calzadas. Valorando todo lo anterior, debe concluirse que no fue la actividad de la Administración —omisión en la conservación de la calzada— la causante del accidente».

---

35 *Vid.* STSJ de Castilla y León, Sala de lo Contencioso, de 28 de febrero de 2022, recurso 390/202.

36 *Vid.* STSJ de Asturias, Sala de lo Contencioso, de 27 de diciembre de 2019, recurso 327/2019.

37 *Vid.* STSJ de Aragón, Sala de lo Contencioso, número 374/2017, de 22 de septiembre de 2017.

También es destacable el razonamiento efectuado por la Sala de lo contencioso-administrativo del Tribunal Superior de Justicia de Baleares, por todas, la sentencia de 16 de noviembre de 2016[38], remarca:

«Si la caída se produce en la acera «lo relevante no es tanto la entidad de la irregularidad del pavimento sino el punto donde ésta se presenta ya que, en una acera, quien camina lo ha de hacer con la tranquilidad y confianza de que se encuentra en las condiciones adecuadas para su función: el tránsito de personas. Con lo anterior se quiere precisar que una irregularidad de unos pocos centímetros en la acera o en lugar plano, puede tener carácter sorpresivo y causa de accidente, frente a posibles desniveles de mayor entidad en lugares que precisan de especial atención para subirlo o bajarlo —jardines, parque, etc...—. Pues bien, siguiendo la argumentación anterior, la irregularidad causante del accidente, por encontrarse en la acera, es decir, en lugar destinado a transitar sin tener que extremar cuidado a tal fin, sí es enteramente imputable a la Administración, sin que deba desplazarse la responsabilidad a quien camina por lugar específicamente diseñado y adecuado —en teoría— para caminar por él en condiciones de seguridad».

Por su parte, la sala contenciosa, del Tribunal Superior de Justicia de Asturias[39], remitiéndose a su Sentencia de esta misma Sala, de 26 de octubre de 2020, afirma:

«Así pues, en el campo que nos ocupa, de pavimentación y conservación de vías públicas, el estándar exigible dependerá de la naturaleza de la vía —ubicación, anchura y pendiente, condiciones de calidades de la zona, condiciones del proyecto original de urbanización, etcétera—, su uso —mayor exigencia en calles céntricas, zonas de usuarios públicos por proximidad de centros sanitarios o escolares, bibliotecas, mercados, etcétera— y de la entidad del desperfecto u obstáculo determinante del daño —profundidad, extensión, sobresaliente, perfil, etcétera—, no generando responsabilidad los que sean insignificantes ni los de difícil evitación.

En esta línea, y en relación a las irregularidades del viario, hemos manifestado en numerosas sentencias que no existe relación de causalidad idónea cuando se trata de pequeños agujeros, separación entre baldosas, resaltes mínimos por instalación de tapas de alcantarillas o bases de los marmolillos, los cuales o son inocuos o son sorteables con la mínima diligencia y atención que es exigible para deambular por la vía pública a los peatones y al estándar de eficacia que es exigible a los servicios públicos municipales pues, en otro caso, se llegaría a la exigencia de un estándar de eficacia que excedería de los que comúnmente se reputan obligatorios en la actualidad para las Administraciones Públicas. En cambio, cuando se trata de un bache, socavón, adoquín sobresaliente, farolas truncadas por la base, ostensible desnivelación de rejillas, material suelto persistente en el tiempo, u otro elemento de mobiliario urbano que por su dimensión o ubicación representa un riesgo

38 *Vid.* STSJ de Galicia, Sala de lo Contencioso, de 18 de enero de 2017.

39 *Vid.* STSJ Asturias, Sala de lo Contencioso, de 17 de diciembre de 2021, recurso 315/2021.

objetivo, difícilmente salvable o peligroso, hemos declarado la responsabilidad de la Administración, pero sin perder de vista la posible concurrencia de culpas si existen elementos de juicio para fundar una distracción o torpeza del peatón».

De igual modo la intervención de un tercero ajeno a la administración puede llegar a comportar la exoneración de responsabilidad o una distribución de la carga del pago del importe —cuando interviene un tercero—, por concurrencia de causas.

No podemos concluir los presupuestos para que concurra responsabilidad patrimonial sin tratar el último de ellos, la exigencia de ausencia de fuerza mayor. Un acontecimiento podrá ser calificado de fuerza mayor cuando sea imprevisible, invencible —irresistible— y ajeno, esto es, externo al servicio público.

Por otra parte, no debe confundirse con los accidentes o casos fortuitos, que aun siendo imprevisibles e invencibles se producen en una esfera interna propia del servicio público, esto es sucesos internos, intrínsecos al funcionamiento de los servicios públicos, producidos por la misma naturaleza, por la misma consistencia de sus elementos, por su mismo desgaste con causa desconocida.

Si se acredita la existencia de fuerza mayor se producirá la rotura del nexo de causalidad y, en consecuencia, su concurrencia comportará la extinción o la exoneración de la responsabilidad patrimonial. En este caso, como bien ha sentado el Tribunal Supremo[40], corresponde a la Administración probar la concurrencia de fuerza mayor, en la medida en que de esa prueba depende el que quede exonerada el deber de responder.

La fuerza mayor, mayoritariamente, se relaciona con los fenómenos naturales de consecuencias catastróficas, y por esa razón supondría la extinción o exoneración de responsabilidad patrimonial. Sin embargo, ello no comporta que todos los acontecimientos fruto de fenómenos naturales sean merecedores de la exoneración de la responsabilidad patrimonial[41].

4.2. La indemnización

El artículo 32 LRJSP dispone que:

«Los particulares tendrán derecho a ser indemnizados por las Administraciones Públicas correspondientes, de toda lesión que sufran en cualquiera de sus bienes y derechos».

40 Entre otras, *vid.* la STS de 6 de febrero de 1996.

41 A saber, la sentencia de 25 de septiembre de 2012 del Juzgado de lo Contencioso-Administrativo de Donostia-San Sebastián, n. ° 3, en su en el que determinaba que no concurría fuerza mayor que interrumpa el nexo causal en un supuesto de caídas de ramas o de árboles a consecuencia de rachas de viento.

Siempre que se cumplan todos y cada uno de los requisitos objetivos que acabamos de tratar, por su parte del artículo 34 LRJSP establece que sólo serán indemnizables las lesiones producidas al particular provenientes de daños que éste no tenga el deber jurídico de soportar de acuerdo con la Ley, y por tanto no serán indemnizables los daños que se deriven de hechos o circunstancias que no se hubiesen podido prever o evitar según el estado de los conocimientos de la ciencia o de la técnica existentes en el momento de producción de aquéllos.

Además, tanto la lesión como la indemnización debe expresarse con una cantidad económica, y se debe demostrar la realidad del daño —personal, físico, o corporal, daño moral[42] o psíquico, y daño material— y la cuantía. En relación con el cálculo de la indemnización, el artículo 34.2 LRJSP, se remite:

> «(...) a los criterios de valoración establecidos en la legislación fiscal, de expropiación forzosa (arts. 36 y ss. LEF), y demás normas aplicables, ponderándose, en su caso, las valoraciones predominantes en el mercado».

5. La responsabilidad concurrente de las Administraciones públicas

Prevista en el artículo 33 LRJSP, las Administraciones intervinientes responderán frente al particular, en todo caso, de forma solidaria, cuando de la gestión dimanante de fórmulas conjuntas de actuación entre varias Administraciones públicas se derive responsabilidad en los términos previstos en la LRJSP. Tal como afirma el propio artículo 33.1 LRJSP el instrumento jurídico regulador de la actuación conjunta podrá determinar la distribución de la responsabilidad entre las diferentes Administraciones públicas y como sigue en su aparatado segundo:

> «(...) en otros supuestos de concurrencia de varias Administraciones en la producción del daño, la responsabilidad se fijará para cada Administración atendiendo a los criterios de competencia, interés público tutelado e intensidad de la intervención. La responsabilidad será solidaria cuando no sea posible dicha determinación».

42 En el caso de unas lesiones sufridas por un menor por el estado deficiente del pavimento de la piscina, y la petición del daño moral del menor por la pérdida de la asistencia a actividades de campus deportivo con motivo de la lesión (SJCA Logroño n.° 1 de 12 de enero de 2018, n.° 14/2018):
«No se trata, por tanto, del lucro cesante, algo que se habría producido en el caso de no haber recuperado el importe pagado por esas actividades, sino con el daño moral que al menor se le produce por no poder acudir y participar en esos campus deportivos (...) Nuestro derecho positivo no contempla ese daño moral adicional en los menores, motivo por el que, e independientemente de su producción objetiva, no puede ser objeto de la compensación solicitada».

En cuanto a la responsabilidad solidaria el Tribunal Supremo en sentencia de 2 de diciembre 2019, en relación a supuestos de deudas solidarias entre distintas Administraciones Públicas, en las que no quepa establecer el porcentaje concreto de culpa de cada Administración y resulte aplicable la presunción de mancomunidad de la deuda:

«(...) La solidaridad en el ámbito externo, como garantía de indemnidad patrimonial del perjudicado, responde a dos criterios: uno de carácter formal y específico, cuando la intervención de varias Administraciones en la producción del resultado es consecuencia de fórmulas de gestión conjunta establecidas al efecto; y otro de carácter general que incluye todos los supuestos de concurrencia de varias Administraciones en la gestión del servicio y producción del resultado, cuando no sea posible discernir el alcance de la responsabilidad de cada una en atención a criterios de competencia, interés público tutelado o intensidad de la intervención. En lo que atañe al ámbito interno, de distribución de responsabilidad entre las distintas Administraciones intervinientes, la regulación administrativa no es completa, si bien refleja la mancomunidad como regla. Así en el caso de fórmulas de gestión conjunta y ya en el anterior art. 140 de la Ley 30/1992, se dispone que el instrumento regulador de tal actuación podrá determinar la distribución de la responsabilidad entre las diferentes Administraciones públicas, y en los demás supuestos habrá de estarse, según la jurisprudencia, que se refleja ahora en el art. 33.2 de la Ley 40/2015, al criterio formal de la competencia, bien desde el punto de vista sustantivo acudiendo al criterio del beneficio, revelado por la intensidad de la actuación o por la presencia predominante del interés tutelado por una de las Administraciones intervinientes. En tal situación y por lo que se refiere a los supuestos en los que la aplicación de dichos criterios no permita determinar la responsabilidad de cada Administración, habrá de acudirse a la normativa común de las obligaciones mancomunadas establecida en el Código Civil, concretamente los arts. 1.145 y 1.138, que establecen, para tales supuestos, la presunción de responsabilidad por partes iguales. Efectivamente el art. 1145 del Código Civil establece como primer criterio de reclamación frente a los demás deudores solidarios, en sus relaciones internas mancomunadas, la parte que a cada uno corresponda, es decir, la responsabilidad proporcional a la participación que cada uno ha tenido en la generación de la deuda, en este caso la producción de los daños y perjuicios causados, lo que concuerda con las previsiones de la normativa administrativa en los términos que antes hemos señalado, mientras que la reclamación por parte iguales resulta procedente y se presume cuando de la propia obligación no resulta otra cosa, según dispone el art. 1138 del citado cuerpo legal, de manera que, para determinar la posibilidad de delimitar y cuantificar las cuotas de responsabilidad de cada deudor solidario, ha de estarse «al texto de las obligaciones», dice el citado precepto, es decir, a los términos en que se contrae y establece la obligación de que se trate. La reclamación es consecuencia de la solidaridad establecida frente al acreedor para el abono de la deuda o indemnización y se justifica en cuanto responda a los términos y criterios que delimitan el contenido obligacional exigible a cada uno de los responsables solidarios en sus relaciones internas, que en

> ámbito administrativo se plasma en los criterios normativos y jurisprudenciales que acabamos de indicar en el anterior fundamento de derecho, de manera que es esta delimitación la que justifica el alcance de la reclamación, sin perjuicio de que pueda impugnarse por lo deudores solidarios en cuanto entiendan que debe ser otra la distribución y así lo justifiquen».

Asimismo, el Tribunal Supremo en su Sentencia núm. 528/2019, de 21 de febrero de 2020, ha tratado la anterior cuestión y también analizado el supuesto de, si una vez abonada la totalidad del débito por una de las Administraciones solidariamente obligadas y requerida/s la/s restante/s —en vía de regreso— al pago de su cuota parte, la negativa de las requeridas, expresa o presunta, a dicho es susceptible de impugnación ante la Jurisdicción Contencioso Administrativa o, por el contrario, la acción de regreso lo es de carácter civil y corresponde su conocimiento a dicho Orden Jurisdiccional, concluyendo que la acción de repetición ha de deducirse en vía contencioso-administrativa en tanto implica a Administraciones Públicas, tiene su origen en una sentencia del Orden Jurisdiccional Contencioso en relación con actuaciones administrativas y su finalidad es el cobro de una cantidad —ya satisfecha por una de las Administraciones concernidas—, a cuyo pago fueron condenadas, en concepto de indemnización de daños y perjuicios causados por un acto administrativo —reclasificación de un suelo— lesivo a los intereses de sus propietarios.

6. La responsabilidad de las autoridades y personal al servicio de las Administraciones públicas

Los artículos 36 y 37 de LRJSP recogen la exigencia de la responsabilidad patrimonial de las autoridades y personal al servicio de las Administraciones Públicas y la responsabilidad penal, respectivamente.

En cuanto a la responsabilidad de las autoridades y personal al servicio de las Administraciones Públicas, la LRJSP dispone que los particulares exigirán directamente a la Administración Pública correspondiente las indemnizaciones por los daños y perjuicios causados por las autoridades y personal a su Servicio y cuando la Administración correspondiente, hubiere indemnizado a los lesionados, exigirá de oficio en vía administrativa de sus autoridades y demás personal a su servicio la responsabilidad en que hubieran incurrido por dolo, o culpa o negligencia graves, previa instrucción del correspondiente procedimiento. Tal como se desprende de la lectura del propio artículo 36:

> «(...) para la exigencia de dicha responsabilidad y, en su caso, para su cuantificación, se ponderarán, entre otros, los siguientes criterios: el resultado dañoso producido, el grado de culpabilidad, la responsabilidad profesional del personal al servicio de las Administraciones públicas y su relación con la producción del resultado dañoso».

Por otro lado, el apartado 4 del artículo 36 establece el procedimiento para la exigencia de la responsabilidad, que deberá sustanciarse de conformidad con lo establecido en la LPAC.

En cuanto a la responsabilidad penal del personal al servicio de las Administraciones Públicas, así como la responsabilidad civil derivada del delito, el artículo 37 de LRJSP dispone que se exigirá de acuerdo con lo previsto en la legislación correspondiente, y la exigencia de responsabilidad penal no suspenderá los procedimientos de reconocimiento de responsabilidad patrimonial que se instruyan, salvo que la determinación de los hechos en el orden jurisdiccional penal sea necesaria para la fijación de la responsabilidad patrimonial.

7. La responsabilidad de la Administración en relaciones de derecho privado

El nuevo artículo 35 de la LRJSP dispone que cuando las Administraciones Públicas actúen, directamente o a través de una entidad de derecho privado, en relaciones de esta naturaleza, su responsabilidad se exigirá de conformidad con lo previsto en los artículos 32 y siguientes de la LRJSP, incluso cuando concurra con sujetos de derecho privado o la responsabilidad se exija directamente a la entidad de derecho privado a través de la cual actúe la Administración o a la entidad que cubra su responsabilidad.

Así pues, la previsión del legislador es que entidades de Derecho privado tales como sociedades mercantiles, fundaciones, etc., participadas mayoritariamente por la Administración, y que sujetan su actividad al ordenamiento privado, deban responder de los daños que ocasionen a terceros con arreglo al derecho administrativo y, en su caso, deberán ser demandadas ante la jurisdicción contenciosa-administrativa.

8. La responsabilidad del Estado legislador

Prevista en los apartados 3 a 6 del artículo 32 de la LRJSP, esta nueva regulación es un avance significativo respecto aquella mantenida en la derogada la LRJPAC, donde la llamada «responsabilidad del Estado Legislador» sólo era pertinente si en la propia norma generadora del daño o perjuicio se contemplaba la indemnización. Es decir, era el propio órgano legislativo el facultado para decidir si la aplicación de dicha norma, de comportar un daño lesivo, generaba indemnización a quien no tenía la obligación de sufrirlo. Sin embargo, con la actual normativa, el legislador recoge expresamente[43] la

43 En este sentido el Tribunal Supremo en su sentencia n.º 3120/2019, de 3 de octubre de 2019 (FJ 5):

responsabilidad del estado legislador aun cuando la norma no contenga la previsión indemnizatoria. Siempre y cuando, se cumplan una serie de requisitos específicos, los que se suman a los generales exigidos para que sean factibles las reclamaciones de responsabilidad patrimonial de las Administraciones Públicas como son: a) que el daño sea efectivo; b) evaluable económicamente; c) individualizado en relación a persona o grupo de personas, en el entendido que el daño no puede afectar a una colectividad indeterminada, sino a determinados sujetos de la misma; d) en ambos casos el derecho prescribirá en el plazo de un año de la publicación.

Pues bien, el primer requisito específico es la obligada declaración de inconstitucionalidad o de contrariedad al derecho de la Unión Europea de la norma en cuestión, siendo el segundo, y que cierra el paso a muchos perjudicados, la exigencia al particular perjudicado que hubiera obtenido en cualquier instancia una sentencia firme desestimatoria contra la actuación administrativa que le ocasionó el daño, y que hubiera invocado en el proceso expresamente la inconstitucionalidad de la norma o su contrariedad al derecho de la Unión Europea. Así, la indemnización procederá cuando el particular haya obtenido, en cualquier instancia, sentencia firme desestimatoria de un recurso contra la actuación administrativa que ocasionó el daño, siempre que se hubiera alegado inconstitucionalidad o infracción del derecho de la Unión Europea respectivamente, posteriormente declaradas. Por consiguiente, se exige el agotamiento de todas las vías de impugnación existentes[44].

«(...) Ha de destacarse cómo la Ley 40/2015 de 1 de octubre, de Régimen Jurídico del Sector Público, introduce en nuestro ordenamiento jurídico la primera regulación legislativa específica de la responsabilidad patrimonial de las Administraciones públicas por leyes contrarias a Derecho. En efecto, como hemos visto, el precepto distingue entre los casos en que la lesión deriva de una norma con rango de ley declarada inconstitucional y aquellos en los que los daños fueron ocasionados por la aplicación de una norma contraria al Derecho de la Unión Europea. En ambos supuestos, para que nazca el deber de indemnizar, deben concurrir los requisitos generales de la responsabilidad patrimonial de las Administraciones públicas: a) que la aplicación de la ley haya ocasionado una lesión que «el particular no tenga el deber jurídico de soportar»; y b) que el daño alegado sea «efectivo, evaluable económicamente e individualizado con relación a una persona o grupo de personas». También respecto de ambos casos, la Ley 40/2015 dispone que [solo] procederá la indemnización «cuando el particular haya obtenido, en cualquier instancia, sentencia firme desestimatoria de un recurso contra la actuación administrativa que ocasionó el daño, siempre que se hubiera alegado la inconstitucionalidad [o la infracción del Derecho de la Unión Europea] posteriormente declarada». Es decir, los perjudicados por la aplicación de la ley posteriormente declarada inválida que no agotaron todas las instancias judiciales contra dicha aplicación, o no adujeron en ellas la correspondiente inconstitucionalidad o infracción del ordenamiento jurídico comunitario, no podrán luego exigir el resarcimiento de los daños sufridos».

44 Así lo remarca el Tribunal Superior de Justicia del País Vasco en su Sentencia n.° 104/2019, de 7 de marzo de 2019, número de recurso 821/2018:
«(...) no cumplió el requisito introducido por el artículo 32.4 de la Ley 40/2015. Este precepto tiene la siguiente redacción: «Si la lesión es consecuencia de la aplicación de una norma con rango de ley declarada inconstitucional, procederá su indemnización cuando el particular haya obtenido, en cualquier instancia, sentencia firme desestimatoria de un recurso contra

Además de estos requisitos, francamente limitativos, se establece para el caso de la norma contraria al derecho de la Unión Europea, otros requisitos igualmente, o todavía, restrictivos: a) que la norma tuviera por objeto conferir derechos a los particulares, no se especifica si la norma que confiere el derecho debe ser la española o la europea; b) que el incumplimiento estuviera suficientemente caracterizado; y c) que exista una relación de causalidad directa entre el incumplimiento de la obligación impuesta a la Administración responsable por el derecho de la Unión Europea, y el daño sufrido por el particular.

En relación al incumplimiento suficientemente caracterizado el Tribunal Supremo en su sentencia núm. 1662/1019 de 3 de diciembre de 2019 ha recordado los criterios establecidos por el TJUE para guiar al juez nacional en la tarea de determinar cuándo nos encontramos ante un incumplimiento o violación suficientemente caracterizada, afirmando que:

> «(...) hay un incumplimiento suficientemente caracterizado, cuando declarado el mismo por el Tribunal de Justicia y objetivándose así la infracción desde el momento en que se dicta la sentencia, blindada a cualquier apreciación por parte del juez nacional, se incurre en la violación del Derecho de la Unión».

---

la actuación administrativa que ocasionó el daño, siempre que se hubiera alegado la inconstitucionalidad posteriormente declarada». Después de analizar los argumentos proporcionados por la parte apelante en defensa de su posición, no podemos sino compartir la conclusión alcanzada por el Sr. Magistrado de instancia en la sentencia recurrida. De la lectura del precepto se desprende que la intención del legislador es la de acotar la responsabilidad de la administración a aquellos supuestos en que el interesado haya reaccionado contra la actuación causante del daño por la inconstitucionalidad de la norma en cuestión. No sería, pues, procedente reconocer tal responsabilidad en los casos en que, como el que ahora nos ocupa, el afectado ha dejado que el acto administrativo productor del daño haya ganado firmeza. De asumirse el razonamiento de la parte apelante, se estaría dejando a la voluntad del interesado el plantear la solicitud de revisión en cualquier momento, sin sometimiento a límite de tiempo. A mayor abundamiento, hemos de destacar el hecho de que la revisión de oficio aparece regulada, dentro de la Ley 39/2015, en un capítulo diferente a los recursos administrativos. Ello nos indica ya que nos encontramos ante dos figuras diferentes. Esta sala, pues, comparte el razonamiento del Sr. Magistrado de instancia y, como él, entiende que Don (...). no cumplió con el requisito exigido por el artículo 32.4 de la Ley 40/2015 para poder exigir la responsabilidad patrimonial del estado legislador. Por otro lado, la sentencia de instancia, no entro en el motivo de que el interesado haya cumplido con el requisito del plazo de cinco años introducido por el artículo 34.1, párrafo segundo, de la Ley 40/2015. Conforme a este precepto, «[e]n los casos de responsabilidad patrimonial a los que se refiere los apartados 4 y 5 del artículo 32, serán indemnizables los daños producidos en el plazo de los cinco años anteriores a la fecha de la publicación de la sentencia que declare la inconstitucionalidad de la norma con rango de ley o el carácter de norma contraria al Derecho de la Unión Europea, salvo que la sentencia disponga otra cosa». Y por su parte, el apelante reitera y cuestiona el cómputo de ese plazo realizado por la Administración y, con carácter subsidiario, pretende que se plantee cuestión de inconstitucionalidad de este precepto por entender que, en la práctica y en el ámbito tributario, hace inviable obtener una declaración de responsabilidad de la administración».

Esta innovación, consistente en la regulación positiva de la responsabilidad del Estado legislador —denominada así por la doctrina clásica—, más allá de cuando esté prevista por la propia Ley, es altamente positiva, creando seguridad jurídica en situaciones que ya se daban, y se reclamaban, antes de que se positivizaran con la aprobación de la LRJSP. Ahora bien, no nos engañemos, no lo es, por el contrario, que esta responsabilidad se haya limitado a unos contados supuestos, ya que el hecho de exigir haber litigado previamente a la declaración de inconstitucionalidad o de contrariedad al derecho de la Unión obteniendo sentencia firme desfavorable, y el haber obtenido una declaración por sentencia de «inconstitucionalidad» y/o contrariedad al derecho de la Unión Europea, puede tener un efecto negativo con el incremento de la litigiosidad cautelar, amén de limitar los supuestos que anteriormente, por jurisprudencia, ya reconocían la posibilidad de reclamar ante una responsabilidad del estado legislador. En efecto, si bien la LRJSP afirma innovar al regular y positivizar la figura de la «responsabilidad del Estado legislador», lo cierto es que esta acción de resarcimiento ya venía siendo reconocida y permitida por nuestros más altos Tribunales, y de forma más amplia a la que ahora se regula.

El artículo 9.3 de la CE al regular lo siguiente:

> «(...) la Constitución garantiza el principio de legalidad, la jerarquía normativa, la publicidad de las normas, la irretroactividad de las disposiciones sancionadoras no favorables o restrictivas de derechos individuales, la seguridad jurídica, la responsabilidad y la interdicción de la arbitrariedad de los poderes públicos».

Garantiza, entre otros, «el principio de responsabilidad de las Administraciones públicos», principio de responsabilidad administrativa que incluye todos y cada uno de los poderes públicos, incluido el poder legislativo y que alcanza a todos los tipos, patrimonial, civil, penal, etc...

Por su parte el artículo 139 de la LPAC, que ya hemos transcrito al inicio de nuestra exposición dándola aquí por reproducida, establecía los requisitos que deben cumplirse para que pudiera entenderse que nos encontramos ante en un supuesto de responsabilidad.

Como afirma Martín Rebollo (2000: 300):

> «(...) no hay acción política sin responsabilidad, aunque ésta no sea siempre de orden patrimonial la responsabilidad no es más que la contrapartida, el reverso, la otra cara de las actuaciones de los Poderes Públicos, ya se trate del legislativo, ejecutivo o judicial, en cualquiera de las secuelas negativas de su acción».

En efecto, a pesar de que el artículo 9.3 de la CE, en lo que se refiere a responsabilidad patrimonial del Estado legislador, no gozaba hasta la fecha de desarrollo normativo, y a pesar de ser conocedores que las Leyes pueden y deben ser cambiantes no siendo posible ni viable indemnizar por cada modificación legislativa, ello no es razón suficiente para excluir toda responsabilidad por cualquier actuación del estado legislador, ya que esto sería lo mismo que permitir su actuación legislativa con total impunidad pudiendo modificar a su antojo cuantas situaciones o derechos ya hubiese creado u otorgado, permitiéndole resolver y cesar cualquier expectativa de derecho sin tener en cuenta los perjuicios económicos y morales que podrían comportar a personas que de buena fe y actuando bajo el principio de seguridad jurídica habían realizado actuaciones cambiado su modo de vida en atención a tales expectativas.

En palabras de Gallardo Castillo (1999: 45):

> «(...) el Estado de Derecho que la CE reconoce exige respeto al principio de seguridad jurídica, y reclama la figura de un legislador más escrupuloso a la hora de reformar sus producciones normativas anteriores; y lo que es más importante: al mismo tiempo que asegura el imperio de la Ley y, impone desmontar el mito de su soberanía. (...) En primer lugar es preciso advertir que la efectividad de los constitucionalizados principios de seguridad jurídica e irretroactividad de las normas no sería lícita alcanzarla a través de la petrificación del ordenamiento jurídico. O más rotundamente el mantenimiento indefinido de cuanto queda establecido en una norma. La ley es esencialmente cambiante. La cuestión está en armonizar adecuadamente esta posibilidad de modificación normativa con el mínimo de justicia material en que se sustenta y por el que se justifica, en buena medida, la proclamación constitucional —art. 9.3 CE— de los mencionados principios de seguridad jurídica e irretroactividad y responsabilidad de los poderes públicos. (...) En segundo lugar, si se parte de esta afirmación de principio está claro que la cuestión se centra en determinar si existe un derecho a ver compensado el detrimento patrimonial que sufre el jubilado anticipadamente; detrimento que se debe —hay que advertirlo— no ya a la anticipación de la edad de jubilación, sino a la diferencia entre las retribuciones activas y pasivas, al no incluir estas últimas los complementos».

Por tanto, tanto la doctrina como la jurisprudencia han reconocido el derecho indemnizatorio y la existencia de responsabilidad patrimonial del Estado por sus actos de aplicación de una Ley posteriormente declarada inconstitucional o contraria al derecho de la Unión Europea, así como la responsabilidad patrimonial del Estado que deriva por los actos dictados en aplicación de una Ley que, pese a redactarse de manera clara y precisa, no tener formalmente carácter expropiatorio, y no contener en su redactado los supuestos de indemnización, han modificado repentinamente una situación anterior creada también por una norma que ha servido de respaldo a la planificación económica de una serie de personas que ahora ven truncadas sus expectativas. En estos supuestos, y como consecuencia de una reforma legislativa, los afectados ven cómo determinadas situaciones en cuya permanencia confiaban legítimamente, se ven repentinamente alteradas, lo que al entender de los Tribunales comporta una vulneración del principio de seguridad jurídica y confianza legítima.

En estos casos, como afirma Álvarez Barbeito (2004: 64-65) es precisamente la seguridad jurídica

«(...) en la que tendría cabida el principio de confianza legítima al que reiteradamente alude tanto nuestro Tribunal Supremo como el Consejo de Estado Español, el argumento que en varias ocasiones ha servido como fundamento para justificar la exigencia de responsabilidad patrimonial del Estado Legislador. (...) La rápida evolución e innovación que caracterizan hoy a la economía obligan constantemente al legislador a dar respuesta a las nuevas situaciones con el afán de adaptar sus sistemas financieros. En estos casos parece que la modificación normativa provocada por la necesidad de adopción a los cambios socioeconómicos sobrevenidos no debería afectar a la seguridad jurídica, sino que más bien deberían entenderse como una exigencia de la misma. Tal y como ha señalado el TC «el principio de seguridad jurídica no puede erguirse en valor absoluto por cuanto daría lugar la congelación del ordenamiento jurídico existente, siendo así que éste, al regular relaciones de convivencia humana, debe responder a la realidad social de cada momento como instrumento de perfeccionamiento y progreso. (...) En estos casos, los principios de seguridad jurídica y de confianza legítima han servido en múltiples ocasiones como fundamento para justificar la existencia de responsabilidad patrimonial del Estado Legislador, pretensión que ha sido atendida en varias ocasiones por nuestros tribunales. A la vista de la jurisprudencia existente al respecto, y aunque no es posible establecer un catálogo cerrado de supuestos en los que debe prosperar la acción de condena patrimonial al Estado legislador, se desprende que la violación de la confianza legítima de los ciudadanos se habrá producido cuando una norma jurídica establece una situación ex novo que sorprende las expectativas razonablemente fundadas de los ciudadanos en la conservación de una situación creada por una norma anterior que, repentinamente y sin la adopción de medida transitoria alguna, se modifica sorprendiendo a la persona o grupos de personas que experimentan un daño efectivo que no tienen la obligación jurídica de soportar».

De igual forma se han pronunciado nuestros tribunales, afirmando que:

«(...) no puede descartarse que pueda existir responsabilidad, aun tratándose de actos legislativos, cuando la producción del daño revista caracteres lo suficientemente singularizados e imprevisibles como para que pueda considerarse intermediada o relacionada con la actividad de la administración llamada a aplicar la ley»[45].

45 STS de 12 de julio de 1999. En la citada sentencia se detalla la doctrina seguida aludiendo a: *«(...) la Sentencia de 5 de marzo de 1993 (RJ 1993\1623) de esta misma Sala, cuya doctrina ha sido seguida por la de 27 de junio de 1994 (RJ 1994\4981), aun reconociendo que la eliminación de los cupos de pesca exentos de derechos arancelarios derivados del Tratado de Adhesión a la Comunidad Europea podía considerarse producido «incluso, y más propiamente, como consecuencia de las determinaciones del poder legislativo», reconoció en el caso allí enjuiciado la existencia de responsabilidad patrimonial del Estado, por apreciar que los particulares perjudicados habían efectuado fuertes inversiones —que se vieron frustradas— fundados en la confianza generada por medidas de fomento del Gobierno, que*

Por tanto, la jurisprudencia afirma que sólo cabe apreciar responsabilidad cuando se producen daños o perjuicios en virtud de actos de aplicación de las leyes y existe un sacrificio patrimonial singular de derechos o intereses económicos legítimos que pueden considerarse afectados de manera especial por las actuaciones administrativas anteriores o concomitantes con la legislación aplicable. Para examinar si esto es así, se utilizan varios criterios:

«(...) Entre ellos reviste singular interés el relacionado con la observancia del principio de buena fe en las relaciones entre la administración y los particulares, la seguridad jurídica y el equilibrio de prestaciones. Estos conceptos, utilizados por las sentencias de esta Sala últimamente citadas, están estrechamente relacionados con el principio de confianza legítima, un principio que aparecía ya consagrado en el Código de procedimiento administrativo de la República popular de Polonia, de 14 de julio de 1960 (artículo 6), según tuvo ocasión de recordar este Tribunal Supremo en su Sentencia de 22 de septiembre de 1990 (RJ 1990\7285); que luego se incorpora al Derecho de la Comunidad Europea por vía de creación jurisprudencial [Sentencia del Tribunal de Justicia de Luxemburgo, de 13 de julio de 1965 (asunto 111/1963, Lemer-Werke)]; y que en Derecho interno español se encuentra positivizado desde 1990 [Ley Foral Navarra 6/1990, de 2 de julio de 1990) (art. 1)], y que luce ahora en la LRJ-PAC (art. 3) a partir de la reforma que ha llevado a cabo la Ley 4/1999. Pues bien, este principio de la confianza legítima puede comportar la anulación y, cuando menos, obliga a responder en el marco comunitario, de la alteración (sin conocimiento anticipado, sin medidas transitorias suficientes para que los sujetos puedan acomodar su conducta económica y proporcionadas al interés público en juego, y sin las debidas medidas correctoras o compensatorias) de las circunstancias económicas habituales y estables, generadoras de esperanzas fundadas de mantenimiento»[46].

Pero, además, la jurisprudencia considera que deviene procedente la indemnización:

«(...) concurren cuantos requisitos exige nuestro ordenamiento para dar lugar a la responsabilidad patrimonial del Estado, esto es daño, no causado por fuerza mayor, efectivo, evaluable económicamente e individualizado, que es consecuencia directa, (nexo causal), de los concretos actos que se aducen y que hemos examinado como determinantes de la lesión patrimonial»[47].

---

a ello estimulaban, plasmadas en disposiciones muy próximas en el tiempo al momento en que se produjo la supresión de los cupos, de tal suerte que existió un sacrificio particular de derechos o al menos de intereses patrimoniales legítimos, en contra del principio de buena fe que debe regir las relaciones de la administración con los particulares, de la seguridad jurídica y del equilibrio de prestaciones que debe presidir las relaciones económicas».

46 *Vid.* STS de 12 de julio de 1999.

47 *Vid.* STS de 5 de marzo de 1993.

Por tanto, con anterioridad a la aprobación de la LRJSP, y más allá del supuesto regulado por el artículo 139 de la LRJPAC, tanto la doctrina como la jurisprudencia reconocían la existencia de responsabilidad patrimonial del Estado legislador, cuando la aplicación de la normativa comportaba unos daños o perjuicios que el ciudadano no tenía el deber de soportar y un sacrificio patrimonial singular de derechos, de interés legítimos —incluidas las expectativas de derecho—, en los términos sentados por las Sentencias del Tribunal Constitucional 108/1986, de 29 de julio; 99/1987, de 11 de junio y 70/1988, de 19 de abril[48].

El Tribunal Supremo entendía que existía esta contradicción y vulneración del principio de seguridad jurídica y confianza legítima en aquellos supuestos en que el cambio normativo sin conocimiento anticipado, sin medidas transitorias suficientes para que los sujetos puedan acomodar su conducta económica, sin las debidas medidas correctoras o compensatorias, comportase la perdida de situaciones económicas habituales y estables generadoras de esperanzas fundadas en mantenimiento.

Así que, atendiendo a la falta de desarrollo normativo del artículo 9.3 CE en lo que se refiere a la responsabilidad patrimonial del Estado legislador, fueron nuestros Tribunales los que delimitaron los requisitos que debían cumplirse para entender que nos encontrábamos ante un supuesto de responsabilidad del Estado legislador, y los que podríamos delimitar en los siguientes: a) que la alteración normativa haya sido sorpresiva; b) que la alteración normativa haya sido sin conocimiento anticipado; c) que la alteración normativa lo haya sido sin capacidad de previsión para adoptar medidas; d) que la Ley no prevea medidas transitorias en su aplicación; e) que la Ley no prevea medidas correctoras o compensatorias por la aplicación de la misma.

Podemos pues afirmar, que con carácter previo a la regulación de la presente innovación por la LRJSP, la responsabilidad del Estado legislador reconocida por el artículo 9.3 de la CE, que implica que los administrados puedan ser indemnizados por los daños sufridos a consecuencia de la actividad legislativa del Estado, ya se estaba aplicando y/o podía ser objeto de reclamación por los ciudadanos, al menos en determinados supuestos singulares y siempre que se cumplieran los requisitos que nuestros Tribunales delimitaron como esenciales para el reconocimiento de la misma.

Ahora bien, tal como apunta Montoro Chiner (2017: 14), a modo de conclusión final, se puede afirmar que:

> «(...) bajo esta perspectiva muchos dirán que sobre la responsabilidad patrimonial todo estaba ya escrito; con la reciente reforma o, a pesar de ella, podría

48 Dictadas precisamente en materia de función pública y referidas a los llamados derechos debilitados o expectativas de derecho que según las meritadas sentencias del Tribunal Constitucional pueden dar igualmente lugar a un derecho de indemnización en contra del principio de buena fe y confianza legítima que debe regir las relaciones entre la Administración y los administrados.

pensarse que poco espacio queda a la doctrina para ahondar en el tema. No es esa mi opinión me atrevería a escribir. Todavía quedan muchas precisiones a hacer a una institución que presenta muy variadas vertientes, contornos y facetas y es observada de manera diferente por la doctrina, por la jurisprudencia y por el propio legislador. Para comenzar, su mismo carácter de «objetiva» así, sin más, como se suele tildar en muchas ocasiones a la institución de la responsabilidad, daría pie a reformulaciones de las tesis dominantes sobre su naturaleza y su esencia misma».

9. Bibliografía

Alemany Garcías, Juan (2016). *Las sociedades mercantiles urbanísticas de capital íntegramente público en el ámbito local*. Valencia: Tirant lo Blanch.

Alvarez Barbeito, Pilar (2004). «La responsabilidad patrimonial del estado legislador: especial referencia a la vulneración del derecho comunitario», en *Anuario da Facultade de Dereito da Universidade da Coruña*, 8, pp. 64-65.

Caraza Cristín, María del Mar (2016). *La responsabilidad patrimonial de la administración y su relación con los estándares de calidad de los servicios públicos*. Madrid: Instituto Nacional de la Administración Pública.

Fuentes i Gasó, Josep Ramón (2020a). «A responsabilidade patrimonial no Estado espanhol após a reforma da legislação do regime jurídico das Administrações Públicas e do procedimento administrativo comum», en *A&C. Revista de Direito Administrativo & Constitucional*, 80, pp. 13-47.

Fuentes i Gasó, Josep Ramón (2020b). «El régimen jurídico de la responsabilidad patrimonial de las Administraciones Públicas tras la entrada en vigor de las Leyes 39/2015 y 40/2015, en particular por daños en la vía pública», en *Anuario Aragonés del Gobierno Local 2019*, 11, pp. 291-368.

Gallardo Castillo, María Jesús (1999). «La responsabilidad patrimonial de las administraciones públicas», en *Revista Estudios Socio-Jurídicos,* vol. 1, núm. 2, pp. 42-59.

García de Enterría Martínez-Carande, Eduardo (2002). «Prólogo», en Mir Puigpelat, O. *La responsabilidad patrimonial de la Administración. Hacia un nuevo sistema*. Madrid: Editorial Civitas, pp. 19-26.

García Rubio, Fernando y **Fuentes i Gasó, Josep Ramón** (2017). *La Responsabilidad de las Administraciones Públicas tras la nueva Ley de Régimen Jurídico del Sector Público*. Barcelona: Atelier Editorial.

Gimeno Feliú, José María (2013). «El informe CORA», *Heraldo de Aragón*, 17 de diciembre.

Macià Hernàndez, Javier (2015). «La responsabilidad patrimonial en el ámbito del urbanismo local», en *Revista digital CEMCI*, 28.

Martín Rebollo, Luis (2000). «Ayer y hoy de la responsabilidad patrimonial de la Administración: un balance y tres reflexiones», en *Anuario de la facultad de Derecho de la Universidad Autónoma de Madrid*, 4, pp. 273-316.

Mir Puigpelat, Oriol (2002). *La responsabilidad patrimonial de la Administración. Hacia un nuevo sistema*. Madrid: Editorial Civitas.

Montoro Chiner, María Jesús (2017). «Prólogo», en García Rubio, F. y Fuentes I Gasó, J. R. *La Responsabilidad de las Administraciones Públicas tras la nueva Ley de Régimen Jurídico del Sector Público*. Barcelona: Atelier Editorial, pp. 13-17.

SANTAmaría Pastor, Juan Alfonso (2015). «Los proyectos de ley del procedimiento administrativo común de las administraciones públicas y de régimen jurídico del sector público: una primera evaluación», en *Revista Documentación Administrativa*, 2.

Weil, Prosper (1986). *Derecho administrativo.* Madrid: Editorial Civitas.

LA AGENDA DEL CAMBIO CLIMÁTICO EN EL DERECHO AMBIENTAL ARGENTINO

Climate change agenda in Argentina environmental law

María Elisa Catani[1]
Universidad Austral (Argentina)

Fecha de Recepción: 01/10/2022
Fecha de Aceptación: 31/10/2022

Resumen: El cambio climático constituye una emergencia mundial que va más allá de las fronteras nacionales, y exige soluciones coordinadas en todos los niveles y cooperación internacional para lograr avanzar hacia una economía con bajas —o nulas— emisiones de carbono. La agenda global vinculada al Cambio Climático está hoy enmarcada por el Acuerdo de París de 2015, adoptado por 196 países. Argentina es parte del Acuerdo, pero presenta sus propias particularidades. En este trabajo nos proponemos acercar algunas reflexiones respecto a cuáles son los desafíos que enfrenta el país para poder llevar adelante esta agenda, y los compromisos internacionales asumidos.

Palabras clave: Argentina. Cambio Climático. Derecho Ambiental. Energías Renovables. Transición Energética. Gases de Efecto Invernadero. Adaptación. Mitigación.

Abstract: Climate change is a global emergency that goes beyond national borders, and requires coordinated responses within countries and international cooperation to achieve progress towards a low —or net zero— carbon emissions economy. The global agenda related to Climate Change is today framed by the Paris Agreement of 2015, adopted by 196 countries. Argentina is a Party of the

---

1 Profesora en la *Diplomatura Gobierno 4.0: Innovación Pública y Transformación Digital* de la Escuela de Gobierno, Política, y Relaciones Internacionales de la Facultad de Derecho de la Universidad Austral (Argentina). Abogada (UNLP 1998). Magister en Políticas Públicas (Universidad Austral 2020). Especialista en Derecho de la Regulación de los Servicios Públicos (Universidad Austral 2004).

Agreement but has its own particularities. In this report we consider different challenges Argentina must be able to sort in order to carry out this agenda and fulfil the international commitments assumed.

Keywords: Argentina. Climate Change. Environmental Law. Renewable Energy. Energy Transition. Greenhouse Gases. Adaptation. Mitigation.

1. Introducción

El mundo se encuentra en crisis. La pandemia desatada en el año 2020 por el SARS-CoV-2, y la reciente guerra entre Rusia y Ucrania, lógicamente atraen todos nuestros esfuerzos y atención y dejan por un momento en segundo plano un tema urgente e impostergable en la agenda internacional: la necesidad de trabajar en la disminución de emisiones de Gases de Efecto Invernadero (GEI) que causan el cambio climático que está modificando y poniendo en alerta al mundo entero.

Para analizar la Agenda de Cambio Climático en Argentina debemos considerar indefectiblemente aspectos relativos a la Política Energética y de Energías Renovables; esto por cuanto el sector de la energía en nuestro país es el responsable de más del 50 % de emisión de GEI[2].

El cambio en la matriz energética para disminuir este tipo de emisiones no sólo debe hacerse para cumplir con los compromisos internacionalmente asumidos sino porque la calidad de vida y el ambiente se encuentran comprometidas para las generaciones futuras.

La inclusión de la energía eléctrica de fuente renovable resulta un eslabón clave y esencial en las políticas nacionales de mitigación del cambio climático y explora la complementariedad entre el derecho de la energía y el derecho ambiental. Ese dato obliga a que ambas agendas —la ambiental y la energética— dialoguen de forma permanente y trabajen para reducir o equilibrar sus tensiones.

2 De acuerdo con los datos del inventario nacional de gases de efecto invernadero, en el año 2014 la Argentina emitió 386,3 MtCO2eq, de las cuales 193 millones provinieron de usos energéticos. Esto significa que el 28,7 % son generadas en el sector energético –40 % de las cuales provienen de la generación de energía eléctrica— (Plan Nacional de Energía y Cambio Climático Argentina).

En Argentina, en los últimos 25 años —aunque con mayor impulso a partir del 2016—, se ha generado un marco normativo tendiente a la generación de energías renovables.

Dentro de ese marco normativo, podemos destacar la Ley 25.019 — Interés Nacional Generación Eólica y Solar (1998); Ley 26.190 — Fomento al Uso de Energía de Fuentes Renovables en la Generación de Energía Eléctrica (2006); Ley 27.191 — Metas y Obligaciones para Grandes Usuarios. Incentivos (2015); Ley 27.424 — Generación Distribuida (2017); entre otras.

Todo ello, inscripto en la agenda internacional de Cambio Climático con compromisos crecientes asumidos por nuestro país, en términos de tender a la neutralidad de carbono vía reducción de emisiones de Gases de Efecto Invernadero.

Cabe señalar que en la última Conferencia de las Naciones Unidas sobre el Cambio Climático (COP26) celebrada en Glasgow, Reino Unido[3] el pasado año 2021, Argentina presentó una actualización a su Segunda Contribución Determinada a Nivel Nacional —NDC, por su sigla en inglés— asumiendo de modo voluntario metas más ambiciosas[4].

Como es sabido, los gobiernos de los países desarrollados como los que están en vías de desarrollo se encuentran incorporando en sus agendas de manera creciente el tema de la transición energética. Muchas compañías líderes de distintas actividades económicas también están trabajando sobre ese eje.

La transición energética en el mundo es indiscutible. No obstante, lo que realmente está en tensión a nivel global es cómo avanzar con esa agenda. No hay dudas que existe consenso a nivel mundial en los objetivos a largo plazo para reducir las emisiones de gases de efecto invernadero, pero cuál es el camino y cómo implementarlo es una discusión más compleja ya que resulta evidente que ello tensa sobre intereses contrapuestos y que no todos los países y actores involucrados se encuentran en las misma situación macroeconómica y social para avanzar al mismo ritmo en esta agenda.

La Argentina está inmersa y comprometida con la agenda de cambio climático —que conlleva la agenda de transición de matriz energética— pero presenta sus propias particularidades.

En este trabajo nos proponemos, sin ánimos de abarcarlo acabadamente, acercar algunas reflexiones respecto a cuáles son los desafíos que enfrenta el país para poder llevar adelante esta agenda, y los compromisos internacionales asumidos.

3 Puede consultarse el siguiente link: https://unfccc.int/sites/default/files/resource/cma3_auv_2_cover%20decision.pdf

4 Puede consultarse en el siguiente link: www.argentina.gob.ar/sites/default/files/2020/12/actualizacion_meta_de_emisiones_2030.pdf.

Para ello contextualizaremos el análisis en los grandes «hitos» legales a nivel internacional, señalando cómo Argentina los ha ido incorporando a su legislación y que grado de institucionalización les ha ido otorgando.

2. La agenda internacional de cambio climático

Al solo efecto de contextualizar, podemos mencionar como grandes hitos en la agenda internacional de cambio climático a la Convención Marco de Naciones Unidas Sobre Cambio Climático del año 1992[5], el Protocolo de Kyoto del año 1997[6], y el Acuerdo de París del año 2015[7].

Estos acuerdos fueron internalizados en la legislación argentina a través de las Leyes 24.295 (1993), 25.438 (2001) y 27.270 (2016) respectivamente.

En su origen, el objetivo propuesto de la Convención Marco de Naciones Unidas fue lograr estabilizar las concentraciones de Gases de Efecto Invernadero en la atmósfera en niveles que no afecten peligrosamente el ambiente.

Respecto al Protocolo de Kyoto, los países firmantes se comprometieron a reducir las emisiones de gases de efecto invernadero en al menos un 5 % para 2012 en comparación con los niveles registrados en 1990; pero nunca se cumplió con las expectativas. Dicho acuerdo previó un sistema de sanciones a los países que no cumplieran, pero el principal escollo que tuvo fue la no ratificación de algunos países, entre ellos, Estados Unidos.

Finalmente, el Acuerdo de París dejó de lado el sistema de obligaciones y sanciones previstas en Kyoto, para ir a un sistema en el que cada país regulase voluntariamente sus emisiones; con el objetivo de que el máximo número de países se comprometiera a ralentizar el calentamiento global a un máximo de 2 grados con respecto a los niveles preindustriales. 196 países resultaron firmantes del Acuerdo durante la COP21 celebrada en París, el 12 de diciembre de 2015, con lo cual su grado de adhesión fue alto.

Y en este sentido, Argentina recorrió un camino durante las tres últimas décadas que ha ido de menor a mayor, dotando de creciente institucionalidad a la agenda vinculada al Cambio Climático.

Si bien inicialmente —por nombrar un ejemplo—, se creó una Oficina Argentina de Implementación Conjunta en el ámbito de la entonces Secreta-

5 La Convención Marco de las Naciones Unidas sobre el Cambio Climático entró en vigor el 21 de marzo de 1994.

6 El Protocolo de Kyoto fue aprobado el 11 de diciembre de 1997. Debido a un complejo proceso de ratificación, entró en vigor el 16 de febrero de 2005.

7 El Acuerdo de París es un tratado internacional sobre el cambio climático jurídicamente vinculante. Fue adoptado por 196 Partes en la COP21 en París, el 12 de diciembre de 2015 y entró en vigor el 4 de noviembre de 2016.

ría de Recursos Naturales y Desarrollo Sustentable, con el objeto de llevar a cabo acciones vinculadas a la Convención Marco[8], luego se fue generando un camino de mayor institucionalización que culmina en la creación de un Gabinete Nacional de Cambio Climático, creado por Ley[9], su consejo asesor[10] y la previsión de instancias de participación ciudadana con representación del tercer sector[11].

8 Decreto n.° 822/98. Disponible en: http://servicios.infoleg.gob.ar/infolegInternet/anexos/50000-54999/51935/norma.htm.

9 Ley 27.520, Art. 7:
«*Gabinete Nacional de Cambio Climático. Créase el Gabinete Nacional de Cambio Climático, que será presidido por el Jefe de Gabinete de Ministros, y cuya función será articular entre las distintas áreas de gobierno de la Administración Pública Nacional, la implementación del Plan Nacional de Adaptación y Mitigación al Cambio Climático, y de todas aquellas políticas públicas relacionadas con la aplicación de las disposiciones establecidas en la presente ley y sus normas complement*ARIAS».

10 Ley 27.520, Art. 12:
«*Consejo Asesor. El Gabinete Nacional de Cambio Climático debe convocar a un Consejo Asesor Externo del Plan Nacional de Adaptación y Mitigación al Cambio Climático, de carácter consultivo y permanente, cuya función es la de asistir y asesorar en la elaboración de políticas públicas relacionadas con la presente ley*».
Art. 13:
«*Integración del Consejo Asesor. El Consejo Asesor será integrado por: a) Científicos, expertos e investigadores de reconocida trayectoria sobre los diversos aspectos interdisciplinarios del Cambio Climático. b) Representantes de organizaciones ambientales, sindicatos, comunidades indígenas, universidades, entidades académicas y empresariales, y centros de investigación públicos y privados con antecedentes académicos y científicos o con trayectoria en la materia. c) Representantes de partidos políticos con representación parlamentaria. Los integrantes del Consejo no podrán percibir retribución o emolumento alguno por integrar este órgano*».

11 Ley 27.520, Art. 25. Participación:
«*Cada jurisdicción debe promover procesos de participación entre todos los involucrados y actores interesados que conduzcan a la definición de las mejores acciones de adaptación y mitigación al Cambio Climático, como ser: a) Facilitar y proporcionar de forma continua, asistencia a todos aquellos actores interesados, públicos y privados, para evaluar los impactos del Cambio Climático, facilitando los conocimientos, los elementos, las herramientas y los métodos de evaluación disponibles. b) Promocionar la búsqueda de soluciones de forma conjunta y la planificación participativa. c) Fomentar la sensibilización pública. d) Aumentar las capacidades individuales, comunales y sectoriales. e) Constituir un proceso participativo de evaluación de la viabilidad de las opciones y medidas identificadas para integrarlas en la gestión de los distintos sectores y sistemas*».
Art. 26:
«*Información Ambiental. Todos los datos y documentación relacionados con la aplicación de la presente ley es información pública ambiental en los términos de las leyes 25.831 y 25.675. Las autoridades competentes deben realizar acciones en el ámbito de su jurisdicción para garantizar la difusión y comunicación de la información que obre en su poder*».

3. La protección ambiental en la Constitución argentina

Como ha ocurrido con la mayoría de los países, el surgimiento del Derecho Ambiental argentino resultó coincidente, y naturalmente influenciado, por la Primera Conferencia de las Naciones Unidas sobre el Medio Humano —Estocolmo, 1972—. Y si bien inicialmente el país carecía de normas constitucionales, fue elaborando un desarrollo teórico y normativo del Derecho Ambiental, incluso antes de su recepción constitucional.

Las primeras referencias ambientales de nivel constitucional aparecieron en las Cartas Fundamentales de las Provincias[12]. A nivel nacional, la Constitución de 1853 en su redacción original no preveía de modo expreso disposiciones ambientales. Recién con la reforma constitucional del año 1994, se introdujeron normas expresas que aportan el fundamento constitucional del Derecho Ambiental.

En tal sentido, la Constitución Argentina prevé en su artículo 41.° que:

> «Todos los habitantes gozan del derecho a un ambiente sano, equilibrado, apto para el desarrollo humano y para que las actividades productivas satisfagan las necesidades presentes sin comprometer las de las generaciones futuras; tienen el deber de preservarlo. El daño ambiental generará prioritariamente la obligación de recomponer, según lo establezca la ley. Las autoridades proveerán a la protección de este derecho, a la utilización racional de los recursos naturales, a la preservación del patrimonio natural, cultural y de la diversidad biológica, y a la información y educación ambientales. Corresponde a la Nación dictar las normas que contengan los presupuestos mínimos de protección, y a las provincias, las necesarias para complementarlas, sin que aquéllas alteren las jurisdicciones locales. Se prohíbe el ingreso al territorio nacional de residuos actual o potencialmente peligrosos, y de los radioactivos».

De esta previsión constitucional se deriva el derecho de todo ciudadano a ver satisfechas sus necesidades presentes, pero teniendo como límite la obligación de reconocer y garantizar ese mismo derecho a las generaciones futuras.

El principio constitucional del desarrollo sustentable condiciona la evolución económica a la obtención del menor sacrificio posible del entorno.

---

12 Las constituciones de la Provincia de La Rioja y San Juan de 1986 establecieron el deber del Estado de preservar el medio ambiente. La Constitución de Santiago del Estero, también del año 1986 puso a cargo de las autoridades locales la protección del ecosistema y del equilibrio ecológico. Luego, principios similares fueron incorporándose en las Constituciones de otras provincias argentinas.

4. Ley 27.520. Presupuestos minimos de proteccion ambiental

Más recientemente, la Ley 27.520 viene a dotar de institucionalidad y estructura al proceso decisorio en lo que refiere a las medidas de adaptación y mitigación frente al Cambio Climático; eje en la agenda internacional vigente.

Debe señalarse que esta Ley se inscribe en la Agenda 2030 para el Desarrollo Sostenible, adoptada por la Asamblea General de la Naciones Unidas en septiembre de 2015.

En dicho acuerdo, se consensuaron 17 Objetivos de Desarrollo Sostenible (ODS)[13] y 169 metas, conformando así una agenda común de promoción del desarrollo sostenible, en el entendimiento de que las iniciativas para terminar con la pobreza deben ir acompañadas de estrategias que favorezcan el crecimiento económico y den atención a una serie de necesidades sociales —como educación, salud, protección social y empleo—, al tiempo que luchen contra el cambio climático y fortalezcan las políticas de protección del ambiente.

Efectivamente, la Ley 27.520 fue dictada a finales del año 2019, y establece los presupuestos mínimos de protección ambiental para garantizar acciones y estrategias adecuadas de adaptación y mitigación al CC en todo el territorio nacional; ello en los términos del artículo 41 de la CN, y de los ODS.

Esta Ley define como principios rectores:

1. Responsabilidades Comunes pero Diferenciadas —acotado a las negociaciones internacionales según establece la reglamentación—,
2. Transversalidad del cambio climático y de las políticas implementadas en consecuencia,
3. Prioridad para los grupos sociales más vulnerables al Cambio Climático, y
4. Complementación de las acciones de mitigación y adaptación.

---

13 El Objetivo n.° 7: Energía Asequible y No Contaminante. El acceso a la energía para todos es esencial. La energía sostenible puede asegurar el acceso universal a los servicios de energía modernos, mejorar el rendimiento y aumentar el uso de fuentes renovables. Las metas del Objetivo 7 son:
7.1) Garantizar el acceso universal a servicios energéticos asequibles, fiables y modernos.
7.2) Aumentar considerablemente la proporción de energía renovable en el conjunto de fuentes energéticas.
7.3) Duplicar la tasa mundial de mejora de la eficiencia energética.

Esencialmente, la norma —además de establecer los principios rectores— define tres *subproductos*:

1. El *Plan Nacional de Adaptación y Mitigación al Cambio Climático* como el conjunto de medidas, estrategias políticas e instrumentos desarrollados en el marco de sus objetivos, de actualización cada 5 años.
2. Los *Planes de Respuesta al Cambio Climático,* a ser desarrollados por cada una de las Provincias y la Ciudad Autónoma de Buenos Aires, a través de un proceso participativo y estableciendo metas cualitativas y cuantitativas, y medidas de mitigación y adaptación por jurisdicción.
3. El *Sistema Nacional de Información sobre Cambio Climático*, que será utilizado para monitorear el impacto de las estrategias tanto nacionales como provinciales.

Respecto al esquema de Gobernanza que plantea la Ley para cumplir sus objetivos, se crea el *Gabinete Nacional de Cambio Climático* —en adelante GNCC—, presidido por el Jefe de Gabinete de Ministros de la Nación e integrado por las máximas autoridades de las distintas áreas de gobierno de la Administración Pública Nacional[14].

El GNCC está a cargo de la articulación de la implementación del Plan Nacional de Adaptación y Mitigación al Cambio Climático, y sus decisiones son adoptadas por Resolución y/o Declaración y/o Recomendación, siendo obligatoria su implementación por las distintas carteras gubernamentales que lo integran.

Al interior del GNCC, el proceso decisorio queda también estructurado: la Reunión de Ministros y Ministras como la principal instancia de coordinación y articulación entre las distintas áreas de gobierno, que será asistida por tres Mesas de Trabajo: la Mesa de Puntos Focales, la Mesa de Articulación Provincial y la Mesa Ampliada.

El Gabinete a su vez será asistido/coordinado por una *Coordinación Técnica Administrativa* a cargo del Ministerio de Ambiente y Desarrollo Sustentable, que es responsable de la elaboración del Plan Nacional de Adaptación y Mitigación al Cambio Climático, a partir del trabajo del GNCC.

---

14 Ley 27.520, Art. 8.°. Integración:
«*El Gabinete Nacional de Cambio Climático estará compuesto por las máximas autoridades de las siguientes áreas de gobierno: Ambiente, Energía, Minería, Producción, Agricultura y Ganadería, Industria, Transporte, Desarrollo Social, Relaciones Exteriores, Educación, Deporte, Salud, Ciencia y Tecnología, Interior, Obras Públicas, Vivienda, Trabajo, Economía y Finanzas y Seguridad y Defensa. El Gabinete podrá requerir la intervención, permanente o transitoria, de las restantes áreas de gobierno, cuando estime necesario o las materias a tratar así lo requieran*».

La ley crea también un *Consejo Asesor Externo,* compuesto por expertos y representantes de diferentes sectores: organizaciones ambientales, sindicatos, comunidades indígenas, universidades, entidades académicas y empresariales, centros de investigación públicos y privados, y partidos políticos con representación parlamentaria.

La función del Consejo será de carácter consultiva y permanente, no vinculante, pero de consideración obligatoria.

Esta estructura garantiza un esquema de gobernanza integral, técnico-político, participativo y representativo.

5. Desafíos

Luego de describir y contextualizar el esquema legal y de gobernanza que rige en Argentina para cumplir con los objetivos de la agenda de Cambio Climático, nos interesa reflexionar sobre cuáles son, en concreto, los desafíos centrales que se presentan en Argentina para su implementación.

Es indudable que los objetivos y compromisos que se busca satisfacer se encuentran atravesados por la situación macroeconómica, social e institucional del país, que nunca le son ajenas a esta agenda.

Y situados allí, debemos analizar como Argentina avanza en sus compromisos ambientales, de cambio de matriz energética —generando o propiciando el uso de tecnologías que reduzcan las emisiones de carbono— y, por último, entender cuáles son los recursos económicos que tiene el país para crecer.

Los recursos tanto de hidrocarburos como de energías limpias están al alcance de la mano. Sin embargo, la agenda de la transición energética en el país tiene que atravesar algunas amenazas vinculadas a la macroeconomía y a la situación social. Con lo cual, si bien puede advertirse que existe un plafón normativo y una cierta institucionalidad generada para avanzar a fuerza de consensos y participación ciudadana y del tercer sector, la política y la administración en su conjunto deberán jugar un rol para transitar este camino.

Respecto a los compromisos asumidos por la Argentina, nuestro país ha marcado su posición en el tema del cambio climático, y se ha comprometido a mantener una meta relativamente ambiciosa de emisiones de GEI.

Incluso, como se adelantó, en oportunidad de la Conferencia de las Naciones Unidas sobre el Cambio Climático (COP26) celebrada en Glasgow en octubre del 2021, Argentina actualizó su compromiso, presentando una meta aún más ambiciosa: no superar la emisión neta de 349 millones de toneladas de dióxido de carbono equivalente (MtCO2e) en el año 2030.

En este sentido, los desafíos que enfrenta la Argentina en el marco de esta agenda son múltiples.

Esquemáticamente, y a modo de reflexión, dejaré planteados algunos de ellos: dos, vinculados con la gobernanza de la agenda ambiental y otros tres ligados directamente a la definición e implementación de las medidas y su costo.

5.1. Desafío 1: Coordinación transversal

La especialización administrativa exige importantes esfuerzos de coordinación cuando se trata de diseñar e implementar políticas públicas transversales a las distintas áreas del gobierno.

Toda decisión y acción de consumo, inversión, producción, entre otras, tiene un impacto en la generación de emisiones en particular, y en el medio ambiente en general. Lo mismo ocurre con cualquier política que actúe sobre tales decisiones a partir de incentivos económicos, prohibiciones, regulaciones.

En consecuencia, las áreas de gobierno con objetivos ambientales (el Ministerio de Ambiente y Desarrollo Sostenible esencialmente, pero no el único) impulsan las políticas de reducción de emisiones; pero entran en inevitable tensión con las políticas sostenidas desde otras áreas de gobierno con objetivos productivos / energéticos, entre otros.

La Ley 27.520 pretende dar respuesta a esta necesidad de coordinación intra-administración a través de un diseño organizacional, dando una respuesta institucional a través de la creación del Gabinete Nacional de Cambio Climático; pero no la garantiza.

El Gabinete Nacional de Cambio Climático no supone, necesariamente, que exista una ponderación del objetivo ambiental en las decisiones y políticas impulsadas por las distintas áreas de gobierno en función a sus objetivos sectoriales.

Un problema de segundo orden es, garantizada la ponderación, cuál es el criterio de priorización.

5.2. Desafío 2: Coordinación interjurisdiccional

Como segundo desafío encontramos la necesidad de coordinación entre distintas jurisdicciones. Ello por cuanto las competencias formales en materia de política ambiental se encuentran distribuidas entre los distintos niveles de gobierno —Nación, Provincia y Municipios— en un país federal como el nuestro.

En otro nivel, aparece también la coordinación supranacional y regional, cuando los países forman parte de procesos de integración político-económicos —caso Argentina en el MERCOSUR— por lo que el impacto de las decisiones trasciende las fronteras nacionales.

Quedándonos por ahora en la coordinación a nivel país, la Ley prevé y supone una agenda nacional —Plan Nacional de Mitigación y Adaptación— y una provincial/local —Planes de Respuesta— que deben dialogar y retroalimentarse. Las medidas nacionales, impactan en la política local, y viceversa.

No obstante, esta coordinación no siempre se ve impactada en la práctica. Sobre el punto, resulta interesante traer el caso de la Ley Nacional n.º 27.424 — Régimen de Fomento a la Generación Distribuida de Energía Renovable integrada a la Red Eléctrica Pública.

Esta Ley declara de interés nacional la generación distribuida —domicilios/industrias— de energía eléctrica a partir de fuentes de energías renovables con destino al autoconsumo y a la inyección de eventuales excedentes de energía eléctrica a la red de distribución; estableciendo las condiciones a ser observadas en tal sentido.

Si bien la Ley invita a adherir a las Provincias y la Ciudad Autónoma de Buenos Aires, llama la atención que aún hoy resta la sanción definitiva por parte del Senado de la Provincia de Buenos Aires para que dicha Provincia adhiera a los términos de la Ley Nacional[15].

Resulta especialmente llamativo cuando la Provincia de Buenos Aires tiene un importante potencial, y cierto desarrollo alcanzado al día de hoy para la generación de energías renovables, y habiendo dictado también normativa local que se inscribe en la agenda ambiental-energética vigente.

Es un ejemplo de que esta coordinación interjurisdiccional no resulta sencilla ni ajena a los intereses propios de cada jurisdicción y de los intereses económicos/productivos que allí se desarrollan.

Vale aclarar que sí han adherido distintas Provincias como Neuquén, Catamarca, Mendoza, Santiago del Estero, Santa Cruz, Jujuy, Chubut, Córdoba, Tucumán[16].

5.3. Desafío 3: ¿Quién paga y cómo se paga?

Pensemos en el costo asociado a las políticas de mitigación y de adaptación. Argentina enfrenta una restricción relevante: su situación macroeconómica, microeconómica y social actual es compleja, resultado de una evolución negativa que se observa en los principales indicadores —PBI, inversión/PBI, inflación, desempleo, endeudamiento y déficit público, balanza de pagos, pobreza—.

---

15 En mayo de 2021 fue aprobada parcialmente por la Cámara de Diputados de la Provincia de Buenos Aires.

16 Detalle de normativa provincial de adhesión. Disponible en: www.saij.gob.ar.

Las proyecciones y previsiones del Ministerio de Economía son extremadamente discretas incluso en el mejor de los escenarios. Y estos compromisos se inscriben en ese contexto.

Ello nos lleva a reflexionar sobre si existe una tensión entre el objetivo ambiental de reducir las emisiones de GEI y avanzar en la transición de la matriz energética, por un lado, y la situación socioeconómica de la Argentina y su realidad energética, en donde también es un objetivo por demás necesario abastecer a la población argentina con estándares de calidad, continuidad, seguridad y a precios accesibles.

Este objetivo no puede ser soslayado considerando que hablamos de servicios que se alinean con el concepto de dignidad humana (Santiago 2017: 95-108). Ello implica que el ciudadano debe estar siempre en el centro de la decisión.

Vale recordar en este sentido que el artículo 22.° de la Declaración Universal de Derechos Humanos, adoptada y proclamada por la Resolución 217 A (III) de la Asamblea General de las Naciones Unidas el 10 de diciembre de 1948, establece que:

> «(...) toda persona, como miembro de la sociedad, tiene derecho a la seguridad social, y a obtener mediante el esfuerzo nacional y la cooperación internacional, habida cuenta de la organización y los recursos de cada Estado, la satisfacción de los derechos económicos, sociales y culturales, indispensables a su dignidad y el libre desarrollo de su personalidad».

Por su parte, la ONU establece entre los Objetivos de Desarrollo Sostenible a la energía asequible y no contaminante —objetivo n.° 7—, enfatizando que el acceso universal a la energía es básico para enfrentar casi todos los grandes desafíos y oportunidades a los que hace frente el mundo actualmente, como son el empleo, la seguridad, el cambio climático o la producción de alimentos, entre otros.

De ello se deriva que la implementación de acciones o políticas que tengan por fin desalentar el uso de tecnologías «sucias» —o premiar tecnologías limpias— podría generar efectos económicamente no óptimos en el corto plazo y por lo tanto políticamente difíciles de sostener.

Por otro lado, definida la medida e internalizado su costo, surge la pregunta de quién paga y a través de qué instrumento.

Argentina implementó el impuesto al carbono en los combustibles en 2018[17]; sin embargo, hoy no se muestra como una medida efectiva para conseguir los objetivos propuestos. Del análisis de los datos disponibles se puede hacer la hipótesis de que su impacto es muy bajo, probablemente porque su cuantía no es significativa respecto al precio final del producto.

---

17 Impuesto sobre los combustibles líquidos y al dióxido de carbono, establecido por la Ley n.° 27.430, modificatoria de la Ley n.° 23.966.

La producción de combustible —naftas—, según datos del Instituto Nacional de Estadísticas y Censos, se mantiene relativamente constante desde enero de 2015 a la fecha —descontando los efectos de la cuarentena establecida por DNU n.° 297/20 y posteriores—. Suponiendo que la producción y el consumo mantienen la misma relación, se advierte que el impuesto no generó un cambio significativo.

La incidencia del impuesto al carbono en los precios de los combustibles podría explicar la falta de impacto: el impuesto no tendría la relevancia necesaria para ser un incentivo de cambio de conducta del consumidor, sobre todo si se lo compara con países que lo utilizan de manera activa.

5.4. Desafío 4: El problema intergeneracional

Ligado al desafío anterior, referido al contexto y la oportunidad político-social de la medida, aparece una restricción adicional: el análisis costo-beneficio de las medidas de mitigación y adaptación, y de las acciones para internalizar las externalidades de la generación de GEI, no solo sesga la decisión hacia el *status quo* sino que en todos los casos implica además una transferencia de beneficios y costos entre las generaciones presentes y futuras.

Dicho en otros términos: se paga hoy —en un contexto macroeconómico y social complejo— el beneficio «futuro» de un ambiente sano y limpio.

5.5. Desafío 5: Medidas que sancionan el incumplimiento de los países

Como último desafío, resulta relevante señalar que comienza a relativizarse la inexistencia de sanciones frente al incumplimiento de los países a los compromisos asumidos.

Es claro que Argentina debe cumplir sus compromisos —voluntariamente crecientes—. Ello no solo por una cuestión de honrar la palabra empeñada. Si no lo hace, eventualmente los países que sí avancen en sus medidas de mitigación y adaptación pueden generar acciones que penalicen a aquellos que actúan como *free riders o polizones.*

En este sentido, un ejemplo evidente, es el Mecanismo de Ajuste en Frontera por Carbono propuesto por la Comisión Europea, y aprobado en líneas generales por el Congreso Europeo el 15 de marzo de 2022[18], que supone esencialmente la aplicación de un impuesto —penalidad— a las importaciones de determinados sectores carbono-intensivos, como por ejemplo acero,

18 Puede consultarse en: https://www.consilium.europa.eu/es/press/press-releases/2022/03/15/carbon-border-adjustment-mechanism-cbam-council-agrees-its-negotiating-mandate/.

cemento, fertilizantes, aluminio y electricidad, cuando tengan origen en países que no han realizado el esfuerzo que sí realizó la Unión Europea en cuanto a compromisos de Cambio Climático.

Esta medida busca evitar que el sobrecosto que supone para la industria europea el cumplimiento de las metas ambientales redunde en una relocalización de la producción hacia terceros países «no cumplidores». En base a ello, el objetivo es «encarecer» la importación desde esos terceros países a través de una *tasa al carbono en frontera.*

Si bien los compromisos ambientales asumidos por los países son de cumplimiento voluntario y no pasibles de sanciones según la legislación internacional hoy aplicable, empiezan a aparecer herramientas que tienden a internalizar los costos del cumplimiento o bien disciplinar a aquellos que no cumplen.

6. Conclusiones

El Acuerdo de París tiende un puente entre las políticas actuales y la neutralidad climática que se plantea actualmente como un objetivo hacia 2050; esto es, emisiones netas de gases de efecto invernadero igual a cero.

Puertas adentro, en Argentina, la Ley de Presupuestos Mínimos de Adaptación y Mitigación al Cambio Climático, internaliza la agenda global y dota de cierta institucionalidad al proceso de toma de decisiones respecto a los compromisos asumidos por el país.

La problemática es compleja, multivariada, de impacto transversal a toda la actividad económica y a las distintas jurisdicciones.

En particular, la participación del sector energético resulta crucial ya que en Argentina es el sector de la economía que explica más del 50 % —53 % en 2016— de las emisiones de gases de efecto invernadero total. Por ello la agenda energética y la ambiental deberán dialogar en forma permanente. Esto, más allá de los objetivos específicos de cada una y las tensiones que podrían generarse: el autoabastecimiento energético a nivel país versus el desarrollo de energías limpias, por ejemplo.

En cuanto a la agenda internacional, la implementación de mecanismos unilaterales como el propuesto por la Comisión Europea, complejiza aún más el escenario. Su impacto dependerá de su diseño final, sectores alcanzados y —especialmente— de su validación por parte de la Organización Mundial del Comercio (OMC) que está aún hoy pendiente.

Sobre este punto, recientemente el Director General Adjunto de la OMC —septiembre de 2021— expresó en audiencia pública del Comité Económico y Social Europeo[19], que las reglas multilaterales de comercio no son barrera o

19 *Vid.* https://www.wto.org/spanish/news_s/news21_s/ddgjp_16sep21_s.htm.

impedimento a la adopción de políticas climáticas ambiciosas, siempre que no resulten discriminatorias entre países miembros de la OMC ni resulten proteccionistas; lo que podría entenderse como un gesto de viabilidad —si bien preliminar— hacia la política europea.

Dicho esto, el Director General también expresó que la mejor solución para la «pérdida de carbono» es un acuerdo global sobre el precio del carbono, lo que marca que la agenda internacional deberá continuar trabajando en este sentido.

7. Bibliografía

Acuerdo de París (2016). Disponible en: https://unfccc.int/sites/default/files/spanish_paris_agreement.pdf.

Consejo Europeo. Consejo de la Unión Europea. Información recuperada de: https://www.consilium.europa.eu/es/.

Convención Marco de las Naciones Unidas sobre el Cambio Climático (1992). Disponible en: https://unfccc.int/files/essential_background/background_publications_htmlpdf/application/pdf/convsp.pdf.

Cundari, Agustina, Diedrich, Marlene y **Villares, Mariano** (2021). «La Regulación del Cambio Climático a la luz de las leyes de Presupuestos Mínimos Ambientales: Herramientas de Mitigación y Adaptación, Gobernanza, Financiamiento y Principios Aplicables», en *Revista Difusiones*, vol. 20, núm. 20, pp. 183-193. Disponible en: http://ediciones.ucse.edu.ar/ojsucse/index.php/difusiones/article/view/350.

Giles Carnero, Rosa (2021). *El régimen jurídico internacional en materia de cambio climático: Dinámica de Avances y Limitaciones*. Cizur Menor (Navarra): Thomson Reuters - Aranzadi.

INFOLEG: Información Legislativa y Documental. Disponible en: http://www.infoleg.gob.ar/.

Protocolo de Kyoto de la Convención Marco de las Naciones Unidas sobre el Cambio Climático (1998). Disponible en: https://unfccc.int/resource/docs/convkp/kpspan.pdf.

Santiago, Alfonso (2017). «La igual e inviolable dignidad de la persona humana como fundamento del orden jurídico nacional e internacional», en *Prudentia Iuris*, 83, pp. 95-108. Disponible en: https://erevistas.uca.edu.ar/index.php/PRUDENTIA/article/view/973.

PERSPECTIVA AMBIENTAL DEL URBANISMO. DOS EXPERIENCIAS, IDÉNTICAS CONCLUSIONES

Environmental perspective of urbanism. Two experiences, same conclusions

María Eugenia Echagüe[1]
Universidad Austral (Argentina)

Fecha de Recepción: 01/10/2022
Fecha de Aceptación: 31/10/2022

Resumen: Desde la presentación de dos casos locales puntuales se pretende analizar la necesidad de delinear políticas de infraestructura coordinadas y sostenibles en el tiempo que permitan optimizar la actuación estatal, máxime cuando se encuentra involucrada la temática ambiental.

Palabras clave: Perspectiva ambiental. Urbanismo. Experiencias. Ushuaia (Argentina). Políticas públicas. Infraestructura. Coordinación. Eficiencia y eficacia del Estado.

Abstract: From the presentation of two specific local experiences, it is intended to analyse the need to outline coordinated infrastructure policies that are sustainable over time that allow optimization of state action, especially when environmental issues are involved.

Keywords: Environmental perspective. Urban planning. Experiences. Ushuaia (Argentina). Public policies. Infrastructure. Coordination. Efficiency and effectiveness of the State.

1 Magister en Derecho Administrativo en la Universidad Austral de Argentina.

1. Introducción

Quiero agradecer la invitación a integrar este panel con tan prestigiosos profesores. Podría enunciar numerosas razones de mi satisfacción, pero rápidamente celebro reencontrarnos en este espacio luego de dos años muy difíciles para la humanidad toda.

Desde ya mi gratitud con la organización de estas Jornadas, especialmente en la persona del Dr. Jaime Rodríguez Arana Muñoz y su ejemplar equipo de trabajo, y mi reconocimiento al incansable esfuerzo que realizan año a año para que este sea un espacio de excelencia en todos los niveles.

2. El tema asignado

Se me asignó un tema amplio como la perspectiva ambiental del urbanismo, que según entiendo permite un abordaje desde diversas aristas.

Ahora, teniendo en cuenta que una de las tantas bondades de este ámbito de debate son los intercambios de experiencias, y que con el nivel de los expositores que me precedieron en el uso de la palabra sería irrespetuoso de mi parte pretender otro tipo de exposición, me interesa compartir ejemplos concretos que creo que habilitan la reflexión final y los disparadores que intentaré poner sobre la mesa.

3. Las experiencias seleccionadas

Los antecedentes que quiero compartir con ustedes se dieron en la Ciudad de Ushuaia[2], en los últimos años y tienen que ver con el urbanismo, la buena administración y, específicamente, con el lugar que la agenda pública asigna o deja de asignar a cuestiones de relevancia social.

Ambos casos involucran situaciones de desarticulación de políticas de infraestructura implementadas en diferentes sectores de la ciudad capital y que adquieren vínculos directos con la cuestión ambiental. Incluso más, puede decirse que el factor ambiental fue clave en ambos casos para la solución del conflicto.

---

2 Ciudad capital de la Provincia de Tierra del Fuego, Antártida e Islas del Atlántico Sur según art. 3 de la Constitución local. Se trata de la provincia más joven de la República Argentina, Ley Nacional 23.775 (Boletín Oficial del 15 de mayo de 1990).

La preocupación por la temática de estos casos puede resumirse en tres factores:

- En primer lugar, porque las obras de infraestructura son instrumento de crecimiento e igualación de acceso[3].
- En segundo lugar, porque en datos del BID de 2019, Argentina se encuentra por debajo de la media con relación al monto y la calidad de la inversión en infraestructura[4].
- En tercer y último lugar, porque se ha indicado que la Administración Pública Argentina adolece de serios problemas superiores a los de los países de la OCDE[5].

Esto ya de por sí representa un punto de partida crítico. Pero, si sumamos a ello que los fondos disponibles no se aplican eficientemente por la falta de articulación entre las jurisdicciones involucradas, el Resultado es preocupante.

3.1. ¿Y por qué digo eso?

Para situar geográficamente la cuestión, como se comentó con anterioridad, el escenario de los supuestos seleccionados es Ushuaia. Se trata de la ciudad más austral de la República Argentina, tiene aproximadamente 80.000 Habitantes[6], se desarrolla paralela a la costa del Canal de Beagle y está delimitada por el cordón montañoso que la rodea, con las restricciones propias de la cota edificable, un Parque Nacional y un río en el otro extremo.

Su conformación invirtió el esquema habitual ya que, al surgir de manera desordenada y espontánea, la planificación vino luego de la población, obligando a regularizar y reparar los espacios ya impactados.

Por otro lado, la ciudad cuenta con un alto número de barrios informales instalados en tierras fiscales en diversos sectores, pero prioritariamente en la montaña y bosque.

---

3 Ampliar, por ejemplo, en OCDE 2016. Ver también: https://www.argentina.gob.ar/sites/default/files/serie_de_documentos_de_trabajo_n_3._avances_en_infraestructura_del_cuidado_-_dnt_mop_1.pdf.

4 Véase: https://www.argentina.gob.ar/sites/default/files/2021/07/5_1_trabajo_y_obra_publica_ante_la_segunda_ola_del_covid-19_.pdf

5 Conclusión a la que llega el organismo en diversos informes y la doctrina especializada en general.

6 Fuente: Indec.gob.ar.

Con este breve detalle de contexto puedo comentar rápidamente los dos casos:

4. Caso número 1

El caso seleccionado en primer lugar tiene que ver con uno de esos barrios informales de los que hablé. Se denomina *Escondido*[7], pero, por el contrario, está a la vista de todo aquel que se sitúe en cualquier lugar de la ciudad. Esto obedece a que se encuentra en la ladera de la montaña, por sobre la cota máxima.

Su extensión es de 6,5 has y contiene a más de 200 familias. La deforestación del área es muy importante y en la práctica, aparece aislado del resto de la ciudad.

Por las características del sector, tienen competencia allí distintos organismos tanto nacionales como provinciales y municipales y empresas de servicio[8].

4.1. Particularidades del sector

En líneas generales el sector posee hacinamiento y serios problemas de infraestructura y servicios. No hay agua potable ni desagües cloacales, se observa un alto grado de contaminación y vulnerabilidad, no hay gas, factor clave debido a las temperaturas patagónicas, recolección de residuos ni luz.

Por supuesto que tampoco es simple el acceso al transporte o los servicios de salud y los conflictos ambientales son variados.

Como sabemos, muchos de estos factores son indicadores de pobreza multidimensional no monetaria[9] y justamente por esto, lo que se necesita allí para garantizar los derechos de los habitantes del sector es una intervención que puede caracterizarse como compleja.

4.2. Lo preocupante del caso

Podría afirmarse que lo más preocupante del caso es que no se advierte una correlación entre las demandas del sector y el plan de obras, ni uniformidad en la definición de prioridades y acciones encaradas por los actores involucrados.

---

7 Incorporado al Registro de Barrios Populares por Ley 27.453 y su Decreto modificatorio 789/2019.

8 Expediente del Registro de la Municipalidad de Ushuaia Letra DU n.° 4074/2015 y asunto n.° 562/2015 del Registro del Concejo Deliberante de la Ciudad

9 Véase: https://www.argentina.gob.ar/sites/default/files/indice_de_pobreza_multidimensional_2s2019_-_20.05.22.pdf

Esto se relaciona con que cada área gestiona fondos y toma decisiones que se ven frustradas cuando de manera imperiosa requieren un aval previo de otro organismo. Así, por ejemplo, un estudio realizado nos permitió comprobar que se perdieron créditos pre otorgados, que quedaron a mitad de caminos tendidos de servicios, etc. (Echagüe et al).

Y se genera en consecuencia una especie de círculo vicioso, perjudicial para todos los actores involucrados.

Por otro lado, históricamente el resto de la población de la ciudad vio con malos ojos cualquier intervención estatal y estos actores de veto tenían la prioridad.

Como dato, según una encuesta de opinión realizada en el año 2012, el 80 % de los consultados desaprobaba la urbanización del sector.

Durante 2020 replicamos la encuesta con una muestra representativa similar a la original, y los resultados nos sorprendieron ya que el porcentaje a favor de la urbanización se incrementó casi al 50 % y el fundamento fue la mayor preocupación por el impacto ambiental que el estado de situación actual representaba para la ciudad (Echagüe et al).

Es decir, la cuestión ambiental se presentó como el principal factor del cambio de opinión de los encuestados que, de una negativa absoluta pasaron a demandar alternativas para mejorar la condición del área y evitar daños al bien colectivo ambiente.

En la actualidad media entonces acuerdo en la necesidad de soluciones urgentes e integrales y todos dan cuenta de la falta de integración y de la diversidad de enfoques.

4.3. Resumen del Caso número 1

Brevemente, en el ejemplo descripto, la dificultad para obtener acuerdos básicos dio espacio a que aspectos transversales incidan negativamente en la eficiencia y eficacia del Estado.

5. Caso número 2

El Caso Número 2 se trata de la sentencia[10] del Juzgado de Primera Instancia Civil y Comercial n.° 1, de la Ciudad de Ushuaia[11] relacionada con la contaminación de la bahía por el impacto que generaba el deficiente sistema de saneamiento. Allí, se puso de manifiesto lo nocivo de la falta de coordinación entre actores estatales.

10 PARTICIPACIÓN CIUDADANA c/GOBIERNO DE LA PROVINCIA DE TDF Y OTROS s/ Protección de intereses difusos, (Expte. n.° 15447). Sentencia de fecha 25/8/2014.

11 A cargo por entonces del Dr. Alejandro FERNÁNDEZ, actual integrante de la Sala Civil de la Cámara de Apelaciones de la Ciudad de Ushuaia.

La demanda la inició la Asociación Civil Participación Ciudadana por medio de la acción de protección de los intereses colectivos prevista por nuestro Código Procesal[12], contra el Estado Provincial y la Dirección de Obras y Servicios Sanitarios (DPOSS). Luego se incorporó como tercero la Municipalidad de Ushuaia.

Puntualmente, la acción perseguía que se condene:

a) a hacer cesar la actividad contaminante, y

b) prevenir el daño ambiental ya provocado.

Más allá del trámite de avanzada del proceso, el Juez se valió del rol activo que se le asigna para disponer diferentes medidas y requerir informes técnicos.

Asimismo, instó a las partes a generar una solución consensuada. Como esto no fue posible, se definieron medidas y obras y se fijó el objeto del proceso con eje en el cese, en la recomposición y en la prevención del daño consecuencia de las deficiencias o inexistencia de la red cloacal en la ciudad de Ushuaia.

Durante la tramitación de la causa el Tribunal observó que el principal inconveniente se encontraba en la falta de determinación de competencias en la materia y entendió que, hasta tanto se dicten las normas pertinentes, correspondía determinarlas.

Concluyó que se encontraban en peligro no sólo el derecho a un «*ambiente sano*», sino también los «*derechos humanos*» de los vecinos de Ushuaia[13].

Según el Magistrado, quedó acreditado el daño ambiental y graficó incluso que en la inspección llegaron a pisar aguas servidas en las calles de la ciudad.

A su entender, quedó de manifiesto que era necesario ejecutar obras para generar un sistema cloacal suficiente.

5.1. La clave de la resolución

El Juez fue enfático en sostener que la situación era fruto de la pasividad de larga data rayana en la desidia tanto del Gobierno Provincial y la DPOSS cuanto del municipio local, en razón de normativas poco claras.

Los términos del magistrado poseen un énfasis que se adecua absolutamente a la realidad constatada.

Por ello, a modo de asegurar el cumplimiento de la sentencia, estableció la obligación de presentar un plan de ejecución y otorgó un plazo máximo de cinco años para su concreción.

---

12 Ley 147 (CPCCLRYM de la Provincia de Tierra del Fuego, A e IAS) que en su Libro IV, Título X, art. 654 a 662, regula la «Protección de los intereses colectivos o difusos».

13 Sentencia disponible en http://juris.justierradelfuego.gov.ar.

Hoy puedo decir que pasado ese lapso son notorios los efectos positivos de su decisión. La circulación por la costa de la ciudad devuelve ahora un paisaje libre de los residuos y aromas que antaño se percibían.

5.2. Resumen del Caso número 2

Como en el supuesto anterior, en la causa escuetamente detallada, nuevamente la descoordinación dio lugar a acciones perjudiciales para la comunidad, y la protección del medio ambiente fue clave para gestionar la actuación sincrónica de los actores.

6. ¿Cuáles son los puntos en común en los casos elegidos?

En los dos casos seleccionados se observa una matriz institucional compleja, multiplicidad de actores involucrados pertenecientes a distintos niveles estatales, dificultad para determinar las competencias exclusivas y concurrentes que, en cambio, se entrecruzan y superponen.

Se avizora en consecuencia, la ausencia de visión urbana integral y una ineficiente aplicación de los recursos escasos de los que se dispone, sea cual fuera el sector del Estado que se analice.

7. Conclusiones

Entonces, ¿qué es lo que me interesa dejar sobre la mesa de debate luego de estas pequeñas consideraciones?

Rápidamente, me importa traer a escena las siguientes cuestiones:

1.°. Las medidas individuales y aisladas no son suficientes.

Si no se articulan rumbos comunes perpetuaremos acciones ineficientes que se quedarán a mitad de camino en la búsqueda del fin propio de todo Estado que debe estar en la mejora de la calidad de vida de la población.

2.°. La falta de eficiencia y eficacia que generan las medidas parciales deja espacio a una ejecución inequitativa de los recursos finitos del Estado y esto impacta negativamente sobre los Derechos.

3.°. Es importante preguntarnos ¿Es lógico que esto continúe pasando? ¿Es admisible que se pierdan líneas de financiamiento o se frustren acciones por no obtener avales de otros organismos cuando en definitiva el interés es o debe ser coincidente? ¿Podemos permitirnos actuaciones estatales consideradas «*rayanas a la desidia*»? Creo que no.

Por todo ello estimo que es clave una visión de conjunto y esfuerzos compartidos. Administraciones diligentes que maximicen derechos.

4.°. Otro aspecto a meditar es la infraestructura, como concepto amplio, que se robustece en una visión integral de hábitat.

5.°. Ligado a esto último, recordar que el «*Acceso a los Servicios esenciales*» constituye uno de los pilares del Estado Social y Democrático de Derecho. Se puede citar por ejemplo la Recomendación UE 2017/761 y es esto un paso fundamental para el desarrollo adecuado de la persona.

6.°. En definitiva, necesitamos trabajar en el desarrollo de políticas públicas que se enmarquen en los parámetros del Derecho a la buena administración, que contemplen al ciudadano como sujeto con dignidad.

Es decir, Políticas con enfoque de derechos, en las que las Administraciones asuman el compromiso de garantizar la integración social y urbana y las necesidades básicas.

Políticas diseñadas de manera colaborativa, con articulación durante todas sus etapas. Coherentes y sostenibles en el tiempo. Cercanas a las demandas de la ciudadanía.

Para ello, fundamental será aspirar a Administraciones que trabajen de manera integral y coordinada para, pero también con los ciudadanos. Administraciones que definan pautas y roles claros y, como se escuchó decir en reiteradas oportunidades a la profesora Miriam Ivanega, replanteen la gestión según las necesidades existentes.

7.°. Se trata entonces de transformar esos círculos viciosos que se cuestionaron, en círculos virtuosos que con foco en la coordinación garanticen políticas integrales y una mejor calidad de vida.

8.°. Esto implica mejorar la capacidad de acción Estatal.

9.°. Y último, Se trata también de la suma de pequeñas iniciativas que a futuro generen cambios importantes en la calidad de vida de la comunidad. Y esto nos convoca a todos... Porque, en definitiva y como dice la frase que se atribuye a Borges, «*Futuro no es lo que va a pasar, sino lo que vamos a hacer*».

8. Bibliografía

CEPAL, Plan de Acción Regional NAU

Constitución de la Provincia de Tierra del Fuego

Crivelli, Julio C. (2019). «El futuro, la infraestructura y la vivienda», en *RAP*, Sección Doctrina, 487.

Echagüe, María Eugenia. *Una instancia de cooperación y colaboración como herramienta para políticas de integración eficientes.* Argentina: Universidad Austral. Trabajo individual para aspirar al título de Magíster en Políticas Públicas.

Echagüe, María Eugenia *et al. Hacia una política de integración de barrios vulnerables. El caso del barrio 'El Escondido'.* Argentina: Universidad Austral. Trabajo grupal para aspirar al título de Magíster en Políticas Públicas.

Informe País, Argentina 2018. Disponible en: https://www.argentina.gob.ar/sites/default/files/informe-ods-todo.pdf.

OCDE (2012). *Recomendación del Consejo sobre Política y Gobernanza Regulatoria*. París.

OCDE (2016). *Hacia Infraestructuras Exitosas. Diez retos clave para la gobernanza y opciones de política*. París.

Ponce Solé, Juli (2016). «El Derecho a una buena administración y el Derecho Administrativo Iberoamericano del Siglo XXI. Buen Gobierno y Derecho a una buena administración contra arbitrariedad y corrupción», en Alonso Regueira, E.M. (dir.). *El control de la actividad estatal.* Buenos Aires: Asociación de Docentes de la Facultad de Derecho y Ciencias Sociales de la Universidad de Buenos Aires, pp. 219-247.

Repetto, Fabián (2012). *Coordinación de políticas, programas y proyectos sociales*. Buenos Aires: Fundación CIPPEC, pp. 35-ss.

Subirats, Joan (2008). *Análisis y gestión de Políticas Públicas*. Barcelona: Editorial Ariel, pp. 49-ss.

LA ADOPCIÓN AUTOMATIZADA DE RESOLUCIONES EN AUSTRALIA

Automated decision-making in Australia

Rafael García Pérez[1]

Universidad de A Coruña (España)

Fecha de Recepción: 01/10/2022
Fecha de Aceptación: 31/10/2022

Resumen: Australia es uno de los países más avanzados del mundo en lo que respecta al uso de la IA en el ámbito jurídico, y, en particular, en lo referido a la adopción automatizada de resoluciones en el ámbito administrativo. El capítulo aborda cómo se está aplicando la adopción automatizada de resoluciones en Australia y cuáles son los principales problemas y desafíos que plantea.

Palabras clave: Inteligencia artificial. Adopción automatizada de resoluciones. Australia.

Abstract: Australia is one of the most advanced countries in the world regarding the use of AI in the legal field. This chapter addresses how automated decision-making is being implemented in the public sector in that country, and the main problems and challenges it poses.

Keywords: Artificial intelligence. Automated decision-making. Australia.

---

1 Doctor en Derecho. Profesor Titular de Derecho Mercantil. Universidad de A Coruña (rafael.garcia.perez@udc.es). Trabajo realizado en el marco del Proyecto «Derecho de Marcas e Inteligencia Artificial» (MARIA). Convocatoria: Programa Estatal de I+D+i Orientada a los Retos de la Sociedad (convocatoria 2020). Referencia: PID2020-115646RB-I00.

1. Introducción

La adopción automatizada de resoluciones en el seno de las Administraciones Públicas está viviendo un momento de franca expansión en los últimos años. Con la expresión *adopción automatizada de resoluciones*, que abreviaremos como AAR, nos referimos a la utilización de programas de ordenador para adoptar una resolución administrativa sin intervención humana directa (automatización total o completa) o bien para auxiliar a una autoridad o funcionario público para dictar una resolución (automatización parcial). Si en el primer caso la intervención humana es meramente indirecta (pero existe, pues al fin y al cabo y como mínimo hay que programar el software y ponerlo a funcionar), en el segundo el software asiste al ser humano, pero es este quien adopta la resolución. En la automatización parcial el programa puede desempeñar variadas funciones: puede recomendar una resolución, o bien guiar a través de los hechos y la normativa, proporcionar comentarios útiles u orientaciones (por ejemplo acerca de la legislación y su interpretación jurisprudencial), resaltar o identificar los aspectos relevantes para la resolución (o advertir de que se están empleando aspectos irrelevantes), controlar que se satisfacen determinados requisitos (procesales, de competencia...), etc (Hogan-Doran 2017: 345-ss).

La experiencia comparada con los sistemas de AAR ya comienza a ser significativa, y la doctrina está dedicando importantes esfuerzos a su estudio. Nuestro objetivo, en el presente capítulo, será analizar una de las experiencias más interesantes en el ámbito internacional. Nos referimos al caso de Australia, país puntero en este campo, que desde hace unos años se ha embarcado en un proceso para promover la automatización y reducir la intervención humana en el seno de las Administraciones Públicas (Huggins 2021: 1048-ss). El caso australiano es especialmente interesante porque existen varios documentos oficiales que han formulado recomendaciones sobre los sistemas de AAR y porque la doctrina ha llevado a cabo una intensa labor crítica que nos permitirá identificar las dificultades y riesgos que plantean.

El avanzado desarrollo de la AAR en Australia se integra en el marco de una decidida apuesta por la digitalización de la Administración en aquel país. Buena muestra de ello es el documento del Gobierno de Nueva Gales del Sur (estado australiano cuya capital es Sídney) titulado «Designing our

Digital Future»[2]. Sin ningún tipo de complejo, el documento defiende distanciarse del papel y del cara a cara para incrementar la productividad y la eficiencia. En el ámbito legislativo, por ejemplo, propugna que la legislación sea «digital por defecto» («digital by design»), hasta el punto de que incluso pueda ser aplicada por medios digitales. El documento rezuma «optimismo digital»: las barreras a la Administración digital, afirma, deben ser derribadas.

El presente estudio se estructura de la siguiente forma. En los dos siguientes epígrafes expondremos el informe del *Administrative Review Council*, un órgano creado por la *Administrative Appeals Tribunal Act* de 1975 para asesorar al *Attorney-General* sobre materias relacionadas con la Administración, y la Guía de buenas prácticas sobre AAR del defensor del pueblo australiano. Ambos documentos constituyen verdaderos filones de ideas sobre los riesgos de los sistemas de AAR y las cautelas que deben adoptarse en su diseño y puesta en funcionamiento.

Seguidamente, nos ocuparemos de la legislación australiana sobre AAR. En el caso australiano, no existe una Ley transversal, sino que son las diferentes normas las que incorporan una regulación específica, más o menos detallada según el caso, que permite que las resoluciones se adopten de manera automatizada (Huggins 2021: 1059). Expondremos los rasgos comunes a esta normativa, y detallaremos cómo se han abordado en Australia los desafíos legales que plantean los sistemas de AAR.

Posteriormente nos centramos en las dificultades y riesgos que la doctrina australiana ha identificado en los sistemas de AAR. Diferenciaremos para ello entre los grandes problemas (el problema de la discrecionalidad, el problema de la delegación y el problema de la motivación) y otros escollos que se presentan en un segundo plano pero que no son ni mucho menos insignificantes.

Por último, describiremos cómo se ha implantado la AAR en el concreto ámbito de la Oficina australiana de propiedad industrial, lo que nos permitirá analizar con algo más de detalle cómo se abordó la reforma de las leyes en dicho ámbito para introducir la AAR.

2. El informe del administrative *review council*

Buena prueba de que Australia es pionera en el campo de los problemas jurídicos planteados por la AAR en el ámbito de la Administración es que, en una fecha tan temprana como 2004, el *Administrative Review Council* emitió un informe titulado «Automated Assistance in Administrative Deci-

2 Texto disponible en: https://www.digital.nsw.gov.au/sites/default/files/DigitalStrategy.pdf. Sin fecha, pero muy reciente a la luz de las referencias en el texto.

sion Making»[3]. Ya en ese año el informe auguraba que los sistemas de AAR cobrarían cada vez mayor importancia en el ámbito de la Administración. En consecuencia, y de manera previsora, ofrecía un conjunto buenas prácticas (27 principios) dirigidas a garantizar que la adopción de resoluciones total o parcialmente automatizadas respeta los principios del Derecho administrativo de legalidad, equidad, racionalidad, transparencia y eficiencia. Es decir, el informe no adoptaba una postura negativa frente a la AAR, pero sí era consciente de sus riesgos e instaba a tomar precauciones.

En particular, el informe pone especial énfasis en la necesidad de que los sistemas de AAR cumplan escrupulosamente con las exigencias impuestas por el Derecho Administrativo, que deben respetarse no solo en su funcionamiento, sino ya en su propio diseño. A tal fin, se considera necesario que en dicho diseño no participe solamente personal técnico, sino que también se involucre a juristas.

El informe, que ha ejercido una importante influencia en la legislación y doctrina australianas, presta especial atención a las resoluciones de carácter discrecional, a las que dedica sus primeros cuatro principios. Al respecto, adopta un punto de partida conservador —y bastante sensato—, pues considera que los sistemas completamente automatizados deberían quedar reservados a las resoluciones de carácter reglado (principio 1), de forma que el ejercicio de facultades discrecionales no debería automatizarse (principio 2). Sí que se contempla el empleo de sistemas informáticos para asistir en la adopción de resoluciones discrecionales, pero con ciertas cautelas. Por un lado, cuidándose de que no coarten al humano en el ejercicio de sus facultades discrecionales, lo que podría suceder si lo guiasen hacia un particular resultado (principio 3). Y, por otro lado, asegurando que la información que proporcionan al humano para que ejercite sus facultades discrecionales sea ajustada al ordenamiento jurídico y a las políticas públicas (principio 4).

A lo largo de sus 27 principios el informe pone énfasis en otros aspectos, que destacamos de forma resumida a continuación:

- La adopción completamente automatizada de resoluciones debe tener en todo caso cobertura legal expresa (principio 5).
- El órgano decisorio debe poder sustituir una resolución, tras discutirlo con un superior (principio 6).

---

3 Administrative Review Council (2004), «Automated Assistance in Administrative Decision Making», Informe número 46. Disponible en: https://www.ag.gov.au/legal-system/publications/report-46-automated-assistance-administrative-decision-making-2004. Según el propio informe (p. 1):
«*The Administrative Review Council was established under the Administrative Appeals Tribunal Act 1975 as an integral part of the Commonwealth system of administrative law. The Council advises the Attorney-General on a broad range of matters related to Commonwealth administration*».

- Los funcionarios que utilicen estos sistemas deberían recibir formación continua para asegurarse de que comprenden la legislación pertinente y son capaces de explicar las resoluciones a las personas afectadas (principio 16).
- Los sistemas deben mantenerse actualizados, y deben existir controles eficaces que garanticen que el sistema funciona correctamente, como por ejemplo auditorías externas e independientes (principios 10, 12, 13, 18, 24 y 25).
- Los sistemas deben ser transparentes, y cumplir con los requisitos impuestos por el Derecho administrativo con respecto a la motivación de las resoluciones y al acceso a la información (principio 9).
- Los sistemas deben nutrirse con datos exactos y completos (principios 20 y 21).
- La adopción de sistemas de AAR no puede conducir a una pérdida de habilidades y conocimientos por parte de los funcionarios. Estos deben mantener las competencias necesarias, de manera que puedan explicar las resoluciones a los ciudadanos o dictar la resolución sin intervención de la máquina en caso necesario (principios 16 y 17).
- En el diseño y funcionamiento de los sistemas se deben tener en cuenta las dificultades de acceso que pueden tener determinados colectivos vulnerables, como los ancianos o las personas con discapacidad (principio 26).

3. La guía australiana de buenas prácticas

Otro documento muy influyente ha sido la Guía de buenas prácticas sobre AAR del *Ombudsman* de la Commonwealth (el defensor del pueblo australiano), publicada originariamente en 2007 y revisada por última vez en 2019[4].

La Guía parte de una premisa realista: la adopción automatizada de resoluciones puede reportar destacados beneficios, pero también puede tener un impacto significativo sobre los derechos de los particulares y sobre su priva-

4 «Automated Decision-making. Better Practice Guide», del *Ombudsman* de la Commonwealth (revisada en 2019). Disponible en: https://www.ombudsman.gov.au/__data/assets/pdf_file/0030/109596/OMB1188-Automated-Decision-Making-Report_Final-A1898885.pdf.
El *Ombudsman* fue establecido por la *Ombudsman Act 1976*, y tiene la función principal investigar las quejas que se presenten relativas al funcionamiento de la Administración. La referencia a la «Commonwealth» se debe a que el nombre oficial de Australia es «Commonwealth of Australia» (existen también defensores en los diferentes estados australianos). No debe confundirse con la «Commonwealth of Nations» (https://www.dfat.gov.au/international-relations/international-organisations/commonwealth-of-nations), de la que Australia es miembro junto a otras 53 naciones.

cidad. Por este motivo insta a los organismos públicos a buscar un equilibrio y a utilizar la automatización solamente en aquellos casos en los que resulte adecuada[5]. La guía, por lo tanto, no se opone a los sistemas de AAR, pero insta a que se diseñen teniendo muy presente que al otro lado hay una persona cuyos derechos e intereses se pueden ver afectados[6]. Resulta imprescindible, apunta la Guía, que el diseño y funcionamiento de estos sistemas respete los derechos fundamentales y los principios rectores del Derecho Administrativo australiano (principios de legalidad, equidad, racionalidad y transparencia)[7].

Es precisamente el apartado de la Guía relativo al Derecho Administrativo[8] aquel en el que nos centraremos. En este apartado, la Guía presta especial atención al problema de la habilitación legal y al de la discrecionalidad. Con respecto al primero, la Guía advierte de que debe existir una habilitación legal indubitada para que se puedan adoptar resoluciones completamente automatizadas, e indica que la Ley debería señalar expresamente la persona (o el cargo) que se considera responsable último de la resolución.

En cuanto a la discrecionalidad, la Guía emprende un llamativo cambio de rumbo con respecto a lo que disponía el informe del *Administrative Review Council*. Frente a este, que como se recordará consideraba que la adopción de resoluciones completamente automatizadas solo era adecuada para las resoluciones no discrecionales, la Guía no cierra la puerta a la adopción de este tipo de resoluciones, si bien siempre con escrupuloso respeto a los principios de legalidad y equidad. Con todo, la Guía se centra en los sistemas automatizados como apoyo de las personas que adoptan resoluciones discrecionales, y no en los sistemas completamente automatizados. Los sistemas parcialmente automatizados pueden ser de ayuda, por ejemplo, si destacan los elementos que el órgano decisorio debe barajar para tomar su decisión, si exigen que el órgano indique claramente la motivación de la resolución, o si facilitan vínculos a guías y a otros materiales relevantes.

Con respecto a las resoluciones discrecionales la Guía contiene una interesante advertencia a la que la doctrina australiana alude de manera reiterada: debe prestarse especial atención —asegura la Guía— para que el sistema no suprima el carácter discrecional de la resolución, es decir, para que no constriña al órgano en el ejercicio de las facultades discrecionales otorgadas por la legislación. Es una perspectiva interesante, desde luego, que pone el énfasis no el problema de cómo un sistema completamente automatizado puede adoptar una resolución de carácter discrecional, sino en el riesgo de que, en los sistemas parcialmente automatizados, el proceso decisorio se

5 P. 2.

6 P. 2.

7 P. 6.

8 Pp. 9 y 10.

encauce de tal manera que el elemento discrecional acabe eliminado o seriamente limitado. Una de las formas de evitar que esto suceda, señala la Guía, es advertir expresamente al órgano decisorio de que la resolución que está a punto de adoptar tiene carácter discrecional.

El cambio de perspectiva con respecto a las resoluciones discrecionales puede resultar un tanto sorprendente, pero no debe llevar a pensar que la Guía adopta una posición complaciente con respecto a los sistemas de AAR. En realidad, la Guía considera que los sistemas de AAR solo deben adoptarse cuando resulten apropiados. Y no resultan apropiados, según la propia Guía, cuando contravengan los requisitos de legalidad, equidad, racionalidad y transparencia propios del Derecho administrativo, cuando atenten contra la privacidad, la seguridad de los datos o en general los derechos humanos, cuando no se pueda garantizar que funcionen con precisión, o cuando socaven significativamente la confianza pública en el buen funcionamiento de la Administración.

En los casos en los que la adopción de un sistema de AAR sí resulte adecuado, el diseño y funcionamiento del sistema debe tener en cuenta una serie de consideraciones que la Guía formula a modo de lista de comprobación, con alrededor de un centenar de ítems[9]. Como muestra, reproduciremos los once primeros, que se refieren a la conveniencia de adoptar un sistema de AAR y al respeto al Derecho administrativo:

1. ¿Resulta apropiada la adopción de un sistema automatizado?
2. ¿Existe la garantía de que el sistema automatizado cumple las siguientes exigencias durante todo el proceso?:
   - No contraviene las exigencias impuestas por el Derecho administrativo (legalidad, equidad, racionalidad y transparencia).
   - No viola la privacidad, la seguridad de los datos u otras exigencias legales (incluidas las obligaciones que se desprenden de los derechos humanos)
   - No compromete la fiabilidad/precisión (*accuracy*) en la adopción de resoluciones
   - No tiene un impacto perjudicial significativo e irreversible en las personas y en las comunidades.
   - No socava significativamente la confianza pública en la Administración.
3. Derecho administrativo
   - ¿Las resoluciones administrativas que propone incluir en el sistema automatizado requieren el ejercicio de facultades discrecionales por parte del funcionario en cuestión? De ser así, ¿cómo aborda el sistema el aspecto discrecional de la resolución?

9 V. p. 8 y Apéndice A.

- ¿Ha diseñado el sistema para que el órgano decisorio no se vea coartado en el ejercicio de sus facultades discrecionales?
- ¿Han sido diseñadas de forma adecuada aquellas partes de adopción de la resolución administrativa que implican el ejercicio de facultades discrecionales?
- ¿Se han identificado claramente todos los extremos que involucran el ejercicio de facultades discrecionales?
- ¿Las «*business rules*» del sistema relacionadas con el ejercicio de facultades discrecionales están sujetas a revisión interna y externa?
- ¿Se notifica a la persona afectada antes de adoptar la resolución?

4. La legislación

4.1. Introducción

No existe en Australia una norma de carácter general y transversal que regule la AAR, sino que son las leyes sectoriales las que prevén, en su caso y en su ámbito, que los ordenadores puedan adoptar resoluciones[10]. La legislación suele seguir un patrón general. Primero se identifica una autoridad (normalmente un ministro o secretario) y se le habilita para que utilice programas de ordenador para adoptar resoluciones en el ámbito de su competencia. A continuación, la ley dispone que la resolución dictada por el ordenador se considera dictada por dicha autoridad.

Algunas leyes complementan esta estructura básica con determinadas cautelas, como la exclusión de ciertas resoluciones del ámbito de la AAR o la posibilidad de que la autoridad sustituya la resolución dictada por el ordenador por otra diferente.

10 Sin ánimo exhaustivo, *A New Tax System (Family Assistance) (Administration) Act* 1999, art. 223; *Aged Care Act 1997,* arts. 23B-4 y 29C-8; *Australian Citizenship Act 2007,* arts. 48 y 49; *Australian Education Act 2013,* art. 124; *Australian National Registry of Emissions Units Act 2011,* art. 87; *Biosecurity Act 2015,* art. 280(6)-(7); *Business Names Registration Act 2011,* art. 66; *Carbon Credits (Carbon Farming Initiative) Act 2011,* art. 287; *Child Support (Assessment) Act 1989,* art. 12A; *Child Support (Registration and Collection) Act 1988*, art. 4A; *Designs Act 2003*, art. 135A; *Export Control Act 1982,* art. 286; *Migration Act 1958,* arts. 495A y 495B; *Military Rehabilitation and Compensation Act 2004,* art. 4A; *My Health Records Act 2012,* art. 13A; *National Consumer Credit Protection Act 2009,* art. 242; *National Health Act 1953,* art. 101B; *Paid Parental Leave Act 2010,* art. 305; *Patents Act* 1990, art. 223A; *Plant Breeder's Rights Act* 1994, art. 76B, *Safety, Rehabilitation and Compensation (Defence-related Claims) Act 1988,* art. 3A, *Social Security (Administration) Act 1999,* art. 6A; *Superannuation (Government Co contribution for Low Income Earners) Act 2003,* art. 48; *Trade Marks Act* 1995, art. 222A; *Trade Support Loans Act 2014,* art. 102; *Customs Act 1901,* art. 126H; *VET Student Loans Act 2016,* arts. 105 y 105A, y *Veterans' Entitlements Act 1986,* art. 4B.

A continuación, examinaremos con mayor detalle los rasgos comunes de la normativa australiana sobre AAR.

4.2. Atribución de la competencia

Como hemos visto, una de las características que se repiten en estas leyes es la habilitación legal que se concede a una autoridad determinada para que utilice ordenadores para adoptar resoluciones en el ámbito de su competencia. La inclusión de esta previsión responde a una inquietud manifestada por la doctrina, que ha recalcado que sin esta atribución particular no puede asumirse que la competencia que la ley atribuye a una autoridad se extienda de manera implícita a un ordenador, ni que se pueda entender que la autoridad para delegar concede la posibilidad de delegar no solo en un humano, sino también en una máquina. Para que la AAR sea legal, la doctrina considera que la habilitación para usar estos sistemas debe ser expresa y transparente (Perry 2017: 29-ss). Además, la mención que las leyes hacen al «ámbito de su competencia» cumple la función evidente de delimitar el ámbito en el que el programa puede operar: el software no podrá adoptar resoluciones cuando la autoridad, por sí misma, no pudiese hacerlo.

Por otro lado, debe repararse en que las leyes no confieren expresamente competencia al programa de ordenador para adoptar la resolución, sino que operan con la ficción de que la resolución ha sido dictada por un humano. La doctrina ha apuntado a este respecto que el hecho de que el legislador crea necesario realizar esta atribución al ser humano de forma expresa implica que asume que el funcionamiento del programa desemboca en una resolución que es independiente del ser humano, y de ahí que sea necesario atribuirla a la persona que goza de la competencia para dictarla (Bateman 2020: 529). Si no considerase que el uso de la máquina desemboca en una resolución independiente del humano, la atribución sería, en efecto, innecesaria (como sucede, por ejemplo, cuando el ordenador se usa simplemente como procesador de textos).

La atribución expresa de la resolución a una autoridad determinada, por otra parte, cumple una función importante, ya que garantiza que la resolución pueda ser impugnada (Ng, 2001: 921-922). Y es que aunque pueda resultar chocante, la jurisprudencia australiana exige, para que haya una «resolución» (que es lo que la ley permite impugnar), que exista un proceso mental. Existe un precedente, en efecto (el caso *Semunigus*), en el que se estableció que «la adopción de una resolución implica llegar a una conclusión sobre un asunto *como resultado de un proceso mental* y verter esa conclusión en una resolución»[11].

De seguir este precedente, el resultado es obvio: si no hay intervención humana —como en el caso en el que el proceso esté totalmente automati-

11 *Semunigus v Minister for Immigration and Multicultural Affairs* [1999] FCA 422, énfasis añadido.

zado— no hay resolución, y por lo tanto no cabe tampoco impugnación[12]. Y esta es precisamente la conclusión a la que llegó la *Full Federal Court* en el caso *Pintarich*, tal y como veremos a continuación.

4.3. El caso *Pintarich*

El Sr. Pintarich tenía una deuda con la Hacienda pública. Un programa informático le envió una carta, que no fue supervisada por ningún funcionario, en la que establecía la cantidad total que debía, intereses incluidos. El contribuyente la pagó y consideró que había quedado saldada su deuda. Más tarde comprobaría con sorpresa, sin embargo, que se le exigía una cantidad adicional en concepto de intereses. Frente a las quejas del Sr. Pintarich, el funcionario competente aseguraba que no sabía cómo el ordenador podía haber generado la carta y que él en ningún caso había decidido condonar dichos intereses (cosa que la ley le permitía hacer). El Tribunal dio la razón a la Administración, ya que no había existido un proceso mental por parte del funcionario competente, por lo que no existía una resolución en el sentido de la sentencia *Semunigus*. El tribunal llega a esta conclusión a pesar de que tiene en cuenta que el resultado puede ser percibido como injusto y a que comporta cierta inseguridad jurídica para los administrados.

La parte más interesante de la sentencia, no obstante, no es la argumentación de la mayoría del tribunal, sino el voto particular del juez Kerr, que señala que la concepción de «resolución» que maneja el Tribunal, basada en la sentencia *Semunigus*, está obsoleta. En su razonamiento[13], el juez Kerr afirma que el requisito de que para que exista una resolución debe existir un proceso mental está siendo desafiado por la proliferación de sistemas de adopción automatizada de resoluciones. Lo que era inconcebible, afirma, está sucediendo: las máquinas, para bien o para mal, son capaces de tomar decisiones complejas sin intervención humana, y la Administración pública está ya utilizando de forma rutinaria esos sistemas para dictar resoluciones en masa. La noción legal de lo que constituye una resolución, afirma el juez Kerr, no puede ser estática, sino que debe evolucionar a la luz del desarrollo tecnológico. La carta que se envió al contribuyente no deja de ser una resolución por el hecho de que el funcionario de turno no la verificase, del mismo modo que una resolución de un tribunal no deja de serlo, aunque no exprese la verdadera intención del juez que la dicta. Es posible que la resolución sea revocada o corregida o recurrida, pero no deja de ser una resolución. De

---

12 Lo que a su vez puede constituir un incentivo perverso para la automatización de decisiones por las entidades públicas. NG, Y-F. (2001), p. 919; NG, Y-F., O'SULLIVAN, M., PATERSON, M., y WITZLEB, N. (2020). «Revitalising Public Law in a Technological Era: Rights, Transparency and Administrative Justice», *University of New South Wales Law Journal*, vol. 43, n.° 3, pp. 1041 y ss., p. 1058.

13 V. aps. 45 y ss. de la sentencia.

hecho, el juez Kerr afirma que socavaría los principios fundamentales del Derecho administrativo el hecho de que un órgano decisorio pudiese apartarse de lo decidido por el mero expediente de considerar que lo que ha manifestado difiere de sus procesos mentales internos. Una resolución no deja de ser una resolución por el hecho de que exista esta discrepancia.

Algún autor ha señalado que *Pintarich* es un gol en propia puerta de los proponentes de la automatización de la Administración, porque si bien es cierto que permite salvar aquellas situaciones en las que el software comete errores, también tiene otra lectura: las competencias atribuidas a seres humanos deben ser ejercidas por humanos, porque si no existe un proceso mental no hay resolución, y por lo tanto lo actuado por el software carecería de efectos legales (Bateman 2020: 528).

Aunque la opinión del juez Kerr no se impusiese, la regulación especial de la AAR que se está haciendo en las diversas leyes parece solventar el «problema Pintarich», ya que no parece que exista duda alguna de que el legislador ha querido, a través de las modificaciones de las respectivas leyes, atribuir el carácter de verdaderas resoluciones a las decisiones adoptadas de forma automatizada[14].

4.4. La «accountability»

Otro de los extremos que contemplan varias leyes es la afirmación de que el uso de los programas de ordenador se hace «bajo el control» del Ministro o Secretario correspondiente. Con ello el legislador trata de garantizar que exista un sujeto responsable por el mal funcionamiento de los programas, una persona que rinda cuentas, en definitiva, si actúa *ultra vires*, incurre en una desviación de poder o, en general, si infringe las leyes. Se trata, en definitiva, de garantizar el respeto a un principio muy arraigado en el Derecho administrativo australiano, la «*accountability*» (Ng y O'Sullivan 219: 31). Este principio —cuyos perfiles son un tanto difusos— gira en torno a varios objetivos: pretende garantizar que la actuación de las Administraciones Públicas sea transparente (transparencia), que los funcionarios o autoridades no se extralimiten en el ejercicio de sus competencias (control), que se castigue el abuso de poder (sanción) y que exista una compensación adecuada a los afectados (reparación) (Rock 2015: 189-ss).

14 Algunos autores consideran que estas leyes establecen la ficción de que las resoluciones automatizadas constituyen «resoluciones» en sentido legal, y por lo tanto producen efectos jurídicos y son impugnables. NG, Y.-F., y O'SULLIVAN, M. (2019). «Deliberation and automation — when is a decision a decision?», *Australian Journal of Administrative Law*, 26 (1), pp. 21 y ss., p. 31. La *Biosecurity Act 2015* señala expresamente que «an electronic decision may be made without any state of mind being formed in relation to a matter to which the decision relates». (art. 541A (4)).

4.5. Las cautelas

La mayoría de las normas no incorporan especiales cautelas, sino que tienen la estructura básica que ya hemos analizado. Existen otras, sin embargo, que establecen algún tipo de cortapisa a los sistemas de AAR, si bien en ninguna de las leyes las cautelas llegan hasta el punto de prohibir expresamente la utilización de la AAR en el ámbito de las resoluciones discrecionales.

Entre las cautelas introducidas por la legislación, algunas van dirigidas a excluir del ámbito de la AAR algunas materias sensibles, otras autorizan al órgano competente a sustituir la resolución electrónica, y por último existe alguna norma que otorga prevalencia a las resoluciones hechas por un humano en caso de conflicto:

a) Algunas leyes excluyen expresamente del ámbito de la AAR determinadas resoluciones que, por algún motivo, se consideran especialmente sensibles. La *Veterans' Entitlements Act* 1986, por ejemplo, exceptúa del ámbito de la AAR las resoluciones que dispongan que el fallecimiento de un veterano no ha sido provocado por un conflicto armado.

b) Existen normas que establecen un «freno de emergencia» destinado a evitar los errores causados por los sistemas de AAR, e incluyen la previsión expresa de que el órgano competente pueda sustituir la resolución realizada por el ordenador por la suya propia cuando considere que esta es incorrecta (en algunas leyes esto solo se permite cuando la resolución dictada por la autoridad sea más favorable). Con ello se trata, por un lado, de prever un «mecanismo de seguridad» que permita al funcionario competente reaccionar para evitar los errores cometidos por el software[15]. Por otro lado, se pretende evitar la aplicación del principio «functus officio»[16], que impide que los órganos decisorios alteren sus propias resoluciones. Como quiera que, como hemos visto, las resoluciones adoptadas por el ordenador se consideran adoptadas por el órgano competente, la aplicación de dicho principio le impediría modificar su resolución salvo que una ley le conceda esta facultad o un tribunal anule la resolución[17].

---

15 *Migration legislation amendment (Electronic transactions and methods of notification) bill 2001*, «Explanatory Memorandum». Disponible en: https://parlinfo.aph.gov.au/parlInfo/download/legislation/ems/r1286_ems_117e914f-a6bb-4a29-8b19-dc7314e59680/upload_pdf/39147.pdf;fileType=application%2Fpdf, apéndice 70.

16 Considerar a un órgano administrativo como «functus officio» implica que ha cumplido su cometido, por lo que la función atribuida por la Ley ha quedado agotada; en consecuencia, el órgano ya no puede modificar la resolución, puesto que se estaría extralimitando con respecto a las funciones que la ley le atribuye. *Torosidis v Department of Education and Training*, [2019] VSC 93 (Tribunal Supremo de Victoria).

17 *Ibid.*, ap. 74, y *Migration Legislation Amendment (Electronic Transactions and Methods of*

c) Existe al menos una ley (la *Agriculture Legislation Amendment (Streamlining Administration) Act* 2021), que cuenta con un interesante precepto (541A) según el cual las «resoluciones electrónicas» carecerán de efectos cuando sean incompatibles con resoluciones anteriores (salvo que estas sean también electrónicas) dictadas por un funcionario de bioseguridad o el Director de bioseguridad. Según el memorando explicativo de la Ley, el precepto «garantiza que las resoluciones electrónicas no contradicen resoluciones anteriores hechas por humanos. La exclusión de las resoluciones electrónicas de las resoluciones anteriores tiene por objeto garantizar que una nueva resolución electrónica no esté constreñida por lo dispuesto por previas resoluciones electrónicas que resultan erróneas, para evitar perpetuar el error»[18].

5. Dificultades apuntadas por la doctrina

Dada la copiosa legislación australiana acerca de la AAR, no es de extrañar que la doctrina de aquel país se haya volcado en el estudio de la figura. A continuación, expondremos los principales problemas que se han identificado, y las reflexiones que la doctrina ha venido haciendo sobre los mismos. Como se observará, muchos de estos problemas provienen del desajuste entre los desafíos que plantea el sistema de AAR y las doctrinas clásicas del Derecho Administrativo, que se han desarrollado dando por sentado que las resoluciones las dictan seres humanos (Huggins 2021: 1070).

5.1. Los tres grandes problemas

a. El problema de la discrecionalidad

Ya hemos visto cómo el informe del *Administrative Review Council* y la Guía australiana de buenas prácticas hacían referencia al problema de la discrecionalidad, si bien desde dos perspectivas diferentes. Mientras que el informe asumía un punto de partida conservador y sostenía que los sistemas completamente automatizados deberían quedar reservados a las resoluciones de carácter reglado, la Guía adoptaba una posición más atrevida, y no cerraba la posibilidad a la utilización de sistemas completamente automatizados incluso para la adopción de resoluciones de carácter discrecional. La posición de la Guía se ha impuesto, ya que no existe en la legislación australiana ninguna prohibición del empleo de los sistemas de AAR para la adopción de resoluciones discrecionales.

Notification) Bill 2001 (*Bills Digest* n.º 146 2000-01). Disponible en: https://www.aph.gov.au/Parliamentary_Business/Bills_Legislation/bd/bd0001/01bd146.

18 Disponible en: https://parlinfo.aph.gov.au/parlInfo/download/legislation/ems/s1245_ems_3d3fb98f-a96c-404f-b9ac-1e85119a6b2a/upload_pdf/723182em.pdf;fileType=application%2Fpdf.

La doctrina australiana, por su parte, parece más preocupada por otros problemas que por el de la discrecionalidad. De hecho, cuando se aborda el asunto, no suele ser para describir el problema más obvio (si resulta acertado que los sistemas de AAR operen en este ámbito), sino para expresar el temor a que los sistemas de AAR eliminen o reduzcan la discrecionalidad. Esta eliminación o reducción podría tener dos causas. Por un lado, existe el riesgo de que el propio legislador, espoleado por la gran eficiencia de los sistemas de AAR, suprima los elementos valorativos para que así las resoluciones puedan ser adoptadas por ordenadores (se primaría la eficiencia a costa de la justicia del caso concreto) (Perry 2017: 33). Por otro lado, es posible que, como consecuencia del diseño de los sistemas parcialmente automatizados, el humano vea coartada su libertad a la hora de adoptar una resolución de carácter discrecional. Un ejemplo de este segundo riesgo, que describimos a continuación, se puede encontrar en el informe del defensor del pueblo australiano acerca de una de las leyes que regula la Seguridad Social en Australia (VV.AA. 2017: 43-ss).

La *Social Security (Administration) Act 1999* establece que se añadirá un recargo del 10 % a aquellas deudas devengadas en todo o en parte porque la persona no haya proporcionado información acerca de sus ingresos o haya facilitado información errónea a sabiendas o de manera negligente. La Ley dispone, no obstante, que el recargo no se aplicará cuando el Secretario considere que la persona tenía una excusa razonable para no proporcionar la información. El problema en este caso era que el programa se limitaba a este respecto a formular la siguiente pregunta: «¿ha habido factores personales que hayan afectado a la posibilidad de declarar correctamente sus ingresos durante el período o períodos anteriores?». Si la persona contestaba que sí, el recargo no se aplicaba automáticamente, pero sí se hacía si se contestaba que no o se dejaba la respuesta en blanco.

El informe del defensor del pueblo critica la falta de claridad de la pregunta, que podría llevar a que el afectado contestase negativamente a pesar de concurrir una situación que un humano hubiese considerado como una excusa razonable para no proporcionar la información, en especial si tiene delante el expediente y puede interrogar al administrado. Es decir, se trataría de un caso en el que el software está diseñado de una manera tal que reduce las posibilidades de que un humano ejerza las facultades discrecionales que la Ley le atribuye.

b. El problema de la delegación

La AAR plantea interesantes problemas relacionados con la delegación de facultades. Ya en 2004 el informe del *Administrative Review Council* ponía de manifiesto un par de ellos. Por un lado, no es sencillo determinar quién es el órgano decisorio en estos casos (¿el ordenador?), y por otro, resulta necesario aclarar si se precisa o no de una habilitación legal expresa para que el ordenador pueda adoptar la resolución (VV.AA. 2017: 17). Si bien con respecto al primer problema el informe no se aventura a ofrecer una respuesta (simplemente lo plantea), en lo que al segundo se refiere sí que lo hace, y para ello distingue entre los sistemas total y parcialmente automatizados. En los primeros, el *Administrative Review Council* considera que la habilitación legal es totalmente necesaria para que el sistema pueda adoptar la resolución; en los segundos, por el contrario, la habilitación legal no sería necesaria (VV.AA. 2017: 20).

La Guía de buenas prácticas, por su parte, se sitúa a rebufo del *Administrative Review Council*, y coincide en que la automatización total requiere de habilitación legal expresa. La Guía, no obstante, preocupada por la *accountability*, indica además que el legislador debería designar a una persona o cargo (como el Secretario del departamento correspondiente) con responsabilidad última sobre la resolución (VV.AA. 2017: 9).

En cuanto al análisis doctrinal, hemos hallado más preguntas que respuestas. Entre las primeras son especialmente lúcidas las formuladas por la magistrada Melissa Perry (2017: 31), que nos permitimos reproducir a continuación traducidas del inglés:

> «- ¿Quién es el «órgano decisorio»?
>
> - ¿A quién se ha delegado la autoridad, si es que este es realmente el análisis correcto? ¿Al programador, al responsable de las políticas, al órgano decisorio humano o al propio ordenador?
>
> - ¿Resulta apropiado utilizar el concepto de delegación en este contexto? Después de todo, a diferencia de los delegados humanos, nunca se puede decir que un programa de ordenador actúe de manera verdaderamente independiente de su programador o del organismo público correspondiente.
>
> - ¿Qué sucede si un proceso informático determina algunos, pero no todos, los elementos de la resolución administrativa? La determinación de dichos elementos, ¿debe considerarse como objeto de resoluciones separadas con respecto a aquellos otros elementos determinados por el órgano decisorio humano?»

c. El problema de la motivación

De entre las dificultades que suscita en el ámbito jurídico el fenómeno de la AAR, en la doctrina australiana se detecta un interés especial por el problema de la motivación de las resoluciones, que adquiere un cariz especialmente complicado en aquellos sistemas de AAR basados en *machine learning*.

Por su clara incidencia en los derechos fundamentales, la cuestión ha sido tratada por la propia *Australian Human Rights Commission*, una institución independiente de defensa de los derechos humanos creada por una Ley de 1986. La Comisión, que considera que las resoluciones en las que interviene la inteligencia artificial pueden, dada su opacidad, afectar a los derechos fundamentales, realiza una serie de consideraciones sobre la motivación en un interesante documento de 2019 titulado «Derechos humanos y tecnología»[19].

La Comisión parte de un principio fundamental: el hecho de que la IA intervenga de algún modo en la adopción de la resolución no reduce (ni por supuesto elimina) la necesidad de motivarla[20]. Y no solo esto, sino que la motivación debe reforzarse, ya que los sistemas en los que interviene la IA deberían ofrecer dos tipos de motivaciones diferenciadas. En una de ellas debería motivarse la concreta resolución dictada con un lenguaje que el destinatario pueda comprender, de tal forma que esté en condiciones, en su caso, de interponer recurso (Bateman 2020: 527)[21]. En una segunda, emitida solamente si el afectado la solicita, debería incluirse una explicación más técnica del funcionamiento del sistema. Esta última explicación permitirá que un experto pueda determinar si existe una correspondencia entre la motivación que se ha proporcionado al destinatario de la resolución y el modo en que funciona realmente el sistema[22].

Además, la Comisión destaca la necesidad de que el destinatario sepa que la resolución ha sido adoptada de forma total o parcialmente automatizada[23]. En esta consideración coincide también la doctrina, que señala que es necesario desvelar que la resolución ha sido adoptada de manera automatizada, o que el humano ha sido asistido por un sistema informático. Este extremo resulta importante para que el destinatario y el órgano revisor puedan comprender adecuadamente la resolución y la motivación subyacente. De hecho, alguna autora considera que no desvelar este hecho constituiría un engaño por omisión, ya que se omite un hecho relevante, y el administrado, ante esta ausencia, asumirá —erróneamente— que la resolución ha sido adoptada por un humano (Miller 2016: 25)[24].

---

19 Australian Human Rights Commission, «Human Rights and Technology», Discussion Paper, diciembre de 2019. Disponible en: https://humanrights.gov.au/our-work/rights-and-freedoms/publications/human-rights-and-technology-discussion-paper-2019.

20 *Ibid.*, p. 96.

21 Bateman duda de que el ordenador pueda proporcionar una motivación que no sea una mera retahíla de argumentos generales, sino que esté verdaderamente ajustada al caso concreto. El ordenador tendría que poder explicar por qué se ha alcanzado esa decisión en ese caso particular, frente al resto de los casos.

22 Australian Human Rights Commission, «Human Rights and Technology», Discussion Paper, diciembre de 2019. Disponible en: https://humanrights.gov.au/our-work/rights-and-freedoms/publications/human-rights-and-technology-discussion-paper-2019, p. 96. Conformes Ng, Y-F., O'Sullivan, M., Paterson, M. y Witzleb, N. (2020), p. 1075.

23 Australian Human Rights Commission, «Human Rights and Technology», Discussion Paper, diciembre de 2019. Disponible en: https://humanrights.gov.au/our-work/rights-and-freedoms/publications/human-rights-and-technology-discussion-paper-2019, p. 93.

24 La propia Miller considera que la resolución también debería revelar el software (especificando la versión del mismo) que se ha utilizado, y que las Agencias (agencies) deberían mantener y publicar un registro del software empleado y las sucesivas versiones del mismo.

Entre los aspectos destacados por la doctrina australiana con respecto a la motivación, quizá el más interesante consista en el riesgo de que las resoluciones automatizadas no proporcionen una verdadera motivación, sino una apariencia de motivación, lo que paradójicamente podría conducir a que las resoluciones fuesen más difíciles de impugnar. La motivación se convertiría en un artificio: bajo una fachada racional se escondería una decisión errada, respaldada por una retahíla de argumentos generales, que no están realmente adaptados al caso concreto (Miller 2016: 26). Como dice una autora, el uso de la tecnología puede proporcionar una fachada de precisión y objetividad que enmascare resoluciones erradas, de manera que el uso de la tecnología puede conducir no a mejores resoluciones, sino a resoluciones con una mayor apariencia de legalidad (Miller 2016: 26).

La AAR puede potenciar, en fin, lo que hemos llamado, con relación a las resoluciones de los tribunales, el enquistamiento de la jurisprudencia, a saber, la reproducción de una retahíla de argumentos (copiados de otras sentencias) para luego decidir el caso concreto sin verdadera conexión con ellos, es decir, sin un verdadero esfuerzo de aplicación de los argumentos a los particulares hechos del caso (Areán y García 2013: 355-ss). Y aunque una motivación de este tipo no debería considerarse adecuada, algunos autores mencionan la posibilidad de que, paradójicamente, este enquistamiento reduzca las posibilidades de combatir las resoluciones, dado que en lugar de ofrecer una motivación individualizada que se pueda atacar, la resolución ofrece una letanía de motivaciones preconfiguradas que tienen como única finalidad que no se pueda achacar a la resolución ausencia de fundamentación. Motivar una resolución no equivale a ofrecer una serie de razones genéricas, sino que deben estar individualizadas[25]. La consistencia de las resoluciones es deseable; la estandarización de las mismas es problemática (Walsh *et al.* 2019: 124).

Una mención aparte, en el ámbito de la motivación, merece el conocido como problema de la «caja negra» («black box»), característico de los sistemas de *machine learning*. Y es que en el *machine learning* los algoritmos llegan a ser tan complejos que pueden manejar hasta decenas de miles de variables, lo que hace que los expertos puedan no llegar a entender cómo se ha alcanzado un determinado resultado (Finck 2020: 666). En definitiva, la opacidad de este tipo de sistemas no permite, en muchas ocasiones, saber cuáles han sido los extremos que se han tenido verdaderamente en cuenta para adoptar la resolución. En consecuencia, no se sabe a ciencia cierta si el software ha manejado todos los extremos que según la normativa son relevantes (o bien ha dejado olvidado alguno), o si ha tomado en consideración elementos que son irrelevantes (Paterson 2020: 652).

25 closer-to-the-machine-web. Disponible en: https-__ovic.vic.gov.au_wp-content_uploads_2019_08_closer-to-the-machine-web.pdf. p. 58.

El problema de la «caja negra» supone un desafío notable para el Estado de Derecho y para los derechos fundamentales de los administrados, ya que resulta evidente que estos deberían conocer los motivos que han llevado a adoptar una resolución que les afecte, para poder de esa manera interponer un eventual recurso (Hogan-Doran 2017: 31).

Como se puede apreciar, el problema de la motivación de las resoluciones no tiene fácil solución. Las posibilidades que se abren son, según la doctrina australiana (Bennet e Santow 2020: 832-ss), tres:

a) Seguir aplicando el Derecho vigente: es decir, aplicar el Derecho administrativo tal y como se ha venido haciendo hasta el momento, de tal forma que la Administración debería diseñar un software capaz de satisfacer las exigencias de motivación tal y como se entienden en el presente. Cuando esto no sea posible, la IA no se podrá utilizar.

b) «Diluir el derecho a la motivación»: si se llega a la conclusión de que los beneficios de la utilización de la IA por la Administración son lo suficientemente relevantes, podría propugnarse que el derecho a la motivación fuese eliminado o sus exigencias minimizadas mediante la oportuna reforma legal. El problema más evidente de esta postura es la muy probable inconstitucionalidad de una reforma en tal sentido.

c) Aplicar los principios fundamentales del Derecho administrativo, pero de forma novedosa: la motivación, en el ámbito de la IA, debe seguir existiendo, pero no se puede exigir la misma clase de motivación, sino que los requisitos de una adecuada fundamentación de la resolución deben considerarse cumplidos cuando se satisfagan una serie de exigencias. Por ejemplo, que se informe al administrado de que se ha usado un software para adoptar la resolución (o asistir a quien la adopta), que se publique la información que explique la metodología utilizada para la adopción de la resolución y el código fuente (con las debidas salvaguardias para mantenerlo secreto de ser necesario), y que se respeten unos estándares técnicos que concreten las metodologías empleadas para generar la motivación de la resolución y los criterios que se usan para evaluar que la motivación es adecuada.

La motivación de las resoluciones supone, en definitiva, uno de los desafíos más importantes para los sistemas de AAR. Se están haciendo esfuerzos importantes para desarrollar sistemas que puedan explicar las decisiones que toman los sistemas basados en inteligencia artificial[26], en el marco de lo que se conoce como XAI (*eXplainable artificial intelligence*), pero está claro que aún queda mucho camino por recorrer.

---

26 House of Lords, «Select Committee on Artificial Intelligence, AI in the UK: ready, willing and able?». Disponible en: https://publications.parliament.uk/pa/ld201719/ldselect/ldai/100/100.pdf. Punto 95, p. 38.

5.2. Otros problemas

a. La indefensión del administrado, en especial de los grupos vulnerables

Uno de los problemas que más preocupa en Australia es la indefensión que puede producir en el ciudadano un sistema de AAR mal diseñado. Cuando el ciudadano se dirige a la Administración y es atendido por una persona, las dificultades procesales y de comprensión de las normas aplicables pueden verse amortiguadas. El funcionario puede resolver dudas, pedir documentación, conoce cuáles son las principales dificultades que se le presentan al administrado, etc. Si el ciudadano, sin embargo, se enfrenta a una máquina, se pierde este factor humano y no hay amortiguación posible entre la persona que se dirige a la Administración y la complejidad de los procedimientos y la prolijidad de las normativas. Es más, las dificultades pueden verse agravadas por la falta de conocimientos informáticos de parte de la población, especialmente de los grupos más vulnerables.

De hecho, en Australia existe una especial sensibilidad ante este problema por el nefasto precedente sentado por el caso conocido como *Robodebt*. El polémico caso tiene su punto de partida en el lanzamiento por el Gobierno australiano en julio de 2016 de un sistema automatizado de cobro de deudas que generaba un requerimiento de pago cuando se detectaban discrepancias en los datos de los beneficiarios de prestaciones de la Seguridad Social. Si hasta la introducción de dicho sistema la Oficina tributaria investigaba unas 20.000 discrepancias de datos anuales, con el sistema automatizado se comenzaron a generar unas 20.000 notificaciones a ciudadanos a la semana. El sistema no tardó en despertar muchísima controversia y varias investigaciones por parte de los poderes públicos, entre ellos del defensor del pueblo, que detectó problemas relativos a la transparencia, la facilidad de uso y la equidad del sistema. Las deficiencias no radicaban en los métodos de cálculo de las deudas, sino en la información de la que se nutría y en una deficiente interacción con el ciudadano. Cuando estaba supervisado por un humano, este podía buscar las razones de las discrepancias, solicitar información al sujeto pasivo o a su empleador, requerir determinados justificantes, etc. Todos estos matices y correcciones que producía la intervención humana se perdieron con la automatización, pues la comunicación era mucho menos fluida y dependía en buena medida de que el administrado incorporase determinadas informaciones al sistema[27]. Tras una aguda polé-

27 Meers *et al.,* «Lessons learnt about digital transformation and public administration: Centrelink's online compliance intervention». Disponible en: https://www.ombudsman.gov.au/__data/assets/pdf_file/0024/48813/AIAL-OCI-Speech-and-Paper.pdf. La carta que se enviaba a los afectados, por ejemplo, no explicaba adecuadamente los parámetros utilizados para el cálculo de las cantidades debidas, lo que dificultaba la posibilidad de cuestionar el cálculo realizado por la Administración. Zalnieriute *et al.* (2019: 449).

mica y las correspondientes investigaciones, el Primer Ministro australiano se disculpó públicamente y se llegó a una transacción multimillonaria (1.800 millones de dólares australianos)[28] para compensar a los afectados, entre los cuales parece que había habido incluso suicidios (Turner 2021).

Si bien los anteriores defectos del sistema *Robodebt* tuvieron una incidencia negativa en la población en general, la doctrina que ha estudiado el caso ha destacado que el sistema tuvo un impacto desproporcionado en los grupos de población más vulnerables, como los ancianos, los discapacitados, las poblaciones indígenas, y las personas de clase socioeconómica más baja (Ng *et al.* 2020: 1068-1069). En general, estas personas tenían mayores dificultades durante el procedimiento, dadas sus mayores dificultades para acceder y usar la tecnología, así como para impugnar la resolución cuando les resultaba desfavorable.

b. La posibilidad de errores sistémicos

A menudo se piensa que la automatización de las resoluciones eliminará gran parte de los errores, ya que las máquinas no tienen la falibilidad de los humanos. Sobre esta afirmación habría mucho que decir, como por ejemplo que muestra un sesgo a favor de las máquinas (el denominado «automation bias») o que ignora que los sistemas de AAR no están libres en absoluto de la intervención humana (en su diseño, programación, selección de datos con los que se nutre al sistema, etc.). Pero lo que aquí interesa es otro aspecto, y es que, aunque fuese cierto que los errores son menores en el caso de que las resoluciones se adopten automáticamente, se olvida que los fallos en los sistemas de AAR pueden tener un carácter «sistémico». Con ello se quiere decir que mientras que el error humano es más probable que afecte a una o unas pocas resoluciones, un error de la IA tiene la capacidad de afectar a miles y miles de resoluciones (Huggins 2021: 1055-1056).

No ayuda a resolver este problema el hecho de que no exista la posibilidad de que el juez pueda ordenar la revisión de un programa informático que no funciona correctamente. El juez puede por supuesto anular la resolución recurrida, pero si la Administración no decide *motu proprio* revisar y corregir el sistema, los errores se seguirán reproduciendo en masa (Huggins 2021: 1069).

c. ¿Es posible diseñar una AAR libre de prejuicios?

Uno de los problemas a los que la doctrina australiana —sensibilizada por la situación de la población aborigen— ha dedicado mayor atención es el del peligro de la incorporación de prejuicios a los sistemas de IA. Con ello no nos referimos a que los programadores incorporen deliberadamente factores dis-

28 Más de mil millones de euros.

criminatorios al software, sino a un problema más sutil: la posibilidad de que el sistema pueda inferir patrones de datos históricos que incorporen sesgos (Zalnieriute, Bennet y Williams 2019: 437-ss).

Y es que uno de los mitos más comunes que han surgido en torno a la IA es pensar que los sistemas basados en la inteligencia artificial son totalmente objetivos, ya que al no intervenir un humano se elimina de la ecuación todo rastro de subjetividad. La realidad es muy diferente, sin embargo, ya que la participación humana es muy activa en varias fases (decidimos qué procesos deben automatizarse, seleccionamos el hardware, programamos el software, cribamos los datos con los que se nutre el sistema, los etiquetamos en el caso del *machine learning* supervisado, etc.) (Zalnieriute, Bennet y Williams 2019: 657-ss).

Especialmente sensible, a este respecto, es el aspecto de la selección de los datos con los que se nutre el sistema. Si se «entrena» un sistema con datos sobre estadísticas de empleo de los años 50 del siglo pasado, por ejemplo, es muy probable que concluya que las mujeres no están cualificadas para desempeñar muchas profesiones (Zalnieriute, Bennet y Williams 2019: 665). Y no se trata este de un ejemplo descabellado, ya que en cierta manera algo parecido ya ha sucedido. Amazon canceló un proyecto basado en inteligencia artificial que calificaba entre una a cinco estrellas a los candidatos a integrar la plantilla de la compañía. La empresa comprobó que para los puestos de programador y otros puestos técnicos el sistema calificaba con peor nota a las mujeres. El motivo radicaba en que el sistema se nutría con datos de currículos enviados a la compañía durante un período de diez años. Estos currículos eran mayoritariamente masculinos, debido a la preeminencia de hombres en el sector tecnológico. El sistema, entrenado con esos datos, «aprendió» que los currículos de los hombres eran preferibles (Dastin 2018).

El problema se acentúa, además, si se tiene en cuenta que, debido a la opacidad de los sistemas de *machine learning*, es difícil saber si el sistema está discriminando y cómo lo está haciendo[29]. Y es que los sistemas basados en *machine learning* pueden incorporar en el proceso de toma de decisiones, a pesar de que no sean expresamente programados para ello, elementos como la raza o el estatus socioeconómico, el género, la edad, etc. Estos elementos se incorporan a la toma de decisiones porque el sistema hace determinadas correlaciones que llevan a incorporarlos, siquiera de forma indirecta, en el proceso decisorio (Zalnieriute *et al.* 2021: 263). Por ejemplo, si para calcular el riesgo de reincidencia (para otorgar o no permisos carcelarios o la libertad condicional) se tienen en cuenta las veces que la persona ha sido parada por la policía, se estaría introduciendo un sesgo que perjudicaría a la población de determinadas razas o etnias a los que la policía, influida por prejuicios, da más veces el alto (Zalnieriute *et al.* 2021: 263).

29 «Artificial Intelligence: governance and leadership», Australian Human Rights Commission and World Economic Forum Whitepaper, 2019, p. 10. Disponible en: https://tech.humanrights.gov.au/sites/default/files/2021-05/AHRC_RightsTech_2019_AI_whitepaper.pdf.

d. ¿Son el lenguaje jurídico y el lenguaje binario compatibles?

Otro de los problemas que plantea la AAR es la dificultad de traducir el lenguaje legal a lenguaje binario. La cuestión resulta evidente para los juristas, que estamos familiarizados con las sutilezas del lenguaje jurídico y los problemas que plantea la interpretación de los textos legales. Cómo es posible trasladar todos los matices del lenguaje jurídico —nos preguntamos— a la fría lógica binaria[30].

Y todo ello sin siquiera mencionar que los programadores raramente tienen conocimientos jurídicos, aunque si los tuvieran, no por ello la tarea resultaría sencilla. No ya solo por la dificultad de trasladar a lenguaje informático las normas jurídicas, sino también por un problema de transparencia: los terceros deberían poder saber cómo esas normas jurídicas (y la forma en que se interpretan) se han trasladado al programa, lo que dada la complejidad y oscuridad del lenguaje informático, no parece tarea sencilla ni siquiera para los expertos (Weste y Clarke 2018: 27).

Un problema añadido radica en la necesidad de adaptar el sistema a las modificaciones legales, pero manteniendo a su vez la capacidad de que el programa aplique unas u otras leyes según el principio *tempus regit actum* (o lo que dispongan las disposiciones transitorias en cada caso) (Perry 2017: 32). Ya el *Administrative Review Council* hacía hincapié en 2004 en la dificultad y costes que suponía adaptar los sistemas a las modificaciones legales y la cambiante jurisprudencia de los tribunales de justicia (Perry 2017: 38). De hecho, el *Council* menciona, por un lado, el caso de una agencia gubernamental que había decidido no recurrir a la AAR en un área determinada porque la legislación y las políticas públicas estaban cambiando continuamente. Y, por otro, relata, como ejemplo de la importancia de mantener el sistema actualizado, una sentencia del *Administrative Appeals Tribunal* que señalaba que la resolución había ignorado una declaración de principios que resultaba relevante para el caso porque el sistema no se había modificado para incluirla (Perry 2017: 39).

6. En particular, la AAR en el ámbito de la propiedad industrial[31]

6.1. Introducción

Para cerrar este capítulo estudiaremos la legislación sobre AAR en un concreto ámbito legislativo, el de la propiedad industrial. El uso de la IA en

30 El problema ha sido ya tratado con detalle por la doctrina. En Australia, por ejemplo: French 2017: 597 y Perry 2017: 32.

31 Esta parte final del trabajo ya ha sido publicada, con algunas modificaciones, en García 2022a.

Australia en este campo es intenso. En marcas[32], por ejemplo, se emplea la IA para facilitar el registro de una marca por el particular, para resolver sus dudas por medio de un asistente virtual, para arrojar resultados precisos en las búsquedas de marcas gráficas y mixtas similares al signo que se pretende registrar, etc. Uno de los aspectos más llamativos, no obstante, es el de la reforma que se ha llevado a cabo de diversas leyes de propiedad industrial para regular la AAR.

6.2. Descripción del sistema

En 2015 el Gobierno australiano lanzó una consulta pública titulada «Expanded use of automated processes by IP Australia»[33]. El documento plantea la conveniencia de reformar la normativa australiana sobre propiedad industrial para posibilitar la adopción de resoluciones de forma automatizada. Se parte de la base de que esta automatización mejoraría la eficiencia y reduciría las demoras en el funcionamiento de la Oficina de propiedad industrial. El documento considera que con la normativa vigente en aquel momento la posibilidad de adoptar resoluciones de manera automatizada era muy limitada, porque muchas resoluciones debían emanar, según lo dispuesto por la Ley, de ciertas personas, por ejemplo, el encargado del Registro. Por otro lado, el documento destaca que la reforma de la normativa tendría que ser realizada con tino, ya que habría que distinguir aquellas resoluciones que pueden ser adoptadas de forma automatizada de otras que tendrían que recaer necesariamente en un humano.

El documento ofrece tres posibilidades. La primera consiste en no hacer nada, es decir, dejar las cosas tal como están, de tal forma que la AAR tendría un papel residual, de apoyo al humano, como el que desempeñaba en aquel momento:

> «(...) IP Australia would continue to use automated processes to provide useful information and commentary to the decision-maker at relevant points in the decision-making process, and/or to recommend a decision to the decision maker».

La segunda consistiría en reformar las leyes para suprimir la referencia que se hace a determinadas personas como autoras de determinadas acciones sencillas y no discrecionales –«simple, non-discretionary actions»—, lo que permitiría que fuesen los programas informáticos los que las ejecutasen.

32 Para una visión general de los problemas que la IA plantea en Derecho de marcas: Carvalho 2020.

33 https://ipaustralia.libguides.com/consultations/2015. El documento concreto puede encontrase en: https://ipaustralia.libguides.com/ld.php?content_id=23289720. IP Australia es la Oficina australiana de propiedad industrial (https://www.ipaustralia.gov.au).

Como ejemplos se ofrecen la comunicación de que se ha adoptado una resolución, la publicación de determinada información, la emisión de un certificado, la renovación de un derecho, etc.

La última y más ambiciosa opción —y la preferida por el documento— consistiría en reformar las leyes de propiedad industrial para permitir que determinadas acciones sencillas y no discrecionales fuesen realizadas de manera automática. Ahora bien, y a diferencia de la opción precedente, en este caso el rango de resoluciones que podrían adoptar las máquinas sería más amplio. Entre ellas figurarían, por ejemplo, la concesión o el registro de un derecho cuando no se haya presentado oposición por parte de terceros.

Entre las opciones expuestas, el documento se inclina por la más ambiciosa, si bien prevé ciertas cautelas:

> «Las enmiendas a la legislación de propiedad intelectual e industrial garantizarían que se satisfacen los siguientes criterios:
>
> • los procesos automatizados deben estar bajo el control de quien adopta las resoluciones;
>
> • los procesos automatizados pueden ser anulados por el responsable de la adopción de las resoluciones o su delegado;
>
> • la existencia de procesos automatizados no impedirá que el responsable de la adopción de las resoluciones o su delegado puedan llevar a cabo la acción prescrita; y
>
> • Las acciones emprendidas por procesos automatizados estarán sujetas a revisión administrativa o judicial, cuando corresponda.
>
> La opción propuesta ofrecería seguridad a las partes interesadas, ya que las acciones de un responsable de la adopción de resoluciones emanadas mediante procesos automatizados estarían prescritas en los Reglamentos. Cualquier ampliación de la lista de acciones prescritas implicaría una modificación normativa, en la que se consultaría a las partes interesadas y que requeriría la aprobación del Ministro y del Consejo Ejecutivo Federal»[34].

Pues bien, tras este proceso de consulta (en el que sólo se recibieron tres opiniones, bastante insustanciales) las leyes de patentes, diseños, obtenciones vegetales y marcas fueron reformadas. De entre estas disposiciones normativas, nos centraremos en la regulación del procedimiento automatizado de adopción de resoluciones en la Ley de Marcas[35].

La ley concede al encargado del Registro[36] la posibilidad de que se usen, bajo su control, programas de ordenador en aquellos casos en los que dicho

---

34 Traducción del autor.

35 *Trade Marks Act 1995*. Disponible en: https://www.legislation.gov.au/Details/C2020C00103.

36 Traducimos así el término «Registrar» (of Trade Marks), figura regulada en los arts. 201 y ss. de la *Trade Marks Act 1995*.

encargado pueda o deba, de conformidad con la Ley, adoptar una resolución. En estos casos, y a efectos de la Ley de Marcas, se considera que la resolución ha sido adoptada por el encargado del Registro.

Es decir, que los mimbres básicos del sistema son los mismos que ya analizamos en la primera parte de este trabajo: el encargado del Registro puede disponer que el programa adopte la resolución de forma automática y, mediante una *fictio iuris*, dicha resolución automática se considera adoptada por el encargado del Registro. A partir de este punto de partida, la Ley establece varias cautelas:

- La Ley dispone que el encargado del Registro puede sustituir la resolución del programa por la suya propia cuando considere que aquella es incorrecta. Es decir, se prevé la total hegemonía e independencia del encargado del Registro sobre lo decidido por la máquina, sin que el encargado deba motivar su decisión de desautorizar a la computadora. La resolución que sustituye a la computerizada puede ser objeto de recurso si la resolución inicial podía ser recurrida[37].
- La resolución adoptada por el programa debe satisfacer todos los requisitos impuestos por la legislación, de la misma manera que si la resolución emanara de una persona (punto 224).
- El sistema de recursos de la Ley se aplica también, como no podía ser menos, a las resoluciones adoptadas de forma automatizada. El Memorando explicativo de la reforma[38] señala que si una persona no está satisfecha con una resolución generada por ordenador podría interponer un recurso, ya que como quiera que la resolución adoptada por el ordenador se considera dictada por el encargado del Registro, existen los mismos recursos que contra las resoluciones de este. Además, el Memorando indica que, si un solicitante considera que el programa está operando incorrectamente, puede contactar con *IP Australia* para tratar sobre el particular (punto 228). No existe, eso sí, un recurso especial por el hecho de que la resolución haya sido adoptada por un ordenador. En el proceso de elaboración de la reforma *IP Australia* manifestó que los intereses de los particulares se encontraban suficientemente protegidos por el sistema ordinario de recursos, sin que fuese necesario introducir un recurso especial para las resoluciones adoptadas por la máquina[39].

37 Memorando explicativo de la reforma, punto 242. Disponible en: https://www.legislation.gov.au/Details/C2018B00067/Explanatory%20Memorandum/Text#_Toc509828379.

38 Véase: https://www.legislation.gov.au/Details/C2018B00067/Explanatory%20Memorandum/Text#_Toc509828379.

39 «IP Australia response to public consultation on exposure draft of Intellectual Property Laws Amendment (Productivity Commission response part 1 and other matters) Bill and

- El Memorando explicativo expone que IP Australia adoptará mecanismos de gestión internos, de manera que la AAR solo se pondrá en funcionamiento con la aprobación directa del encargado del Registro. Se propone, además, que el encargado del Registro no delegue esta función en ninguna otra persona. Los protocolos internos garantizarán —señala el Memorando— que la potestad del encargado del Registro se use con prudencia (punto 222). Según la respuesta de Australia al «Questionnaire on Artificial Intelligence Policies» de la OMPI[40], IP Australia ha efectivamente adoptado los mecanismos de gestión interna que satisfacen las exigencias del Memorando, y que incluyen «un marco y una política para gestionar el uso de los sistemas de adopción automatizada de resoluciones... y un Registro de resoluciones adoptadas por ordenador».

Como se habrá observado, la Ley no establece una lista de resoluciones que se pueden adoptar por programas de ordenador, sino que opta por un sistema abierto. El Memorando (punto 224) razona que es preferible dotar al encargado del Registro de cierta flexibilidad, ya que con la rápida evolución de la tecnología no es fácil prever qué resoluciones —entre las numerosas que contempladas por la legislación— pueden ser susceptibles de ser adoptadas por un ordenador. De optarse por un sistema de enumeración de resoluciones, la lista debería ser constantemente reformada.

6.3. Breve valoración del sistema australiano de AAR en el ámbito de la propiedad industrial

En la consulta pública sobre los procesos automatizados en el ámbito de la propiedad industrial que lanzó el Gobierno australiano, y a la que ya hemos hecho referencia, la adopción de resoluciones automatizadas se limitaba a los casos sencillos y no discrecionales. Sin embargo, la reforma de la Ley de Marcas que finalmente se llevó a cabo no limita la adopción de resoluciones automatizadas a este tipo de casos, y tampoco enumera las resoluciones que se pueden adoptar de este modo (ni a modo de lista cerrada ni a modo de lista abierta). En consecuencia, con la legislación actual en la mano los ordenadores podrían adoptar incluso resoluciones discrecionales[41].

Regulations 2017. (Part 5)». Disponible en:https://www.ipaustralia.gov.au/sites/default/files/ip_australia_response_to_consultation_on_draft_ip_laws_amendment_pc_response_part_1_legislation.pdf.

40 Véase: https://www.wipo.int/export/sites/www/about-ip/en/artificial_intelligence/call_for_comments/submissions_march2020/ms_australia.pdf.

41 Así lo entiende también, al mencionar el caso australiano, el Gobierno neozelandés: «*We understand that IP Australia (the Australian equivalent of IPONZ), has recently amended its intellectual property laws to allow for the use of AI to make discretionary decisions, but has not yet developed a working system*».
V. «Intellectual Property Laws Amendment Bill — Patents Act 2013, Trade Marks Act 2002,

Llegar tan lejos con el actual desarrollo de la IA parece arriesgado. De hecho, otros países que permiten la emanación de actos administrativos de forma automatizada vetan por el momento que se haga en aquellos casos en los que el órgano decisorio disponga de un margen de apreciación. Es el caso de la Ley alemana, que dispone que «Un acto administrativo puede ser emitido íntegramente por dispositivos automáticos, siempre que lo permita una disposición legal y no exista ni discrecionalidad ni margen de apreciación»[42]. La limitación establecida por la Ley alemana se basa en la consideración de que los márgenes de apreciación que las normas conceden tienen como función garantizar la justicia del caso concreto y exigen, por regla general, una valoración individualizada de cada caso (Siegel 2020: 533).

Las anteriores cautelas —limitar las resoluciones automatizadas a los actos reglados— parecen adecuadas ante el actual estadio de desarrollo de la IA. Resulta prudente experimentar el empleo de la IA en este tipo de resoluciones antes de adentrarse en terrenos más inhóspitos. Al fin y al cabo, ya se han producido algunos tropiezos que deben servir como advertencia, como el ya referido asunto «Robodebt», que muestra que una transición repentina de un sistema con intervención humana a otro automatizado genera riesgos relevantes para los particulares (Calderón 2020: 1-ss)[43]. Es preferible realizar una transición progresiva y reflexiva que comience por aquellas actuaciones que sean regladas y que tengan un bajo impacto sobre los ciudadanos en caso de error, e ir avanzando progresiva y cautelosamente a medida que se comprueba la fiabilidad de estos sistemas de toma de decisiones. La carrera en la que hay que estar en cabeza es la tecnológica; la carrera en la que hay que ir en el pelotón de cola es la del impacto negativo de la IA en los derechos de los ciudadanos. Los sistemas avanzados de adopción de resoluciones se pueden testar con proyectos piloto o simulaciones, sin necesidad de poner en juego derechos y libertades de los particulares.

Tampoco parece adecuado dejar en manos del encargado del Registro la potestad de decidir a qué tipo de resoluciones se aplica el procedimiento, bajo el pretexto de la rápida evolución de la tecnología. En un ámbito en el

Designs Act 1953 (Discussion Paper)», mayo 2019, p. 94. Disponible en: https://www.mbie.govt.nz/dmsdocument/5708-discussion-paper-intellectual-property-laws-amendment-bill-patents-act-2013-trade-marks-act-2002-designs-act-1953.

42 § 35a («Emisión de un acto administrativo de manera totalmente automatizada») de la *Verwaltungsverfahrensgesetz* (VwVfG).

43 CALDERÓN CARRERO (2020: 6) advierte de los riesgos de la utilización de herramientas de IA al servicio del robustecimiento de los mecanismos que garantizan el cumplimiento tributario. La utilización de este tipo de herramientas, señala:
«(...) *debe quedar sujeta a un estricto régimen que permita su control de legalidad y conciliación con los derechos y garantías fundamentales de los obligados tributarios, a efectos de evitar que su uso se convierta en una auténtica «caja negra» que desvirtúe su utilización y los sitúe al margen del derecho*».

que se afectan los derechos de terceros, en el que el recurso de una resolución errónea implica costes y en el que los sistemas de IA se encuentran, al fin y al cabo, y mirado con cierta perspectiva, en las fases iniciales de su desarrollo, no parece la solución idónea dejar esta decisión al arbitrio de un determinado funcionario.

Por último, un punto que debe quedar vedado a la adopción automatizada de resoluciones, ya que se trata de una tarea verdaderamente ardua, es el de la apreciación del riesgo de confusión entre marcas (o entre un signo y una marca). Solo cuando la IA haya avanzado mucho más estará en condiciones de abordar una tarea que exige una valoración global de múltiples factores que además son interdependientes. Por lo de ahora, a lo máximo que puede aspirar la IA es a comparar un signo con otro. No obstante, esa es una tarea muy distinta de la de apreciar el riesgo de confusión entre marcas, como ya hemos expuesto en otro lugar (García 2022b).

7. Bibliografía

Areán Lalín, Manuel y **García Pérez, Rafael** (2013). «El enquistamiento de la jurisprudencia sobre competencia desleal», en Tobío Rivas, A.M., Fernández-Albor Baltar, A. y Tato Plaza, A. (eds.), *Estudios de Derecho Mercantil, Libro homenaje al Prof. Dr. Dr. h. c. José Antonio Gómez Segade*. Madrid: Marcial Pons, pp. 355-ss.

Bateman, Will (2020). «Algorithmic Decision-Making and Legality— Public Law Dimensions», *Australian Law Journal*, vol. 94, núm. 7, pp. 520-ss., p. 529.

Bennett Moses, Lyria y **Santow, Edward** (2020). «Accountability in the Age of Artificial Intelligence— A Right to Reasons», *Australian Law Journal*, vol. 94, núm. 11, pp. 829-ss., pp. 832-ss.

Calderón Carrero, José Manuel (2020). «El encuadramiento legal y límites del uso de herramientas de inteligencia artificial con fines de control fiscal. Análisis de la decisión del Consejo Constitucional francés de 27 de diciembre de 2019 (Décision n.o 2019-796 DC), sobre la Ley de Presupuestos 2020», *Revista de Contabilidad y Tributación. CEF*, n.º 444, pp. 1-ss.

Carvalho, Maria Miguel (2020). «Inteligência Artificial: Desafios e oportunidades para o Direito de Marcas», en *E.Tec Yearbook Artificial Intelligence & Robots, JusGov - Research Centre for Justice and Governance School of Law - University of Minho*. Disponible en www.jusgov.uminho.pt/publicacoes/etec-yearbook-2020-2/.

Dastin, Jeffrey (2018). «Amazon scraps secret AI recruiting tool that showed bias against women». Disponible en: https://www.reuters.com/article/us-amazon-com-jobs-automation-insight-idUSKCN1MK08G.

Finck, Michele (2020). «Automated Decision-Making and Administrative Law», en Cane, P., Hofmann, H.C.H., IP, E.C. y Lindseth, P.L. *The Oxford Handbook of Comparative Administrative Law*, Oxford: Oxford University Press, pp. 657-ss.

French, Robert (2017). «Judge Bridlegoose, Randomness and Rationality in Administrative Decision-Making», *Monash University Law Review*, vol. 43, núm. 3, pp. 591-ss.

García Pérez, Rafael (2022a). «La inteligencia artificial en el proceso de concesión de la marca», en Solar Cayón, J.I., y Sánchez Martínez, M.O. (eds.), *El impacto de la inteligencia artificial en la teoría y la práctica jurídica*. Madrid: La Ley Wolters Kluwer.

García Pérez, Rafael (2022b). «Derecho de marcas e inteligencia artificial: ¿hacia una apreciación automatizada del riesgo de confusión?», en Tato Plaza, A., Costas Comesaña, J., Fernández Carballo-Calero, P., Torres Pérez, F.J. y Louredo Casado, S. (dir.), *Nuevas tendencias en el Derecho de la Competencia y de la Propiedad Industrial III*. Comâres, en prensa.

Hogan-Doran, Dominique (2017). «Computer Says "No" - Automation, Algorithms and Artificial Intelligence in Government decision-making», *The Judicial Review*, vol. 13, núm. 3, pp. 345-ss.

Huggins, Anna (2021). «Addressing Disconnection: Automated Decision-Making, Administrative Law and Regulatory Reform», *University of New South Wales Law Journal*, vol. 44, núm. 3, pp. 1048-ss.

Meers, Amie, Durvasula, Suseela, Newton, Thomas y **Macleod, Louise** (2017). «Lessons learnt about digital transformation and public administration: Centrelink's online compliance intervention» Disponible en: https://www.ombudsman.gov.au/__data/assets/pdf_file/0021/48813/AIAL-OCI-Speech-and-Paper.pdf.

Miller, Katie (2016). «The application of Administrative Law principles to technology-assisted decision-making», *AIAL Forum*, 86, pp. 20-ss. Disponible en: https://aial.org.au/wp-content/uploads/2017/08/AIAL-Forum-86-December-2016.pdf.

Ng, Yee-Fui, O'sullivan, Maria, Paterson, Moira y **Witzleb, Normann** (2020). «Revitalising Public Law in a Technological Era: Rights, Transparency and Administrative Justice», *University of New South Wales Law Journal*, vol. 43, núm. 3, pp. 1041-ss.

Ng, Yee-Fui y **O'Sullivan, Maria** (2019). «Deliberation and automation - when is a decision a decision?», *Australian Journal of Administrative Law*, 26(1), pp. 21-ss.

Ng, Yee-Fui (2001). «Institutional Adaptation and the Administrative State», *Melbourne University Law Review*, 44, pp. 889-ss.

Paterson, Moira (2020). «The Uses of AI in Government Decision-Making: Identifying the Legal Gaps in Australia», *Mississippi Law Journal*, vol. 89, núm. 4, pp. 647 ss.

Perry, Melissa (2017). «iDecide: Administrative Decision-Making in the Digital World», *Australian Law Journal*, 91 (1), pp. 29-ss.

Rock, Ellen (2017). «Accountability: A Core Public Law Value?», *Australian Journal of Administrative Law*, 24, pp. 189-ss. Disponible en: http://classic.austlii.edu.au/au/journals/UTSLRS/2017/34.html.

Siegel, Thorsten (2020). «Digitalisierung des Verwaltungsverfahrens in Berlin», *Landes- und Kommunalverwaltung (LKV)*, 12, pp. 529-ss.

Turner, Rebecca (2021). «Robodebt condemned as a 'shameful chapter' in withering assessment by federal court judge». Disponible en: https://www.abc.net.au/news/2021-06-11/robodebt-condemned-by-federal-court-judge-as-shameful-chapter/100207674.

VV.AA. (2017). «Centrelink's automated debt raising and recovery system», informe 2/2017. Disponible en: https://www.ombudsman.gov.au/__data/assets/pdf_file/0022/43528/Report-Centrelinks-automated-debt-raising-and-recovery-system-April-2017.pdf.

Walsh, Toby, Levy, Neil, Bell, Genevieve, Elliott, Anthony, Maclaurin, James, Mareels, Iven, y **Wood, Fiona** (2019). «The Effective and Ethical Development of Artificial Intelligence: An Opportunity to Improve our Wellbeing», *Report for the Australian Council of Learned Academies*, p. 124. Disponible en: https://acola.org/hs4-artificial-intelligence-australia/.

Weste, Kerry y **Clarke, Tamsin** (2018). «Human Rights Drowning in the Data Pool: Identity-Matching and Automated Decision-Making in Australia», *Human Rights Defender*, vol. 27, núm. 3, pp. 25-ss.

Zalnieriute, Monika, Bennet Moses, Lyria y **Williams, George** (2019). «The Rule of Law and Automation of Government Decision-Making», *The Modern Law Review*, vol. 82, núm. 3, pp. 425-455.

Zalnieriute, Monika, Burton Crawford, Lisa, Boughey, Janina, Bennet Moses, Lyria y **Logan, Sarah** (2021). «From Rule of Law to Statute Drafting. Legal Issues for Algorithms in Government Decision-Making», en Woodrow Barfield (ed.), *The Cambridge Handbook of the Law of Algorithms*. Cambridge: Cambridge University Press, pp. 251-ss.

DERECHOS SOCIALES PRESTACIONALES Y SIMPLIFICACIÓN ADMINISTRATIVA. ESPECIAL REFERENCIA A LA COMUNIDAD GALLEGA

Social benefit rights and administrative simplification. Special reference to the Galician community

Francisco Javier Abad Pardo[1]
Universidad de A Coruña (España)

Fecha de Recepción: 01/10/2022
Fecha de Aceptación: 31/10/2022

Resumen: La participación ciudadana es una modalidad que permite la intervención del ciudadano en aquellos asuntos que le afectan de forma directa. En el sistema democrático español es un medio adecuado para que los ciudadanos manifiesten sus inquietudes e intereses frente al poder público, que es el destinario final de las aspiraciones de la comunidad vecinal. Unido a ello y para su pleno ejercicio se ha de hacer efectiva, la llamada simplificación administrativa, es decir, la reducción de cargas derivadas de la actividad burocrática de las administraciones, es decir, una administración más ágil, más sencilla y más cercana para el ciudadano, que es el destinario de los servicios públicos.

Palabras clave: Estado. Democracia. Ciudadanía. Participación ciudadana. Simplificación administrativa.

---

1 Licenciado en Derecho por la Universidad de A Coruña (UDC). Grado en Ciencias Jurídicas de las Administraciones Públicas por la UNED. Máster Universitario en Derecho Público y de la Administración Pública por la Universidad de Jaén. Postgrado en Instituciones Jurídicas de Actualidad y su tratamiento jurisdiccional por la UDC. Doctorando en el Programa Oficial de Doctorado en Derecho Administrativo Iberoamericano (DAI) de la UDC.

Abstract: Citizen participation is a modality that allows citizens to intervene in matters that directly affect them. In the Spanish democratic system, it is an appropriate means for citizens to express their concerns and interests in front of the public power, which is the final recipient of the aspirations of the neighbourhood community. Together with this and for its full exercise, the so-called administrative simplification must be made effective, that is, the reduction of burdens derived from the bureaucratic activity of the administrations, that is, an administration that is more agile, simpler and closer to the citizen, who is the recipient of public services.

Keywords: State. Democracy. Citizenship. Citizen participation. Administrative simplification.

1. Derechos sociales prestacionales y simplificación administrativa

España se constituye en un Estado social y democrático de Derecho, según establece la Constitución Española en el art. 1.1, del cual la Seguridad Social es una pieza esencial. Dicho precepto concreta el marcado carácter del Derecho constitucional vigente, y, por ende, de todo nuestro ordenamiento jurídico.

El Tribunal Constitucional ha señalado en reiterada jurisprudencia desde la STC, 18/1981, de 8 de junio, que «la Constitución incorpora un sistema de valores, cuya observancia requiere una interpretación finalista de la norma fundamental». También ha invocado la cláusula del Estado social (art. 1.1 CE) y la de la igualdad real y efectiva (art. 9.2 CE), en la STC 18/1984 de 7 de febrero.

Por lo tanto, si el Estado social se caracteriza por su vinculación con la igualdad, es competencia del poder público, favorecer las condiciones para que la plena libertad y la igualdad del individuo y de la sociedad en la que convive sean «reales y efectivas». Esto lleva al Profesor García-Pelayo a señalar que el «Estado social significa históricamente el intento de adaptación liberal-burgués a las condiciones de la civilización industrial y postindustrial (García 1985: 16-18).

El estado social no se concreta de forma exclusiva en un organismo de control, sino que además ha de ser un gestor. La consecuencia más inmediata, es la ampliación de las políticas públicas desde áreas tradicionales como la educación, la salud o la protección social a los ciudadanos con más necesidades. Nuestra Carta Magna, recoge la noción de Estado social, de la Ley Fundamental de Bonn, que será la primera normativa a nivel constitucional que lo contempla, atribuyendo la Constitución la competencia al poder público, para remover los obstáculos que impidan su pleno desarrollo y promover la participación política, económica, cultural y social de todos los ciudadanos.

Los derechos, especialmente los derechos sociales, son el reverso positivo de las deficiencias de los mecanismos de representación propios de las democracias liberales clásicas, que todavía hoy en gran medida dejan sentir su peso hasta en los mejores sistemas. Los derechos son las «luces de la constitución» (Capella 2003: 9).

El reconocimiento de los derechos sociales, está impulsado por la resistencia social y política de la clase trabajadora, pero está fomentado por el hecho evidente de que la sociedad en su conjunto asume que los individuos se encuentran en una colectividad cada vez más compleja en la que están inexorablemente interconectados e interdependientes, y han «perdido crecientemente el control sobre la estructura y medios de su propia existencia» y, por tanto, la necesidad de:

> «(...) utilizar bienes y servicios sobre los que carecen de poder de ordenación y disposición directa, produce la menesterosidad social, es decir, la inestabilidad de la existencia» (García 1985: 28).

La convergencia de todos estos derechos y estos modos de actuación es que demuestran y encuentran algo en común, como es, el valor de la dignidad humana de manera particularmente poderosa, ya que, de hecho, todo el sistema constitucional debe estar guiado por este valor, así como a el respeto a los derechos inherentes de la persona y el libre desarrollo de la personalidad, serán la base del orden político y social. Esta es la naturaleza sobre la que pivota todo el sistema de derechos y libertades establecidos en el Título I de la Constitución, siendo este como declara la STC 53/1985, de 11 abril (FJ 3), el «punto de arranque, como prius lógico y ontológico para la existencia y reconocimiento de los demás derechos». Y así, la doctrina ha insistido y proclamado como fuente de derecho a la dignidad de la persona.

El profesor portugués Miranda (1993: IV, 166), señala que los derechos, libertades y garantías personales, al igual que los derechos económicos, sociales y culturales encuentran su fundamento ético, de manera directa y evidente, en la dignidad de la persona. Pérez Luño (1991: 49), declara que:

> «(...) la dignidad humana ha sido en la historia, y es en la actualidad, el punto de referencia de todas las facultades que se dirigen al reconocimiento y afirmación de la dimensión moral de la persona».

Por su parte, Hernández Gil (1982: 422), señaló que la dignidad y los derechos fundamentales no se colocan en un mismo plano, pues la norma fundamental:

> «(...) afirma como valor absoluto la dignidad de la persona, sin aludir siquiera a su reconocimiento, para luego, en plano distinto, referirse a los derechos que le son inherentes».

Por lo tanto, el sentido del clausurado del Estado Social, siendo Herman Heller en 1929 quien primero acuña el término «Estado Social de Derecho», consistirá en establecer vínculos entre los poderes públicos, en la formulación de los principios de igualdad y efectividad de los derechos sociales, obligándolos a eliminar los obstáculos o impedimentos para el pleno goce de los derechos naturales que han de ser ejercidos en condiciones de igualdad.

Por ello, en principio, parece que podemos concluir que la autoridad pública está obligada a brindar apoyo institucional al ciudadano para cumplir con esta obligación.

Ello, justifica, por tanto, ampliar significativamente el espacio regido por el derecho en un estado social, asegurando la igualdad fundamental de todos los ciudadanos en cuanto a la existencia individual y las oportunidades propias, así como de los procedimientos en los que son parte, y cuya finalidad está íntimamente conectada con el ejercicio de los derechos sociales.

Unido a lo anterior, y para su pleno ejercicio, se ha de hacer efectiva, la llamada simplificación administrativa, es decir, *la reducción de cargas* derivadas de la actividad burocrática de las administraciones, que ha sido *un objetivo continuo* en todas las Administraciones Públicas, Administración General del Estado, Comunidades Autónomas y Administración Local, así como en organismos internacionales como la Unión Europea o la Organización para la Cooperación y el Desarrollo Económicos (OCDE), *porque existen trámites innecesarios, o de carácter reiterado que pueden eliminarse, o simplificarse*.

El objetivo de la simplificación procedimental es *hacer más sencillos, más fáciles y menos complicados* los procedimientos administrativos, es decir: regular mejor, homogeneizar procedimientos, suprimir trámites superfluos, automatizar la actuación administrativa utilizando nuevas herramientas tecnológicas e interconectar todas las áreas para facilitar el flujo de información.

La respuesta continua del Estado para el logro y aseguramiento efectivo de sus fines responde a la necesidad de adecuar las herramientas e instrumentos a su disposición a las tendencias mundiales, culminando en el objetivo de involucrar a los diferentes actores sociales en los procesos públicos, reduciendo la brecha de la comunicación efectiva y aumentando los índices de transparencia y calidad, siempre desde el análisis constructivista, es decir, que dicha simplificación de carácter administrativo, se ponga al servicio del ciudadano. En este sentido, muchos ordenamientos jurídicos en Iberoamérica señalan a la simplificación administrativa «como una herramienta para la configuración de acciones que permite orientar y optimizar la prestación de los servicios que brinda el Estado»[2]. También, «se ha entendido no solo como

2 Así en Perú, la simplificación administrativa se orienta hacia «la eliminación de obstáculos o costos innecesarios para la sociedad, que generan el inadecuado funcionamiento de la administración pública». En este sentido, lo referencia la Secretaría de la Gestión Pública de la Presidencia del Consejo de Ministros de este país —Secretaría de la Gestión Pública—.

una política pública»[3], y «como un programa encaminado a la desburocratización para combatir los excesos en las formalidades»[4].

Todo ello, será un instrumento de mejora *para los servicios públicos, y, por tanto, para la garantía de los derechos sociales y el desarrollo de actividades ligadas a los mismos*, haciéndolas más:

- Competitivas.
- Aumentando la competitividad de cualquier territorio.
- Generando valor añadido.

En el foco de todas estas medidas, nos encontramos con el paradigma de «better regulation», bajo el prisma de la simplificación administrativa y la reducción de cargas. Fue la OCDE, quien, en el año 1995, con la publicación de la «Recommendation of the OECD on Improving the Quality of Government Regulatión», es decir, recomendación de la OCDE sobre la mejora de la calidad de la regulación gubernamental, la que ha impulsado a los gobiernos a mejorar los procedimientos de elaboración y revisión normativa, introduciendo criterios derivados de la economía, como la cultura de la eficacia y eficiencia regulatoria.

En cuanto a sus orígenes en el ámbito comunitario, será la Comunicación de la Comisión al Consejo y al Parlamento (2005: 97) «better Regulation for Growth and Jobs in the European Union», es decir, legislar mejor para potenciar el crecimiento y el empleo en la Unión Europea, la que nos sitúa en el punto de partida, que se mostró como una prioridad en la Cumbre de Lisboa del año 2000.

Será la Directiva 2006/123/CE (considerando 3) del Parlamento Europeo y del Consejo, de 12 de diciembre de 2006, denominada Directiva Bolkestein, la que marca el camino de la llamada simplificación administrativa, eliminando «obstáculos que impiden o frenan el desarrollo de los servicios de los estados». Y así, se pronuncia en relación con los mismos, en el sentido de que constituyen:

> «(...) un exceso de trámites administrativos, en la inseguridad jurídica que rodea a las actividades transfronterizas y en la falta de confianza recíproca entre los Estados miembros».

3 A modo de ejemplo, el Gobierno Español, a través del Ministerio de Hacienda y Administraciones Públicas en el «Manual de Simplificación Administrativa y Reducción de Cargas para la Administración General del Estado», propuesto en septiembre de 2014, identifica la «simplificación administrativa» como una política pública de contenido esencial e inexcusable para los propósitos de la Administración Pública.

4 Ejemplo de este programa es el caso de Brasil, en donde se adoptó una «Guía «d'Simplificação» por parte del Ministério do Planeamento, Orçamento e Gestão, la cual, «debe ser entendida como una herramienta de trabajo, eminentemente práctica, para realizar un análisis o una mejora en los procesos organizacionales».

Todo ello, nos lleva a la conclusión, que para obtener un marco regulatorio excelente que respete la actividad económica y otros objetivos prioritarios, las acciones regulatorias y desregulatorias deben llevarse a cabo de acuerdo con una serie de estándares y principios de calidad regulatoria, es decir que, ante un problema o un objetivo, se deben considerar las diferentes opciones existentes para solucionarlo, evaluando el impacto de cada una de ellas en términos de coste, beneficio, riesgo, impacto en los destinatarios/as.

2. Especial referencia a la comunidad autónoma de Galicia

En Galicia, se ha aprobado la Ley 9/2021, de 25 de febrero, de simplificación administrativa y de apoyo a la reactivación económica de Galicia[5].

La nueva Ley Gallega supone un gran cambio en materia de intervención administrativa, en lo relativo a los títulos habilitantes en relación con las obras, así como con las actividades, dando un gran protagonismo a la colaboración privada en la tramitación administrativa.

Tras la aprobación del Real Decreto-ley 36/2020, de 30 de diciembre, por el que se aprueban medidas urgentes para la modernización de la Administración Pública y para la ejecución del Plan de Recuperación, Transformación y Resiliencia[6], Galicia ha experimentado un gran avance con la aprobación de la Ley de Simplificación Administrativa y de la Reactivación Económica.

La instauración de nuevas medidas tanto coyunturales como estructurales demandadas por toda la población, necesitan de un gran impulso de las AAPP, *que para hacerlas efectivas y llevarlas a cabo, van a requerir de la colaboración de todos los agentes sociales,* para ser implementadas de forma plena.

En cuanto a las principales novedades e innovaciones de la Ley 9/2021, podemos citar, las siguientes:

Se crea un sistema de atención a la inversión (art. 10), apoyado por un servicio de acompañamiento, cuyas funciones son:

- Un asesoramiento destinado a la tramitación de documentación autonómica y municipal para aquellos Ayuntamientos adheridos al proyecto.
- Elaboración de Catálogos (art. 15), los cuales, recogerán todos los trámites a realizar de forma simplificada y centralizada a través de la web.

5 *Diario Oficial de Galicia,* 39, de 26 de febrero de 2021.

6 *Boletín Oficial del Estado,* 341, de 31 de diciembre de 2020.

- Se crea la Oficina *Doing Business* Galicia (art. 16), como unidad encargada de favorecer cualquier iniciativa social o empresarial, que tenga carácter prioritario.
- Se amplía la Red de oficinas de apoyo a la empresa (art. 19), que funciona como instrumento que evitará solapamientos en la tramitación administrativa por las distintas Consellerías.
- Se concreta una reducción y la simultaneidad de los trámites autonómicos —Título III de la Exposición de Motivos—, con el objeto de que los expedientes sean tratados de forma paralela, reduciendo enormemente la emisión de los informes preceptivos y reduciendo significativamente los tiempos de espera.
- Se instaura el principio de «silencio positivo» (art. 24), es decir, informes que son competencia de los órganos autonómicos, la ley pretende atajar el problema de los retrasos, estableciendo como norma general un plazo de *tres meses* de espera.

Todo ello, unido a la puesta en marcha de la *Nueva Agenda Social de Galicia*, con especial implicación de la Administración Local, a través de la Federación Gallega de Municipios y Provincias, con el objeto de articular distintas *medidas coordinadas con la Xunta y el Tercer Sector de Acción Social*, recoge dentro de sus ámbitos de actuación, varios ejes, y de entre ellos podemos destacar:

- Luchar contra la *creciente brecha digital*, que se ha visto agravada por la pandemia, para que el acceso a las nuevas tecnologías no sea un impedimento para la inclusión social, laboral y educativa.
- La adaptación de la *Ley de simplificación administrativa* anteriormente citada y así disminuir la tendencia a la burocratización extrema.

Atendiendo a lo anterior, la *Consellería de Política Social*, lleva a cabo un plan de choque, ya iniciado en el año 2016, siendo D. José Manuel Rey Varela, Conselleiro de la misma, enfocado fundamentalmente a los ámbitos de generar sinergias positivas en el ámbito de la colaboración y coordinación entre administraciones, con la puesta en marcha de la *Historia Social Única*, con el objetivo de alcanzar:

- Una importante agilización de la tramitación administrativa.
- Eliminación de trámites.
- Reducción de los tiempos de gestión.

La Historia Social Única Electrónica (HSUE), es el conjunto de información y documentos en formato electrónico, en los cuales están los *datos, las valoraciones y las informaciones sobre la situación y la evolución de la atención social de las personas usuarias del sistema gallego de servicios sociales* a lo largo de su proceso de intervención, así como la identificación de los/as profesionales y de los servicios o prestaciones que intervinieron sobre éste.

La misma, se pone en marcha en el año 2017, siendo Conselleiro de Política Social, el citado D. José Manuel Rey Varela, aprobando para ello, el *Decreto 89/2016, del 30 de junio, por el que se regula la creación, uso y acceso a la historia social única electrónica*[7].

Todo ello, con el objeto de adaptar las nuevas tecnologías de la información y comunicación (TIC) a fin de poder optimizar los recursos también a nivel asistencial. La finalidad perseguida en cuanto a su implantación es:

- Acrecentar, modernizar y enriquecer, la eficiencia de la Xunta en cuanto administración pública, asegurando la potencialidad del sistema autonómico de servicios sociales, dotándolo de una mayor capacidad de respuesta a las demandas de atención ciudadanas.
- Poner a disposición del personal que integra los servicios sociales de las distintas administraciones, una herramienta eficaz que le proporcionará «toda la información social del usuario/a», permitiéndole así, examinar y estudiar con detalle la misma con el objeto de aplicarla de forma preventiva.
- Cada usuario/a podrá acceder de forma personal a su expediente.

Consolidando así, un sistema donde se incorporan todos los datos de una persona, mejorando notablemente la «coordinación entre todos los agentes que participan en la prestación de servicios sociales», para tramitar cualquier proceso de intervención social en función de las necesidades de atención, programa, servicio a disfrutar, prestación a recibir, así como la información necesaria para determinar cuál es la clase de intervención que se hace necesaria para el caso concreto.

En cualquier caso, y en relación con la protección de datos, en todos los casos quedará plenamente garantizado el derecho de la persona usuaria a su intimidad personal y familiar, por lo que el personal que acceda a cualquier dato está obligado a guardar el correspondiente secreto profesional.

Siguiendo con esta tendencia de la reducción de la burocratización, o el incremento de la celeridad en cuanto a la tramitación administrativa de los procedimientos para el acceso a los servicios y prestaciones sociales, se hizo también necesaria una mayor agilidad en cuanto a la tramitación de la dependencia. En este sentido, se están realizando modificaciones importantes, con un objetivo final, que es reducir los tiempos en cuento a la obtención de la resolución administrativa. Para ello, y en cuento a las principales actuaciones que se llevarán a cabo, serán:

- En relación con el formulario de solicitud, de los 26 documentos existentes, se eliminan en su mayoría, al que solamente habrá que acompañarlo de un informe médico y un informe social.

---

7 *Diario Oficial de Galicia,* 141, de 27 de julio de 2016.

- En relación con el «Programa Individual de Atención (PIA)», si se produce algún cambio de tipo social en la persona beneficiaria, motivado por una revisión del mismo y/o por otras circunstancias:
  - No debe iniciarse de nuevo la solicitud.
  - Se unificará la solicitud de PIA y grado de dependencia.
  - Se garantizará automáticamente una prestación económica pública con distintas opciones al servicio solicitado por la persona dependiente en tanto en cuento no exista una plaza si la opción es de atención prioritaria.
- Se llevará a cabo, la composición de nuevos «Centros y equipos de valoración», y así pasarán de ser fijos en las delegaciones territoriales, a itinerantes con dos características:
  - Actuarán en los territorios en los que haya una lista de espera más acusada;
  - Acudirán a los domicilios de personas que no puedan desplazarse a las sedes de los servicios sociales.

Para finalizar, se diseñarán «vías preferentes», cuyo destino, son aquellas personas que padezcan diferentes patologías, como pueda ser la ELA, con el objeto de que la tramitación de su expediente quede resuelta en un tiempo inferior a un mes.

A través de la presente comunicación, lo que se ha pretendido transmitir, es la visión de que trabajar hacia una mejor estrategia regulatoria es ahora un proceso ineludible y necesario, lo que significa que tanto la autoridad pública como la ciudadanía, son conscientes de las oportunidades y beneficios que un marco regulatorio de alta calidad les brinda a ellas y al funcionamiento en general de la administración.

La normativa en materia de derecho administrativo ha introducido el principio de eficacia en relación con la actividad de la administración, lo cual, ha generado una modificación sustancial en la forma de entender el actuar de la administración Pública. Partiendo de centrarse únicamente en la legitimidad de los actos administrativos, también se pondera la eficacia de los mismos, es decir, en la medida en que se alcancen los fines señalados. Por lo tanto, este principio asentado en la simplificación administrativa viene motivado por una idea central, que es incrementar la eficacia en cuanto a la forma de actuar desde un punto de vista jurídico, lo que supondrá simplificar, eliminar trámites innecesarios y reducir plazos, requisitos y diligencias ineficaces o improductivas que dilatan cualquier procedimiento. Todo ello, ha de realizarse, sin olvidarse de los fines garantistas o los intereses generales que persiguen toda la actuación administrativa.

La implementación de mejores estrategias de gestión, incluido el análisis prelegislativo y la revisión posterior a la aplicación de la legislación existente, se puede lograr eliminando barreras y utilizando métodos probados para cuantificar la situación de partida, con el objeto de establecer metas y evaluar los resultados alcanzados.

La historia nos indica que los cambios culturales son siempre procesos complejos, que solo pueden completarse de forma eficaz, cuando se cuenta con mecanismos de gestión adecuados a su finalidad. Este proceso de transformación constante requiere que los responsables de los organismos públicos se comprometan plenamente y tengan la absoluta creencia de que la implementación de renovadas estrategias de gestión conduzca a alcanzar los objetivos finales, es decir, establecer controles esenciales, pero sin imponer cargas innecesarias.

3. Bibliografía

Capella, Juan Ramón (2003). «Una soberanía apacentada», en CAPELLA, J.R. (ed.). *Las sombras del sistema constitucional español*. Madrid: Ediciones Trotta.

Directiva 2006/123/CE del Parlamento Europeo y del Consejo, de 12 de diciembre de 2006, relativa a los servicios en el mercado interior. *Diario Oficial de la Unión Europea,* 376, de 27 de diciembre de 2006, pp. 36-68.

García Pelayo, Manuel (1985). *Las transformaciones del Estado contemporáneo*. Madrid: Alianza Editorial, segunda edición.

Hernández Gil, Antonio (1982). *El cambio político español y la Constitución*. Madrid: Editorial Planeta.

Ley 9/2021, de 25 de febrero, de simplificación administrativa y de apoyo a la reactivación económica de Galicia. *Boletín Oficial del Estado,* 79, de 2 de abril de 2021, pp. 37888-37944.

Miranda, Jorge (1993). *Manual de dereito constitucional*. Coímbra: Editorial Coímbra.

Pérez Luño, Antonio Enrique (1991). *Derechos humanos, Estado de derecho y Constitución*. Madrid: Editorial Tecnos.

VV.AA. (2005). *Guía d'Simplificação*. Brasilia: Ministério do Planejamento, Orçamento e Gestão - Secretaria de Gestão.

VV.AA. (2014). *Manual de Simplificación Administrativa y Reducción de Cargas para la Administración General del Estado.* Propuesto en septiembre de 2014, por el Ministerio de Hacienda y Administraciones Públicas.

LA BUENA ADMINISTRACIÓN EN POLÍTICAS SOCIALES

Good administration in social policies

José Manuel Rey Varela[1]
Universidad de A Coruña (España)

Fecha de Recepción: 01/10/2022
Fecha de Aceptación: 31/10/2022

Resumen: Las políticas sociales de sanidad, servicios sociales, seguridad social, empleo y educación constituyen los pilares básicos para garantizar la igualdad, la libertad y la solidaridad en las sociedades democráticas. Desde el pasado siglo adquieren una dimensión global que precisan de políticas públicas para su concreción, donde la Administración debe poner a la persona en el centro de su actuación. La buena administración reconocida este siglo como derecho fundamental permite a cada persona ser atendida en plazos razonables para superar la brecha existente entre reconocimiento de derechos y su efectividad en cada caso concreto.

Palabras clave: Derechos sociales. Competencias. Administración local. Buena administración.

Abstract: The social policies of health, social services, social security, employment and education constitute the basic pillars to guarantee equality, freedom and solidarity in democratic societies. Since the last century they have acquired a global dimension that requires public policies for their realization, where the Administration must put the person at the centre of its action. The good administration recognized this century as a fundamental right allows each person to be attended to in reasonable time to overcome the gap between the recognition of rights and their effectiveness in each specific case.

---

1 Secretario Académico del Seminario de Derecho Administrativo Social de las XIII Jornadas de Derecho Administrativo Iberoamericano. Doctorando en Derecho Administrativo por la Universidad de A Coruña. https://orcid.org/0000-0002-8655-7090.

Keywords: Social rights. Competences. Local administration. Good administration.

Sumario: 1. Introducción; 2. Las políticas sociales públicas; 3. Compromiso global y Agenda 2030; 4. Políticas sociales sectoriales de salud; 5. Políticas sociales sectoriales de servicios sociales; 6. Políticas sociales sectoriales de empleo y seguridad social; 7. Políticas sociales sectoriales de educación; 8. Derecho fundamental a la buena administración; 9. Bibliografía.

1. Introducción

La gran diferencia entre «derechos fundamentales» y los «derechos sociales fundamentales» (Rodríguez-Arana 2015) es que estos precisan la acción positiva del Estado a través del Derecho Administrativo como «derecho constitucional concretado» (Werner 1959). En el caso español la Constitución de 1978 comienza en su artículo primero asentando como base de la misma el «Estado Social», que se despliega a través de la igualdad material del artículo 9.2 y de la igualdad formal del artículo 14, «sin que pueda prevalecer discriminación alguna por razón de nacimiento, raza, sexo, religión, opinión o cualquier otra consideración o circunstancia personal o social». Conecta nuestra Carta Magna igualdad con libertad pues en un «Estado Social» no resulta posible garantizar la segunda para muchas personas sin antes promover la primera. La Administración sirve con objetividad los intereses generales a través de lo que Meilán Gil (2013), ya en 1967 acuñó como una regulación y gestión subordinada, pues sirve, pero no es titular de esos intereses generales, porque tampoco sin libertad tendremos igualdad.

Dando por hecho que el lugar del nacimiento, la raza o el sexo suponen oportunidades diferentes, conseguir la igualdad o concretada la misma, la plena inclusión, necesitaremos la acción positiva del Estado si aspiramos a hacer realidad la centralidad de la persona y de su dignidad siguiendo con el mandato constitucional del artículo 10.1 de la CE, frontispicio del Título I, relativo a los derechos fundamentales. Solamente dos datos generales, pues dos mil personas en el planeta poseen los mismos bienes que 4.600 millones de personas (Ratcliff 2020) y que el 9,2 % de la población vive en pobreza extrema, es decir, con menos de 1,90$ al día (World Bank 2020). También un dato específico, por cuanto la distribución geográfica de la tasa de pobreza extrema va del 1,1 % en Europa al 40,2 % en África, pasando por el 3,8 % en Iberoamérica (World Bank 2020). Además, y a pesar de los avances de los últimos años la pandemia de la COVID-19 apuntan a un crecimiento de estas cifras, que también tienen sexo, raza y edad. Así a la igualdad y a la libertad debemos sumarle la solidaridad.

«Las normas relativas a derechos fundamentales», continúa diciendo nuestra ley de leyes, se interpretarán de conformidad con la Declaración Universal de Derechos Humanos y los tratados y acuerdos internaciones sobre las mismas ratificados por España. Es así como adquieren dimensión global los derechos fundamentales estén o no constitucionalizados, pues nuevamente se pone en el centro a la persona más que al propio Estado.

Así el fundamental Artículo 25 de la Declaración Universal de los Derechos Humanos (1948) propugna que:

> «(...) toda persona tiene derecho a un nivel de vida adecuado que le asegure, así como a su familia, la salud y el bienestar, y en especial la alimentación, el vestido, la vivienda, la asistencia médica y los servicios sociales necesarios; tiene asimismo derecho a los seguros en caso de desempleo, enfermedad, invalidez, viudez, vejez u otros caos de pérdida de sus medios de subsistencia por circunstancias independientes de su voluntad».

De aquí nace el instrumento internacional más importante para derechos sociales, el Pacto Internacional de Derechos Económicos, Sociales y Culturales de 1966, que, si bien carece de jurisdicción directa, incide en las políticas nacionales a través del Comité de Derechos Económicos, Sociales y Culturales.

Nos avanza la Declaración Universal las que se han considerado las principales políticas sociales tras las dos grandes Guerras Mundiales, a saber, la sanidad, los servicios sociales, la seguridad social, el empleo y la educación.

La concreción constitucional de esos derechos los encontraremos en la Sección 3.ª Capítulo Tercero del Título I de la Constitución Española; la sanidad en el artículo 43, los servicios sociales en el artículo 50, la seguridad social en el artículo 41, situando en la Sección 2.ª artículo 35 el empleo y en la Sección 1.ª artículo 27 la educación, siendo por tanto este último derecho el único que permite su tutela judicial por un procedimiento preferente y sumario, pudiendo incluso recurrir en amparo para su defensa al Tribunal Constitucional.

Que el resto no aparezcan como derechos fundamentales no es óbice para restarles exigibilidad puesto que el Tribunal Constitucional en muchos casos utilizó el «Estado Social» para interpretar otras normas y leyes, que serán indispensables para el ejercicio de los derechos sociales fundamentales, derechos de segunda generación.

A finales del pasado siglo damos un paso más con los derechos de tercera generación, pues para Laporta (1987):

> «(...) una institución satisface el principio de igualdad si y solo si su funcionamiento está abierto a todos en virtud de principios de no discriminación y, una vez satisfecha esa prioridad, adjudica a los individuos beneficios o cargas diferenciadas en virtud de rasgos distintivos relevantes».

Es así como a nivel internacional se adoptan las Convenciones para la eliminación de la discriminación de la mujer en 1979, la de protección de trabajadores migrantes de 1999 y la de los derechos de las personas con discapacidad de 2006.

2. Las políticas sociales públicas

El siguiente nivel de concreción entre el derecho y la persona lo encontraremos en las «políticas públicas» (Lasswell 1951) tendiendo un puente entre la ciencia y la democracia, pues las decisiones políticas no pueden prescindir ni de la ciencia ni del conocimiento de la realidad, ni de la general ni de la de cada persona. Tampoco de la Administración pues recordando a un experimentado Interventor «muchas veces parece que el gobierno va por aquí y la burocracia por allá».

Muchos de los seguidores de Lasswell encuentran también en las políticas públicas un elemento clave de legitimidad en el ejercicio del poder público, por cuanto incorporan objetivos, decisiones y acciones a la agenda pública para solucionar los problemas de los ciudadanos.

En el ámbito de los derechos sociales, según Ortiz Mattew Cummins (2007):

> «(...) la política social es un instrumento que utilizan los gobiernos para regular y completar las instrucciones del mercado y las estructuras sociales».

Se trata de poner a la persona en el centro de nuestras políticas y guardan especial relación con el desarrollo económico, porque lejos de la interpretación de que se trata de un gasto superfluo, la inversión en política social mejora la productividad y la calidad de la mano de obra, hace que aumente la demanda interna y nos permiten disponer de estabilidad, al tiempo que pueden evitar grandes conflictos sociales que pongan en riesgo la economía y a los gobiernos.

3. Compromiso global y Agenda 2030

Las políticas sociales, como el Derecho, precisan de un compromiso global y nada mejor que la pandemia de la COVID-19 para comprobar las implicaciones mundiales de algo que sucede al otro lado del planeta y acaba teniendo repercusiones en todos nosotros, algunas sin precedentes en los últimos años como la limitación de derechos civiles. La cumbre del Milenio de Nueva York del 2000 fija siete Objetivos de Desarrollo (ODM): Erradicar la pobreza, enseñanza primaria universal, igualdad entre géneros, reducción de la mortalidad infantil, mejora de la salud, lucha contra el VIH, sostenibilidad del medio ambiente y fomento del asociacionismo mundial para el desarrollo.

Solo quince años después y también en Nueva York la Asamblea General de Naciones Unidas adopta con la participación de 193 Estados los Objetivos de Desarrollo Sostenible (ODS) bajo el lema «Transformar nuestro mundo: la Agenda 2030 para el Desarrollo Sostenible». Suma los objetivos de hambre cero, de calidad, trabajo decente y crecimiento económico, industria e innovación, reducción de las desigualdades, paz y justicia y pasa de uno a seis los objetivos de sostenibilidad del medio ambiente: agua limpia y saneamiento, energía asequible y no contaminante, ciudades sostenibles, producción y consumo responsables, vida submarina y vida de ecosistemas terrestres.

Los principios generales de la Agenda 2030 (VV.AA. 2017) serán no dejar a nadie atrás, especialmente a personas que pertenecen a grupos con mayores necesidades de apoyo, tales como mujeres, personas con discapacidad o personas mayores; universalidad, donde la realidad legislativa y económica de cada país debe incorporar esos objetivos globales; integralidad e indivisibilidad, entorno a sus tres dimensiones que deben hacer compatible las políticas sociales, las económicas y las ambientales; inclusivo y participativo, de todos los actores y en sus niveles nacional, regional y local; y apropiación nacional, con objetivos concretados en cada país a través de sus políticas públicas.

Cuando elaboremos las políticas sociales públicas tendremos que seguir las fases de diagnóstico de desarrollo económico y social; valorar la eficacia de las políticas existentes, tanto el tipo de organización como los recursos humanos con los que contamos, los procesos administrativos y la cultura administrativa; revisar políticas, elegir otras nuevas o incluso tomar la decisión de no hacer; asignar recursos, identificando los existentes, nuevas fuentes de ingresos y la rendición de cuentas o *accountability*; implementación de la política pública, con decisiones políticas y administrativas, tratando de superar las incertidumbres de ciclo político o económico y superando el entendible rechazo al cambio de la Administración, pues puede utilizarse un enfoque descendente o *top-down* o uno ascendente o *botton-up*, donde en el primero el protagonismo está en la cúspide de la Administración y en el segundo en la burocracia; ejecución y finalmente seguimiento y evaluación, en cuanto a los objetivos y a sus efectos.

Como apuntábamos entre los principios generales un reto global requiere de la suma de todos los actores y de su participación desde el principio pues de eso no solo dependerá la comprensión de una realidad cada vez más compleja, sino también el compromiso global en su ejecución para utilizar la gobernanza como complementadora de la democracia a través también de sus principios de subsidiariedad, complementariedad, proporcionalidad, flexibilidad, objetividad, participación, transparencia, rendición de cuentas, eficacia y coherencia.

4. Políticas sociales sectoriales de salud

Tomando nuevamente como guía la Declaración Universal de Derechos Humanos para el establecimiento de las políticas sociales públicas la sanidad, como hemos visto en toda su dimensión en la pandemia, que todavía padecemos, es estratégica para el bienestar de las personas. Sin salud se dificulta notablemente el acceso al resto de derechos fundamentales. Según los datos que nos ofrecen las referidas guías de orientación de las Políticas Públicas el 80 % de la población mundial carece de cobertura sanitaria y de seguridad social. Además, su financiación difiere entre la aportación privada del 37 % de los países más desarrollados al 95 % de los países con menores recursos. Mayor inversión sanitaria mejora la esperanza de vida, la productividad, la innovación y reduce el riesgo para la vida en cada Estado y también a nivel global.

En el mundo podemos distinguir tres modelos de financiación; sistema sanitario público, financiado con impuestos y universales; sistema sanitario privado, financiado por la persona y tremendamente lesivo para la dignidad de la persona con escasos recursos al tiempo que genera más desigualdad; y sistema de seguro social o *risk pooling* a través del que la persona aporta a un fondo común para cuando lo necesite. Destaca como práctica positiva el *Plan de Microseguros de Sewa-India* destinado desde 1972 a asegurar un salario mínimo, asesoramiento legal y representación sindical; así como seguros de asistencia sanitaria y de vida.

Se trata de un objetivo específico de los ODS, consustancial a la dignidad de la persona y conectado con los derechos civiles y políticos entre los que destacan el derecho a la vida y a la integridad física con un fuerte impacto en la inversión pública al tiempo que un muy distinto compromiso económico pues dentro de Europa va desde el 10 % del PIB de Alemania al 4,6 % de Grecia. Estados Unidos destaca a nivel global destinando un 14 % de su Producto Interior Bruto a la sanidad, mientras la India destina un 0,9 %. Nada como el test de estrés de la pandemia y el desastroso desequilibrio en la vacunación para reclamar una política sanitaria global. El reto será también que con las políticas de atención cubiertas podamos desplegar más políticas de prevención.

5. Políticas sociales sectoriales de servicios sociales

Entre las políticas sociales públicas de bienestar estaría la inclusión social, la garantía de una renta mínima acorde con la dignidad de la persona, un sistema de servicios sociales que garantice la atención especialmente en servicios como su alimentación, vestido, vivienda y la formación e inserción laboral; la plena inclusión de personas con discapacidad; la atención a la infancia fomentando su participación, su crecimiento equilibrado y saludable e intervenciones en situaciones de vulnerabilidad; y a las personas mayores, en un contexto de incremento numérico vertiginoso pues la población mundial envejecerá un 237 % a finales de este siglo (las personas mayores de 60 años pasarán de 900 millones en 2015 a 1.400 millones en 2030, del 12 % al 16 %, duplicándose en 2050 la proporción de mayores de 65 años en África, Asia e Iberoamérica (ONU 2021), y de cambios sociales —familias más reducidas e incorporación de la mujer al trabajo fuera del hogar— que generan situaciones de gran desprotección no ya a través del clásico reto de la sostenibilidad de las pensiones sino a través del nuevo reto de los cuidados, como también vivimos de la pandemia de la COVID-19.

Destacaremos aquí como buena práctica la puesta en marcha de las casas Nido (DOG 2016), un recurso para la infancia que responde al triple objetivo de acercar la educación infantil al ámbito rural, garantizar la conciliación y fomentar el empleo entorno a políticas sociales cuyos destinatarios principales resultaron ser mujeres al tiempo que permitió el retorno a sus ayuntamientos tras su formación.

A pesar de estar presente en los objetivos 1,2 y 10 de los ODS su cálculo en términos de inversión está poco medida, aunque como en otras políticas sociales encontramos grandes diferencias en su financiación a nivel global.

6. Políticas sociales sectoriales de empleo y seguridad social

Las políticas sociales públicas de empleo y seguridad social se presentan como el octavo objetivo ODS para garantizar trabajo decente y crecimiento económico. El empleo es un derecho esencial para la dignidad humana al igual que la protección social tras perderlo, tras una discapacidad que resulte incompatible para el mismo, tras la edad de jubilación, viudedad, orfandad o a favor de familiares.

Siguiendo la guía de orientación de Política Social de Naciones Unidas el modelo general de la protección social es multipilar; con un primer pilar de pensiones contributivas y no contributivas públicas; un segundo pilar de capitalización a través de fondos de pensiones y un tercer pilar de aportaciones voluntarias que suelen diferenciar a aquellas personas con rentas más altas. El sistema generalizado de capitalización supone un enorme reto a la vista de los datos aportados de crecimiento de la población mayor y decrecimiento de los cotizantes. Los países de la Unión Europea emplean entre un 5 y un 17 % de su PIB en pagar las pensiones públicas de sus ciudadanos, siendo España uno de los países que más invierte, así podemos comprobar como en los últimos años el gasto en pensiones en España se ha situado en el 12 % del Producto Interior Bruto (PIB), frente al 10,9 % que suponía hace solo 2 años. En los Pactos Sociales Españoles de la Moncloa tendremos un ejemplo de buena práctica.

Entre las políticas de empleo destacan las pasivas (seguro de desempleo, regulación de salarios mínimos y condiciones de trabajo), las políticas activas (empleo público, formación y orientación laboral, discriminación entorno a destinatarios) y el reto de la igualdad de oportunidades de la mujer y el hombre (actualmente objetivo específico ODS) para el acceso al empleo, eliminación de la brecha salarial y las políticas de conciliación, uno de los principales desafíos de este siglo.

De acuerdo con la Guía para la formulación de políticas nacionales de empleo (VV.AA. 2012), aplicar un planteamiento fragmentario en materia laboral y de promoción de las políticas públicas de empleo se ha demostrado que no funciona, y los datos nos demuestran que aquellos países con elevadas tasas de desempleo son los países que menos invierten de su PIB en llevar a cabo políticas activas destinan mayor gasto a las pasivas. Un ejemplo puede ser España que en medio de la última crisis económica y aumento del desempleo destinó 32.000 millones de euros a Políticas de empleo (un 18 % del total de gasto público) de las que solo el 12 % se destinó a políticas activas frente al 88 % destinado a políticas pasivas.

En el caso de Europa, es la propia Unión Europea la que en el marco de sus competencias en materia laboral y de empleo, transfiere Fondos para la realización de medidas y de acciones que favorezcan las Políticas Activas de Empleo de cada Estado. Persiguen un doble objetivo pues al tiempo que mejoran las oportunidades de las personas que buscan empleo también mejoran la adecuación entre el empleo vacante y el desempleado. Contribuyen, como el resto de políticas públicas sociales, al crecimiento económico, al bienestar y muy especialmente a la adaptación del empleo al cambio vertiginoso que marca este siglo, pues probablemente no conozcamos los nichos de empleo del futuro.

7. Políticas sociales sectoriales de educación

Para finalizar el breve recorrido por las políticas sociales públicas más importantes, objeto del artículo 26 de la Declaración Universal de Derechos Humanos y cuarto ODS nos encontramos con la educación de calidad. Nacemos en situaciones diferentes y el derecho a la educación es quizás el más transversal para alcanzar la igualdad real de oportunidades, la dignidad de la persona y el libre desarrollo de su personalidad. Si bien en los años ochenta se introdujeron costes en la matriculación, aunque fueran indirectos como el transporte, los uniformes o las actividades extraescolares, hoy existe un consenso global sobre la gratuidad de la educación básica. La Guía de Orientación de Política Social de Naciones Unidas apunta a buenas prácticas como los incentivos económicos a la permanencia en el sistema educativo del programa Progresa/Oportunidades en México que desde 1997 beneficia al 20 % de población necesaria con incentivos económicos a la asistencia educativa –58$ para niños y 66$ para niñas—, asistencia sanitaria familiar gratuita y alimentación.

La educación constituye también una de las bases fundamentales para mejorar la productividad de la economía, con repercusiones para la retribución y calidad de vida de los más formados, pero también para la capacidad económica del país y la posterior redistribución de la riqueza que siempre es mejor que el empobrecimiento generalizado al abordar las políticas sociales. Según el Banco Mundial las políticas educativas suponen el 3,7 % del PIB del planeta, entre el 5 % de Norteamérica y el 2,5 % de Asia Meridional, pasando por el 4,6 % de la Unión Europea y el 4 % de Iberoamérica. Su desigual inversión presenta también un nuevo reto global.

8. Derecho fundamental a la buena administración

Haremos a continuación el último ejercicio de concreción o de máxima aproximación a cada caso concreto, pues reconocido el derecho y elaborada la política social pública será a través del derecho fundamental a la buena administración como conseguiremos hacer efectivo el derecho social en cada persona. No como una actuación caritativa, sino como la base del servicio público en un Estado Social y democrático de Derecho, con la persona en el centro de nuestros desvelos, dando por supuesto que «todos los seres humanos nacen libres e iguales en dignidad y derechos» según el primer artículo de la Declaración Universal de Derechos Humanos y una dimensión ética que ya en la época romana atribuía al derecho el *ars boni et aequi*, cumpliendo por supuesto con los principios constitucionales de interés general, eficacia y eficiencia que definen la actuación de la Administración.

La buena administración se reconoce en la Carta Europea de Derechos Fundamentales (VV.AA. 2000) y en la Carta Iberoamericana de los Derechos y Deberes del Ciudadano (VV.AA. 2013), imponiendo la obligación a la Administración de atender los asuntos de cada persona de una manera «imparcial», «equitativa» y en un «plazo razonable», «a ser oída», «a acceder al expediente» y a la «motivación» para desterrar la discrecionalidad de la práctica administrativa. En el ámbito Iberoamericano se añadirá al funcionamiento de la administración el contacto con el administrado con «calidad y calidez». De acuerdo con Rodríguez-Arana (2015), la Carta Iberoamericana de los Derechos y Deberes del Ciudadano supera a la Europea en cuanto a la incorporación de la objetividad, la justicia y el asesoramiento y la cortesía; tan necesarios para hacernos iguales también en la exigencia de los derechos.

Finalizaremos con los datos de una reciente encuesta de Sondaxe (2022), según la cual el 53 % de la población prefiere relacionarse con la Administración presencialmente en sus oficinas, mientras solo un 23 % opta por internet cuando todos los pasos de modernización burocrática van camino de la digitalización. Del mismo modo que hablábamos de desigualdad en otros ámbitos la brecha digital todavía aleja de intern*et al.* 22 % de la población objeto de la muestra que en 2012 era el 49 %. Descendiendo a los datos de edad de los que demandan una respuesta de su Administración entre los mayores de 65 años dicha brecha llega al 76 %, siendo en el 2012 del 7 %, mientras la preferencia por la relación presencial está en su horquilla más baja (27 %) entre los menores de 30 años y en la horquilla más alta (89 %) en los mayores de 65 años.

Una doble discriminación sobre la brecha digital la encontramos en la «España vaciada» donde en algunos lugares la conexión todavía es imposible, prefiriendo el trato directo el 67 % de la población frente al 42 % de la «España llena». Y lo mismo que sucede en el trato con la administración nos lo encontramos para pedir una pizza, para dar de alta la electricidad y el gas, o para operar con nuestro dinero en los bancos. En este último ámbito sujeto a regulación y bajo la iniciativa «Soy mayor, no idiota» promovida por Carlos Sanjuan y apoyada por miles de firmas consiguió incorporarla a la agenda pública con un protocolo de los bancos para fomentar la inclusión financiera de los mayores.

Globalización y cambio nos sitúan ante los nuevos retos de la buena administración, de cómo organizar adecuadamente los procedimientos y las políticas sociales, para juntos seguir en el camino para disfrutar de una sociedad más justa y solidaria.

9. Bibliografia

DIARIO OFICIAL DE GALICIA (DOG) (2016). Número 96, 23 de mayo de 2016.

Laporta San Miguel, Francisco Javier (1987). «Sobre el concepto de derechos humanos», *Doxa*, 4. Alicante.

Lasswell, Harold Dwight (1951). *De policy orientation*. California: Universidad de Stanford.

Meilán Gil, José Luis (2013). *Anuario da Facultade de Dereito de Universidade da Coruña*. A Coruña: Universidad de A Coruña.

Organización de Naciones Unidas (ONU) (1948). *Declaración Universal de los Derechos Humanos*. París.

Organización de Naciones Unidas (ONU) (2021). *World Population Prospects 2019*. Nueva York.

Ortiz Mattew-Cummins, Isabel (2007). *Guías de Orientación de Políticas Públicas*. Nueva York: Organización de Naciones Unidas, DAES.

Ratcliff, Anna (2020). *Oxfam.es.*

Rodríguez-Arana Muñoz, Jaime (2015). *Derecho Administrativo y Derechos Sociales Fundamentales*. Sevilla: Editorial Derecho Social e INAP.

Sondaxe (2022). *La Voz de Galicia*, 6 de marzo de 2022.

VV.AA. (2000). *Carta Europea de Derechos Fundamentales*. Bruselas: Unión Europea.

VV.AA. (2012). *Guía para la formulación de políticas nacionales de empleo*. Ginebra: Oficina Internacional del Trabajo - Departamento de Política de Empleo.

VV.AA. (2013). *Carta Iberoamericana de los Derechos y Deberes del Ciudadano*. Caracas: Centro Latinoamericano de Administración para el Desarrollo.

VV.AA. (2017). *Guía de orientación para organizaciones políticas y la ciudadanía: articulando los programas de gobierno con la Agenda 2030*. Costa Rica: Programa de Naciones Unidas para el Desarrollo.

Werner, Fritz (1959). *Derecho Administrativo como derecho constitucional concretado*. Hamburgo: Deutsches Verwaltungsblatt.

World Bank (2020). *Poverty and Shared Prosperity 2020: Reversals of Fortune.* Washington DC: World Bank.

LA PARTICIPACIÓN DE LOS NUEVOS EMPRENDIMIENTOS EN LAS CONTRATACIONES PÚBLICAS

The participation of new companies in public procurement

Alejandro Canónico Sarabia[1]
Universidad Internacional de La Rioja

Fecha de Recepción: 01/10/2022
Fecha de Aceptación: 31/10/2022

Resumen: El 15 de octubre de 2021, resultó publicada en la Gaceta Oficial n.° 6.656, la Ley para el Fomento y Desarrollo de Nuevos Emprendimientos, cuyo principal objeto es promover la creación y desarrollo de nuevos emprendimientos con el propósito de aumentar y diversificar la oferta de productos y servicios en el país, ofrecerles una regulación especial y brindar ciertos incentivos que permitan el crecimiento del sector, así como el de la Nación. Uno de los principales incentivos hacia el sector emprendedor se consagra en el artículo 12 de la citada ley, en donde se reconoce a las compras públicas como una fuente de demanda potencial de los nuevos emprendimientos, por lo que las autoridades deberán establecer criterios claros para privilegiar la participación de los nuevos emprendimientos en esa área de la gestión pública.

Palabras clave: Emprendimiento. Compras públicas. Startup. Empresas emergentes.

Abstract: On October 15, 2021, the Law for the Promotion and Development of New Enterprises was published in the State official newsletter n.° 6,656, whose main purpose is to promote the creation and development of new enterprises with the purpose of increasing and diversifying the offer of products

---

1 Doctor en Derecho. Abogado UCAB. Doctor en Derecho por la Universidad de A Coruña. *Magister Scientiarum* en Historia Regional de Venezuela. Especialista en Derecho administrativo y en Derecho procesal. Profesor de la Universidad Internacional de la Rioja. Email: alejandro.canonico@unir.net.

and services in the country, offer them a special regulation and provide certain incentives that allow the growth of the sector, as well as that of the Nation. One of the main incentives towards the entrepreneurial sector is stated in article 12 of the law, where public purchases are recognized as a source of potential demand for new enterprises, for which the authorities must establish clear criteria to privilege the participation of new enterprises in this area of public management

Keywords: Entrepreneurship. Public Procurement. Startup. Emerging Companies.

1. Aproximación a la noción de emprendimiento

La economía no se detiene, su práctica resulta incesante, además evoluciona de manera constante; dentro de la evolución de las actividades económicas van surgiendo nuevas ideas, modalidades, conceptos y figuras que se incorporan a las prácticas tradicionales para generar riqueza, bienestar, y así contribuir, de forma directa o indirecta, al desarrollo económico y social de los estados. Precisamente dentro de esas nuevas figuras productivas ubicamos al «emprendimiento», que se trata de una nueva modalidad productiva inserta dentro del derecho fundamental a la libertad económica o la libertad de empresa, que comparte las características de libertad, productividad, flexibilidad, informalidad, innovación y sostenibilidad. Actualmente esta figura empresarial emergente se encuentra en estudio, revisión e incorporación normativa en diferentes lugares del planeta, por su aparición espontánea y por su definitiva potencialidad para desarrollar procesos productivos que, sumados a las actividades económicas tradicionales, pueden contribuir a la generación de empleo y al desarrollo de las economías nacionales.

Cabe destacar que, en el contexto de la realidad venezolana, el emprendimiento se ha manifestado con significativa fuerza en la última década, motivado en muchos casos por los evidentes problemas económicos del país y en respuesta a las necesidades humanas tendientes a la obtención de ingresos económicos que les permitan a las personas contar con recursos suficientes para garantizar una vida digna. Frente a esta realidad, en los últimos años, se han implementado normas, organizaciones y reglamentación de apoyo y estímulo al emprendedor para tratar de proteger las actividades productivas que desarrollan y, al mismo tiempo, para fomentar el surgimiento de nuevos emprendimientos.

En este escenario resulta interesante conocer cuáles son las bases conceptuales que sustentan a la figura de los emprendedores; cuyo estudio nos permitirá comprender realmente en qué consiste esta modalidad empresarial y quiénes serían los principales actores que se configuran como los encargados del desarrollo de ese nuevo sector de producción económica.

A los fines de tratar de marcar el inicio histórico del emprendimiento, nos apoyaremos en la obra de Alejandro Schnarch, denominada: «*Emprendimiento Exitoso*» (2016: 126), donde se indica que:

> «Emprendedor viene del vocablo francés entrepreneur y tal vez el uso más antiguo de este término se registra en la historia francesa en el siglo XVII y hacía referencia a personas que se comprometían a conducir expediciones militares. El término fue introducido en la literatura económica por primera vez, en los inicios del siglo XVIII, por el economista Richard Cantillon. (...) Cantillon define al entrepreneur como el «agente que compra los medios de producción a ciertos precios y los combina en forma ordenada para obtener de allí un nuevo producto». Distingue que el emprendedor, a diferencia de otros agentes no posee un retorno seguro. Y afirma que es él, quien asume y soporta los riesgos que dominan el comportamiento del mercado».

Así mismo, desde la cultura y formación técnica emprendedora (Uribe y Reinoso 2013: 14), se define al emprendimiento:

> «(...) como un conjunto de competencias, que parte de la actitud de la persona, para captar oportunidades de su entorno, lo cual requiere un pensamiento sistémico, convertirlas en ideas innovadoras con base en su creatividad y generar proyectos productivos en diferentes campos, para beneficio propio y de su entorno».

Se destaca en la anterior definición que el emprendimiento está íntimamente vinculado a las capacidades y competencias del emprendedor. En relación con lo anterior podemos concluir —a priori— que el emprendimiento se desprende de la condición y conducta humana; no hay emprendimiento sin emprendedor.

La anterior referencia conceptual, técnica e histórica se proyecta hacia la actualidad, destacando las características fundamentales de esta modalidad productiva, que parecen mantenerse en el tiempo. Su origen, sin dudas, es la libertad de la persona para desarrollar la actividad económica que considere más adecuada, con base en sus ideas y en sus capacidades; igualmente se reitera la necesidad como elemento motivador del emprendimiento, para luego llevar a cabo los esfuerzos, procesos y actividades que permiten satisfacer esa necesidad o lograr el objetivo del emprendimiento, por medio de la creación de nuevos productos y servicios innovadores o que aporten valor;

sin olvidar algo muy importante, y es que el emprendedor asume y soporta directamente los riesgos que comporte la ejecución de su emprendimiento (Borja, Carvajal y Vite 2020: 185).

La doctrina ha identificado dos tipos de emprendimiento, a saber:

1. Emprendimiento de subsistencia.
2. Emprendimiento de oportunidad.

Los emprendimientos de subsistencia se han identificado (Borja, Carvajal y Vite 2020: 185) como:

> «(...) aquellos que no disponen de las posibilidades, ya sean estas económicas, sociales y culturales para desarrollarse, siendo el principal motivo el hecho de que fueron creados por necesidad. Pueden encontrarse enmarcados dentro de lo que se conoce como economía informal, por lo que hasta se puede analizar cómo se desarrolla dentro de condiciones de vulnerabilidad, pobreza y exclusión social».

Este tipo de emprendimiento suele caracterizarse por los bajos niveles de capital de trabajo, productividad y nivel tecnológico, lo que supone en consecuencia, que tenga pocas probabilidades de sostenibilidad.

Mientras que el emprendimiento de oportunidad consiste fundamentalmente en la realización de una actividad profesional o personal del emprendedor, sobre la base de sus capacidades, pero que cuenta con cierto capital económico, social, estratégico y de organización, por lo que exhibe algún grado de formalidad, que lo diferencia del emprendimiento de necesidad; «el emprendedor de oportunidad posee incluso un gran nivel educativo y posee considerables niveles de innovación y tecnología» (Borja, Carvajal y Vite 2020: 185).

Las aproximaciones teóricas al concepto de emprendimiento, antes realizadas, nos llevan a analizar la correspondencia entre la noción de emprendedor con respecto a la noción de empresario, a los fines de identificar sus elementos diferenciadores. Se dice (Schnarch 2016: 127) que «un emprendedor no es más que un empresario en potencia»; arrojando inmediatamente la idea del elemento temporal para diferenciar a ambas personas, esto es, el empresario puede comenzar siendo un emprendedor, o mejor aún, todo empresario es o fue un emprendedor. Otro elemento identificador es el hecho de que el emprendedor siempre es una o varias personas naturales o físicas, que pueden desarrollar su idea o actividad de forma directa, sin necesidad de constituir una organización formal; mientras que el empresario desarrolla su actividad económica a través de una empresa debidamente formalizada.

Sin embargo, ambos —emprendedor o empresario— persiguen el mismo objetivo general: realizar una actividad productiva, generar empleo y consolidar un desarrollo económico. No obstante, uno de los errores del emprendedor (Schnarch 2016: 127) es:

> «(...) llegar a creer que, si es buen emprendedor, también se puede ser buen empresario, lo que no siempre resulta cierto, y puede costar el éxito de un pro-

yecto. Una cosa es emprender, idear un negocio y desarrollarlo, y otra cosa muy distinta es ser empresario, gestionar el proyecto luego de implementado. Cada uno requiere habilidades diferentes y especificas…».

A modo de conclusión preliminar podemos afirmar que el emprendedor es aquella persona que, por iniciativa propia, con base en la innovación y la creatividad, diseña e implementa actividades productivas, a través de nuevos productos, servicios o procesos, diferenciándose de los existentes en el mercado. Esta figura también puede ser asimilada a las conocidas en otros ordenamientos jurídicos, bajo la denominación de «trabajador independiente», «autónomo o freelance»; las cuales, en función de la actividad y la forma de desarrollarla pudieran ser englobadas en la definición de «emprendedor».

Por último, resulta interesante comentar que en la actualidad se encuentra publicado en el Boletín Oficial de las Cortes Generales españolas, el «*Proyecto de Ley de Fomento del Ecosistema de las Empresas Emergentes*» o *startup*. Precisamente a través de esta legislación se pretende regular una figura similar al denominado emprendimiento o empresas emergentes, destacando sobre manera el término innovación para identificar a esta modalidad empresarial. En ese sentido, se considera empresas emergentes innovadoras cuando:

> «(…) su finalidad sea resolver un problema o mejorar una situación existente mediante el desarrollo de productos, servicios o procesos nuevos o mejorados sustancialmente en comparación con el estado de la técnica y que lleven implícito un riesgo de fracaso tecnológico o industrial».

En este proyecto se incluye un capítulo relativo al fomento de la compra pública innovadora para empresas emergentes[2].

2. Marco jurídico legitimador del emprendimiento

Para conocer el marco jurídico que sirve de base al emprendimiento, como nueva modalidad de la actividad empresarial, tomaremos como punto de partida la revisión de la norma constitucional, la cual desde su preámbulo establece que en Venezuela impera un sistema de economía basado en la libertad económica, la economía de mercado y la iniciativa privada, como derecho fundamental; con la garantía que solo puede ser limitado por ley, y en función de razones de desarrollo humano, seguridad, sanidad, protección del ambiente y otros derechos sociales[3].

---

2 Artículo 4.1 del Proyecto de Ley de fomento del ecosistema de las empresas emergentes, publicado en el Boletín Oficial de las Cortes Generales, en fecha 27 de diciembre de 2021. Disponible en: https://www.digitales.es/wp-content/uploads/2021/12/BOCG-14-A-81-1.pdf.

3 Con relación al principio de libertad económica contenido en el artículo 112 del texto constitucional, es importante destacar el criterio sostenido por la Sala Constitucional del

En ese orden de ideas, el texto fundamental determina que el régimen socioeconómico de la República Bolivariana de Venezuela se fundamenta en los principios de justicia social, democracia, eficiencia, libre competencia, protección del ambiente, productividad y solidaridad, a los fines de asegurar el desarrollo humano integral y una existencia digna y provechosa para la colectividad. Para lograr la consolidación de aquel régimen socioeconómico, es determinante que el Estado, conjuntamente con la iniciativa privada, sirva las bases para la promoción del desarrollo armónico de la economía nacional con el fin de generar fuentes de trabajo, alto valor agregado nacional, elevar el nivel de vida de la población y fortalecer la soberanía económica del país, garantizando la seguridad jurídica, solidez, dinamismo, sostenibilidad, per-

---

Tribunal Supremo de Justicia, mediante sentencia n.º 2.254, de 13 de noviembre de 2001, en la cual señaló:

«Sobre este particular, esta Sala debe destacar que el principio de la libertad económica, no debe ser entendida como un derecho que esté consagrado en términos absolutos, sino que el mismo puede ser susceptible de ciertas limitaciones, las cuales pueden venir dadas por ley o por manifestaciones provenientes de la administración, las cuales, previa atención al principio de legalidad, pueden regular, limitar y controlar las actividades económicas que desempeñen los particulares. A diferencia de la consagración correlativa del texto fundamental de 1961, la previsión antes transcrita contiene una mayor precisión tanto en lo referido a las limitaciones de índole legal al ejercicio de las actividades económicas como a la definición del rol del Estado promotor. Es así como puede inferirse de la relación seguida en la norma, que la restricción a la actividad económica, además de estar contemplada en una Ley, es necesario que obedezca a razones de desarrollo humano, seguridad, sanidad, protección del ambiente u otras de interés social».

Adicionalmente se observa que el artículo 5 de la Ley Para el Fomento y Desarrollo de Nuevos Emprendimientos, publicada en la G.O. n.º 6.656, de 15 de octubre de 2021, establece:

«Se reconoce el derecho de toda persona a participar en la actividad económica, mediante la constitución de emprendimientos a los fines de contribuir con el desarrollo nacional y la producción de bienes y servicios que satisfagan las necesidades de la población, sin más limitaciones que las previstas en la Constitución y la ley».

Se reconoce, en consecuencia, una modalidad de la libertad económica, como lo es el derecho a emprender, como base para la generación de riqueza, empleo y bienestar de la población. Pero debemos tener claro hasta qué punto se materializa esa libertad, en el entendido que, en el ordenamiento jurídico venezolano, desde el punto de vista constitucional se propugna el reconocimiento a la propiedad privada y a la libertad económica, sin embargo, se observa que existen algunas limitaciones para su ejercicio, como ejemplo de ello tenemos que una compañía recién constituida deberá inscribirse en el Registro Único de Información Fiscal para obtener el RIF, deberá obtener una licencia de actividades económicas en la Alcaldía donde se encuentre su domicilio; deberá inscribirse en el Instituto Venezolano de los Seguros Sociales (IVSS), el Instituto Nacional de Capacitación y Educación Socialistas (INCES), el Banco Nacional de Vivienda y Habitad (BANAVIH), entre otros; para dar cumplimiento a sus obligaciones tributarias deberá inscribirse en el Fondo Nacional de Ciencia Tecnología e Innovación (FONACIT), el Fondo Nacional del Deporte la Actividad Física y la Educación Física (FND), entre otros; tal y como se extrae de la publicación de Cedice Centro de Divulgación del Conocimiento Económico, disponible en: https://cedice.org.ve/observatoriolegislativo/wp-content/uploads/2019/02/Serie-DD-No.-4-Hacer-Negocios-en-Venezuela.pdf y consultada el 17 de enero de 2022.

manencia y equidad del crecimiento de la economía, para lograr una justa distribución de la riqueza mediante una planificación estratégica, democrática, participativa y de consulta abierta[4].

Observamos que el estado venezolano está obligado a constituirse en el garante de ese sistema o régimen socioeconómico, ya sea como promotor[5] o regulador, todo ello, en correspondencia con el artículo 308, del texto constitucional que establece:

> «El Estado protegerá y promoverá la pequeña y mediana industria, las cooperativas, las cajas de ahorro, así como también la empresa familiar, la microempresa y cualquier otra forma de asociación comunitaria para el trabajo, el ahorro y el consumo, bajo régimen de propiedad colectiva, con el fin de fortalecer el desarrollo económico del país, sustentándolo en la iniciativa popular. [(...) Asegurando] la capacitación, la asistencia técnica y el financiamiento oportuno».

En los artículos 112 y 118 de la CRBV, se regulan los derechos económicos, que se constituyen en la fuente del régimen económico que rige la actividad empresarial en Venezuela, al establecer que todas las personas pueden dedicarse libremente a la actividad económica de su preferencia sin más limitaciones que las previstas en el propio texto constitucional, y las que establezcan las leyes por razones de desarrollo humano, seguridad, sanidad, protección del ambiente u otras de interés social, reconociendo, promoviendo y protegiendo además el derecho de los trabajadores, así como de la comunidad para desarrollar asociaciones de carácter social y participativo, como las cooperativas, cajas de ahorro, mutuales y otras formas asociativas destinadas a mejorar la economía popular y alternativa.

Así mismo, en el ordenamiento jurídico venezolano, observamos que se han sancionado una serie de instrumentos jurídicos para promover el emprendimiento social, ejemplo de ello son las leyes referidas al sistema microfinanciero, asociaciones cooperativas, promoción y desarrollo de la pequeña y mediana industria y cajas y fondos de ahorro; todas sancionados en el año 2001, mediante decretos leyes autorizados por Ley Habilitante. Con estas leyes se pretendió facilitar el acceso a una ocupación productiva y crea-

---

4 Véase el artículo 299 de la Constitución de la República Bolivariana de Venezuela.

5 Dentro de los parámetros de estado garantista y promotor nos encontramos además que de conformidad con el contenido de los artículos 309 y 310 del texto constitucional, respectivamente:
«La artesanía e industrias populares típicas de la Nación, gozarán de protección especial del Estado, con el fin de preservar su autenticidad, y obtendrán facilidades crediticias para promover su producción y comercialización».
«El turismo es una actividad económica de interés nacional, prioritaria para el país en su estrategia de diversificación y desarrollo sustentable. Dentro de las fundamentaciones del régimen socioeconómico previsto en esta Constitución, el Estado dictará las medidas que garanticen su desarrollo. El Estado velará por la creación y fortalecimiento del sector turístico nacional».

ción de empleo, preferiblemente en forma colectiva, mediante el fomento y protección de las organizaciones asociativas, a las cuales se les brindaría asistencia técnica y financiera.

Posteriormente, en el año 2008, se sancionó la Ley para el Fomento y Desarrollo de la Economía Popular, la cual alcanzó un nivel mayor en el ordenamiento jurídico, al promulgarse la Ley Orgánica sobre el Sistema Económico Comunal (2010). Una de las finalidades de este instrumento jurídico fue fomentar un modelo socio productivo comunitario y sus formas de organización comunal en todo el territorio nacional, surgiendo las siguientes modalidades de organización empresarial:

1. Empresas de propiedad social o comunal.
2. Empresa de producción social.
3. Empresa de distribución social.
4. Empresa de autogestión, unidad productiva familiar, grupos de intercambio solidario y grupos de trueque comunitario.

Estas empresas fueron declaradas el eje central de las políticas públicas y, por lo tanto, la base del modelo productivo socialista; sin que a la fecha se cuente con información estadística sobre los resultados concretos de la aplicación de esas normas.

Por otra parte, también en 2008, se promulgó la Ley para la Promoción y Desarrollo de la Pequeña y Mediana Industria y Unidades de Propiedad Social[6], en donde se estableció que el modelo productivo en Venezuela debe responder a las necesidades comunitarias, estando menos subordinado a la reproducción del capital y dirigido a alcanzar un crecimiento sostenido e inteligente. El instrumento jurídico tenía por objeto definir mecanismos, principalmente de carácter público, para apoyar, fomentar, promocionar o recuperar; según el caso, las pequeñas y medianas industrias, así como las unidades de propiedad social, mediante la capacitación, financiamiento y asesoría técnica por parte de los órganos de la Administración Pública. Igualmente previó formas de participación de estas organizaciones en condiciones preferenciales en los procesos de contratación pública, en sintonía con las propias normas especiales de contratación.

Y en el plano municipal se observa que el fomento a los emprendimientos se ha venido tratando de forma incipiente; como ejemplo de ello se encuen-

---

6 Normativa derogada tras la entrada en vigencia del Decreto n.° 1.413, de fecha 13 de noviembre de 2014 publicado en la Gaceta Oficial de la República Bolivariana de Venezuela n.° 6.151 Extraordinario, de fecha 18 de noviembre de 2014, mediante el cual se dictó el Decreto con Rango, Valor y Fuerza de 'Ley de Reforma del Decreto con Rango, Valor y Fuerza de Ley para la Promoción y Desarrollo de la Pequeña y Mediana Industria y Unidades de Propiedad Social, reimpreso por error material y publicada nuevamente en la Gaceta Oficial de la República Bolivariana de Venezuela, n.° 4.550 de fecha 27 de noviembre de 2014.

tra el proyecto de Ordenanza para la promoción del emprendimiento y apoyo a los emprendedores del municipio San Felipe del estado Yaracuy, que data de abril de 2018, cuyo objeto fue establecer las normas, procedimientos y lineamientos que incentivaran la actividad y espíritu emprendedor dentro del municipio, a través de las políticas públicas que el Municipio fomentará en virtud de la promoción del carácter emprendedor, como base fundamental de la participación del sector privado en el crecimiento y desarrollo, económico, social, cultural y político de todo un territorio[7].

En virtud de lo mencionado anteriormente, se puede afirmar que, en el ordenamiento jurídico venezolano, se han establecido parámetros con los cuales se ha buscado fomentar a las empresas de reducida dimensión, así como a las llamadas nuevas formas de asociación económica, dentro de las que se pudiera incluir en forma general a los emprendimientos; sin embargo, ha sido un estímulo muy tímido, que pudiera profundizarse en el futuro.

2.1. Ley para el Fomento y Desarrollo de Nuevos Emprendimientos

Ahora bien, luego de analizado el contenido del texto constitucional, cuyas bases han permitido la promulgación de un número significativo de normas que fomentan el desarrollo de la pequeña y mediana empresa, así como de la pequeña y mediana industria, en la actualidad sobre la misma base jurídica fundamental, y tomando en consideración la crisis que atraviesa la economía nacional, unido al impacto económico derivado de la pandemia por la COVID-19, se ha iniciado un proceso de iniciativas individuales, familiares y grupales, integrado por ideas y propuestas innovadoras, relativas a proyectos de desarrollo productivos.

En ese sentido, el estado venezolano en aras de fomentar esos procesos emprendedores que contribuyen al desarrollo de la economía nacional, dictó la Ley para el Fomento y Desarrollo de Nuevos Emprendimientos —en lo sucesivo Ley de nuevos emprendimientos—[8], con el objeto de contar con un basamento jurídico que permita promover las iniciativas de nuevos emprendimientos, garantizar los emprendimientos en curso y fomentar una cultura emprendedora orientada al aumento y diversificación de la producción de bienes y servicios, el despliegue de innovaciones y su incorporación al desarrollo económico y social de la nación (artículo 1).

7 Artículo 1 del Proyecto Ordenanza para la promoción del emprendimiento y apoyo a los emprendedores del municipio San Felipe del estado Yaracuy. Disponible en: https://es.slideshare.net/concejalesunidadsanfelipe/proyecto-de-ordenanza-para-la-promocion-del-emprendimiento-y-apoyo-a-los-emprendedores-del-municipio y consultada el 12 de diciembre de 2021.

8 Publicada en la G.O., n.° E— 6.656, de 15 de octubre de 2021.

En esta nueva ley se define al emprendimiento, en el artículo 4.1., de la siguiente forma:

> «Emprendimiento: Actividad económica con fines de lucro ejercida por una o más personas, que adquiere personalidad jurídica con la inscripción en el Registro Nacional de Emprendimiento y tiene una duración de hasta dos años».

Mientras que emprendedora o emprendedor, es:

> «(...) aquella persona con capacidades para innovar, entendidas estas como las capacidades de generar bienes y servicios de una forma creativa, metódica, ética, sustentable, responsable y efectiva».

Lo que está conectado con el estrenado Derecho a emprender, que según la norma (artículo 5), consiste en el derecho que tiene toda persona a participar en la actividad económica, mediante la constitución de emprendimientos a los fines de contribuir con el desarrollo nacional y la producción de bienes y servicios que satisfagan las necesidades de la población. Como puede observarse de la proclamación de este novel Derecho, y luego de analizar su disposición conceptual, se generan serias dudas de si realmente se trata de un Derecho o de un deber u obligación, especialmente por la finalidad declarada del mismo, que no se alinea con los objetivos del sujeto emprendedor, sino que de forma exclusiva se identifica sólo con una finalidad de interés general que —según la norma— debe perseguir el emprendimiento.

No obstante, con la entrada en vigor de la citada ley, se pretende incentivar y promover los procesos emprendedores, a través de los siguientes mecanismos:

1. La simplificación de trámites administrativos para la constitución, financiamiento y desarrollo de nuevos emprendimientos.
2. El apoyo desde el gobierno central para nuevos emprendedores.
3. La formación y asesoría financiera, administrativa, jurídica y contable.
4. La asesoría en publicidad y marketing digital.
5. La sistematización del registro de emprendimientos, marcas y pymes.
6. La asistencia para la obtención de licencias y autorizaciones de funcionamiento.
7. La creación de fondos especiales para los nuevos emprendimientos.
8. Créditos y financiamientos especiales.
9. La protección jurídica en la actividad comercial y mercantil, así como en materia de propiedad intelectual y marca.
10. La exoneración de impuestos en casos excepcionales, promover los incentivos o reducciones fiscales de los tributos estatales y municipales.
11. El establecimiento de zonas económicas especiales para actividades comerciales de emprendedores, entre otras ventajas.

No se puede dejar de destacar que el Código de Comercio venezolano (1955), como norma que regula a los comerciantes y a las actividades comerciales en el país, no contempla ninguna disposición que se refiera específicamente a las pymes o a los emprendimientos. Sin embargo, si consideramos a las pymes y a los emprendimientos como empresas o entidades que realizan actos de comercio, estarían en la obligación de cumplir con los requisitos y reglas que el referido código establece para los comerciantes y para las sociedades mercantiles. No obstante, al observar la definición contenida en la Ley de nuevos emprendimientos, que será desarrollada más adelante, nos percatamos que conceptualiza al emprendimiento como aquella «actividad económica con fines de lucro ejercida por una o más personas, *que adquiere personalidad jurídica con la inscripción en el Registro Nacional de Emprendimiento y tiene hasta una duración de dos años»* —cursiva añadida—.

Se observa claramente en este caso que el legislador venezolano se apartó de las normas ordinarias establecidas en el Código de Comercio para formalizar la constitución de una empresa, dejando en esta oportunidad supeditado tal formalismo a la inscripción en un registro especial, por lo que se infiere de la referida norma que no se requiere, por lo menos, de la inscripción en el Registro mercantil competente, ni de la fijación o publicación de tal registro para otorgarle la publicidad necesaria, a los fines de adquirir personalidad jurídica, por lo menos durante los primeros dos años de vida del emprendimiento.

Concluyéndose entonces que los emprendimientos, a la luz de la nueva ley especial que se comenta, tendrán una duración máxima de dos años, debiendo migrar al régimen mercantil ordinario al vencimiento de dicho lapso, so pena de sanción por haber incurrido en infracciones a la norma; y entendiéndose además la extinción de la figura legal del emprendimiento.

2.2. Proyecto español de Ley de fomento del ecosistema de las empresas emergentes (Ley de *Startup*)

La Ley de nuevos emprendimientos venezolana se dicta casi a la par de la discusión del Proyecto de Ley de fomento del ecosistema de las empresas emergentes (Ley de *Startup*), que actualmente se discute en el Congreso de los Diputados de España, dentro del plan denominado la Estrategia para una Nación Emprendedora (ENE), con el que se pretende establecer un entorno normativo en el cual se puedan desenvolver los emprendedores y *startups,* donde la gestación y desarrollo de las iniciativas de alto componente innovador obtengan un resultado exitoso, independientemente de los factores económicos, sociales o geográficos en que tengan su origen. Tal circunstancia o coincidencia en la producción normativa de ambos países, nos indica que el tema del fomento y la promoción de las empresas emergentes o emprendimientos tiene un interés global y una trascendencia internacional.

Ahora bien, la semejanza que pudiera existir entre ambas leyes, radica en que ambas buscan reconocer la capacidad de producción que tienen las empresas emergentes y los emprendimientos, en cuanto a su promoción de empleos y carácter innovador que las identifica, pero además de ello, se observa que ambas establecen un marco regulador en el cual los protagonistas principales son los incentivos de tipo fiscal y reducciones burocráticas en la tramitación administrativa que determine su funcionamiento.

Actualmente, podemos observar que, tanto en el ordenamiento jurídico español como en el ordenamiento jurídico venezolano, la puesta en funcionamiento de esta nueva categoría de empresas se encuentra supeditada al cumplimiento de diversas normas, que no se encuentran adaptadas a estas nuevas formas de asociación cuyas características se enmarcan precisamente en iniciativas innovadoras, que surgen de conformidad con los cambios que, a nivel económico, tecnológico y social, experimenta cada país.

En el caso español, en cuanto al reconocimiento y medidas de fomento para esta forma de asociación, además se cuenta con las siguientes leyes:

1. Ley 11/2013, de medidas de apoyo al emprendedor y de estímulo del crecimiento y de la creación de empleo, constituyendo su objetivo reforzar las reformas estructurales enfocadas a las pymes y autónomos para conseguir un alto grado de flexibilidad que permita ajustar los precios y salarios relativos, de forma que consiga aumentar la competitividad de la economía.
2. Ley 14/2013, de apoyo a los emprendedores y su internacionalización, donde se aprueba una serie de medidas de simplificación administrativa en la creación de empresas y reduce el número de procedimientos de apertura y se simplifica la tramitación de las sociedades limitadas.
3. Ley 25/2015, de mecanismos de segunda oportunidad. Esta ley permite a los emprendedores que pese a un fracaso empresarial no arrastren indefinidamente estas deudas, también establece la exclusión de la obligación de presentar declaración en el Impuesto sobre Sociedades con una serie de requisitos.
4. Ley 5/2015, de Fomento de la financiación empresarial, donde se establece por primera vez un régimen jurídico para la financiación participativa o *crowdfundig,* pero sólo en las que el inversor espera recibir una remuneración dineraria por su participación, excluyendo las derivadas de ventas de bienes o servicios de donaciones.

3. Las compras públicas estratégicas y la participación de los emprendedores

El objetivo principal de la contratación pública es la obtención correcta y oportuna de bienes, servicios y obras, optimizando el uso de los recursos públicos contra los riesgos de desperdicio y uso indebido. Además, los gobiernos reconocen cada vez más su potencial para lograr objetivos de gestión complementarios, sociales, ambientales, innovadores y económicos. Constituyendo la compra pública estratégica una forma de pensar y ejecutar políticas de contrataciones públicas más eficientes, mediante las cuales se cumplan las metas principales y accesorias; y en función de ello, se deben lograr los objetivos contractuales con el menor esfuerzo y con la utilización de los recursos precisos, para ser realmente eficientes (Canónico 2022). La simplificación de los trámites y la descarga burocrática es un ejemplo de ello, y al lograrse este objetivo parcial, se estarían beneficiando los operadores económicos, el interés general, y al mismo tiempo, facilitando el acceso a las pymes y las empresas emergentes en los procedimientos de selección de contratistas, como una de las medidas estratégicas que deben implementar los órganos contratantes. Por lo tanto, resulta determinante que se incorporen variables y criterios de sostenibilidad social, ambiental, ética y económica en los procedimientos de contratación pública[9], los cuales generan valor agregado y ayudan a garantizar su carácter estratégico.

Se observa, en consecuencia, una estrecha relación entre la denominada compra pública sostenible y la compra pública estratégica, ambas tienen como objetivo desarrollar un proceso de contratación de servicios, adquisición de bienes u obras, produciendo un impacto positivo en lo social, ambiental y económico, principalmente; por lo que su efecto no sólo beneficia a la organización, sino también debe irradiar a otros actores hasta alcanzar al interés general. En ese mismo sentido se expresa Gimeno Feliú (2013: 45), cuando destaca que en la actualidad:

> «(...) la contratación pública debe ser visualizada como una potestad o herramienta jurídica al servicio de los poderes públicos para el cumplimiento efectivo de sus fines o sus políticas públicas. Es decir, la contratación pública puede —y debe, diría— ser una técnica que permitiera conseguir objetivos sociales, ambientales o de investigación, en la convicción de que los mismos comportan una adecuada comprensión de cómo deben canalizarse los fondos públicos».

A título de resumen, podemos puntualizar que los objetivos de las compras públicas estratégicas son:

1. La promoción de la eficiencia en los procesos de obtención de bienes, servicios y obras.
2. Utilizar las posibilidades de la contratación pública para incluir variables ambientales, sociales, éticas y de innovación.
3. Promover la participación de las pymes y empresas emergentes, en el mercado de la contratación pública.

---

9 Ver las Normas ISO 20400. Disponibles en: https://www.iso.org/obp/ui#iso:std:iso:20400:ed-1:v1:es.

4. Generalizar el uso obligatorio de la contratación electrónica.
5. Garantizar la profesionalización de los agentes públicos que participan en los procesos de contratación.
6. Implementar controles para evitar las irregularidades en la aplicación de las normas y en la ejecución de los procedimientos de contratación pública.

En el estudio del tema que nos ocupa merece una especial mención el contenido de la Agenda 2030 para el Desarrollo Sostenible, elaborada por la Organización de Naciones Unidas (ONU), donde se establecieron los Objetivos de Desarrollo Sostenible (ODS)[10], desde sus tres dimensiones; crecimiento económico, inclusión social y protección del medio ambiente[11]. El análisis de los señalados ODS con miras a las compras públicas nos lleva a la conclusión que efectivamente esta herramienta integral de gestión se convierte en un medio estratégico para el cumplimiento de aquellos objetivos, que propenden al desarrollo humano. Prueba de lo anterior, se desprende del contenido de las metas de los siguientes objetivos: ODS 5, sobre la igualdad de género; ODS 8, sobre el trabajo decente y el crecimiento económico, donde expresamente se incorpora al emprendimiento, la creatividad, la innovación y las pymes, para lograr una mayor calidad en el empleo, y sin discriminación; ODS 10, sobre la reducción de desigualdades; ODS 12, sobre la producción y el consumo responsable; y el ODS 13, relativo a la acción por el clima, entre otros.

Esta agenda se debe convertir en una guía general para el cumplimiento de las Administraciones públicas, en el diseño y ejecución de las políticas públicas, en un entorno de gobernanza democrática y buena administración; siendo los procedimientos de compras del Estado el escenario ideal (aunque no exclusivo) para implementar las metas de los ODS, ya que, en palabras de la propia ONU, la contratación pública debe estar al servicio de las personas y al servicio de las naciones.

---

10 Ver https://www.un.org/sustainabledevelopment/es/objetivos-de-desarrollo-sostenible/, consultada el 23 de enero de 2022.

11 El gobierno español aprobó un Plan de acción para implementar los ODS de la ONU, que se puede consultar en el siguiente enlace: https://transparencia.gob.es/transparencia/dam/jcr:6e0f06b9-a2e0-44c0-955a-dad1f66c11d7/PLAN%20DE%20ACCIÓN%20PARA%20LA%20IMPLEMENTACIÓN%20DE%20LA%20AGENDA%202030.pdf.; y posteriormente el Consejo de ministros del gobierno español aprobó un Plan para el impulso de una contratación pública socialmente responsable, en el marco de la Ley 9/2017, de 8 de noviembre, de contratos del sector público, y del anterior Plan de acción. Ver en: https://www.boe.es/eli/es/o/2019/05/21/pci566, consultada el 2 de febrero de 2022.

4. La incidencia de la ley de nuevos emprendimientos en las compras públicas

Observando al emprendimiento como una modalidad económica y productiva, basada en la sostenibilidad, la innovación y la inclusión, resulta pertinente su asociación con las contrataciones estatales y, especialmente, con la noción de contratación pública estratégica. Precisamente, uno de los objetivos de la Ley de nuevos emprendimientos es fomentar el acceso a los emprendedores en las compras estadales, a través de políticas que promuevan, incentiven y faciliten su participación (artículo 6); aportando una disposición normativa específica donde se le establece un mandato concreto y directo a los órganos del Estado para que tengan en cuenta a los nuevos emprendimientos en las compras públicas (artículo 12), de la siguiente forma:

> «Las compras públicas realizadas por el Estado se reconocen como una fuente de demanda potencial de los nuevos emprendimientos. El Estado establecerá criterios claros para privilegiar en la compra pública la contratación de nuevos emprendimientos».

El citado artículo viene a complementar el marco teórico normativo establecido en otras leyes dictadas con anterioridad, relativas a medidas de sostenibilidad vinculadas a las compras públicas, con el objeto de dinamizar y profundizar las políticas públicas dirigidas a la pequeña y mediana industria y a las unidades de propiedad social, así como para el acompañamiento integral dispuesto por el Estado al sector transformador de materia prima en bienes e insumos elaborados o semielaborados en busca de profundizar una economía autónoma y diversificada[12], impulsando además el sistema econó-

12 Véase el Decreto con Rango, Valor y Fuerza de Ley para la Promoción y Desarrollo de la Pequeña y Mediana Industria y Unidades de Propiedad Social, publicado en la G.O. n.° 40.550, de 27 de noviembre de 2014, cuya finalidad radica en apoyar, fomentar, promocionar, expandir y recuperar a la pequeña y mediana industria y unidades de propiedad social, velando además por la participación e inclusión de la pequeña y mediana industria en la adquisición de bienes, servicios y ejecución de obras, en iguales condiciones de calidad y capacidad, en los procesos de selección de contratistas a ser ejecutados por el sector público. Posteriormente se dictó el Decreto n.° 2.198 de 26 de enero de 2016, mediante el cual se crea el Sistema Centralizado y Estandarizado de Compras Públicas para los órganos y entes de la Administración Pública Nacional, publicado en la G.O. n.° 40.836, de 26 de enero de 2016, con el objeto de lograr la optimización del gasto público en la adquisición de bienes y servicios, el incremento de la incidencia positiva de las compras públicas en la reactivación económica y el fortalecimiento de la pequeña y mediana empresa; y luego, se dictó la Ley Constitucional Contra la Guerra Económica para la Racionalidad y Uniformidad en la Adquisición de Bienes, Servicios y Obras Públicas, publicada en la Gaceta Oficial de la República Bolivariana de Venezuela n.° 41.318 de fecha 11 de enero de 2018, en cuyo texto se mencionan a los actores económicos del nuevo tejido empresarial, categoría en la que se incluye a las pymes, destacando que será un fin primordial del régimen general de contrataciones públicas la promoción y protección de la pequeña y mediana industria, para lo cual las leyes, reglamentos y demás actos

mico nacional y el empleo de la inversión pública como dinamizador del aparato productivo, en un sistema de compras directa, eficiente, de promoción de las empresas públicas y privadas, mixtas, comunales y en especial de las pequeñas y medianas industrias[13].

Sin embargo, todas las anteriores normas han sido dictadas con posterioridad al Decreto con Rango, Valor y Fuerza de Ley de Contrataciones Públicas (DLCP), cuyo contenido no contempla expresamente las categorías de emprendimiento, ni de pymes; únicamente menciona a los pequeños y medianos actores económicos, para referirse a las empresas de reducida dimensión y poder establecer políticas públicas de fomento y protección. La clasificación entre pequeños o medianos actores económicos se encuentra determinada en función de la organización de la unidad de producción, del número de trabajadores de la empresa y del ingreso bruto anual. Se considera pequeño actor económico a cualquier persona natural o jurídica que realiza una actividad productiva, independientemente de su forma de organización cuyos ingresos anuales no superen un monto equivalente a ocho mil unidades tributarias (8.000 U.T.)[14]. Mientras que se considera mediano actor económico, a toda persona jurídica, o conjunto de ellas, independientemente de su forma de organización, que tenga por objeto o

de contenido normativo deberán prever medidas suficientes para asegurar la participación de dichos actores económicos de mediana y pequeña escala. En ese sentido, con el objeto de asegurar el acceso a recursos económicos por parte de los actores económicos de pequeña escala, podrán implementarse mecanismos de anticipo y pronto pago para las empresas de la pequeña y mediana industria, que resulten seleccionadas en procesos de contratación pública. Las medidas para la protección de los pequeños actores económicos deberán guardar suficiente proporcionalidad frente a otras categorías de participantes u oferentes y resultar adecuadas al principio de racionalidad en materia de administración financiera del sector público.

13 Véase el considerando 3.° del Decreto n.° 2.198 de fecha 26 de enero de 2016, mediante el cual se crea el Sistema Centralizado y Estandarizado de Compras Públicas para los órganos y entes de la Administración Pública Nacional, publicado en la G.O. n.° 40.836, de 26 de enero de 2016.

14 La unidad tributaria (U.T.) es una variable que se utiliza para establecer un valor monetario de acuerdo con la variación del índice de precios al consumidor del área metropolitana de Caracas, y en la actualidad su valor es de Bolívares 0,02. No obstante, mediante la Ley Constitucional Contra la Guerra Económica para la Racionalidad y Uniformidad en la Adquisición de Bienes, Servicios y Obras Públicas, dictada por la Asamblea Nacional Constituyente Venezolana, publicada en la G.O. n.° 41.318, de 11 de enero de 2018; la UT, para los efectos de la materia regulada en las normas de contrataciones públicas, fue sustituida por la Unidad para el Cálculo Aritmético del Umbral Máximo y Mínimo (UCAU), con un valor de Un Bolívar exacto (Bs. 1,00). Por lo que, en lo sucesivo, cuando la norma se refiera a U.T. se entenderá Unidades para el Cálculo Aritmético del Umbral Máximo y Mínimo (UCAU). Cabe destacar que, para la fecha de publicación de este trabajo, un dólar de los Estados Unidos de Norteamérica (1,00 US$) equivale a cuatro bolívares con cuarenta y tres céntimos (Bs. 4,43).

desarrolle actos de comercio, que cuente con una nómina promedio anual de hasta cuarenta (40) trabajadores y cuyos ingresos producto de su actividad no superen anualmente un monto equivalente a cuarenta mil unidades tributarias (40.000 U.T.)[15].

Vistas las anteriores definiciones pareciera que la categoría de emprendimiento se ajusta con mayor proximidad a la noción de pequeño actor económico abordada por el DLCP; sin embargo, la Ley de nuevos emprendimientos, no clasifica ni limita a los emprendimientos en función del número de trabajadores, ni en función a su capital o al equivalente de los ingresos percibidos durante un año; lo que nos obliga a concluir que se trata de otra figura distinta de organización productiva y comercial.

Cabe destacar que antes de la entrada en vigor de la ley de nuevos emprendimientos, el gobierno nacional ya había adelantado el anuncio de algunas acciones públicas para garantizar la inclusión de las pymes y de los emprendedores en las compras del estado; por ejemplo se había activado la plataforma electrónica gubernamental denominada «patria», para el registro de las pequeñas empresas e industrias, así como de los emprendedores, con miras a su incorporación en el proceso del Plan Nacional de Compras Públicas, como una medida de planificación y estandarización de las compras públicas[16]. De igual manera el gobierno nacional anunció como medida de promoción, la implementación del:

> «(...) programa especial de financiamiento contra factura en el marco del Plan Nacional de Compras Públicas (Factoreo) (...) que permite al empresario obtener financiamiento en la banca pública a través del pago de los contratos para la obtención de materia prima e incremento de la capacidad productiva. Luego el Estado, en un lapso de 60 días, paga directamente al banco esa factura, es decir que el Estado sirve de garante para financiar de manera anticipada a los industriales que contraten con el Estado, y así procurar el encadenamiento productivo de esa empresa en la banca pública»[17].

Las anteriores medidas tenían efectos temporales, sin que se tratase de políticas públicas sostenibles que no arrojan certeza sobre los actores del tejido empresarial para confiar en la permanencia de las acciones comentadas.

15 Véase los numerales 8 y 9 del artículo 6 del DLCP.

16 Información descargada del siguiente portal de noticias: https://finanzasdigital.com/2020/08/activan-la-plataforma-patria-instituciones-para-el-registro-de-pequenas-empresas-e-industrias-para-el-proceso-del-plan-nacional-de-compras-publicas/ consultado el 5 de enero de 2022.

17 Ver: https://finanzasdigital.com/2020/08/activan-la-plataforma-patria-instituciones-para-el-registro-de-pequenas-empresas-e-industrias-para-el-proceso-del-plan-nacional-de-compras-publicas/ consultado el 5 de enero de 2022.

5. Medidas para fomentar la participación de los emprendedores en las compras públicas

Observamos que se han implementado una serie de medidas que tienen como objeto incentivar y promover los emprendimientos y las pymes, especialmente en lo que respecta a su participación en las compras del estado, por entender la importancia de conciliar las potencialidades del tejido empresarial que representan las empresas de reducida dimensión y las empresas emergentes, con respecto al ámbito de las contrataciones públicas. A continuación, analizaremos las principales medidas de estímulo y fomento de los emprendimientos para tener una idea general del estado de la situación.

5.1. Registro y simplificación de trámites administrativos

Desde la entrada en vigor del Decreto con Rango, Valor y Fuerza de Ley para la Promoción y Desarrollo de la Pequeña y Mediana Industria y Unidades de Propiedad Social, antes citado, se incluyeron algunas medidas tendientes a la simplificación de trámites administrativos para beneficiar al sector, entre ellas, la más importante, fue plantear la creación de un sistema de taquilla única de tramitación administrativa, a través de la cual los ciudadanos, empresarios, emprendedores, innovadores, y cualquier otra forma de organización existente, pudieran realizar los distintos trámites necesarios para su funcionamiento, en un solo lugar y mediante un procedimiento uniforme.

Al margen de lo anterior, resulta importante destacar que en la Ley de nuevos emprendimientos se crea el Registro Nacional de Emprendimientos, que consiste en un registro público adscrito al Ministerio de Economía y Finanzas, donde se deberán inscribir de manera obligatoria los nuevos emprendimientos, sus actos y contratos, para contar con personalidad jurídica y gozar del reconocimiento estatal, que le garantizará al emprendedor gozar de los beneficios que el Estado le aporta por esta modalidad de empresas. En tal sentido, se comienza a generar un trámite registral paralelo al ordinario que se aplica al resto de las personas físicas o jurídicas que desarrollan actividades comerciales, industriales o de servicios, por lo menos durante los primeros dos años del emprendimiento[18].

A propósito de las investigaciones adelantadas para desarrollar este trabajo y en definitiva para tener certeza sobre el estado de implementación de

18 De conformidad con lo establecido en el artículo 15 de la Ley de nuevos emprendimientos: *«El Registro Nacional de Emprendimientos es un registro público del órgano rector que tiene por objeto la inscripción de los nuevos emprendimientos, así como los actos y contratos relativos a los mismos. Su organización y funcionamiento será regulado por los reglamentos y resoluciones de esta Ley y se regirá por los principios previstos en la legislación en materia de registros y notarías, en cuanto le sean aplicables».*

las acciones previstas en la Ley de nuevos emprendimientos, nos encontramos en la web una plataforma electrónica gubernamental muy interesante, denominada «*Emprender Juntos*», que consiste en un sistema de información y orientación dirigido a los emprendedores y a sus emprendimientos, conformada por un portal electrónico y una red física de puntos de atención distribuidos en todo el país, según la información que se exhibe; a través de la referida plataforma se brindan espacios para el registro, gestión de financiamiento y la conformación de una red de emprendedores[19].

La iniciativa resulta muy interesante y atractiva, pero aun genera algunas dudas para los usuarios; por ejemplo, se invita a realizar una inscripción o registro en la plataforma para crear esa gran red de emprendedores, pero no se visualiza claramente cuáles son los requisitos que se deben cumplir para efectuar el referido registro, toda vez que, lo único que muestra el sistema es la creación de usuario, suministrando una dirección de correo electrónico y contraseña. También representa una incertidumbre si la inscripción o el registro que se efectué a través de la plataforma «*Emprender Juntos*», se constituye en el registro formal a que alude el artículo 16 de la Ley Para el Fomento y Desarrollo de Nuevos Emprendimientos, o se trata de dos registros distintos.

Aunado a lo anterior, se observa que el gobierno nacional, antes de la entrada en vigor de la Ley, dispuso a través de la plataforma electrónica gubernamental «patria», una encuesta nacional dirigida a los emprendedores, a fin de facilitar su formalización como microempresarios. En ese sentido, los emprendedores deben ingresar al sistema de la plataforma patria, y responder una serie de preguntas sobre su emprendimiento, con el objeto de precisar la información a los fines de que el Estado cuente con un registro de las necesidades y dificultades que puedan tener los integrantes de este sensible sector productivo.

Además, se puede constatar que no sólo se trata de una simple encuesta, sino que, además, se activó la plataforma patria instituciones para el registro de las pymes y los emprendedores, a los fines de incorporarlos en el proceso del Plan Nacional de Compras Públicas[20]. A estas alturas no se tiene certeza si la inscripción en la plataforma patria equivale a la inscripción en el Registro Nacional de Emprendimientos (RNE), si se mantendrá la obligación de inscripción en el sistema patria, aun cuando se termine de crear el RNE; si la plataforma emprender juntos se trata del mismo RNE o, por el contrario, si será necesario que el emprendimiento esté inscrito en todas las mencionadas plataformas. Son dudas que las autoridades deberán aclarar para fortalecer el sistema y hacerlo más transparente y eficiente.

---

19 Véase https://emprenderjuntos.gob.ve/, consultada el 14 de marzo de 2022.

20 Véase: https://finanzasdigital.com/2020/08/activan-la-plataforma-patria-instituciones-para-el-registro-de-pequenas-empresas-e-industrias-para-el-proceso-del-plan-nacional-de-compras-publicas/, consultada el 21 de diciembre de 2021.

Una vez aclarado cuál será el RNE al que alude la Ley de nuevos emprendimientos, cuya inscripción le otorgará personalidad jurídica al emprendimiento y lo habilitará para recibir las bondades gubernamentales, debemos tener absoluta claridad que esa ficción supone para el emprendimiento lo que hemos denominado «el efecto cenicienta», esto es, sólo dura un lapso de tiempo, ya que el emprendimiento y sus privilegios duran sólo dos años; al vencimiento de ese plazo, se acaba el efecto mágico, y en consecuencia el emprendimiento deberá ser inscrito en el Registro Mercantil correspondiente, bajo las figuras jurídicas establecidas en el Código de Comercio y demás leyes aplicables a todas las empresas, so pena de incurrir en la comisión de ilícitos tributarios formales, materiales y penales previstos en la legislación tributaria[21].

Frente a tal situación el emprendedor a continuación deberá cumplir con los pasos y requisitos necesarios para su formalización como empresa bajo el régimen general. Sin embargo, observamos en este caso, que el Servicio Autónomo de Registros y Notarías (SAREN), como medida de simplificación de trámites administrativos, habilitó un sistema electrónico de solicitudes para el registro mercantil de empresas o emprendimientos, que inicia en línea a través de la página web www.saren.gob.ve, y culmina con un acto presencial de la firma del otorgamiento de la escritura.

Así mismo se han implementado medidas de simplificación de trámites administrativos en otras dependencias públicas, como en el Servicio Autónomo de la Propiedad Intelectual (SAPI), institución que tiene a su cargo el registro de marcas, patentes y derecho de autor; con la puesta en marcha de la taquilla virtual para el registro de empresas, marcas e invenciones, a los fines de agilizar los trámites en esa dependencia. En ese mismo orden de ideas, el Servicio Desconcentrado de Normalización, Calidad, Metrología y Reglamentos Técnicos (SENCAMER), ha diseñado un plan para facilitar los trámites correspondientes a tres de sus áreas medulares: i. Metrología, ii. Reglamentos Técnicos y iii. Gestión de la Calidad. Entre estos servicios destacan: Control de Productos Envasados (CPE), Contenido Neto Desigual (CND) y Control Metrológico de Envases (CME); Registro de Empresas Manufactureras (REM), Registro de Productos Nacionales e Importados, y el etiquetado de calzado y textil, entre otros. El Plan establece una tarifa especial del 50 % del costo regular de esos trámites, para quienes los tramitan por primera vez, con esto se simplifican los recaudos y agilizan los servicios, priorizando el Registro Nacional de Emprendedores y el Registro de Productor Artesanal, ampliándose incluso la vigencia de estos dos certificados, que será de dos años para emprendedores y de un año para artesanos[22].

---

21 Véase artículo 17 de la Ley de la Ley Para el Fomento y Desarrollo de Nuevos Emprendimientos, publicada en la *Gaceta Oficial* n.° 6.656, de 15 de octubre de 2021.

22 Véase: http://www.sencamer.gob.ve/?q=content/sencamer-acompa%C3%B1a-emprendedores-venezolanos-por-la-senda-de-la-calidad, consultada el 20 de febrero de 2022

En cuanto a los sellos de calidad que se obtienen a través del Servicio Desconcentrado de Normalización, Calidad, Metrología y Reglamentos Técnicos (SENCAMER), tanto los emprendedores como los artesanos tendrán acceso al sello de calidad «Buenas Prácticas de Emprendimiento» (BPE), el cual se constituye en un certificado de carácter voluntario que se otorgará a los emprendimientos con una antigüedad no mayor a dos años, contado a partir de la inscripción en el Registro Nacional de Emprendimientos[23]. El propósito es reconocer el cumplimiento de los requisitos pautados por la metodología de «Buenas Prácticas», otorgando un distintivo que se posicione como un valor agregado de la producción nacional[24].

5.2. Incentivos de orden fiscal

En cuanto a los incentivos tributarios aplicados en el ámbito de las compras públicas, observamos que a través de providencia DG/2021/006 de fecha 7 de abril de 2021[25], suscrita por el director general del Servicio Nacional de Contrataciones (SNC), se estableció un incentivo para la inscripción en el Registro Nacional de Contratistas (RNC), de los nuevos pequeños y medianos actores económicos, nuevos emprendimientos u otras organizaciones socio productivas, el cual consistía en la exoneración del pago para la inscripción ante el referido registro. Tomando en consideración lo establecido en el punto primero de la providencia, antes mencionada, que señala:

> «(...) todos los pequeños y medianos actores económicos, los nuevos emprendimientos, u otras organizaciones productivas que se hayan constituidos legalmente desde el 01 de enero del 2021, y que manifiesten su voluntad de contratar con el Estado, deberán estar inscritos y habilitados en el Registro Nacional de Contratistas (RNC)».

Sin embargo, es importante destacar que la aludida providencia tenía vigencia hasta el 31 de diciembre de 2021, y no se ha dictado otro instrumento jurídico que extienda dicho beneficio en sintonía con las políticas de incentivo al sector, previstas en la Ley de nuevos emprendimientos.

De igual manera en cuanto a estos incentivos fiscales derivados de tasas por la prestación de servicios, observamos que dentro del trámite para el registro y constitución de pequeñas y medianas empresas, así como para su primer sellado

---

23 Efecto Cenicienta: a las 12 de la noche desaparece la calabaza y el vestido de emprendimiento, para convertirse en una empresa ordinaria que recibirá de golpe los efectos de la pérdida de los privilegios.

24 Véase: https://finanzasdigital.com/2021/11/emprendedores-y-artesanos-obtendran-beneficios-en-sencamer/, consultada el 20 de febrero de 2022

25 Publicada en la *Gaceta Oficial de la República Bolivariana de Venezuela*, Número 42.134 de fecha 25 de mayo de 2021. Esta providencia se mantuvo vigente hasta el 31 de diciembre de 2021.

de los libros contables y legales, a estas empresas de reducida dimensión se le exoneran las tasas correspondientes, previstas en la Providencia Administrativa mediante la cual se fijan las tasas por concepto de prestación de servicios de los Registros Mercantiles del Servicio Autónomo de Registros y Notarías[26].

5.3. Política de financiamiento y acceso al crédito

Con la entrada en vigor del Decreto con Rango Valor y Fuerza de Ley para la Promoción y Desarrollo de la Pequeña y Mediana Industria y Unidades de Propiedad Social, se había contemplado que, a través del Instituto Nacional de Desarrollo de la Pequeña y Mediana Industria, se implementarían programas especiales de estímulo a los proyectos de inversión presentados por emprendedores.

Actualmente, con la Ley de nuevos emprendimientos, se establece como prioridad firme del Estado promover una política de financiamiento dirigido a fortalecer los emprendimientos (artículo 11). En ese sentido para el acceso al crédito de los emprendedores ha sido implementado un sistema por el gobierno nacional a través del Banco de Venezuela[27], quien por medio de su plataforma en línea pone a disposición de los emprendedores un programa de financiamiento y apoyo, denominado «*Emprende BDV*». Se trata de un programa que pretende respaldar a los productores y comerciantes con educación técnica-financiera, estrategias para el impulso de sus marcas, acompañamiento durante el proceso de formalización, así como para el otorgamiento del financiamiento.

Para formar parte del referido programa los emprendedores deberán formalizar su registro a través del portal web: www.emprenderjuntos.gob.ve, e igualmente deben realizar la solicitud mediante el correo electrónico: emprende_bdv@banvenez.com, con la finalidad de ser contactados por los asesores digitales de negocios, quienes se encargarán de la orientación y seguimiento durante todo el proceso.

5.4. Información sobre el régimen simplificado

Otro punto de vital importancia para la consolidación de las políticas de fomento a la actividad emprendedora, se encuentra contenido en el artículo 19 de la Ley de nuevos emprendimientos, el cual establece que:

> «El órgano rector en materia de emprendimiento pondrá a disposición de las emprendedoras y emprendedores un informe nacional de los permisos que son

26 Véase artículo 6 de la Providencia Administrativa mediante la cual se fijan las tasas por concepto de prestación de servicios de los Registros Mercantiles del Servicio Autónomo de Registros y Notarías, publicada en la G.O. n.° 42.301, de 20 de enero de 2022.

27 Véase: https://www.bancodevenezuela.com/qsomos/noticias/11-Feb2022.html, consultada el 21 de febrero de 2022.

de cumplimiento obligatorio para los emprendimientos. Los órganos y entes de las Administración Pública establecerán un régimen simplificado y provisional de permisos que permita el funcionamiento de los emprendimientos inscritos en el Registro Nacional de Emprendimientos por un periodo máximo de dos años».

Para poner en marcha cualquier empresa en Venezuela, se debe cumplir con una serie de autorizaciones, licencias o permisos, establecidos por el ordenamiento jurídico positivo, dependiendo del producto que se vaya a comercializar o de la actividad que se vaya a realizar; sin embargo, por regla general, cada una de las entidades debe contar con:

i. Permiso de bomberos;

ii. Permiso de habitabilidad y conformidad de uso;

iii. Inscripción militar obligatoria;

iv. Conformidad sanitaria de habitabilidad;

v. Permiso sanitario del local;

vi. Permiso de manipulación de alimentos (Trabajadores); y

viii. Certificado de salud.

Además, se requiere contar con la Licencia municipal de actividades económicas, cumplir con las inscripciones correspondientes ante los organismos del estado, tales como: IVSS, INCES, FAOV, RNET, entre otros, y además contar con las respectivas solvencias emitidas por los mismos, así como las solvencias por concepto de tributos municipales.

Ahora bien, frente al anterior elenco de autorizaciones, licencias o permisos, quedará por definirse cuáles serán de obligatorio cumplimiento por parte de los emprendimientos, para su funcionamiento legal, y cuáles no se considerarán obligatorios, eximiendo a los emprendedores de su cumplimiento, sin que se constituya en una infracción jurídica.

5.5. Fondo Nacional para el Emprendimiento (FNE)

Una de las principales medidas económicas que prevé la Ley de nuevos emprendimientos, para garantizar la eficiencia y sostenibilidad de la política de promoción y estímulo a este sector de la economía, fue (artículo 20) la creación del Fondo Nacional de Emprendimiento, adscrito al Ministerio de Economía y Finanzas, puesto en funcionamiento el pasado mes de febrero, por parte del gobierno nacional.

Inicialmente el FNE se constituirá por un capital «semilla» de 46 millones de bolívares (unos 10,1 millones de dólares), así como una serie de medidas que faciliten la concesión de créditos, entre las cuales se pueden destacar: se disminuye el monto del encaje bancario (reservas obligatorias) de 85 a 73 % para expandir la base crediticia, se faculta a los bancos que deseen utilizar un 10 % de su posiciones en divisas para dar créditos también, lo cual amplia la base crediticia y genera flujos de circulante. Además, se decidió crear un «título valor» que les permitirá a los emprendedores ir a las Casas de Bolsa y obtener financiamientos a 30, 60, 90 días o un año[28].

Este fondo, se asemeja al Fondo de Desarrollo Microfinanciero (FONDEMI), el cual fue creado a raíz de la entrada en vigor del Decreto con Rango, Valor y Fuerza de Ley para la Promoción y Desarrollo de la Pequeña y Mediana Industria y Unidades de Propiedad Social, cuya finalidad era crear, estimular, promover y desarrollar un sistema microfinanciero, a fin de facilitar el acceso al financiamiento de proyectos socio productivos de las comunidades organizadas, para que éstas, a través de sus diversos procesos creadores, se consoliden, autogestionen y contribuyan en la construcción del Sistema Económico Socialista de la nación, promoviendo nuevas formas de relación basadas en los principios de igualdad y justicia social. No se cuenta con datos precisos del cumplimiento de los objetivos de este fondo, ni de la generación de valor en su implementación.

5.6. Apoyo técnico, metodológico y logístico

Con relación a este punto, el cual se encuentra ligado a los artículos 21 y 22 de la Ley para el Fomento y Desarrollo de nuevos emprendimientos, tenemos que el estado brindará el apoyo metodológico y logístico para facilitar el establecimiento de servicios de consultoría, industria de soportes y centros de incubación de empresas en todo el territorio nacional, con la finalidad de acompañar el desarrollo de los nuevos emprendimientos. Para lo cual además creará la Red Nacional do Emprendimiento que es un espacio abierto de participación y encuentro entre los órganos y entes del Estado, emprendedoras, emprendedores, organizaciones y cualquier otra persona que tenga vocación de servicio y estímulo a la generación y desarrollo del emprendimiento.

Sobre este particular es oportuno indicar, que a través de la página https://vitrinavenezuela.com/asesoramiento-inicial/, los emprendedores deberían obtener toda la información relacionada con el apoyo para la promoción de su emprendimiento, sin embargo, al desplegarse la referida ventanilla, se observa un listado denominado *«ventajas para la participación de los oferentes»*, pero en el mismo no se tiene acceso a cuales son las ventajas, es decir, que no se obtiene la información transparente y necesaria para comprender el alcance del servicio. Tal situación nos pudiera llevar a concluir que el contenido informativo será suministrado a través de la Red Nacional de

28 Véase: https://www.swissinfo.ch/spa/venezuela-cr%C3%A9ditos_maduro-crea-fondo-de-emprendimiento-y-promueve-facilidades-para-los-cr%C3%A9ditos/47316456, consultada el 15 de marzo de 2022.

Emprendimiento, tal y como lo indica la norma, pero a la fecha, no se tiene más información con respecto a su creación y puesta en funcionamiento, lo que demuestra que aún existen muchos vacíos con relación a la ejecución de la norma, especialmente en cuanto a compras públicas se refiere.

5.7. Comercio electrónico

Siguiendo con las medidas para el fomento de los emprendimientos, el pasado de 2 de marzo, el Ejecutivo Nacional, anunció el lanzamiento del portal denominado «Vitrina Venezuela», que se constituye en una plataforma digital que busca consolidar el comercio electrónico, a través de la venta de los productos y servicios que ofrecen los nuevos emprendimientos. En ese sentido, según declaraciones suministradas por la ministra de Comercio Nacional, a través del:

> «(...) portal se brindará apoyo al sector emprendedor y las pequeñas y medianas industrias (Pymes), ya que desde allí podrán negociar directamente con los proveedores para la compra de materia prima»[29].

Los interesados en formar parte de la referida plataforma www.vitrinavenezuela.com, deberán estar registrados previamente en el portal web gubernamental emprender juntos, al que nos referimos anteriormente; esta condición induce a pensar que el registro en la plataforma www.emprenderjuntos.gob.ve se convierte en obligatorio para cualquier emprendimiento que desee estar presente en el sistema público de emprendimientos, lo que nos hace retomar la inquietud formulada con anterioridad, ya que no se tiene la certeza de si efectivamente a través de este registro el emprendimiento adquiere la debida personalidad jurídica, y si se trata del RNE al que se refiere la ley.

No obstante, lo anterior, tenemos que el portal web www.vitrinavenezuela.com, se proyecta como una plataforma de comercio electrónico, tal como pudiera ser cualquier portal de comercio electrónico privado, como por ejemplo: www.mercadolibre.com.ve, www.amazon.com, entre otras; permitiendo las posibilidades de exportación y la publicidad de la página en el extranjero para mostrar las ofertas de bienes y servicios nacionales, constituyéndose además en un mecanismo importante de consulta del sistema nacional de compras públicas, al concentrar un sector significativo y estratégico de la oferta privada y comunitaria de bienes y servicios. Además, es un mecanismo muy potente para la expansión de las fuerzas productivas nacionales, específicamente de los pequeños y medianos productores, así como de los productores comunales e innovadores al hacer visible su oferta de nuevos

29 Noticia disponible en: http://www.sencamer.gob.ve/?q=content/portal-vitrina-venezuela-apalancamiento-de-la-nueva-econom%C3%ADa-comercial-y-emprendedora, consultada el 14 de marzo de 2022.

productos y servicios, y para facilitar la obtención de marcas, certificaciones de calidad y poner a su disposición medios de pago electrónicos y la logística de distribución[30].

6. Consideraciones finales

Expresamente se reconoce la importancia de fomentar, fortalecer y proteger a los emprendimientos innovadores que contribuyan a disminuir la tasa de desempleados y a la generación de nuevos empleos, a través de la creación y comercialización de productos novedosos y modalidades de prestación de servicios. En tal sentido, celebramos las políticas gubernamentales encaminadas a formar y fortalecer la red nacional de emprendimiento, con criterios de eficiencia, objetividad y transparencia, especialmente con la promulgación la Ley de nuevos emprendimientos, que llegó para ocupar un vacío legislativo en esta materia, con un contenido básico inicial, a partir del cual se deben desarrollar planes, acciones y gestiones para materializar su esencia.

En el marco de la ejecución de la nueva ley, las autoridades deben ser creativas e innovadoras para diseñar e implementar medidas que ayuden al logro de sus fines; mucho más con el contenido actual de la misma, que deja algunas lagunas y vacilaciones. Especialmente en materia de compras públicas, ya que, luego de reconocer que las compras públicas son una fuente de demanda potencial de los nuevos emprendimientos, simplemente se limita al señalar que el Estado deberá establecer criterios claros para privilegiar en la compra pública la contratación de nuevos emprendimientos; dejando muchas dudas y vacíos sin determinar. Una solución a esta incertidumbre estaría en la —necesaria— reforma de la ley de Contrataciones Públicas, cuyo texto normativo requiere ajustarse a los nuevos tiempos y realidades.

Así mismo, llama la atención que, dentro de las políticas de promoción y estímulo para los emprendimientos, nada se ha dicho sobre las condiciones generales de las relaciones de trabajo, partiendo de la base que los emprendedores —en algunos casos-, necesitaran de personal para el desarrollo de sus actividades, obligándolos a contratar personal y por lo tanto a cumplir con las disposiciones contenidas en la Ley Orgánica del Trabajo, los Trabajadores y las Trabajadoras, dentro de las que destaca la obligación para el patrono y el derecho para el trabajador, a percibir un salario suficiente y digno[31].

---

30 Véase beneficios del portal en https://vitrinavenezuela.com/beneficios-portal/, consultada el 14 de marzo de 2022.

31 Con relación a este punto es importante observar el contenido de los artículos 98 y 99 de la Ley Orgánica del Trabajo, los Trabajadores y las Trabajadoras, publicada en la G.O. n.° 6.076, de 07/05/2012, que a tales fines establecen:
«Artículo 98. Todo trabajador o trabajadora tiene derecho a un salario suficiente que le permita vivir con dignidad y cubrir para sí y su familia las necesidades materiales, sociales e intelectuales. El salario goza de la protección especial del Estado y constituye un crédito laboral de exigibilidad

Otros temas, de significativa relevancia para la sostenibilidad de un emprendimiento en Venezuela, también debieron ser considerados en la nueva norma; para mitigar su impacto en los integrantes del tejido empresarial compuesto por emprendedores y pymes; por ejemplo: la relevante fiscalidad tributaria municipal, que afecta directa y fundamentalmente a cualquier emprendedor o empresa de reducida dimensión; la nueva Ley de Registro y Notarias, que ajustó sus tasas y precios públicos a valores internacionales; la entrada en vigor de la nueva Ley del Impuesto a las Grandes Transacciones Financieras (IGTF), que está afectando al consumo; y en fin, la situación de la economía dolarizada, la pérdida de valor de la moneda nacional, la inflación y la incertidumbre económica y social. Todos estos temas son parte de un gran conjunto de aspectos que deben atacarse para garantizar la sanidad del sistema socio económico y por lo tanto para el surgimiento de los emprendimientos.

7. Bibliografía

Borja, Amarilis H., Carvajal, Héctor R. y **Vite, Harry A.** (2020). «Modelo de emprendimiento y análisis de los factores determinantes para su sostenibilidad. Entrepreneurship model and analysis of the determining factors for its sustainability», en *Revista Espacios*, vol. 41 (24).

Canónico Sarabia, Alejandro (2020). «La contratación pública estratégica en España», en *Revista de Direito Administrativo e Infraestructura (RDAI),* año 4, vol. 15/2020. DTR/2017/4993.

Canónico Sarabia, Alejandro (2022). *La contratación pública estratégica y el acceso de las pymes*. Santiago de Chile: Ediciones Olejnik.

Gimeno Feliu, José María (2013). «Compra pública estratégica», en Pernas García, J. (dir.). *Contratación Pública Estratégica*, Madrid: Editorial Aranzadi.

Schnarch Kirberg, Alejandro (2016). *Emprendimiento exitoso. Como mejorar su proceso y gestión*. Bogotá: Ecoe Ediciones. Primera edición 2014.

inmediata. Toda mora en su pago genera intereses. Libre estipulación del salario».
«Artículo 99. El salario se estipulará libremente garantizando la justa distribución de la riqueza. En ningún caso será inferior al salario mínimo fijado por el Ejecutivo Nacional, conforme a la Ley».

Uribe Macias, Mario Enrique y **Reinoso Lastra, Juan Fernando** (2013). *Emprendimiento y Empresarismo. Diferencias, conceptos, cultura emprendedora, idea y proyecto de empresa*. Bogotá: Ediciones de U.

Rondón, Andrea (2019). *Hacer Negocios en Venezuela: Costos e Impactos del Marco Regulatorio*. Venezuela: Cedice Centro de Divulgación del Conocimiento Económico. Disponible en: https://cedice.org.ve/observatoriolegislativo/wp-content/uploads/2019/02/Serie-DD-No.-4-Hacer-Negocios-en-Venezuela.pdf.

LAS INFRAESTRUCTURAS VERDES EN EL MARCO DE LA ORDENACIÓN TERRITORIAL DE GALICIA Y SUS ASPECTOS CONTRACTUALES

Green infrastructures within the framework of land use planning in Galicia and its contractual aspects

María del Carmen Rodríguez Martín-Retortillo
Profesora interina de Derecho Administrativo de la Facultad la Derecho
Universidade da Coruña

Fecha de Recepción: 01/10/2022
Fecha de Aceptación: 31/10/2022

Resumen: Este es un estudio del origen y regulación, contenido y finalidad de las infraestructuras verdes en el marco de la ordenación del territorio, así como sus aspectos contractuales.

Palabras clave: infraestructuras verdes, biodiversidad, medioambiente, ordenación del territorio, contratación pública.

Abstract: This is a study of the source and regulation, content and purpose of green infrastructures within the framework of land use planning, as well as its contractual aspects.

Keywords: green infrastructures, biodiversity, environment, land use planning, public procurement.

1. Antecedentes

En los últimos años se ha producido desde el punto de vista normativo una regulación de las infraestructuras verdes y desde el punto de vista de gestión de las Administraciones Públicas una potenciación de las mismas. Vamos a analizar en primer lugar los documentos y normativa europea sobre infraestructuras verdes, en segundo lugar examinaremos la normativa estatal, en tercer lugar la normativa autonómica con un especial estudio de la normativa de la Comunidad Autónoma de Galicia, y por último los aspectos contractuales de las infraestructuras verdes[1].

1.1. Normativa Europea y otros documentos

1.1.1. La Comunicación de la Comisión al Parlamento Europeo, al Consejo, al Comité Económico y Social Europeo y al Comité de las Regiones «Estrategia de la UE sobre la biodiversidad hasta 2020: nuestro seguro de vida y capital natural»

Aprobada en 2011[2] incluía en el objetivo 2 de la Estrategia «el Mantenimiento y mejora de ecosistemas y servicios ecosistémicos no más tarde de 2020 mediante la creación de infraestructura verde y la restauración de al menos el 15 % de los ecosistemas degradados».

Dentro de la Actuación 6 que lleva por título «Fijar prioridades de restauración y fomentar el uso de infraestructura verde» establecía un calendario de actuaciones, distinguiendo en el apartado 6a) que antes de que finalice 2014, los Estados miembros, con asistencia de la Comisión, elaborarían un marco estratégico para fijar las prioridades de restauración de ecosistemas a nivel subnacional, nacional y de la UE, y en apartado 6b) que la Comisión redactaría una estrategia en materia de infraestructura verde antes de que concluyera 2012, a fin de fomentar el despliegue de dicha infraestructura en las zonas urbanas y rurales de la UE, incluyendo el uso de incentivos para fomentar una inversión temprana en proyectos de infraestructura verde y el mantenimiento de los servicios ecosistémicos, por ejemplo, mediante un uso más selectivo de los flujos de financiación europea y las colaboraciones público-privadas.

Por su parte en el objetivo 4 se indicaba que «se incentivarán las inversiones del sector privado en infraestructura verde».

---

1 Ver Guía Divulgativa de la Infraestructura Verde Municipal, Edita: Federación Española de Municipios y Provincias (FEMP), 2019.

2 COM (2011) 244 final, aprobada en 2011, DOUE 3.5.2011.

1.1.2. La Comunicación de la Comisión al Parlamento Europeo, al Consejo, al Comité Económico y Social Europeo y al Comité de las Regiones Infraestructura verde (IG)

Mejorar el capital natural de Europa /* COM/2013/0249 final señala que «la infraestructura verde es una herramienta de eficacia probada que aporta beneficios ecológicos, económicos y sociales mediante soluciones naturales. Nos ayuda a comprender el valor de los beneficios que la naturaleza proporciona a la sociedad humana y a movilizar inversiones para sostenerlos y reforzarlos. Asimismo, contribuye a evitar la dependencia de infraestructuras cuya construcción es costosa cuando a menudo la naturaleza puede aportar soluciones más económicas y durables, muchas de las cuales crean oportunidades de empleo local.

La infraestructura verde se basa en el principio de que la protección y valorización de la naturaleza y los procesos naturales, y los numerosos beneficios que la sociedad humana obtiene de la naturaleza, se integran de manera consciente en la planificación espacial y el desarrollo territorial. Frente a la infraestructura gris, de finalidad única, la infraestructura verde aporta múltiples beneficios. No constriñe el desarrollo territorial, pero promueve soluciones naturales si son la mejor opción. A veces puede ofrecer una alternativa a las soluciones grises estándar o complementarlas. Se han elaborado muchas definiciones del concepto de infraestructura verde.

Definición de infraestructura verde:

Esta comunicación ya realiza el esfuerzo de definir la infraestructura verde como «una red de zonas naturales y seminaturales y de otros elementos ambientales, planificada de forma estratégica, diseñada y gestionada para la prestación de una extensa gama de servicios ecosistémicos. Incorpora espacios verdes (o azules en el caso de los ecosistemas acuáticos) y otros elementos físicos de espacios terrestres (incluidas las zonas costeras) y marinos. En los espacios terrestres, la infraestructura verde está presente en los entornos rurales y urbanos».

Frente a la infraestructura gris, de finalidad única, —indica esta Comunicación— la infraestructura verde aporta múltiples beneficios. No constriñe el desarrollo territorial, pero promueve soluciones naturales si son la mejor opción. A veces puede ofrecer una alternativa a las soluciones grises estándar o complementarlas.

Los valores ecológicos, la calidad ambiental y los activos culturales son cruciales para el bienestar y las perspectivas económicas. La sobreexplotación de esos recursos naturales se considera una amenaza al desarrollo territorial. Trabajar de la mano de la naturaleza y en armonía con el paisaje local para proporcionar bienes y servicios esenciales mediante proyectos de infraestructura verde, aplicando un enfoque de base local, es rentable y preserva las características físicas y la identidad de los lugares.

La infraestructura verde será un complemento necesario para reducir la huella de carbono del transporte y del suministro de energía, con lo que se mitigarán los efectos en la ocupación y fragmentación de tierras y se potenciarán oportunidades de integrar mejor en la elaboración de políticas y la planificación los aspectos de uso de la tierra, ecosistemas y biodiversidad.

En el apartado 5 de esta Comunicación relativo a las Conclusiones, señalaba este documento que «la infraestructura verde puede contribuir significativamente a lograr muchos de los objetivos políticos clave de la UE.

La mejor manera de que la UE promueva el desarrollo de la IG es crear un marco propicio para alentar y facilitar los proyectos de IG dentro de los instrumentos legales, políticos y financieros existentes. Se alienta a los Estados miembros a aprovechar estas oportunidades para impulsar la implementación de la IG y explotar sus beneficios para el desarrollo sostenible».

1.1.3. Plan de Acción en pro de la naturaleza, las personas y la economía, aprobado por la Comisión en 2017

En abril de 2017, la Comisión puso en marcha un nuevo plan de acción para mejorar rápidamente la aplicación práctica de las Directivas sobre aves y hábitats, así como para avanzar más rápidamente hacia el objetivo de la UE para 2020 de detener y revertir la pérdida de biodiversidad y servicios ecosistémicos. En su medida 12 incluyó: «a) Ofrecer orientaciones para apoyar el despliegue de una infraestructura verde a fin de mejorar la conectividad de las zonas Natura 2000».

1.1.4. Informe de la Comisión al Parlamento Europeo, al Consejo, al Comité Económico y Social Europeo y al Comité de Las Regiones Revisión de los avances en la aplicación de la estrategia sobre la infraestructura verde de la UE Bruselas, 24.5.2019 COM (2019) 236 final

En sus Conclusiones y próximos pasos destacó que «la estrategia en materia de infraestructura verde de la UE ha puesto de manifiesto los beneficios que genera la infraestructura verde y ha dado un cierto impulso al despliegue de la infraestructura verde en la UE. Se han producido avances a varios niveles pero sigue habiendo retos, muestran que todavía no se ha aplicado un enfoque estratégico en materia de infraestructura verde a escala de la UE; y debería considerarse la posibilidad de contar con un marco propicio para la infraestructura verde más sólido.

El despliegue de la infraestructura verde suele realizarse solo a pequeña escala, y no se le concede el debido reconocimiento a los beneficios económicos y sociales que puede generar la utilización de soluciones de infraestructura verde en lugar de infraestructura gris. A escala de los Estados miembros, se necesitan más esfuerzos para desarrollar y aplicar estrategias nacionales en materia de infraestructura verde y marcos de priorización para el restablecimiento de ecosistemas degradados, coherentes con el enfoque MAES (Medidas de Ahorro Energético). Esto proporcionará una mayor sinergia y complementariedad con los marcos de acción prioritaria con arreglo a las Directivas relacionadas con la naturaleza, y con la Directiva Marco sobre el agua (DMA) y la Directiva marco sobre la estrategia marina (DMEM). La integración de la infraestructura verde en los mecanismos adecuados de financiación de la UE ha generado nuevas oportunidades; sin embargo, su aprovechamiento sigue siendo limitado. Deben realizarse más esfuerzos para alcanzar la incorporación eficaz de la infraestructura verde a la legislación y las políticas pertinentes de la UE.

Será importante garantizar un enfoque más estratégico y aprovechar al máximo los futuros instrumentos de financiación de la UE para apoyar la infraestructura verde. Por otro lado, la coherencia de las políticas basadas en los ecosistemas debe mejorarse, también a través de la mejora de la interoperabilidad de las plataformas relacionadas existentes. La aplicación de la acción 12 del Plan de acción en pro de la naturaleza y sus directrices relacionadas sobre el apoyo a la ejecución de proyectos en materia de infraestructura verde a escala de la UE constituyen una oportunidad para aclarar el concepto de la infraestructura verde (en vista de los comentarios sobre que a veces resulta difícil recoger los múltiples aspectos contemplados en la definición de la UE). El documento de orientación también ofrece ejemplos concretos sobre cómo se relaciona la infraestructura verde con la restauración de los ecosistemas. Su objetivo es contribuir a optimizar las inversiones en naturaleza y biodiversidad del marco financiero plurianual actual, así como a facilitar información para futuros debates sobre cómo hacerlo en el período posterior a 2020.

Además, las directrices de la Comisión sobre la integración de los ecosistemas y sus servicios en los procesos de toma de decisiones ayudan a tener mejor en cuenta los beneficios económicos, sociales y medioambientales generados por la infraestructura verde. Las conclusiones del presente informe se incorporarán a la evaluación de la Estrategia de la UE sobre la biodiversidad hasta 2020 y su seguimiento. Contribuirán a alcanzar los objetivos de otras políticas clave de la UE en ámbitos como el crecimiento económico y el empleo, la adaptación y mitigación del cambio climático, la reducción del riesgo de catástrofes, la cohesión y la silvicultura y agricultura sostenibles y, con una perspectiva más amplia, los objetivos de desarrollo sostenible. y la implantación de la infraestructura verde tiene que mejorarse».

1.2. La normativa estatal

1.2.1. La Ley 42/2007

La Ley 42/2007, de 13 de diciembre, del Patrimonio Natural y de la Biodiversidad, establece en su artículo 15.1[3], en la redacción dada por el art. 10 de la Ley 33/2015, de 21 de septiembre, que para garantizar la conectividad ecológica y la restauración del territorio español, el Ministerio para la Transición Ecológica y el Reto Demográfico, con la colaboración de las comunidades autónomas a través de la Comisión Estatal para el Patrimonio Natural y la Biodiversidad, y de otros ministerios implicados, «elaborará, en un plazo máximo de tres años a contar desde la entrada en vigor de la presente ley, una Estrategia estatal de infraestructura verde y de la conectividad y restauración ecológicas, que incorporará una cartografía adecuada que permita visualizar gráficamente la misma.

Esta estrategia, previo informe del Consejo Estatal para el Patrimonio Natural y la Biodiversidad, y de la Conferencia Sectorial de Medio Ambiente, será aprobada mediante orden conjunta, a propuesta de los ministerios que hubieran participado en su elaboración y publicada en el "Boletín Oficial del Estado"».

Objetivo de la estrategia estatal

La Estrategia estatal de infraestructura verde y de la conectividad y restauración ecológicas tendrá por objetivo marcar las directrices para la identificación y conservación de los elementos del territorio que componen la infraestructura verde del territorio español, terrestre y marino, y para que la planificación territorial y sectorial que realicen las Administraciones públicas permita y asegure la conectividad ecológica y la funcionalidad de los ecosistemas, la mitigación y adaptación a los efectos del cambio climático, la desfragmentación de áreas estratégicas para la conectividad y la restauración de ecosistemas degradados.

Espacios y áreas de especial consideración en la estrategia nacional

La Estrategia estatal de infraestructura verde tendrá en especial consideración, entre otros, los espacios protegidos, hábitats en peligro de desaparición y de especies en peligro de extinción, áreas de montaña, cursos fluviales, humedales, vías pecuarias, corrientes oceánicas, cañones submarinos, las rutas migratorias que faciliten la conectividad, y los sistemas de alto valor natural originados como consecuencia de las buenas prácticas aplicadas por los diferentes sectores económicos, así como los hábitats prioritarios a restaurar, los terrenos afectados por los bancos de conservación de la natura-

3 Bajo la rúbrica «Del Marco estratégico de la Infraestructura Verde y de la conectividad y restauración ecológicas».

leza y los instrumentos utilizados por las administraciones competentes en la aplicación del Convenio Europeo del Paisaje, hecho en Florencia el 20 de octubre del año 2000.

Desarrollo de la estrategia por las comunidades autónomas

Basándose en las directrices de la Estrategia estatal, las comunidades autónomas desarrollarán, en un plazo máximo de tres años a contar desde la aprobación de dicha Estrategia estatal, sus propias estrategias, que incluirán, al menos, los objetivos contenidos en la estrategia estatal.

1.2.2. La Estrategia Nacional de Infraestructura Verde. Aspecto clave de la Agenda 2030 para el desarrollo sostenible

En desarrollo del art 15 de la Ley 42/2007 se aprobó la Orden PCM/735/2021, de 9 de julio, por la que se aprueba la Estrategia Nacional de Infraestructura Verde y de la Conectividad y Restauración Ecológicas[4].

Como resalta la exposición de motivos de esta orden «la protección y conservación de la diversidad biológica y los ecosistemas, así como la promoción de infraestructuras verdes, son aspectos clave de la Agenda 2030 para el Desarrollo Sostenible y figuran de forma destacada en muchos de los Objetivos de Desarrollo Sostenible (ODS) y metas asociadas: «Hambre cero, seguridad alimentaria y agricultura sostenible» (ODS 2), «Agua limpia y saneamiento» (ODS 6), «Industria, innovación e infraestructura» (ODS 9), «Ciudades y comunidades sostenibles» (ODS 11), «Acción por el clima» (ODS 13), «Vida submarina» (ODS 14) y «Vida de ecosistemas terrestres» (ODS 15), entre otros. La Agenda 2030 deja patente la relación existente entre el bienestar humano y el capital natural, y la necesidad de asegurar una perspectiva integral que tenga en cuenta la dimensión social, económica y medioambiental del desarrollo sostenible».

Multifuncionalidad

Añade esta norma que «la esencia de la infraestructura verde es su multifuncionalidad, es decir, su capacidad para desempeñar múltiples funciones ambientales (por ejemplo, conservación de la biodiversidad o adaptación al cambio climático), sociales, y económicas en un mismo ámbito territorial. Es, por lo tanto, un instrumento esencial para la planificación sostenible del territorio. Cabe señalar, además, que se concibe como un instrumento dinámico que deberá actualizarse periódicamente en función de la información y conocimientos más actualizados».

4 BOE n.º 166, Martes 13 de julio de 2021.

Marco normativo

El marco normativo protector de la mayoría de los elementos ambientales a los que atiende la Estrategia Nacional de Infraestructura Verde y de la Conectividad y Restauración Ecológicas está contenido en la Ley 42/2007.

Entre los instrumentos previstos en la Ley, deben mencionarse los Planes de Ordenación de los Recursos Naturales, al ser el instrumento específico para la delimitación, tipificación e integración en red de los sistemas que integran el patrimonio y los recursos naturales de un determinado ámbito espacial y para la determinación de su relación con el resto del territorio.

La Ley también establece el régimen de catalogación, conservación y restauración de hábitats y espacios del patrimonio natural, que incluye los elementos más importantes de la Infraestructura Verde y algunas de las medidas de protección.

Otras normas que establecen el régimen jurídico de algunos de los elementos que integran la infraestructura verde

Son las siguientes:

- Texto Refundido de la Ley de Aguas (2001), que define y establece el régimen de los bienes del dominio público hidráulico, entre los que se encuentran los cursos fluviales, que se integran en el contenido de la Infraestructura Verde.
- Ley de Costas (1988), modificada en particular por la Ley de Protección y Uso Sostenible del Litoral (2013), así como el Real Decreto por el que se aprueba el Reglamento General de Costas (2014).
- Ley de Protección del Medio Marino (2010).
- Ley de Montes (2003), modificada por la Ley 21/2015, que incluye explícitamente la consideración de los montes como infraestructuras verdes para mejorar el capital natural y su consideración en la mitigación del cambio climático, y su Estrategia Forestal Española junto con el Plan Forestal Español que está iniciando su revisión.
- Ley de Vías Pecuarias (1995) y su Red Nacional de Vías Pecuarias.
- Ley para el Desarrollo Sostenible del Medio Rural (2007), que establece las bases de una política rural propia, como política de Estado, plenamente adaptada a las condiciones económicas, sociales y medioambientales particulares del medio rural español, así como la Estrategia Nacional frente al Reto Demográfico.
- Plan Nacional de Adaptación al Cambio Climático (2006-2020 y 2021-2030).
- Real Decreto Legislativo por el que se aprueba el Texto Refundido de la Ley de Suelo y Rehabilitación Urbana (2015), que tiene por objeto,

entre otros, regular para todo el territorio español las condiciones básicas que garanticen un desarrollo sostenible, competitivo y eficiente del medio urbano.

- Agenda Urbana Española, que constituye el marco de referencia para lograr la sostenibilidad de las políticas urbanas, tanto en las áreas urbanas como rurales, y plantea importantes conexiones con los objetivos de la Infraestructura Verde.
- Real Decreto sobre Medidas para la reducción de las emisiones nacionales de determinados contaminantes atmosféricos (2018).
- Ley de Carreteras (2015) y la Ley del Sector Ferroviario (2015).
- Ley de Minas (1973).
- Ley del Patrimonio Histórico Español (1985), ya que algunos de los bienes naturales que protege tienen relación con el contenido sustantivo de la Infraestructura Verde.
- Ley de Responsabilidad Medioambiental (2007).
- Ley de Evaluación Ambiental (2013).

Las metas estratégicas del plan estratégico

Son las siguientes:

- META 0. Identificar y delimitar espacialmente la red básica, a diferentes escalas, de la Infraestructura Verde en España.
- META 1. Reducir los efectos de la fragmentación y de la pérdida de conectividad ecológica ocasionados por cambios en los usos del suelo o por la presencia de infraestructuras.
- META 3. Mantener y mejorar la provisión de servicios de los ecosistemas de los elementos de la Infraestructura Verde.
- META 5. Garantizar la coherencia territorial de la Infraestructura Verde mediante la definición de un modelo de gobernanza que asegure la coordinación entre las diferentes escalas administrativas e instituciones implicadas.
- META 6. Incorporar de forma efectiva la Infraestructura Verde, la mejora de la conectividad ecológica y la restauración ecológica en las políticas sectoriales, especialmente en cuanto a la ordenación territorial y la ordenación del espacio marítimo y la evaluación ambiental.
- META 7. Asegurar la adecuada comunicación, educación y participación de los grupos de interés y la sociedad en el desarrollo de la Infraestructura Verde.

1.3. Normativa autonómica

1.3.1. Comunidad Valenciana

Decreto Legislativo 1/2021, de 18 de junio, del Consell de aprobación del texto refundido de la Ley de ordenación del territorio, urbanismo y paisaje.

La infraestructura verde: concepto y funciones[5]:

1. La infraestructura verde es el sistema territorial básico compuesto por los siguientes espacios: los ámbitos y lugares de más relevante valor ambiental, cultural, agrícola y paisajístico; las áreas críticas del territorio cuya transformación implique riesgos o costes ambientales para la comunidad; y el entramado territorial de corredores ecológicos y conexiones funcionales que pongan en relación todos los elementos anteriores.

2. La infraestructura verde se extenderá también a los suelos urbanos y urbanizables, comprendiendo, como mínimo, los espacios libres y las zonas verdes públicas más relevantes, así como los itinerarios que permitan su conexión.

3. La identificación y caracterización de los espacios que componen la infraestructura verde de la Comunitat Valenciana se realizará en los instrumentos de planificación territorial y urbanística, a escala regional, supramunicipal, municipal y urbana, siendo la conselleria competente en materia de ordenación del territorio y paisaje la encargada de supervisar su coherencia y funcionalidad y delimitarla en la cartografía temática del Instituto Cartográfico Valenciano.

4. La planificación urbanística y territorial definirá y caracterizará la infraestructura verde con carácter previo a la ordenación de usos y actividades en el territorio.

5. Las funciones de la infraestructura verde son las siguientes:

a) Preservar los principales elementos y procesos del patrimonio natural y cultural, y de sus bienes y servicios ambientales y culturales.

b) Asegurar la conectividad ecológica y territorial necesaria para la mejora de la biodiversidad, la salud de los ecosistemas y la calidad del paisaje.

c) Proporcionar una metodología para el diseño eficiente del territorio y una gradación de preferencias en cuanto a las alternativas de los desarrollos urbanísticos y de la edificación.

d) Orientar de manera preferente las posibles alternativas de los desarrollos urbanísticos hacia los suelos de menor valor ambiental, paisajístico, cultural y productivo.

---

5 Artículo 4.

e) Evitar los procesos de implantación urbana en los suelos sometidos a riesgos naturales e inducidos, de carácter significativo.

f) Favorecer la continuidad territorial y visual de los espacios abiertos.

g) Vertebrar los espacios de mayor valor ambiental, paisajístico y cultural del territorio, así como los espacios públicos y los hitos conformadores de la imagen e identidad urbana, mediante itinerarios que propicien la mejora de la calidad de vida de las personas y el conocimiento y disfrute de la cultura del territorio.

h) Mejorar la calidad de vida de las personas en las áreas urbanas y en el medio rural, y fomentar una ordenación sostenible del medio ambiente urbano.

Espacios que integran la infraestructura verde y su incorporación a la misma[6]

1. La infraestructura verde contiene determinados espacios y elementos que desempeñan una función ambiental y territorial, incluyendo tanto ámbitos protegidos por una regulación específica como otros que no poseen esta protección. Para unos y otros, las disposiciones normativas de este texto refundido y las de los planes urbanísticos y territoriales, regularán los usos y aprovechamientos que sean compatibles con el mantenimiento de la estructura y la funcionalidad de dicha infraestructura.

2. Forman la infraestructura verde de la Comunitat Valenciana:

a) Los espacios que integran la Red Natura 2000 en la Comunitat Valenciana, seleccionados o declarados de conformidad con lo establecido en la legislación del Estado sobre el patrimonio natural y la biodiversidad.

b) Los espacios naturales protegidos, declarados como tales de acuerdo con la legislación sobre espacios naturales protegidos de la Comunitat Valenciana.

c) Las áreas protegidas por instrumentos internacionales en la legislación del Estado sobre el patrimonio natural y la biodiversidad.

d) Los ecosistemas húmedos y masas de aguas, continentales y superficiales, así como sus espacios adyacentes que contribuyan a formar paisajes de elevado valor que tengan al agua como su elemento articulador.

e) Los espacios de la zona marina cuya delimitación, ordenación y gestión deba hacerse de forma conjunta con los terrenos litorales a los que se encuentren asociados, teniendo en cuenta lo dispuesto por la legislación y la planificación sectoriales, la Estrategia Territorial de la Comunitat Valenciana y los instrumentos que la desarrollan.

6 Artículo 5.

f) Los espacios costeros de interés ambiental y cultural que, no estando incluidos en los supuestos anteriores, se hayan recogido en el planeamiento urbanístico, en la Estrategia Territorial de la Comunitat Valenciana o en los instrumentos que la desarrollan, o en los planes y proyectos promovidos por la administración sectorial con competencias en materia de costas.

g) Los montes de dominio público y de utilidad pública o protectores que se encuentren incluidos en el correspondiente catálogo, las áreas de suelo forestal de protección, según la normativa sectorial aplicable, y los terrenos necesarios o convenientes para mantener la funcionalidad de las zonas forestales protegidas.

h) Las áreas agrícolas que, por su elevada capacidad agrológica, por su funcionalidad respecto de los riesgos del territorio, por conformar un paisaje cultural identitario de la Comunitat Valenciana o por ser ámbitos de productos agropecuarios de proximidad o excelencia que garanticen la seguridad alimentaria mediante el suministro de productos de alimentación, sean adecuadas para su incorporación a la infraestructura verde y así lo establezca la planificación territorial, urbanística o sectorial.

i) Los espacios de interés paisajístico incluidos o declarados como tales en la Estrategia Territorial de la Comunitat Valenciana, en los instrumentos que la desarrollan, o los incorporados a la planificación a partir de los instrumentos propios de la ordenación y gestión paisajística que se definen en el artículo siguiente.

j) Los espacios de elevado valor cultural que tengan esa consideración en aplicación de la normativa sectorial de protección del patrimonio cultural, artístico o histórico, incluyendo sus entornos de protección.

k) Las zonas críticas por la posible incidencia de riesgos naturales, directos e inducidos, de carácter significativo, que estén delimitados y caracterizados por la normativa de desarrollo del presente texto refundido, por la Estrategia Territorial de la Comunitat Valenciana o por los instrumentos que la desarrollen.

l) Las áreas que el planeamiento territorial, ambiental y urbanístico, en desarrollo del presente texto refundido y de las respectivas normativas sectoriales, establezca explícitamente como adecuadas, tanto por su valor actual como por su valor potencial, para su incorporación a la infraestructura verde, por ser necesarias para el mantenimiento de su estructura y funcionalidad.

m) Los ámbitos que garanticen la adecuada conectividad territorial entre los diferentes elementos constitutivos de la infraestructura verde, con especial referencia a los cauces fluviales y sus riberas, las vías pecuarias y otras afecciones de dominio público que cumplan esta función, así como los corredores ecológicos y funcionales.

n) Los espacios ubicados en el suelo urbano y en el suelo urbanizable que la planificación municipal considere relevantes para formar parte de la infraestructura verde, por sus funciones de conexión e integración paisajística de los espacios urbanos con los elementos de la infraestructura verde situados en el exterior de los tejidos urbanos. Se atenderá no solo a la identificación puntual de estos espacios sino también a sus posibilidades de interconexión ambiental y de recorridos.

3. Los espacios que tengan una regulación ambiental, cultural o sectorial específica se incorporarán a la infraestructura verde con la declaración, catalogación o aprobación del instrumento que los regule. Para el resto de espacios, su incorporación se producirá con la aprobación del instrumento de planeamiento territorial o municipal que los identifique, los caracterice y regule los usos y aprovechamientos que sean compatibles con el mantenimiento de la estructura y funcionalidad de dicha infraestructura. La exclusión de estos espacios en revisiones o modificaciones posteriores del planeamiento deberá ser objeto de una justificación detallada.

4. En la infraestructura verde forestal calificada como monte de dominio y utilidad pública que se encuentre incluida en el correspondiente catálogo situado en la franja de los primeros diez kilómetros desde la línea litoral, solo podrán desarrollarse usos compatibles con el mantenimiento y funcionalidad de esta infraestructura y de los valores forestales que alberga. Podrán autorizarse usos extractivos relacionados directamente con el medio marino y costero, como salinas, turberas y aguas minerales

1.3.2. Andalucía

Acuerdo de 12 de junio de 2018, del Consejo de Gobierno, por el que se aprueba el Plan Director para la Mejora de la Conectividad Ecológica en Andalucía, una estrategia de infraestructura verde[7].

Para este Plan la Infraestructura verde «es un concepto complejo e integrador cuyo desarrollo y puesta en marcha se orienta a la consecución de los siguientes objetivos operativos:

- Combatir la pérdida de biodiversidad mediante la mejora de la conectividad entre áreas naturales y el incremento de la coherencia e integración de dichas áreas en su matriz territorial.
- Reforzar la funcionalidad de los ecosistemas y garantizar el buen estado de los servicios ambientales que proporcionan a la sociedad.
- Contribuir a la lucha y adaptación frente al cambio climático.
- Incrementar la resiliencia y capacidad de adaptación y respuesta de los ecosistemas, su funcionalidad y su conectividad ecológica.

7 Boletín Oficial de la Comunidad Autónoma de Andalucía n.° 130 de 06/07/2018.

- Propiciar la identificación, diagnóstico y gestión de áreas multifuncionales que cumplen importantes funciones ambientales, mediante su incorporación a los procesos de planificación territorial y paisajística, a través de políticas relativas a los usos del suelo, o derivadas del desarrollo de medidas de conectividad ecológica de elementos de interés.
- Contribuir al desarrollo de una economía más verde y sostenible mediante la inversión en los servicios ecosistémicos, en contraposición a la gestión de los problemas ambientales apoyada exclusivamente en soluciones tecnológicas, y en la mitigación de los efectos adversos del trasporte y las infraestructuras energéticas y de abastecimiento».

1.3.3. Cataluña

La Ley 7/2020, de 2 de julio de Agencia de la Naturaleza de Cataluña.

Esta Ley señala que el 32 % del territorio catalán está protegido por el Plan de espacios de interés natural, el cual incluye los espacios de la red Natura 2000 y los espacios naturales de protección especial, como los parques naturales. Los ecosistemas de estos territorios, y los procesos y especies que los conforman, no son unidades aisladas, sino conectadas por la matriz del territorio, y constituyen globalmente la red llamada infraestructura verde. En conjunto, es una superficie importante que se debe planificar, ordenar y gestionar adecuadamente, con la colaboración de los propietarios y de las políticas sectoriales que inciden sobre el territorio.

A efectos de esta Ley se entiende por Infraestructura verde: red de zonas naturales y seminaturales y de otros elementos ambientales, planificada de forma estratégica, diseñada y gestionada para la prestación de una extensa gama de servicios ecosistémicos.

Dentro de las funciones correspondientes a la Agencia de la Naturaleza de Cataluña en su art. 3. señala en su apartado 1.g «identificar y conservar los servicios ambientales de los ecosistemas y promover actuaciones de restauración o creación de infraestructura verde y renaturalización».

Respecto a su Régimen económico, financiero y patrimonial, en el art. 7.7. indica que la Agencia de la Naturaleza de Cataluña debe desarrollar su propio programa de adquisición de suelo para la conservación del patrimonio natural y la biodiversidad. También debe establecer los mecanismos adecuados para colaborar con el Instituto Catalán del Suelo en la adquisición, gestión, transmisión, cesión o permuta de terrenos de especial interés para el desarrollo de la infraestructura verde de Cataluña.

Por último, señala que la Agencia de la Naturaleza de Cataluña puede utilizar excepcionalmente, de acuerdo con la legislación vigente, si lo justifica su declaración de utilidad pública por motivos de conservación, los mecanismos de expropiación, de establecimiento de servidumbres, y de tanteo y retracto en los espacios protegidos y en otros espacios de la infraestructura verde.

1.4. Normativa de la Comunidad Autónoma de Galicia

1.4.1. La Ley 5/2019, de 2 de agosto, del patrimonio natural y de la biodiversidad de Galicia[8]

Dentro del capítulo VIII dedica el art. 86 a la Estrategia gallega de infraestructura verde y de la conectividad y restauración ecológicas, estableciendo las siguientes pautas

Plazo para elaborar la estrategia gallega de infraestructuras

Para garantizar la conectividad ecológica y la restauración del territorio gallego, la consejería competente en materia de conservación del patrimonio natural elaborará, en el plazo máximo de tres años, a contar desde la aprobación de la estrategia estatal al respecto, una Estrategia gallega de infraestructura verde y de la conectividad y restauración ecológicas, previa consulta a las consejerías afectadas.

Participación en la elaboración de esta estrategia

Además de la consejería competente en materia de conservación del patrimonio natural, participarán en la elaboración de esta estrategia, al menos, los órganos de la Administración general de la Comunidad Autónoma de Galicia o entidades instrumentales del sector público autonómico con competencias en las siguientes materias: forestal, agrícola, infraestructuras, aguas, ordenación del territorio, energía, minería y paisaje.

Plazo para aprobar la estrategia gallega

La estrategia gallega se aprobará en el plazo máximo de tres años, a contar desde la aprobación de la estrategia estatal al respecto, por orden de la persona titular de la consejería competente en materia de conservación del patrimonio natural, y se publicará en el Diario Oficial de Galicia[9].

Contenido

La Estrategia gallega de infraestructura verde y de la conectividad y restauración ecológicas incluirá, al menos, los objetivos contenidos en la estrategia estatal en la materia.

---

8 DOG n.º 149, Miércoles 7 de agosto de 2019.

9 Ya estando en preparación de la publicación de este trabajo se publicó el Acuerdo de 8 de agosto de 2022, de la Dirección General de Patrimonio Natural, por el que se acuerda someter a información pública y transparencia la Estrategia gallega de la infraestructura verde y de la conectividad y la restauración ecológicas (DOG n.º 158, Lunes 22 de agosto de 2022).

Coherencia y conectividad ecológica[10]

Para mejorar la coherencia y la conectividad ecológica del territorio, la Administración autonómica fomentará en su planificación ambiental la conservación de corredores ecológicos y la gestión de aquellos elementos del paisaje y áreas territoriales que resulten esenciales o revistan primordial importancia para la migración, la distribución geográfica y el intercambio genético entre poblaciones de especies de fauna y flora silvestres, teniendo en cuenta los impactos futuros del cambio climático.

La Administración autonómica otorgará un papel prioritario a los cursos fluviales, vías pecuarias, áreas de montaña y otros elementos del territorio, lineales y continuos o que actúan como puntos de enlace, con independencia de que ostenten la condición de espacios naturales protegidos.

La Administración autonómica procurará establecer mecanismos de colaboración con otras administraciones gestoras de espacios contiguos, así como, en el marco de sus competencias y respetando la competencia estatal en materia de relaciones internacionales, con órganos, organismos públicos o entes de otros estados, para facilitar la conectividad y la coherencia en la gestión.

2. La infraestructura verde en el marco de la ordenación del territorio de Galicia

La Ley 1/2021, do 8 de enero, de ordenación do territorio de Galicia, en su exposición de motivos otorga un especial tratamiento a las infraestructuras verdes. En este sentido señala que:

> «Las políticas de planificación territorial han de orientarse a los principios y propuestas a escala europea y mundial, como son impulsar el desarrollo de infraestructuras verdes en todos los ámbitos territoriales (nacional, regional y local) y garantizar su consideración en la ordenación del territorio, creando así una red interconectada de los espacios de mayor valor ambiental, paisajístico y cultural, planificada de manera estratégica y diseñada para la prestación de una extensa gama de servicios ecosistémicos y para proteger la biodiversidad, tanto de los asentamientos rurales como urbanos. Del mismo modo que las infraestructuras tradicionales, esta infraestructura servirá para vertebrar el territorio, dotándolo de continuidad, siendo necesaria su definición con carácter previo a la planificación de las nuevas demandas de suelo.
>
> Una infraestructura verde, compuesta por los espacios naturales, cursos y masas de agua, los espacios no urbanizados y los grandes espacios verdes de las ciudades, así como los corredores ecológicos que los interconectan, permitirá mantener en buen estado los ecosistemas, para que puedan continuar prestando sus valiosos servicios a la sociedad, como son el aire limpio y el agua pura. La inversión en una infraestructura verde tiene una lógica económica: mantener la

10 Artículo 87.

capacidad de la naturaleza, por ejemplo, para mitigar los efectos negativos del cambio climático, lo cual resulta mucho más rentable que reemplazar esos servicios perdidos por soluciones tecnológicas humanas mucho más costosas».

Dentro del articulado destaca en el art. 9 que la infraestructura verde constituye un sistema territorial básico, compuesto por los ámbitos de más relevante valor:

- Ambiental.
- Cultural.
- Agrícola.
- Paisajístico: las áreas críticas del territorio cuya transformación implique riesgos o costes ambientales para la comunidad y los corredores ecológicos y conexiones funcionales que pongan en relación todos los elementos anteriores.
- La infraestructura verde se extenderá a los suelos urbanos y urbanizables, comprendiendo, como mínimo, los espacios libres y las zonas verdes públicas más relevantes, así como los itinerarios que permitan su conexión.

Pone el énfasis en que los instrumentos de ordenación del territorio tendrán en cuenta, en función de su escala, las determinaciones de la Estrategia estatal de infraestructura verde y de la conectividad y restauración ecológicas, así como la que se desarrolle por la Comunidad Autónoma de Galicia. A estos efectos, los instrumentos de ordenación del territorio contemplarán la identificación y caracterización de los espacios de la Estrategia gallega de infraestructura verde y de la conectividad y restauración ecológicas que se elabore por la Comunidad Autónoma de Galicia.

Integración de la infraestructura verde

La infraestructura verde estará integrada por determinados espacios y elementos que desempeñan una función ambiental y territorial, incluyendo

- Tanto ámbitos protegidos por una regulación específica
- Como otros que no poseen esa protección.

En ambos casos los instrumentos de ordenación del territorio regularán los usos y aprovechamientos que resulten compatibles con el mantenimiento de la estructura y la funcionalidad de dicha infraestructura.

Funciones de la infraestructura verde

La LOTG recoge cuales son las funciones de la infraestructura verde:

a) Preservar los principales elementos y procesos del patrimonio natural y cultural y de sus bienes y servicios ambientales y culturales.

b) Asegurar la conectividad ecológica y territorial necesaria para la mejora de la biodiversidad, la salud de los ecosistemas y la calidad del paisaje.

c) Proporcionar una metodología para el diseño eficiente del territorio y una gradación de preferencias en cuanto a las alternativas de los desarrollos urbanísticos.

d) Orientar de manera preferente las posibles alternativas de los desarrollos urbanísticos hacia los suelos de menor valor ambiental, paisajístico, cultural y productivo.

e) Evitar los procesos de implantación urbana en los suelos sometidos a riesgos naturales e inducidos, de carácter significativo.

f) Favorecer la continuidad territorial y visual de los espacios abiertos.

g) Vertebrar los espacios de mayor valor ambiental, cultural, agrícola y paisajístico del territorio, así como los espacios públicos y los hitos conformadores de la imagen e identidad urbana, mediante itinerarios que propicien la mejora de la calidad de vida de las personas y el conocimiento y disfrute de la cultura del territorio.

h) Mejorar la calidad de vida de las personas en las áreas urbanas y el medio rural y fomentar una ordenación sostenible del medio urbano.

Infraestructura verde y plan sectorial[11]

Contenido de los planes sectoriales.

Dentro de los planes sectoriales la LOTG incluye las infraestructuras verdes. Así señala que los planes sectoriales contendrán las siguientes determinaciones:

> m) Identificación de las infraestructuras verdes precisas para mitigar, entre otros, la alteración, pérdida y fragmentación de hábitats y el deterioro de procesos ecológicos y servicios ecosistémicos, así como el incremento de los riesgos naturales.

Proyectos de interés autonómico. Contenido relacionado con las infraestructuras verdes[12]

De igual modo y con una similar redacción la LOTG dentro de los proyectos de interés Autonómico incluye las infraestructuras verdes, y en esta línea y con una redacción similar a la dada para los Planes sectoriales indica que los proyectos de interés autonómico detallarán las determinaciones del plan sectorial que desarrollen, en su caso, contemplando, como mínimo, las siguientes determinaciones:

> j) Identificación de las infraestructuras verdes precisas para mitigar, entre otros, la alteración, pérdida y fragmentación de hábitats y el deterioro de procesos ecológicos y servicios ecosistémicos, así como el incremento de los riesgos naturales.

11 Art. 36.

12 Artículo 44. Contenido de los proyectos de interés autonómico.

Como señalan Margarita Parajó Calvo y Mª Antonia Arias Martínez, «las especiales características del territorio gallego proporciona una gran diversidad y potencialidad de servicios ecosistémicos, lo que hace todavía más necesario la creación de estas redes de infraestructura verde estratégicamente planificadas que puedan proporcionar beneficios, ambientales y sociales»[13].

3. Aspectos contractuales

La Directiva 2014/24/UE dedica una importancia extraordinaria a los aspectos medioambientales. No obstante, no alude directamente a la infraestructura verde. De igual modo, la Ley 9/2017, de 8 de noviembre, de Contratos del Sector Público, por la que se transponen al ordenamiento jurídico español las Directivas del Parlamento Europeo y del Consejo 2014/23/UE y 2014/24/UE, de 26 de febrero de 2014 (LCSP) dedica numerosos preceptos a los aspectos medioambientales, sin embargo, tampoco hay una alusión expresa a las infraestructuras verdes, aunque indirectamente podrían incardinarse en la expresión «el mantenimiento o mejora de los valores medioambientales que puedan verse afectados por la ejecución del contrato del art. 202 LCSP».

3.1. Resolución del Parlamento Europeo, de 17 de septiembre de 2020, sobre el Año Europeo por unas Ciudades más Verdes 2022 [2019/2805 (RSP)][14]

Esta Resolución, aunque circunscrita al año 2022, pone el énfasis en determinados aspectos contractuales, mediante la utilización de materiales y servicios respetuosos con el clima y el aumento de proyectos de infraestructura verde, y la utilización de las asociaciones para la innovación (reguladas en los artículos 177-182 LCSP) y la contratación conjunta entre ciudades (art. 31 LCSP).

---

13 Parajó Calvo, M. y Arias Martínez, M.ª A., «La ordenación del territorio en Galicia», *Revista Aranzadi de Urbanismo y Edificación*, n.º 47/2021, Editorial Aranzadi.

14 11. Proponía que los objetivos del Año Europeo por unas Ciudades más Verdes 2022 sean los siguientes:
crear una cultura de aprecio por los espacios verdes y las infraestructuras azules-verdes; fomentar un desarrollo urbano que respete la necesidad de espacios verdes como un aspecto importante de la calidad de vida en las ciudades; promover el uso de materiales y servicios respetuosos con el clima a través de la contratación pública; aumentar el número de proyectos de infraestructura verde; mantener los recursos de la Estrategia de la Unión sobre la infraestructura verde y añadirle otros nuevos.
14. Insta a la Comisión a que continúe respaldando medidas ambiciosas en materia de mejora de la eficiencia en el uso de la energía y los recursos; pide a la Comisión que ayude a garantizar una financiación adecuada de las acciones que contribuyen al desarrollo urbano sostenible y a la infraestructura verde como, por ejemplo, las asociaciones para la innovación y los programas de contratación conjunta entre ciudades de la Unión.

3.2. Estrategia sobre la biodiversidad de aquí a 2030

COM 2020) 380 final Comunicación de la Comisión al Parlamento Europeo, al Consejo, al Comité Económico y Social Europeo y al Comité de las Regiones. Estrategia de la UE sobre la biodiversidad de aquí a 2030. Reintegrar la naturaleza en nuestras vidas

Alude a campañas de promoción y a la potenciación de la contratación pública ecológica.

La agroecología puede proporcionar alimentos saludables y, al mismo tiempo, mantener la productividad, aumentar la fertilidad del suelo y la biodiversidad, y reducir la huella de la producción de alimentos. La agricultura ecológica, en particular, encierra un gran potencial tanto para los agricultores como para los consumidores. Este sector crea empleo y atrae a jóvenes agricultores. La agricultura ecológica también proporciona entre un 10 y un 20 % más de puestos de trabajo por hectárea que las explotaciones convencionales, y crea valor añadido para los productos agrícolas[15]. Para sacar el máximo partido a ese potencial, al menos el 25 % de las tierras agrícolas de la UE debe dedicarse a la agricultura ecológica de aquí a 2030. Además de las medidas de la PAC, la Comisión presentará un plan de acción sobre agricultura ecológica que ayude a los Estados miembros a estimular tanto la oferta como la demanda de productos ecológicos. También asegurará la confianza de los consumidores a través de campañas de promoción y de la contratación pública ecológica.

El poder adquisitivo de las autoridades públicas representa el 14 % del PIB de la UE y puede ser un poderoso motor para la demanda de productos y servicios de las empresas que invierten en soluciones basadas en la naturaleza o que contribuyen a encontrarlas. Para aprovechar este potencial, al proponer nueva legislación y orientaciones en materia de contratación pública ecológica, la Comisión integrará criterios y medidas de seguimiento con vistas a impulsar la adopción de soluciones basadas en la naturaleza.

3.3. Orden PCM/735/2021, de 9 de julio, por la que se aprueba la Estrategia Nacional de Infraestructura Verde y de la Conectividad y Restauración Ecológicas

Es quizás la disposición más relevante desde el punto de vista de la contratación pública por su referencia expresa a la infraestructura verde y especialmente en estas tres cuestiones:

15 OCDE (2016), Farm Management Practices to Foster Green Growth.

3.3.1. Contratos que regulan la construcción y gestión de infraestructuras

Esta disposición recoge expresamente en línea de actuación 6.01 que en los contratos que regulan la construcción y gestión de infraestructuras y de otros bienes públicos, en régimen de concesión u otras fórmulas de partenariado público privado, se tenga en consideración la existencia de la Infraestructura Verde y sus requerimientos de conservación[16].

3.3.2. Prescripciones técnicas

En segundo lugar y en relación con las prescripciones técnicas dispone en la línea 6.11 integrar en los pliegos de prescripciones técnicas particulares de las licitaciones del sector público referidas a actividades que puedan modificar el territorio y que estén sometidas a Evaluación Ambiental, la obligación de incluir en el inventario ambiental, tanto el análisis de la Infraestructura verde como los procesos e interacciones ecológicas o ambientales clave, principalmente aquellas relacionadas con la conectividad y con los servicios de los ecosistemas.

3.3.3. Cláusula ambiental. Inclusión de condición especial de ejecución. Deber de realizar un análisis de la infraestructura verde

En el caso de que la actividad no se contemplara en los supuestos anteriores, y tampoco puedan afectar de forma directa o indirecta a elementos de la Red Natura 2000, se sugiere que se incluya una cláusula ambiental al amparo del apartado 2 del Artículo 202 de la Ley 9/2017 de Contratos del Sector Público (Condiciones especiales de ejecución del contrato de carácter social, ético, medioambiental o de otro orden), donde se mencione expresamente que se deberá realizar un análisis de la Infraestructura Verde, así como de los procesos e interacciones ecológicas o ambientales clave, proponiendo las medidas necesarias para su mantenimiento o la mitigación de los efectos negativos basadas en la metodología de la restauración ecológica.

16 Añade este precepto «Fomentar la incorporación de especificaciones sobre especies y hábitats a conservar o restaurar, mantenimiento de la conectividad ecológica del territorio y sobre el fomento de los servicios de los ecosistemas, junto con los estándares que permitan verificar su adecuado cumplimiento, para favorecer así la Infraestructura Verde como herramienta que incentive la inversión de las empresas en conservación de biodiversidad».

4. Bibliografía

Cantó López, M.T., «La planificación y gestión de la Infraestructura Verde en la Comunidad Valenciana», *Revista Aragonesa de Administración Pública*, núm. 43-44, Zaragoza, 2014, pp. 215-234.

Feria Toribio, J.M., y **Santiago Ramos, J.**, «Naturaleza y ciudad. perspectivas para la ordenación de la infraestructura verde en los planes territoriales metropolitanos en España», *Boletín de la Asociación de Geógrafos Españoles*, n.º 7, 2017, pp. 117-141.

Parajó Calvo, M. y **Arias Martínez, M.ª A.**, «La ordenación del territorio en Galicia», *Revista Aranzadi de Urbanismo y Edificación*, n.º 47/2021, Editorial Aranzadi.

BUENA ADMINISTRACIÓN Y BUENA GOBERNANZA EN LA CONTRATACIÓN PÚBLICA

Good Administration and good governance in public procurement

Martín Galli Basualdo[1]
Universidad de Buenos Aires (Argentina)
Universidad del Museo Social Argentino

Fecha de Recepción: 02/11/2022
Fecha de Aceptación: 30/11/2022

Resumen: El principio y el derecho de la buena administración está dotado de notas esenciales y trae aportaciones al Derecho Administrativo. La cultura de gobierno de la gobernanza democrática contribuye con principios, reglas, procedimientos y estándares que resultan de capital importancia en el orden económico, social e institucional. En las siguientes páginas se examinan ambos conceptos y su aplicación a la contratación púbica (en su fase precontractual —preparatoria y de adjudicación— y en la vida del contrato —ejecución y finalización—).

Palabras clave: Buena administración. Buena gobernanza. Gobernanza democrática. Buena administración y buena gobernanza en la contratación pública.

1 Abogado y Escribano (UNNE), Doctor en Derecho (UNNE), Especialista en Derecho Administrativo (UNNE), Doctor en Derecho Administrativo Iberoamericano de la Universidad de A Coruña (UDC). Profesor Adjunto por Concurso de Derecho Administrativo en la Facultad de Derecho y Ciencias Sociales y Políticas (UNNE) e Investigador Categorizado (IV). Profesor Titular de Derecho Administrativo General y Especial — Carrera de Abogacía de la Facultad de Ciencias Jurídicas y Políticas de la Universidad de la Cuenca del Plata. Miembro del Foro Iberoamericano de Derecho Administrativo. Presidente del Superior Tribunal de Justicia y del Consejo de la Magistratura de la Provincia de Corrientes.

Abstract: The principle and law of good administration is endowed with essential notes and brings contributions to Administrative Law. The government culture of democratic governance contributes with principles, rules, procedures and standards that are of paramount importance in the economic, social and institutional order. The following pages examine both concepts and their application to public contracting (in its pre-contractual phase —preparation and award— and in the life of the contract —execution and completion—).

Keywords: Good administration. Good governance. Democratic governance. Good administration and good governance in public procurement.

1. Notas esenciales y aportaciones de la buena administración de las instituciones públicas

El objetivo de una «buena Administración» es aspirar a alcanzar una gestión pública de calidad, mejorar en forma real y tangible las condiciones de vida de los ciudadanos, como así también garantizar la satisfacción de las necesidades colectivas de las personas y el desarrollo sostenible de la comunidad[2].

Desde esta perspectiva, se impone la modernización del Estado y de los procedimientos administrativos; esto quiere decir, necesariamente, pensar el quehacer administrativo poniendo el acento en la dimensión social del hombre y en la necesidad de resolver los problemas comunes que lo afectan en base a un pensamiento dinámico, abierto, plural y complementario[3].

Así, la Administración Pública, bajo el estándar de lo que se conoce a nivel mundial como «buena administración», aparece anclada en el ciudadano, no ya en el poder. Se trata de una visión que sitúa en el centro de las relaciones

2 *Vid.* Cassagne 2021: 603-ss; Galli 2019: 67-ss; Hernández 2016: 307-ss; Rodríguez-Arana 2006: 23-ss; Rodríguez-Arana 2012a: 11-ss; Rodríguez-Arana 2014: 2-ss.

3 *Vid.* Cassagne 2021: 603-ss; Rodríguez-Arana 2012a: 124-ss; Rodríguez-Arana 2014: 6-ss.

jurídicas públicas a la persona humana, al ciudadano y su desarrollo sostenible (Piñar 2003: 185-ss) y a la promoción de la dignidad del ser humano[4].

De otra parte, con este enfoque jurídico político se procura evitar la «cultura del enfrentamiento» a través de instrumentos que permitan realizar la conciliación de intereses en virtud de técnicas de consenso, del diálogo, mediante pactos, acuerdos, procedimientos de renegociación, transacciones, mecanismos de conciliación, arbitraje, etc[5]. Nos vemos obligados, pues, a instaurar un procedimiento administrativo inmerso en una convivencia, colaboración, una efectiva y real participación de los ciudadanos con el gobierno (Peschard 2012: 28) y asociaciones público-privada, dotado de transparencia, en cuyo obrar se aplique una visión pro-persona humana.

En tal inteligencia, resulta esencial la participación ciudadana —necesaria, legítima y efectiva— que debe observarse para la solución de los problemas y asuntos de dominio general. Se garantiza, de ese modo, un gobierno responsable y contralado por los ciudadanos —*accountable governance*— (Hernández 2012: 197-ss). Esto es una obvia consecuencia de los buenos gobiernos y las buenas administraciones públicas. Los ciudadanos controlan, en el sentido expuesto, en forma real, efectiva y continuamente las decisiones que adoptan los servidores públicos[6].

Es conveniente, por tanto, efectuar una reevaluación de las instituciones estatales y acudir a un Estado desarrollista (Villoria y Forcadell 2015: 17-ss) —en el sentido que traiga desarrollo y bienestar general a las personas humanas y no solamente el desarrollo de los sectores productivos, tan importante, desde el luego, para las sociedades—, de manera tal de encauzar los gobiernos en base a buenas políticas e instituciones conducentes para obtener el progreso económico y social[7].

Lo fundamental, ciertamente, es reducir la pobreza (Malem 2017) y converger en un desarrollo integral de la sociedad a través de las directrices de la buena gobernanza, el buen gobierno y la buena administración.

---

4 *Vid.* Rodríguez-Arana 2011a: 11-ss; Rodríguez-Arana 2012a: 25-ss; Rodríguez-Arana 2014: 1-ss. Sobre la dignidad de la persona como fuente central de todos los principios y derechos, ampliar en: Cassagne 2021: 90-ss; González 2017; García de Enterría 1984: 21-ss. Véase también en tratados internacionales: *Convención Americana sobre Derechos Humanos*, arts. 5, 6 y 11; *Pacto Internacional de Derechos Civiles y Políticos*, preámbulo y art. 10; *Pacto Internacional de Derechos Económicos, Sociales y Culturales*, preámbulo y art. 13; *Declaración Americana de Derechos y Deberes del Hombre*, preámbulo y art. XXIII; *Declaración Universal de los Derechos Humanos*, preámbulo y arts. 1, 22 y 23.

5 *Vid.* Cassagne 2021: 429; Hernández 2016: 307-ss; Parejo 2012: 572-574.

6 *Vid.* Rodríguez-Arana 2012a: 28-ss; Rodríguez-Arana 2014: 3-ss.

7 *Vid.* Auby y Perroud 2012: 17-ss; Parejo 2015: 51-ss.

Como ya nos consta, el desarrollo no se produce con una visión estatocéntrica, ni con el achicamiento o la reducción del Estado[8], tampoco con la sobrevalorización de los modelos tecnocráticos (Rodríguez-Arana 2006: 23)[9], sino con un Estado que toma decisiones acertadas y efectivas para promover el bienestar general de las personas humanas y la dignidad humana, garantizando y respetando el Estado de Derecho e implantando políticas públicas eficaces y eficientes —educativas, sanitarias, productivas, etcétera—.

Es un hecho que las buenas instituciones formales e informales son aquellas que, a partir de un conocimiento acumulativo, acaban siendo legítimas, equitativas, eficientes, estables y flexibles y, por ello, son reglas de juego que constriñen conductas ineficientes, fraudulentas e ilegales en la sociedad y en el Estado, e incentivan lo contrario, además de dar certeza[10].

Así, el diseño de las instituciones, como bien puntualizan Villoria Mendieta y Forcadell Esteller (2015: 32), es la clave para el buen funcionamiento de la maquinaria estatal y de la sociedad en general. Cuando estas instituciones se descuidan, o se generan inadecuadamente, producen justamente lo contrario, como es de esperar, la desafección en la ciudadanía, falta de participación cívica, incentivan a la insolidaridad, la corrupción y la ineficiencia, y desincentivan la integridad y efectividad gubernamental y de toda la sociedad. Así, el clientelismo incentiva la politización y el nepotismo en los nombramientos políticos, la aplicación parcial y arbitraria de las normas y la gestión de los «servicios públicos» de manera sectaria e ineficiente. Su mantenimiento desmorona el Estado de derecho, fomenta la desconfianza y provoca la lucha sin cuartel por el control de los bienes públicos para el reparto entre sus fieles (Rodríguez-Arana 2015: 569). En cambio, una selección meritocrática y una profesionalización rigurosa de la carrera estatal aseguran la imparcialidad en la aplicación de las normas y efectividad en la gestión de los servicios, lo que redunda en un estado de derecho sólido y un gobierno eficaz.

Lo esencial, en definitiva, a nuestro juicio, es el fortalecimiento de las instituciones para la formulación de políticas públicas que favorezcan el desarrollo sostenible y el bienestar integral en los países. Pero dichas políticas públicas no deben ser pensadas en forma elitista, tecnocrática o cerrada –«las instituciones en la democracia no son propiedad de sus dirigentes»

8 Así, acerca de si hace falta *más o menos* gobierno, recomiendo la lectura de la obra escrita por Sunstein 2014: 27-ss.

9 Otra visión crítica acerca del modelo tecnocrático en el gobierno puede hallarse en: Rosanvallon 2015: 88-90 y 215.

10 Véase Villoria y Forcadell 2015: 18-ss. En lo atinente a la lucha contra la corrupción y la degradación de los valores Morales, ver: García de Enterría 2000: 82-ss; González 2014: 42-ss; Nieto 1997.

(Rodríguez-Arana 2006: 10)–[11], sino de un modo transparente, competitivo y orientado a la obtención de resultados concretos en favor de los ciudadanos.

2. Aproximaciones a propósito de la buena gobernanza

A la luz de lo hasta aquí indicado, resulta conveniente identificar el rumbo que nos lleva hacia la buena gobernanza —una especie de fórmula de la «buena gobernanza»—.

Como ha afirmado Kofi Annan, la buena gobernanza es la clave para erradicar la pobreza y promover, finalmente, el desarrollo sostenible en lo institucional, económico y social. Para ello, resulta necesario definir este concepto, no sólo desde el punto de vista teórico, sino muy especialmente como un ejercicio para orientar y aprender de la práctica de la política pública (Wittingham 2002: 1).

Según hemos propuesto en una reciente publicación (Galli 2019: 51-ss)[12], se promueve y fortalece la buena gobernanza —en el orden doméstico de un país y a nivel global— a partir de determinadas directrices concretas, tales como: el gobierno abierto, la participación ciudadana activa, real, libre y equilibrada (Rodríguez-Arana 2011a: 565-ss), la gestión pública de calidad, la transparencia, la rendición de cuentas de los servidores públicos, la simplificación de los procedimientos, la desburocratización, la supresión de barreras y la aplicación de nuevas tecnologías al procedimiento administrativo[13]. En resumidas cuentas, el objetivo fundamental es fortalecer el gobierno democrático (Hernández 2016: 307-ss).

Se procura, entonces, obtener el desarrollo de la persona humana, la protección y promoción de la dignidad humana y la mejora integral de las condiciones de vida de las personas. Pero, además, la aserción irreversible de los valores y las instituciones (Cardona 2015: 37-ss).

También se ha definido a la *gobernanza* como el ejercicio de la autoridad política, económica y administrativa para la gestión de los asuntos públicos

---

11 Rodríguez-Arana (2006: 10-ss), agrega que:
«(...) es verdad que las instituciones públicas en la democracia son de la ciudadanía. Es verdad, pero a veces se pierde de vista porque la condición humana en ocasiones prefiere transitar por el proceloso mundo del poder, del dinero y de la notoriedad, con un sistemático olvido de la principal función del gobierno y la dirección en el ámbito público cual es la mejora de las condiciones de vida de la gente».

12 Las consideraciones que se formulan en relación a la gobernanza obedecen a los estudios como doctorando realizados por el autor en la Universidad de San Pablo Ceu, de Madrid, España.

13 Acerca de la aplicación de las nuevas tecnologías en los procedimientos administrativos y las administraciones públicas electrónicas ver: Piñar 2007a: 51-ss; Piñar 2011: 145-ss.

de un país en todos los niveles, mientras que la *buena gobernanza* atiende a la forma bajo la cual esos asuntos son gestionados según los principios de participación, transparencia, responsabilidad, imperio de la ley, efectividad y equidad[14].

Señalan Villoria Mendieta y Forcadell Esteller (2015: 20) que ya sabemos que las instituciones adecuadas generan crecimiento y bienestar y que las instituciones inadecuadas impiden el desarrollo. También sabemos que estas instituciones adecuadas son la suma de instituciones democráticas, estado de derecho y gobierno de calidad. Así, por una parte, desde el enfoque de la libertad como medio y fin del desarrollo se expresa este paradigma: las instituciones democráticas tienen valor como generadoras de desarrollo y promotoras de iniciativas preventivas de hambre y de injusticias lacerantes. Por otra parte, un gobierno de calidad es aquel que asegura la imparcialidad en la aplicación de las normas y en la gestión de los servicios, fomentando la cultura de la legalidad y la seguridad jurídica. Pero, además, el Estado por sí mismo no puede resolverlo todo, sino que debe colaborar con la sociedad civil y el mercado para resolver los problemas comunes, debe codiseñar, cogestionar, corresponsabilizar y por eso hablamos de *gobernanza*.

Dice Maiorano (2015) que:

> «(...) la buena gobernanza está orientada por los principios de participación, transparencia, rendición de cuentas (accountability), eficacia y coherencia. Resulta esencial para este paradigma la existencia de "redes de actores" sobre los que la gobernanza se proyecta con el conjunto de normas, principios y valores que pautan la interacción entre los actores que intervienen en desarrollo de una determinada política pública».

Así pues, Wittingham Munevar (2002: 9-ss) propone variables e indicadores para medir y evaluar la buena gobernanza, que han de tenerse presente, a saber:

- *Variables principales*: participación, equidad, rendición de cuentas y eficiencia.
  - *Indicadores*: utilización económica de fondos, mano de obra y otros recursos; existencia de mecanismos para evaluar el desempeño económico; reducción de la población viviendo bajo la línea de pobreza; aumento de la participación en vivienda, educación y otras áreas en bienestar, sobre la población total.

14 Hernández (2012: 197-ss) alude al importante concepto de *accountability*, señalando que éste implica, además de una Administración responsable, una Administración abierta al control ciudadano, con lo cual ella debe dictar decisiones contestables, razonables, debidamente motivadas, que permitan ese escrutinio público; Plan de las Naciones Unidad para el Desarrollo (PNUD), *Governance for Sustainable Human Development*, January 1997.

- *Variables secundarias*: capacidad de respuesta en los líderes y servidores públicos a las necesidades de los ciudadanos; innovación administrativa/gerencial; asociaciones público-privadas; interacción Estado-ciudadanos-ONGs; Administración descentralizada; creación de redes; desarrollo del recurso humano.
  - *Indicadores*: presencia y cubrimiento de las políticas diseñadas para mejorar diversos aspectos del recurso humano y su gerencia; existencia de un programa sostenido de reclutamiento y selección basado en el mérito y las capacidades; existencia de programas de capacitación y entrenamiento para oficiales del gobierno local; clasificación y plan de compensación basado en el principio de igual salario por igual trabajo[15].

Tomando como base ciertos documentos del Banco Mundial y de las Naciones Unidas, Villoria Mendieta y Forcadell Esteller (2015: 21-22) estiman que las soluciones esenciales para el problema de la gobernanza son: mejorar la calidad de las elecciones y evitar todo signo de fraude, reforzar el estado de derecho y luchar decididamente contra la corrupción y el crimen organizado, fortalecer la eficacia reguladora de los gobiernos sin que sus decisiones sean capturadas, asegurar la rendición de cuentas de los poderes públicos a través de un sistema de pesos y contrapesos eficaz, fomentar la transparencia en las decisiones públicas y en su gestión, fortalecer la meritocracia y la profesionalización de la administración, abrir vías de participación y de control social, etc[16].

En la arena supra-estatal, para la conformación de una buena gobernanza global a través de una estructuras e instituciones regulatorias supranacionales, como bien se ha hecho notar, debe dotarse en la administración global de un *set* de reglas y procedimientos de la suerte que se constituyen en el marco del derecho administrativo (Esty 2006: 1493-ss).

15 Para tal sistematización se tomaron en consideración estudios, investigaciones e informes realizados por: el Instituto de Gobernanza (The Institute on Governance-IOG); El Centro Canadiense para el Desarrollo Gerencial (The Canadian Centre for Management Development; su página web: www.ccmd-ccg.gc.ca); Las Naciones Unidas, en particular su Centro para los Asentamientos Humanos (Habitat) y el Programa de las Naciones Unidas para el Desarrollo (PNUD); el Banco Mundial (ver: www.worldbank.org/wbr/governance); el Centro para el Diálogo Interamericano (Inter-American Dialogue; su página web: www.iadialg.org); el Centro de Investigación en Desarrollo Global (Global Development Research Center; su página web: www.gdrc.org/u-gov); el Foro de Política Global (Global Policy Forum; su página web: www.globalpolicy.org).

16 *Vid.* Sendín 2010: 487-ss.

3. La buena administración y la buena gobernanza en la contratación pública

En los términos que veremos a continuación, la buena administración y la gobernanza (Ponce 2010: 79-ss) resultan ser conceptos de una importancia verdaderamente capital para la preparación, la planificación, la adjudicación y la vida misma del contrato público, hasta, inclusive, su finalización. Haremos alusión al *supra* derecho y principio de buena administración en un sentido amplio, de manera de englobar las notas esenciales que acompaña la noción de gobernanza (desarrollo sostenible —social, económico e institucional—, interacción público-privada, procesos decisorios más horizontales y sin único decisor en la gestión de los asuntos públicos, etcétera) (Galli 2019: 49-ss).

3.1. La buena administración y la buena gobernanza en la etapa precontractual —preparación y adjudicación— de la contratación pública

Podemos precisar que la buena administración —y la gobernanza— en la etapa preparatoria y de planificación de la contratación pública (inclusive en lo que atañe a la elaboración de los pliegos) implica observar determinadas pautas y criterios que han de regir en la instancia procedimental administrativa que se verá plasmada con motivo de ello[17].

I) Tiene especial relevancia, por lo pronto, que la *realización del objeto* de la contratación pública[18] *cumpla la finalidad de satisfacer los intereses generales* y, por ende, tenga en su mira la centralidad de la persona humana[19].

Por ello, los ciudadanos deben verse favorecidos por las medidas o políticas estatales que se adoptan en función del interés general que invoca la Administración para la contratación pública de que se trate.

17 El análisis que formularemos, a continuación, será integral y sin detenernos en el caso particular argentino. Sin embargo, cuadra señalar que, en el derecho doméstico, entre nosotros, rige el Decreto (delegado) 1023/2001 y su decreto reglamentario 1030/2016 para los contratos tradicionales, mientras que para los Contratos del Participaciones Público Privadas («Contratos PPP») resulta aplicable la Ley 27.328 y su Decreto reglamentario 118/2017.

18 Véase sobre las reglas atinentes al objeto del contrato adjudicable y las condiciones del contrato en la Ley Modelo de la Comisión de las Naciones Unidas para el Derecho Mercantil Internacional («CNUDMI»), art. 10; Moreno 2018: 17-ss.

19 *Vid.* Delpiazzo 2019: 53-ss; Durán 2019: 85-ss.; Rodríguez-Arana 2012a: 13-ss; Rodríguez-Arana 2014: 1-ss.

ii) Los problemas de este orden se ven desde la *etapa de planificación* de la contratación pública[20].

Como ha tenido ocasión de señalar Delpiazzo (2015: 81):

> «(...) la planificación constituye una herramienta fundamental para la efectiva concreción del mandato de buena administración, en tanto supone la adecuada elección de los medios y de la oportunidad de ejercicio de las competencias con relación al fin específico que se quiere satisfacer. Se trata de una nota propia de la función administrativa ya que la misma debe cumplirse de la forma más oportuna y más adecuada para la obtención de los fines objeto de la función pública».

A decir de Durán Martínez (2019: 85-ss), la buena administración incide en la *decisión de contratar*, en el *procedimiento de selección a escoger*, *tipo de contratos a celebrar* y, obviamente, en la *redacción de los pliegos*[21].

La importancia de la aplicación y el respeto de la buena administración en esta fase preparatoria de la contratación estatal se advierte en tanto se caracteriza por ser, principalmente, interna de la Administración, aunque puede ir de la mano de la participación privada en el procedimiento administrativo y del diálogo competitivo —p. ej.: en los Contratos de PPP—, y es aquella que justamente comprende los estudios de factibilidad técnica, jurídica, económico-financiera y política de la contratación a realizar, la preparación del pliego de condiciones y la decisión genérica de contratar —que luego se especificará al formular el llamado con el cual se inicia la etapa esencial— manifestada fundamentalmente en la aprobación del pliego (Delpiazzo 2019)[22].

Conviene destacar aquí la superación de la pretérita visión administrativista que consideraba adecuado, como regla general, que rigiera el sistema de «libre elección» del co-contratante de la Administración[23]. Hoy en día, resulta irrefutable, por razones de integridad pública y en pro de garantizar la lucha contra la corrupción([24]), que la regla general en la contratación pública deba ser la licitación pública o el concurso público, según corresponda.

---

20 Véase la Ley Modelo, de la CNUDMI, arts. 5, 6, 7, 8 a 12 y ss.; Moreno 2018: 17-ss; Directiva 2014/24 del Parlamento Europeo y del Consejo, arts. 25 y ss.

21 *Vid.* Cassagne 2011: 94-ss. Acerca de los presupuestos del procedimiento y preparación del contrato del sector público, véase: García de Enterría y Fernández 2017: 757-ss; Rivero YSERN 2007: 629-ss.

22 Véase, en el derecho mexicano, Fernández 2007: 167-ss.

23 Marienhoff (1998: 157-158) definía este sistema como aquel que «consiste en la posibilidad de que la administración Pública elija directa y discrecionalmente a su co-contratante sin tener que cumplimentar para ello algún requisito especial».

24 Ampliar en Hernández 2018: 65-ss; Rodríguez-Arana 2016: 601-ss.

iii) La *etapa preparatoria* de decisión sobre el proyecto a realizar y la elaboración de los pliegos puede originarse tanto en la propia Administración, como por iniciativa privada[25]. En algunos casos, los estudios especializados que presenten los particulares resultan esenciales para la autoridad administrativa.

En la etapa de diseño del pliego de condiciones particulares, la Administración es factible que promueva consultas a través de invitaciones a «data rooms», llamados a expresiones de interés[26] u otros mecanismos de participación de los potenciales interesados (Delpiazzo 2019: 53-ss).

Así pues, aun cuando, en general, como dice Delpiazzo (2019), los estudios preparatorios necesarios para la elaboración de los pliegos son de resorte de la Administración, es posible que, en ciertos casos, convenga que los mismos provengan de los interesados, sea porque estos son los promotores de una iniciativa, sea porque han sido convocados como consultores o invitados a opinar y aportar elementos tendientes a la mejor determinación del objeto a contratar, sobre todo cuando la complejidad de éste lo hace necesario o conveniente. Ello ocurre, en el sentido que acabamos de exponer, en muchos proyectos de Contratos PPP.

El procedimiento que promueve una iniciativa privada, como sabemos, converge lo mismo en un procedimiento competitivo de licitación abierta o concurso público.

iv) Otra cuestión que convendrá notar es la importancia que radica en la *eficacia*, la *eficiencia* (Durán 2019) y la *efectividad* que debe regir el quehacer administrativo y que en esta etapa contractual, a la luz de la buena administración de las organizaciones públicas, debe encaminarse a mejorar la calidad de vida de los ciudadanos (Rodríguez-Arana 2014: 11-ss) y a solucionar los problemas concretos de la gente del modo más ajustado a los *principios de legitimidad* y *razonabilidad* (Cassagne 2012: 690-ss), adjudicando la oferta más conveniente.

En cuanto al principio de razonabilidad, Durán Martínez (2019: 53-ss) dice con razón:

> «(...) también este principio de razonabilidad juega a la hora de juzgar el ajuste de las propuestas al pliego, así como en toda la relación contractual. La razonabilidad, pues, en lo que ahora nos interesa influye al determinar en el pliego los factores de evaluación de las propuestas, al evaluar cómo se presentan esos factores en las ofertas y al estimar la factibilidad de su cumplimiento».

25 En Argentina, el régimen aplicable a la Iniciativa Privada puede observarse en los Decretos 966/2005 y 1030/2016; en el campo de los Contratos PPP, en el art. 17 de la ley 27.328.

26 En este sentido: el «Plan Nacional del Agua» y los llamados de interés que se llevaron a cabo en el 2016, y en años posteriores, por el gobierno argentino.

v) La contratación pública es un andamiaje jurídico que tiende a satisfacer intereses públicos y el bien común y, en tal sentido, hay *principios generales* que informan la actividad administrativa contractual[27] como *la transparencia, igualdad, no discriminación*[28], *proporcionalidad*[29], *equidad procedimental, competencia, publicidad, razonabilidad, objetividad, veracidad salvo prueba en contrario y buena fe*[30]; entre ellos, debe encontrarse, desde luego, el de la *buena administración*[31].

Como de manera atinada señala Durán Martínez (2019), este principio se proyecta sobre toda la vida del contrato: la etapa precontractual, la celebración misma del contrato, su ejecución y su extinción.

vi) La buena administración también implica que se respete *el debido procedimiento*[32] en el íter que parte desde el estudio de factibilidad de un proyecto, pasando por la elaboración de los pliegos y a lo largo de todo el procedimiento de selección del co-contratante de la Administración, hasta llegar a la celebración del contrato por la autoridad estatal.

En el respeto del debido procedimiento es donde aparecen numerosos casos de su transgresión y, por consiguiente, del principio de igualdad a raíz del direccionamiento de los pliegos —v. gr.: aquellos casos que son redactados para favorecer a una persona o pueden ser cumplidos por una sola persona— (Durán 2019).

vii) La buena administración debe llevar, además, a que la actuación administrativa esté guiada por *la transparencia*[33]; esto es, que la autoridad estatal en ejercicio de la función administrativa actúe como una suerte de «caja de cristal» o «pesera». De este modo, los controles gubernamentales y de la participación ciudadana funcionarán en su máxima expresión en orden a garantizar la mejor contratación administrativa.

27 Ampliar en: Cassagne 2009: 55-ss; Piñar 2007b: 275-ss; Rodríguez-Arana 2010: 383-ss.

28 Véase el Acuerdo sobre Contratación Pública (ACP), de la Organización Mundial del Comercio (OMC), art. IV y ss.; Directiva 2014/24 del Parlamento Europeo y del Consejo, Título IV.

29 La Directiva 2014/24 del Parlamento Europeo y del Consejo, en el art. 18, establece que los poderes adjudicadores tratarán a los operadores económicos en pie de igualdad y sin discriminaciones, y actuarán de manera transparente y proporcionada.

30 Sobre el principio de buena fe y su aplicación a la contratación pública en Argentina, véase: Coviello 2007: 89-ss.

31 *Vid.* Delpiazzo 2019; Durán 2019. Por nuestra parte, nos hemos referido al tema en Galli 2019: 67-ss.

32 *Vid.* Durán 2010: 777-ss; Durán 2019: 85-ss.

33 *Vid.* Durán 2019. En cuanto a las reglas aplicables al principio de transparencia en la contratación pública, véase en: la Ley Modelo, de la CNUDMI, arts. 5, 6, 7, 10, 11 y ss.; ACP de la OMC; art. XVI; Directiva 2014/24 del Parlamento Europeo y del Consejo, Capítulo III, Sección 2.ª, arts. 48 a 53; Moreno 2018: 17-ss.

viiii) Desde luego, otro símbolo de la buena administración en la contratación pública reside en la *prevención de la corrupción*[34]. En este aspecto, resulta primordial la construcción de instituciones de calidad y la difusión en los funcionarios de buenas prácticas —*v.gr.*: administrativas, presupuestarias— y de una cultura asentada en el fomento de los valores —*value driven approach*—[35].

ix) La buena administración aplicada al contrato que celebra el Estado debe llevar a la selección del *mejor proyecto*, del *mejor contratista*, el *mejor precio* y lograr *el contrato más conveniente*. Un co-contratante mal seleccionado, impacta naturalmente y concluye en la extinción anticipada del contrato y en controversias en las instancias administrativa y judicial[36].

En palabras de Delpiazzo (2019: 53-ss):

> «(...) desde la perspectiva de la buena administración, prever razonablemente una ejecución efectiva y eficiente del contrato, obtener las mejores condiciones de contratación de acuerdo con las necesidades de la Administración, y juzgar los antecedentes de los oferentes y el contenido de las ofertas en base a los criterios objetivos que se determinen en los pliegos, son todos criterios que traducen una positiva carga ética del bien hacer de los órganos públicos como comportamiento debido».

En lo que atañe al mejor precio, Durán Martínez (2019) ha hecho estas observaciones:

> «(...) por cierto que el tema precio es importantísimo porque la Administración, en definitiva, administra dinero de terceros, que pertenece a la población a la cual sirve, por lo que debe tener especial cuidado en el manejo del dinero ajeno que está a su cuidado. El dinero de los contribuyentes merece un respeto mayor que el que a menudo se le da. Pero, con toda la importancia que tiene, el precio no es el único aspecto a tener en cuenta»[37].

x) Para que se elija el mejor proyecto, el mejor contratista y lograr el contrato más conveniente se requiere de *funcionarios idóneos y la actuación funcionarial con probidad*, para que la *Administración no se aparte del fin debido y sirva con objetividad los intereses generales* (Durán 2019).

xi) La buena administración en el campo de la contratación pública ha de implicar por supuesto el impulso del *desarrollo sostenible*, en su múlti-

---

34 En lo concerniente a la lucha contra la corrupción en materia contractual en el derecho argentino, véase: el decreto 1023/01, art. 10 y en la legislación de PPP: Ley 27.328, Capítulo VI, art. 24.

35 *Vid.* Delpiazzo 2019; Villoria y Forcadell 2015: 17.

36 *Vid.* Delpiazzo 2019; Durán 2019.

37 Véase Rivero 2007: 893-ss.

ple dimensión, ambiental, social, económica, ética, institucional y jurídica; lo cual hace, por supuesto, a la buena administración e impacta en la contratación administrativa, especialmente en la selección del contratista[38].

Se ha estimado que:

> «(...) el desarrollo sostenible es el desarrollo que satisface las necesidades de la generación presente sin comprometer la capacidad de las generaciones futuras para satisfacer sus propias necesidades»[39].

El profesor Piñar Mañas (2003: 185-ss) ha puesto de relieve, al respecto, que:

> «(...) el principio de desarrollo sostenible hoy se ha convertido en un verdadero principio general del derecho, aplicable e invocable. (...) Incluso se ha llegado a decir que en el desarrollo sostenible adquieren la condición de sujetos de derechos las generaciones futuras. El bien jurídico protegido no es nuestra salud futura, sino la de nuestros hijos y, lo que es más importante e innovador, la de quienes todavía no han nacido».

En efecto, es menester considerar los aspectos de índole ambiental, eficiencia energética, sociales y éticos en la contratación pública[40].

---

38 *Vid.* Durán 2019; Freitas 2013; Piñar 2003: 185-ss.

39 Definición formulada por la Comisión Brundtland. El libro *Nuestro Futuro Común* —nombre original del «Informe Brundtland»— se dice que fue el primer intento de eliminar la confrontación entre desarrollo y sostenibilidad. Se presentó en 1987 por la Comisión Mundial Para el Medio Ambiente y el Desarrollo de la ONU, encabezada por la doctora noruega Gro Harlem Brundtland. En tal ocasión, se trabajó a propósito del análisis de la situación del mundo y se estimó que el camino que la sociedad global estaba tomando implicaba la destrucción del ambiente y dejar a cada vez más gente en la pobreza y la vulnerabilidad. El propósito de ese informe fue encontrar medios prácticos para revertir los problemas ambientales y de desarrollo del mundo. En orden a lograrlo, se destinaron tres años a audiencias públicas y se recibieron más de 500 comentarios, que fueron examinados por científicos y políticos provenientes de 21 países. Como indica el libro, el trabajo de tantas personas con historias y culturas diferentes hizo que fuera necesario fortalecer el diálogo. El mencionado documento postuló principalmente que la protección ambiental había dejado de ser una tarea nacional o regional para convertirse en un problema global. Todo el planeta debía trabajar para revertir la degradación del planeta. También se señaló que debía dejar de verse al desarrollo y al ambiente como si fueran cuestiones separadas. Por último, se señaló que el desarrollo dejaba de ser un problema exclusivo de los países que no lo tenían. Ya no se trataba de que los 'pobres' siguieran el camino de los «ricos», en tanto la degradación ambiental es consecuencia tanto de la pobreza como de la industrialización, por lo que ambos habrían de buscar un nuevo camino. La importancia de este documento no sólo reside en el hecho de generar el concepto de «desarrollo sostenible» —definido como aquel que satisface las necesidades del presente sin comprometer las necesidades de las futuras generaciones—, sino también en que fue incorporado en su momento a los programas de la ONU. El informe puede encontrarse en: https://desarrollosostenible.wordpress.com/2006/09/27/informe-brundtland/.

40 *Vid.* Delpiazzo 2019; Hernández 2014.

En los términos precisos de la legislación argentina de PPP, en esta etapa preparatoria y de planificación contractual ha de tenerse, especialmente, en cuenta: la ponderación de la rentabilidad económico y/o social de los proyectos; la promoción de la inclusión social en el área de desarrollo de los proyectos; incentivar la generación de nuevos puestos y fuentes de trabajo en el país; la aplicación de mecanismos de solidaridad intrageneracional, intergeneracional e interregional, en la financiación de los proyectos; el desarrollo de aquellos proyectos que coadyuven a la preservación del medio ambiente y a la sustentabilidad económico, social y ambiental del área donde éstos se ejecutarán; impulsar la concurrencia de los interesados y la competencia de oferentes, considerando las externalidades positivas que pueda ocasionar la elección del contratista en los términos previstos en ese régimen jurídico[41].

xii) Parece claro, además, que en esta fase de la contratación pública hay que acoger las ideas de innovación abierta, «abrirse más a la ciudadanía y menos a los sistemas y procedimientos»[42], *crowdsourcing* o *outsourcing*[43], toda vez que los interesados en participar de un proceso de licitación o concurso público pueden hacer la aportación de:

> «(...) su conocimiento especial de los asuntos en que son parte o acerca de los cuales están especialmente informados en razón de su actividad habitual, y coadyuvan a la buena administración»[44].

La intervención y la contribución de ideas y conocimiento por parte de los privados en esta etapa preparatoria ofrece (Delpiazzo 2019):

> «(...) como ventajas más destacables la amplia participación de todos los interesados, la obtención y el intercambio de información relevante, el mejoramiento de los anteproyectos o bases para el futuro contrato, la prevención de eventuales impugnaciones, y la consiguiente facilitación y transparencia del procedimiento de selección».

3.2. La buena administración y la buena gobernanza en la vida del contrato del Sector público —ejecución y finalización de la contratación pública—

Importa ver ahora en que términos se vincula la buena administración en la vida de la contratación pública que celebra la Administración Pública.

41 Ley 27.328, arts. 4, incs. e, f, g, h, k y l.

42 *Vid.* Rodríguez-Arana 2012a: 50; Schmidt-Asmann 2003: 113-114.

43 *Vid.* Villoria 2012: 69-ss; Ramírez 2011: 99-ss.

44 *Vid.* Durán 2019; Real 1978: 370.

i) Los contratos de derecho privado de la Administración deben salvaguardar los derechos concretos que componen el *supra* derecho de la buena administración, aun cuando el interés jurídico comprometido en él no asuma una finalidad pública relevante (Galli 2019: 301-ss), en las condiciones más arriba expuestas.

No debe perderse de vista que por más que el Estado no tenga atribuciones en un contrato de derecho privado para apelar a prerrogativas de poder público en la etapa de ejecución —inclusive con miras a disponer la finalización del contrato del que se trate—[45], lo mismo deben resguardarse las implicancias de la buena administración en todo el íter de la vida de la contratación de derecho común de la que se vale la autoridad pública.

ii) Por otra parte, en el contrato administrativo se ha considerado conveniente, en estos últimos años, adoptar medidas concretas en orden a morigerar las prerrogativas de poder público en el derecho administrativo[46].

Los gobiernos populistas (Cassagne 2017a) nos están dejando en América una irrefutable enseñanza en orden a desandar el camino que nos condujo a un derecho administrativo amurallado de prerrogativas y su consecuente régimen exorbitante. Hechas estas precisiones, puede observarse que resulta imprescindible que se modifiquen los regímenes administrativos en los cuales el Estado se encuentra en una postura «confrontativa» y trata de mala manera al colaborador privado, co-contratante de la Administración (Galli 2019: 42-ss)[47]. Debe evitarse, en este sentido, la cultura del enfrentamiento y confluir en la conciliación de los intereses públicos y privados.

En esta línea de pensamiento, cabe analizar si hay que moderar la posición de supremacía de la Administración, a tenor de la cual se ejercen un conjunto de prerrogativas y privilegios previstos en forma genérica por el ordenamiento jurídico y, cuanto menos, definir a la Administración ya no desde el poder o la prerrogativa, sino a partir del propio ciudadano y sus libertades (Rodríguez-Arana 2011a: 11-ss). La aplicación de verdaderas y

45 *Vid.* Brewer 2007: 39; Cassagne 2009: 45-ss.

46 Cassagne (2018) habla de un «proceso de atenuación y equilibrio de las prerrogativas en los contratos públicos». Empero, cabe recordar que existen «privilegios en más» o «privilegios en menos», según Parejo 1996: 341-ss. Por nuestra parte, hemos abordado el tema en: Galli 2018.

47 En términos semejantes, Rodríguez-Arana (2011b: 29-ss) señala que:
«(...) la persona, el ciudadano, el administrado o particular, según la terminología jurídico administrativa al uso, ha dejado de ser un sujeto inerte, inerme e indefenso frente a un poder que intenta controlarlo, que le decía lo que era bueno o malo para él, al que estaba sometido y que infundía, gracias a sus fenomenales privilegios o prerrogativas, una suerte de amedrentamiento y temor que terminó por ponerlo de rodillas ante la todopoderosa maquinaria de poder en que se constituyó tantas veces el Estado».

efectivas ideas de buena administración y gobernanza democrática, desde luego, traerán un desarrollo social y económico en nuestros países y a nivel global (Hernández 2014: 197-ss)[48].

En palabras de Rodríguez-Arana, la vuelta del Derecho administrativo, a un nuevo Derecho administrativo, menos pendiente del privilegio y la prerrogativa y más centrado en la mejora de las condiciones de vida de los ciudadanos[49].

Así, en virtud del impacto de la globalización sobre la Administración, las diversas administraciones domésticas han de propender a que su actuación sea racional, eficiente, transparente, objetiva, contestable, sujeta a la Ley, como condiciones básicas para el intercambio de bienes y servicios y, fundamentalmente, para facilitar las inversiones nacionales y extranjeras[50].

A lo que ha de tenderse es a la reducción del margen de arbitrio funcionarial basado en el sistema de prerrogativas públicas que campean la ejecución contractual —como ya vimos, es conveniente que las prerrogativas, en tanto continúen existiendo, se vean equilibradas y resulten razonables—[51] y, en tal inteligencia, ha de cristalizarse en esta materia un *aggiornamiento* en los ordenamientos jurídicos domésticos (Hernández 2016: 309). Es decir, ha de observarse una gobernanza pública que entienda las transformaciones necesarias que cabe consumar en la Administración y su objetivo conviene que se dirija a satisfacer en forma progresiva las necesidades públicas de los ciudadanos y mejorar sus condiciones de vida.

Señala también Rodríguez-Arana (2012a: 120-121), con razón, que:

> «(...) las potestades de que goza la Administración para cumplir con eficacia su labor constitucional de servir con objetividad los intereses generales (ejecutividad, ejecutoriedad, «potestas variandi», potestad sancionadora...) requieren de nuevos planteamientos pues evidentemente nacieron en contextos históricos bien distintos y en el seno de sistemas políticos también bien diferentes. Y, parece obvio, la potestad de autotutela de la Administración no puede operar de la misma manera que en el Siglo XIX por la sencilla razón de que el sistema democrático actual parece querer que el ciudadano, el administrado, ocupe, una posición central y, por tanto, la promoción y defensa de sus derechos fundamentales no es algo que tenga que tolerar la Administración sino, más bien, hacer posible y facilitar».

48 En relación a la contratación pública y al principio del desarrollo humano, *vid.*: Pintos 2017: 211-ss. Acerca de la gobernanza democrática y sus principios, nos hemos referido en Galli 2019: 51-ss.

49 *Vid.* Rodríguez-Arana 2011a: 11-ss; Rodríguez-Arana 2012b: 117-ss.

50 *Vid.* Hernández 2012: 197-ss; Ponce 2010: 79-ss.

51 Como señala Cassagne (2017), las normas y cláusulas, en estos sistemas jurídicos, han de proteger los intereses públicos con prerrogativas equilibradas y razonables que respeten los derechos de propiedad de los particulares.

Han de dejarse atrás, pues, a mi modo de ver, los criterios que sustentaban la existencia de prerrogativas implícitas o sobreentendidas (Cassagne 2018), indeterminadas o inherentes en favor de la autoridad administrativa. Estas prerrogativas implícitas refuerzan el autoritarismo y afectan el carácter democrático de todo gobierno (García-Trevijano 1969: 368).

A su vez, debe superarse la teoría de las «cláusulas exorbitantes», en tanto indebidamente se estima que convierten en administrativo a un contrato de objeto reglado por el derecho privado. En razón de ello, se estima, también en forma indebida, que la Administración se encuentra autorizada a acudir al ejercicio de prerrogativas, que, en rigor, no deben regir en determinados contratos —p.ej.: contratos de objeto privado de la Administración o en contratos que celebran personas de derecho público no estatales—.

A tal efecto, hemos propuesto que se proceda a la modificación del régimen de contratación público argentino, tomando en consideración guías, manuales o *soft law* a nivel internacional, en orden a establecer modelos de contratos y pliegos de condiciones, lo cual redundará en una mejor calidad institucional en las contrataciones públicas —justamente, en pos de la buena administración y la buena gobernanza de las instituciones públicas—.

De tal manera, procede que las Administraciones utilicen este tipo de ordenamientos jurídicos que rigen para los instrumentos contractuales estatales de un modo racional, abierto, democrático, responsable, transparente y sujeto a la ley. Se trata de una actuación administrativa que ha de respetar el principio de *accountability* —obligarse a ser un gobierno responsable y controlado por los ciudadanos— (Hernández 2012) y generar el fomento de los valores —*value driven approach*— (Villoria y Forcadel 2015: 17).

iii) Cobra significación aquí la consideración a propósito de los reparos que pudieran formularse en torno al principio de igualdad y su debido resguardo en los contratos administrativos (Galli 2019: 315-ss)[52], los cuales se ven despejados a poco que los servidores públicos actúen desde la perspectiva de la buena administración y la buena gobernanza.

En efecto, al dejar atrás la visión estatocéntrica, y poner el foco en el administrado o ciudadano —la visión propia del Estado Desarrollista—, como así también en la debida consideración de las garantías que acompañan al co-contratante de la Administración —esto es, en la importancia de su participación en el procedimiento administrativo en general y en la conciliación de intereses a través de técnicas de consenso—, entiendo que resulta más factible que se le asigne a éste último un trato igualitario y de colaborador de

52 Como nos consta, se ha observado que en los contratos administrativos tiene lugar una suerte de desigualdad en la posición jurídica de la Administración y su co-contratante, o una igualdad asimétrica o matizada, que distingue éste último contrato del regido por el derecho privado. *Vid.* Martín-Retortillo 1996: 108-ss; Schmidt-Asmann 2003: 19-ss; Moderne 2007: 257.

la Administración. Ello, tanto en la etapa precontractual o de formación de la relación jurídica contractual, como en la ejecución del íter del mismo hasta su finalización. La buena administración y la buena gobernanza de las instituciones públicas, estimo que nos conduce por este camino hermenéutico, especialmente, en la instancia procedimental administrativa de la vida de la contratación pública.

iv) Permítasenos decir que ha de declararse la «defunción» de las cláusulas exorbitantes, además de en el sentido que convierten a un contrato regido por el derecho privado en contrato administrativo, en cuanto se postula que pueden originarse en forma implícita del contrato administrativo, en atención a las razones más arriba indicadas.

v) La contratación pública también requiere una gobernanza en el sentido de velar por la aplicación correcta y eficaz de las normas, garantizar la supervisión de los incumplimientos específicos o problemas sistémicos, informe periódicos sobre el tema y las prácticas más idóneas en ese contexto, etcétera[53].

vi) Al margen de lo antes señalado, hemos visto, en algunos países americanos, casos de *takings* y apropiación de empresas por parte de gobiernos y/o de autoridades estatales, a raíz de los cuales se han desoído los mandatos constitucionales que se prevén para llevar a cabo expropiaciones. De tal manera, gobiernos populistas no han dado cumplimiento a las garantías jurídicas que campean en la materia: el dictado de la ley declarativa que exponga de forma argumentada las razones de utilidad pública (Rodríguez-Arana 2014: 12), el pago de la indemnización previa y justa, etc.[54].

Aquí nos encontramos con lo que se conoce como medidas equivalentes a la expropiación en el Derecho Internacional de las Inversiones extranjeras, de relevante aplicación a la figura del contrato administrativo.

Los principios y derechos que acompañan a la buena administración y la buena gobernanza han de servir para poner un freno al indebido ejercicio de las potestades estatales en supuestos de expropiación indirecta o de facto. Las autoridades públicas, como es sabido, generan, de este modo, situaciones de privación de la utilidad económica de la propiedad, *creeping expropiation*, medidas administrativas de amplia intervención en la economía o regulaciones económicas que vacían de contenido a la propiedad; producen, así, un efecto similar a la expropiación (Hernández 2012: 197-ss).

---

53 Directiva 2014/24 del Parlamento Europeo y del Consejo, Título IV; Moreno 2017: 343-373.

54 *Vid.* Cassagne 2009: 52; Cassagne 2013: 3-ss, quien inclusive alude a la garantía de no expropiar derechos contractuales sin previa declaración de utilidad pública —conf. art. 17 Constitución argentina—.

Todo este tipo de medidas estatales han vulnerado en países americanos, como hemos tenido ocasión de observarlo, la adecuada ejecución de los contratos públicos, no obstante encontrarse las empresas amparadas en tratados internacionales bilaterales de promoción y protección de las inversiones (TBIs) —tratados internacionales que, en el derecho argentino, ostentan jerarquía superior a las leyes, cfr. art. 75, incs. 22 y 24, de la Constitución—. Todo ello ha generado, en nuestros países, una gran litigiosidad desde hace años, a nivel nacional e internacional, a raíz de las dificultades que se produjeron por tales razones durante la vida de las contrataciones públicas.

Parece claro que la buena gobernanza de las autoridades públicas en materia de ejecución contractual obliga a observar un marco racional de actuación de los funcionarios públicos, lo cual trae como correlato una mejora regulatoria propia de las políticas públicas arquitectónicas. Se ha de hacer primar, con todo ello, la conciliación de intereses a través de técnicas de consenso, del diálogo, mediante pactos, procedimientos de renegociación, transacciones, mecanismos de conciliación, etc.

vii) Finalmente, cuadra detenernos a formular algunas breves reflexiones en relación al régimen de PPP argentino, regulado por la ley 27.328 y su decreto reglamentario 118/2017, a la luz del tamiz propuesto de la buena administración y de la buena gobernanza.

El sistema jurídico de PPP ha implicado un cambio muy importante en el *ius administrativo* argentino y lleva consigo un nuevo paradigma, de alguna manera con base en la buena administración y la buena gobernanza de las instituciones públicas, toda vez que promueve una modernización del ordenamiento jurídico al preverse la realización del interés público a través de la colaboración público privada, la materialización de la construcción de nuevas e indispensables infraestructuras públicas, como así también por el cumplimiento de otras finalidades públicas que podrán trasuntar en rentabilidad económica y social.

Es entonces, por tanto, que nos encontramos con relevantes prescripciones que contiene este nuevo bloque de legalidad por las que se ponen en práctica el principio de la buena administración y la gobernanza democrática, en tanto preceptúan:

a) Mecanismos de solución de conflictos técnicos, interpretativos o patrimoniales con el contratista a través de paneles técnicos —que deberán contar con acreditada independencia, imparcialidad, idoneidad y trayectoria nacional e internacional—, la intervención de auditores externos o técnicos con similares condiciones y el arbitraje (ley 27.328, arts. 9, inc. x y w, 21 y 25; decreto 118/2017, arts. 9, inc. 5, 7, 13, 21 y 25).

b) La aplicación de las «mejores prácticas disponibles» o «mejores prácticas internacionales existentes en la materia» (ley 27.328, arts. 1 y 14; decreto 118/2017, arts. 10 y 24).

c) La participación de los privados en los procedimientos administrativos y en la buena gobernanza en general (ley 27.328, art. 14; decreto 118/2017, art. 12, inc. 5).

d) La existencia en los contratos de PPP de aquellas prerrogativas que se estipulen en los pliegos, la documentación contractual y las respectivas normas reglamentarias, morigerándose así su imperatividad (ley 27.328, arts. 9, 10 y 21; decreto 118/2017, arts. 5, 9 y 10).

e) La garantía de la determinación en la asunción de los riesgos de un modo equitativo y bajo un eficiente reparto (ley 27.328, art. 9, inc. b y c; decreto 118/2017, considerandos y art. 9).

f) Un estricto régimen para las previsiones que habrán de contener los contratos bajo el régimen de las PPP en materia de compensaciones ante alteraciones del equilibrio económico financiero del contrato y limitaciones con invocación del ejercicio del *potestas variandi* (ley 27.328, art. 9, inc. i, j y p; decreto 118/2017, arts. 9, inc. 6, 7 y 8 y 10).

g) Disposiciones especiales para los supuestos de *takings*, medidas de índole expropiatorias o equivalentes a expropiación (ley 27.328, arts. 9 y 10; decreto 118/2017, arts. 9 y 10).

h) La exigencia de incluir previsiones en los pliegos, la documentación contractual y contratos en orden a preceptuar que *«la suspensión o nulidad del contrato por razones de ilegitimidad deberá ser solicitada y declarada por el tribunal competente»* (ley 27.328, art. 9, inc. p).

i) El deber de declarar solamente por decreto presidencial la extinción por interés público (decreto 118/2017, art. 9, inc. 12).

j) Regulaciones que procuran evitar la limitación de responsabilidad del estado en los supuestos de extinción de los contratos de PPP (ley 27.328, arts. 9, inc. p), 10 y 11; decreto 118/2017, art. 10).

4. Colofón

Todo lo dicho nos lleva a concluir expresando que las regulaciones en materia de contratación pública, además de satisfacer los intereses generales a través de los principios propios de la buena administración y la buena gobernanza, han de servir en pro de promover las inversiones en los países y la competitividad productiva, para así poder superar los problemas que plantea el estancamiento económico generador de pobreza, de manera de plasmar, entre todos los sectores (Cassagne 2018):

> «(...) los mejores esfuerzos conducentes a la realización efectiva y solidaria del bien común y, sobre todo, de los principios de justicia que constituyen el fundamento del Derecho».

5. Bibliografía

Auby, Jean Bernard y **Perroud, Thomas** (2012). *La evaluación del impacto regulatorio.* Sevilla: INAP - Global Law Press.

Brewer Carías, Allan R. (2007). «La contratación pública en el derecho comparado», en Cassagne, J.C. (dir.). *Tratado General de los Contratos Públicos*, tomo II. Buenos Aires: Hammurabi.

Cardona Peretó, Francesc (2015). «Balance de las estrategias internacionales sobre innovación democrática y buen gobierno», en Villoria Mendieta, M. (dir.) y Forcadell Esteller, X. (coord.). *Buen gobierno, transparencia e integridad institucional en el gobierno local.* Barcelona: Tecnos, pp. 37-ss.

Cassagne, Ezequiel (2012). «El principio de razonabilidad en el procedimiento administrativo», en Pozo Gowland, H. *et al.* (dir.). *Procedimiento Administrativo*, tomo I. Buenos Aires: La Ley, pp. 690-ss.

Cassagne, Juan Carlos (2009). *El Contrato Administrativo*. Buenos Aires: Abeledo Perrot.

Cassagne, Juan Carlos (2013). «La contratación pública», en VV.AA. *Tratado General de los Contratos Públicos*, tomo I. Buenos Aires: La Ley, pp. 3-ss.

Cassagne, Juan Carlos (2017a). *El Estado populista*. Buenos Aires: B de F.

Cassagne, Juan Carlos (2017b). «La contratación pública: hacia una armonización de las concepciones y principios», suplemento en homenaje al profesor Tomás Ramón Fernández Rodríguez, 111. Buenos Aires.

Cassagne, Juan Carlos (2018). «Las prerrogativas de la Administración en los contratos administrativos. Tendencias actuales sobre el 'Ius variandi'», en *La Ley*, suplemento del 23 de abril.

Cassagne, Juan Carlos (2021). *Los grandes principios del Derecho Público*. Buenos Aires: Rubinzal Culzoni, segunda edición.

Coviello, Pedro J.J. (2007). «La teoría general del contrato administrativo a través de la jurisprudencia de la CSJN», en VV.AA. *La contratación pública*, tomo 1. Buenos Aires: Hammurabi, pp. 89-ss.

Delpiazzo Rodríguez, Carlos E. (2019). «Diseño de pliegos contractuales y buena administración», en *Cuadernos de Mariñan. X Jornadas de Derecho Administrativo Iberoamericano relativas a la 'La buena administración en la contratación pública'.* A Coruña: Diputación Provincial de A Coruña, pp. 53-ss.

Durán Martínez, Augusto (2010). «Buena administración y debido proceso», AAVV, en *Derecho Administrativo Iberoamericano*. Mendoza: RAP, pp. 777-ss.

Durán Martínez, Augusto (2019). «Buena administración y la selección del contratista», en *Cuadernos de Mariñan. X Jornadas de Derecho Administrativo Iberoamericano relativas a la 'La buena administración en la contratación pública'.* A Coruña: Diputación Provincial de A Coruña, pp. 85-ss.

Esty, Daniel C. (2006). «Good governance at the Supranational Scale: Globalizing Administrative Law», en *The Yale Law Journal.* Law School Legal Scholarship Repository, Faculty Scholarship Series, pp. 1493-ss.

Fernández Ruiz, Jorge (2007). «Los contratos administrativos y negocios jurídicos afines del ámbito federal mexicano», en Cassagne, J.C. y Rivero Ysern, E. (dir.). *La contratación pública*, tomo 1. Buenos Aires: Hammurabi, pp. 167-ss.

Freitas, Juárez (2013). «Desafíos jurídicos do desenvolvimento sustentável: novos desafíos do gestor público», conferencia pronunciada el 23 de mayo de 2013 en Foz do Iguaçu (Paraná, Brasil), en el marco del *III Congreso Internacional de Direito e Sustentabilidade, Direito Público e gestão sustentável.*

Galli Basualdo, Martín (2018). «La buena administración y la morigeración (¿agonía?) de las prerrogativas de poder público en la contratación pública», en *Revista de Derecho Administrativo*, 119.

Galli Basualdo, Martín (2019). *La buena administración en las organizaciones públicas nacionales y en la gobernanza global. Gobernanza, gobierno abierto, simplificación administrativa, better regulation y administración electrónica*. Madrid-Barcelona-Buenos Aires: Marcial Pons.

García de Enterría Martínez-Carande, Eduardo (1984). «Principio de legalidad. Estado material de Derecho y facultades interpretativas y constructivas de la jurisprudencia en la Constitución», en *Revista Española de Derecho Constitucional*, año IV, núm. 10, pp. 21-ss.

García de Enterría Martínez-Carande, Eduardo (2000). *Democracia, jueces y control de la Administración.* Madrid: Civitas.

García de Enterría Martínez-Carande, Eduardo y **Fernández Rodríguez, Tomás Ramón** (2017). *Curso de Derecho Administrativo*, tomo I. Madrid: Civitas— Thomson Reuters.

García-Trevijano Fos, José Antonio (1969). *Tratado de Derecho Administrativo*, tomo I. Madrid: Edit. Revista de Derecho Privado.

González Pérez, Jesús (2014). *Corrupción, ética y moral en las Administraciones públicas*. Madrid: Civitas.

González Pérez, Jesús (2017). *La dignidad de la persona humana*. Madrid: Civitas - Thomson Reuters.

Hernández González, José Ignacio (2012). «El concepto de Administración Pública desde la buena gobernanza y el derecho administrativo global. Su impacto en los sistemas de derecho administrativo de la América española», en *Anuario de la Facultad de Derecho de la Universidad de la Coruña*, 16, pp. 197-ss.

Hernández Mendible, Víctor Rafael (2014). «El paradigma del desarrollo sostenible como condicionante del uso y explotación de los recursos naturales en el MERCOSUR», en *VIII Congreso Iberoamericano de Regulación Económica y Servicios Públicos. Retos actuales de la regulación: Judicialización y Crecimiento Económico*. Santiago de Chile: Thomson Reuters Legal Publishing Chile.

Hernández Mendible, Víctor Rafael (2016). «La gobernanza, la buena administración y el gobierno abierto como expresiones de simplificación administrativa y supresión de barreras», en VV.AA. *Derecho Administrativo: hacia un Estado más confiable. Libro de ponencias del VII Congreso Nacional de Derecho Administrativo*. Lima: Asociación Peruana del Derecho Administrativo - Thomson Reuters, pp. 307-ss.

Hernández Mendible, Víctor Rafael (2018). «La prevención de la corrupción y la contratación pública», en *Cuadernos de Mariñan 2015. VIII Jornadas de Derecho Administrativo Iberoamericano. Buena administración y nuevos retos de la contratación pública: una perspectiva iberoamericana.* A Coruña: Diputación Provincial de A Coruña, pp. 65-ss.

Maiorano, Jorge (2015). «El derecho a la buena administración y el control de las facultades discrecionales», en *Il diritto a la buona admministrazione*: *Revista En Letra*, 4.

Malem Seña, Jorge F. (2017). *Pobreza, corrupción, (in)seguridad jurídica.* Madrid-Barcelona Buenos Aires-Sao Paulo: Marcial Pons.

Marienhoff, Miguel S. (1998). *Tratado de Derecho Administrativo*, tomo III. Buenos Aires: Abeledo Perrot.

Martín-Retortillo Baquer, Sebastián (1996). *El derecho civil en la génesis del derecho administrativo y de sus instituciones*. Madrid: Civitas.

Moderne, Franck (2007). «La contratación pública en el Derecho administrativo francés contemporáneo», en *La contratación pública*, tomo 1. Buenos Aires: Hammurabi, pp. 253-ss.

Moreno Molina, José Antonio (2017). «Gobernanza y nueva organización administrativa en la reciente legislación española y de la Unión Europea sobre Contratación pública», en *Revista de Administración Pública*, 204, pp. 343-373.

Moreno Molina, José Antonio (2018). *La Contratación Pública Internacional. Unión Europea-México*. Oxford: Chartridge Books Oxford.

Nieto García, Alejandro (1997). *La corrupción en la España democrática.* Barcelona: Ariel.

Parejo Alfonso, Luciano (1996). *Manual de Derecho Administrativo*, tomo I. Barcelona: Ariel.

Parejo Alfonso, Luciano (2012). «Transformación y ¿reforma? del Derecho Administrativo en España», en VV.AA. *Innovación y reforma del Derecho Administrativo.* Sevilla: INAP y Global Law Press-Editorial Derecho Global.

Parejo Alfonso, Luciano (2015). «Buena gobernanza, buen gobierno y buena administración», conferencia publicada en el libro *XXX Congreso Iberoamericano de municipios. El buen gobierno local*, coordinado por la OICI (Organización Iberoamericana de Cooperación Internacional). Madrid, pp. 51-ss.

Peschard Mariscal, Jacqueline (2012). «Del gobierno abierto a la transparencia proactiva: la experiencia del Ifai en 2011», en VV.AA. *La promesa del Gobierno Abierto en Latinoamérica*. México: ITAIP, pp. 28-ss.

Piñar Mañas, José Luis (2003). «El desarrollo sostenible como principio jurídico», en Cosculluela Montaner, L. (coord.). *Estudios de Derecho Público Económico. Libro homenaje al Prof. Dr. D. Sebastián Martín-Retortillo.* Madrid: Endesa, Ibercaja, Civitas, pp. 185-ss.

Piñar Mañas, José Luis (2007a). «Revolución Tecnológica, derecho administrativo y administración pública. Notas provisionales para una reflexión», en *La autorización administrativa. La administración electrónica. La enseñanza del derecho administrativo. Actas del I Congreso de la Asociación Española de Profesores de Derecho Administrativo*. Navarra: Thomson Reuters-Aranzadi, pp. 51-ss.

Piñar Mañas, José Luis (2007b). «Origen y fundamentos del derecho europeo de contratos públicos», en *La contratación pública*, tomo 1. Buenos Aires: Hammurabi, pp. 275-ss.

Piñar Mañas, José Luis (2011). «Administración Electrónica y Protección de datos personales», en *Dereito Monográfico: Revista xuridica da Universidade de Santiago de Compostela. Estudios sobre la modernización administrativa*, núm. extra 1, pp. 145-ss.

PINTOS Santiago, Jaime (2017). *Los principios generales de desarrollo humano y sostenibilidad ambiental en la contratación pública*. Madrid: INAP.

PONCE SOLÉ, Juli (2010). «Procedimiento administrativo, globalización y buena administración», en PONCE SOLÉ, J. (coord.). *Derecho administrativo global*. Madrid: Marcial Pons, pp. 79-ss.

RAMÍREZ ALUJAS, Álvaro V. (2011). «Gobierno Abierto y Modernización de la Gestión Pública: Tendencias actuales y el (inevitable) camino que viene. Reflexiones seminales», en *Revista Enfoques: Ciencia Política y Administración Pública*, vol. IX, núm. 15, pp. 99-ss.

REAL, Alberto R. (1978). «La codificación del derecho administrativo general en Alemania Federal (Derecho de defensa y participación democrática de los administrados)», en VV.AA. *Estudios de Derecho Administrativo*, tomo I. Montevideo: Universidad de la República.

RIVERO ORTEGA, Ricardo (2007). «El proceso de formación de la voluntad de la Administración en los contratos de las administraciones públicas», en CASSAGNE, J.C. y RIVERO YSERN, E. (dir.). *La contratación pública*, tomo 2. Buenos Aires: Hammurabi, pp. 893-ss.

RIVERO YSERN, Enrique (2007). «El proceso de formación de la voluntad de la Administración en los contratos de las administraciones públicas», en CASSAGNE, J.C. y RIVERO YSERN, E. (dir.). *La contratación pública*, tomo 2. Buenos Aires: Hammurabi, pp. 629-ss.

RODRÍGUEZ-ARANA MUÑOZ, Jaime (2006). *El buen gobierno y la buena administración de Instituciones Públicas adaptado a la ley 5/2006, de 10 de abril.* Navarra: Thomson Aranzadi, Colección Divulgación Jurídica.

RODRÍGUEZ-ARANA MUÑOZ, Jaime (2010). «Los principios de la contratación pública en el derecho administrativo global», en RODRÍGUEZ-ARANA MUÑOZ, J. *et al.* (coord.). *Derecho Administrativo Iberoamericano: IV Congreso Internacional de Derecho Administrativo*. Mendoza: RAP, pp. 383-ss.

RODRÍGUEZ-ARANA MUÑOZ, Jaime (2011a). «El derecho fundamental a la buena administración y centralidad del ciudadano en el derecho administrativo», en *RAP*, 408, pp. 11-ss.

RODRÍGUEZ-ARANA MUÑOZ, Jaime (2011b). «Los principios del Derecho global de la contratación pública», en *Revista de la Facultad de Derecho*, 66, pp. 29-ss.

RODRÍGUEZ-ARANA MUÑOZ, Jaime (2012a). *El ciudadano y el poder público: el principio y el derecho al buen gobierno y a la buena administración*. Madrid: Editorial Reus.

Rodríguez-Arana Muñoz, Jaime (2012b). «El derecho a una buena administración en las relaciones entre ciudadanos y administración pública», en VV.AA. *Aportes para un Estado eficiente.* Lima, pp. 117-ss.

Rodríguez-Arana Muñoz, Jaime (2014). «El buen gobierno y la buena administración en la ley de transparencia, acceso a la información pública y buen gobierno», en Rodríguez-Arana Muñoz, J. y Sendín García, M.A. *Transparencia, acceso a la información y buen gobierno*. Granada: Comares.

Rodríguez-Arana Muñoz, Jaime (2015). «El derecho fundamental a la buena administración pública», en Béjar Rivera, L.J. y Rodríguez-Arana Muñoz, J. (coord.). *El Derecho administrativo en Iberoamérica. En homenaje al profesor Mariano Brito*, tomo I. México: Espress, Universidad Panamericana, pp. 565-ss.

Rodríguez-Arana Muñoz, Jaime (2016). «La directiva de contratación pública y la lucha contra la corrupción», en VV. AA. *Derecho Administrativo: hacia un Estado más confiable. Libro de ponencias del VII Congreso Nacional de Derecho Administrativo*. Lima: Asociación Peruana del Derecho Administrativo - Thomson Reuters, pp. 601-ss.

Rosanvallon, Pierre (2015). *El buen gobierno*. Buenos Aires: Manantial.

Schmidt-Asmann, Eberhard (2003). *La teoría general del derecho administrativo como sistema*. Madrid-Barcelona: INAP - Marcial Pons.

Sendín García, Miguel Angel (2010). «La participación en el marco de la democracia electrónica», en Molina, C.M. y Rodríguez, L. (coord.). *Libro homenaje al Profesor Jaime Vidal Perdomo*, tomo I. Bogotá: Universidad de Medellín, Temis, pp. 487-ss.

Sunstein, Cass (2014). *(más) Simple. El futuro del Gobierno*. Madrid-Barcelona-Buenos Aires-Sao Paulo: Marcial Pons.

Villoria Mendieta, Manuel (2012). «El gobierno abierto como subsistema de políticas: una evaluación desde el institucionalismo recursivo», en VV.AA. *La promesa del Gobierno Abierto en Latinoamérica*. México: ITAIP, pp. 69-ss.

Villoria Mendieta, Manuel y **Forcadell Esteller, Xavier** (2015). «Introducción general», en Villoria Mendieta, M. (Dir.) y Forcadell Esteller, X. (coord.). *Buen gobierno, transparencia e integridad institucional en el gobierno local*. Madrid: Editorial Tecnos, pp. 17-ss.

Wittingham Munevar, María Victoria (2002). «Aportes de la teoría y la praxis para la nueva gobernanza», en VV.AA. *VII Congreso Internacional del CLAD sobre la Reforma del Estado y de la Administración Pública*. Lisboa, 8-11 octubre.

LA BUENA ADMINISTRACIÓN EN LOS PROCEDIMIENTOS ADMINISTRATIVOS SANCIONADORES

Good Administration in sanctioning administrative procedures

Pablo Santiago Schiavi Muñoz[1]
Universidad de la República (Uruguay)

Fecha de Aceptación: 30/11/2022

Resumen: La buena administración es un derecho de los ciudadanos. La buena Administración pública es, pues, una obligación inherente a los Poderes Públicos en cuya virtud el quehacer público debe promover los derechos fundamentales de las personas fomentando la dignidad humana de forma que las actuaciones administrativas armonicen criterios de objetividad, imparcialidad, justicia y equidad, y sean prestadas en plazo razonable. La potestad sancionatoria de la Administración es un arma que debe utilizarse cuando sea estrictamente necesaria para el mantenimiento del buen orden en el ámbito administrativo, pero no es un gatillo fácil. El buen uso de la potestad sancionatoria hace a la buena administración. La buena administración aplicada al procedimiento administrativo en general, y a los procedimientos administrativos sancionadores en particular, es y debe ser un buen ejemplo de ello.

Palabras clave: Buena administración. Potestad sancionatoria. Proporcionalidad. Equilibrio. Correspondencia. Dignidad humana.

Abstract: Good Administration is a citizen's right. Good Public Administration is, therefore, an obligation inherent to the Public Powers by virtue of which public activities must promote the fundamental rights of people, promoting human dignity so that administrative actions harmonize criteria of objectivity, impartiality, justice and equity, and are provided within a reasonable time. The

1 Doctor en Derecho por la Facultad de Derecho de la Universidad de A Coruña (España). Máster en Derecho Administrativo Económico (Universidad de Montevideo – Uruguay). Profesor Adjunto Grado 3 (I) de Derecho Administrativo y de Derecho Constitucional en la Facultad de Derecho de la Universidad de la República (Uruguay).

sanctioning power of the Administration is a weapon that should be used when strictly necessary to maintain good order in the administrative sphere, but it is not an easy trigger. The proper use of the sanctioning power makes for good administration. Good Administration applied to administrative procedures in general, and to penalizing administrative procedures in particular, is and should be a good example of this.

Keywords: Good Administration. Sanctioning power. Proportionality. Balance. Correspondence. Human dignity.

1. Buena administración como derecho humano fundamental

Las instituciones, categorías y conceptos del Derecho Administrativo del Estado social y democrático de Derecho deben estar enraizadas en la suprema dignidad del ser humano y en los derechos fundamentales que de ella dimanan (Rodríguez-Arana 2019).

La promoción de las condiciones que hagan posible la libertad solidaria de los ciudadanos vincula crecientemente al Derecho Administrativo y a la misma Administración pública (Rodríguez-Arana 2019).

Hasta el punto que hoy el Derecho Administrativo y la Administración pública tienen un desafío pendiente: convertirse a fondo a los parámetros y vectores centrales de un modelo de Estado que patrocina indefectiblemente un compromiso permanente con la mejora de las condiciones de vida de los ciudadanos (Rodríguez-Arana 2019):

> «La buena Administración es un derecho de los ciudadanos.
>
> (...) Un derecho fundamental a cuyo través se puede promover los derechos fundamentales de los ciudadanos y así posibilitar a cada persona un espacio de dignidad propio de la condición humana».

Si el Derecho Administrativo está vinculado por los postulados del Estado social y democrático de Derecho, y esté trae causa de la dignidad del ser humano y de sus derechos fundamentales, las categorías que jalonan esta rama del Derecho Público, hoy deben ser explicadas y construidos desde nuevas premisas que trasciendan los dogmas del Estado liberal que doten de mayor sensibilidad social al Derecho Administrativo (Rodríguez-Arana 2019).

Como en definitiva la Administración está para el logro del bien común y este es el estado de hecho apto para el desarrollo de la persona humana, se percibe que la Administración está al servicio de la persona humana. De esto se deriva que, en definitiva, ese deber de la Administración tiene como correlativo un derecho de las personas (Durán 2010a: 173-193).

Como bien dice Rodríguez-Arana Muñoz (2008: 114): «La buena administración de instituciones públicas es un derecho ciudadano, de naturaleza fundamental».

La buena Administración aplicada al procedimiento administrativo en general, y a los procedimientos administrativos sancionadores en particular, es y debe ser un buen ejemplo de ello.

2. Buena administración y sus proyecciones en el derecho positivo uruguayo y comparado

Enseña Augusto Durán Martínez (2010a: 173-193) que el término *buena administración* aparece por primera vez en Uruguay en un texto constitucional en la Constitución de 1952: figura en el artículo 311 destinado a fijar los efectos de las sentencias del Tribunal de lo Contencioso Administrativo que anulan un acto administrativo.

El primer inciso contempla el caso de una nulidad por causar lesión a un derecho subjetivo del demandante. Allí la Constitución estipula que «la decisión tendrá efecto únicamente en el proceso en que se dicte».

El segundo inciso —que es el que ahora nos interesa—, establece:

> «Cuando la decisión declare la nulidad del acto en interés de la regla de derecho o de la buena administración, producirá efectos generales y absolutos».

La doctrina uruguaya analizada por Augusto Durán Martínez (2010a: 173-193) siguiendo y profundizando los pasos de Giorgi, advierte que si los medios elegidos no son los aptos para el fin debido se incurre en ilegitimidad y no en un simple demérito.

El carácter misional de la Administración lleva a esta conclusión.

Esa respuesta implica considerar ilegítimo un acto contrario a la *buena administración*, por violación del principio de eficacia (Durán 2015: 301-ss).

En el ámbito de las ciencias económicas se suele distinguir eficacia de eficiencia. Se vincula la eficacia al logro de los objetivos y la eficiencia al costo insumido para el logro de los objetivos (Durán 2010a: 173-193).

En esa línea, Cajarville Peluffo, citado por Augusto Durán Martínez (2010a: 173-193), decía:

> «La eficacia se refiere a la aptitud de la actividad como medio para obtener el resultado procurado y a su idoneidad para perseguir los fines impuestos por el derecho. La eficiencia relaciona la actividad cumplida y los medios empleados en su proporcionalidad con los resultados procurados u obtenidos».

Señala además un texto de derecho positivo que efectúa esta distinción: el artículo 19 del decreto n.° 30/003, de 23 de enero de 2003.

Este artículo, cuyo *nomen juris* es *Eficacia y eficiencia*, dice:

> «Los funcionarios públicos utilizarán los medios idóneos para el logro del fin de interés público a su cargo, procurando alcanzar la máxima eficiencia en su actuación».

Eficacia y *eficiencia* se toman indistintamente en el sentido de *hacer bien las cosas*.

Ese *hacer bien las cosas* comprende tanto la correcta determinación de fines como la adecuada selección de medios para alcanzarlos (Durán 2008: II, 7).

El Derecho uruguayo recoge expresamente el principio de eficacia entre los principios rectores del procedimiento administrativo —art. 2.°, literal e, del decreto n.° 500/991, de 27 de setiembre de 1991— (Durán 2010a: 173-193), lo que por otra parte ya es común en los países iberoamericanos.

De una época en que se ponía el énfasis en el deber pasamos a otra en que se pone el énfasis en el derecho; pero, repito, ambos coexisten (Durán 2010a: 173-193).

Es así que la Carta de los derechos fundamentales de la Unión Europea expedida en Niza el 7 de diciembre del año 2000, incluye el derecho a la *buena administración*.

¿Por qué se proclama como derecho fundamental por la Unión Europea?, se pregunta Rodríguez-Arana (2008: 114-ss):

> «Por una gran razón que reposa sobre las más altas argumentaciones del pensamiento democrático: en la democracia, las instituciones políticas no son de propiedad de políticos o altos funcionarios, sino que son del dominio popular, son de los ciudadanos, de las personas de carne y hueso que día a día, con su esfuerzo por encausar los valores cívicos y las cualidades democráticas, dan buena cuenta del temple democrático en la cotidianeidad».

El artículo 41 de la citada Carta europea dice:

> «Artículo 41. Derecho a una buena administración:
>
> 1. Toda persona tiene derecho a que las instituciones y órganos de la Unión traten sus asuntos imparcial y equitativamente y dentro de un plazo razonable.
>
> 2. Este derecho incluye en particular:
>
> - el derecho de toda persona a ser oída antes de que se tome en contra suya una medida individual que le afecte desfavorablemente,
> - el derecho de toda persona a acceder al expediente que le afecte, dentro del respeto de los intereses legítimos de la confidencialidad y del secreto profesional y comercial,

- la obligación que incumbe a la Administración de motivar sus decisiones.

3. Toda persona tiene derecho a la reparación por la Comunidad de los daños causados por sus instituciones o sus agentes en el ejercicio de sus funciones, de conformidad con los principios generales comunes a los Derechos de los Estados miembros.

4.Toda persona podrá dirigirse a las instituciones de la Unión en una de las lenguas de los Tratados y deberá recibir una contestación en esa misma lengua».

Los numerales 1 y 2 del artículo 41 de la Carta de derechos fundamentales europea coinciden en esencia con el contenido del principio del debido proceso en el procedimiento administrativo.

Este principio emana de la garantía de la defensa (Durán 2010a: 173-193), por lo que también se suele hablar de *derecho de defensa* (Durán 2010a: 173-193), y es tan antiguo como el hombre. Conocido es aquel fallo inglés de 1723 —*R.c. The Chancellor and C. of Cambridge*— pronunciado con motivo de la privación de un título universitario a un médico, llamado Bentley, que enseñaba en Oxford, sin darle previamente oportunidad de defensa (Durán 2010a: 173-193).

La *«Carta Iberoamericana de los Derechos y Deberes del Ciudadano en Relación con la Administración Pública»* aprobada por el Consejo Directivo del CLAD en reunión presencial-virtual celebrada desde Caracas el 10 de octubre de 2013 (VV.AA. 2013), contiene específicas y contundentes referencias a la *«Buena administración»*.

En el marco del complejo Gobierno-Administración Pública, núcleo en el que se realiza la definición e implementación de las políticas públicas propias del Poder Ejecutivo, ha ido cobrando especial relieve en los últimos tiempos la obligación de las instancias públicas de proceder a *una buena Administración Pública*, aquella que se dirige a la mejora integral de las condiciones de vida de las personas (VV.AA. 2013).

La buena Administración Pública es, pues, una obligación inherente a los Poderes Públicos en cuya virtud el quehacer público debe promover los derechos fundamentales de las personas fomentando la dignidad humana de forma que las actuaciones administrativas armonicen criterios de objetividad, imparcialidad, justicia y equidad, y sean prestadas en plazo razonable (VV.AA. 2013).

Desde la centralidad del ser humano, principio y fin del Estado, el interés general debe estar administrado de tal forma que en su ejercicio las diferentes Administraciones Públicas hagan posible el libre y solidario desarrollo de cada persona en sociedad (VV.AA. 2013).

La buena Administración Pública adquiere una triple funcionalidad. En primer término, es un principio general de aplicación a la Administración Pública y al Derecho Administrativo (VV.AA. 2013).

En segundo lugar, es una obligación de toda Administración Pública que se deriva de la definición del Estado Social y Democrático de Derecho, especialmente de la denominada tarea promocional de los poderes públicos en la que consiste esencialmente la denominada cláusula del Estado social: crear las condiciones para que la libertad y la igualdad de la persona y de los grupos en que se integra sean reales y efectivas, removiendo los obstáculos que impidan su cumplimiento y facilitando la participación social (VV.AA. 2013).

En tercer lugar, desde la perspectiva de la persona, se trata de un genuino y auténtico derecho fundamental a una buena Administración Pública, del que se derivan, como reconoce la presente Carta, una serie de derechos concretos, derechos componentes que definen el estatuto del ciudadano en su relación con las Administraciones Públicas y que están dirigidos a subrayar la dignidad humana (VV.AA. 2013).

La buena Administración Pública, sea como principio, como obligación o como derecho fundamental, no es ciertamente una novedad de este tiempo (VV.AA. 2013).

3. Buena administración y sus proyecciones en el debido procedimiento administrativo

El procedimiento administrativo tuvo una regulación tardía y cuando apareció esa regulación se inspiró en los códigos existentes para encausar la actividad jurisdiccional (Durán 2010a: 173-193), siguió muchas de sus soluciones y tomó parte de su terminología. Por eso se habló de una *jurisdiccionalización* del procedimiento administrativo (Durán 2010a: 173-193).

De ahí que es frecuente que en el ámbito administrativo se hable de *debido proceso* (Durán 2010a: 173-193) como en el ámbito jurisdiccional, o para marcar una diferencia se hable del *debido proceso adjetivo* como en la ley argentina —ley n.º 19.549, artículo 1, literal f—. Pero con mayor rigor debería hablarse del *debido procedimiento* (Durán 2010a: 173-193) puesto que no estamos ante un proceso que se desenvuelve en el ámbito jurisdiccional, según la terminología más comúnmente empleada.

Pacíficamente hay acuerdo, al menos en Iberoamérica, en cuanto al contenido del principio del debido procedimiento. Se entiende (Durán 2010a: 173-193) que en esencia, por lo menos, comprende:

1. El derecho a ser oído, lo que conlleva el derecho a acceder al expediente.
2. El derecho a ofrecer y producir prueba, así como controlar su diligenciamiento.
3. Derecho a ser asistido por un abogado.
4. Derecho a ser tratado con imparcialidad.
5. Derecho a un procedimiento de duración razonable.
6. Derecho a una decisión fundada.

Esta correctísima visión europea que incluye al debido procedimiento entre los contenidos de la *buena administración*, ha tenido su recepción en el Río de la Plata. Muy claros han sido al respecto, por ejemplo, Cajarville Peluffo.

Acertadamente observó Cajarville Peluffo, «la defensa del interesado sirve para decidir mejor». (Durán 2010a: 173-193). Ese decidir mejor, obviamente, hace a la *buena administración*[2].

El debido procedimiento significa, por cierto, cumplir con todo lo que implica el tradicional debido proceso o debido proceso adjetivo, como también se le llama. Pero también, significa actuar con eficacia para el logro del fin debido y con transparencia (Durán 2010a: 173-193).

Siendo, así las cosas, *buena administración* y debido procedimiento en buena medida coinciden. No hay *buena administración* sin debido procedimiento y no hay debido procedimiento si se afecta la *buena administración* (Durán 2010a: 173-193).

La buena administración significa elegir los instrumentos adecuados para la consecución del fin debido, obtener los resultados procurados con el menor costo posible, no efectuar trámites inútiles, hacer un buen uso del tiempo pero también actuar con transparencia, con probidad; significa asimismo que los servicios públicos funcionen correctamente acorde a las necesidades reales del hombre de hoy, que los requerimientos de los administrados sean atendidos como corresponde y que todas las actuaciones administrativas sean seguidas cumpliendo con todas las garantías (Durán 2010a: 173-193).

En esto consiste la buena administración (Durán 2010a: 173-193).

Siendo, así las cosas, la buena administración es un principio, es un deber y es un derecho (Durán 2010a: 173-193).

Luego de este más que breve repaso doctrinario me parece conveniente efectuar algunas puntualizaciones (Durán 2010b: 307-339).

Primera puntualización. Los términos *procedimiento* y *proceso* son términos análogos. En algunos de sus sentidos pueden ser usados como sinónimos, pero también pueden ser usados con sentidos diferentes (Durán 2010b: 307-339).

Segunda puntualización. Sin perjuicio de lo expresado, debe reconocerse que en general se emplean los términos *procedimiento* y *proceso* con sentidos diferentes. Y en este caso estimo que *procedimiento* es el género y *proceso* la especie (Durán 2010b: 307-339).

Tercera puntualización. Si el derecho positivo define o caracteriza el *proceso* o el *procedimiento*, hay que estar a lo que dispone el derecho positivo

2 Para apreciar en qué medida un desconocimiento del principio del debido procedimiento impide decidir bien, ver DURÁN MARTÍNEZ, A. (2003). *Casos de Derecho Administrativo*. Montevideo, vol. III, pp. 225-ss. Este es un claro caso en que se ha actuado en contra de la *buena administración*.

en la medida en que no se desconozcan principios generales de derecho de máximo valor y fuerza. Por eso, a la luz de la Constitución brasileña, parecen compartibles las opiniones de Bacellar Filho (Durán 2010b: 307-339).

Cuarta puntualización. En los casos en que el derecho positivo no incida en el sentido de los términos en estudio, prefiero reservar el término *proceso* para la actividad jurisdiccional y el término *procedimiento* para referir al género, que comprende al *proceso* y también al *procedimiento administrativo*, o sea camino o ruta a través del cual debe cumplirse la actividad de la Administración, como decía Frugone Schiavone (Durán 2010b: 307-339).

El *procedimiento administrativo represivo* es el que debe seguir la administración para la determinación de una infracción administrativa, la identificación de su autor y eventualmente el establecimiento de la sanción correspondiente (Durán 2010b: 307-339).

Ese *procedimiento administrativo represivo* puede ser interno o externo (Durán 2010b: 307-339).

El procedimiento administrativo represivo interno refiere a infracciones administrativas cometidas por funcionarios públicos. Se conoce en Uruguay con el nombre de *procedimiento disciplinario* (Durán 2010b: 307-339).

El artículo 168 del decreto n.º 500/991, de 27 de setiembre de 1991, define el procedimiento disciplinario como «el conjunto de trámites y formalidades que debe observar la Administración en el ejercicio de sus poderes disciplinarios» (Durán 2010b: 307-339).

El procedimiento administrativo represivo externo es el que refiere a infracciones administrativas cometidas por sujetos que no son funcionarios públicos. Carece de una denominación específica, a diferencia del interno que, como se ha visto, se denomina disciplinario (Durán 2010b: 307-339).

4. Buena administración y sus proyecciones en la potestad sancionatoria de la administración

La represión administrativa abreva en el poder público y entraña la búsqueda de respuesta a un capítulo acuciante del Derecho Administrativo, que hace mucho a la relación cada vez más estrecha entre Administración Pública y ciudadano, o mejor aún, entre aquélla y el habitante o persona humana y por lo cual también, con la libertad y el derecho de propiedad (Brito 2010: 83-94).

El estudio de las sanciones que aplica la Administración Pública a los particulares en ejercicio de los poderes que emanan de las potestades que le atribuye el ordenamiento o que emanan de un vínculo jurídico convencional concertado en el marco del llamado régimen exorbitante constituye uno de los capítulos centrales de la denominada parte dinámica del Derecho Administrativo (Cassagne 2010: 63-81).

Las sanciones administrativas se ubican en la zona de máxima tensión del conflicto entre la autoridad y el individuo, entre el poder y los derechos y garantías de los administrados. La autoridad debe contar con los medios necesarios para asegurar el cumplimiento de normas que comprometen el interés público, pero, asimismo, la potestad sancionatoria debe contar con los límites necesarios para que los individuos tengan sus garantías a fin de preservar sus derechos y libertades (Lorenzo 2010: 105-119).

En la actualidad se proclama un Estado Constitucional de Derecho, por algunos denominado «Neoconstitucionalismo», es decir un Estado con características de democracia, supremacía constitucional y prioridad en la protección de los derechos fundamentales, el *ius puniendi* será la potestad atribuida a determinados órganos del Estado con la finalidad de imponer penas, en sentido amplio, a quienes después de un concreto proceso, contemplado previamente en la ley, sean responsables de los delitos o faltas que se les atribuyan (Ruocco 2010: 121-165).

Pero, sin perder de vista que la dignidad de la persona humana se ubica en el centro del ordenamiento jurídico —como dice Durán Martínez—, el que debe interpretarse y aplicarse desde esta perspectiva, a fin de «balancear el ejercicio de la libertad con el uso de la autoridad» en palabras de Guariglia (Ruocco 2010: 121-165).

Mutatis mutandis, lo que indicaba Carnelutti con relación al proceso penal puede decirse con relación al procedimiento administrativo represivo, ya que también por él se puede afectar la libertad, el patrimonio, el honor y, en definitiva, la dignidad de la persona (Durán 2010b: 307-339).

Por eso es que hay que ser extremadamente prudentes para comenzar un procedimiento represivo. La potestad sancionatoria de la Administración es un arma que debe utilizarse cuando sea estrictamente necesaria para el mantenimiento del buen orden en el ámbito administrativo, pero no es un gatillo fácil (Durán 2010b: 307-339).

Por tal razón, la obligación de denunciar o tramitar denuncias que diversos textos de derecho positivo imponen —por ejemplo, artículos 175 a 177 del decreto n.º 500/991—[3] debe efectuarse razonablemente. No es legítima, y por ende compromete la responsabilidad, una denuncia infundada o su tramitación (Durán 2010b: 307-339).

---

3 Decreto número 500/991:

«Art. 175. Todo funcionario público está obligado a denunciar las irregularidades de que tuviera conocimiento por razón de sus funciones, de las que se cometieren en su repartición o cuyos efectos ella experimentara particularmente. Asimismo, deberá recibir y dar trámite a las denuncias que se le formulen al respecto. En uno y otro caso, las pondrá en conocimiento de sus superiores jerárquicos.

Art. 176. Lo dispuesto en el artículo anterior, es sin perjuicio de la denuncia policial o judicial de los delitos, de conformidad con lo establecido en el artículo 168 numeral 10 de la Constitución de la República y en el artículo 177 del Código Penal.

Art. 177. La omisión o denuncia administrativa y policial o judicial configurará falta grave».

De ahí que el primer derecho que supone el *debido proceso* es el derecho a no ser objeto de una denuncia infundada (Durán 2010b: 307-339).

Quien efectúa una denuncia debe hacerlo responsablemente y la Administración, al recibir una denuncia, debe ponderarla adecuadamente antes de darle trámite, a efectos de no lesionar indebidamente derechos fundamentales (Durán 2010b: 307-339).

Por eso se puede decir que el mejor *debido proceso* en el procedimiento represivo, es el que determinó que aquel procedimiento que debiéndose no haber hecho, no se hizo (Durán 2010b: 307-339).

El buen uso de la potestad sancionatoria hace a la *buena administración*.

No es por casualidad que la Carta de los Derechos Fundamentales de la Unión Europea, expedida en Niza el 7 de diciembre del año 2000, cuando por su artículo 41 recoge el *derecho a la buena administración* en parte le asigna el contenido que aquí le hemos asignado al principio del *debido proceso* (Durán 2010b: 307-339).

Un mal uso de la potestad sancionatoria implica un desvío del fin de la Administración y configura un acto contrario a la *buena administración*. Por eso es que se puede afirmar que en buena medida *debido proceso* y *buena administración* confluyen. Sin *debido proceso* no hay *buena administración* (Durán 2010b: 307-339).

5. Consideraciones finales

Tal como enseña Jaime Rodríguez-Arana Muñoz (2019):

> «La buena Administración es un derecho de los ciudadanos.
>
> (...) Un derecho fundamental a cuyo través se puede promover los derechos fundamentales de los ciudadanos y así posibilitar a cada persona un espacio de dignidad propio de la condición humana».

En tal sentido, y con particular énfasis, en la Carta Iberoamericana de los Derechos y Deberes del Ciudadano en Relación con la Administración Pública (VV.AA. 2013), se establece que la buena Administración Pública es, pues, una obligación inherente a los Poderes Públicos en cuya virtud el quehacer público debe promover los derechos fundamentales de las personas fomentando la dignidad humana de forma que las actuaciones administrativas armonicen criterios de objetividad, imparcialidad, justicia y equidad, y sean prestadas en plazo razonable.

Pero, sin perder de vista que la dignidad de la persona humana se ubica en el centro del ordenamiento jurídico —como dice Durán Martínez—, el que debe interpretarse y aplicarse desde esta perspectiva, a fin de «balancear el ejercicio de la libertad con el uso de la autoridad» en palabras de Guariglia.

Por eso es por lo que hay que ser extremadamente prudentes, como sostiene Durán Martínez, para comenzar un procedimiento represivo. La potestad sancionatoria de la Administración es un arma que debe utilizarse cuando sea estrictamente necesaria para el mantenimiento del buen orden en el ámbito administrativo, pero no es un gatillo fácil.

El buen uso de la potestad sancionatoria hace a la *buena administración*. No es por casualidad que la Carta de los Derechos Fundamentales de la Unión Europea, expedida en Niza el 7 de diciembre del año 2000, cuando por su artículo 41 recoge el *derecho a la buena administración* en parte le asigna el contenido que aquí le hemos asignado al principio del *debido proceso.*

Un mal uso de la potestad sancionatoria implica un desvío del fin de la Administración y configura un acto contrario a la *buena administración*. Por eso es que se puede afirmar que en buena medida *debido proceso* y *buena administración* confluyen. Sin *debido proceso* no hay *buena administración*, como bien señala Augusto Durán Martínez.

La buena Administración aplicada al procedimiento administrativo en general, y a los procedimientos administrativos sancionadores en particular, es y debe ser un buen ejemplo de ello.

6. Bibliografía

Brito, Mariano R. (2010). «Actividad sancionatoria de la Administración: Represión Administrativa, Libertad y Derecho de Propiedad», en *Estudios de Derecho Administrativo*, 2, pp. 83-94.

Cassagne, Juan Carlos (2010). «Los principios del derecho penal en la actividad sancionadora de la Administración», en *Estudios de Derecho Administrativo*, 2, pp. 63-81.

Durán Martínez, Augusto (2008). «Principio de eficacia y Estado Subsidiario», en *Estudios de Derecho Público*, vol. II.

Durán Martínez, Augusto (2010a). «La buena administración», en *Estudios de Derecho Administrativo*, 1, pp. 173-193.

Durán Martínez, Augusto (2010b). «Principio del debido proceso en el procedimiento administrativo represivo», en *Estudios de Derecho Administrativo*, 2, pp. 307-339.

Durán Martínez, Augusto (2015). *Contencioso Administrativo.* Montevideo: Fundación de Cultura Universitaria. Segunda edición actualizada y ampliada.

Lorenzo, Susana (2010). «Naturaleza de la infracción y sanción administrativa», en *Estudios de Derecho Administrativo*, 2, pp. 105-119.

Rodríguez-Arana Muñoz, Jaime (2008). «El derecho fundamental al buen gobierno y a la buena administración de instituciones públicas», en *Anuario de Derecho Administrativo*, XV, pp. 114-ss.

Rodríguez-Arana Muñoz, Jaime (2019). «La buena administración», en *El Correo Gallego,* 2 de octubre. Disponible en: https://www.elcorreogallego.es/opinion/firmas/ecg/buena-administracion/idEdicion-2019-10-02/idNoticia-1205806.

Ruocco, Graciela (2010). «Principios de legalidad, tipicidad y de prescripción en materia de actividad sancionatoria de la Administración», en *Estudios de Derecho Administrativo*, 2, pp. 121-165.

VV.AA. (2013). *Carta Iberoamericana de los Derechos y Deberes del Ciudadano en Relación con la Administración Pública.* Aprobada por el Consejo Directivo del CLAD en reunión presencial-virtual celebrada desde Caracas (Venezuela) el 10 de octubre de 2013.

COMUNICACIONES

ARGENTINA MÁS ALLÁ DE LAS FRONTERAS. EL DESAFÍO DE LA BUENA ADMINISTRACIÓN INTEROPERABLE

Argentina beyond the borders. The challenge of the interoperable good administration

Alejandro Spessot[1]
Universidad de Buenos Aires (Argentina)

Federico Tabares[2]
Universidad de Buenos Aires (Argentina)

Fecha de Recepción: 01/10/2022
Fecha de Aceptación: 31/10/2022

Resumen: En Argentina, como parte de la implantación del gobierno electrónico, se está llevando a cabo un proceso de incorporación de las Tecnologías de la Información y la Comunicación (TICs) con la finalidad de que los ciudadanos puedan relacionarse con las entidades de la administración pública por vía electrónica para presentar escritos, recursos y quejas; realizar pagos; recibir notificaciones cuando este medio es aceptado o solicitado por el administrado; acceder a información administrativa general y a los expedientes para conocer el estado de los mismos; evitar la presentación reiterada de documentos que ya obren en poder de la administración, entre otros. Al respecto, el régimen jurídico de la gestión documental electrónica es una base adecuada para iniciar esta transformación, siempre y cuando se depuren algunas disfunciones detectadas, y se materialicen actuaciones concretas para alcanzar su conversión. Es necesario partir de la evolución de esta disciplina en aras de ajustar esta transformación a lo electrónico y así fusionar estos elementos con el derecho fundamental a la buena administración.

---

1 Abogado. Magister en Derecho Administrativo y Administración Pública, Facultad de Derecho (UBA) y docente de Instituciones de Derecho Público (FCE-UBA) y Derecho Administrativo (USI).

2 Abogado y docente de Instituciones de Derecho Público (FCE-UBA).

Palabras clave: Buena administración. Gestión Documental Electrónica. Interoperable.

Abstract: In Argentina, as part of the implementation of electronic government, a process of incorporation of Information and Communication Technologies (ICTs) is being carried out so that citizens can relate to public administration entities. by electronic means to present writings, resources and complaints; make payments; receive notifications when this means is accepted or requested by the administrator; access general administrative information and files to know the status of them; avoid the repeated presentation of documents that are already in the hands of the public administration, among others. In this respect, the legal regime of electronic document management is a suitable basis for initiating this transformation, provided that some of the dysfunctions detected are purged, and specific actions are taken to achieve its conversion. It's necessary to st art from the evolution of this science in order to adjust this transformation to the electronic and, subsequently, join these elements with the human right to good administration.

Keywords: Good Administration. Electronic Document Management. Interoperable.

1. Introducción

Con la intención de compartir algunas reflexiones, en relación al principio de la interoperabilidad estatal, retomaremos expresiones de nuestro anterior trabajo que fuera presentado en el marco de las XII Jornadas de este Congreso Iberoamericano de Derecho Administrativo (Spessot y Tabares 2019) para detenernos y abordar algunos de sus aspectos consustanciados al tema propuesto en esta oportunidad.

En tiempos de la innovación tecnológica que nos toca vivir, no deja de concitar la atención, las posibilidades que brindan las herramientas de información y comunicación de datos a los modelos de gestión pública a fin de tornarlos más ágiles, transparentes y eficientes. Enhorabuena; estas transformaciones, se vuelven impostergables y en particular en el ámbito de la administración pública, sobre todo cuando esos elementos se disponen para configurar un sistema de interoperabilidad, indispensable para el cumplimiento de las funciones básicas del Estado, tan complejas por su naturaleza y contenido.

> En consecuencia, es clave que la Administración disponga de un adecuado sistema que opere el eficiente intercambio al que aspira; «está demostrado que en la cuarta revolución industrial, la interoperabilidad es un factor transversal cuya utilización produce un salto notable en la formulación e implementación de políticas»[3] entre los distintos niveles de administraciones, con los beneficios que ello genera y de la disminución de costos en sus procedimientos, entre otras ventajas. Es decir, de lo que se trata es de disponer de la integración de un sistema asociado de sus expedientes y otros trámites administrativos, de modo de hacer posible su gestión, presencial o digitalmente, desde el registro inicial de su movimiento en la entrada hasta la resolución y posterior notificación al interesado.

Más allá de los diversos enfoques sobre el tema, indudablemente constituye un aporte significativo en el quehacer cotidiano, a partir de las ventajas que trae aparejado a la ciudadanía en su relación con la Administración, por lo que las autoridades no sólo tienen que repensar modelos de gestión interoperable en tiempos disruptivos (Oslak 2020) para diagramar y consolidar el esquema, sino también para aprovechar la oportunidad de su expansión. En estas primeras líneas, no podemos dejar de señalar las interfaces de programación de aplicaciones (APIs), que exponen las funciones internas del sistema al mundo exterior[4].

Ello es relevante, porque permite que los sistemas compartan información sin requerir que los desarrolladores tengan que compartir el código de las aplicaciones, ni entender las complejidades internas de cada sistema, ya sea para la prestación de servicios directos a los ciudadanos, como de cara al intercambio de información con otros órganos. Debe existir un compromiso político-jurídico y organizativo de cada jurisdicción por la dimensión que adquiere en los derechos de información y participación del ciudadano, requiriéndose de una acción política sostenida, de colaboración entre los órganos estatales y de la consiguiente asignación efectiva de recursos económicos que no pocas veces se ven condicionados por la decisión política que eventualmente pueda afectar los fondos necesarios para invertir en la infraestructura adecuada.

Este es el escenario donde Argentina tiene la responsabilidad de continuar implementando el sistema interoperable perfeccionándolo, con el objeto, finalmente de satisfacer el interés público con la prestación del servicio.

---

3 El ABC de la interoperabilidad de los servicios sociales, marco conceptual y metodológico. BID 2019: 13.

4 Anexo II: «Pautas Técnicas de Interoperabilidad de Sistemas» de la Resolución 19/2018 SMM del 02/03/2018.

En suma, en el presente trabajo, compartimos algunas consideraciones, a cuyo amparo debe diseñarse una política que garantice un adecuado entorno digital interoperable a fin de incidir en las decisiones que finalmente adopte la gestión Posteriormente se reseñan las recientes experiencias en la materia. Finalmente, se harán algunas reflexiones sobre su alcance e implicancias.

2. Los «nuevos principios» específicos del procedimiento administrativo que garantizan el sistema interoperable

2.1. Principio de cooperación y colaboración entre órganos administrativos. Acuerdo y colaboración interestatal. Hacia un acceso conjunto de los estados regionales

Orientado a inspirar la organización interna de la Administración, aunque sus resultados impacten externamente. Y es que una actuación de colaboración y coordinación deben tender en beneficio de los derechos de la ciudadanía, especialmente en un Estado como el nuestro, con la complejidad que presenta. El principio adquiere nuevos ribetes, pues es necesario que haya una coordinación efectiva en la utilización de medios electrónicos que garantice la interoperabilidad de sistemas, lo que implica el reconocimiento de documentos electrónicos, así como los medios de identificación y autentificación. Lo contrario convertiría a los órganos en entes aislados incapaces de comunicarse de forma eficaz entre ellos, lo que, con toda seguridad, repercutiría en la calidad del servicio que se presta a la comunidad.

En primer término, recordemos que las cualidades del principio de colaboración (Corrales 2012) estriban en:

> «(...) la obligatoria coordinación, cooperación, ayuda mutua y solidaridad (...), en la concertación y ejecución de políticas públicas y de estado, en la prevención y solución de sus conflictos, que involucren a la sociedad civil en su formulación, ejecución y fiscalización de sus estrategias, políticas, programas y proyectos; contributivo de un sub sistema político estadual unitario y a la vez descentralizado, de estructuras flexibles pero articuladas e inclusivo, más democrático y menos autoritario, propios de una sociedad abierta, horizontal y participativa. Todo ello, a fin de mejorar la gobernabilidad del país, ya que: de lo que se trata, pues, es de que el sistema globalmente resultante funcione, dentro de las coordenadas de la tensión dialéctica entre unidad y diversidad, con legitimidad y eficacia».

En este orden de cosas, el IX Encuentro Guayaquil organizado por la OEA en 2012, a través de la labor de su Secretaría Técnica de Interoperabilidad de registros civiles y organismos de identificación, trabajó con enfoque en la modernización e incorporación de tecnologías cuya compatibilidad permitiese la interoperabilidad entre las instituciones y los países con la finalidad de otorgar servicios confiables, seguros, creíbles y de fe pública, en plena colaboración con las demás entidades. En protección de datos de los gobernados y estableciendo sistemas tecnológicos que aseguren la interoperabilidad de sistemas entre los Estados.

Se concluyó en ese momento, entre otras ideas, que algunos países de la región se encontraban en proceso de implementación de sistemas de interoperabilidad al interior de sus oficinas, en pos de la reducción del tiempo de sus trámites y actuaciones, tornar más eficientes las gestiones de las oficinas registrales y confección de documentos. Lo que confirma que el gobierno electrónico es la oportunidad de crear condiciones para gestión pública de calidad y de establecer pautas de colaboración entre los diversos niveles de la Administración.

Por ello, es esencial que los Estados arbitren los medios conducentes a la interoperabilidad de sus comunicaciones y servicios asegurando su acceso democrático a la ciudadanía. A esos efectos, corresponde que habiliten adecuados dispositivos que permitan el intercambio de la información. Un reflejo de lo expuesto, es el espíritu y la acción de los estados iberoamericanos (DIGE 2007):

> «(...) que deberían fomentar en la mayor medida posible acuerdos entre sí para que la interoperabilidad de sus servicios y sistemas no se reduzca al ámbito de sus jurisdicciones, sino que desde el principio comprenda a todos ellos, de modo que el acceso al gobierno electrónico se haga de manera más o menos conjunta como región, potenciando así las sinergias que se seguirán de un acceso lo más amplio posible, simultáneo y sostenido de todos los países iberoamericanos a la sociedad de la información y el conocimiento y con especial precaución acerca de la obsolescencia de las diversas ofertas tecnológicas. En especial se tratará de lograr un estándar común de interoperatibilidad entre todos los países iberoamericanos».

Todo ello, sustentado en distintos acuerdos que traducen el compromiso de las naciones, como el Consenso de Lisboa celebrado en junio 2009, con pautas acerca de la innovación y el conocimiento y la efectiva participación ciudadana, la Carta Iberoamericana de Participación Ciudadana en la Gestión Pública, suscripta en noviembre 2009, precedentemente mencionada y el Consenso de Buenos Aires realizado en 2010 —con foco en el Marco de Interoperabilidad a fin de conseguir una gestión pública más eficiente y diseñar pautas de colaboración entre los distintos niveles de la Administración—.

Veamos algunos aspectos sustanciales al respecto.

2.2. Principio de responsabilidad y calidad en la veracidad y autenticidad de las informaciones y servicios de la GDE

Pueden tratarse como un único principio, es que la seguridad de la GDE y la autenticidad de la información que se ofrece, definen la veracidad del sistema. Por otra parte, es la única manera que en serio, se garantice un espacio de comunicación electrónica dotado de dispositivos accesibles, donde quienes participen, se informen se organicen y contribuyan con la formación de la voluntad administrativa que recaiga en el trámite de su interés.

No de otro modo, se afianzará la relación electrónica de la ciudadanía con los distintos niveles de gobierno, entre otras razones, para evitar la presentación reiterada ante la Administración de documentos que ya obren en su poder, en particular si son electrónicos, lógicamente si el ciudadano consiente la comunicación de la documentación entre distintas áreas u oficinas, lo que implica interoperabilidad, aparejando otras ventajas que la optimicen, tales como la simplificación de trámites, como también en el ámbito registral.

Sin perjuicio de lo expuesto y en tren de los derechos garantizados en el procedimiento, una buena administración no debe dejar de observar el derecho a opción del medio empleado. Es decir, los Estados deberán prever que el derecho del interesado a utilizar medios electrónicos o no hacerlo pueda implicar que en un expediente converjan varios de ellos que hayan elegido distintos modos a emplear en el trámite, los que deben asegurarse en su implementación en resguardo de los derechos en juego.

3. El rol de la función interoperable en el gobierno electrónico

En primer lugar, recordemos que Argentina es parte de la Carta Iberoamericana de Gobierno Electrónico desde 2007, como también de la Carta Iberoamericana de Gobierno Abierto y ello vigoriza el desarrollo del sistema interoperable de la gestión estatal que se ha iniciado en sus tres niveles: nacional, provincial y municipal. Ello es necesario, para continuar la tarea de incluirlo definitivamente en una metodología que formalice su incorporación, propia del Gobierno Electrónico (GE) al ámbito tridimensional referido.

Por cierto, completando la transición del procedimiento administrativo hacia el sistema de gobierno electrónico, lo que no se cumple con pocas dificultades. Esto significa que la voluntad de los funcionarios debe seguir bregando por la sostenida implementación del sistema, con la colaboración entre sus organismos para conseguir la plena interoperabilidad de los servicios en todas las jurisdicciones al amparo de las siguientes cláusulas e instrumentos jurídicos mencionados, que dan cuenta de la dimensión que adquiere: artículo 24 (interoperabilidad de los servicios) de la Carta Iberoamericana de Gobierno Electrónico y el Capítulo 3.° f) (principio de interoperabilidad) y el punto C d) (datos públicos para el desarrollo incluyente y sostenible) ambos de la Carta Iberoamericana de Gobierno Abierto.

4. De la buena administración en el procedimiento administrativo de la interoperabilidad. La visión de rivero ortega en argentina y la innovación en la teoría de la organización administrativa. Experiencias

Previo adentrarnos en el tópico, recordemos que la defensa y promoción de la buena administración en materia de interoperabilidad, requieren un diálogo y colaboración entre el poder Legislativo, el Ejecutivo y el Judicial y un despliegue de numerosas técnicas jurídicas. A modo de ejemplo, podemos citar la sentencia del Tribunal Supremo español de 4 de noviembre de 2021, la cual señala:

> «(...) el principio de buena administración tiene una base constitucional y legal indiscutible. Podemos distinguir dos manifestaciones del mismo, por un lado, constituye un deber y exigencia a la propia Administración que debe guiar su actuación bajo los parámetros referidos, entre los que se encuentra la diligencia y la actividad temporánea; por otro, un derecho del administrado, que como tal puede hacerse valer ante la Administración en defensa de sus intereses».

En línea a lo expuesto, es interesante conocer el valioso aporte de Rivero Ortega, que en el marco de la conferencia que tuvo lugar en la Sindicatura General de la Nación de Argentina, sostuvo, siendo que:

> «...los grandes objetivos de las políticas públicas están en la Constitución y el parámetro para valorar el cumplimiento o no del principio de buena administración está en el grado de cumplimiento de satisfacción de esos grandes objetivos de las políticas públicas, constitucionalmente establecidos. No lo está tanto ni en la juridicidad que ha de ser respetada, ni en la eficiencia económica, sino la coherencia entre las decisiones adoptadas y el objetivo último de la política pública. Lo que hay que valorar para calibrar si se está realizando o no una buena administración es si la decisión de gestión pública es coherente con el objetivo que se pretende alcanzar»[5].

A la par de esta pauta de ponderación que consagra, compartimos el enfoque del autor cuando enfatiza el Derecho a la buena administración asociado a la efectividad —y no tanto al ahorro o la eficiencia— y subraya como sus

5 Disertación del Decano de la Facultad de Derecho de la Universidad de Salamanca Dr. Prof. Ricardo Rivero Ortega.

elementos: el deber de motivación de los actos, la transparencia y el acceso a información, la responsabilidad de autoridades y funcionarios y la participación de los interesados en el procedimiento; todas notas características del sistema interoperable de información sobre el que reflexionamos. Manifiesta que:

> «(...) el procedimiento administrativo debe interpretarse no sólo en clave de derecho de defensa a los interesados sino como mecanismo de optimización de las decisiones; en este sentido debe desarrollarse e interpretarse. [Y agregó] (...) ¿Cómo sabemos si nos encontramos en presencia de una realización suficiente de la buena administración? Para mí el dato clave es el de la exigencia del manejo completo de la información en el procedimiento».

Finalmente sostuvo que:

> «(...) cualquier institución de control, de manejo de recursos públicos, tiene que estar planteándose nuevamente la creación de grandes fondos de datos que sean interoperables con los fondos de datos de otras instituciones».

Por cierto, una adecuada administración electrónica, hace posible la interoperabilidad, de tal modo que se posibilite el integrar procesos afines o no para optimizar su ejecución y prestar un servicio satisfactorio. Por lo que debe preverse las herramientas que aseguren una plataforma accesible, que garantice los intereses y los derechos ciudadanos. Por otra parte, no habría otra alternativa para que legítimamente el sistema interoperable cumpla el fin para el que fue pensada su funcionalidad.

De los cambios que produjo el tema que nos convoca, hay dos que radican en un fenómeno que algunos autores han tratado: que las jerarquías tal como las conocemos, propia de la teoría clásica del derecho administrativo, aparentemente ingresarían a una zona de penumbras, en razón de la horizontalidad y neutralidad que pareciera que exhibe el sistema interoperable en acción.

Más allá de compartir la opinión reseñada, y a fin de evitar sorpresas en su funcionamiento, es conveniente ir hacia un diseño institucional que le asigne competencia y funciones que garanticen en definitiva su puesta en marcha.

Es lógico que quien lo asegure desde el desempeño de su rol técnico, ubicado en un lugar estratégico en su respectiva institución, sea quien posee la capacidad y el conocimiento necesarios para entender y afrontar las situaciones que pueda generar el procedimiento tecnológico. Lo que contribuye a la confianza entre los actores del entorno digital y su capacidad para articular con representantes multinivel en la materia. Por lo que debe estructurarse el sistema, con los elementos básicos que el aparato estatal pueda dotarlo, no sólo para alcanzar eficiencia en el servicio, sino —y especialmente— a fin de lograr la legitimidad de la acción en el procedimiento en beneficio de los derechos de la ciudadanía. Lo que se logra, a través del apoyo comprometido entre los organismos en procura de alcanzar las metas trazadas.

Tal como lo demuestran, por ejemplo, los convenios celebrados y aprobados por la siguiente normativa: la resolución 166/13 CSJN del 4/03 (Acuerdo Marco AFIP-CSJN), la resolución 3942/16/CSJN del 19/12 (Acuerdo Marco CSJN-Ministerio de Justicia— AFIP— UIF) y la Resolución Conjunta 2891/2019 del 07/11 (Acuerdo entre la SCPBA y el Ministerio Público, para garantizar la interoperabilidad técnica de los sistemas informáticos de gestión judicial, que funcionan en cada una de sus órbitas. En lo sustancial, se desprende de su texto que es indispensable coordinar las áreas para el adecuado uso de la información, resguardo, seguridad, confiabilidad y consistencia de los datos contenidos en cada sistema, lo que mejorará la prestación del servicio de justicia. Implica interfaces que compatibilizan sistemas y reduce procesos). Con ese propósito, la Administración Púbica Nacional registra valiosas experiencias:

a) ANSES con otras reparticiones: a I) Rentas Provincia de Buenos Aires: respecto al impuesto inmobiliario para jubilaciones mínimas, a II) Registros Civiles provinciales: para receptar fallecimientos y nacimientos, a III) AFIP: situación de revista y moratoria para la jubilación automática,

b) AFIP con otras entidades: b I) Terminales aeroportuarias: entrada y salida de mercadería de zona aduanera, b II) Aduanas del Mercosur: mercadería en tránsito. b III) Redes bancarias: recepción de declaraciones juradas y pagos. b IV) - Rentas provinciales a fin de incorporar información de la gestión tributaria b V) Con el BCRA, b VI) con el Ministerio del Interior; organismos de seguridad: impedimentos vigentes sobre personas y vehículos b VII) Ministerio de Justicia: para corroborar pagos ante la gestión de trámites b VIII) RNPA - Provincias: Registración de vehículos. Y b IX) SINTyS: Acuerdos provinciales, entre las más importantes.

En síntesis, estamos convencidos que hoy cualquier política administrativa debe entenderse inscripta en la buena administración del procedimiento administrativo interoperable electrónico integrado, porque es la única especificidad que crea valor administrativo, indispensable para planear en torno a estructuras organizativas y sistemas de información en el procedimiento mencionado. Ello posibilitará la interacción electrónica con la ciudadanía en un marco de mayor transparencia, seguridad y prestación de servicios.

5. La responsabilidad de los gobiernos. La incidencia del estudio de 2012 de Naciones Unidas y de los valores del Decreto 434/2016

Cabe destacar, que los desafíos *ut supra* mencionados solo se cumplen cuando están comprometidos varios niveles de responsabilidad. En consecuencia y acerca de la compra de nueva tecnología y de la mejora de los sistemas existentes, la interoperabilidad y la integración son prioritarias.

Cobra importancia en este sentido, el Estudio de 2012 de Naciones Unidas[6], que comprende varios indicadores que se centran en el grado en que los países han implementado sistemas que pueden intercambiar información sin superposición. Uno de estos indicadores indaga sobre las funciones de gestión de identidades. El sistema debe permitir al gobierno identificar con certeza a un ciudadano durante el transcurso de una transacción en línea. Como mínimo, la capacidad de tal función implica que el gobierno ha conectado de forma dinámica los repositorios de información de identificación única —tales como certificados de nacimiento, pasaportes y números de identidad de los ciudadanos—, con el sistema o los sistemas que ofrecen un servicio particular

En la faz axiológica el cometido institucional perseguido por la interoperabilidad, se sustenta en una dimensión heterogénea que se manifiesta en los planos:

- Político (vicarial).
- Ético (imparcialidad).
- Técnico (la coordinación, entre otros).

Estos últimos, a diferencia del anterior, son intrínsecos, es decir, no impuestos desde fuera sino derivados de las exigencias internas del funcionamiento de una organización. Y todos conjugándose en la pragmaticidad del sistema.

En síntesis, los principios *ut supra* indicados que surgen del sistema normativo digital en el orden nacional, están ligados, en general, con el principio de optimización que vertebra el *Plan de Modernización del Estado*, aprobado por el decreto 434/2016, allí consagrado a través de los respectivos puntos y ejes, que se detallan a continuación[7]:

- *Punto 4 de su Eje 1*. Por lo que las autoridades contribuyen a configurar una buena administración, a través de tres acciones básicas en la materia: a) definir estándares para la adquisición de nueva infraestructura, b) proponer planes de adecuación tecnológica para el sector público y c) fortalecer la infraestructura tecnológica, legal y procedimental de firma electrónica digital necesaria y realizar actividades de capacitación para su uso.
- *Punto 1 de su Eje 3*. Optimizar las capacidades de gestión y asignación de recursos a partir de la sistematización y ordenamiento de las acciones de los organismos público, con relación a las metas de gobierno definidas para un período de tiempo, bajo los lineamientos y coordinación de la jefatura de Gabinete de Ministros, con el fin de lograr el mayor valor público posible.

---

6 Departamento de economía y asuntos sociales. Estudio de las Naciones Unidas sobre el Gobierno Electrónico 2012. Disponible en: www.unpan.org/e-government.

7 Del Anexo del Plan de Modernización del Estado, aprobado por el decreto 434/2016.

- *Puntos 1 y 2 de su Eje 3.* Optimizar la estructura organizativa y dotar de mayor eficiencia a los circuitos administrativos y de control para la consecución de los objetivos fijados por los organismos fijados por ellos organismos de del Gobierno Nacional, adaptándolo a las nuevas tecnologías.

En definitiva, es deber del Estado consustanciar los puntos enunciados con las siguientes actividades:

a) Definir los estándares tecnológicos para promover la interoperabilidad e integración de los sistemas de gestión, a fin de mejorar el control y evitar que la ciudadanía tenga que aportar información ya obrante en la administración.

b) Contribuir entre las distintas jurisdicciones, favoreciendo el intercambio y transparencia de los datos.

6. Estado actual al compás de la tecnopolítica[8]

Desde tiempo reciente, el rol estatal que aún coordina la crisis sanitaria en escala global, producida por la pandemia de COVID-19, puso a la Administración en un reto como pocos, a desenvolverse al ritmo casi zigzagueante de su particular evolución y en correlato a ello, continuar garantizando la prestación de sus servicios básicos, bajo las modalidades conocidas: remota y presencial en un escenario tan singular como cambiante. Y la tecnología que se extendió en todos los ámbitos facilitando las herramientas más conocidas, permitió la prestación mencionada, por lo general con continuidad y calidad, sobre todo durante la etapa más crítica del aislamiento.

En ese contexto, la Comisión de Infraestructura Tecnológica del Consejo Federal de la Función Pública —en adelante CoFeFuP— organizó un exhaustivo plan de trabajo para el período 2020-2024 para Argentina entre cuyos pilares se encuentra el de la interoperabilidad de datos y sistemas, a fin de ahondar en la eficiencia y simplificación de trámites y procedimientos. Veamos.

En orden a ello, desde el portal oficial de la Jefatura de Gabinete de la Nación[9], en lo sustancial, expone una completa agenda en la materia:

a) La Interoperabilidad de datos y sistemas y la ciberseguridad en la administración pública desde una perspectiva federal.

8 *Vid.* Melendez-Juarbe 2011; Tsekeris 2007. Ambos autores adoptan el término «tecnopolítica» para aludir a la *«intersección de política y tecnología»,* la continua toma y dame de interacción social valorativamente cargada que produce un cierto conjunto tecnológico.

9 Disponible en: https://www.argentina.gob.ar/noticias/anuario-2021-de-las-comisiones-de-infraestructura-tecnologica-y-ciberseguridad-.

b) Relevamiento sobre el estado de la interoperabilidad en las provincias

c) Mapeo de la institucionalidad en ciberseguridad. Esta actividad indagó sobre 4 líneas de acción fundamentales: Gestión de incidentes informáticos en sistemas y redes gubernamentales, Funcionamiento de áreas especializadas para la recepción de denuncias de delitos informáticos a nivel jurisdiccional, Investigación de delitos informáticos y regulación normativa en materia de ciberseguridad.

d) Modelo de integrabilidad de las aplicaciones informáticas para el intercambio de datos y la convivencia digital de la provincia de Neuquén.

e) Mesa de Trabajo CoFeFuP - RENAPER, con el fin de tratar aspectos comunes a la nación y a las provincias vinculados con las tareas de coordinación, cobro de aranceles y servicios de registro, intercambio y resguardo de datos.

f) Proyecto Federal de Integrabilidad de Datos y Servicios. Es dable señalar, que la comisión trabaja en la construcción de una estrategia y modelo marco de integrabilidad que sirva de guía para el despliegue de un ecosistema federal que proponga directrices básicas de interoperabilidad en forma de principios, modelos y recomendaciones comunes, basado en un enfoque concertado de la prestación de servicios públicos de forma interoperable.

Como vemos, de este modo quedan comprendidas las últimas novedades en la materia, que se completan con la Agenda 2021. Las comisiones de trabajo del CoFeFuP abordan cada una en su especificidad y desde una perspectiva federal los temas principales de toda administración de gobierno. relacionados con el fortalecimiento y la incorporación de infraestructura y redes y con el tratamiento de la protección de activos de la información en las administraciones públicas provinciales.

El programa compartido se llevó adelante con los siguientes ejes de trabajo: a) Inclusión digital, b) Conectividad, c) Interoperabilidad, y d) Incorporación de nuevas tecnologías. Lo que resultó provechoso, por cuanto permitió ampliar la participación provincial, profundizar el análisis de temas de interés común, mejorar la producción y facilitar la realización de actividades de formación y capacitación, entre las múltiples llevadas a cabo.

Por lo expuesto, el estudio y la preocupación constante sobre la evolución y la necesaria aplicación práctica del sistema interoperable en nuestra sociedad democrática, trazan una firme vocación política institucional capaz de analizar exhaustivamente y/o adoptar algunos de los tres modelos de interoperabilidad, ensayados en la materia: bilateral, central y federado (que no constituyen objeto de desarrollo en el presente trabajo), incluso tratar los factores críticos con el objeto de lograr el anhelado éxito en la gestión del sistema, a poco tiempo de volverse una constante en todas las materias.

7. Conclusiones

Si bien la interoperabilidad constituye una de las preocupaciones de este tiempo a través de las acciones de gobierno, la realidad se traduce en la inexistencia de la integralidad de un sistema interoperable que permita su pleno funcionamiento. Es decir, aún no podemos hablar que se caracterice por su inter-institucionalidad; sólo hay muestras en el plano intrainstitucional, por lo que no podríamos estar en condiciones de evaluar sus ventajas, algunas de las cuales sólo son difundidas en lo que a sus aristas tecnológicas se refiere. Sin embargo, es notable el beneficio ciudadano y gubernamental cuando de simplificar sus trámites se trata, optimizar los circuitos de información y comunicación, como también evitar dilaciones, tiempos y costos, cobrando la interoperabilidad una relevancia central, básicamente en la prestación eficiente del servicio. Expandiéndose progresivamente a nivel regional, en consonancia con lo previsto por los instrumentos del derecho interamericano que lo garantiza, a la par de la protección de los datos exactos, completos, necesarios y suficientes que resguarda, en un marco jurídico adecuado que respete las normas de privacidad, dignidad, identidad, ética, las leyes y lo pertinente del orden jurídico aplicable a la materia.

Por estas razones, es necesario seguir trabajando en la senda del apoyo de los sectores, soporte y compromiso en el intercambio de datos, que efectivamente logrará el pleno ejercicio de los derechos fundamentales imbricados en el sistema interoperable; lo que se proyectará como sinónimo de progreso, seguridad y confianza en la comunidad.

El sistema de interoperabilidad que se aspirar alcanzar en el Estado, encarna una construcción política/institucional y tecnológica con miras a informar, comunicar y prestar un servicio eficiente entre las distintas áreas estatales —salud, educación, previsión, trabajo, obras y otros—, con la portación de un valor significativo que gana adeptos entre las autoridades y los ciudadanos, que comparten este tiempo digital que signa el Estado Moderno Constitucional y Social de Derecho.

8. Bibliografía

Corrales Melgarejo, Ricardo (2012). «Principio de Colaboración de Poderes», en *Revista Jurídica del Perú*, 13.

DIGE (2007). *Declaración Iberoamericana de Gobierno Electrónico,* Pucón, Chile, 31 de mayo y 1.° de junio de 2007, aprobada por la IX Conferencia Iberoamericana de Ministros de Administración Púbica y Reforma del Estado.

Meléndez-Juarbe, Hiram (2011). «Tecnopolítica y Derecho de Autor», en *El constitucionalismo en transición.* Buenos Aires: Libraria.

Oslak, Óscar (2020). «Los impactos de la 'era exponencial' sobre la gestión pública en los países emergentes», en *Revista del CLAD: Reforma y Democracia*, 76, pp. 5-38.

Spessot, Alejandro y **Tabares, Federico**, «La función social de la Gestión Documental Electrónica en el Procedimiento Electrónico en el Procedimiento Administrativo Actual. La Experiencia argentina», publicado el 14/05/2019 en el suplemento de *Derecho Administrativo* de elDial.com. Buenos Aires.

Tsekeris, Charalambos (2007). «Technopolitics» en RITZER, G. (ed). *Blackwell Encyclopedia of Sociology.* Blackwell Publishing. Blackwell Reference Online (April 2008 Update).

VV.AA. (2016). Decreto de la República Argentina n.º 434/2016, «Plan de Modernización del Estado», publicado en el *Boletín Nacional* del 2 de marzo de 2016.

VV.AA. (2018). Resolución n.º 19/2018 Secretaria de Modernización publicado en el *Boletín Nacional* del 2 de marzo de 2018. Anexo II: Pautas Técnicas de Interoperabilidad de Sistemas.

LA MOTIVACIÓN COMO DERECHO A LA BUENA ADMINISTRACIÓN Y OBLIGACIÓN DE LAS ADMINISTRACIONES PÚBLICAS: SITUACIÓN ACTUAL Y CRITERIOS PARA SU ADECUADA APLICACIÓN

Motivation as a right to Good Administration and obligation of public administrations: current situation and criteria for its proper application

Carlos Fernández-Espinar Muñoz[1]
Universidad Complutense de Madrid (España)

Fecha de Recepción: 01/10/2022
Fecha de Aceptación: 31/10/2022

Resumen: La motivación de la actuación administrativa se ha constituido, según el artículo 41 de la Carta Europea de los Derechos Fundamentales, como una vertiente del derecho de los ciudadanos a una buena administración. Fruto de ello, ha sido la progresiva toma de conciencia y consecuente obligación legal de motivar incondicionadamente cada vez más clases distintas de actos administrativos, reflejada en la evolución legislativa administrativa. Sin embargo, la obligación de motivación no supone meramente el cumplimiento de la legalidad vigente, sino que se encuentra en la convergencia de los principios de legalidad, tutela judicial efectiva, exigencia de objetividad, seguridad jurídica, interdicción de la arbitrariedad de los poderes públicos, objetividad, proporcionalidad, confianza y transparencia. Por todo ello, la motivación se erige, hoy más que nunca, como el elemento central del derecho de los ciudadanos a una buena administración y ante un verdadero reto de cambio en la Administración pública del siglo XXI.

1 Profesor Ayudante de Derecho Administrativo en la Universidad Complutense de Madrid.

Palabras clave: Motivación. Buena administración. Derecho fundamental. Garantía. Confluencia de principios.

Abstract: The motivation for administrative action has been constituted, according to article 41 of the Charter of Fundamental Rights of the European Union, as an aspect of the right of citizens to good administration. The result of this has been the progressive awareness and consequent legal obligation to unconditionally motivate more and more different kinds of administrative acts, reflected in the administrative legislative evolution. However, the obligation to state reasons does not merely imply compliance with current legislation, but is found in the confluence of the principles of legality, effective judicial protection, the requirement of objectivity, legal certainty, prohibition of the arbitrariness of public powers, objectivity, proportionality, trust and transparency. For all these reasons, motivation stands out, today more than ever, as the central element of the citizens' right to good administration and in the face of a real challenge of change in the public administration of the 21st century.

Keywords: Motivation. Good administration. Fundamental right. Guarantee. Principles confluence.

1. La motivación como derecho que forma parte del derecho fundamental a la buena administración

En el siglo XXI, como es bien conocido, incluso a nivel europeo asistimos al necesario cambio definitivo en relación con las funciones y razón de ser de la Administración Pública y sus relaciones con los ciudadanos. Este cambio ha tenido su plasmación ya en la Carta Europea de los Derechos Fundamentales, y en concreto en su artículo 41. La Carta aprobada en Niza en diciembre de 2000, de aplicación en España por virtud del Tratado de Lisboa de diciembre de 2007, recoge diferentes derechos de los ciudadanos al máximo nivel de reconocimiento y protección, nada menos que de rango fundamental, y entre ellos el derecho fundamental a la buena administración reconociéndose así la posición central que deben tener los ciudadanos en su relación con la Administración Pública, y por ende en todo lo que se refiere al Derecho Administrativo.

En el artículo 41 de la Carta Europea, se establece el derecho fundamental a la buena administración de todo ciudadano comunitario, novedad como tal derecho fundamental frente a otros derechos que recoge la Carta que ya eran reconocidos anteriormente en el Tratado o en la jurisprudencia de los tribunales comunitarios, consistente en que las resoluciones que dicten las instituciones y órganos de la Unión Europea se traten imparcialmente, equitativamente y sean dictadas en un tiempo razonable. Este derecho como punto de partida de una deseable regulación vinculante de un procedimiento administrativo europeo, incluye a su vez tres derechos propios y esenciales del procedimiento administrativo, destacando el derecho a la motivación de todas sus decisiones junto el derecho de audiencia previa y el derecho de acceso al expediente. A continuación, se añaden el derecho de reparación de daños, así como el de uso y respuesta en la lengua elegida entre las oficiales de los Tratados:

> «1. Toda persona tiene derecho a que las instituciones y órganos de la Unión traten sus asuntos imparcial y equitativamente y dentro de un plazo razonable.
>
> 2. Este derecho incluye en particular:
>
> - el derecho de toda persona a ser oída antes de que se tome en contra suya una medida individual que le afecte desfavorablemente.
>
> - el derecho de toda persona a acceder al expediente que le afecte, dentro del respeto a los intereses legítimos de la confidencialidad y del secreto profesional y comercial.
>
> - la obligación que incumbe a la Administración de motivar sus decisiones.
>
> 3. Toda persona tiene derecho a la reparación por la Comunidad de los daños causados por sus instituciones o sus agentes en el ejercicio de sus funciones, de conformidad con los principios generales comunes a los Derechos de los Estados miembros.
>
> 4. Toda persona podrá dirigirse a las instituciones de la Unión en una de las lenguas de los Tratados y deberá recibir una contestación en esa misma lengua».

Ya anteriormente, como recuerda Parada Vázquez (1993: 232), en la Resolución del Comité de Ministros del Consejo de Europa, de 27 de septiembre de 1977, se recomienda que en la legislación de los países europeos se recoja el principio de que:

> «(...) cuando un acto administrativo es susceptible de afectar a los derechos, libertades e intereses, el administrado deberá ser informado de los motivos sobre los que se funda. Esta información será facilitada por indicación de los motivos en el propio acto a requerimiento del interesado, mediante comunicación escrita en un plazo razonable».

El Derecho Comunitario originario establecía la obligación de las instituciones de motivar las medidas que adopten, ya se traten de directivas, reglamentos o decisiones. Los Tratados fundacionales recogieron algunos principios jurídicos propios del procedimiento administrativo como la obligación de motivar las decisiones, según se establecía en el artículo 253 del Tratado de la Comunidad Europea y que se ha mantenido en el Tratado de Lisboa, en su artículo 296 del TFUE, que dispone:

> «Los actos jurídicos deberán estar motivados y se referirán a las propuestas, recomendaciones, peticiones o dictámenes previstos por los tratados».
>
> La nueva redacción, en primer lugar, no identifica nominativamente su ámbito de aplicación objetivo, es decir las medidas que tienen que ser motivadas, refiriéndose a ellas de manera general con la expresión «actos jurídicos», comprendiendo así todos los actos de carácter legislativo, ejecutivo o administrativo, y, en segundo lugar, su ámbito subjetivo se ve ampliado, no sólo al Parlamento Europeo, al Consejo y a la Comisión, sino que el artículo vigente en el TFUE lo amplía a las agencias y organismos de la Unión. El alcance del artículo 296 TFUE extiende así la motivación de los actos a todos los actos jurídicos dictados en el ámbito del Derecho de la Unión Europea, ya sean de carácter legislativo, ejecutivo o administrativo.

La gran aportación y novedad del artículo 41 de la Carta de los Derechos Fundamentales de la Unión Europea, con respecto a lo anteriormente comentado, es que establece la obligación de motivar como una de las manifestaciones de la proclamación del nuevo derecho a una buena administración, y cuyo carácter vinculante y directa aplicación se produce a partir de la entrada en vigor del Tratado de Lisboa,firmado en la capital portuguesa el 13 de diciembre de 2007 y cuya entrada en vigor se produjo el 1 de diciembre de 2009 tras su ratificación por los entonces veintisiete Estados miembros antes de la incorporación de Croacia el 1 de julio 2013, a la par que se produce la constitucionalización de los derechos fundamentales[2].

2. Régimen jurídico del requisito de motivación en las leyes de procedimiento administrativo

En el derecho español, la motivación de los actos administrativos constituye una institución clásica de nuestro derecho administrativo, recogida en nuestras leyes de procedimiento administrativo como un requisito de determinados actos administrativos, aunque ciertamente afecta a la inmensa mayoría de los mismos al establecerse que entre los nueve grupos de la vigente Ley 39/2015 LPACAP, en su artículo 35, se sitúan dos tipos o grupos de actos administrativos: de una parte los que «limiten derechos subjetivos o intereses legítimos», y de otra los que «se dicten en el ejercicio de potestades discrecionales». En consecuencia, solamente ya en estos dos

2 Sobre el nuevo derecho a una buena administración, *vid.*: Ávila y Gutiérrez 2011; Rodríguez-Arana 2011a; Sánchez, Domínguez, Rivero 2010; Carrillo 2010; Gutiérrez 2009: 125-197; Martín-Retortillo 2015; Rebollo, López y Carbonell 2015; Lorenzo 2007: 405-414; Galán 2005; Ponce 2001.

grupos se encuentran gran parte de las decisiones que afectan diariamente a los ciudadanos. Nueve grupos de actos administrativos que demuestran la decidida evolución del requisito de la motivación desde su consideración en la Ley de 17 de julio de 1958 como una mera exigencia formal al servicio de la garantía de los derechos del ciudadano y sólo en relación con determinados actos —no comprendía los supuestos de ejercicio de potestad discrecional, afectación de intereses legítimos o ampliación de plazos en los procedimientos— a su actual configuración como un requisito esencial del mismo.

La redacción del vigente artículo 35 titulado «Motivación» es prácticamente idéntica al artículo 54 de la anterior Ley 30/1992 RJAP-PAC, de 26 de noviembre, y que a su vez derogó y sustituyó a la longeva Ley de 17 de julio de 1958 de Procedimiento Administrativo —que recogía en su artículo 43 el requisito de la motivación aunque referido a un reducido grupo de actos en los que no estaban p.ej. ni los actos discrecionales ni los limitativos de intereses legítimos— que sirvió de guía y referencia a numerosas leyes de procedimiento administrativo en Iberoamérica[3].

Pese a no establecerse en un texto legal hasta la citada Ley de 17 de julio de 1958, la exigencia de la motivación como regla general se consolida en la doctrina jurisprudencial de principios del siglo XX, que, a través de sus sentencias, estableció que la misma venía impuesta por un principio implícito en la Ley de 1889 y en sus reglamentos de ejecución aun cuando no se exigiese en un precepto expreso de rango de ley, señalando (Navarro 2017) que su finalidad responde a la:

> «(...) doble idea de no menoscabar los derechos de defensa de los intereses particulares y no privar al tribunal de datos que pueden llegar a ser esenciales para el conocimiento del criterio administrativo y su regularidad jurídica».
>
> La redacción en materia de motivación de los actos administrativos de las leyes de procedimiento administrativo en España ha seguido la misma redacción y estructura. Así, en el primer apartado del correspondiente artículo se establece que «serán motivados, con sucinta referencia de hechos y fundamentos de derecho» una serie de actos, acuerdos y propuestas de resolución, mientras que en el

3 Hasta la Ley de 17 de julio de 1958, la Ley de Bases de procedimiento administrativo de 19 de octubre de 1889, conocida como Ley Azcárate, no estableció en un precepto concreto la motivación de la resolución definitiva, aunque su desarrollo reglamentario positivó la exigencia de la misma. Así, entre otros, Reglamento de procedimiento del Ministerio de Fomento 23 abril 1890 (art. 27 y 29), Reglamento de procedimiento del Ministerio de Gracia y Justicia de 17 abril 1890 (art. 66), Reglamento de Procedimiento del Ministerio de Guerra 25 abril 1890 (art. 23), Real Decreto de 19 agosto de 1901 (art. 7 y 10), Real Orden de 10 junio de 1913, con gran repercusión en pronunciamientos jurisprudenciales posteriores, Reglamento de Procedimiento Administrativo de Gobernación de 31 enero 1947 (art. 76), Reglamento de Procedimiento del Ministerio de Trabajo de 2 de abril de 1954 (art. 22). *Vid.*: De la Vallina 1967; Parada 1993: 232; Fernando 1993: 82-ss.

segundo apartado del mismo existe una mención especial a la motivación de los actos definitivos específicos de los procedimientos selectivos y de concurrencia competitiva, estableciéndose que su motivación:

«(...) se realizará de conformidad con lo que dispongan las normas que regulen sus convocatorias, debiendo, en todo caso, quedar acreditados en el procedimiento los fundamentos de la resolución que se adopte».

En la vigente Ley 39/2015 se han añadido a los seis grupos de la Ley 30/1992, los relativos a: f) los que rechacen pruebas propuestas por los interesados; g) los que acuerden la terminación del procedimiento por la imposibilidad material de continuarlo por causas sobrevenidas, así como los que acuerden el desistimiento por la Administración en procedimientos iniciados de oficio; y h) las propuestas de resolución en los procedimientos de carácter sancionador, así como los actos que resuelvan procedimientos de carácter sancionador o de responsabilidad patrimonial.

Junto a todos estos nueve grupos en los que la motivación se impone incondicionalmente, las Leyes de procedimiento administrativo actual y anterior establecen un supuesto de motivación incondicionada, que por su propia abstracta y genérica redacción ha servido de fundamento a numerosas decisiones de la Administración en materia de función pública que no se compadecen ciertamente con el requisito de la motivación y se encuentran muy alejadas del mismo. Se trata de los actos que pongan fin a los procedimientos selectivos y de concurrencia competitiva, como son los relativos a los procedimientos de concursos y oposiciones de funcionarios y empleados públicos, así como los de selección de contratistas, en que la exigencia de motivación se remite a lo que dispongan las normas que regulen sus convocatorias, debiendo en todo caso quedar acreditados en el procedimiento los fundamentos de la resolución que se adopte (art. 35.2 de la Ley vigente 39/2015 y art. 54.2 de la anterior 30/1992).

Cuestión de indudable transcendencia en los procedimientos selectivos y de concurrencia competitiva, en los que con demasiada frecuencia de forma totalmente errónea se ha pretendido interpretar esta disposición como una rebaja sustancial o hasta desaparición del requisito de la motivación en numerosos actos y decisiones de enorme importancia para los concursantes, y en general para el interés público, en relación con los principios constitucionales de mérito y capacidad en la función pública (103.3 CE). Debe tenerse en cuenta que el actual 35.2 de la Ley no sólo establece la obligación de que, en cualquier caso diga lo que diga las normas que regulan las convocatorias, deben «quedar acreditados en el procedimiento los fundamentos de la resolución que se adopte», sino que aún en el supuesto (que efectivamente se han venido dando en numerosos casos) que las convocatorias omitan toda referencia a la necesidad de motivar los actos que le pongan fin, la remisión del artículo 35.2 no es una remisión en blanco o incondicionada sino que se exige, como no podía ser menos, el cumplimiento del requisito de la motivación en razón de la aplicación de los numerosos preceptos constitucionales de aplicación que vamos a analizar en el presente trabajo[4].

Rodríguez-Arana (2011b) en relación con esta cuestión ya señalaba con rotundidad la necesidad y obligación legal de dejar constancia de la «justificación» —requisito estricto de la motivación— de las puntuaciones otorgadas a cada solicitante de conformidad con el imperativo legal que se establecía en el artículo 54.2 de la anterior Ley 30/1992, y actual 35.2 de la Ley 39/2915. De no ser así, señala que la decisión del tribunal de selección:

> «(...) se estaría procediendo en un marco de oscuridad, misterio o enigma que choca frontalmente con los postulados del Estado de Derecho, que es lo que, precisamente, la motivación de los actos administrativos pretende combatir».

Y:

> «En el párrafo segundo del artículo 54, encontramos una referencia expresa a la motivación en los tipos de actos que resultan de procedimientos selectivos y de concurrencia competitiva, en cuyo caso "han de quedar acreditados en el procedimiento los fundamentos de la resolución que se adopte". En estos supuestos, es evidente que el alcance y la extensión de la motivación será diferente de los casos normales u ordinarios. Por ejemplo, en un tribunal de selección de personal al servicio de la administración pública, la motivación se realiza en virtud de los criterios previamente establecidos y proyectados sobre los ejercicios de cada opositor. Así, la motivación resultará de las notas o los comentarios de los miembros del tribunal que se recogerán en las actas de las sesiones, y también de las anotaciones que realizan los citados miembros del tribunal de selección en relación con las diferentes intervenciones de los candidatos. Si no se acreditaran las razones de las decisiones del tribunal, aunque hayan sido expresadas oralmente en las deliberaciones ante los terceros o interesados en el procedimiento, se estaría procediendo en un marco de oscuridad, misterio o enigma que choca frontalmente con los postulados del Estado de Derecho, que es lo que, precisamente, la motivación de los actos administrativos pretende combatir».

Y todo ello, sin poder dejar de mencionar un forma especial de motivación recogida en otro artículo posterior de las leyes de procedimiento administrativo que se refiere a la Resolución como forma ordinaria y habitual de terminación del procedimiento, y que es bien conocida como motivación «in aliunde», es decir la motivación por referencia y aceptación del contenido de los informes o dictámenes evacuados en el procedimiento administrativo del caso concreto, y que por ello en este caso deberán ser incorporados al

4 Sobre esta cuestión, *vid.*: Bacigalupo 2000: 407-420; Fernández-Espinar 2019a: 363-396; Fernández-Espinar 2019b.

texto de la Resolución. Así, se establece en el artículo 88.6 de la vigente Ley 39/2015 y cuya redacción es la misma que la de la anterior Ley 30/1992 en su artículo 89.5:

> «La aceptación de informes o dictámenes servirá de motivación a la resolución cuando se incorporen al texto de la misma».

3. La motivación como elemento central en la garantía del derecho de los ciudadanos a una buena administración y en el cumplimiento de los principios de seguridad jurídica, interdicción de la arbitrariedad de los poderes públicos, objetividad, proporcionalidad, confianza y transparencia

La motivación tiene además una relación directa con una serie de principios de gran importancia en nuestro ordenamiento jurídico tales como, entre otros, los de seguridad jurídica, interdicción de los poderes públicos, objetividad, proporcionalidad, y transparencia.

En todos ellos, juega un papel fundamental el requisito de la motivación por lo que nos encontramos ante, en nuestra opinión, el elemento central del derecho de los ciudadanos a una buena administración y ante un verdadero reto de cambio en la Administración pública del siglo XXI.

Y ello es así, porque al margen de los supuestos enunciados en la Ley 39/2915 de procedimiento administrativo y en otras leyes sectoriales, la motivación viene exigida por los principios citados, y a los que podríamos añadir otros como los de legalidad, tutela judicial efectiva, y exigencia de objetividad. La motivación trae causa y sirve de elemento de contraste de su cumplimiento de numerosos y variados principios de primera magnitud donde su presencia debería ser incuestionable.

Aunque cada uno de estos principios merecería por sí mismo un detallado desarrollo en relación a cómo la motivación contribuye a su garantía y cumplimiento, comentaremos a continuación muy brevemente, por qué la motivación constituye, en nuestra opinión, el punto de confluencia para la adecuada defensa de todos ellos.

El principio de seguridad jurídica constituye una pieza clave de la armonía del conjunto ordinamental entendida por el Tribunal Constitucional desde sus primeras sentencias como la suma de certeza y legalidad, jerarquía y publicidad normativa, irretroactividad de lo no favorable, e interdicción de la arbitrariedad. La seguridad jurídica es para este Alto Tribunal «la suma de estos principios, equilibrada de tal suerte que permite promover, en el orden jurídico, la justicia y la igualdad en libertad» (STC 27/1981, 20 Julio), que, como es bien conocido, constituyen los valores superiores de nuestro ordenamiento jurídico tal y como proclama el artículo 1.1 de nuestra Constitución.

Es notorio que la adecuada justificación ante el ciudadano «interesado» en la decisión concreta, que en realidad en eso consiste la motivación, supone aportar en primer lugar un factor de racionalidad, al suponer la plasmación en el acto administrativo de las razones, que permitirá así a su destinatario del acto tanto el conocimiento pero también, lo que en una democracia madura con una Administración servicial tiene un indudable valor, el necesario entendimiento de los motivos que condujeron a la Administración a adoptar una u otra decisión. Sin duda la inadecuada motivación supone contribuir a la irracionalidad, a la inseguridad jurídica y, a lo que entendemos que es todavía peor en la percepción y representación de los ciudadanos, a la desconfianza hacia el poder ejecutivo, el gobierno, que dirige la Administración pública (artículo 97 de nuestra Constitución).

Igualmente, el principio de interdicción de la arbitrariedad de los poderes públicos, igualmente establecido en el artículo 9.3 de la Constitución, conecta directamente con la motivación. Los órganos judiciales establecen de forma reiterada el parámetro de la motivación como indicio de la arbitrariedad, ya que es indudable que constituye un requisito esencial del acto administrativo que debe fundamentar y justificar la decisión adoptada, y por ello no cabe duda que constituye el instrumento básico de entrada para verificar la adecuación de la misma al ordenamiento jurídico.

Este principio se encuentra directamente conectado con el de objetividad de la actuación administrativa, la Administración Pública sirve con objetividad los intereses generales como establece el artículo 103.1 de la Constitución. *«Objetividad»* que la Administración debe justificar que efectivamente se produce en la decisión adoptada, y justificación que debe tener aún mayor intensidad en cuanto el denominado margen de discrecionalidad, cuestión no exenta de debate por su imprecisión, así como por la existencia de elementos reglados en cualquier decisión discrecional, sea mayor.

Como hemos visto, el principio de seguridad jurídica, como establece el Tribunal Constitucional, es lo que permite promover los valores superiores de nuestro ordenamiento jurídico, y entre ellos el de la justicia, que vinculan ciertamente a la actuación administrativa. Uno de los parámetros directamente relacionados con la justicia es el de proporcionalidad.

El principio de proporcionalidad se encuentra reconocido de forma consolidada desde la década de los 70 en el plano supranacional europeo, Tribunal de Justicia de las Comunidades Europeas y Tribunal Europeo de Derechos Humanos, constituyendo en consecuencia Derecho aplicable para los Estados miembros. Y tiene una importancia extraordinaria desde 1960 en el seno del Derecho Público —Constitucional y Administrativo— alemán, austríaco o suizo. Proporcionalidad que, como ha señalado desde hace décadas la jurisprudencia comunitaria y ha recogido nuestro Tribunal Constitucional, está directamente relacionada con los principios de legalidad, igualdad, seguridad jurídica, confianza legítima y las declaraciones de derechos y libertades. Como afirma Barnés Vázquez (1994: 497), la lógica de la proporcionalidad:

> «(...) subyace o está íntimamente emparentada con otros principios o técnicas jurídicas como el erreur manifeste, ultra vires, el principio del buon andamento de la Administración, el criterio de la razonabilidad en la intervención pública, etc».

Se entiende así por «proporcionalidad» o también denominado «prohibición de exceso», el principio en virtud del cual la intervención pública ha de ser «susceptible» de alcanzar la finalidad perseguida —primer control de idoneidad o aptitud—; en segundo lugar, ha de ser «necesaria» en cuanto a que es imprescindible al no haber otra medida menos restrictiva de la esfera de libertad de los ciudadanos en función del criterio del mínimo intervencionismo —segundo control de necesidad desde el parámetro de ser la medida más suave de entre todas las posibles—; y, en tercer lugar, «proporcionada» en sentido estricto en cuanto ponderada y equilibrada —tercer control de ponderación en cuanto de la medida se deriven más beneficios o ventajas que perjuicios sobre otros bienes y valores en conflicto, en especial sobre los derechos y libertades—. El triple test de la proporcionalidad.

Este principio tiene una conexión notoria y directa con la motivación de cada decisión de la Administración que se dirige al ámbito de la esfera de las libertades y derechos del ciudadano objeto de la misma. Sólo desde la motivación efectivamente contenida en el acto administrativo se puede llevar a cabo el triple test de la proporcionalidad, y que sólo desde hace apenas diez años en España se habría superado el debate habitual relativo a donde se localizaba —desde el inicio en la doctrina alemana y jurisprudencia se ha señalado que en la cláusula del Estado de Derecho y en la noción de justicia material— pasando ya desde 2009 a ser un principio formal y procedimental que se incardina en la legalidad formal[5].

> Es efectivamente a partir de 2009, cuando el principio de proporcionalidad se incluye en la Ley 30/1992 LRJPAC en su nuevo artículo 39 bis apartado primero, mediante la Ley 25/2009, de 22 de diciembre, de modificación de diversas leyes para su adaptación a la Ley sobre el libre acceso a las actividades de servicios y su ejercicio, artículo 2 uno, conocida como «Ley Ómnibus» y aprobada dentro del proceso de transposición de la Directiva de servicios. En su redacción, mantenida posteriormente en su integridad con algún añadido en el artículo 4.1 de la Ley 40/2015 de régimen del sector público, se explicita de forma literal los tres requisi-

5 En la doctrina española, entre otros, *vid.*: González 2003; López 1988; Barnés 1998; Carlón 2010; Sarmiento 2004.

tos del principio de proporcionalidad imponiendo el legislador la «motivación» por partida doble: «motivar su necesidad», así como «justificar su adecuación»:

«Las Administraciones Públicas que en el ejercicio de sus respectivas competencias establezcan medidas que limiten el ejercicio de derechos individuales o colectivos o exijan el cumplimiento de requisitos para el desarrollo de una actividad, deberán elegir la medida menos restrictiva, motivar su necesidad para la protección del interés público, así como justificar su adecuación para lograr los fines que se persiguen, sin que en ningún caso se produzcan diferencias de trato discriminatorio».

En la vigente Ley 40/2015 a este texto se añade expresamente, de forma muy adecuada a todo lo que venimos comentando, la expresa mención al «principio de proporcionalidad» en mitad del párrafo. Ya al final del mismo se añade que «Asimismo deberán evaluar periódicamente los efectos y resultados obtenidos».

En virtud de la proporcionalidad *stricto sensu* —tercer control del test—, los costes y beneficios de la decisión tienen que guardar un razonable equilibrio lo cual exige de la Administración un proceso de ponderación y valoración entre un posible conflicto de intereses, así, de una parte, los perjuicios que se causan al ciudadano y, de otra, los que pueden generarse para el interés público, y todo ello con la finalidad de discernir el bien jurídico, interés o derecho que prevalece en cada situación[6].

En definitiva, el principio general de proporcionalidad hace exigible la motivación generalizada de cuantas actuaciones administrativas se desarrollen. Siendo un elemento esencial, como venimos postulando en el presente trabajo, para la legalidad de la actuación administrativa. Así, autores como López González (1988: 120), no dudan en señalar que:

«(...) la conveniencia de generalizar el deber de la Administración de motivar siempre sus actuaciones jurídicas como exigencia de legalidad en el comportamiento de los Poderes Públicos que posibilitaría una mejor aplicación de las potestades administrativas y desde luego un control más completo y sustantivo de la actividad de la Administración».

El requisito de la «adecuada motivación» se convierte así en el elemento ineludible para el cumplimiento del juicio valorativo que supone el principio de proporcionalidad, así como el control jurisdiccional de los actos y decisiones administrativas, garantizando así además tanto la seguridad jurídica como la legalidad de la actuación administrativa.

Por último, la motivación es un elemento indispensable para la efectividad del principio de transparencia. Transparencia, que según recoge la Doctrina, se deduce de la lectura de los artículos 20 y 105 b) de la Constitución Española, y se recoge, entre otras, en la Ley 19/2013, de 9 de diciembre, de transparencia,

6 Sobre la relación entre el método de ponderación y la proporcionalidad *vid.*: Arroyo 2009; Rodríguez 2000.

acceso a la información pública y buen gobierno, así como en las leyes de procedimiento administrativo Ley 39/2015 y del sector público Ley 40/2015. Así, en la Ley 39/2915 nos encontramos con dicho principio en su Preámbulo como fundamento del derecho de información y de acceso a los archivos y registros, así como entre los derechos de los ciudadanos (art. 13) en sus relaciones con las Administraciones públicas, o como principio que deberá respetarse en todo caso en el impulso de oficio del procedimiento administrativo (art. 71.1), al igual que entre los principios de actuación de las Administraciones públicas en su ejercicio de iniciativa legislativa y de la potestad reglamentaria (art. 129.1), y en el Portal de Transparencia de cada Administración donde se publicará el Plan anual normativo de cada una de ellas (art. 132).

Y en la Ley 40/2015 se establece el principio de transparencia igualmente tanto en su preámbulo como en su articulado. Así, en el preámbulo se recuerda el Informe de la Comisión para la reforma de las Administraciones Públicas de 2013 que estableció la necesidad de que las Administraciones públicas sean eficientes, «transparentes», ágiles y centradas en el servicio a los ciudadanos y a las empresas. Y a lo largo de su articulado se invoca la transparencia como principio de la actuación administrativa (art. 3), en la difusión de las instrucciones y órdenes de servicio entre los órganos administrativos (art. 6.1), en relación con las sedes electrónicas (art. 38.3), y con la gestión de las entidades que integran el sector público institucional (arts. 81, 112).

La transparencia además de relacionarse en las citadas leyes con el derecho de acceso de los ciudadanos a la información pública administrativa igualmente constituye un principio básico en la comunicación entre la Administración y los ciudadanos a través de los numerosos procedimientos administrativos instruidos todos los días y que tienen una indudable repercusión para el ciudadano. Motivación que no sólo atañe y es una manifestación de transparencia en relación con la decisión final, al acto administrativo definitivo, sino que también a todo el procedimiento administrativo como proceso de formación de la voluntad del órgano competente de cada Administración y, a través del cual el correspondiente órgano administrativo debe dar cuenta con total transparencia al ciudadano/os las razones de su decisión[7].

4. Bibliografía

Arroyo Jiménez, Luis (2009). «Ponderación, proporcionalidad y Derecho Administrativo», en *InDret: Revista para el Análisis del Derecho*, 2.

Ávila Rodríguez, Carmen María y **Gutiérrez Rodríguez, Francisco J.** (coord.) (2011). *El derecho a una buena administración y la ética pública*. Valencia: Tirant lo Blanch.

7 *Vid.*: Barnés 2010; De la Nuez y Tarin 2014; Rodríguez-Arana y Sendín 2014; Valero y Fernández 2014.

Bacigalupo Sagesse, Mariano (2000). «En torno a la motivación de los actos discrecionales emanados de órganos colegiados ¿Debe el Consejo del Poder Judicial motivar los nombramientos judiciales de carácter discrecional?», en *REDA*, 107.

Barnés Vázquez, Javier (1994). «Introducción al principio de proporcionalidad en el derecho comparado y comunitario», en *RAP*, 135.

Barnés Vázquez, Javier (1998). «El principio de proporcionalidad. Estudio preliminar», en *Cuadernos de Derecho Público*, 5.

Barnés Vázquez, Javier (2010). «Procedimientos administrativos y nuevos modelos de gobierno. Algunas consecuencias sobre la transparencia», en García Macho, R. *Derecho Administrativo de la información y administración transparente*. Madrid: Marcial Pons.

Carlón Ruiz, Matilde (2010). «El Principio de proporcionalidad», en Santamaría Pastor, J.A. (coord.). *Los principios jurídicos del derecho administrativo*. Madrid: La Ley España.

Carrillo Donaire, Juan Antonio (2010). «Buena administración, ¿un principio, un mandato o un derecho subjetivo?», en Santamaría Pastor, J.A. (dir.). *Los principios jurídicos del derecho administrativo.* Madrid: La Ley España, pp. 1137-1165.

De la Nuez Sánchez-Cascado, Elisa y **Tarín Quirós, Carlota** (2014). *Transparencia y Buen Gobierno: Comentarios a la Ley 19/2013, de 9 de diciembre, de Transparencia, Acceso a la Información Pública y Buen Gobierno*. Madrid: La Ley España.

De la Vallina Velarde, Juan Luis (1967). *La motivación del acto administrativo*. Madrid: Instituto Nacional de la Administración Pública.

Fernández-Espinar López, Luis Carlos (2019a). «La Jurisdicción contencioso-administrativa como proceso de efectiva tutela de los derechos e intereses. El reto de la culminación del pleno control judicial de la administración en la valoración y evaluación de méritos, oposiciones y concursos», en *Los desafíos del Derecho público en el siglo XXI*. Madrid: INAP, pp. 363-396.

Fernández-Espinar López, Luis Carlos (2019a). «La Jurisdicción contencioso-administrativa como proceso de efectiva tutela de los derechos e intereses. El reto de la culminación del pleno control judicial de la administración en la valoración y evaluación de méritos, oposiciones y concursos», en *Revista Española de Derecho Administrativo Iberoamericano (REDAI)*, 1.

Fernando Pablo, Marcos (1993). *La motivación del acto administrativo*. Madrid: Editorial Tecnos.

Galán Vioque, Roberto (2005). «El derecho a una buena administración», en *Revista de la Facultad de Derecho: Crónica Sevillana*, 1.

González Beilfuss, Markus (2003). *El principio de proporcionalidad en la jurisprudencia del Tribunal Constitucional*. Navarra: Editorial Aranzadi.

Gutiérrez Rodríguez, Francisco y **Pendón Muñoz, Salvador** (coord.) (2009). *El derecho de la ciudadanía a una buena administración*. Málaga: Oficina del Defensor del Ciudadano.

López González, José Ignacio (1988). *El principio general de proporcionalidad en Derecho Administrativo*. Sevilla: Instituto García Oviedo.

Lorenzo De Membiela, Juan Bautista (2007). «La buena administración en la Administración General del Estado», en *Actualidad Administrativa*, 4.

Martín-Retortillo Baquer, Lorenzo (2015). «La Carta europea, el derecho a una buena administración y el procedimiento administrativo», en Rebollo Puig, M. *et al.* (coord.). *Régimen jurídico básico de las administraciones públicas: homenaje al profesor Luis Cosculluela.* Madrid: Editorial Iustel, pp. 135-150.

Navarro GonzÁLez, Rocío M. (2017). *La motivación de los actos administrativos.* Navarra: Thomson Reuters - Aranzadi.

Parada Vázquez, José Ramón (1993). *Régimen jurídico de las Administraciones Públicas y Procedimiento Administrativo Común (Estudio, comentarios y texto de la Ley 30/1992, de 26 de noviembre).* Madrid: Marcial Pons.

Ponce Solé, Juli (2001). *El principio de buena administración: discrecionalidad y procedimiento administrativo*. Barcelona: Universidad de Barcelona.

Rebollo Puig, Manuel, López Benítez, Mariano, Carbonell Porras, Eloísa y **Cosculluela Montaner, L.** (coord.). (2015). *Régimen jurídico básico de las administraciones públicas: homenaje al profesor Luis Cosculluela.* Madrid: Editorial Iustel.

Rodríguez De Santiago, José María (2000). *La ponderación de bienes e intereses en el Derecho administrativo*. Madrid: Marcial Pons.

Rodríguez-Arana Muñoz, Jaime (2011a). «El derecho fundamental a la buena administración y la centralidad de ciudadano en el Derecho Administrativo», en Sánchez Blanco, A., Domínguez-Berrueta de Juan, M.A. y Rivero Ysern, J.I. (coord.). *El nuevo Derecho Administrativo. Libro Amicorum Enrique Rivero Ysern*. Salamanca: Ratio Legis Librería Jurídica.

Rodríguez-Arana Muñoz, Jaime (2011b). «Discrecionalidad y motivación del acto administrativo en la ley española de procedimiento administrativo», en *Revista de la Facultad de Derecho*, 67.

Rodríguez-Arana Muñoz, Jaime y **Sendín García, Miguel Ángel** (2014). *Transparencia, acceso a la información y buen gobierno: comentarios a la Ley 19/20113, de 9 de diciembre, de Transparencia, Acceso a la Información Pública y Buen Gobierno*. Granada: Comares.

Sarmiento Ramírez-Escudero, Daniel (2004). *El control de proporcionalidad de la actividad administrativa*. Valencia: Tirant lo Blanch.

Valero Torrijos, Julián y **Fernández Salmerón, Manuel** (coord.) (2014). *Régimen jurídico de la transparencia: acceso, uso y reutilización de la información del sector público*. Navarra: Aranzadi.

LA MEDIACIÓN EN DERECHO ADMINISTRATIVO A LA LUZ DE LOS PRINCIPIOS DE LA BUENA ADMINISTRACIÓN

Mediation in Administrative Law according to the principles of good administration

Cristóbal Dobarro Gómez[1]
Universidad de A Coruña (España)

Fecha de Recepción: 01/10/2022
Fecha de Aceptación: 31/10/2022

Resumen: En el contexto de una nueva concepción del Derecho Administrativo más centrada en las personas que en las potestades, la institución de la mediación se ha ido introduciendo de manera tímida en el panorama del Derecho Administrativo español, sobre la base de la normativa vigente en materia de terminación convencional del procedimiento administrativo, así como de la transacción judicial en el procedimiento contencioso-administrativo. Este método alternativo de resolución de conflictos, es un medio para afirmar el ejercicio del derecho a una buena administración y la participación de los ciudadanos. Los principios que conforman el derecho a una buena administración, tienen su manifestación en la aplicación de la mediación a los conflictos de Derecho Administrativo.

Palabras clave: Mediación. Derecho a la buena administración. Participación de los ciudadanos. Terminación convencional. Transacción judicial.

Abstract: In the context of a new conception of Administrative Law more focused on people than on powers, the institution of mediation has been introduced timidly in the scope of Spanish Administrative Law, based on the

---

1 Abogado. Doctorando en el Programa Oficial de Doctorado en Derecho Administrativo Iberoamericano (DAI) de la Universidad de A Coruña (UDC).

regulations in matter of conventional termination of the administrative procedure, as well as of the judicial transaction in the contentious-administrative procedure. This alternative method of conflict resolution is a means to affirm the exercise of the right to good administration and the participation of citizens. The principles that make up the right to good administration have their manifestation in the application of mediation to conflicts of Administrative Law.

Keywords: Mediation. Right to good administration. Citizen participation. Conventional termination. Judicial transaction.

1. Mediación y cambio de paradigma administrativo

Como ha afirmado Martín Diz (2018) nos «encontramos en un momento de cambio de percepción y de rumbo en la actividad de la Administración Pública», en el que la actividad administrativa ha de tener como punto de centralidad, los derechos de las personas, en el contexto del Estado social y democrático de Derecho.

En palabras de Rodríguez-Arana (2012):

> «El lugar que antaño ocupó el concepto de la potestad o del privilegio o la prerrogativa ahora lo ocupa por derecho propio la persona, e ser humano, que asume un papel central en todas las ciencias sociales, también obviamente en el Derecho Administrativo. En efecto, la consideración central del ciudadano en las modernas construcciones del Derecho Administrativo y la Administración pública proporciona el argumento medular para comprender en su cabal sentido este nuevo derecho fundamental a la buena administración».

Es en este contexto en el que cobran cada vez mayor vigencia en el campo del Derecho Administrativo los modos alternativos de resolución de conflictos (ADR), y en particular la mediación. Esta institución permitirá buscar el «equilibrio progresivo entre el tradicional principio de legalidad administrativa y contemporáneo de buena administración» (Martín 2018).

Según ha afirmado la Magistrada García Vicario (2013):

> «Ha llegado el momento de modernizar nuestra Administración de Justicia, igual que se viene haciendo en otras ramas del Derecho, y potenciar la posible solución de los conflictos de los ciudadanos con la Administración que sean susceptibles de ser negociables, por no pertenecer a la esfera soberana de la Administración, mediante el cauce de la mediación».

Nos encontramos, por tanto, ante el desarrollo de un modelo poliédrico de justicia (Barona 2018), en la que los administrados tiene la opción de acudir, no ya sólo a los tradicionales recursos administrativos o contencioso-administrativos, sino a otras instituciones que implican una mayor participación de los interesados, como es el caso de la mediación.

Ello es consecuencia de la transformación, producida en las primeras décadas de este siglo, de la posición jurídica de la Administración Pública, dado que se ha pasado a una relación horizontal, participativa como consecuencia del Estado Derecho y Estado Social, en el que encajan figuras como la mediación (Etxeberría 2017).

En este contexto, la institución de la mediación se ha ido introduciendo de manera tímida en el panorama del Derecho Administrativo español, sobre la base de la normativa vigente en materia de terminación convencional del procedimiento administrativo o de la posibilidad de establecer ADRs sustitutivos en vía de recurso administrativo —artículos 86 y 112.2 de la Ley 39/2015, de 1 de octubre del Procedimiento Administrativo Común de las Administraciones Públicas[2]—, así como de la transacción judicial en vía contencioso-administrativa, regulada en el artículo 77 de la Ley 29/1998, de 13 de julio, reguladora de la Jurisdicción Contencioso-Administrativa.

Este marco normativo, unido al esfuerzo de determinados agentes en el ámbito jurídico, como es el caso del Consejo General del Poder Judicial[3], ha permitido que se estén realizando diversas experiencias de mediación que ya están dando sus frutos en el contexto de la mediación intrajudicial contencioso-administrativa[4].

2. El derecho a una buena administración

En este contexto, la doctrina y jurisprudencia comparada, y en particular las aportaciones del Derecho Comunitario europeo, han configurado la idea de la necesidad de una *buena gobernanza* de las instituciones públicas, que,

2 Que reproducen miméticamente los derogados artículos 88 y 107.2 de la Ley 30/1992, de 26 de noviembre, de Régimen Jurídico de las Administraciones Públicas y del Procedimiento Administrativo Común.

3 Mediante la aprobación de un Protocolo de mediación contencioso-administrativa, que forma parte de la Guía para la práctica de la mediación intrajudicial aprobada por el Consejo General del Poder Judicial. También ha de resaltarse la celebración por el mismo Consejo de un Seminario sobre la práctica de la mediación intrajudicial contencioso-administrativa que fue coordinado por Concepción García Vicario y por Gerardo Carballo Martínez.

4 Es el caso de las Islas CanArias, mediante colaboración con la Fundación Valsaín, Murcia, Barcelona, Madrid, La Rioja, y en recientes convenios con las Cámaras de Comercio de Valladolid y Valencia para realizar experiencias piloto de mediación intrajudicial contencioso-administrativa. Mención aparte merece el caso del Magistrado Casiano Rojas Pozo, que en su actividad en el Juzgado de lo Contencioso-Administrativo número 1 de Badajoz, ha dictado cerca de dos centenares de autos homologando transacciones judiciales.

en su reverso jurídico, establece una serie de facultades que conforman el denominado derecho a una buena administración.

Este derecho, formado por un haz de facultades que el ciudadano tiene en sus relaciones con la Administración Pública, ha sido elevado a Derecho positivo y vinculante con la calidad de derecho fundamental, mediante su inclusión en la Carta Europea de Derechos Fundamentales, operada por el Tratado de Lisboa. En 1999, con el fin de destacar su importancia, el Consejo Europeo consideró oportuno recoger en una Carta los derechos fundamentales vigentes en la UE. La Carta formalmente proclamada en Niza en diciembre de 2000 por el Parlamento Europeo, el Consejo y la Comisión. La Carta se convirtió en jurídica vinculante en la UE con la entrada en vigor del Tratado de Lisboa, en diciembre de 2009, y ahora tiene la misma validez jurídica que los tratados de la UE.

3. La participación pública y los ADR

Este nuevo contexto de las relaciones entre las Administraciones Públicas y los ciudadanos, hace que la propia manera de producir los actos administrativos, y de revisar los mismos en caso de conflicto, hayan evolucionado hacia nuevas perspectivas en los que tiene mayor protagonismo la participación de los ciudadanos.

En palabras de Meilán Gil (2007):

> «El modo de actuar de la Administración Pública tiene mucho que ver con su relación con la sociedad. Junto al tradicional acto de imperio aparece toda una suerte de actuaciones negociadas. Se facilita la finalización negociada de procedimientos administrativos que terminarían, de otro modo, en una resolución o acto unilateral». Concluyendo que «El Derecho ha de crear fórmulas que se alejan de los esquemas clásicos o que los combinan, para hacer frente a las nuevas demandas. Los administradores han de estar formados en eses nuevas técnicas para cumplir con la misión de servir con eficacia a los intereses generales».

A este respecto, numerosos aportes de la doctrina, han puesto de relieve que la utilización de métodos alternativos de resolución de conflictos en el ámbito administrativo, suponen una suerte de participación más intensa de los ciudadanos en los asuntos públicos, que a la luz del espíritu del derecho a la buena administración, no son sólo una alternativa más eficaz a la revisión judicial de los actos administrativos, sino que su carácter participativo puede generar una mayor satisfacción en la resolución de los conflictos Administración-administrado, alcanzando mayor grado de satisfacción en la interpretación y aplicación del concepto de interés general.

Como ha puesto de manifiesto Tornos Más (1995):

> «No se trata de revisar un acto de imperio en relación a una norma que define el interés general, sino de conformar este interés general. La garantía de un sector de intereses consiste en poder intervenir en la definición del interés general».

Y concluyendo que:

«No es posible dar un paso atrás en las garantías obtenidas en sede jurisdiccional, pero sí es conveniente complementar las garantías judiciales con otros mecanismos que den satisfacción a las pretensiones de los administrados y permitan, indirectamente, mejorar el funcionamiento de la propia justicia administrativa».

Martín Diz (2018) coincide en que nos encontramos en un momento de cambio de percepción y rumbo en la actividad de la Administración, y considera que los ADR ofrecerán un «equilibrio progresivo entre el tradicional principio de legalidad y el contemporáneo de buena administración».

Belando Garín (2015), por su parte, considera que:

«(...) la participación activa del ciudadano en el procedimiento de mediación, que es consustancial a esta técnica, no solo facilitaría la aceptación final de la decisión finalmente adoptada logrando de esta forma no judicializar el conflicto, sino que se ahondarían en principios como el principio de participación o el de eficacia administrativa».

En palabras de Gil-Robles (2012):

«(...) la mediación administrativa pretende modular e interpretar en cada momento los fines que le son propios a la Administración pública, integrando un equilibrio entre el interés general, como finalidad que persigue la Administración, con la buena gobernanza y la necesidad en la sociedad actual de que la Administración se convierta en una administración relacional, que promueva la confianza de los ciudadanos, escuchando y reconociendo sus diferencias, sin olvidar los intereses públicos. Se trataría, a través de esta propuesta de mediación, de crear una relación diferente entre la Administración y la sociedad, un modo de abordar los conflictos que surjan en el diseño y aplicación de las políticas públicas a través del diálogo y la búsqueda de soluciones satisfactorias para las partes implicadas».

Carballo Martínez (2013) afirma que:

«(...) la mediación administrativa se integra tanto en el derecho procesal litigioso, como también en el derecho material pacífico, dado que, de una parte, la mediación cumple una función tuitiva, preventiva y revisora de la actuación administrativa y, de otra, se revela como un instrumento eficaz de participación de los ciudadanos en la realización de políticas públicas dentro de los asuntos que les conciernen, y, por lo tanto, como una figura con perfiles mucho más amplios y nítidos que otros mecanismos de composición.

En efecto, mediante el instrumento de la participación el ciudadano se convierte en codecisor de una actividad pública que se descentraliza. Si bien, ello no ha implicado una quiebra de la concepción clásica del binomio potestades discrecionales —potestades regladas con las que se concibe la función administrativa—, sí ha provocado una modulación en el ejercicio de la prerrogativa o del acto unilateral a favor de una actuación concertada en el marco de lo que la doctrina ha definido como "actividad administrativa consensual"».

En definitiva, la doctrina se ha pronunciado reiteradamente acerca de que los medios alternativos de resolución de conflictos, y en particular la mediación, son una manera de hacer efectiva la participación de los ciudadanos en la adopción de las políticas públicas. Cobran especial sentido en el contexto de la interpretación del derecho a la buena administración, por cuanto el contenido del mismo se hace material, mediante la participación y un más cercano diálogo de los ciudadanos con la propia Administración Pública.

4. Principios de buena administración y ADR

Siguiendo a Rodríguez-Arana (2014), el derecho fundamental a la buena administración, se encuentra imbuido por una serie de principios que forman parte inherente al mismo. Estos principios cobran especial importancia respecto a la buena administración en la resolución de conflictos administrativos en general, y a la aplicación de los ADR en particular. Podemos referirnos a los siguientes:

1. *Principio de juridicidad,* en cuya virtud toda la actuación administrativa se somete plenamente al ordenamiento jurídico del Estado. En el caso de la resolución de los conflictos administrativos mediante ADR ha de seguir respetándose este principio. El margen existente para la autonomía de la voluntad de los órganos o agentes administrativos, deberá ser, en todo caso, dentro de la interpretación razonable de las normas jurídicas, que asegure el cumplimiento de la legalidad administrativa.

2. *Principio de servicio objetivo a los ciudadanos,* que se proyecta a todas las actuaciones administrativas y de sus agentes y que se concreta en el profundo respeto a los derechos e intereses legítimos de los ciudadanos. La sustanciación de un ADR entre los ciudadanos y la Administración, deberá estar presidida siempre por este principio de servicio, de acuerdo con el cuál, toda actividad administrativa está al servicio del interés general, y por tanto de los administrados.

3. *Principio promocional,* expresado en la creación de las condiciones para que la libertad y la igualdad de las personas y de los grupos en que se integran sean reales y efectivos, removiendo los obstáculos que impidan su cumplimiento y fomentando igualmente la participación (art. 9.2 de la Constitución Española). En este contexto, los ADR deben ser contemplados como un medio eficaz para hacer efectiva esa igualdad, entre los grupos sociales, así como entre los agentes públicos y privados. La resolución de conflictos mediante técnicas alternativas es sin duda un cauce adecuado para la participación de los ciudadanos en los asuntos públicos.

4. *Principio de racionalidad,* que se extiende especialmente a la motivación y argumentación que debe servir de base a la entera actuación

administrativa. En los ADR, por su naturaleza, el administrado podrá entablar un diálogo enriquecedor con las autoridades y agentes administrativos, que permita profundizar en la argumentación y racionalidad de las decisiones administrativas, y del sentido y proporcionalidad de las mismas en su contexto social. Por ello, este tipo de técnicas de resolución de conflictos, deben contemplarse como una oportunidad para la mejora de la racionalidad a través de la participación.

5. *Principio de igualdad de trato,* por el que los ciudadanos que se encuentren en la misma situación serán tratados de manera igual, garantizándose, con expresa motivación en los casos concretos, las razones que puedan aconsejar la diferencia de trato, prohibiéndose expresamente toda discriminación injustificada hacia los ciudadanos. En los medios alternativos de resolución de conflicto, como hemos visto, la igualdad es uno de sus principios configuradores. Que los conflictos administrativos se resuelvan mediante ADR, en nada limita la igualdad entre administrados, en la medida en que todos ellos puedan tener igual acceso a los mismos métodos, todo ello en interés público.

6. *Principio de eficacia,* en cuya virtud las actuaciones administrativas se realizarán en el marco de los objetivos establecidos en cada Ente público. Especialmente las autoridades buscarán que los procedimientos y las medidas adoptadas logren su finalidad y, para ello, removerán de oficio los obstáculos puramente formales, evitarán el silencio administrativo, las dilaciones y los retardos. Estos objetivos, podrán evaluarse y concretarse de una manera satisfactoria para el interés general, a través del diálogo que pueda establecerse entre Administración y administrados en el seno de los ADR.

7. *Principio de publicidad de las normas,* de los procedimientos y del entero quehacer administrativo en el marco del respeto del derecho a la intimidad y de las reservas que por razones acreditadas de confidencialidad o interés general sea pertinente en cada caso, en los procedimientos para el dictado de actos administrativos. En especial, las autoridades darán a conocer a los ciudadanos y a los interesados, de forma sistemática y permanente, aún sin mediar petición alguna, sus actos, contratos y resoluciones, mediante comunicaciones, notificaciones y publicaciones, incluyendo el empleo de tecnologías que permitan difundir de forma masiva tal información. En el caso de los ADR, la publicidad de las normas se cohonesta con el principio de intimidad y confidencialidad de este tipo de procedimientos, lo que viene favorecido por la inherente flexibilidad de los mismos.

8. *Principio de seguridad jurídica, de previsibilidad y certeza normativa,* por los cuales la Administración se somete al derecho vigente en cada momento, sin que pueda variar arbitrariamente las normas jurídicas. Este principio resulta igualmente vinculante en el caso de aplicación

de ADR para resolución de conflictos Administración-administrado, por cuanto los mismos además de preservar y garantizar este principio, habrán de sujetarse al principio de legalidad administrativa.

9. *Principio de proporcionalidad:* las decisiones administrativas serán proporcionadas al fin previsto en el ordenamiento jurídico, se dictarán en un marco de justo equilibrio entre el interés general y el interés particular y se evitará limitar los derechos de los ciudadanos a través de la imposición de cargas o gravámenes irracionales o incoherentes con el objetivo establecido. Precisamente los ADR constituyen un medio adecuado, a través de un cauce participativo para los administrados, de ponderación de la proporcionalidad, sirviendo de contrapeso, a través de un diálogo inter partes, para evitar la unidireccionalidad y la excesiva verticalidad de las decisiones administrativas.

10. *Principio de ejercicio normativo del poder,* en cuya virtud los poderes se ejercerán, única y exclusivamente, para la finalidad prevista en las normas de otorgamiento, evitándose especialmente el abuso de poder, bien sea para objetivos distintos de los establecidos en las disposiciones generales o en contra del interés general. Los ADR permitirán, asimismo, que las partes razonen y valoren la finalidad de los actos y decisiones administrativas, de un modo que la mera producción unilateral de actos por la Administración, por sí solo no sería igualmente eficaz.

11. *Principio de imparcialidad e independencia:* el personal al servicio de la Administración pública deberá abstenerse de toda actuación arbitraria o que ocasione trato preferente por cualquier motivo y actuar en función del servicio objetivo al interés general, prohibiéndose la participación de dicho personal en cualquier asunto en el que él mismo, o personas o familiares próximos, tengan cualquier tipo de intereses o pueda existir conflicto de intereses. De igual modo, en los ADR, los sujetos participantes, ya sean como representantes de la propia Administración, o bien como terceros imparciales que intervengan en los mismos (árbitros, mediadores), han de sujetarse a este principio en aras de la garantía del procedimiento entre las partes.

12. *Principio de relevancia,* en cuya virtud las actuaciones administrativas habrán de adoptarse en función de los aspectos más relevantes, sin que sea posible, como fundamento de la decisión que proceda, valorar únicamente aspectos de escasa consideración. Este tipo de cuestiones de fondo, o naturaleza material, pueden analizarse de manera especialmente adecuada a través de los ADR, por cuanto suponen cauces de menor rigor formar y mayor intensidad participativa para la resolución de los conflictos administrativos.

13. *Principio de coherencia:* las actuaciones administrativas serán congruentes con la práctica y los antecedentes administrativos salvo que por las razones que se expliciten por escrito sea pertinente en algún

caso apartarse de ellos. De igual modo, el cauce de los ADR podrá servir para hacer valer tal principio, ya que, en una solución dialogada y debidamente justificada, la Administración deberá acreditar la coherencia de sus actuaciones.

14. *Principio de buena fe,* en cuya virtud las autoridades y los particulares presumirán el comportamiento legal de unos y otros en el ejercicio de sus competencias, derechos y deberes. En los ADR, como hemos puesto de manifiesto, la buena fe, es uno de sus pilares, por cuanto sobre la misma se asienta la posibilidad de resolución de los conflictos, fuera del cauce formal de los recursos administrativos y judiciales, que suponen la salida ortodoxa a la existencia de conflicto entre la Administración y los ciudadanos.

15. *Principio de confianza legítima,* en cuya virtud la actuación administrativa será respetuosa con las expectativas que razonablemente haya generado la propia Administración en el pasado. En los ADR, aparte de que habrá de ponderarse tal principio en la resolución del objeto de la controversia, el principio de confianza legítima deberá aplicarse también en el seno del propio procedimiento de resolución del conflicto, al corresponder las expectativas de las partes a sus actuaciones previas de acuerdo con la buena fe.

16. *Principio de asesoramiento:* el personal al servicio de la Administración pública deberá asesorar a los ciudadanos sobre la forma de presentación de las solicitudes y su tramitación. Igualmente, sería aconsejable, que el personal asesorará también al administrado de las posibilidades de acudir o solicitar acudir a los ADR como forma alternativa de resolución de conflictos con la Administración Pública.

17. *Principio de responsabilidad,* por el que la Administración responderá de las lesiones en los bienes o derechos de los ciudadanos ocasionados como consecuencia del funcionamiento de los servicios públicos o de interés general. Las autoridades y sus agentes asumirán las consecuencias de sus actuaciones de acuerdo con el Ordenamiento jurídico. Igualmente, la Administración pública rendirá cuentas de sus actuaciones y publicará las evaluaciones de sus unidades. Asimismo, la Administración deberá responder por sus actos en el seno de un ADR cuando su actividad haya generado un daño o perjuicio que deba ser objeto de reparación de acuerdo con la ley. Los propios procedimientos ADR, son cauces adecuados para la resolución de este tipo de conflictos administrativos, como veremos en el siguiente capítulo.

18. *Principio de facilitación:* los ciudadanos encontrarán siempre en la Administración las mayores facilidades para la tramitación de los asuntos que les afecten, especialmente en lo referente a identificar al funcionario responsable, a obtener copia sellada de las solicitudes, a conocer el estado de tramitación, a enviar, si fuera el caso, el procedi-

miento al órgano competente, a ser oído y a formular alegaciones o a la referencia a los recursos susceptibles de interposición. Igualmente, la Administración debería facilitar a los administrados la posibilidad de acudir a un ADR, siendo ideal que de acuerdo con el principio de la buena fe y de facilitación, el sector público esté siempre dispuesto a resolver sus conflictos a través del cauce que sea elegido por los ciudadanos.

19. *Principio de celeridad,* en cuya virtud las actuaciones administrativas se realizarán optimizando el uso del tiempo, resolviendo los procedimientos en plazo razonable que, en todo caso, no podrá superar los dos meses a contar desde la presentación de la solicitud en cualquier registro público. En especial, las autoridades impulsarán oficiosamente los procedimientos e incentivarán el uso de las tecnologías de la información y las comunicaciones a los efectos de que los procedimientos se tramiten con diligencia y sin dilaciones injustificadas. Resulta evidente que la utilización de ADR, permite reducir los tiempos de resolución de los conflictos, y simplifica los trámites administrativos, por lo que son especialmente indicados desde el punto de vista de la celeridad.

20. *Principio de transparencia y acceso a la información de interés general:* el funcionamiento, actuación y estructura de la Administración ha de ser accesible a todos los ciudadanos, que pueden conocer la información generada por las Administraciones públicas y las instituciones que realicen funciones de interés general. En la tramitación de los ADR, las partes, sobre la base del principio de igualdad, han de tener acceso a la información concerniente al caso, de modo que exista un máximo de transparencia y acceso a la información.

21. *Principio de protección de la intimidad,* de forma que el personal al servicio de la Administración pública que maneje datos personales respetará la vida privada y la integridad de las personas, prohibiéndose el tratamiento de los datos personales con fines no justificados y su transmisión a personas no autorizadas. Son especialmente indicados los ADR, para mantener una adecuada protección de la intimidad de las personas implicadas en un procedimiento administrativo. El no sometimiento al procedimiento judicial, en el que la publicidad es una de sus características esenciales, permite que las partes mantengan el conocimiento del conflicto en un ámbito de privacidad, que no es posible en otros ámbitos de resolución de conflictos.

22. *Principio de ética,* en cuya virtud todo el personal al servicio de la Administración Pública, así como los ciudadanos en general han de actuar con rectitud, lealtad y honestidad. El respeto de estos principios resulta imprescindible para la tramitación de un ADR, por cuanto sin la concurrencia de ética, rectitud, lealtad y honestidad, es difícil

que la resolución del conflicto pueda realizarse de manera satisfactoria para ambas partes, sin perjuicio del mejor derecho que asista a cada una de ellas.

23. *Principio de debido proceso:* Las actuaciones administrativas se realizarán de acuerdo con las normas de procedimiento y competencia establecidas en la Constitución, con plena garantía de los derechos de representación, defensa y contradicción. Como pondremos de manifiesto, los ADR deben ser entendidos como procedimientos que, siendo alternativos a los tradicionales, forman parte de nuestro ordenamiento jurídico-administrativo, y que en tal sentido cumplen con las garantías y formalidades del principio de debido proceso.
24. *Principio de cooperación:* Todos los órganos y entidades administrativos deben prestarse asistencia mutua y respetar el ejercicio de las respectivas competencias. Este principio es también clave en relación con los ADR, ya que la cooperación no debe extenderse sólo a los órganos administrativos, sino que debe formar parte de la dinámica de las partes involucradas en el conflicto, en aras de la mejor resolución del mismo, y sobre la base de los principios ya expuestos.

5. Conclusiones

Los métodos alternativos de resolución de conflictos (ADR), en general, y la mediación en particular, van a permitir solventar los pleitos entre la Administración y los ciudadanos, mediante una participación activa de éstos.

De este modo, son un reflejo del cambio de paradigma del Derecho Administrativo contemporáneo, en el que se produce un giro evidente desde una perspectiva dogmática a una más centrada en las personas y sus derechos individuales relacionados con el interés general.

Los principios de la buena administración encuentran su plasmación en la aplicación de los ADR y de la mediación a los conflictos administrativos, siendo una cara más de las nuevas tendencias relativas a la tramitación del procedimiento administrativo, que pone su acento en la participación activa de los ciudadanos.

6. Bibliografía

Barona Vilar, Silvia (2018). *Nociones y principios de las ADR (Solución extrajudicial de conflictos).* Valencia: Tirant lo Blanch.

Belando Garín, Beatriz (2015). «La mediación en supuestos de responsabilidad administrativa», en *Diario La Ley,* 8666.

Carballo Martínez, Gerardo (2013). «La mediación administrativa. Algunas propuestas para su implementación en el régimen jurídico administrativo y procesal», en *Revista Jurídica de Castilla y León*, 29.

Etxeberría Guridi, José Francisco (2017). «Últimas novedades respecto de la mediación en el orden contencioso-administrativo», en Barona Vilar, S. (coord.). *Justicia Civil y Penal en la era global*. Valencia: Tirant lo Blanch, pp. 293-320.

García Vicario, María Concepción (2013). «La mediación como sistema alternativo y complementario de resolución de conflictos en la Jurisdicción Contencioso-Administrativa», en *Revista Jurídica de Castilla y León*, 29.

Gil-Robles y Gil-Delgado, Álvaro (2012). «La mediación administrativa como alternativa», en *Revista del Poder Judicial*, 94, pp. 40-43.

Martín Diz, Fernando (2018). «Premisas y condiciones sobre la hipótesis de la mediación en el ámbito contencioso administrativo», en Roca Martínez, J.M. (coord.). *El acceso a la justicia*. Valencia: Tirant lo Blanch, pp. 316-330.

Meilán Gil, José Luis (2007). «Administración Pública para la Democracia», en *Anuario da Facultade de Dereito da Universidade da Coruña*, 11, pp. 493-506.

Rodríguez-Arana Muñoz, Jaime (2012). «El derecho a la buena administración en las relaciones entre ciudadanos y administración pública», en *Anuario da Facultade de Dereito da Universidade da Coruña*, 16, pp. 247-274.

Rodríguez-Arana Muñoz, Jaime (2014). «El derecho fundamental a la buena administración y centralidad del ciudadano en el Derecho Administrativo», en *Revista Argentina del Régimen de la Administración Pública,* 408.

Tornos Más, Joaquín (1995). «Medios complementarios a la resolución jurisdiccional de los conflictos administrativos», en *Revista de Administración Pública,* 136, pp. 149-178.

EL PROCEDIMIENTO DE DESOCUPACIÓN DE LUGARES DE TRABAJO, EN EL MARCO DE LA BUENA ADMINISTRACIÓN Y DEL INTERÉS GENERAL

The procedure for vacation of workplaces, within the framework of Good Administration and the general interest

Gustavo Igarza Funes[1]
Universidad de Montevideo (Uruguay)

Fecha de Recepción: 01/10/2022
Fecha de Aceptación: 31/10/2022

Resumen: El ejercicio del derecho de huelga consagrado en los textos constitucionales e instrumentos de derecho internacional, colisiona necesariamente con el ejercicio de otros derechos también fundamentales, como lo son: el derecho a trabajar y la libertad de empresa, produciéndose la mayor rispidez, en oportunidad de la ocupación de los lugares de trabajo como medida de acción sindical. En particular en Uruguay, una reciente modificación legislativa y reglamentaria han propiciado un nuevo procedimiento administrativo aplicable en tales casos, el cual se caracteriza por la adecuada ponderación de los derechos en pugna, así como la defensa del interés general y la buena administración superándose así, las carencias y distinciones arbitrarias del sistema anterior.

Palabras clave: Ocupación de lugares de trabajo. Procedimiento. Distinción arbitraria. Interés general. Buena administración.

Abstract: The exercise of the right to strike enshrined in the constitutional texts and instruments of international law, necessarily collides with the exercise

1 Magister Derecho Administrativo y Económico de la Universidad de Montevideo. Doctor en Derecho y Ciencias Sociales egresado de la Universidad de la República (UDELAR).

of other rights that are also fundamental, such as: the right to work and the freedom of business, producing the greatest risk, in opportunity to occupy workplaces as a measure of union action. Particularly in Uruguay, a recent legislative and regulatory change has led to a new administrative procedure applicable in such cases, which is characterized by the proper weighting of the conflicting rights as well as the defense of the general interest and good administration, thus overcoming the shortcomings and arbitrary distinctions of the previous system.

Keywords: Occupation of workplaces. Procedure. Arbitrary distinction. General interest. Good administration

1. Introducción

El procedimiento administrativo debe ser el instrumento del efectivo goce de los derechos sustantivos por parte de los ciudadanos. Asimismo, la buena administración impone que el mismo se realice de forma tal que permita la satisfacción del interés general.

En este marco, el presente trabajo tiene como centro analizar el procedimiento administrativo al que acude la Administración ante la ocupación de los lugares de trabajo como forma de reivindicación sindical, lo cual fue objeto en nuestro país de una reciente modificación, no sin polémica por el supuesto avasallamiento de los derechos laborales.

Para ello se transitará por los siguientes temas: el procedimiento administrativo y la buena administración, el derecho de huelga en el marco de los derechos sociales, la ocupación de los lugares de trabajo, la colisión de derechos y el cambio ocurrido en el procedimiento respectivo.

Finalmente se ensayarán unas breves reflexiones[2].

---

2 Este tema fue analizado por el suscrito desde la perspectiva del Derecho del Trabajo en ponencia: IGARZA 2021. «Reflexiones sobre el actual régimen de ocupación de los lugares de trabajo. Del interés público a la defensa del interés general», en *XXXI Jornadas Uruguayas de Derecho del Trabajo y la Seguridad Social*. Montevideo: Fundación de Cultura Universitaria, pp. 277-ss.

2. Procedimiento administrativo y buena administración

2.1. Concepto

Durán Martínez (2017: 309), recordando a Frugone Schiavone lo describe como: «camino o ruta previamente fijado y regulado por el Derecho, a través del cual debe cumplirse la actividad de la Administración».

Por su parte Cajarville (2008: II, 140), lo define de la siguiente forma: «la sucesión o secuencia de actos y tareas materiales y técnicas que se cumplen por una entidad estatal, o por particulares ante una entidad estatal, con la finalidad de dictar o cumplir un acto administrativo».

2.2. La buena administración en el procedimiento administrativo

Meilán Gil (2016: 242-243) refiere a la esencia de la buena administración señalando:

> «La regulación de ese derecho fundamental es deudora de una arraigada concepción del Derecho Administrativo, construido sobre la óptica del Control de la Administración Pública, en garantía de los derechos de los ciudadanos, cuya relevancia es innecesario subrayar. Pero incluso desde esa perspectiva, la consideración como fundamental del derecho a la buena administración permite avanzar en el aseguramiento de su realización».

Se entiende pues, que la buena administración constituye el derecho a exigir que la administración ejerza los poderes públicos con la debida diligencia en procura de satisfacer el interés general, señalándose (Rodríguez-Arana 2008: 114):

> «En la medida en que la Administración se contempla, en efecto, como la Institución por excelencia al servicio de los intereses generales, y éstos se definen de manera abierta, plural, dinámica, complementaria y con un fuerte compromiso con los valores humanos, entonces el aparato público deja de ser un fin en sí mismo y recupera su conciencia de institución de servicio a la comunidad. Así, de esta manera, es más fácil entender que si la tarea de dirección pública, sea en el gobierno o en la administración, se concibe desde esta aproximación, entonces el derecho ciudadano a un buen gobierno y a una buena administración pública sea algo razonable y adecuado. Derecho que supone, como corolario necesario,

la obligación de la Administración pública de ajustar su actuación a una serie de parámetros y características concretas y determinadas».

En nuestro país Giorgi (1976: 71-ss) la define como: «la adecuada elección de los medios y de la oportunidad de ejercicio de las competencias, con relación al fin específico que se quiere satisfacer».

Si bien no existe una consagración en forma expresa y general, Durán Martínez (2010: 177) señala:

> «(...) desde 1952 incorporó el concepto que reposa en la eficacia. Además, en la Constitución de 1967, que es la vigente en el artículo 60 existe una referencia a "asegurar una administración eficiente". El principio de eficacia —incluyendo la eficiencia— tiene implícitamente, así, por lo menos raíz constitucional. Digo por lo menos, porque como luego se verá estimo que es inherente a la personalidad humana por lo que es supranacional».

Precisamente sobre el principio de eficacia asociado a la buena administración Delpiazzo (2011: 118-ss), ha señalado:

> «(...) se vincula al de buena administración que recoge el art. 311 de nuestra Constitución y que puede caracterizarse como la adecuada elección de los medios y de la oportunidad de ejercicio de las competencias con relación al fin específico que se quiere satisfacer. Se trata de una nota propia de la función administrativa ya que la misma debe cumplirse de la forma más oportuna y más adecuada para la obtención de los fines objeto de la función pública».

La buena administración no es indiferente al procedimiento administrativo. Así es que Cajarville (2008: II, 145) expresa:

> «(...) las normas de procedimiento administrativo, siendo instrumentales para la defensa de los derechos e intereses de los individuos sobre los cuales recae la acción administrativa, lo son también para la eficiencia de esa actuación. Se la conciba como actividad o como organización, la Administración sólo existe para procurar la satisfacción del interés general y las normas de procedimiento administrativo deben ser idóneas para el logro eficiente de esa finalidad que es esencia de la propia razón de ser de la Administración».

En similar sentido, Barnés (2019: 77-123) relaciona el procedimiento administrativo, con la buena administración y el principio democrático, expresando:

> «Una aplicación de la ley y el derecho que sea imparcial, equitativa, a tiempo, atenta a las alegaciones del interesado, transparente o motivada —pues en eso se resuelve la esencia de la buena administración— constituye una ejecución del derecho que sirve a la democracia, que lleva a su puro y debido efecto lo que la democracia representativa ha establecido».

3. Derechos sociales y el derecho de huelga

Un Estado Social de Derecho es aquel que garantiza la vigencia de los derechos fundamentales. Así es que Rodríguez-Arana Muñoz (2015: 187-ss), señala:

> «(...) el Derecho Público del Estado social y democrático que derecho debe orientarse hacia la realización efectiva de los derechos fundamentales. Este punto de vista explica por sí solo el profundo impacto que están sufriendo las instituciones del Derecho Administrativo como consecuencia de la interpretación que deba hacerse de los intereses generales en cada caso. Interpretación que está, como veremos, profundamente conectada a la efectividad de los derechos fundamentales como tarea suprema del Estado Social y democrático de Derecho en general, y de la Administración pública en particular».

Los derechos sociales sustentan al Estado al servicio del hombre y tiene como centro a la dignidad humana. González Pérez (2017: 84-85) destaca la estrecha ligazón entre la dignidad humana y las condiciones mínimas de vida señalando:

> «El Estado en consecuencia no puede permanecer impasible ante tal situación. No puede limitarse a consagrar los derechos fundamentales inherentes a la dignidad de la persona y a adoptar las medidas adecuadas para que tales derechos queden garantizados y respetados. Ha de realizar una acción decidida a fin de promover las condiciones de dignidad sea efectiva y a remover cuantos obstáculos dificulten su plena realización».

Son derechos sociales fundamentales aquellos que se vinculan con la dignidad humana, estando entre ellos los referentes al trabajo (Rodríguez-Arana 2015: 388).

Entre los derechos referentes al trabajo sin duda el más controversial refiere al derecho de huelga.

En un comienzo fue considerada un ilícito civil y penal, para posteriormente haber sido aceptada en la vía de los hechos y finalmente consagrada en la normativa jurídica. Fue la Constitución mexicana de Querétaro en el año 1917 que en su art. 123 consagra el mismo a texto expreso; le seguirán la Constitución de Weimar en Alemania, la Constitución de la Segunda República Española en 1931 y en nuestro país en la Carta del año 1934.

En el plano fáctico la huelga es un mecanismo de «autotutela» que ejerce un colectivo profesional a fin de la consecución de sus fines, pudiéndose definirla como: «la cesación del trabajo, concertada por un grupo de trabajadores, con el objeto de tutelar sus intereses profesionales» (Pérez 1993: 19).

4. La ocupacion de los lugares de trabajo

4.1. Antecedentes

Históricamente, la ocupación de los lugares de trabajo es una acción a la que los trabajadores han recurrido, a fin de luchar por sus reivindicaciones.

Nuestra doctrina se encuentra dividida en torno a su naturaleza y amparo legal. En efecto una posición que podemos denominar tradicional, considera que ésta es una manifestación «atípica» del derecho de huelga y la misma es lícita en tanto sea pacífica gozando su protección constitucional; en tanto otra posición más reciente en el tiempo, y a la cual adherimos, considera que por su esencia siempre violenta, y no es parte del derecho de huelga ni de su protección[3].

4.2. Una colisión de derechos

Más allá de la posición que se adopte sobre la naturaleza jurídica de la ocupación de los lugares de trabajo, no cabe duda de que ésta confronta con derechos fundamentales.

En efecto la ocupación de trabajo, afecta a aquellos trabajadores en por lo menos dos de sus derechos: el derecho a ser protegidos en el goce del trabajo reconocido expresamente el artículo 7 de la Carta, como también en su derecho a la Libertad Sindical en su sentido negativo, es decir a no adherir a las medidas sindicales. A su vez menoscaba el derecho de propiedad del empleador al privarlo de su uso, y sin duda el derecho a la libertad de empresa reconocido por el art. 36 de la norma fundacional.

Ante un conflicto de derechos, siguiendo a Alexy (2012: 257):

> «(...) una restricción a los derechos fundamentales sólo es admisible si en el caso concreto a los principios contrapuestos les corresponde un peso mayor», considero entonces que el derecho de huelga, debe de contextualizarse y coordinarse con los otros derechos afectados».

Precisamente sobre la ponderación, Alexy (2012: 529) dirá que se puede apreciar en tres pasos:

> «(...) en el primer paso es preciso definir el grado de no satisfacción o de afectación de uno de los principios. Luego, en un segundo paso, se define la importancia de la satisfacción del principio que juega en sentido contrario. Finalmente, en un tercer paso, debe definirse si la importancia de la satisfacción del principio contrario justifica la afectación o la no satisfacción del otro».

3 *Vid.* Ermida 2012: 193; Ameglio 2006: 302.

Siguiendo las reglas enunciadas, se debe ponderar, por una parte: la importancia de la no satisfacción del derecho a trabajar, el derecho a no adherirse a una medida de lucha, y también el del empleador a ejercer su derecho de libertad de empresa; con la limitación de la ocupación como medida de lucha —o no satisfacción del derecho de ocupación de los lugares de trabajo, para quienes consideran que ésta integra el derecho de huelga—.

Aceptando que de esta comparación surge que prevalecen los primeros, se debería preguntar que tanto afecta o menoscaba el derecho de huelga por verse impedidos de ocupar el lugar de trabajo, a nuestro juicio en nada, ya que el derecho de huelga en su sentido clásico como abstención de trabajar en pos de una reivindicación permanece intacto, en tanto en caso contrario de considerarse que prevalece la ocupación de los lugares de trabajo, se afectaría gravemente los primeros derechos mencionados.

4.3. El régimen anterior, un procedimiento «bifronte»

Uruguay se caracterizó históricamente por una muy escasa regulación de los denominados «institutos de derecho colectivo» —huelga, fuero sindical, negociación colectiva—, siendo el soporte normativo del mismo los arts. 57 y 65 de la Constitución de la República, la Ley n.° 10.449 de 12 de noviembre de 1943, la Ley n.° 13.720 dc 16 de diciembre de 1968, artículos 3 literal f, 4 y 5 así como los Convenios Internacionales del Trabajo aprobados en el seno de la O.I.T y ratificados por nuestro país[4].

En cuanto refiere a la ocupación de lugares de trabajo podemos listar la siguiente normativa:

Ante la ocupación de un lugar de trabajo, se aplicaba el Decreto del Poder Ejecutivo n.° 512/966, por el cual se facultaba al Ministerio del Interior a desalojar los lugares de trabajo a pedido del empleador. Esta norma fue derogada por el Poder Ejecutivo en el año Decreto 145/005 del 2 de mayo de 2005.

El Decreto n.° 165/006 de 30 de mayo de 2006, establece un procedimiento para la prevención y solución de conflictos en forma «transitoria» hasta tanto se regulase por ley, lo cual a la fecha nunca ocurrió.

En dicha norma jurídica se reconoce a la ocupación de lugares de trabajo como una forma de ejercicio del derecho de huelga en tanto esta sea pacífica, y se establecen una serie de garantías a fin de preservar los bienes de la empresa (artículo 4to). El mecanismo instaurado hace sumamente dificultoso que a través del mismo se pueda desalojar efectivamente los lugares de trabajo.

4 Este abstencionismo ha sido modificado con la aprobación de una serie de normas que suponen el intervencionismo en el derecho colectivo: Leyes 17.940 de libertad Sindical, 18.508 Negociación Colectiva en Sector Público y 18.566 Negociación Colectiva.

A diferencia del procedimiento señalado precedentemente, cuatro años más tarde el Decreto n.º 354/010 de 2 de diciembre de 2010, establece un régimen de desocupación ágil cuando el lugar ocupado sea un organismo público de cualquier naturaleza. Esta diferenciación de regímenes cuando se trata de la actividad privada o pública no fue ajena a criticas así es que Durán Martínez (2012: 325) señala:

> «(...) no todos los inmuebles estatales tienen la misma importancia. No es lo mismo ocupar un Juzgado que el local que dispone Ancap para fabricar whisky y no hay ninguna diferencia entre ocupar ese local de Ancap y el de un particular destinado también a producir whisky».

Así es que el citado autor (Durán 2012: 325) acude a Cervantes, y su inmortal «Don Quijote de la Mancha», encontrando como única justificación la denominada *ley del encaje* que reza: «Nunca te guíes por la ley del encaje, que suele tener mucha cabida con los ignorantes que presumen de agudos», a la cual se acudía cuando el único fundamento consistía en que se le había «encajado» en la cabeza del gobernante, es decir la arbitrariedad pura.

4.4. La nueva regulación

El Decreto n.º 281/020 de 15 de octubre de 2020, establece el actual procedimiento administrativo, a efectos de su estudio distinguimos: su fundamento y sus características.

a. Fundamentación

El artículo 392 de la Ley n.º 19.889 de 9 de julio de 2020, establece:

> «[Libertad de trabajo y derecho de la dirección de empresa] El Estado garantizará el ejercicio pacífico del derecho de huelga, el derecho de los no huelguistas a acceder y trabajar en los respectivos establecimientos y el derecho de la dirección de las empresas a ingresar a las instalaciones libremente».

Dicha disposición legal fue reglamentada por el Decreto n.º 281/020 de 15 de octubre de 2020.

Entre los elementos que justifican la instauración del nuevo régimen se encuentran las medidas necesarias para el cumplimiento de las observaciones formuladas por la Organización Internacional del Trabajo (OIT) y los fallos jurisprudenciales.

En efecto, ante denuncias presentadas por el sector empleador por la violación del C.I.T 87, la O.I.T, observó a nuestro país sobre el punto señalando que sin perjuicio de mantener su histórica posición de que eran aceptadas las ocupaciones de los lugares de trabajo y piquetes en tanto fueran pacíficos, en todo momento se deberá garantizar el derecho de los no huelguistas a trabajar, así como el derecho de la dirección de la empresa a entrar a los locales[5].

La insuficiencia de un mecanismo eficiente para proteger los derechos del empleador y de los trabajadores no adherentes ha motivado que quienes se sienten lesionados en sus derechos constitucionales por la ocupación de los lugares de trabajo, y por carecer de una vía adecuada, recurran al procedimiento de tutela jurisdiccional de «Acción de Amparo» previsto por la Ley n.° 16.011 de 19 de diciembre de 1988, ante los Juzgados Letrados Civiles; quienes mayoritariamente han amparado las pretensiones de desocupación.

El no proteger el derecho a trabajar de los no huelguistas supone una lesión a su derecho a la libertad sindical en su contenido negativo, que incluye que el trabajador puede no adherir a las medidas gremiales.

b. Características

El nuevo procedimiento ante la ocupación de los lugares de trabajo, se caracteriza por los siguientes aspectos.

Se fundamenta en el cumplimiento de la ley. En efecto, el artículo 392 de la Ley n.° 19.889 no prohíbe las ocupaciones de los lugares de trabajo, sino que las limita al ejercicio de otras personas de trabajar y dirigir su empresa. Así es que Castello (2020: 49) expresa que el legislador:

> «(...) optó por una modalidad indirecta de regulación de este tipo de protesta. En lugar de establecer una prohibición lisa y llana, como sucede en muchos ordenamientos extranjeros, la norma utiliza una técnica indirecta que consiste en exigir que los huelguistas no realicen dos tipos de conducta que forman parte de la esencia de la ocupación: el impedir, limitar, cercenar o coartar el ingreso al establecimiento de los directivos, y de los trabajadores no adherentes a la huelga».

La nueva norma cumple adecuadamente con las observaciones realizadas por la O.I.T referentes al ejercicio del derecho de huelga (Castello 2020: 43).

El Decreto n.° 281/020 elimina de su fundamentación el reconocimiento explícito realizado en los fundamentos del Decreto n.° 165/006, que la ocupación es una modalidad de ejercicio del derecho de huelga.

Desde lo formal unifica los regímenes de desocupación de los lugares de trabajo tanto sea en el ámbito público como privado, eliminando un trato diferencial que por sí solo no tenía justificación.

El nuevo procedimiento, atribuye competencia al Ministerio de Trabajo y Seguridad Social para intentar conciliar a las partes en conflicto, sin perjuicio de que puede intimar y en su caso disponer la desocupación del lugar ocupado.

5 Observación Realizada en la 102 reunión de la Organización Internacional del Trabajo en el año 2012.

4.5. La defensa del interés general sobre el interés público

En forma constante, se utilizan a los términos «interés público» e «interés general» como similares, pero la más prestigiosa doctrina diferencia los mismos. Así es que Durán Martínez (2011: 4) distingue los conceptos de: interés general, e interés público del de interés privado, el cual se relaciona con la

> «(...) dimensión individual de todo ser humano que lo hace único y diferente a sus semejantes y por eso digno de tutela. Y también se relaciona con esa dimensión social que nos hace integrar una comunidad natural, como lo es la familia, base de la sociedad y de esas otras comunidades intermedias que trascienden la familia pero que son de alguna manera de nuestro dominio particular, no necesariamente en exclusividad, pero sin llegar a ser público».

En tanto el Interés público se relaciona con nuestra dimensión social y trasciende la dimensión privada al ocupar un espacio necesariamente compartido. En cambio, el interés general es aquel que busca la adecuada satisfacción del interés público y del privado (Durán 2011: 4).

Rodríguez-Arana (2015: 223) presenta un concepto amplio de Interés General:

> «Desde un punto de vista amplio, el interés general refiere a los valores del Estado Social y democrático de Derecho, a los fines del mismo Estado, fines que son garantizados por el propio Estado a través de normas que se concretan en actos. Normas y actos que posibilitan la actuación de la Administración para promover el ejercicio de los derechos por los ciudadanos, por un lado, y por otro, para remover los obstáculos que impidan su realización. En la dimensión general se encuentra la defensa, protección y promoción de los derechos fundamentales de la persona y en la concreta, la puesta a disposición de los ciudadanos, a través de medios materiales y personales adecuados, de la infraestructura que permite tal tarea en realización con derechos fundamentales y específicos».

Por su parte, Brito (2004: 271) destaca que el interés general es el fin que persigue toda actuación estatal, ya que esta no puede apuntar a otra cosa que el bienestar de los habitantes.

Rotondo (2015: 89) señala que será el interés general en definitiva el que legitime el ejercicio de la autoridad estatal y el ejercicio del poder público a los efectos de cumplir con los deberes que el ordenamiento jurídico dispone.

Pezzutti (2021: 379) sistematiza un triple sentido del «interés general» en nuestro ordenamiento constitucional:

> «En primer término, el interés general opera en un sentido teleológico. Se trata de la finalidad para la cual, siempre y en última instancia, la Administración debe actuar. Por ende, su verificación es presupuesto de validez de la actuación adminis-

trativa en tanto componente inescindible uno de sus elementos, según calificaba Sayagués Laso o presupuestos en la terminología de Cajarville: el fin.

Luego, en segundo lugar, él es causa y razón legitimante de la actuación pública, asociada necesariamente, al ejercicio de poderes exorbitantes.

Al mismo tiempo y en un tercer sentido operativo —ahora restrictivo o negativo—, él es criterio de justificación o legitimidad para la limitación de derechos individuales previstos en la Carta o reconocidos por ella, salvo aquellos que no admitan restricción por disposición constitucional».

El bien común en tanto, es el conjunto de condiciones de vida social que posibilitan a los individuos y a las comunidades el alcanzar su perfección. Al decir de Delpiazzo (2012: 84):

«(...) consiste en el interés de la sociedad, entendida como conjunto de personas ligadas de manera orgánica por un principio de unidad que supera a cada una de ellas, constituyéndose en el bien común que posibilita el conjunto de condiciones aptas para obtener la plena suficiencia de la vida en sociedad y alcanzar el fin último del hombre, de acuerdo a su propia naturaleza».

En el caso concreto, y desde lo sustantivo el único fundamento para limitar los derechos en nuestro ordenamiento constitucional, es el interés general, categoría que por lo expuesto es diferente al interés público. Mientras el Decreto 354/010 se limitó a restringir la ocupación de los lugares de trabajo en función del interés público —contemplando únicamente los locales estatales—, en el sistema actual se fundamenta en la correcta definición de interés general, es decir conciliando el interés con el interés de los individuos —derecho a trabajar, derecho a dirigir la empresa—.

5. Consideraciones finales

A manera de síntesis se formulan los siguientes enunciados:

1. El principio de buena administración, impone un procedimiento administrativo eficiente, idóneo y ágil para el logro de la satisfacción del interés general, razón de ser de la Administración.

2. El Estado Social de Derecho, se justifica en la dignidad humana, y asegura el pleno goce de los derechos sociales fundamentales, entre los cuales están los vinculados al trabajo.

3. El derecho de huelga es un derecho humano fundamental consagrado en la Constitución de la República. Su ejercicio supone la abstención concertada colectivamente de realización de tareas para la consecución del interés profesional.

4. Del mismo modo que todos los derechos tienen sus límites, en el caso de la huelga se distinguen los internos que derivan de su propia definición de huelga; y los externos que provienen de su coordinación con otros derechos de igual jerarquía.

5. La ocupación de los lugares de trabajo (aún para quienes consideran que integra el derecho de huelga), afecta derechos consagrados en la Constitución, como lo son el de trabajo, la libertad sindical negativa y el ejercicio de la libertad de empresa.

6. Ante la ocupación de los lugares de trabajo, el procedimiento que regía en nuestro país, al igual que en la mitología romana el dios Janos, actuaba con dos caras, según la misma aconteciese en una dependencia estatal o en un establecimiento privado, sin ningún fundamento que justificase tal diferencia.

7. El procedimiento ahora vigente, no afecta ni limita el derecho de huelga, sino que en su caso pondera el mismo con otros derechos dignos de igual protección; los cuales deberá apreciarse en el caso concreto, y en su caso siempre permanecerá la posibilidad de su ejercicio en su forma primogénita.

8. Mientras que el régimen de desocupación de los lugares de trabajo anterior se fundamentaba en la defensa del interés público, el actual lo hace en el interés general, y que constituye el único interés reconocido por la Carta, como legitimado para limitar el goce de los derechos.

9. En definitiva, hay un tránsito de una visión acotada a la defensa del interés público, a la defensa del interés general, objetivo último del procedimiento administrativo.

6. Bibliografia

Alexy, Robert (2012). *Teoría de los derechos fundamentales.* Madrid: Centro de Estudios Políticos y Constitucionales.

Ameglio, Eduardo (2006). «La regulación de las relaciones colectivas de trabajo: Por el camino equivocado», en VV.AA. *XVII Jornadas Uruguayas de Derecho del Trabajo y de la Seguridad Social*. Montevideo: Fundación de Cultura Universitaria.

Barnés Vázquez, Javier (2019). «Buena administración, principio democrático y procedimiento administrativo», en *Revista Digital de Derecho Administrativo,* 21, pp. 77-123.

Brito, Mariano (2004). *Derecho Administrativo su Permanencia - Contemporaneidad - Perspectiva.* Montevideo: Universidad de Montevideo.

Cajarville Peluffo, Juan Pablo (2008). *Sobre Derecho Administrativo,* tomo II. Montevideo: Fundación de Cultura Universitaria.

Castello, Alejandro (2020). «Límites del derecho de huelga en el art. 392 de la Ley n.° 19.889», en *Derecho Laboral*, tomo LXIII, núm. 278-279. Montevideo: Fundación de Cultura Universitaria.

Delpiazzo Rodríguez, Carlos E. (2011). *Derecho Administrativo General,* vol. 1. Montevideo: Amalio M. Fernández.

Delpiazzo Rodríguez, Carlos E. (2012). «Bien Común, Sociedad y Estado», en *Revista de la Universidad de Montevideo*, 21.

Durán Martínez, Augusto (2010). «La buena administración», en *Estudios de Derecho Administrativo*, 1. Montevideo: Editorial La Ley.

Durán Martínez, Augusto (2011). «Derechos prestaciones e interés público», en *Revista de Derecho Público,* año 3, núm. 1. El Salvador: Universidad de El Salvador. La Ley Cita Online: UY/DOC/41/20140.

Durán Martínez, Augusto (2012). *Neoconstitucionalismo y Derecho Administrativo*. Montevideo: La Ley Uruguay.

Durán Martínez, Augusto (2017). *Derecho Administrativo. Otra forma de verlo.* Montevideo: La Ley Uruguay.

Ermida Uriarte, Óscar (2012). *Apuntes sobre la Huelga*. Montevideo: Fundación de Cultura Universitaria.

Giorgi, Héctor (1976). «El Mérito y la Validez del Acto Administrativo. El Concepto de buena administración en la Constitución Uruguaya», en *Estudios Jurídicos*. Montevideo: Fundación de Cultura Universitaria, pp. 71-ss. Cita La Ley Online: UY/DOC/79/2009.

González Pérez, Jesús (2017). *La Dignidad de la Persona*. Madrid: Civitas —Thomson Reuters.

Meilán Gil, José Luis (2016). *Derecho Administrativo Revisado*. Santiago de Compostela: Editora Andavira.

Perez del Castillo, Santiago (1993). *El Derecho de la Huelga.* Montevideo: Fundación de Cultura Universitaria.

Pezzutti, Miguel (2021). «A propósito de la Ética Publica en el Derecho Uruguayo», en De Santiago Álvarez, A. y Nájera Trujillo, J.R. (coord.). *Combate a la Corrupción.* México: Universidad de Guanajuato.

Rodríguez-Arana Muñoz, Jaime (2008). «El Derecho Fundamental al Buen Gobierno y a la buena administración de Instituciones Públicas», en *Anuario de Derecho Administrativo*, XV. Montevideo: Fundación de Cultura Universitaria.

Rodríguez-Arana Muñoz, Jaime (2015). *Derecho Administrativo y Derechos Sociales Fundamentales*. Madrid: Instituto Nacional de Administración Pública.

Rotondo Tornaría, Felipe (2015). «Derechos Fundamentales y Derecho Administrativo», en *Revista de Derecho Público,* año 24, núm. 47. Montevideo: Fundación de Cultura Universitaria.

MANIFESTACIONES DE LA BUENA ADMINISTRACIÓN EN EL ÁMBITO TRIBUTARIO. LA JURISPRUDENCIA DEL TRIBUNAL SUPREMO

Good Administration evidences in tax field. The Supreme Court case law

Jaime Pensado Sande[1]
Universidad de A Coruña (España)

Fecha de Recepción: 01/10/2022
Fecha de Aceptación: 31/10/2022

Resumen: A través de la presente comunicación se pretende mostrar la relevancia de la buena administración en el ámbito tributario a lo largo de la reciente jurisprudencia del Tribunal Supremo. El estudio de este principio, derecho y deber en dicha rama del ordenamiento jurídico viene motivado tanto por la relevancia de las actuaciones del poder público en dicho ámbito como por el significativo aumento del número de sentencias que acuden a la buena administración para la resolución de asuntos.

Palabras clave: Buena administración. Ámbito tributario. Jurisprudencia del Tribunal Supremo.

Abstract: This communication aims to show the relevance of good administration in the tax field throughout the recent Supreme Court case law. The study of this principle, right and duty in this branch of the legal system is motivated both by the relevance of the actions of the public power in said area and by the significant increase in the number of sentences that enforce good administration for the resolution of matters.

---

1 Doctorando en el Programa Oficial de Doctorado en Derecho Administrativo Iberoamericano (DAI) de la Universidad de A Coruña (UDC).

Keywords: Good Administration. Tax field. Supreme Court case law.

Sumario: 1. Introducción; 2. El interés general y la personalidad jurídica de la Administración como fundamento de la buena administración; 3. Manifestaciones de la buena administración en el ámbito tributario. La jurisprudencia del Tribunal Supremo; 3.1. Doctrina general; 3.2. La necesidad de motivación de las dilaciones en los procedimientos tributarios; 3.3. La aplicación del principio de buena administración en relación con la retroacción de actuaciones ordenada por un tribunal económico-administrativo; 3.4. La aplicación del principio de buena administración y la inactividad de la Administración Pública; 4. Conclusiones; 5. Bibliografía.

1. Introducción

«Si los seres humanos fuésemos ángeles, no haría falta un gobierno, y si estuviésemos gobernados por ángeles, no haría falta tener controles externos o internos en el gobierno. Al diseñar un gobierno que ha de ser administrado por seres humanos sobre otros seres humanos, la mayor dificultad radica en que, primero, hay que habilitar al gobierno para que controle a los ciudadanos y, luego, obligarlo a controlarse a sí mismo. La principal manera de controlar al gobierno es, sin duda, hacer que dependa del pueblo, pero la experiencia nos ha mostrado la necesidad de tomar otras precauciones adicionales»[2].

Este fragmento, que es parte de uno de los textos más populares de las ciencias sociales, revela de una manera significativa una de las principales cuestiones que a lo largo de los años ha sido objeto de continuos debates en el mundo de lo público: el gobierno y su control a través del pueblo. Desde un primer momento ha sido necesario establecer controles al gobierno y a su actividad, ya que la propia esencia y naturaleza del Estado así lo exigen. Al fin y al cabo, como se acaba de ver, ya en el siglo XVIII se entendía la importancia del papel que desempeña el ciudadano en la democracia, al constituirse como uno de los mecanismos de control sobre la actividad gubernamental.

Sin embargo, se podría afirmar que dicha necesidad se ha visto acrecentada desde la entrada en escena del Estado social y democrático de Derecho, que es el modelo de Estado actual por antonomasia y que implica unos niveles de actividad y de inmersión en los ámbitos económico y social nunca vistos en la historia de las organizaciones políticas humanas. Por ello se antoja necesario que la democracia no sea entendida como un mero mecanismo de elección de nuestros representantes, sino como un sistema regido por el

2 El Federalista n.º 51. La estructura del gobierno debe proporcionar los adecuados controles y equilibrios entre los diferentes departamentos. James Madison.

imperio de la ley como expresión de la voluntad popular en el que haya una limitación racional del poder y orientado al reconocimiento de la dignidad del ser humano[3].

En aras de proteger y desarrollar dicha idea, en los últimos años hemos sido testigos de la promulgación de múltiples normas procedentes de las más diversas instancias dirigidas a regular la transparencia, el buen gobierno o la buena conducta[4]. También hemos asistido a la inclusión de códigos de conducta, principios éticos o de conducta, así como a la implementación de técnicas que hasta hace relativamente poco tiempo parecían exclusivas del sector privado, como el *compliance*[5].

Hoy en día las principales normas sobre buena administración se contienen en la Carta de los Derechos Fundamentales de la Unión Europea, en la Ley 19/2013, de 9 de diciembre, de transparencia, acceso a la información pública y buen gobierno, en leyes sectoriales reguladoras de materias tales como subvenciones o urbanismo —entre otras— y finalmente en las distintas normas aprobadas por los órganos legislativos de las Comunidades Autónomas[6]. Entre estas últimas destaca la gallega, puesto que la rendición de cuentas ya fue abordada en 1996 con la Ley de incompatibilidades de los miembros de la Xunta de Galicia y altos cargos de la Administración autonómica.

Desde luego esta tendencia no puede ser tildada de casual. La crisis económica, los polémicos casos de espionaje, la preocupación de los ciudadanos por el uso indebido del patrimonio público o la necesidad de encontrar un equilibrio entre servicios públicos de calidad y su gestión efectiva pueden ser considerados como algunos de los catalizadores de este conjunto de normas dirigidas a garantizar la protección de los ciudadanos frente a las arbitrariedades del poder público.

3 Ya Von Munch señalaba que en todos los derechos fundamentales se halla comprendido un núcleo de dignidad personal.

4 En clave europea cabe destacar el programa *Better Regulation* (Legislar mejor), llevado a cabo por la Comisión Europea, cuyo objetivo es garantizar que el proceso legislativo de la Unión goce de una mayor transparencia, que se base en datos contrastados y que tengan en cuenta a los principales afectados por la legislación que se pretende aprobar, es decir, implicar tanto a la ciudadanía como a las empresas en el proceso de formulación de las políticas públicas.

5 Ponce Solé ha venido distinguiendo entre el buen gobierno, que hace referencia a la forma en la que el poder ejecutivo desarrolla sus decisiones políticas y la potestad reglamentaria, y la buena administración, que equivale a una gestión administrativa carente de negligencia, malas prácticas o corrupción.

6 En Galicia está en vigor la Ley 1/2016, de 18 de enero, de transparencia y buen gobierno.

2. El interés general y la personalidad jurídica de la Administración como fundamento de la buena administración

Tradicionalmente, la buena administración ha sido analizada desde un punto de vista triple: como un derecho de los ciudadanos, como una obligación de los poderes públicos y como un principio de actuación de las Administraciones Públicas. Desde todas estas perspectivas se llega a la misma máxima: que los ciudadanos tienen el derecho a que los poderes públicos actúen conforme al interés general, cumpliendo el mandato del artículo 103.1 de la Constitución, y que éstos están obligados en su actuación no sólo a actuar conforme a derecho, sino también a buscar la calidad del servicio público y el respeto a la dignidad de la persona.

De este modo, la justificación de la necesidad de la buena administración se puede encontrar en dos de los conceptos capitales sobre los que se construye el Derecho administrativo, como son el interés general y la personalidad jurídica de la Administración Pública.

Partiendo de que la buena administración constituye un derecho del cuerpo social a que los poderes públicos resuelvan sus asuntos conforme al interés general, es necesario que la Administración Pública de un Estado social y democrático de Derecho tenga en cuenta los valores de éste y actúe conforme a ellos[7]. Y ello porque la Administración Pública no es una mera organización o un conjunto de órganos más o menos constitucionalizados, sino que es una persona jurídica que, teniendo en cuenta el papel que desempeña y la posición que ocupa en el ordenamiento jurídico, se le deben exigir una serie de pautas, conductas y formas que informen su actuación, precisamente para cumplir el mandato recogido en el artículo 103.1 de la Constitución española: servir con objetividad los intereses generales. Ese carácter servicial, esa puesta al servicio de la comunidad es lo que justifica su propia existencia. Por ello se deben articular mecanismos de control que funcionen como contrapesos y que garanticen la protección de los ciudadanos frente a una actuación de los poderes públicos que conculque sus derechos.

De no ser así la ciudadanía sería considerada únicamente como la destinataria de unos servicios públicos que en ningún caso estarían sujetos a evaluación. El interés general no puede ser entendido como una vía unidireccional en la que el cuerpo social sea el receptor de determinadas prestaciones públicas, sino que implica un diálogo constante entre el poder público y los agentes sociales.

---

7 Al fin y al cabo, el artículo 1.1 de la Constitución española establece como valores superiores del ordenamiento jurídico la libertad, la justicia, la igualdad y el pluralismo político. De este modo, se podría afirmar que la buena administración es una emanación o manifestación del Estado de Derecho.

Evidentemente ello debe ser objeto de regulación a través de normas jurídicas que establezcan técnicas concretas de protección frente a aquellas actuaciones del poder público que conculquen los derechos y libertades de los ciudadanos.

El principio de buena administración está implícito en nuestra Constitución, sin embargo ha sido positivizado en el artículo 41 de la Carta de los Derechos Fundamentales de la Unión Europea, del que se desprende que todo ciudadano de la Unión tiene derecho a que sus asuntos se traten «*imparcial y equitativamente y dentro de un plazo razonable*», el derecho de toda persona «*a ser oída antes de que se tome en contra suya una medida individual que le afecte desfavorablemente*», el derecho de acceso al expediente, la obligación de la Administración Pública de motivar sus decisiones, el derecho a la reparación de los daños causados por las instituciones o agentes en el ejercicio de sus funciones y el derecho a dirigirse a las instituciones de la Unión en una de las lenguas de los Tratados y recibir la contestación en la misma lengua.

Por lo tanto, constituye un nuevo paradigma del Derecho del siglo XXI y, en palabras del Tribunal Supremo implica:

> «(...) un modo de actuación pública que excluye la gestión negligente y no consiste en una pura fórmula vacía de contenido, sino que se impone a las Administraciones Públicas, de suerte que el conjunto de derechos que de aquel principio derivan (audiencia, resolución en plazo, motivación, tratamiento eficaz y equitativo de los asuntos, buena fe) tiene-debe tener-plasmación efectiva y lleva aparejado, por ello, un correlativo elenco de deberes plenamente exigibles por el ciudadano a los órganos públicos»[8].

Sin embargo, el legislador europeo no ha sido el único en percibir la necesidad de regular los principios de la buena administración, ya que hay que tener en cuenta que ya el artículo 23 de la Constitución española recoge el derecho fundamental a la participación en los asuntos públicos, derecho que, como ha puesto de relieve el Tribunal Constitucional, no debe entenderse limitado al ejercicio del derecho de sufragio, sino al derecho del conjunto de los ciudadanos a ser partícipe en el control de la actividad de los poderes públicos.

3. Manifestaciones de la buena administración en el ámbito tributario. La jurisprudencia del Tribunal Supremo

3.1. Doctrina general

El Tribunal Supremo ha utilizado diversas fórmulas para referirse a la buena administración, incluso algunas de ellas se podrían catalogar de contradictorias. En algunas sentencias habla del principio de buena administración,

8 Sentencia del Tribunal Supremo 361/2021, de 15 de marzo de 2021.

mientras que en otras se refiere al derecho a la buena administración, sin establecer las líneas que definen esas dos categorías jurídicas. Asimismo, la buena administración ha sido catalogada como una suerte de «*metaprincipio jurídico inspirador de otros*»[9] o desde un punto de vista negativo[10].

En todo caso, y de igual manera que la doctrina, el Tribunal Supremo ha venido diferenciando entre dos manifestaciones del principio de buena administración. En sus propias palabras, por un lado, constituye:

> «(...) un deber y exigencia a la propia Administración que debe guiar su actuación bajo los parámetros definidos», y, por otro lado, «un derecho del administrado que como tal puede hacerse valer ante la Administración en defensa de sus intereses»[11].

De este modo, ve en el derecho a una buena administración el germen de una serie de derechos con plasmación efectiva, o, desde un punto de vista negativo,

> «(...) no es una mera fórmula vacía de contenido, sino que se impone a las Administraciones Públicas, de suerte que a dichos derechos sigue un correlativo elenco de deberes a esta exigibles».

La buena administración implica la imposición de deberes en su actuación a la Administración Pública, pero también otorga derechos a los ciudadanos que impidan que dicha actuación que impune.

En múltiples sentencias se puede observar la conexión que realiza el alto Tribunal con el concepto de diligencia. Recuerda en diversas ocasiones que de la Administración se espera una conducta:

> «(...) lo suficientemente diligente como para evitar definitivamente las posibles disfunciones derivadas de su actuación, por así exigirlo el principio de buena administración, que no se detiene en la mera observancia estricta de procedimientos y trámites, sino que más allá reclama la plena efectividad de garantías y derechos reconocidos legal y constitucionalmente al contribuyente»[12].

Es decir, entiende que el principio de buena administración implica que la Administración Pública actúe con agilidad, como se espera de ella y que se eviten inexactitudes, y ello no como consecuencia de la necesidad de cumplir con las exigencias normativas, sino para asegurar el conjunto de derechos, libertades y garantías que el ordenamiento jurídico reconoce a los ciudadanos. Esta exigencia del deber de diligencia se ha recogido en diversas sen-

9 Sentencia del Tribunal Supremo 586/2020, de 28 de mayo de 2020.

10 Si la Mala Administración es aquélla que queda fuera del ordenamiento jurídico, la buena administración sería la que actúa conforme a éste.

11 Sentencia del Tribunal Supremo 1312/2021, de 4 de noviembre de 2021.

12 Sentencia del Tribunal Supremo 1503/2017, de 17 de abril de 2017.

tencias del Tribunal Supremo, destacando entre otras la número 665/2017, de 17 de abril de 201, en la que se establece que como consecuencia de un sistema tributario basado en el principio de justicia y el de contribuir al sostenimiento de los gastos públicos conforme a la capacidad económica de cada uno, se debe evitar la doble imposición y la prohibición del enriquecimiento injusto por parte de la Administración Tributaria. Ello se debe a que es a ésta a quien le corresponde en exclusiva un «*deber de cuidado y la debida diligencia para su efectividad y de garantizar la protección jurídica*».

Asimismo, al afirmar que la buena administración «*no se detiene en la mera observancia estricta de procedimientos y trámites*» parece dar a entender que el ámbito de desarrollo de este principio se puede encontrar en situaciones en las que la Administración Pública cumpla con los plazos y trámites procedimentales. Es decir, se puede dar la situación en la que la Administración cumpla con los plazos y demás exigencias, pero conculque el derecho a la buena administración.

Esto lleva a la conclusión a la que se llegó en el anterior apartado: es preciso poner el centro de atención en el ciudadano. Este principio reclama algo más allá del cumplimiento estricto del procedimiento. Reclama la plena efectividad de las garantías y derechos reconocidos legal y constitucionalmente y ordena a los responsables de gestionar el sistema impositivo, dentro del ámbito tributario, observar el deber de cuidado y la debida diligencia para su efectividad y la de garantizar la necesaria protección jurídica de los ciudadanos.

Por otro lado, no se puede olvidar el hecho de que, aunque se trate de un principio que informa todo el ordenamiento jurídico y que se deduce de diversos artículos de la Constitución, el artículo 41 de la Carta de los Derechos Fundamentales de la Unión Europea lo recoge explícitamente, lo que ha dado lugar al planteamiento de si ese derecho tiene una proyección a nivel nacional. En este sentido, la doctrina y la jurisprudencia han sido unánimes en su aceptación, sin embargo, se puede encontrar alguna sentencia en la que se exige cierto matiz.

La última sentencia en la que se ha puesto sobre la mesa una visión algo disruptiva sobre la aplicación del principio de buena administración es la sentencia del Tribunal Supremo 1312/2021, de 11 de noviembre de 2021. En ella, el magistrado Berberoff Ayuda establece en su voto particular una serie de matizaciones, de entre las que destaca, en este punto, la necesidad de que a la hora de invocar el artículo 41 de la Carta de los Derechos Fundamentales de la Unión Europea se establezca un vínculo entre los hechos del asunto y el Derecho de la Unión. Para sostener dicha posición el magistrado sostiene que:

> «(...) resulta fundamental identificar la materia y ámbito de aplicación que delimita cada asunto, con el fin de poder proyectar el mandato positivo que encierra la Carta, como algo más que un mero principio inspirador del ordenamiento nacional».

Dicha afirmación contiene un acierto, y es que la Carta de los Derechos Fundamentales de la Unión Europea no deja de ser una norma vinculante para los poderes públicos, tanto a nivel comunitario como nacional, y ello exige la necesidad de establecer un vínculo entre el asunto en particular y el artículo 41 de la Carta. No se trata, como bien se señala de un principio cuya aplicación puede resultar dudosa, sino de un verdadero derecho.

3.2. La necesidad de motivación de las dilaciones en los procedimientos tributarios

Una de las últimas sentencias en aplicar e interpretar este principio fue la sentencia del Tribunal Supremo 361/2021, de 15 de marzo de 2021, en la que la cuestión que se plantea si conforme al principio de buena administración, las dilaciones del procedimiento por causa no imputable a la Administración Tributaria deben constar expresamente motivadas en el acuerdo de derivación de responsabilidad a fin de constatar la caducidad del procedimiento o, por el contrario, la exigencia de motivación se satisface, igualmente, cuando esas dilaciones se justifican posteriormente en la resolución del Tribunal Económico-Administrativo que revisa el acuerdo de derivación.

En este supuesto el día 9 de marzo de 2015 se le notificó al administrado el inicio del procedimiento de derivación de responsabilidad y trámite de audiencia, concediéndole un plazo de quince días hábiles para formular alegaciones. Posteriormente solicitó la ampliación de dicho plazo y le fue concedido. Finalmente, la resolución del procedimiento tributario se notificó el día 18 de septiembre de 2015, por lo que a la hora de recurrir el acuerdo de derivación de responsabilidad alegó la caducidad del procedimiento por haber superado el plazo de seis meses previsto para dictar y notificar la resolución.

Por su parte, la Sala de instancia consideró que la exigencia de motivación:

> «(...) en este supuesto, en el que solamente existe una dilación en el procedimiento por causa no imputable a la Administración Tributaria y totalmente imputable al recurrente, de la que es perfecto conocedor sería desproporcionada y carente de sustancia».

Mientras que el Tribunal Supremo recuerda que uno de los deberes exigibles por los ciudadanos, y que se derivan del principio de buena administración es el de:

> «(...) dar respuesta motivada a las solicitudes que los ciudadanos formulen a la Administración y a que las consecuencias que se anuden a las actuaciones administrativas —especialmente cuando las mismas agraven la situación de los interesados o les imponga cargas, incluso si tienen la obligación de soportarlas— sean debidamente explicadas no solo por razones de pura cortesía, sino para que el sujeto pueda desplegar las acciones defensivas que el ordenamiento le ofrece».

De este modo, y ya aplicando el principio de buena administración a la cuestión concreta, el Tribunal establece que del análisis del artículo 104 de la Ley General Tributaria, que regula los plazos de resolución de los procedimientos tributarios y los efectos de la falta de resolución expresa, se deduce que la Administración no está dispensada de motivar en el acuerdo de derivación de responsabilidad la dilación atribuible al recurrente. Es decir, aún en el supuesto de que se produzca una dilación no atribuible a la Administración, existe la necesidad de motivar, con sucinta referencia a hechos y fundamento, de los actos que impongan una obligación al contribuyente. Así, establece que:

> «Reiteradamente se ha pronunciado esta Sala sobre la obligación de motivar las dilaciones no imputables a la Administración en los actos de gravamen, considerándola una obligación preceptiva, por justificar el acogimiento de una regla excepcional».

Por lo tanto:

> «(...) se concluye la necesidad de motivar los actos de gravamen, como sin duda lo es el acuerdo de declaración de responsabilidad tributaria, en el que habrá de justificarse el acogerse a una regla excepcional, como es la de superar el plazo máximo de seis meses legalmente establecido para su tramitación y notificación, por excluir de su cómputo una dilación no imputable a la Administración».

3.3. La aplicación del principio de buena administración en relación con la retroacción de actuaciones ordenada por un tribunal económico-administrativo

En no pocas ocasiones se ordena por los tribunales o por órganos económico-administrativos la retroacción de las actuaciones en el marco de un procedimiento administrativo de naturaleza tributaria y la Administración difiere significativamente en la remisión del expediente.

Por un lado, esa actuación dilatoria implica un desfase temporal que no puede ser indiferente, y ello porque:

> «(...) fijado legalmente un plazo para llevar a efecto la ejecución de la resolución estimatoria por motivos formales con retroacción de actuaciones, bastaría para burlar su finalidad el que el inicio del plazo para tramitar el procedimiento quede a voluntad de la Administración»[13].

Es decir, una vez ordenada la retroacción de las actuaciones, la Administración no puede disponer a su voluntad del inicio del plazo.

13 Sentencia del Tribunal Supremo 4499/2017, de 5 de diciembre de 2017.

Por otro lado, el retraso en la remisión del expediente también implica una conculcación del derecho del obligado tributario:

> «(...) a que ordenada por resolución judicial o económico-administrativa la retroacción las actuaciones se lleven a cabo en el periodo que reste desde el momento al que se retrotraigan las actuaciones hasta la conclusión del plazo al que se refiere el apartado 1 o en seis meses si aquel período fuera inferior»[14].

Hasta aquí la regla general. Sin embargo, no todo retraso en la ejecución debe implicar necesariamente una conculcación del principio de buena administración. Es decir, hay situaciones en las que se produce una actuación dilatoria por parte de la Administración pero que no suponen una vulneración de este principio. Por lo tanto, para determinar si se está o no ante una vulneración del principio de buena administración habrá que examinar las circunstancias singulares del caso en cuestión.

Especialmente reveladora es la sentencia del Tribunal Supremo 1853/2019 de 18 de diciembre de 2019, en la que se ponen de manifiesto una serie de circunstancias fácticas que hacen que el alto Tribunal entienda que, pese haber dilación en la remisión del expediente para la ejecución de la resolución, no implica una vulneración del principio de buena administración.

Para llegar a tal conclusión el Tribunal Supremo tiene en consideración que:

> «(...) el principal motivo del retraso en la ejecución ha sido la errónea remisión del expediente para ejecución a un órgano administrativo que no era el competente en ningún caso».

Y que, además, dicho órgano incompetente:

> «(...) no se demoró en absoluto en la subsanación de este error, ya que recibida la resolución ...la devolvió...indicando...que él no era el órgano competente para ejecutar la resolución».

En síntesis, de esta sentencia se desprende que no se puede apreciar automáticamente la vulneración del principio de buena administración cuando se produzca una dilación en la actuación de la administración. Debe tratarse de una dilación desproporcionada, es decir, debe desprenderse algún tipo de intencionalidad, sin que baste «*un mero error del órgano económico-administrativo*». Para apreciarla se debe apreciar «*una conducta manifiestamente negligente o dilatoria del cumplimiento de los plazos*». No puede tratarse de una demora de escasa entidad.

Por lo tanto, con esta sentencia el Tribunal Supremo da un paso más en la definición de los límites que enmarcan el principio de buena administración.

14 Sentencia del Tribunal Supremo 490/2017, de 14 de febrero de 2017.

3.4. La aplicación del principio de buena administración y la inactividad de la Administración Pública

Para analizar esta cuestión resulta de especial interés una sentencia mencionada con anterioridad. La sentencia del Tribunal Supremo 1312/2021, de 4 de noviembre de 2021 establece como cuestión de interés casacional determinar si la fecha de inicio del cómputo del plazo máximo de resolución en el procedimiento sancionador en materia de contrabando a los efectos de apreciar la existencia o no de caducidad debe computarse desde la notificación de la comunicación de inicio del procedimiento o desde la fecha de las actuaciones previas. El Tribunal llega a la conclusión de que la fecha que debe tenerse en cuenta a dichos efectos debe ser la de la comunicación de inicio del procedimiento, pero para llegar a tal decisión realiza un examen sobre la incisión de la buena administración frente a la inactividad administrativa.

Independientemente de la posible discrepancia con algunos puntos de la sentencia, lo cierto es que realiza una interesante aportación, pero para llegar a ella hay que partir de la distinción que hace entre las actuaciones previas, entendidas como un conjunto de actividades previas a la iniciación del procedimiento y éste último. Entre ambos existe un vínculo evidente, pero constituyen «*compartimentos estancos*». De ahí que la jurisprudencia haya establecido que «*las actuaciones previas al inicio del procedimiento no computan a efectos del plazo máximo del que dispone la Administración para resolver*»[15].

Sin embargo, en el presente procedimiento hay que tener en cuenta que no existe normativa que regule el plazo máximo que debe transcurrir entre la recepción de las actuaciones poniendo en conocimiento la posible comisión de una infracción administrativa y el inicio del expediente. Las únicas referencias son, por un lado, que la normativa reguladora del contrabando exige que las actuaciones previas deben remitirse en un plazo de 48 horas al órgano competente para sancionar y que el plazo para resolver y notificar el procedimiento sancionador es de un máximo de seis meses. En este caso, entre ambos momentos transcurrieron quince meses, lo que el Tribunal Supremo identifica en esta sentencia como un supuesto de inactividad.

Efectivamente, sostiene que, como manifestación del principio de buena administración debe exigirse una «*diligencia en el actuar de la Administración y el desarrollo y resolución en tiempo razonable y proporcionado*», de modo que:

> «(...) cuando existe una inactividad administrativa objetiva, injustificada y desproporcionada, se está conculcando el derecho del ciudadano a la buena administración...que debe ser garantizado y que, en su caso, debe ampararse por los Tribunales de Justicia».

15 Sentencia del Tribunal Supremo dictada en el recurso de casación 2415/2016, de 13 de mayo de 2019.

Así, se puede afirmar que el «*citado deber de buena administración (...) proscribe la inactividad*».

El Tribunal llega a la conclusión de que:

> «(...) la inactividad injustificada y desproporcionada de la Administración desde la finalización de las actuaciones previas al inicio del expediente sancionador, conculca el derecho del interesado a la buena administración en su manifestación de no sufrir dilaciones injustificadas y desproporcionadas, y vicia las posteriores actuaciones llevadas a cabo por conculcar el principio de buena administración».

Tal y como se señaló con anterioridad, el magistrado Berberoff Ayuda introdujo en su voto particular una serie de cuestiones que merecen especial atención, y es que de dicha inactividad administrativa no se derivan únicamente aspectos prejudiciales para el particular, llegando a la conclusión de que una aplicación ponderada del derecho a una buena administración:

> «(...) resultaría posible cuando ese devenir temporal hubiera supuesto una ventaja fraudulenta para la Administración (por ejemplo, como hemos dicho en otras ocasiones, «anticipando» algunos actos, en lugar de dictarlos en el procedimiento posterior) o, por el contrario, cuando comporte un inconveniente para el administrado, disminuyendo, por ejemplo, sus posibilidades de defensa, circunstancias que no advierte la sentencia».

4. Conclusiones

Después de examinar la aplicación de la buena administración en la jurisprudencia del Tribunal Supremo, concretamente en el ámbito tributario, pueden extraerse algunas conclusiones.

La importancia de la buena administración en su triple consideración, como deber, como derecho y como principio está fuera de toda duda, tanto para la doctrina como para los tribunales. No podría ser de otro modo. Sin embargo, su aplicación e interpretación por los tribunales puede que siga una línea garantista. Y ello por una razón. La buena administración no puede ser considerada únicamente como un principio inspirador, o que informe al ordenamiento jurídico, derivado de los artículos 9.3 y 103.1 de la Constitución. Y aún desde este punto de vista no es conveniente realizar una aplicación sistemática, ya que se corre el riesgo que se desvirtúe y deje de ser una herramienta eficaz contra la verdadera arbitrariedad y mala praxis administrativa. De ser así perdería su esencia y el objetivo para el que nació.

Tal y como se señaló con anterioridad, la buena administración no sólo es un principio, sino que es un derecho fundamental. Así lo considera la Carta de los Derechos Fundamentales de la Unión Europea.

Con la intención de que alcance su plena eficacia, debería ser traído a colación por los Tribunales de Justicia cuando se produzca por parte de la Administración Pública una actuación que ocasione al administrado una verdadera conculcación de sus derechos y libertades legalmente reconocidos, y no sólo cuando se produzca la vulneración alguna norma procedimental, puesto que para dichas situaciones existen otros mecanismos jurídicos. La buena administración no puede servir como una suerte de sustituto de otras figuras o instituciones jurídicas que también protegen a los administrados, puesto que ello llevaría a una situación en la que su esencia se estaría desfigurando.

Por ello, la aplicación de la buena administración por los Tribunales debe estar circunscrita a la apreciación de elementos fácticos que muestren que la actuación del poder público está injustificada o es arbitraria, colocándolo en una situación de dominio no amparada por el ordenamiento jurídico cuya inmediata consecuencia es la vulneración del conjunto de derechos y libertades que el ordenamiento jurídico nos confiere como contrapeso.

5. Bibliografía

González De Lara Mingo, Sandra María (2021). «El derecho fundamental a la buena administración», en *Actualidad administrativa*, 7-8.

Meilán Gil, José Luis (2013). «La buena Administración como institución jurídica», en *Administración de Andalucía: revista andaluza de administración pública*, 87, pp. 13-50.

Rodríguez-Arana Muñoz, Jaime (2008). «El derecho fundamental al buen gobierno y a la buena administración de instituciones públicas», en *Colección de estudios*, 1, pp. 13-31.

Rodríguez-Arana Muñoz, Jaime (2012). «El derecho a la buena administración en las relaciones entre ciudadanos y la Administración Pública», en *Anuario da Facultade de Dereito da Universidade da Coruña*, 16, pp. 247-274.

CONTRADICCIONES ENTRE LA DECLARATORIA DE RESPONSABILIDAD POR INADECUADO MANEJO DE FONDOS PÚBLICOS Y LAS SANCIONES ACCESORIAS DE LA LEY ORGÁNICA DE LA CONTRALORÍA GENERAL DE LA REPÚBLICA Y DEL SISTEMA NACIONAL DE CONTROL FISCAL VENEZOLANO

Contradictions between the declaration of responsibility for inadequate management of public funds and the accessory sanctions of the Organic Law of the Comptroller General's Office and the Venezuelan National Fiscal Control System

Jessica Vivas Roso[1]
Universidad Central de Venezuela
Universidad Católica Andrés Bello (Venezuela)

Fecha de Recepción: 01/10/2022
Fecha de Aceptación: 31/10/2022

Resumen: La Ley Orgánica de la Contraloría General de la República y del Sistema Nacional de Control Fiscal le otorga al Contralor General de la República la competencia «exclusiva y excluyente» y «sin que medie procedimiento alguno» para imponer sanciones accesorias a la declaratoria de responsabilidad por inadecuado manejo de fondos públicos. Estas sanciones accesorias han sido cuestionadas no sólo por su inconstitucionalidad sino por los problemas

1 Especialista en Derecho Administrativo. Especialista en Gerencia del Sector Público. Universidad Central de Venezuela (UCV). Universidad Católica Andrés Bello (UCAB). Doctoranda en el Programa Oficial de Doctorado en Derecho Administrativo Iberoamericano (DAI) de la Universidad de A Coruña (UDC).

prácticos que surgen respecto del acto administrativo que declara la responsabilidad. En este trabajo se presentan algunos de estos problemas y se plantea la necesidad de revisar ambas figuras.

Palabras clave: Responsabilidad. Fondos públicos. Sanciones accesorias. Órganos de control. Ejecutividad y ejecutoriedad.

Abstract: The Comptroller General of the Republic and the National System of Fiscal Control's Organic Law gives the Comptroller General of the Republic exclusionary and exclusive competence to impose accessory sanctions to the declaration of responsibility for inadequate use of public funds, without any previous procedure. These accessory sanctions have been questioned not only for their unconstitutionality but also for the practical problems that derive from the administrative act that declares the responsibility. In this paper some of these problems are presented thus raising the importance of reviewing both figures.

Keywords: Responsibility. Public funds. Accessory penalties. Control bodies. Enforceability.

1. Introducción

La buena gestión de los fondos públicos trae consigo la necesidad de contar con mecanismos de control sobre la actuación de los órganos del Estado. Estos mecanismos deben procurar la adecuación de la actividad estadal a las normas jurídicas que lo regulan y la satisfacción de las necesidades ciudadanas. Adicionalmente es necesario el establecimiento de sistemas de responsabilidad que permitan no solamente castigar la conducta contraria a derecho, sino que se pueda ejemplarizar a otros sujetos que eventualmente pudieran ser susceptibles de sanción.

Dentro de los distintos sistemas de responsabilidad reviste especial importancia la responsabilidad del funcionario o particular por el inadecuado manejo de fondos, que viene a configurarse como un mecanismo que permite combatir y minimizar la posibilidad de que ocurran hechos de corrupción o que menoscaben el patrimonio del Estado y lo desvíen de la satisfacción de las necesidades ciudadanas. Para su efectividad es necesario contar, entre otros, con procedimientos adecuados que permitan: 1) garantizar los derechos a la defensa y al debido proceso de los posibles sancionados; 2) establecer las sanciones respectivas; 3) recuperar las cantidades de dinero desviadas cuando sea procedente; 4) impedir que esas conductas sigan siendo cometidas por el mismo funcionario; 5) garantizar que se dé a los fondos públicos el uso para el cual estaban previstos.

En Venezuela, el procedimiento para la determinación de responsabilidades por manejo inadecuado de fondos públicos, se encuentra regulado en la Ley Orgánica de la Contraloría General de la República y del Sistema Nacional de Control Fiscal y establece para los declarados responsables las sanciones de multa y reparo. Adicionalmente contempla la posibilidad que el Contralor General de la República imponga sanciones accesorias a la declaratoria de la referida responsabilidad.

Tales sanciones accesorias han sido cuestionadas de inconstitucionalidad por constituir una violación al *non bis in ídem* y además generan un conjunto de problemas prácticos —presentados en este trabajo— relativos a la ejecutividad y ejecutoriedad de los actos, medios de impugnación, tribunales competentes, entre otros, que hacen necesario repensar las sanciones en materia de responsabilidad por manejo inadecuado de fondos públicos, e inclusive plantearse una reforma legal de esta institución jurídica.

2. El control de la Administración pública

El estudio de la responsabilidad por inadecuado manejo de fondos públicos parte de algunas nociones como: 1) administrar; 2) Administración pública; 3) control de la Administración pública.

Para el Diccionario de la Real Academia de la Lengua Española (2019), administrar puede ser entendido como «ejercer la autoridad o el mando sobre un territorio y sobre las personas que lo habitan», «dirigir una institución», «ordenar, disponer, organizar, en especial la hacienda o los bienes». Por su parte administración es un concepto que puede ser entendido como una actividad o el conjunto de órganos y entes que desarrollan dicha actividad (Ivanega 2016: 3), que gira en torno a la idea de gestión de materiales, recursos, fondos y bienes.

Mientras tanto, el término Administración pública está referido al conjunto de órganos y entes del poder ejecutivo del Estado, que ejercen acciones y competencias constitucional y legalmente establecidas en procura de la satisfacción de los intereses generales de los ciudadanos. Puede verse además como los órganos y entes encargados de administrar adecuadamente los recursos, fondos y bienes públicos con miras a la satisfacción de las necesidades ciudadanas.

Ahora bien, sobre este último planteamiento gira la idea o necesidad de control de la actuación de dichos órganos y entes públicos, la cual para Rodríguez García (2019: 234):

> «(...) se encuentra estrechamente asociada con la idea de gestión o administración, como parte de un proceso integral que comporta la tarea de examinar u

observar lo actuado como parte de la función general de gestión, a los efectos de comprobar la correlación de lo sujeto a observación o examen con el prototipo de lo que es debido y esperado».

Para Rodríguez-Arana (2019: 221) la existencia de mecanismos de control tiene como finalidad garantizar la buena gestión de los intereses públicos, en especial la correcta aplicación del gasto por parte de los órganos y entes públicos cuando ejecutan sus políticas o prestan los servicios que reclama la sociedad, convirtiéndose así en garantía del Estado de derecho y el sistema democrático.

Para garantizar la correcta aplicación de los fondos públicos, se requiere de órganos, mecanismos y procedimientos que permitan revisar la legalidad, sinceridad y adecuación de la actividad que realizan los distintos órganos y entes del Estado y establecer las responsabilidades a que hubiere lugar, cuya idoneidad y efectividad es lo que permitirá —en un largo plazo— la satisfacción de necesidades ciudadanas.

3. Responsabilidad por inadecuado manejo de fondos públicos y sistema nacional de control fiscal en Venezuela

La Constitución venezolana de 1999 en su artículo 139 (Asamblea Nacional 2009) establece el principio general de responsabilidad como consecuencia del ejercicio del Poder Público, en casos de abuso o desviación de poder, o por violación de la Constitución y las leyes. Asimismo, el artículo 25 dispone que los funcionarios públicos incurren en responsabilidad penal, civil y administrativa cuando dicten actos que violen o menoscaben los derechos de los ciudadanos, sin que les sirvan de excusa órdenes superiores.

La competencia para la determinación de cada tipo de responsabilidad ha sido otorgada a distintos órganos del poder público, en atención a la naturaleza de la misma. Así, por ejemplo, el Parlamento Nacional podrá declarar la responsabilidad política de los funcionarios públicos como una manifestación del ejercicio del control parlamentario y el Ministerio Público ordena y dirige la investigación penal, correspondiendo a los órganos del Poder Judicial declarar la misma[2].

Por su parte, el control, vigilancia y fiscalización de los ingresos, gastos, bienes públicos y bienes nacionales, así como de las operaciones relativas a los mismos[3] le corresponde a la Contraloría General de la República,

2 Véase al respecto los artículos 222, 253 y 285 numeral 3. Constitución de la República Bolivariana de Venezuela.

3 Ver artículo 287 de la Constitución venezolana de 1999.

pudiendo en ejercicio de estas competencias inspeccionar y fiscalizar a los órganos y entes del sector público; practicar fiscalizaciones; iniciar investigaciones sobre irregularidades contra el patrimonio público; dictar las medidas, imponer los reparos y aplicar las sanciones a que haya lugar de conformidad con la ley[4].

La Ley Orgánica de la Contraloría General de la República y del Sistema Nacional de Control Fiscal establece que la Contraloría General de la República es el órgano rector del Sistema Nacional de Control Fiscal, conformado además por: 1) la Contraloría de los estados, de los Distritos, Distritos Metropolitanos y de los municipios; 2) la Contraloría General de la Fuerza Armada Nacional Bolivariana; y, 3) las unidades de auditoría interna de los órganos y entes del sector público (Asamblea Nacional 2010: art. 26). Dichos órganos tienen la competencia para realizar dos tipos de procedimientos que pueden eventualmente desembocar en la declaratoria de responsabilidad de un funcionario público o de un particular encargado del resguardo, administración y custodia de fondos públicos. Tales procedimientos son: la potestad de investigación y el procedimiento de determinación de responsabilidades.

De acuerdo con Abache Carvajal (2014: 25) la potestad de investigación es una representación clásica de la actividad de policía administrativa que se manifiesta en:

> «(...) i) la actividad de investigación propiamente dicha, mediante la cual se descubren hechos anteriormente ignorados o desconocidos; y ii) la actividad de comprobación, a través de la cual se constata la existencia de hechos conocidos pero inciertos».

La potestad de investigación busca garantizar que la actuación de los sujetos que manejen, resguarden o custodien fondos públicos se realice con sujeción a la ley y el derecho, así como dejar constancia de los hechos verificados por el órgano de control, que eventualmente —aunque esto no constituye un requisito sine qua non— daría lugar al establecimiento de responsabilidades administrativas posteriores.

Mientras tanto, el procedimiento de determinación de responsabilidades tiene como fin comprobar la ocurrencia de hechos, actos u omisiones que pudieran conducir a la declaratoria de responsabilidad de un funcionario público o de un particular como consecuencia del inadecuado uso o resguardo de los fondos públicos. Este procedimiento culmina —en caso de ser procedente— con la declaratoria de responsabilidad del o los sujetos involucrados; el establecimiento de multas y reparos correspondientes; y funge como presupuesto para el establecimiento de las penas accesorias previstas en el artículo 105 de la Ley Orgánica de la Contraloría General de la República y del Sistema Nacional de Control Fiscal.

4 Numeral 3, Artículo 289 de la Constitución venezolana de 1999.

4. Breve referencia al procedimiento de responsabilidad por inadecuado manejo de fondos públicos

No se pretende realizar un análisis extenso del procedimiento de determinación de responsabilidad como consecuencia del inadecuado uso o resguardo de los fondos públicos, sin embargo, es necesario conocer las etapas de dicho procedimiento, con un énfasis particular en el acto administrativo que pone fin al mismo y las sanciones que de él derivan, ello como precedente al análisis de las contradicciones que en la práctica se presentan entre dicho acto y las sanciones accesorias previstas en el artículo 105 de la Ley Orgánica de la Contraloría General de la República y del Sistema Nacional de Control Fiscal.

Se debe comenzar señalando que la competencia para dar inicio al procedimiento de determinación de responsabilidad por inadecuado manejo de fondos públicos ha sido atribuida a los distintos órganos del Sistema Nacional de Control Fiscal, es decir; tanto la Contraloría General de la República, como las contralorías de los estados, de los Distritos, Distritos Metropolitanos, de los municipios; la Contraloría General de la Fuerza Armada Nacional Bolivariana; y las unidades de auditoría interna de los órganos y entes del sector público pueden tramitar este procedimiento.

Sin embargo, las unidades de auditoría interna —como órganos de control interno de los distintos órganos y entes del sector público— tienen un impedimento respecto al inicio de procedimientos de determinación de responsabilidad por inadecuado manejo de fondos públicos a funcionarios de alto nivel[5] y máximas autoridades de los órganos y entes del sector público que estén en ejercicio de sus cargos. En estos casos, por disposición de los artículos 66 y 67 del Reglamento de la Ley Orgánica de la Contraloría General de la República y del Sistema Nacional de Control Fiscal (Presidencia de la República, 2009), deberán remitir las actuaciones realizadas a la Contraloría

5 Se consideran funcionarios de alto nivel a los titulares, máximas autoridades jerárquicas e integrantes de los cuerpos colegiados o deliberantes de: 1) órganos y entes del Poder Público Nacional; 2) órganos y entes que ejercen el Poder Público en los estados, distritos, distritos metropolitanos, municipios y territorios federales; 3) Institutos Autónomos nacionales; 4) Banco Central de Venezuela; 5) Universidades Públicas nacionales; 6) demás personas jurídicas de Derecho Público nacionales; 7) sociedades de cualquier naturaleza en las cuales cualquier órgano o ente del sector público tenga participación en su capital social, así como las que se constituyan con la participación de aquéllas; 8) fundaciones y asociaciones civiles y demás instituciones creadas con fondos públicos, o que sean dirigidas por órganos y entes del sector público, o en las cuales tales personas designen sus autoridades, o cuando los aportes presupuestarios o contribuciones efectuados en un ejercicio presupuestario por una o vARIAS de las personas a que se refieren dichos numerales representen el cincuenta por ciento (50 %) o más de su presupuesto.

General de la República, para que éste —como rector de Sistema Nacional de Control Fiscal— inicie los procedimientos correspondientes.

De acuerdo con los artículos 96 y 97 de la Ley Orgánica de la Contraloría General de la República y del Sistema Nacional de Control Fiscal (2013), procedimiento podrá iniciar cuando se dé alguno de los siguientes supuestos: 1) Como consecuencia del ejercicio de las funciones de control, es decir, en el marco de las competencias atribuidas a los órganos de control fiscal se realiza una auditoría que atienda a lo dispuesto en las Normas Generales de Auditoría de Estado, en la que se observen hechos, actos u omisiones por parte de ciudadanos o funcionarios públicos que pudieran encuadrarse en alguno de los supuestos generadores de responsabilidad administrativa previstos en los artículos 91 y 92 de la Ley Orgánica de la Contraloría General de la República y del Sistema Nacional de Control Fiscal; 2) Como consecuencia del ejercicio de potestades de investigación; 3) Por denuncia de particulares debidamente sustentadas y documentadas, y; 4) Por solicitud de cualquier organismo o empleado público.

El órgano de control fiscal correspondiente, analizados los documentos que le hubieren remitido para el inicio del procedimiento y comprobado que existieren «elementos de convicción»[6] que hagan presumir la ocurrencia de hechos o actos en menoscabo del patrimonio público, ordenará el inicio del procedimiento y la práctica de la notificación del o los interesados (artículo 98).

Una vez practicada las notificaciones correspondientes, el interesado legítimo[7] cuenta con un lapso de 15 días hábiles para indicar los medios de prueba que se producirán en el acto público, siendo admisibles todos los medios probatorios previstos en el ordenamiento jurídico, siempre que no estén expresamente prohibidos (artículos 99 y 100).

Nada dispone la Ley Orgánica de la Contraloría General de la República y del Sistema Nacional de Control Fiscal sobre la oportunidad para realizar la oposición a los medios probatorios presentados por los interesados legítimos, ni el tiempo en el cual el órgano de control fiscal se pronunciará sobre su admisión. El artículo 91 del Reglamento de la Ley Orgánica de la Contraloría General de la República y del Sistema Nacional de Control Fiscal establece que las pruebas serán admitidas, dentro de los tres días hábiles siguientes al vencimiento del lapso de promoción de pruebas. Tampoco fue establecida por el legislador, la oportunidad para evacuar las pruebas promovidas —cuando existiesen pruebas que requieran evacuación, por ejemplo,

6 Es decir, de la documentación recibida por el órgano de control deben desprenderse suficientes indicios sobre la ocurrencia de irregularidades que pudieran generar un daño o perjuicio al patrimonio público.

7 El interesado legítimo es aquel funcionario relacionado directamente con los hechos objeto del procedimiento.

una experticia o inspección— lo cual puede atentar contra los principios de seguridad jurídica, previsibilidad, claridad y certeza normativa; toda vez que los interesados legítimos quedan al criterio de cada funcionario responsable de la tramitación de los procedimientos, quien cuenta con la potestad de decidir discrecionalmente el tiempo que se dará a los interesados para la evacuación de prueba; circunstancia que eventualmente pudiera ocasionar violaciones al derecho a la defensa de las partes en el procedimiento.

Finalizado el lapso probatorio, se fijará la oportunidad para celebrar el acto oral y público, que deberán realizarse el 15.° hábil siguiente (artículo 101). En este acto pueden estar presentes todos los sujetos que tengan interés en el procedimiento. El artículo 92 del Reglamento de la Ley Orgánica de la Contraloría General de la República y del Sistema Nacional de Control Fiscal prevé la posibilidad de participación de medios de comunicación en este acto, previa autorización del órgano de control y siempre que las circunstancias así lo permitan. Este acto oral y público se efectúa en una única audiencia, aunque no implica que el debate deba agotarse en un solo día. El artículo 96 del Reglamento de la Ley Orgánica de la Contraloría General de la República y del Sistema Nacional de Control Fiscal, señala que cuando las circunstancias lo justifiquen, el acto podrá suspenderse por un plazo máximo de 5 días hábiles y continuará en la fecha y hora que establezca el órgano de control fiscal.

El artículo 101 de la Ley Orgánica de la Contraloría General de la República y del Sistema Nacional de Control Fiscal le otorga al órgano de control fiscal la posibilidad de dictar autos para mejor proveer con posterioridad a la celebración del acto oral y público, cuando estime necesaria la obtención de nuevas pruebas o la ampliación de las existentes, con el fin de esclarecer los hechos y las responsabilidades (artículo 97). El mandato contenido en el auto para mejor proveer deberá ser resuelto en un término no mayor a 15 días hábiles.

Finalizado el acto oral y público o vencido el lapso del auto para mejor proveer, el órgano de control emitirá la decisión correspondiente (artículo 103) que deberá constar en un documento que cumpla con los requisitos de los actos administrativos establecidos en la Ley Orgánica de Procedimientos Administrativos. En dicho acto, el órgano de control fiscal podrá: 1) declarar la responsabilidad del funcionario o particular; 2) imponer la multa correspondiente como consecuencia de la declaratoria de dicha responsabilidad[8]; 3) formular reparo, en aquellos casos donde se demuestre un daño al patrimonio público, por el monto del daño; 4) absolver a los sujetos participantes en el procedimiento de dichas responsabilidades; 5) declarar el sobreseimiento (art. 103 a 105).

---

8 De conformidad con el artículo 94 de la Ley Orgánica de la Contraloría General de la República y del Sistema Nacional de Control Fiscal, el monto de la multa oscila entre 100 y 1.000 Unidades TributArias (U.T), quedando a discrecionalidad el órgano de control el establecimiento del valor de la multa.

El acto que pone fin a este procedimiento agota la vía administrativa (artículo 106), sin embargo, por disposición del artículo 107 de la Ley Orgánica de la Contraloría General de la República y del Sistema Nacional de Control Fiscal, podrá ejercerse recurso de reconsideración dentro de los 15 días hábiles siguientes a que se haya dictado la decisión o notificado a las partes del procedimiento. Adicionalmente se podrá ejercer recurso de nulidad ante los Juzgados Nacionales de lo Contencioso Administrativo cuando los actos que declaren la responsabilidad sean dictados por cualquier órgano de control fiscal distintos a la Contraloría General de la República y ante la Sala Político Administrativa del Tribunal Supremo de Justicia cuando dicho acto lo dicte el órgano rector del Sistema Nacional de Control Fiscal (artículo 108).

5. Sanciones accesorias a la responsabilidad por inadecuado manejo de fondos públicos

Adicional a las sanciones de multa o reparo —cuando sea aplicable— que pueden imponerse como consecuencia de la declaratoria de responsabilidad por inadecuado manejo de fondos públicos, el artículo 105 de la Ley Orgánica de la Contraloría General de la República y del Sistema Nacional de Control Fiscal le otorga al Contralor General de la República, la competencia «exclusiva y excluyente» y «sin que medie ningún tipo de procedimiento» para imponer las siguientes sanciones: 1) suspensión del cargo sin goce de sueldo por un período no mayor de 24 meses; 2) destitución del declarado responsable; 3) inhabilitación para el ejercicio de las funciones públicas hasta por un máximo de 15 años.

Esta norma a pesar de que en reiteradas oportunidades ha sido cuestionada de inconstitucional y violatoria del principio *non bis in ídem* ante la Sala Constitucional del Tribunal Supremo de Justicia (2008), sigue vigente toda vez que el máximo tribunal ha considerado que:

> «(...) el mismo no revela en modo alguno violación al derecho a la defensa y al debido proceso, visto que el procedimiento descrito con anterioridad ofrece todas las garantías al particular para la defensa de sus derechos e intereses»[9].

---

9 En este sentido, la Sala Constitucional del Tribunal Supremo de Justicia ha considerado que para la determinación de responsabilidad como consecuencia del inadecuado manejo de fondos y bienes públicos es necesario el cumplimiento de vARIAS etapas, siendo una de ellas (segunda etapa) el cumplimiento del procedimiento de declaratoria de dicha responsabilidad, el cual, por ser un procedimiento que a criterio de la Sala Constitucional garantiza el derecho a la defensa y al debido proceso del administrado-investigado, faculta plenamente al Contralor General de la República, en atención a lo establecido en el artículo 105 de la Ley Orgánica de la Contraloría General de la República y del Sistema Nacional de Control Fiscal, para acordar una sanción accesoria, sin que ello pueda considerarse violatorio del derecho a la defensa y el debido proceso.

Sin embargo, más allá de las cuestiones de inconstitucionalidad que pueden originarse en torno a la vigencia y aplicación del mencionado artículo 105; la imposición de sanciones accesorias por parte del Contralor General de la República presenta un conjunto de problemas e incidentes en la práctica forense que requieren ser mencionados por considerarse ejemplos de mala administración en los procedimientos administrativos.

6. Contradicciones en la aplicación de las sanciones accesorias frente a la declaratoria de responsabilidad por inadecuado manejo de fondos públicos

Ciertamente el legislador intentó implementar un procedimiento para reforzar el deber de cualquier funcionario o particular de resguardar los bienes y fondos públicos bajo su tutela, no obstante, la implementación de las sanciones accesorias previstas en el artículo 105 de la Ley Orgánica de la Contraloría General de la República y del Sistema Nacional de Control Fiscal dan origen a una serie de problemas prácticos se mencionan a continuación:

1. El artículo 105 no establece la obligatoriedad de imponer sanciones accesorias a la declaratoria de responsabilidad como consecuencia del inadecuado uso o resguardo de los fondos y bienes públicos; esta potestad ha sido ejercida por el Contralor General de la República con discrecionalidad, lo que significa que no todos los sujetos declarados responsables por los distintos órganos de control fiscal son sujetos de sanciones accesorias.

2. No se establece un orden de prelación o de preferencia en la aplicación de las sanciones accesorias. Ni la Ley ni el reglamento indican bajo qué supuestos se debe aplicar la sanción de suspensión del cargo sin goce de sueldo, la sanción de destitución o la inhabilitación para el ejercicio de las funciones públicas. Queda a libre criterio del Contralor General de la República la elección de la sanción accesoria que se impone.

3. La sanción accesoria se impone en un acto administrativo distinto e independiente del acto que declara la responsabilidad como consecuencia del inadecuado uso o resguardo de los fondos y bienes públicos, lo que trae como consecuencia que deban ser recurridos en instancias judiciales separadas; es decir, el conocimiento del recurso de nulidad contra el acto que establece las penas accesorias le corresponde a la Sala Político Administrativa del Tribunal Supremo de Justicia y el conocimiento del recurso contra el acto que declara la responsabilidad por manejo inadecuado de fondos y bienes públicos le corresponde a los Juzgados Nacionales de lo Contencioso Administrativo, salvo que coincida que la declaratoria de responsabilidad sea declarada por la Contraloría General de la República.

4. No se establece la oportunidad para la imposición de las penas accesorias. No se requiere que el acto que declare la responsabilidad como conse-

cuencia del inadecuado uso o resguardo de los fondos y bienes públicos se encuentre firme en sede administrativa o tenga autoridad de cosa juzgada. Ello significa que el Contralor General de la República puede en cualquier momento y oportunidad, ordenar la suspensión, destitución o inhabilitación del sujeto declarado responsable aun cuando no se haya decidido el recurso de nulidad ejercido contra el acto que declare la responsabilidad.

A pesar que una interpretación armónica de la Ley Orgánica de la Contraloría General de la República y del Sistema Nacional de Control Fiscal, pudiera llegar a considerar que que hasta que no quede firme el acto administrativo donde se impone la sanción principal el Contralor General no podría imponer las respectivas sanciones accesorias, lo cierto es que, la no disposición expresa sobre la oportunidad para la imposición de las sanciones accesorias ha generado que éstas puedan ser dictadas de forma inmediata a la declaratoria de responsabilidad por manejo inadecuado de fondos y bienes públicos.

5. La Sala Político Administrativa del Tribunal Supremo de Justicia (2019) ha considerado que, por tratarse de actos administrativos independientes, el lapso de prescripción de 5 años previsto en el artículo 114 de la Ley Orgánica de la Contraloría General de la República y del Sistema Nacional de Control Fiscal para la imposición de las sanciones accesorias comienza a computarse una vez que se haya declarado la responsabilidad por manejo inadecuado de fondos y bienes públicos.

Esta interpretación además de apartarse de criterios establecidos por la Sala Constitucional del mismo tribunal (2008) en las que se ha justificado la constitucionalidad de las sanciones accesorias por considerar que el procedimiento de determinación de responsabilidad por manejo inadecuado de fondos y bienes públicos consta de varias etapas siendo una de ellas la etapa de determinación de responsabilidad y la siguiente la etapa de imposición de las sanciones accesorias, causa inseguridad jurídica toda vez que el presunto sujeto responsable puede esperar hasta 10 años desde el momento en que se originó el hecho que dio lugar a la responsabilidad hasta el momento en el cual se le impongan las sanciones accesorias.

6. Tanto el acto que declara la responsabilidad como el acto que impone las penas accesorias gozan de ejecutividad y ejecutoriedad. La Ley Orgánica de la Contraloría General de la República y del Sistema Nacional de Control Fiscal no establece la suspensión de los efectos del acto que declara la responsabilidad o que impone las penas accesorias, como consecuencia del ejercicio de algún recurso en sede administrativa o judicial. Ello genera la posibilidad que el Contralor General de la República ordene la ejecución de un acto que impone la pena accesoria de inhabilitación para el ejercicio de la función pública, sin que haya sido resuelto el recurso de nulidad presentado ante los Juzgados Nacionales de lo Contencioso Administrativo contra el acto que declara la responsabilidad administrativa y que con posterioridad al cumplimiento de la sanción de inhabilitación —o incluso habiendo transcu-

rrido en su totalidad el tiempo de la inhabilitación y ejecutada la misma— los órganos jurisdiccionales revoquen la declaratoria de responsabilidad administrativa.

7. Conclusiones

Como se ha expuesto, la Ley Orgánica de la Contraloría General de la República y del Sistema Nacional del Control Fiscal prevé para los declarados responsables por inadecuado manejo de fondos públicos dos tipos de sanción: 1) una de tipo pecuniario y obligatorio que surge como consecuencia de la declaratoria de responsabilidad; 2) otro de tipo punitivo y facultativo que podrá ser declarado por el Contralor General de la República cuando lo considere conveniente.

La existencia de ambas sanciones genera inconvenientes procedimentales y prácticos que: 1) pueden atentar contra los principios de seguridad y certeza jurídica, 2) generan atrofia en el funcionamiento de los órganos públicos: 3) pueden generar la existencia de sentencias contradictorias; 4) pueden generar el resarcimiento de daños a los sujetos declarados responsables cuando se ejecute una sanción accesoria y posteriormente se declare la nulidad del acto que establecía su responsabilidad; lo que hace necesario revisar y sincerar la naturaleza y alcance de la responsabilidad de funcionarios y particulares por el manejo inadecuado de fondos públicos y diseñar mecanismos que permitan o bien una aplicación armónica de ambas sanciones —tanto principal como accesoria— o unifiquen el sistema de sanciones establecido en la legislación venezolana.

8. Bibliografía

Abache Carvajal, Serviliano (2014). «Forma y tiempo de la potestad administrativa de investigación», en *Revista electrónica de Derecho Administrativo Venezolano*, 3, pp. 13-46. Disponible en: http://redav.com.ve/wp-content/uploads/2014/12/Forma-y-Tiempo-de-la-Potestad-Administrativa-de-Investigaci%C3%B3n.pdf

Asamblea Nacional (2009). *Constitución de la República Bolivariana de Venezuela.* Enmienda 1 (15 de febrero). *Gaceta Oficial de la República Bolivariana de Venezuela,* 5.908. Extraordinario febrero 19, 2009.

Asamblea Nacional (2010). *Ley Orgánica de la Contraloría General de la República y del Sistema Nacional de Control Fiscal* (12 de diciembre). *Gaceta Oficial de la República Bolivariana de Venezuela*, 6.013. Extraordinario: diciembre 12, 2010.

Contraloría General de la República (2013). *Normas Generales de Auditoría de Estado* (mayo 21). *Gaceta Oficial de la República Bolivariana de Venezuela*, 40.172. Ordinario: mayo 22, 2013.

Ivanega, Miriam M. (2016). *Control Público*. Buenos Aires: Editorial Astrea.

Presidencia de la República (2009). *Reglamento de la Ley Orgánica de la Contraloría General de la República y del Sistema Nacional de Control Fiscal* (26 de mayo). *Gaceta Oficial de la República Bolivariana de Venezuela,* 39.240. Ordinario: agosto 12, 2009.

Real Academia Española (2019). «Administrar», en *Diccionario de la lengua española.* Disponible en: https://dle.rae.es/administrar.

Rodríguez-Arana Muñoz, Jaime (2019). «El control de la Administración pública: una perspectiva integradora», en Rodríguez-Arana Muñoz, J., Delpiazzo Rodríguez, C., Da Silva Filho, J., Valim, R. y Rodríguez, M. (coord.). *Control administrativo de la actividad de la administración*, volumen 1. São Paulo: Imprensa Oficial do Estado de São Paulo - IMESP, pp. 215-229.

Rodríguez Garcia, Antonio (2019). «Bases conceptuales del control de cuentas de administración y sus posibles distorsiones. Referencias al caso venezolano», en Rodríguez-Arana Muñoz, J., Delpiazzo Rodríguez, C., Da Silva Filho, J., Valim, R. y Rodríguez, M. (coord.). *Control administrativo de la actividad de la administración*, volumen 1. São Paulo: Imprensa Oficial do Estado de São Paulo - IMESP, pp. 230-248.

Tribunal Supremo de Justicia, Sala Constitucional (2008). Sentencia número 1265. Caso: Ziomara del Socorro Lucena Guédez vs. Contraloría General de la República. Disponible en: https://supremainjusticia.org/wp-content/uploads/2016/01/N%C2%B0-4-El-TSJ-blindo%CC%81-el-poder-del-Contralor-para-inhabilitar-a-los-ciudadanos.pdf.

Tribunal Supremo de Justicia, Sala Político Administrativa (2019). Sentencia número 545. Caso: Amelia Coromoto Reaño Borges vs. Contraloría General de la República. Disponible: http://historico.tsj.gob.ve/decisiones/spa/agosto/306855-00545-7819-2019-2018-0283.HTML.

APROXIMACIÓN AL DERECHO ADMINISTRATIVO INTERAMERICANO

Introduction to the Inter-American Administrative Law

José Ignacio Hernández González[1]
Harvard Kennedy School (Estados Unidos)

Fecha de Recepción: 01/10/2022
Fecha de Aceptación: 31/10/2022

Resumen: La propuesta del Derecho Administrativo Interamericano engloba a los principios generales del Derecho Administrativo como fuente del Derecho Internacional Público dentro del Sistema Interamericano de Derechos Humanos. Inspirándose en la metodología del Derecho Administrativo Global, la propuesta identifica principios comunes en los ordenamientos jurídicos que son parte del Sistema Interamericano a través del método comparado. En tal sentido, el conjunto de normas y principios que en el Sistema inciden sobre la actividad administrativa de los Estados conforman al Derecho Administrativo Interamericano.

Palabras clave: Derecho Administrativo Comparado. Derecho Administrativo Global. Sistema Interamericano de Derechos Humanos. Derecho Administrativo Interamericano.

Abstract: The proposal of an Inter-American Administrative Law encompasses general principles of Administrative Law as a source of International Public Law within the Inter-American Human Rights System. Inspired by the Global Administrative Law methodology, the proposal identifies common principles in the domestic legal orders that are part of the Inter-American System through the comparative method. In that sense, the Inter-American Administrative Law is the set of rules and principles that, within the Inter-American System, apply to the administrative action of the members States.

1 Doctor en Derecho. Profesor de Derecho Administrativo en la Universidad Católica Andrés Bello y la Universidad Central de Venezuela. Profesor Invitado, Universidad Pontificia Católica Madre y Maestra y Universidad Castilla-La Mancha. Miembro del Grupo de Investigación de Derecho Público Global de Universidad de A Coruña. Fellow, Harvard Kennedy School.

Keywords: Comparative Administrative Law. Global Administrative Law. Inter-American Human Rights System. Inter-American Administrative Law.

1. Introducción

En el Derecho Interamericano —aquel derivado de la Carta de la Organización de Estados Americanos— es posible encontrar valores, principios y reglas que pivotan en torno al bien común y la dignidad humana, y bajo los cuales, las Administraciones Públicas se configuran como organizaciones fiduciarias orientadas al servicio de las personas, tal y como el reciente Derecho Constitucional lo refleja.

Estos valores, principios y reglas aplican a la actividad administrativa de los Estados parte. Su estudio sistemático permite analizarlos como el *Derecho Administrativo Interamericano*. Este concepto se basa en tres líneas de investigación. La primera es el esfuerzo por sistematizar los principios comunes del Derecho Constitucional en América Latina, a través del *Ius Commune Constitutionale en América Latina* (ICCAL). La segunda línea de investigación son los esfuerzos por el estudio comparado de los diversos modelos de Derecho Administrativo en la región, de lo cual ha resultado el estudio académico del Derecho Administrativo en América Latina y, con mayor extensión, el Derecho Administrativo Iberoamericano. Finalmente, la propuesta se nutre de la metodología del Derecho Administrativo Global.

El principio rector en el estudio del Derecho Administrativo Interamericano es la buena administración basada en diversos estándares que, en realidad, arropan a principios generales de Derecho Administrativo orientados a realzar el carácter fiduciario o vicarial de las Administraciones Públicas orientadas al bien común. Estos principios, por un lado, restringen la actividad administrativa en el marco del principio de legalidad, pero, por el otro, emplazan a las Administraciones a actuar en pro del bien común, en especial, para garantizar el acceso equitativo a los derechos económicos, sociales, culturales y ambientales (DESCA), en la que es considerada la región más desigual del mundo[2].

2 Seguimos aquí lo expuesto en HERNÁNDEZ GONZÁLEZ, J.I. (2021). «La buena administración en el Derecho Administrativo Interamericano».

2. El ámbito del Derecho Interamericano

La propuesta del Derecho Administrativo Interamericano exige repasar los aspectos básicos del Derecho Interamericano, así como el método comparado aplicado al Derecho Administrativo dentro del ámbito interamericano, que va más allá de América Latina. El Derecho Administrativo en América Latina, por ello, forma parte del Derecho Administrativo Interamericano, pero no lo comprende en su totalidad. De allí que esta propuesta aporta al estudio comparado del ICCAL la dimensión del Derecho Administrativo Interamericano desde la metodología del Derecho Global.

Así, el Derecho Interamericano está compuesto por valores, principios y reglas que, holísticamente interpretados, conforman al ordenamiento jurídico trasnacional dentro del ámbito territorial denominado interamericano, y que coincide con el continente América. Sin embargo, en la práctica, hay al menos tres posibles dimensiones geográficas bajo las cuales el Derecho Interamericano puede ser estudiado.

2.1. El Derecho Interamericano desde la Organización de Estados Americanos

El Derecho Interamericano a los valores, principios y reglas que aplican a todos los Estados parte de la Organización de Estados Americanos (OEA). En este primer nivel, los instrumentos jurídicos fundamentales son, por un lado, la Carta de la OEA y, por el otro, la Declaración Americana de los Derechos y Deberes del Hombre (Declaración). El ámbito geográfico de ese ordenamiento jurídica es América —el continente—. Sin embargo, debido a la apropiación cultural del calificativo americano por Estados Unidos, fue necesario crear una expresión para diferenciar el «Derecho Americano» de Estados Unidos, del «Derecho Americano» del continente. Para ello se emplearon expresiones tales y como el Derecho panamericano, el Derecho de las Américas o, en última instancia, el Derecho Interamericano —o sea, el Derecho que rige, *ad intra*, al continente América—[3]. Existen, también, tratados negociados en el ámbito de la OEA, y usualmente denominados «tratados interamericanos». Sin embargo, estos tratados no siempre rigen a todos los Estados miembros de la OEA. Una excepción es la Convención Americana contra la Corrupción (CACC), de 1996, que aplica a todos los Estados de la OEA, con la excepción de Cuba.

3 La expresión no deja de ser contradictoria: piénsese, así, que, en lugar de hablar del Derecho Europeo, se hablase del «Derecho Intraeuropeo». Existe la expresión «intracomunitario» para describir relaciones jurídicas entre Estados miembros de la Unión. Sin embargo, la expresión «interamericano» no se emplea en ese sentido, sino para aludir al ordenamiento jurídico supranacional.

2.2. El Derecho Interamericano desde el Pacto de San José

En un ámbito geográfico más reducido, encontramos a los valores, principios y reglas de los Estados parte de la Convención Interamericana de Derechos Humanos (Convención o CADH), o Pacto de San José. La institución clave en este ámbito es la Corte Interamericana de Derechos Humanos (Corte IDH). Salvo Cuba, la Convención rige a todos los países de América Latina, y algunos países de El Caribe[4] —Barbados, Dominica, Granada, Jamaica y Surinam—[5]. En un ámbito incluso más limitado, además, encontramos a los DESCA (Carbonell y Ferrer 2014: 55-ss) reconocidos en el Protocolo de San Salvador[6].

La Convención es el texto jurídico central del Sistema Interamericano de Derechos Humanos (SIDH), esto es, de los valores, principios y normas que, en el Derecho Interamericano, establecen mecanismos de protección jurídica de los derechos humanos (Faúndez 2004: 25-ss). Pero lo cierto es que el SIDH no se limita a la Convención, pues abarca también a la Carta de la OEA y la Declaración, incluyendo la jurisdicción de la Comisión Interamericana de Derechos Humanos —la Comisión—, extensible a los Estados parte de la Carta. También se incluyen otros valores, principios y normas que han sido integrados al SIDH, en lo que se conoce como el *corpus iuris interamericano* (Nogueira 2012: 8-ss).

Pero lo cierto es que todo el Derecho Interamericano tiene por eje transversal a los derechos humanos, más allá de los mecanismos específicos de protección jurídica a cargo de la Comisión y la Corte IDH. Una muestra de ello es el concepto pluridimensional de democracia que se desprende de la Carta Democrática Interamericana (CDI) a partir de tres pivotes, a saber, i) la democracia constitucional; ii) la democracia electoral y iii) el derecho al desarrollo sustentable e inclusivo (Nikken 2006: 13-ss).

---

4 Aquí se prefiere la expresión «El Caribe» por sobre «el Caribe», atendiendo a la regla según la cual en los topónimos en los que el artículo es parte indisociable del nombre propio, el artículo se escribe con mayúscula inicial y no se amalgama en la escritura (https://www.rae.es/espanol-al-dia/india-o-la-india-de-peru-o-del-peru-0). Esto además permite diferenciar el uso de la palabra «Caribe» para describir a una de las áreas geográficas del continente América. En adición, y por fines jurídicos, no se incluyen dentro de esa área a los países que forman parte de la América Española, sino aquellos cuyo régimen jurídico es más cercano al *common law*. República Dominicana y Haití, por ende, se incluyen en América Latina, pero no en El Caribe, pues su modelo de Derecho Administrativo es más cercano al modelo de raíz latina.

5 Trinidad y Tobago denunció la Convención en 1998.

6 El ámbito de aplicación del Protocolo es más reducido que la Convención. En América Latina, República Dominicana no es parte del Protocolo. En El Caribe, solo es Estados parte Surinam.

Así, en el ámbito de la Carta de la OEA, la Comisión ha concluido que la Declaración debe ser interpretada en el contexto amplio del Derecho Internacional de los Derechos Humanos, esto es, la *«evolución del corpus juris gentium del derecho internacional en materia de derechos humanos a lo largo del tiempo y en las condiciones del momento»*[7]. Asimismo, en el ámbito de la Convención, la Corte IDH ha realzado el rol del *corpus iuris interamericano*[8]:

> «El corpus juris del Derecho Internacional de los Derechos Humanos está formado por un conjunto de instrumentos internacionales de contenido y efectos jurídicos variados —tratados, convenios, resoluciones y declaraciones—. Su evolución dinámica ha ejercido un impacto positivo en el Derecho Internacional, en el sentido de afirmar y desarrollar la aptitud de este último para regular las relaciones entre los Estados y los seres humanos bajo sus respectivas jurisdicciones. Por lo tanto, esta Corte debe adoptar un criterio adecuado para considerar la cuestión sujeta a examen en el marco de la evolución de los derechos fundamentales de la persona humana en el derecho internacional contemporáneo».

El SIDH, por ello, no se basa en la interpretación literal y rígida de los instrumentos de Derecho Internacional aplicables —en especial, la Declaración y la Convención— sino en la interpretación dinámica de instrumentos que van allá de las fuentes escritas tradicionales. Desde esta perspectiva, la configuración del SIDH encuadra con la concepción del Derecho Global, en el sentido que las fuentes de Derecho van más allá del tratado[9]. En el ámbito específico de la Convención, además, el SIDH formaría parte del llamado «Derecho Global del Sur»[10].

2.3. El Derecho Constitucional Común en América Latina

En un *tercer* nivel, desde el Derecho Comparado en América Latina, la vocación integradora del SIDH ha permitido plantear la existencia del ICCAL, que no solo abarca principios comunes de Derecho Constitucional sino también los principios comunes que emergen del SIDH y en especial de la Con-

---

7 Informe n.° 75/02, caso n.° 11.1140, caso *Mary y Carrie* Dann *vs. Estados Unidos*, 27 de diciembre de 2002, párrafo 96.

8 Opinión Consultiva OC-16/99, de 1 de octubre de 1999, párrafo 115.

9 El Derecho Internacional tradicional pivota en torno al tratado y, por ende, en el Estado. Frente a esa realidad ha surgido el Derecho Global, cuyas fuentes incluyen al tratado y otros instrumentos escritos, pero también abarca otras fuentes, como los principios generales. *Cfr.*: Ortega 2014: 21-ss. Como se ha observado, *«en la actualidad, el Derecho tiende a emanciparse de manera creciente de las estructuras estatales como consecuencia de su apertura a la globalización y a las transformaciones que ésta produce». Cfr.*: Arroyo *et al.* 2020: 13.

10 *Vid.* Ureña 2017: 392. Más recientemente, *vid.* Dann *et al.* 2020.

vención y el control de la convencionalidad[11]. Siguiendo al Derecho Administrativo en Europa y en Sudáfrica, la propuesta del ICCAL realza su carácter transformador, en el sentido que uno de sus objetivos es promover condiciones de igualdad en la que es considerada la región más desigual del mundo (Klare 1998: 146-ss)[12].

Así, la propuesta del ICCAL se basa en ocho rasgos distintivos[13]:

a) La propuesta del ICCAL parte de un desafío común en América Latina, cual es abatir la desigualdad. América Latina ha sido considerada la región más desigual del mundo, todo lo cual ha permeado al Derecho Constitucional, que asume como uno de sus objetivos la promoción de condiciones reales de igualdad mediante mandatos positivos derivados de la Constitución y asociados a derechos prestacionales. Estos mandatos se han reforzado en el marco del SIDH que reconoce la vigencia directa de los DESCA.

b) El ICCAL propende a la integración del Derecho Internacional Público y del Derecho Constitucional, especialmente a través de la apertura de las Constituciones y Derecho doméstico al SIDH y la supremacía del *corpus iuris interamericano*.

c) En virtud de lo anterior, el ICCAL propende al estudio del Derecho Comparado en dos dimensiones, a saber, el Derecho Constitucional comparado en América Latina y los principios generales del SIDH. Un componente fundamental de este estudio comparado es el diálogo entre los niveles nacionales y supranacionales, que facilita la creación de un Derecho Común, que integra principios generales del Derecho Constitucional Comparado y del SIDH.

d) Estos principios generales no necesariamente únicos ni distintivos de otros sistemas jurídicos que también han adoptado la protección de derechos prestacionales, como sucede en el Derecho Europeo. Lo distintivo es el contexto en el cual estos principios aplican, pues América Latina es la región más desigual del mundo, lo que refleja un grado importante de esfuerzo necesario para adelantar acciones colectivas que promuevan la igualdad.

---

11 Entre otros muchos trabajos, *vid.* Von Bogdandy 2015: 3-ss. Véase igualmente a Von Bogdandy *et al.* 2017: 19-ss. Para una visión crítica, *vid.* Coddou 2021: 1-ss.

12 En todo caso, cabe recordar que las cláusulas de transformación son una manifestación propia del constitucionalismo europeo que adoptó la cláusula del Estado Social. *Vid.* Hailbronner 2017: 527-ss. En cuanto a América Latina, y entre otros, *vid.* Von Bogdandy y Ureña 2020: 403-ss.

13 Dentro de las diversas Fuentes existentes, y además de las Fuentes ya citadas, puede consultarse a Bergallo y Gargarella 2020; Von Bogdandy 2017: 27-ss; y Piovesan 2014: 61-ss.

e) El interés principal del ICCAL es fomentar a la implementación del marco jurídico nacional e internacional que emplaza a los Estados a promover el desarrollo inclusivo mediante la garantía de satisfacción de los derechos humanos, en especial de los DESCA, transformando las condiciones de desigualdad imperantes.

f) El marco jurídico nacional e internacional que es analizado a través del ICCAL, parte de la centralidad de los derechos humanos. De nuevo, lo peculiar no es esa centralidad sino el contexto en el cual ésta opera, signado por la exclusión derivada de la desigualdad y la violencia estructural; los regímenes autoritarios que han asumido como política la sistemática violación de derechos humanos, y la especial situación de riesgo de sector vulnerables, como los migrantes, pueblos indígenas y personas afrodescendientes.

g) En relación con lo anterior, otra particularidad del ICCAL es el «hiperpresidencialismo», y la concentración de poderes en la Presidencia de la República que genera situaciones de riesgo para la democracia constitucional, en especial, como resultado de reformas constitucionales de corte autoritario, como sucede con el emblemático ejemplo de Venezuela, todo lo cual ha dado lugar al estudio de un «nuevo constitucionalismo» que debilita las bases del gobierno representativo. El reto del ICCAL, como se resume en la CDI, es compaginar las bases del gobierno representativo con el principio de participación ciudadana y los cometidos del desarrollo inclusivo, a través del «test democrático interamericano»[14].

h) Otro elemento para destacar son las cláusulas económicas del ICCAL, o «Constitución económica». El Derecho Constitucional de América Latina, tradicionalmente, ha adoptado cláusulas económicas centradas en la soberanía estatal, especialmente, para la administración de recursos naturales, afirmando la vigencia del principio de no-intervención. Ello dio lugar a la propuesta del «nuevo orden económico internacional» y al rechazo de la región a la Convención del Centro Internacional de Arreglo de Diferencias relativas a Inversiones (CIADI) (Rodríguez-Arana y Hernández 2016). La realidad, sin embargo, es que esta concepción estatista del desarrollo —que concebía al Derecho como un obstáculo— no contribuyó a promover el desarrollo inclusivo, como tampoco favoreció a este objetivo la política de liberalización de fines del siglo pasado. Desde el ICCAL es posible articular una visión más balanceada de la Constitución económica a partir de la centralidad de la dignidad humana y del bien común (Von Bogdandy 2018: 3-ss).

---

14 El «test democrático interamericano» es el conjunto de principios comunes y generales que resumen los estándares que deben cumplirse en el SIDH para la protección de la democracia constitucional, con el sentido pluridimensional que ésta tiene. Véase: Morales 2021: 15-ss.

La definición del ICCAL desde el constitucionalismo transformador, como ya vimos, se inspira en el Derecho Constitucional Europeo y de Sudáfrica, que asignan a la Constitución no solo el rol de limitar al Estado en defensa de la libertad, sino además de promover la transformación del orden socioeconómico. En este sentido, el ICCAL se concreta a través del Derecho Administrativo, pues corresponde a las Administraciones Públicas promover, en relaciones jurídicas con los ciudadanos, el desarrollo inclusivo, tal y como quedó en evidencia durante la pandemia (Hernández 2021).

2.4. Recapitulación

De esa manera, el siguiente cuadro resume los tres niveles concéntricos de estos ordenamientos jurídicos —las tres dimensiones geográficas del Derecho Interamericano—:

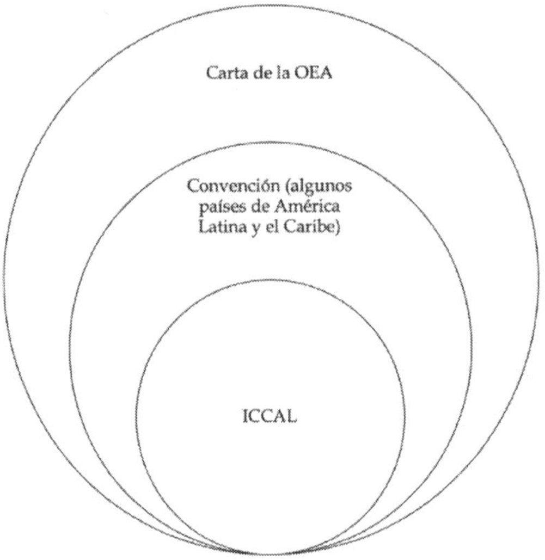

Desde un punto de vista estricto, el Derecho Interamericano —como Derecho trasnacional— sólo aplica a los dos primeros círculos. La base jurídica del ICCAL no es así una Derecho trasnacional que, en el plano vertical, aplica a toda la región, sino más bien el resultado del método comparado, aplicado horizontalmente a la región conocida como América Latina (García y Guidí 2022: 1291-ss) —cuya dimensión geográfica, por cierto, no está exenta de polémicas— (Arado 1980: 23). Pero ello no puede llevar a sostener que el SIDH, y más en general, el Derecho Interamericano, solo se proyecta en América Latina. En realidad, la proyección del Derecho Interamericano —en el primer círculo— se extiende a todo el continente.

Nuestro interés reside, precisamente, en ese primer círculo, a los fines de identificar los valores, principios y reglas comunes que aplican a la actividad administrativa a partir de la Carta de la OEA y la Declaración. Un componente esencial, como se verá, es la buena administración basada en el bien común.

3. Los fundamentos del derecho administrativo interamericano

El Derecho Comparado, como método de estudio, ha sido aplicado al Derecho Administrativo, aun cuando no se trata de un área en la cual el método comparado haya predominado. La posible explicación de ello que cada modelo de Derecho Administrativo es resultado de las específicas condiciones de cada país, cambiantes en el espacio y tiempo. Pero ello no ha impedido avanzar en el estudio del Derecho Administrativo Comparado, que recientemente ha apuntado a cierta convergencia entre los dos modelos generales, esto es, el modelo del *civil law* basado en Leyes administrativas especiales, común en países se raíz latina, y el modelo del *common law*, propios de países anglosajones, en los cuales las Administraciones Públicas actúan bajo el Derecho Común. Esta convergencia puede explicarse por las transformaciones que, más allá de los modelos, han propendido al surgimiento del modero Estado administrativo, esto es, la organización del Estado en la que predomina el rol del Poder Ejecutivo, en tanto las Administraciones Públicas son el instrumento para cumplir con el creciente cúmulo de cometidos estatales[15].

El Derecho Administrativo Comparado se ha aplicado América Latina, siguiendo, por ejemplo, la sistematización de principios generales comunes, especialmente codificados en las Leyes de procedimiento administrativo (Brewer 2020: 35-ss). Pero también es posible estudiar comparativamente el Derecho Administrativo en El Caribe, en el cual predomina —aun cuando no de manera hegemónica— el modelo del *common law* (Antoine 1999: 23-ss). En la práctica, además, a través de la acción de la OEA y el Banco Interamericano Europeo (BID), es posible avanzar en el Derecho Administrativo comparado en América Latina y el Caribe (ALC)[16]. Es desde este contexto que debe evaluarse la propuesta del Derecho Administrativo Interamericano.

---

15 *Vid.* D'Alberti 2019: 22-ss; Napolitano 2020: 17-ss.

16 El ámbito de actuación del BID y de la OEA abarca a ALC, incluso, en relación con la actividad administrativa. Esta actuación demuestra la posibilidad de avanzar en el Derecho Administrativo Comparado de ALC. Por ejemplo, en el ámbito de la OEA destaca el rol del Departamento para la Gestión Pública Efectiva, que promueve la gobernanza democrática en el ámbito de la OEA (https://www.oas.org/es/sap/dgpe/team.asp). Otro ejemplo es el BID, cuyos estudios sobre las Administraciones Públicas abarcan a ALC. En especial, *vid.* OCDE-BID 2020: 11, 22-ss. Otro ejemplo es la *Red de Gobierno electrónico de América*

3.1. El método comparado del Derecho Administrativo en el Derecho Interamericano

El método comparado puede aplicarse para la construcción científica del Derecho Administrativo Interamericano, empleando —con las cautelas del caso— los métodos deductivos e inductivos del Derecho Administrativo en Europa (Arroyo 2020: 175-ss). De esa manera, la propuesta del Derecho Administrativo Interamericano toma en cuenta dos procesos a través de los cuales se forma ese Derecho. Así, hay un proceso de arriba hacia abajo (*top-down*), que, por medio de la deducción, proyecta valores, principios y reglas de Derecho Administrativo sobre los ordenamientos jurídico-administrativos domésticos, lo que resulta especialmente intenso en el ámbito de la Convención. Además, en un movimiento de abajo hacia arriba (*bottom-up*), por medio del método inductivo, se sistematizan principios generales y comunes de Derecho Administrativo doméstico.

Se trata, como puede observarse, de un diálogo en dos niveles (Jinesta 2011: 112-ss). Así, en un plano horizontal, el método comparado permite identificar principios de Derecho Administrativo comunes a los Estados parte de la Carta. En un plano vertical, es posible además identificar normas, valores y principios que, en el Derecho Interamericano, rigen a la actividad administrativa, esto es, las relaciones jurídico-administrativas. Es en este punto en el cual el método del Derecho Administrativo Global tiene una especial utilidad.

El Derecho Administrativo Global puede ser entendido, entre sus diversas acepciones, como un método de Derecho Comparado por el cual se identifican y sistematizan principios generales de Derecho Administrativo doméstico que son fuente supletoria del Derecho Internacional Público de conformidad con el literal c) del artículo 38.1 del Estatuto de la Corte Internacional de Justicia (Raimondo 2008: 45-ss). Así, el *corpus iuris interamericano*, en su proyección a las relaciones jurídico-administrativas, abarca a principios que, en el orden doméstico, aplican a esas relaciones, en la medida en que se trata de principios de general aplicación, y no dependientes de determinado modelo de Derecho Administrativo[17]. Con lo cual, los principios generales son una

---

Latina y el Caribe (Red GEALC). *Cfr.*: VV.AA. (2010). *Red Gealc. Cinco años de apoyo al e-gobierno en América Latina y El Caribe.* Washington: BID.

17 Como quedó en evidencia en el caso Texaco, esos principios no pueden ser extraídos de determinado modelo de Derecho Administrativo, en tanto incumplirían una condición básica, esto es, que se trate de principios de amplia difusión. Por ello, en la decisión del caso Texaco se concluyó que el concepto de contrato administrativo no podía ser tomado como principio general, pues ese concepto solo es conocido en ciertos modelos de Derecho Administrativo. *Vid.*: *Texaco Overseas Petroleum Company v. The Government of the Libyan Arab Republic*, Decisión del Tribunal Arbitral Ad Hoc de 19 de enero de 1977. *Cfr.*: GAZZINI 2009: 103-ss.

fuente relevante del Derecho Administrativo Interamericano[18]. Conviene exponer algunos ejemplos prácticos de cómo esos principios generales se aplican.

Así, un extraordinario ejemplo es el rol práctico de esos principios en la CACC, mediante la cooperación jurídica en el ámbito interamericano a través del Mecanismo de Seguimiento de la Implementación de la Convención Interamericana contra la Corrupción (MESICIC). El artículo III de esa Convención, así, asume un concepto amplio de corrupción que no se limita a las conductas antijurídicas que deriven en lesiones al patrimonio público, sino en general las conductas que se apartan del servicio objetivo del interés público (Hernández 2022). Lo notable de este ejemplo es que el MESICIC integra a modelos del *common law* —El Caribe, Canadá y Estados Unidos—, con modelos del *civil law* —América Latina—. La formulación de buenas prácticas transversales a ambos modelos evidencia la fuerza integradora del Derecho Interamericano.

Otro ejemplo —en un ámbito más reducido, como es ALC— es el BID, cuya importancia en el Derecho Administrativo, en cierto modo, ha pasado desapercibida en la doctrina jurídica, a pesar de que la acción del BID pasa por promover la integración jurídica para la promoción del desarrollo[19]. Destaca, en especial, el rol del Sector de Instituciones para el Desarrollo[20], en temas tales y como la promoción de instituciones para el servicio a los ciudadanos (Farías *et al.* 2016), la simplificación de trámites administrativos (Roseth *et al.* 2019) y el uso de las tecnologías de la información y del conocimiento (TICs) (Porrúa *et al.* 2021)[21]. Los estudios del BID reflejan no solo la existencia de principios comunes de Derecho Administrativo en ALC, sino, además, de propuestas también comunes de reformas administrativas orientadas a apalancar la capacidad de las Administraciones Públicas para promover el desarrollo inclusivo.

En el ámbito más específico de la Convención, la Corte IDH cumple un rol fundamental a favor de la uniformidad de los principios generales de Derecho Administrativo en los países de ALC que son parte de la Convención. Más allá de los obstáculos para la ejecución de las sentencias de la Corte, en plano dogmático, la jurisprudencia de la Corte facilita la integración de principios generales que pivotan en torno a los derechos humanos. En ese ámbito geográfico, la primera fuente de Derecho Administrativo es la Convención, de forma tal que el control de convencionalidad —en especial, en el ámbito doméstico— coadyuva a la uniformidad de principios generales (Santofimio 2016: 519-ss). Así, no solo corresponde a la Corte IDH interpretar el

18 Sobre la importancia de los principios generales en el Derecho Administrativo Global, *vid.* Della 2009: 133-ss. Más recientemente, véase el completo trabajo de Maurel 2021: 326-ss.

19 De acuerdo con el Artículo I del Convenio del BID, éste tiene por objeto «*contribuir a acelerar el proceso de desarrollo económico, individual y colectivo, de los países miembros*».

20 Véase: https://www.iadb.org/es/acerca-del-bid/departamentos/ifd.

21 Sobre ese informe, véase: Hernández 2021.

ordenamiento jurídico de los Estados miembros de conformidad con la Convención, sino que además los Estados miembros, por medio de sus Poderes Públicos, también deben garantizar la supremacía de la Convención, incluso a través de la jurisdicción constitucional. Este control de la convencionalidad impacta al Derecho Administrativo, en tanto el principio conforme al cual las Administraciones Públicas deben actuar con sometimiento pleno a la Ley y al Derecho aplica, en primer lugar, en relación con la Convención (Brewer 2017: 108-ss).

Tomando en cuenta el ámbito de aplicación del *corpus iuris interamericano,* es posible identificar cuatro grupos de principios generales de Derecho Administrativo que derivan de la Convención a saber: i) principios relacionados al procedimiento administrativo, y que giran en torno al derecho al debido proceso y al derecho a la democracia; ii) principios de la actividad administrativa de limitación, en dos áreas distintas, a saber, a) los principios de la potestad administrativa sancionadora, como la presunción de inocencia y b) los principios generales de la actividad de limitación como la proporcionalidad. Además, encontramos: iii) los principios de la actividad administrativa prestacional, asociados a los estándares de satisfacción de DESCA, y iv) los principios de la jurisdicción contencioso-administrativa, que pivotan en torno al derecho a la tutela judicial efectiva.

La propuesta del Derecho Administrativo Interamericano puede ser cuestionada pues promueve la identificación de principios comunes en sistemas de Derecho Administrativo muy diversos. La crítica es fácilmente rebatible. Por un lado, desde la perspectiva del método comparado, siempre es posible contrastar principios generales de Derecho Administrativo y deducir así principios comunes que forman parte de los principios generales como fuente supletoria del Derecho Internacional Público, incluso, en el continente América. Por otro lado, existe un vínculo jurídico común en los modelos de Derecho Administrativo integrados en el concepto amplio, como es ordenamiento jurídico que deriva de la OEA. Más allá de las diferencias en los sistemas de Derecho Administrativo de Canadá, los Estados Unidos y ALC, el ordenamiento jurídico de la OEA permite identificar principios comunes de Derecho Administrativo.

3.2. El Derecho Administrativo Interamericano y el *ius publicum interamericano*. La impronta del bien común

El Derecho Administrativo Interamericano puede ser definido como el conjunto de valores, principios y reglas que rigen a la actividad administrativa de los Estados parte de la Carta de la OEA, y que pivota en torno a la Declaración, como parte del *ius publicum interamericano.* En un ámbito geográfico más reducido, este Derecho se desprende también de la Convención. Estos valores, principios y reglas inciden en la actividad administrativa de los Estados parte, o sea, la actividad orientada a la gestión concreta de los cometidos públicos, y que típicamente es llevada a cabo por el Poder Ejecutivo.

La expresión «Derecho Administrativo» es tomada, aquí, en una vertiente subjetiva, para realzar el Derecho que aplica a la actividad de un sujeto, a saber, la Administración Pública. Pero al proyectarse a un ordenamiento trasnacional, la distinción entre Derecho Constitucional y Administrativo tiende a difuminarse. Incluso en el ámbito doméstico esta es una distinción que propende a atemperarse, si recordamos que el Derecho Administrativo es el Derecho Constitucional concretizado (Fernández 2016a: 41)[22]. Esto se ha traducido en un creciente proceso de constitucionalización del Derecho Administrativo, en el sentido que los principios generales de éste se encuentran incorporados en la Constitución (Santofimio 2008: 2018-ss). En el ámbito específico de la Convención, y debido a su supremacía en ALC, puede incluso hablarse de la «interamericanización del Derecho Administrativo», para describir cómo dentro de sus principios generales se incluyen principios básicos que derivan de la Convención.

Por ello, a partir de la Carta y la Declaración es posible encontrar las bases del *ius publicum interamericano*, que rige a toda la actividad estatal. Pero lo cierto es que, dentro de esa actividad estatal, es la actividad administrativa la que tiende a reflejar, en mayor medida, la impronta de tal *ius publicum*, pues solo a través de la actividad administrativa el Estado entra en contacto directo con las personas para dar cumplimiento a los cometidos derivados de la Carta y la Declaración. Lo notable —y complejo— de esta perspectiva, es que ella aplica a todo el continente América —y no sólo a los países de ALC a los cuales aplica la Convención—.

En tal sentido, el Derecho Administrativo Interamericano no se circunscribe solo a prevenir el abuso de poder, sino también a emplazar a la actividad administrativa para asegurar la efectiva realización de la dignidad humana (González 2011: 73-ss)[23]. De allí que, especialmente en América Latina, la actividad administrativa ha sido definida desde el bien común.

En tal sentido, para Juan Carlos Cassagne (2021: 1-ss), el bien común, de acuerdo con su formulación en Aristóteles y Santo Tomás de Aquino, justifica la existencia del poder administrativo. Pedro Jorge Coviello (2009: 22-ss) ha abordado la relación entre el Derecho Administrativo y el bien común desde el Derecho Natural. Carlos Delpiazzo (2012: 83-ss) ha observado que el bien

22 Desde la perspectiva del Sistema Interamericano, y de Fernández 2016a, *vid.* Fernández 2016b.

23 Toda la actividad administrativa, como bien recuerda González (2011), se orienta a la promoción de la dignidad humana (p. 202). Ello supone deberes negativos, al proscribirse formas de intervención indignas, pero también formas de actuación positiva que remuevan los obstáculos que impidan a la persona la plena Realización de su existencia (pp. 30-ss)

común realza la centralidad de la dignidad humana frente a la Administración Pública. Asimismo, el profesor Augusto Durán Martínez (2017: 42-ss) ha señalado que el bien común vincula a la Administración Pública con la comunidad y por ello, con el principio de subsidiariedad, lo que realza el rol de la Administración Pública de garantizar el acceso a los bienes y servicios asociados a los DESCA, a través del Estado subsidiario. Esto se opone a una visión estatista —el bien común no es el bien del Estado, ni menos el de sus funcionarios— y realza la centralidad de la persona humana y su dignidad, para su plena realización a través de la comunidad[24].

La buena administración, precisamente, expresa la impronta del bien común: las Administraciones Públicas se orientan al bien común a través de los estándares de la buena administración, que, a su vez, realzan la centralidad de la dignidad humana. Ello no supone, en todo caso, una regla de abstención: la dignidad humana no se garantiza con la abstención de la intervención administrativa, sino con la intervención administrativa orientada al bien común[25]. Las «justas exigencias del bien común», en el Derecho Administrativo Interamericano, emplazan a las Administraciones Públicas a actuar para asegurar el ejercicio efectivo de la dignidad humana, esto es, el derecho a una vida digna[26]. Ello otorga una nueva visión al procedimiento administrativo desde la buena administración (Durán 2010: 109-ss).

4. Consideraciones finales

La impronta del bien común puede apreciarse en el Derecho Interamericano, tanto desde el ámbito más amplio derivado de la Carta y de la Declaración, como desde el ámbito más reducido de la Convención. De manera especial, en el Derecho Interamericano es posible encontrar valores, principios y reglas que rigen a la actividad administrativa y a las relaciones jurídico-administrativas desde la centralidad de la dignidad humana. Aplicando el método comparado del Derecho Administrativo Global, es así posible identificar principios generales que conforman al Derecho Administrativo Interamericano. Tales principios juegan en un doble sentido, pues además de

24 Durán 2008: 266-ss, de acuerdo con lo señalado por Delpiazzo 2012: 340-ss. Véase también Durán 2007: 134-ss.

25 En América Latina, se ha observado (Carvajal 2020: 410) que «*las acciones para garantizar el respeto mínimo de la dignidad humana son mecanismos de intervención de un poder a favor de la inclusión social*».

26 Sobre este aspecto, son de utilidad las reflexiones recientes de Vermeule 2022. Véase también Casey *et al.* 2022: 104-ss. La introducción del concepto de bien común en el Derecho Constitucional de Estados Unidos ha ocasionado cierta polémica, por la poca tradición *ius naturalista* del Derecho Público en ese país, en especial, en el último medio siglo.

limitar la actividad administrativa para prevenir su abuso, también emplazan a las Administraciones Públicas a actuar para asegurar una existencia digna y, en concreto, el acceso equitativo a los DESCA.

Lo anterior no debe conducir a una visión estatista en la cual el sector privado quede subordinado a las decisiones unilateralmente impuestas por la Administración Pública. En realidad, el desarrollo integral al cual alude la Carta de la OEA es un desarrollo humano, o sea, centrado en la dignidad humana. Esto pasa por comprender que la relación entre el sector público y privado no es de oposición sino de complementariedad, y que la consecución del bien común —y en concreto, del acceso equitativo a los DESCA— es un cometido que debe responder a acuerdos público-privados. Bajo esta visión, el principal rol de las Administraciones Públicas es materializar en la práctica los cometidos del Estado garante. Para ello, los estándares de la buena administración no solo aseguran la centralidad de la dignidad humana sino, además, la calidad de la actividad administrativa en el marco del Estado garante. Con lo cual, el procedimiento administrativo pasa a ser el cauce para implementar los acuerdos público-privados orientado a la consecución del bien común.

5. Bibliografía

Antoine, Rose-Marie Belle (1999). *Commonwealth Caribbean Law and Legal Systems*. Londres: Commonwealth Caribbean Law Series, Cavendish Pub.

Arado, Arturo (1980). *Génesis de la idea y el nombre de América Latina.* Caracas: Fundación CELARG.

Arroyo Jiménez, Luis (2020). «El Derecho Administrativo europeo como sistema», en *Revista de Derecho Público,* 1.

Arroyo Jiménez, Luis *et al.* (2020). «Presentación», en *Derecho Público Global. Fundamentos, actores y procesos*. Madrid: Iustel.

Bergallo, Paola y **Gargarella, Roberto** (2020). «Un constitucionalismo transformador», presentación a la recopilación de trabajos de Armin von Bogdandy: *Por un Derecho común para América Latina.* Buenos Aires: Siglo XXI editores.

Brewer Carías, Allan (2017). «Derecho Administrativo y Control de la Convencionalidad», en *Revista de la Facultad de Derecho de México*, vol. 67, núm. 268.

Brewer Carías, Allan (2020). *Principios del procedimiento administrativo en América Latina.* Santiago de Chile: Ediciones Olejnik.

Carbonell, Miguel y **Ferrer Mac-Gregor, Eduardo** (2014). *Los derechos sociales y su justiciabilidad directa.* Ciudad de México: Instituto de Investigaciones Jurídica de la UNAM.

Carvajal Sánchez, Bernardo (2020). *La dignidad humana como norma de derecho fundamental*. Bogotá: Universidad Externado de Colombia.

Casey, Conor y **Vermeule, Adrian** (2022). «Myths of common good constitutionalism», en *Harvard Journal of Law & Public Policy,* 45.

Cassagne, Juan Carlos (2021). «Reflexiones sobre el bien común y el interés público como fines y principios de la actividad estatal», en *El Derecho, 15.191*.

Coddou Mc Manus, Alberto (2021). «A critical account of Ius Constitutionale Commune in Latin America: An intellectual map of contemporary Latin American constitutionalism», en *Global Constitutionalism*.

Coviello, Pedro J.J. (2009). «Una introducción iusnaturalista al Derecho Administrativo», en *Estudios de Derecho Administrativo en homenaje al Profesor Julio Rodolfo Comadira.* Buenos Aires: Biblioteca de la Academia Nacional de Derecho y Ciencias Sociales de Buenos Aires.

D'alberti, Marco (2019). *Diritto admministrativo comparator.* Bologna: Il Mulino.

Dann, Philipp *et al.* (2020). *The Global South and Comparative Constitutional Law*. Oxford: Oxford University Press.

Della Cananea, Giacinto (2009). *Al di là dei confini statuali. Principi generali del diritto pubblico globale*. Bologna: Il Mulino.

Della Cananea, Giacinto (2011). «Genesis and Structure of General Principles of Global Public Law», en *Global Administrative Law and EU Administrative Law: Relationships, Legal Issues and Comparison.* Springer.

Delpiazzo Rodríguez, Carlos E. (2012). «Bien común, sociedad y Estado», en *Revista de Derecho de la Universidad de Montevideo,* 11.

Durán Martínez, Augusto (2007). «El derecho administrativo entre legalidad y derechos fundamentales», en *Revista de Derecho de la Universidad de Montevideo,* núm. 12, vol. 6.

Durán Martínez, Augusto (2008). *Estudios de Derecho Público,* Volumen III. Montevideo.

Durán Martínez, Augusto (2010). «La buena administración», en *Estudios de Derecho Administrativo,* 1.

Durán Martínez, Augusto (2017). «El Derecho Administrativo al servicio de la casa común», en Durán Martínez, A. (coord.). *El Derecho Administrativo al servicio de la casa común.* Montevideo: Ediciones Información Jurídica.

Farías, Pedro J. *et al.* (2016). *Gobiernos que sirven: innovaciones que están mejorando la entrega de servicios a los ciudadanos.* Washington D.C.: Banco Interamericano de Desarrollo.

Faúndez, Héctor (2004). *El Sistema Interamericano de Protección de Derechos Humanos.* San José: Instituto Interamericano de Derechos Humanos.

Fernández Ruiz, Jorge (2016a). «Introducción», en *Derccho Administrativo.* México: Secretaría de la Gobernación - Instituto de Investigaciones Jurídicas de la Universidad Autónoma de México.

Fernández Ruiz, Jorge (2016b). «Prólogo», en *Derecho Administrativo: un Ámbito de Respeto, Promoción, Protección y Garantía de los Derechos Humanos.* México: Tirant Lo Blanch.

García Huidobro, Luis Eugenio y **Guidí, Sebastián** (2022). «El espejismo de Baena: Luces y sombras de un Derecho Administrativo comparado latinoamericano», en *International Journal of Constitutional Law,* 19(4).

Gazzini, Tarcisio (2009). «General Principles of Law in the Field of Foreign Investment», en *The Journal of World Investment and Trade,* vol. 10, núm. 1.

González Pérez, Jesús (2011). *La dignidad de la persona.* Madrid: Civitas-Thomson Reuters.

Hailbronner, Michaela (2017). «Transformative Constitutionalism», en *The American Journal of Comparative Law,* 65(3).

Hernández González, José Ignacio (2021). «El Derecho Administrativo Interamericano en el Siglo XXI y la post-pandemia», ponencia presentada en el XX Foro Iberoamericano de Derecho Administrativo. Montevideo (Uruguay).

Hernández González, José Ignacio (2022). «Fighting corruption in Latin America and the Caribbean at a supranational level: balances and challenges of the Inter-American Convention Against Corruption».

Jinesta Lobo, Ernesto (2011). «La construcción de un Derecho Administrativo común interamericano, reformulación de las fuentes del Derecho Administrativo con la constitucionalizarían del Derecho Internacional de los derechos humanos», en *Revista Iberoamericana de Derecho Público y Administrativo,* año 11, núm. 11.

Klare, Karl (1998). «Legal Culture and Transformative Constitutionalism», en *South African Journal on Human Rights,* 14(1).

Maurel, Raphaël (2021). *Les sources du droit administratif global.* París: Lexis-Nexis.

Morales, Mariela (2021). «El test democrático interamericano como instrumento de interamericanización», en Morales, M. (coord.). *Test democrático interamericano frente al COVID-19.* Querétaro: Instituto de Estudios Constitucionales del Estado de Querétaro - Instituto Max Planck de Derecho Público Comparado y Derecho Internacional Público - Fundación Alemana para la Investigación Científica.

Napolitano, Giulio (2020). *Introduzione al diritto Amministrativo comparado.* Bologna: Il Mulino.

Nikken, Pedro (2006). «Análisis de las definiciones conceptuales básicas para la aplicación de los mecanismos de defensa colectiva de la democracia previstos en la Carta Democrática Interamericana», en *Revista del Instituto Interamericano de Derechos Humanos*, 43.

Nogueira Alcalá, Humberto (2012). «Los desafíos del control de convencionalidad del corpus iuris interamericano para las jurisdicciones nacionales», en *Boletín Mexicano de Derecho Comparado,* 135.

OCDE, Banco Interamericano de Desarrollo (2020). *Panorama de las Administraciones Públicas América Latina y el Caribe 2020.* París: OECD Publishing.

Ortega Carcelén, Martín (2014). *Derecho global. Derecho internacional público en la era global.* Madrid: Editorial Tecnos.

Piovesan, Flávia (2014). «Ius Constitutionale Commune Latinoamericano en Derechos Humanos e impacto en el Sistema Interamericano: rasgos, potenciales y desafíos», en *Ius Constitutionale Commune en América Latina. Rasgos, potencialidades y desafíos*. México: Universal Autónoma Nacional de México - Instituto Max Planck de Derecho Público Comparado y Derecho Constitucional.

Porrúa, Miguel *et al.* (2021). *Transformación digital y empleo público. El futuro del trabajo del Gobierno*. Washington D.C.: Banco Interamericano de Desarrollo.

Raimondo, Fabián (2008). *General Principles of Law in the Decisions of International Criminal Courts and Tribunals*. M. Nijhoff.

Rodríguez-Arana Muñoz, Jaime y **Hernández González, José Ignacio** (coord.). *El Derecho Administrativo Global y el arbitraje internacional de inversiones. Una perspectiva iberoamericana en el marco del 50 aniversario del CIADI.* Madrid: Instituto Nacional de Administración Pública (INAP).

ROSETH, Benjamin *et al.* (coord.). (2019). *El fin del trámite eterno: ciudadanos, burocracia y gobierno digital*, Washington D.C.: Banco Interamericano de Desarrollo.

SANTOFIMIO GAMBOA, Jaime ORLANDO (2008). «Fundamentos Constitucionales del Derecho Administrativo colombiano», en *Revista de Direito Administrativo e Constitucional, año 3,* núm. 11.

SANTOFIMIO GAMBOA, Jaime ORLANDO (2016). *El concepto de convencionalidad.* Bogotá: Universidad Externado de Colombia.

UREÑA, René (2017). «Global Administrative Law and the Global South», en *Research Handbook on Global Administrative Law*. Cheltenham: Research Handbooks on Globalisation and the Law series, Edward Elgar Publishing.

VERMEULE, Adrian (2022). *Common good Constitutionalism.* Cambridge: Polity Press.

VON BOGDANDY, Armin (2015). «Ius Constitutionale Commune en América Latina: una mirada a un constitucionalismo transformador», en *Revista Derecho del Estado,* 34.

VON BOGDANDY, Armin (2017). «Ius Constitutionale Commune in America Latina: Observations on Transformative Constitutionalism», en *Transformative Constitutionalism in Latin America*. Oxford: Oxford University Press.

VON BOGDANDY, Armin *et al.* (2017). «Ius Constitutionale Commune en América Latina: un enfoque regional del constitucionalismo transformador», en *Ius Constitutionale Commune en América Latina. Textos básicos para su comprensión.* México: Instituto de Estudios Constitucionales del Estado de Querétaro - Max Planck Institute for Comparative Public Law and International Law.

VON BOGDANDY, Armin *et al.* (2018). «Ius Constitutionale Commune en América Latina y Derecho Económico Internacional», en VON BOGDANDY, A. *et al.* (coord.). *El constitucionalismo transformador en América Latina y el Derecho Económico Internacional. De la tensión al diálogo.* México: Universidad Nacional Autónoma de México.

VON BOGDANDY, Armin y **URUEÑA, René** (2020). «International transformative constitutionalism in Latin America», en *The American Journal of International Law*, 114(3).

EL PRINCIPIO PRECAUTORIO DEL DERECHO AMBIENTAL: UNA VISIÓN DESDE LA TEORÍA DE LA SOCIEDAD DEL RIESGO

Precautionary Principle in Environmental Law: a view from the Risk Society Theory

Martha Ingrid Gonzales Reyes de Bergfeldt[1]
Universidad Científica del Sur (Perú)

Fecha de Recepción: 01/10/2022
Fecha de Aceptación: 31/10/2022

Resumen: La Sociedad del Riesgo Global (Beck 1988) es un concepto que se acuñó para identificar aquellas situaciones en las cuales los peligros a los que se enfrentaría la humanidad trascenderían fronteras y tendrían un alcance mundial producto de la globalización. Este desarrollo apocalíptico era un llamado a cambiar los patrones de consumo y de interrelación de la sociedad con los recursos naturales y de la tecnología. Treinta años después, el Grupo Intergubernamental de Expertos sobre el Cambio Climático (2019) ha informado de que ya vivimos en una nueva era geológica, el Antropoceno, que proviene de la influencia humana en el cambio de la temperatura en el planeta. El cambio climático ha sido señalado como el principal problema ambiental mundial, ya que afectará dramáticamente los entornos naturales y ocasionará la pérdida de biodiversidad. Y, junto con ello, son cada vez más frecuentes los eventos de contaminación ambiental y de desastres ecológicos producto de la actividad humana. Ante ello, el presente trabajo reflexiona sobre la aplicación del principio precautorio del derecho ambiental a través de la determinación del riesgo como parte de la respuesta que debe adoptar una buena administración en momentos de crisis. Para ello, se postula que el marco en el cual deben tomarse las decisiones debe

---

1 Docente en la Facultad de Derecho de la Universidad Científica del Sur (Lima, Perú). Correo electrónico: ingrid.gonzales@udc.es. ORCID: https://orcid.org/0000-0003-2101-4367.

encontrarse amparado y motivado bajo el esquema que plantea el Principio Precautorio, teniendo en consideración una adecuada ponderación de los riegos y la proporcionalidad de las medidas a adoptar; así como de un adecuado nivel de transparencia que permita la participación y fiscalización ciudadana.

Palabras clave: Riesgo Global. Incertidumbre. Principio Precautorio. Buena administración. Gestión de Crisis. Emergencias Ambientales.

Abstract: The Global Risk Society (Beck 1988) is a concept coined to identify those situations in which the dangers that humanity would face would transcend borders and have a global reach as a result of globalization. This apocalyptic development was a call to change the patterns of consumption and interrelation of society with natural resources and technology. Thirty years later, the Intergovernmental Panel on Climate Change (2019) has reported that we already live in a new geological era, the Anthropocene, which comes from human influence on temperature change on the planet. Climate change has been singled out as the world's leading environmental problem, as it will dramatically affect natural environments and lead to biodiversity loss. Furthermore, the events of environmental pollution and ecological disasters resulting from human activity are becoming more frequent. This paper reflects on the application of the precautionary principle of environmental law through the determination of risk as part of the response that good administration must adopt in times of crisis. To this end, it is postulated that the framework in which decisions must be taken must be protected and motivated under the scheme proposed by the Precautionary Principle, considering an adequate weighting of the risks and the proportionality of the measures to be adopted; as well as an adequate level of transparency that allows citizen participation and oversight.

Keywords: Global Risk. Uncertainty. Precautionary Principle. Good Administration. Crisis Management. Environmental Emergencies.

1. Introducción

Escribía Beck (2002) que en el marco de la sociedad del riesgo vuelve a conectar áreas que habían sido estrictamente discretas: el problema de la naturaleza, la democratización de la democracia y el papel futuro del estado.

Esta nueva definición de las relaciones hombre-naturaleza no es ajena al derecho. Entrado este milenio, hemos venido siendo testigos de un proceso de neoconstitucionalismo latinoamericano, ampliamente marcado por el otorgamiento de derechos a la naturaleza como sujeto independiente, así como del reconocimiento de los derechos de consulta de los pueblos originarios sobre el aprovechamiento de los recursos naturales en sus territorios.

Por citar algunos ejemplos, tenemos la Constitución Ecuatoriana del 2008 como la primera que otorga derechos directos a la naturaleza tales como a la protección, conservación y restauración; así como la Ley de Derechos de la Madre Tierra en Bolivia del 2013. En el lado jurisprudencial tenemos la sentencia T-760/07 de la Corte Constitucional Colombiana que refiere a la existencia de una constitución ecológica dentro de la misma constitución como principios, derechos y obligaciones del estado. Esta última sentencia ha sido un precedente tomado por el Tribunal Constitucional Peruano para resolver una sentencia sobre la restricción de actividades de hidrocarburos en un área natural protegida.

Frente a ello, el rol de la Administración Pública tiene como rol fundamental el garantizar la conservación, protección, compensación y restauración de los ecosistemas y sus elementos, en la medida de su funcionabilidad para albergar la vida humana en condiciones de dignidad que garanticen su bienestar y desarrollo.

En este escenario, la regulación tradicional no es suficiente. No hay incentivos suficientemente fuertes para interiorizar los costos de la protección ambiental por parte de los administrados. Las respuestas jurídicas para solucionar los problemas causados por el deterioro ambiental son de reciente desarrollo y se encuentra en permanente evolución, generado un rezago regulatorio ambiental. Si no existiera rezago regulatorio, las mejoras en términos de calidad ambiental podrían ser trasladadas de inmediato a los ciudadanos[2].

El objetivo de la presente comunicación es construir un marco teórico para la aplicación del principio precautorio como herramienta de la buena administración a través de los postulados de las teorías del riesgo y de la sociedad del riesgo.

2. El paradigma de la sociedad del riesgo para el derecho

La concepción de esta definición de riesgo proviene de un ejercicio de estandarización y de globalización como consecuencia teórica de una inminente realidad social caracterizada, básicamente, por el aumento exponencial de la complejidad relacional, articulada y sustanciada en todo el planeta (Pérez 2008). En el marco de una sociedad globalizada, la gestión del riesgo implica la previsión y control de las consecuencias futuras de la acción humana, (...) íntimamente relacionado con el proceso administrativo y técnico de decisión (Beck 2002).

---

2 En similitud al rezago regulatorio que se produce en la Regulación por precios topes, frente a la optimización de costes por la empresa regulada hasta la siguiente fijación tarifaria. Para mayor detalle consultar Soto 2009: 79-102.

El término «Riesgo», conforme al estándar internacional ISO 31000:2018(es), es definido como el «efecto de la incertidumbre sobre los objetivos»; en donde «un efecto es una desviación respecto a lo previsto». Identificar un Riesgo implica reconocer que no existe un solo resultado posible derivado de una determinada acción (Lanegra 2010); y, estos resultados pueden ser positivos, negativos o incluso ambos.

El riesgo se genera a partir de la probabilidad de ocurrencia de un peligro; que a su vez es todo aquello que conlleve a causar daño, incluyendo insalubridad y lesiones, daños a la propiedad, a productos o al ambiente, pérdidas de producción, responsabilidades incrementadas o una combinación de éstas. La consecuencia del peligro puede ser desde insignificante hasta catastrófica.

En el ámbito jurídico, el riesgo y su potencial daño son elementos frecuentes para la adopción de medidas legales, puesto que su correcta identificación es lo que nos permitirá disponer medidas para su manejo, ya sea por neutralización, mitigación y/o compensación. Por ello, el propósito de la «Gestión del Riesgo» es la creación y la protección del valor de una organización (ISO 31000:2018). Así tenemos que el riesgo se expresa por sus causas o fuentes, y se cataloga de acuerdo a sus potenciales consecuencias y la probabilidad de su ocurrencia.

El Riesgo es una constante en la adopción de políticas públicas; sin embargo, la incertidumbre como la ausencia de certeza de la probabilidad de ocurrencia o imposibilidad de cuantificación, es una nueva situación con la que tenemos que convivir. Lo que tenemos en esta nueva modernidad y con lo que estamos conviviendo en esta nueva normalidad son macro-riesgos contemporáneos (Moreno 2011). Estos macro-riesgos tienen la particularidad de integrar los riesgos sociales y los riesgos naturales (Beck 1988), sin que podamos diferenciar o individualizar con tanta certeza el origen de los mismos. Esto se debe a la percepción del riesgo es un elemento exógeno que debe también ser considerado como respuesta al problema de la extensión y legitimidad para la toma de decisiones (Berros 2016).

En ese enfoque sistémico se reconoce la existencia de distintos enfoques a partir de conocimiento especializado de cada una de las ramas científicas. El riesgo no puede ser medido ni analizado de forma aislada puesto que sus consecuencias se extienden no solo a temas ambientales sino también a aspectos económicos, sociales, entre otros. Las medidas de mitigación deben dejar de ser independientes y encontrarse cohesionadas en la búsqueda de un mismo objetivo, en la construcción de una solución general y unificadora que nos permitan maniobrar en las realidades complejas de la construcción cultural del termino naturaleza (Sáez 2009).

3. La buena administración en los tiempos de crisis

El enfoque de riesgos globales y de bienes públicos no implica que todas las personas asumirán o sufrirán el riesgo de forma uniforme; es más, estos riesgos tampoco nos llevarán a superar los conflictos étnico-nacionalistas de percepción y evaluación (Beck 2002). La rivalidad estará ahora diseñada a quien culpar por el daño, o a quien tiene mayor o menor disponibilidad de hacerle frente.

Esto requiere un replanteamiento del rol de las entidades públicas en el proceso de medición de riesgos y toma de decisiones, debe evitar repetir los errores de crisis pasadas en donde se hacía manifiesta una especie de irresponsabilidad organizada en el sentido de propiciar un bloqueo sistemático de las relaciones de responsabilidad e imputabilidad derivadas de los instrumentos jurídicos, políticos y administrativos de la primera modernidad (Moreno 2011). La crisis climática está replanteando el rol del Estado Social de Derecho, en donde la defensa de los derechos fundamentales de las personas deje de ser un enunciado para materializarse en una efectiva protección del bienestar de los ciudadanos.

Este bienestar puede ser descrito según Chambers (2004) como la experiencia de la buena calidad de vida, en donde se requiere de una serie de políticas Estatales dirigidas a cumplir con tales mandatos. Apunta el mismo autor que, en las últimas dos décadas la discusión del rol del Estado se ha centrado en aspectos tales como «consumidores», «carencia», «mercado», entre otros. Empero las políticas económicas no son suficientes, sino que se requiere de políticas sociales ejecutadas por el Estado para el logro del desarrollo humano personal, así como para superar problemas en el campo de la salud, seguridad, protección ambiental y defensa del consumidor; es decir, en aquellas situaciones en donde se presenten externalidades y asimetría de información.

Debemos tener en consideración que la cláusula del Estado social ha significado una profunda transformación en el tradicional entendimiento del Derecho Administrativo (Rodríguez-Arana 2015) en la medida que se materializa el derecho fundamental a una buena administración la cual debe encontrarse al servicio de los ciudadanos. Esto por cuanto corresponde al Estado promover las condiciones para que la libertad y la igualdad de las personas y de los grupos en que se integran sean reales y efectivas, removiendo los obstáculos que impiden su efectividad y fomentando la participación de todos los ciudadanos en la vida política, económica, social y cultural.

Teniendo claro que el rol del estado es maximizar el bienestar para sus ciudadanos, uno de los grandes desafíos es incorporar el Riesgo dentro de las políticas públicas. Esto ha originado una suerte de «crisis de la ciencia» (Roth 2019), la cual está compuesta por dos aspectos centrales, el primero relacionado a que la existencia de un mayor conocimiento no nos llevará a poder controlar y/o mitigar dichos riesgos; y, en un segundo ámbito porque la construcción y significado» del término «riesgo» no está limitada al quehacer científico, sino que dependerá de la percepción social que lo acompaña.

Estamos situaciones de «emergencia extraordinaria» que puede entenderse contraposición de las emergencias ordinarias que tienen la particularidad que su atención no colapsa los servicios disponibles para atender el resto de las emergencias y por ende no se requiere llegar a activar marcos jurídicos excepcionales (Moreno 2020).

Los elementos de anormalidad que dan cabida a un estado de emergencia en Perú han sido establecidos en la Sentencia del Tribunal Constitucional recaída en el Expediente Exp. 00017-2003-AI/TC:

> «a. La situación de anormalidad. Se trata de una circunstancia fáctica peligrosa o riesgosa que exige una respuesta inmediata por parte del Estado. Esta situación anómala impone o demanda una solución casi instantánea, so pena de producirse un grave daño que comprometa la estabilidad o supervivencia del Estado.
>
> b. El acto estatal necesario. Es la respuesta imprescindible, forzosa o inevitable, para enfrentar la situación de anormalidad. En esta circunstancia, el Estado no actúa siguiendo criterios de discrecionalidad, utilidad o conveniencia, sino que se moviliza en virtud de lo inevitable, imperioso o indefectible.
>
> c. La legalidad excepcional. Es decir, la existencia de un marco normativo derivado de una grave situación de anormalidad, el cual, sin embargo, vincula al acto estatal necesario con los valores y principios mismos del Estado de Derecho».

Sin embargo, la doctrina recoge un elemento adicional relacionado con que el actor —el Estado— debe encontrarse en un estado de necesidad (Pinése 2005), cuya valoración de la situación le hace ineludible adoptar decisiones que afectan los derechos de los particulares, pero cuya inacción puede conllevar a una lesión mucho más gravosa del colectivo que busca proteger.

Es decir, no es suficiente que acontezca una situación atípica y extraordinaria que exige una rápida respuesta estatal y donde el tiempo sea crucial para revertir los eventuales efectos adversos que tal situación pueda traer consigo. En segundo lugar, el acto necesario para enfrentarla que escapa de la esfera de las competencias ordinariamente otorgadas a la administración pública, ya sea porque se requiere de una concentración del poder o de la administración de recursos adicionales destinados justamente para la atención de la emergencia. En tercer lugar, tenemos y, finalmente, una habilitación jurídica o derecho de necesidad que la autoriza y faculta a la atención de la problemática de descrita.

4. El rezago regulatorio ambiental

La regulación de emergencias debe responder (Moreno 2020) a:

> «(...) fases de anticipación, prevención, planificación, respuesta y vuelta a la normalidad, con una cascada de planes que han de elaborarse al efecto o el otorgamiento a las autoridades públicas de potestades exorbitantes como el decomiso o la compulsión sobre las personas para casos extremos».

Las respuestas jurídicas para solucionar los problemas causados por el deterioro ambiental son de reciente desarrollo y se encuentra en permanente evolución, generado un rezago regulatorio ambiental, consistente en el tiempo mediante el cual una normativa ambiental permanecerá vigente —a pesar de encontrarse desfasada o ser inexistente— respecto del tiempo de la implementación de la nueva disposición legal, de fijación del nuevo estándar. Si no existiera rezago regulatorio, las mejoras en términos de calidad ambiental podrían ser trasladas de inmediato a los ciudadanos[3].

Este rezago regulatorio ambiental, se pone de manifiesto en el «principio de progresividad»[4] en materia ambiental (De la Puente y Vargas 2018), donde las metas:

> «(...) deben alcanzarse de manera progresiva, debido a la complejidad que entraña la concretización del derecho fundamental al medio ambiente equilibrado».

El rezago regulatorio ambiental se explica también del propio proceso de creación de la norma ambiental. Uno de los principios fundamentales del derecho ambiental es la participación ciudadana, que conlleva a tiempos laxos de consulta, durante este periodo, los particulares pueden continuar ejecutando sus actividades sin interiorizar los costos de protección ambiental hasta que la nueva norma goce de «*enforcement*».

Por ello, es sumamente importante definir cuál es el rol del Estado en una situación de crisis ambiental como la que estamos viviendo. La Sentencia de Tribunal Constitucional n.° 008-2033-AI/TC precisó que el Estado Peruano es un Estado Social y Democrático de Derecho, en donde adquiere un rol preponderante el factor social, el económico y la solidaridad, y que se erige como garantía de la igualdad ante la ley y la defensa real de los Derechos Fundamentales (Gonzales 2004); cuya finalidad es procurar el bienestar de los individuos. El Derecho es pues, promotor de bienestar, para lo cual su misión es remover, hasta donde ello es posible, los obstáculos que impiden la realización del ser humano (Fernández 2013).

5. El principio precautorio para la gestión del riesgo ambiental

Beck había pronosticado que los peligros de la sociedad de riesgo global vendrían dados por cataclismos naturales generados en el marco del avance tecnológico y la mayor presión sobre los recursos naturales. Para ello, se establece que no es suficiente la prevención, sino que se requiere un nivel superior de cuidado en la toma de decisiones ambientales a través de la precaución.

3 En similitud al rezago regulatorio que se produce en la Regulación por precios topes, frente a la optimización de costes por la empresa regulada hasta la siguiente fijación tarifaria. Para mayor detalle consultar Soto 2009: 79-102.

4 Sub-Principio de Progresividad en sentido estricto tal como es definido por De la Puente y Vargas (2018).

El Principio Precautorio que tiene sus orígenes en el Derecho alemán, se encuentra recogido en diferentes documentos internacionales tales como Carta Mundial de la Naturaleza de 1982, la Declaración de Río de Janeiro sobre Medio Ambiente y Desarrollo de 1992, entre otros[5].

El Principio Precautorio nos permite una nueva racionalidad en el manejo de los riesgos derivados del acelerado proceso de innovaciones científicas y tecnológicas (Moreno 2011). Esto por cuanto la motivación detrás del acto jurídico va a adolecer de certeza respecto a la consecuencia de hecho que se pretende regular. Sin embargo, cuando se trata de temas ambientales, se aborda un problema de escala global, con efectos locales, y genera muchas —demasiadas— incertidumbres sobre sus causas reales, sobre sus efectos actuales y sobre su panorama a futuro (Roth 2019).

Debemos recordar que la «incertidumbre implica (...) un desconocimiento sobre la probabilidad que se produzcan los posibles resultados» (Lanegra 2010); pero ello no implica que, de producirse, las consecuencias sean catastróficas; y, por ende, no deseadas por la Sociedad. Señala el Tribunal Constitucional en la sentencia recaída en el expediente N.° 4223-2006-PA/TC que:

> «El principio precautorio se aplica ante la amenaza de un daño a la salud o medio ambiente y ante la falta de certeza científica sobre sus causas y efectos. Si bien el presupuesto esencial para la aplicación del principio precautorio es precisamente la falta de certeza científica —aun cuando no sea imprescindible demostrar plenamente la gravedad y realidad del riesgo—, si resulta exigible que haya indicios razonables y suficientes de su existencia y que su entidad justifique la necesidad de adoptar medidas urgentes proporcionales y razonables».

5 En el Perú, el Principio Precautorio ha sido recogido a través de la Ley General del Ambiente, aprobada por Ley n.° 28611. En efecto, en el artículo VII del título preliminar de la referida norma se señala lo siguiente:
«Artículo VII. Del principio precautorio.
Cuando haya peligro de daño grave o irreversible, la falta de certeza absoluta no debe utilizarse como razón para postergar la adopción de medidas eficaces y eficientes para impedir la degradación del ambiente».
De igual forma, la Ley n.° 28245 — Ley Marco del Sistema Nacional de Gestión Ambiental, refiere lo siguiente:
«Artículo 5. De los Principios de la Gestión Ambiental
La gestión ambiental en el país se rige por los siguientes principios:
(...) k) Precautorio, de modo que cuando haya indicios razonables de peligro de daño grave o irreversible al ambiente o, a través de este, a la salud, la ausencia de certeza científica no debe utilizarse como razón para no adoptar o postergar la ejecución de medidas eficaces y eficientes destinadas a evitar o reducir dicho peligro. Estas medidas y sus costos son razonables considerando los posibles escenarios que plantee el análisis científico disponible. Las medidas deben adecuarse a los cambios en el conocimiento científico que se vayan produciendo con posterioridad a su adopción. La autoridad que invoca el principio precautorio es responsable de las consecuencias de su aplicación».

Tal como señala Moreno (2011), el principio de precaución puede constituirse en una categoría central en materia de gestión de riesgo y de determinación de los diversos rangos de incertidumbre, a partir de la evidencia científica disponible, pero también a partir de la percepción social del riesgo. Por ello, la aplicación de cualquier medida basada en la incertidumbre; y, por ende, sustentada en la precaución, debe venir debidamente motivada por el respectivo análisis de y evaluación de los riesgos identificados, de tal manera de poder establecer una adecuada correlación entre la medida restrictiva y la finalidad de la misma.

Más aún, este análisis debe encontrarse al alcance de los ciudadanos bajo las respectivas normas de transparencia, de forma que la población pueda conocer de forma certera el escenario en el que se toman dichas medidas y el gobierno pueda ser efectivamente *accountable* del proceso de toma de decisiones.

Figura 01. Matriz de Riesgo de Doble Entrada: Impacto y Probabilidad

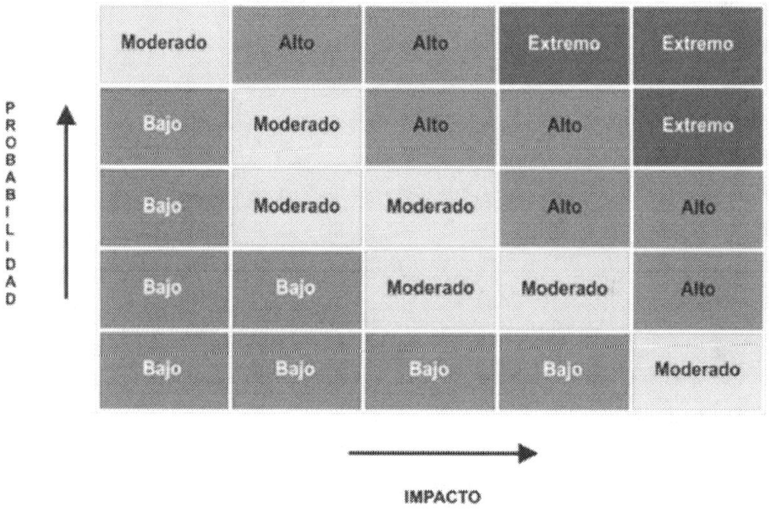

Elaboración propia.

En este tipo de análisis de riesgos se deben considerar una serie de factores tales como la protección a la vida, la protección a la propiedad, la continuación de las actividades económicas y la protección al ambiente. Puede cuestionarse el orden de la evaluación, pero eso nos llevará a nuevamente a la dicotomía entre desarrollo y protección ambiental. En ese sentido, la continuación de las actividades económicas a la que se hace referencia es aquella de actividades sostenibles que generen un menor impacto ambiental o que tengan dichos impactos adecuadamente gestionados por los instrumentos de evaluación ambiental pertinentes.

Un aspecto fundamental en la medición del riesgo y en la adopción de medidas por parte de la Administración Pública es la adecuada gestión del cambio. La adopción de una medida basada en precaución implica que existe ausencia de certeza científica. Pero lo cierto es que, en el transcurso del desarrollo de la crisis, nuevo conocimiento se viene generado modificando nuestra posición inicial. Es por ello, importantísimo el monitoreo constante de la situación, pero no solamente desde el punto de vista científico, sino también ponderando factores económicos y sociales; siempre bajo los estándares de transparencia que no deberían verse afectados por el contexto.

Finalmente, es menester acotar que el principio precautorio tiene una importancia trascendental para la gestión de la incertidumbre en el marco de una crisis generalizada, puesto que su correcta aplicación constituye una herramienta jurídica estratégica para evitar daños por riesgos que son, en principio, invisibles a los sentidos (Roth 2019). Sin embargo, su aplicación requiere del fortalecimiento de la institucionalidad responsable de su uso (Lanegra 2010), de manera que se garantice que el proceso de evaluación de riesgos y de medidas de mitigación son adecuadas y proporcionales a la superación de la crisis en bienestar de los individuos.

6. Conclusiones

La regulación ambiental no debe ser arbitraria, sino que debe responder a un doble nivel de análisis. En primer lugar, se debe establecer cuáles son los fines de la política ambiental y determinar el nivel socialmente deseable de calidad ambiental. El segundo nivel está referido a la materialización de dichas políticas y se centra en la definición de los instrumentos regulatorios que se utilizarán, así como la distribución de competencias y responsabilidades entre los diversos actores gubernamentales (Livermore y Revesz 2014).

En el estado actual de deterioro ambiental, se requiere de un accionar distinto por parte la Administración Pública, puesto que muchas decisiones se basan basado en un alto grado de incertidumbre respecto a su impacto.

Este nivel de incertidumbre en la toma de decisiones corresponde a una situación de crisis sin precedentes; sin embargo, ello no quita que las decisiones a tomar por el Estado —que afectan derechos fundamentales y la vida de la población— no deba responder a un examen de pertinencia para evaluar la efectividad de dichas medidas.

Sin embargo, dicha medición debe realizarse ponderando el conocimiento científico disponible al momento de la toma de dichas decisiones; y analizando el potencial impacto en la sociedad de no adoptarse ninguna medida. En ese sentido, se considera que una adecuada aplicación del principio precautorio a estas situaciones de crisis puede conllevar a garantizar que las medidas no sean arbitrarias y que exista un adecuado proceso de motivación.

Y, en tanto los riesgos cada vez son más globales, la posibilidad de ocurrencia de una nueva situación como lo que vivimos hoy día es totalmente probable. Eso requiere que el estado se encuentre preparado para afrontar tales desafíos, no solo una metodología para la medición y ponderación de los riesgos que se buscan mitigar y/o eliminar, sino que debe ir acompañado de un fortalecimiento de la institucionalidad y la capacidad técnica en la construcción de este nuevo derecho administrativo.

7. Bibliografía

Beck, Ulrich. (1988). *La sociedad del riesgo. Hacia una nueva modernidad.* Barcelona: Ediciones Paidós, Ibérica S.A.

Beck, Ulrich (2002). *La Sociedad del Riesgo Global.* Madrid: Siglo XXI de España Editores S.A.

Berros, María Valeria (2016). «Reflexiones para repensar la normatividad, procedimientos y estructuras estatales para la gestión de riesgos controvertidos a partir del principio de precaución», en *Revista de la Facultad de Derecho y Ciencias Políticas,* vol. 46, núm. 124, p. 117-143.

Bissessar, Anne Marie (2012). *Governance: Is It for Everyone?* Reino Unido: Nova Science Publishers, Inc.

Chambers, Robert (2004). *Ideas for development: Reflecting Forwards.* Brighton: IDS Working Paper.

De La Puente Brunke, Lorenzo y **Vargas Tacuri, David** (2018). «Notas sobre la aplicación de la norma ambiental peruana en el tiempo», en *Derecho & Sociedad*, 50, pp. 27-36.

Depoe, Stephen P., Delicath, John W. y **Aepli Elsenbeer, M.F.** (2004). *Communication and Participation in Environmental Decision Making.* Nueva York: Suny Press.

Fernández Sessarego, Carlos (2013). «Breves reflexiones sobre el objeto de estudio y la finalidad del derecho», en *Ius et ratio*, vol. 1, núm. 1.

Field, Barry C. y **Field, Marta K.** (2003). *Economía Ambiental.* Madrid: Mc-Graw - Hill Interamericana S.A, tercera edición.

Gallardo Ku, José D. (2018). *Notas en la teoría de la incertidumbre*. Lima: Fondo Editorial PUCP.

García Acosta, Virginia (2005). «El riesgo como construcción social y la construcción social de riesgos», en *Desacatos,* 19, pp. 11-24.

Gonzales Ojeda, Magdiel (2004). «El Estado Social y Democrático de Derecho y el Estado Peruano», en *Derecho & Sociedad,* 23, pp. 144-159.

Hardin, Garret (2005). «La tragedia de los comunes», en *Polis: Revista de la Universidad Bolivariana*, vol. 4, núm. 10. Disponible en: http://www.redalyc.org/articulo.oa?id=30541023.

Intergovernmental Panel on Climate Change (2019). *Global Warming of 1.5.°C. An IPCC Special Report on the impacts of global warming of 1.5.°C above pre-industrial levels and related global greenhouse gas emission pathways.* Disponible en: https://www.ipcc.ch/sr15/.

International Standard Organization (s.f.). ISO 31000:2018(es). Gestión del riesgo - Directrices.

Lanegra Quispe, Iván (2010). «La Regulación de la Incertidumbre: Un Análisis Crítico del Principio Precautorio», *Derecho & Sociedad,* 35, p. 99-103.

Livermore, Michael A. y **Revesz, Richard L.** (2014). «Environmental Law and Economics», *Oxford Handbook of Law and Economics*. Oxford: Oxford University Press. Disponible en: https://doi.org/10.2139/ssrn.2388883.

Moreno García, Javier (2020). «El Derecho ante las emergencias ordinarias. El confuso marco jurídico actual y una propuesta para su ordenación», en *Revista Vasca de Administración Pública*, 117, pp. 199-245. Disponible en: https://doi.org/10.47623/ivap-rvap. 117.2020.05.

Moreno Plata, Miguel (2011). «El agotamiento del paradigma burocrático ante el riesgo ambiental contemporáneo», en *Política y cultura,* 36, pp. 127-155.

Perez González, Sergio (2008). «El derecho en la sociedad global del riesgo», en *Revista Electrónica de Derecho de la Universidad de La Rioja (REDUR),* 6, pp. 95-107.

Pinése, Graciela Gloria (2005). *El derecho de emergencia o el derecho en emergencia*. Disponible en el Sistema Argentino de Información Jurídica (SAIJ): http://www.saij.gob.ar/doctrina/dacc050009-pinese-derecho_emergencia_derecho_en.htm.

PNUD (2020). *Objetivos de Desarrollo Sostenible*. Disponible en: https://www.undp.org/content/undp/es/home.html.

Restrepo Medina, Manuel (2017). *Derecho administrativo: reflexiones contemporáneas.* Bogotá: Editorial Universidad del Rosario.

Rodríguez-Arana Muñoz, Jaime (2015). «El Derecho Administrativo ante la crisis: el Derecho Administrativo Social», en *A&C: Revista de Direito Administrativo & Constituciona,* año 15, núm. 60, pp. 13-35.

Rodríguez-Arana Muñoz, Jaime (2017). «Derecho Administrativo y Derechos Sociales Fundamentales», en *Ius Humani: Revista de Derecho,* 6.

Roth, Agustín (2019). «Cambio climático y políticas públicas: un abordaje desde la teoría social del riesgo», en *Prometeica*, 18, pp. 36-46.

Sáez Vacas, Fernando (2009). *Complejidad y Tecnologías de la información.* Madrid: Fundetel.

Siles, Abraham (2017). «Problemática constitucional del estado de emergencia en Perú: Algunas cuestiones fundamentales», en *Estudios constitucionales,* vol. 15, núm. 2. Disponible en: http://dx.doi.org/10.4067/S0718-52002017000200123.

Soto Carrillo, Gerardo (2009). «Regulación por precios tope», en *Economía,* vol. XXXII, núm. 63, pp. 79-102.

LA BUENA ADMINISTRACIÓN Y LOS PROCEDIMIENTOS ADMINISTRATIVOS PARA LA EXPLOTACIÓN MINERA EN VENEZUELA

Good Administration and administrative procedures for mining exploitation in Venezuela

Mauricio Rafael Pernía Reyes[1]
Universidad Católica del Táchira (Venezuela)

Fecha de Recepción: 01/10/2022
Fecha de Aceptación: 31/10/2022

Resumen: Este trabajo tiene como objetivo contrastar el principio de la buena administración en los distintos procedimientos administrativos que regulan la explotación de minas en Venezuela, con énfasis en los regulados por la Ley de Minas de 1999 y la legislación para la explotación de los denominados minerales estratégicos. Se concluye que la dispersión normativa, la degradación de la calidad normativa, la elevada discrecionalidad otorgada a las autoridades mineras, la opacidad y falta de regulación para la creación de empresas mixtas revelan una intensa intervención del Estado en las actividades mineras que no corresponde con el principio de buena administración, siendo obstáculo para el control administrativo y la participación ciudadana.

Palabras clave: Buena administración. Procedimientos administrativos. Minería. Derechos mineros.

Abstract: This work aims to contrast the principle of good administration in the different administrative procedures that regulate the exploitation of mines in Venezuela, with emphasis on those regulated by the Mining Law of 1999 and the legislation for the exploitation of the so-called strategic minerals. It

1 Abogado dedicado al estudio, asesoría y litigio en Derecho Público. Especialista en Derecho Administrativo. Profesor-investigador de la Universidad Católica del Táchira (Venezuela).

is concluded that the regulatory dispersion, the degradation of the regulatory quality, the high discretion granted to the mining authorities, the opacity and lack of regulation for the creation of mixed companies reveal an intense intervention of the State in mining activities that does not correspond to the principle of good administration, being an obstacle to administrative control and citizen participation.

Keywords: Good administration. Administrative procedures. Mining. Mining rights.

1. Introducción

Con la declaratoria de las minas como bienes del dominio público y de utilidad pública de la industria minera en Venezuela, el legislador ha sancionado un régimen en el que se establece el modo, el tiempo y el lugar para el otorgamiento de las habilitaciones administrativas, de las licencias de diversa naturaleza referidas a la actividad y los contratos mineros que relacionen al solicitante de una concesión o del potencial socio del Estado en las denominadas Empresas Mixtas, teniendo como resultado un conjunto de procedimientos administrativos cuyo propósito es que el aprovechamiento del recurso minero sea racional, controlable y evaluable.

Los procedimientos administrativos del que dispone el Derecho minero venezolano pueden ordenarse de la siguiente forma: en *primer lugar* por aquellos que están dirigidos al otorgamiento de derechos mineros, como la concesión minera y la creación de las Mancomunidades Mineras[2]; en *segundo lugar*, los dirigidos al otorgamiento de las licencias ambientales, las licencias sociales y a la creación de servidumbres y, en *tercer lugar*, los que tienen como propósito la aplicación de sanciones por la infracción a la normativa minera. En los supuestos referidos a la creación de las empresas mixtas, de las alianzas estratégicas, y otras formas de organización, les son aplicables las normas supletorias en materia de procedimientos administrativos.

---

2 Artículo 7 del Decreto n.° 295, con Rango y Fuerza de Ley de Minas, publicado en la *Gaceta Oficial* n.° 5.382. Extraordinario, del 28 de septiembre de 1999.

Estos procedimientos serán comentados desde el contenido del principio la buena administración que comprende, al menos, una actuación con énfasis en los principios de buena fe, racionalidad, proporcionalidad, transparencia (Rodríguez-Arana 2020: 19-39), y que la Administración pública sirva objetivamente a la ciudadanía, que constituye sus funciones en democracia, en vistas a un interés general que favorezca la mejora continua de las condiciones de vida de los ciudadanos, asegurando su participación.

Para una mejor compresión de las ideas aquí expuestas, el presente estudio se dividirá en los siguientes puntos, a saber: el procedimiento administrativo en el Derecho minero venezolano (II); el principio de buena administración en los procedimientos mineros (III); y, consideraciones finales (IV).

2. El procedimiento administrativo en el derecho minero venezolano

Las instituciones del Derecho Minero venezolano se consideran parte del sistema del Derecho Administrativo General. En efecto, la figura de la concesión administrativa, el procedimiento para su obtención, las autorizaciones y aprobaciones para acceder al mineral o para celebrar diversos contratos, el régimen de competencia de los órganos administrativos en materia de minas, la existencia de recursos administrativos y la indicación de una vía jurisdiccional para conocer de sus asuntos, el contencioso administrativo, entre otras instituciones jurídicas, revelan que el Derecho Administrativo General sea considerado como «el verdadero Derecho Troncal» del Derecho Minero (Brewer 2009: 23-78).

Lo anterior, además, no supone un fenómeno aislado y novedoso, sino que muchas disposiciones del Derecho Minero, al menos desde la formación del Estado venezolano, «se justifica en otras leyes a tiempo derogadas», lo que tiene como base categorías administrativas de «inconmovible» tradición (Monsalve 1947: 27) considerando que, desde el Decreto Legislativo de 1825, que organizó las Secretarías de Estado, señaló en su artículo 14, numeral 3.°, que correspondía a la Secretaría de Hacienda entre otras materias, «Las Minas, canteras y salinas de toda clase (Egaña 2010: 149).

Así mismo, la relación de las minas, con la Corona española, primero y con la República, después, ha supuesto un título de intervención, en las que el Estado las explota directamente o las sujeta al otorgamiento de concesiones o distintas formas de habilitación administrativa, para su aprovechamiento por los particulares (Turuhpial 2008: 134-135) e incluso, por entes estatales de derecho público o privado con personalidad jurídica, como lo serían los institutos autónomos y las empresas del Estado y las empresas mixtas, respectivamente, supone un título de intervención de clara naturaleza administrativa cuya remoción supone el establecimiento de un procedimiento administrativo.

De esta manera, la realización de las actividades mineras más relevantes, la exploración y la explotación, han estado vinculadas a la Administración pública y esta relación transita por los cauces del procedimiento administrativo, expresándolo en la dimensión centrada en la prerrogativa. Esto también se extiende a las actividades conexas de la minería, como la subcontratación, la transformación, la industrialización, el acopio, el transporte y la comercialización nacional e internacional, están sujetas, en distintas etapas y con distinta intensidad, a la obtención de aprobaciones y autorizaciones que otorga la Administración minera del Estado. Lo que incluye también el pago de los tributos mineros, como el impuesto superficial y el impuesto de explotación, las regalías, la obtención de las licencias ambientales y sociales. A esto se añade la obtención de las prórrogas de concesiones y autorizaciones, así como de las vigencias de las empresas mixtas para la minería del oro y demás minerales estratégicos, están sujetos a tramites, solicitudes y requerimientos con la Administración pública.

Entonces, desde el Derecho Administrativo se evidencia una preponderante intervención del Estado para el desarrollo de las actividades extractivas en tanto que estas no pueden desvincularse de la presencia de la Administración pública, que está presente desde el inicio hasta el final del emprendimiento minero, esto es, desde la solicitud de concesión o autorización, hasta el procedimiento de cierre de minas, lo que incluye la evaluación ambiental con vistas al Estudio de Impacto Ambiental y Sociocultural correspondiente[3].

De manera que, el Derecho Administrativo Minero venezolano, participa de diversas modalidades de procedimientos administrativos que, como lo ha identificado la doctrina española, pueden clasificarse entre procedimientos administrativos no formalizado o flexible y otros procedimientos formalizados o rígidos (Parada 2008: 208) y que en Venezuela están previsto en el artículo 47 de la Ley Orgánica de Procedimientos Administrativos[4] según el cual, los procedimientos administrativos contenidos en leyes especiales serán preferentemente aplicados al procedimiento ordinario en ella previsto, que constituiría el procedimiento supletorio que, en todo caso, es materia de reserva legal.

---

3 En efecto, el artículo 129 de la Constitución de la República Bolivariana de Venezuela señala:
«*Todas las actividades susceptibles de generar daños a los ecosistemas deben ser previamente acompañadas de estudios de impacto ambiental y socio cultural. El Estado impedirá la entrada al país de desechos tóxicos y peligrosos, así como la fabricación y uso de armas nucleares, químicas y biológicas. Una ley especial regulará el uso, manejo, transporte y almacenamiento de las sustancias tóxicas y peligrosas.*
En los contratos que la República celebre con personas naturales o jurídicas, nacionales o extranjeras, o en los permisos que se otorguen, que afecten los recursos naturales, se considerará incluida aun cuando no estuviera expresa, la obligación de conservar el equilibrio ecológico, de permitir el acceso a la tecnología y la transferencia de la misma en condiciones mutuamente convenidas y de restablecer el ambiente a su estado natural si éste resultara alterado, en los términos que fije la ley».

4 Publicado en *Gaceta Oficial* n.° 2.818. Extraordinario, del 1.° de julio de 1981.

Otra caracterización de los procedimientos administrativos de la minería en Venezuela es que, de acuerdo con su forma de inicio, especialmente en la obtención de habilitaciones administrativas[5], son procedimientos iniciados a instancia de parte interesada. Dentro de esta clasificación también pueden incluirse la solicitud de prórroga de la concesión minera[6]; el otorgamiento de concesiones en las denominadas zonas libres, que se corresponde con las concesiones extinguidas, renunciadas, caducadas o aquellas que sean anuladas por sentencia del Tribunal Supremo de Justicia[7], y la creación de la mancomunidad minera[8]. Son procedimientos que inician de oficio, la fiscalización, defensa y conservación de los recursos mineros[9], la creación de las Brigadas Mineras[10] y de la solicitud para la suscripción con el Estado de los contratos de servicios.

3. El principio de buena administración en los procedimientos mineros

El servicio objetivo al interés general responde al sentido constitucional de la Administración pública. Esa es la esencia del aparato público, especialmente desde la perspectiva del Estado social y democrático de Derecho en el que, sobre la base de nuevas consideraciones orientadas a la plena satisfacción de las libertades de las personas (Rodríguez-Arana 2013: 23-56), puede concentrar sus cometidos a la realización de los fines del Estado entendiendo por tales aquellos que promocionan la dignidad de la persona humana.

En este sentido, el artículo 141[11] de la Constitución venezolana de 1999[12] señala el carácter vicarial de la Administración pública, así como de los principios que la informan. Una cabal comprensión de ello deja claro que

5 Artículo 40 del Decreto n.° 295, con Rango y Fuerza de Ley de Minas.

6 Artículo 25, Parágrafo Primero, del Decreto n.° 295, con Rango y Fuerza de Ley de Minas.

7 Artículos 46 y 47 del Decreto n.° 295, con Rango y Fuerza de Ley de Minas.

8 Artículos 77 y siguientes del Decreto n.° 295, con Rango y Fuerza de Ley de Minas.

9 Artículo 6 y 88 del Decreto n.° 295, con Rango y Fuerza de Ley de Minas.

10 Artículo 25 del Decreto con Rango, Valor y Fuerza de Ley Orgánica que reserva al Estado las Actividades de Exploración y Explotación del Oro y demás Minerales Estratégicos. Decreto Presidencial 2165 del 30/12/2015, publicado en la *Gaceta Oficial Extraordinaria* n.° 6210 de fecha 30 de diciembre de 2015.

11 *«La Administración Pública está al servicio de los ciudadanos y ciudadanas y se fundamenta en los principios de honestidad, participación, celeridad, eficacia, eficiencia, transparencia, rendición de cuentas y responsabilidad en el ejercicio de la función pública, con sometimiento pleno a la ley y al derecho».*

12 *Gaceta Oficial* n.° 36.860, de 30 de diciembre de 1999; reimpresa por error material en la *Gaceta Oficial de la República Bolivariana de Venezuela* n.° 5.453 Extraordinario, del 24 de marzo de 2000 y enmendada según *Gaceta Oficial de la República Bolivariana de Venezuela* n.° 5.908, del 19 de febrero de 2009

la Administración pública tiene por causa a los ciudadanos (Belandria 2013: 13-36) por cuanto legitiman su existencia, sus atribuciones y competencias, presupuesto y personal, resaltando su carácter instrumental.

Teniendo presente lo anterior, en el Derecho minero venezolano, como parte del régimen de las industrias extractivas, la constitucionalización de los yacimientos mineros como bienes del dominio público[13], la obligatoriedad de la existencia previa de un estudio de impacto ambiental y sociocultural[14] para cualquier actividad susceptible de degradar el ambiente, así como el carácter vicarial de la Administración pública y los principios que rigen su actividad, proporcionan el marco de referencia que orienta el desarrollo de la prospección, exploración y explotación minera, además de todas las actividades asociadas, el desarrollo de infraestructuras (Pernía 2011: 331-334), la industrialización de las materias primas y su comercialización.

Por lo anterior, conviene contrastar el régimen jurídico de la minería en Venezuela con las características de la buena administración, lo que se desarrolla a continuación:

3.1. Los procedimientos dirigidos al otorgamiento de derechos mineros

En el derecho minero venezolano, el otorgamiento de las concesiones mineras, como habilitación administrativa para acceder a las minas, resulta potestativo del Ejecutivo Nacional cuando no se recurre a otra figura como lo serían los contratos, empresas mixtas o las asociaciones estratégicas para el aprovechamiento del recurso natural. En el procedimiento creado a tal efecto y establecido en los artículos 40 al 45 del Decreto n.º 295, con Rango y Fuerza de Ley de Minas y que inicia a instancia de parte, se caracteriza por su contenido técnico que exige de la consignación de diferentes requisitos, tales como la identificación del solicitante, el área, tipo de mineral, comprobar a satisfacción del ministerio competente, su capacidad técnica, económica y financiera.

Así mismo, este procedimiento exige la publicidad de las solicitudes, lo que contribuye a la transparencia de las concesiones solicitadas por cuanto se ordena que, si se admite la solicitud, esta se publique en la Gaceta Oficial dentro de los 20 días continuos siguientes a su admisión. Esta publicación en el órgano oficial de publicaciones del Estado ocurre al tiempo que también se ordena, a costo del solicitante, la publicación de la solicitud tanto en diario de

---

13 Señala el artículo 12 de la Constitución de la República Bolivariana de Venezuela: *«Los yacimientos mineros y de hidrocarburos, cualquiera que sea su naturaleza, existentes en el territorio nacional, bajo el lecho del mar territorial, en la zona económica exclusiva y en la plataforma continental, pertenecen a la República, son bienes del dominio público y, por tanto, inalienables e imprescriptibles. Las costas marinas son bienes del dominio público».*

14 Artículo 129 de la Constitución de la República Bolivariana de Venezuela, véase nota al pie número 3.

amplia circulación nacional como en otro de la localidad en la que se encuentre el área de la concesión solicitada (art. 42). En Venezuela se aplica el principio de primero en el tiempo, primero en el derecho, en las concesiones mineras[15].

Esta publicidad evita la opacidad, por un lado y permite, por otro, la posibilidad de que terceros que se sientan afectados, puedan presentar oposición a la solicitud del promotor minero (art. 43). De haber oposición se establece una articulación probatoria que decidirá si esta prospera o no. Esta decisión agota la vía administrativa, por lo que libera al interesado de la vía recursiva en sede administrativa, pudiendo acudir al control del contencioso administrativo.

Finalmente, si no hay oposición o de haberla y es declarada sin lugar, el órgano competente en materia minera otorgará la concesión al solicitante.

En cuando al procedimiento para el otorgamiento en las zonas libres o en las reservas nacionales, el Decreto n.° 295, con Rango y Fuerza de Ley de Minas, en sus artículos 46 y 47, establece un procedimiento similar al anterior, revestido igualmente de la publicidad de la existencia de tales zonas o reservas, que también iniciarán a solicitud de parte interesada.

Por su parte, la mancomunidad minera, que se entiende (art. 77) como la:

> «(...) agrupación de pequeños mineros en diversas zonas de un mismo yacimiento o de varios de éstos, situados de forma tal, que permita la utilización conjunta de todos o parte los servicios necesarios para su aprovechamiento en el ejercicio de la actividad minera».

Se caracteriza por proveer de soluciones legales que promueven la participación ciudadana, como elemento de la Buena administración por cuando supone la interacción de los pequeños mineros con la Administración pública que busca evidenciar que, por razones técnicas, económicas y de proyección social, resulta conveniente una comunidad que los reúna.

Esta comunidad a de constituirse en sociedad para ser titular del derecho minero resultante de la aprobación por el Ejecutivo Nacional de la mancomunidad minera. El procedimiento es el que se emplea para la obtención de una concesión.

3.2. Los dirigidos al otorgamiento de las licencias ambientales, las licencias sociales y a la creación de servidumbres

Además de las normas aquí señaladas[16], hemos de incluir en este aparte el Decreto n.° 1.257 de fecha 13 de marzo de 1996, mediante el cual se dic-

15 Parágrafo Único del Artículo 41 del Decreto n.° 295, con Rango y Fuerza de Ley de Minas

16 El artículo 129 Constitucional, el Decreto n.° 295, con Rango y Fuerza de Ley de Minas y el Decreto con Rango, Valor y Fuerza de Ley Orgánica que reserva al Estado las Actividades de Exploración y Explotación del Oro y demás Minerales Estratégicos.

tan las Normas sobre Evaluación Ambiental de Actividades Susceptibles de Degradar el Ambiente[17], las cuales establecen los procedimientos conforme a los que se realizará la evaluación ambiental de las actividades susceptibles de degradar el ambiente, que se cumplirá como parte del proceso de toma de decisiones en la formulación de políticas, planes, programas y proyectos de desarrollo, a los fines de la incorporación de la variable ambiental en todas sus etapas.

Estas normas de un eminente carácter técnico, contiene tres procedimientos dirigidos a regular los proyectos mineros y de hidrocarburos que contienen disposiciones sobre la publicidad de las solicitudes referidas a la ocupación del territorio y la autorización para la afectación de recursos para la acreditación técnica de los Estudios de Impacto Ambiental y Sociocultural. El primero, denominado procedimiento ordinario[18], se dirige a las personas naturales y jurídicas, públicas y privadas, interesadas en desarrollar programas y proyectos que impliquen la ocupación del territorio, lo que incluye un amplio panorama de actividades de carácter industrial o de obras de infraestructura.

Los siguientes dos procedimientos, denominados «del procedimiento para las actividades Mineras y de Hidrocarburos», y del Procedimiento en Áreas Urbanas y donde Autorizaciones y Aprobaciones para la Ocupación del Territorio son otorgadas por organismos distintos al competente en materia ambiental Ministerio del Ambiente y de Renovable, son técnicos y aplicables a esos proyectos en específico. El cuarto procedimiento, el denominado «De la Participación Ciudadana» que establece, de manera potestativa y no obligatoria para los promotores de los proyectos, de abrir procesos de consulta pública cuyas observaciones pueden ser incluidas total o parcialmente en los estudios elaborados, de acuerdo con su análisis técnico (artículos 26 y 27).

La consulta previa, la consulta pública o el consentimiento libre, previo e informado, son instrumentos que promueven, con diferentes grados de intensidad y de vinculación, a la participación de la ciudadanía en la toma de decisiones de diversa naturaleza y particularmente en los proyectos de infraestructura o los que puedan degradar el ambiente, sean urbanos, mineros o de hidrocarburos (Reyes 2016).

Conocidas genéricamente con el nombre de licencias sociales, estos instrumentos de participación de la gente han sido vulnerados en Venezuela en la actividad minera estatal con ocasión de la creación del Arco Minero del

17 Publicado en la *Gaceta Oficial de la República de Venezuela* n.° 35.946, de fecha 25 de abril de 1996.

18 Artículos 4 al 14 de las Normas sobre Evaluación Ambiental de Actividades Susceptibles de Degradar el Ambiente.

Orinoco[19], una extensa zona del territorio venezolano para la explotación de minerales como el oro, diamantes y coltán, entre otros, que resulta inconstitucional e inconvencional[20] lesionando los procesos de la consulta previa, incluidos los referidos al Convenio 169 de la Organización Internacional del Trabajo, sobre pueblos indígenas y tribales. La consulta previa es considerada un derecho fundamental (Rodríguez 2017).

Por último, el procedimiento para la constitución de servidumbres mineras que nacen de la necesidad de la ocupación de áreas de interés minero por el concesionario o empresa mixta, que se fundamenta en la declaratoria de utilidad pública de la actividad minera, se realiza, en dos modalidades diferentes, según la ley que se aplique al tipo de mineral. En los minerales explotados de conformidad con el Decreto n.° 295, con Rango y Fuerza de Ley de Minas, se establece que, en caso de no alcanzar un acuerdo entre el beneficiario de los derechos mineros y el propietario, en caso de ser terrenos de propiedad privada, se puede acudir a la vía jurisdiccional para que pueda establecerse la servidumbre.

Por otra parte, en el Decreto con Rango, Valor y Fuerza de Ley Orgánica que reserva al Estado las Actividades de Exploración y Explotación del Oro y demás Minerales Estratégicos, se establece otra modalidad en el que resalta la no consideración de la vía judicial en el caso de no alcanzar algún acuerdo entre la empresa mixta o alianza estratégica que adelante las actividades mineras. En efecto, de acuerdo con el artículo 34 de este decreto, en caso de no lograrse el avenimiento, las empresas que realicen actividades primarias podrán dirigirse al ministerio competente en materia minera, para que este «decida sobre las modalidades en que deben operar las servidumbres», pudiendo en cualquier caso autorizar los trabajos, una vez que se obtengan las autorizaciones ambientales.

Tal y como se presenta, la imprecisión y el grado de discrecionalidad otorgadas al ministerio con competencia minera del Ejecutivo Nacional no resulta en modo alguno garante del derecho de propiedad, lesiona el derecho a la defensa, no se corresponde con el contenido del principio de la buena administración, en tanto que no se centra en la persona, ni evidencia racionalidad y proporcionalidad sino la imposición de las prerrogativas del Estado sin la consideración de los derechos del propietario del suelo.

---

19 Decreto Presidencial n.° 2.248, de 24 de febrero de 2016, que crea la «Zona de Desarrollo Estratégico Minero Nacional Arco Minero del Orinoco» cuya extensión es 111.846,70 kilómetros cuadrados.

20 Véase, entre otros, el «Pronunciamiento de las Academias Nacionales en rechazo a la minería ilegal y el arco minero: violación del ordenamiento legal, efectos socioambientales y vulneración de los derechos humanos de los pueblos indígenas», de 20 de julio de 2020. En *Boletín de la Academia de Ciencias Políticas y Sociales,* 161 — julio-diciembre 2020, pp. 11-17.

3.3. Los que tienen como propósito la aplicación de sanciones por la infracción a la normativa minera

Evaluar la buena administración en el ejercicio de la potestad sancionadora de la Administración pública, como expresión del *Ius Puniendi* del Estado, supone la adopción de la perspectiva de racionalidad, transparencia, proporcionalidad, buena fe y participación ciudadana.

En este sentido, la legislación minera aquí comentada, puede organizarse de la siguiente forma, a saber: a) las sanciones relativas a la explotación ilegal; b) las sanciones relativas a la falta de información debida a la Administración Minera; c) las sanciones relativas a la falta de presentación de las declaraciones de pago de tributos mineros; d) el decomiso de bienes (Pernía 2020). Siendo la actividad minera una industria que emplea un uso intensivo de capital y se desarrolla bajo un plan minero autorizado por la autoridad competente y dentro de categorías específicas en cada etapa, pueden considerarse racionales y proporcionales las normas que establecen el régimen sancionatorio minero.

En efecto, sobre la base de la consideración de los riesgos generales de la actividad minera, desde aquellos relativos a las actividades primarias o aguas arriba, como la exploración y exploración así como las conexas o derivadas, especialmente la industrialización, y las actividades finales como el cierre de minas, tienen diferentes consideraciones que el legislador consideró como susceptibles de iniciar procedimientos administrativos sancionatorios para asegurar su cumplimiento, por disuasión, así como penalizar cuando se trasgredan. En el Derecho minero venezolano, el régimen sancionatorio está regulado de modo que pueden recurrirse las decisiones, evaluarse su proporcionalidad, transparencia y racionalidad en tanto responden a elementos técnicos de la industria minera (Vergara 2018: 309)[21].

4. Consideraciones finales

La enumeración, descripción y valoración de los procedimientos administrativos de la minería en Venezuela en este breve y parcial estudio, representa un ejercicio que puede poner en relieve el amplio margen de mejora en la calidad normativa, en los objetivos perseguidos por la legislación aquí considerada, en la promoción de los procesos de mejora regulatoria (López 2020) y la clara definición de los conceptos que comprenden la buena administración.

---

21 Señala Vergara (2018: 309):
«Con el termino industria minera, se alude al conjunto de operaciones y actividades que desarrollan la actividad minera directa, explorando, explotando o tratando los minerales, o indirecta, proveyendo bienes para que otros realicen tales labores».

Varias cosas saltan a la vista como obstáculos en la consideración de la buena administración en los procedimientos aquí comentados. En primer lugar, la multiplicidad de textos normativos decretos con fuerza y de Ley, decretos ejecutivos, y normas reglamentarias que regulan al mismo tiempo diferentes minerales. En segundo lugar, aun cuando las normas de mayor vigencia fueron expedidas con anterioridad a la Constitución de 1999, que establece expresamente el carácter vicarial de la Administración pública, son las que resultan más garantistas, con mejor calidad normativa y técnica legislativa y ajustadas a la tradición del Derecho minero nacional. En tercer lugar, la alta discrecionalidad —que se aproxima a la manifiesta arbitrariedad— que otorga al Ejecutivo Nacional para incorporar minerales como estratégicos excluyéndolos del régimen general de la minería, interviene en el desarrollo de proyectos mineros en marcha, alterando las condiciones originales de aprovechamiento del recurso, evitando la competitividad del sector.

En cuarto lugar, la más reciente legislación en la materia no describe los procedimientos para la constitución de empresas mixtas, ni establece las condiciones que debe cumplir el eventual socio del sector privado en la constitución de estas empresas, así como tampoco en las alianzas estratégicas se prevé procedimiento administrativo para la celebración de tales acuerdos.

La opacidad y la reducción a los medios de participación ciudadana a los que el mismo Estado promueve es otra característica de la actual legislación lo que impide un verdadero régimen de la transparencia y participación ciudadana que la misma legislación dice estimular y fomentar.

Ninguna de la legislación analizada evidencia elementos de gobernanza (Hernández 2014: 53-76) del recurso minero ni de la promoción de estándares de transparencia en los contratos y concesiones, empresas mixtas, licencias sociales y ambientales, destino de las regalías y de los impuestos, la promoción de la mujer en cargos directivos ni de la participación ciudadana de manera efectiva, vinculante, medible y satisfactoria.

De esta manera, el margen de mejora de la legislación venezolana en materia minera es un desafío que debe anunciarse y afrontarse considerando que la actividad minera, como industria, seguirá siendo decisiva especialmente en la transición energética y en la provisión de materias primas, así como de materiales críticos para el desarrollo de tecnología y de las capacidades de defensa.

Hacer sostenible el aprovechamiento de los recursos naturales exige de la buena administración de sus instituciones y de su regulación.

5. Bibliografía

Belandria García, José Rafael (2013). «Acerca del derecho a una buena administración ¿existe en el orden constitucional venezolano?», en *Revista Venezolana de Legislación y Jurisprudencia*, 1.

Brewer Carías, Allan (2009). «Una pincelada histórica sobre el sistema de enseñanza del Derecho Administrativo», en Hernández Mendible, V. (coord.). *Desafíos del Derecho Administrativo Contemporáneo.* Caracas: Ediciones Paredes.

Hernández González, José Ignacio (2014). «Eduardo García de Enterría y la renovación del Derecho Administrativo. Reflexiones a partir de la Carta Iberoamericana de los Derechos y Deberes del Ciudadano en relación con la Administración Pública», en Brewer Carías, A., Parejo Alfonso, L. y Rodríguez, L. (coord.). *La protección de los derechos frente al poder de la administración. Libro homenaje al profesor Eduardo García de Enterría*. Bogotá: Editorial Temis.

López Murcia, Julián Daniel (2022). *Inteligencia regulatoria.* Bogotá: Universidad de La Sabana y Legis Editores.

Monsalve Casado, Ezequiel (1947). *Manual de Ciencia Jurídico-Minera.* Caracas.

Egaña, Manuel R. (2010). *Venezuela y sus minas*. Caracas: Banco Central de Venezuela.

Parada Vázquez, José Ramón (2008). *Derecho Administrativo*, tomo I: Parte General. Madrid: Marcial Pons.

Pernía Reyes, Mauricio R. (2011). «El desarrollo de infraestructuras para el aprovechamiento de bienes del dominio público: una visión desde el Derecho Minero venezolano», en Linares, A. y Saddy, A. (coord.). *Direito das Infraestructuras*. Río de Janeiro: Lumen Juris Editora.

Pernía Reyes, Mauricio R. (2020). «Las sanciones administrativas en el Derecho Minero en la legislación nacional y en la del estado Táchira», en Pernía Reyes, M.R. (coord.). *Estudios de Derecho Administrativo. Libro homenaje a la Especialización en Derecho Administrativo de la Universidad Católica del Táchira.* Caracas: Centro para la Integración y el Derecho Público CIDEP y Universidad Católica del Táchira.

Rodríguez, Gloria Amparo (2014). *De la consulta previa al consentimiento libre, previo e informado de los pueblos indígenas en Colombia*. Bogotá: Editorial Ibáñez.

Rodríguez-Arana Muñoz, Jaime (2013). «La buena administración como principio y como Derecho Fundamental en Europa», en *Misión Jurídica: Revista de Derecho y Ciencias Sociales*, 6, pp. 23-56.

Rodríguez-Arana Muñoz, Jaime (2020). «Coronavirus, buena administración y Derecho Público», en Vivas Roso, J. (coord.). *Derecho Público en tiempos de pandemia. Reflexiones jurídicas sobre la COVID-19.* Caracas_ Centro para la Integración y el Derecho Público CIDEP y la Asociación Venezolana de Derecho Administrativo AVEDA.

REYES GONZÁLEZ, Guillermo (2016). *Los mecanismos de participación ciudadana y las consultas populares en Colombia*. Bogotá: Editorial Ibáñez.

TURUHPIAL CARIELLO, Héctor (2008). *Teoría General y Régimen Jurídico del Dominio Público en Venezuela.* Caracas: FUNEDA.

VERGARA BLANCO, Alejandro (2018). *Derecho minero: identidad y transformaciones.* Santiago de Chile: Ediciones Universidad Católica de Chile.

LA BUENA ADMINISTRACIÓN EN EL PROCEDIMIENTO DE ELABORACIÓN DE NORMAS EN EL ÁMBITO DEL DERECHO ADMINISTRATIVO GLOBAL (DAG)

Good administration in rulemaking procedure in the field of Global Administrative Law (GAL)

Sandra Eizaguirre[1]

Universidad Nacional de Río Negro (Argentina)

Fecha de Recepción: 01/10/2022
Fecha de Aceptación: 31/10/2022

Resumen: El principio de la buena administración, establecido en el artículo 41 de la Carta Europea de los Derechos Fundamentales, cambia el paradigma del tradicional Derecho Administrativo, mutando a una concepción de un Derecho Administrativo del poder público para la libertad solidaria de las personas. Por otra parte, el Derecho Administrativo Global, por su carencia de legitimidad democrática, ha encontrado herramientas que permiten minimizar ese déficit, como, por ejemplo, el procedimiento participativo para la elaboración de normas. Los alentadores resultados permiten inferir que, si trasladamos esas herramientas a los derechos nacionales, nos permitirán afianzar esta nueva visión del Derecho Administrativo basado en el principio de la buena administración.

Palabras clave: Principio de la buena administración. Derecho Administrativo Global. Procedimiento participativo de elaboración de normas.

Abstract: The principle of good administration, established in article 41 of the European Charter of Fundamental Rights, changes the paradigm of traditional Administrative Law, mutating to a concept of Administrative Law of public power for people's solidarian freedom. On the other hand, Global

1 Magister. Profesora Asociada Regular de Derecho Administrativo I y II. Universidad Nacional de Río Negro (UNRN) - Argentina.

Administrative Law, for its lack of democratic legitimacy, has found tools that allow it to minimize that deficit, as, for example, the participative procedure in rulemaking. The promising results lead us to infer that if we transfer those tools to national law, they will allow us to enhance this new vision of Administrative Law based on the principle of good administration.

Keywords: Principle of good administration. Global Administrative Law. Participative procedure in rulemaking.

1. Introducción. El principio de la buena administración

El derecho a la buena administración está caracterizado por el artículo 41 de la Carta Europea de los Derechos Fundamentales —del 7 de diciembre de 2000— en los siguientes términos:

> «Artículo 41. Derecho a una buena administración.
>
> 1. Toda persona tiene derecho a que las instituciones y órganos de la Unión traten sus asuntos imparcial y equitativamente y dentro de un plazo razonable.
>
> 2. Este derecho incluye en particular:
>
> - el derecho de toda persona a ser oída antes de que se tome en contra suya una medida individual que le afecte desfavorablemente,
> - el derecho de toda persona a acceder al expediente que le afecte, dentro del respeto de los intereses legítimos de la confidencialidad y del secreto profesional y comercial,
> - la obligación que incumbe a la administración de motivar sus decisiones.
>
> 3. Toda persona tiene derecho a la reparación por la Comunidad de los daños causados por sus instituciones o sus agentes en el ejercicio de sus funciones, de conformidad con los principios generales comunes a los Derechos de los Estados miembros.
>
> 4. Toda persona podrá dirigirse a las instituciones de la Unión en una de las lenguas de los Tratados y deberá recibir una contestación en esa misma lengua».

El detalle dado a este artículo pone claramente al ciudadano como artífice y destinatario final de toda la actividad administrativa. La Administración deja su naturaleza de poder público, caracterizado por sus prerrogativas, para ponerse al servicio de la persona humana.

Este artículo refleja claramente la concepción de una Administración que será regulada por un Derecho Administrativo del poder público para la libertad solidaria de las personas, un ordenamiento jurídico en el que las categorías e instituciones han de estar orientadas y abiertas al servicio objetivo del interés general (Rodríguez-Arana 2015: 596).

El paradigma tradicional autoritario del Derecho Administrativo continental europeo —heredado, también, por los sistemas jurídico-administrativos latinoamericanos—, de una concepción de régimen exorbitante del derecho común, signado por las prerrogativas estatales de poder público, sustentadas en la defensa del interés público por parte del Estado, ha mutado hacia una idea de Estado servicial, propio del Estado Constitucional y Social de Derecho, cuyo interés fundamental es asegurar al ciudadano el goce efectivo de sus derechos y libertades, promoviendo la justicia social.

Este cambio filosófico teleológico nos lleva a pensar qué instituciones y herramientas pueden resultar las más adecuadas para la consecución de estos fines, abrevando, así, en múltiples fuentes hoy disponibles merced al desarrollo tecnológico y la democratización y expansión del conocimiento.

En este orden de ideas, nos proponemos estudiar brevemente el impacto positivo que puede tener la introducción en los sistemas jurídicos nacionales de técnicas que hoy se utilizan en el Derecho Administrativo Global (DAG), que han probado resultar útiles y que resultarían compatibles con los ordenamientos jurídicos nacionales, permitiendo así su progreso hacia la cristalización de los principios de la buena administración.

2. El Derecho Administrativo Global: caracterización, principios y funcionamiento

Recordemos aquí sucintamente de qué hablamos cuando nos referimos al Derecho Administrativo Global.

El concepto de Derecho Administrativo Global (DAG) es relativamente nuevo, y se trata de un «*ius in fieri*», es decir, de un derecho en formación, ya que recién se está desarrollando una caracterización conceptual.

Debemos partir del concepto de globalización o mundialización, que refiere a la internacionalización de las relaciones, sobre todo económicas, que se han estado intensificando desde fines del siglo XX y especialmente en este siglo XXI, y que tienen su razón de ser en los notables avances tecnológicos que ha tenido el mundo, sobre todo en el ámbito de las comunicaciones.

La nueva realidad de un mundo interconectado ha puesto en contacto a la humanidad como nunca antes, y ha permitido el florecimiento de la economía y las finanzas, al tiempo que ha hecho notar problemas transfronterizos, como las cuestiones ambientales o los problemas de seguridad, y la necesidad de abordarlos más allá de las fronteras de los Estados.

Así, han ido apareciendo actores en lo que Cassese (2011) ha denominado «espacio global», que han ido desarrollando normativa esencialmente administrativa.

Esta normativa no emana, como lo tenemos aprendido hasta ahora, de los poderes constituidos de un estado-nación. Y no es que se trate necesariamente de una crisis del estado-nación, sino que el estado-nación ha perdido el monopolio del «interés público». La defensa del interés público ya no sólo lo harán las instituciones estatales dentro de la lógica jurídica de la pirámide kelseniana, sino que otros actores aparecen como creadores de normas de indudable interés público por fuera del sistema clásico de creación normativa.

A esta altura puede preguntarse si no estamos, entonces, en el terreno del Derecho Internacional Público. La respuesta es simplemente no, veamos por qué.

En el Derecho Internacional Público la relación se da entre Estados, lo mismo en el Derecho de la Integración, en el que los Estados convienen la creación de estructuras jurídicas diferenciadas internacionales o intergubernamentales y delegan en ellas determinadas competencias. Esas competencias, en definitiva, son las propias del estado-nación, quien, a través de sus mecanismos constitucionales, las delega en instituciones que coadyuva a crear al efecto.

Dentro del dominio del Derecho Internacional Público encontramos los tratados, las convenciones, los convenios, en fin, una serie de instrumentos que sin duda están creados con la lógica de la legitimidad democrática nacional actuando en la esfera internacional.

En el Derecho Administrativo Global, en cambio, las normas se crean por fuera de las instituciones de un Estado en particular, y tampoco constituyen instrumentos internacionales creados por la comunidad internacional de Estados —tratados, convenios—, sino que son normas creadas por nuevos actores.

¿Quiénes son los nuevos actores que crean derecho, en el marco del espacio global?

Se pueden distinguir 5 tipos de regulación administrativa globalizada:

Administración por parte de organizaciones internacionales formales: sería, por ejemplo, la acción de los comités del Consejo de Seguridad de Naciones Unidas, que deciden, entre otras cosas, la calificación de refugiados de las personas —a través de ACNUR—. También la acción del GAFI —Grupo de Acción Financiera Internacional—, la acción de la OMS, o los estándares de «buena gobernanza» que define el FMI o el Banco Mundial para que los países accedan a sus líneas de crédito.

Administración por redes trasnacionales y los acuerdos de cooperación, como, por ejemplo, el Comité de Basilea, que integran los presidentes de

Bancos Centrales, fuera de la estructura de un tratado, y definen políticas que luego aplicarán a los bancos de sus distintos países. También los estándares de la OMC —Organización Mundial del Comercio— para el reconocimiento mutuo de normas regulatorias entre los Estados

Administración dispersa, que refiere a las regulaciones nacionales destinadas a regir fuera de sus fronteras. El caso paradigmático es la decisión por el Órgano de Apelación de la OMC, en 1998, del caso de EEUU sobre prohibición de importación de camarones[2].

El cuarto tipo es la administración híbrida privada-intergubernamental, que combina a actores estatales y privados, como la *Comisión del Codex Alimentarius*, que adopta estándares de seguridad alimenticia; o el órgano regulador de las direcciones de internet, *Internet Corporation for Assigned Names and Numbers* (ICANN), que fue establecido, en principio, como un órgano no gubernamental, y que luego empezó a incluir a actores gubernamentales.

Por último, la administración por instituciones privadas con funciones regulatorias, por ejemplo, la Organización Internacional para la Estandarización o ISO; o la Agencia Mundial Antidoping, de estrecha conexión con el Comité Olímpico Internacional y la FIFA.

El Derecho Administrativo Global parte de constatar un quiebre en la separación tradicional entre esfera interna y externa del Estado, representada respectivamente por el Derecho Administrativo y el Derecho Internacional Público.

Múltiples nuevos actores, como organismos creados por tratados, redes intergubernamentales, administraciones híbridas público-privadas y aún instituciones privadas crean hoy regulaciones de neto corte jurídico-administrativo.

El DAG comprendería los mecanismos, principios, prácticas y acuerdos sociales que promuevan la *accountability* —rendición de cuentas— de las administraciones globales, asegurando que éstas cumplan con estándares de transparencia, participación, razonabilidad en la toma de decisiones, legalidad y que las normas y decisiones estén sometidas a un control efectivo.

La idea es que estas regulaciones se juridifiquen, generando unos mínimos básicos que puedan ser aceptados por todos los integrantes de la Administración Global, convirtiendo así al DAG en un verdadero Derecho Administrativo, en tanto Derecho del poder para la libertad, con la visión central del ser humano, y no terminen siendo sólo la justificación técnica del poder.

2 Se trataba de una legislación de EEUU que prohibía comprar camarones a aquellos países que no certificaran que habían utilizado técnicas de pesca que protegieran a las tortugas marinas. Para ampliar, ver Larach 1999.

3. La buena administración en el procedimiento administrativo de elaboración de normas en el Derecho Administrativo Global y el impacto que puede generar en el derecho a la buena administración en los derechos nacionales

Dentro de los mecanismos que se utilizan en el ámbito del DAG para la elaboración de normas, resulta sin dudas interesante, a los efectos del presente análisis, el procedimiento participativo, cuya fuente es, sin dudas, el Derecho Administrativo estadounidense.

La participación es un principio que, cuando opera realmente, permite que emerjan las iniciativas sociales genuinas de las diferentes colectividades, y que éstas se incorporen al corazón del interés general (Rodríguez-Arana 2017: 92).

Se ha extrapolado al DAG un principio del modelo administrativo y regulador norteamericano, consistente en la participación en la elaboración de las normas administrativas generales, de todos aquellos grupos potencialmente afectados por la resolución a dictar.

Este procedimiento resulta, además, ampliamente legitimador de la regulación propuesta, toda vez que en el ámbito del DAG no existen las instituciones legislativas con sustento democrático que permitirían imponer determinada normativa, por lo que es fundamental su cumplimiento y acatamiento voluntario, basado en su bondad intrínseca y autoridad, fundada en la justicia y utilidad de sus disposiciones.

En el DAG no existen las instituciones legislativas, ejecutivas y jurisdiccionales separadas. Los actores de los que emana la regulación son a la vez legisladores y ejecutivos, al mismo tiempo son órganos que ejercen poderes normativos y sancionadores (Auby 2012: 118). Este modelo claramente rompe con la lógica de la división de poderes del Estado— nación.

Como nos recuerda Meilán Gil (2011: 113-114), el posible ordenamiento jurídico global no opera sobre el sustrato de la soberanía, sino que las manifestaciones de su existencia se basan en una aceptación de un Derecho que se acepta formalmente o se impone solapadamente. Será preciso buscar la legitimidad democrática desde otros parámetros, sin que éstos queden reducidos al de una candorosa tecnocracia de expertos y científicos.

Cobra especial importancia, entonces, la calidad de la participación, no sólo de los actores del organismo administrativo global de un modo exclusivo, sino abierto, amplio.

Frente al déficit democrático de los órganos globales, la legitimidad se busca, especialmente, por el cumplimiento de los principios del Derecho, del debido proceso y, más concretamente, del procedimiento establecido, participativo y transparente, en procura de obtener consensos, en lo que se ha denominado la «democracia cosmopolita» (Harlow 2006: 199-200).

Parece un rasgo del proceso de globalización jurídica, plasmada en el DAG, la manifestación de diversos principios jurídicos procedimentales, más aún, de auténticas obligaciones jurídicas procedimentales, ligadas al surgimiento de un derecho a la buena administración (Ponce 2010: 82).

En definitiva, la experiencia empírica del amplio acatamiento voluntario y pacífico de las normas del DAG, fruto de la convicción en las bondades intrínsecas de la regulación —piénsese, por ejemplo, en las normas ISO—, nos llevan a pensar en la posibilidad de la extrapolación del sistema participativo de elaboración de normas como un paso más allá de la simple autorregulación, que se está abriendo paso en los sistemas jurídicos de raíz continental europea.

En este sentido, la experiencia del DAG puede coadyuvar a una mejor realización del derecho a la buena administración en los sistemas nacionales, retroalimentando así la noción del ciudadano como centro de interés del Derecho, yendo más allá de las estructuras formales representativas —legislativas y ejecutivas—, e involucrando de manera más directa a los destinatarios finales de la normativa a crear.

4. Conclusiones

El derecho a la buena administración es una noción conceptual enmarcada en el Estado Constitucional y Social de Derecho.

Para esta concepción jurídica y filosófica, el Derecho Administrativo debe ser el medio para limitar el poder, preservando las libertades individuales y sociales.

La persona ha de constituir el centro del Derecho. No la persona como sujeto de derecho, sino la persona como tal, como ser humano, ya que no es el Derecho quien configura a la persona, sino la persona quien ordena el Derecho.

En tanto ser racional y libre, la persona humana es la protagonista del Derecho, el sujeto de derecho por excelencia.

Las personas se reconocen por su genuina dignidad, su natural libertad y su radical igualdad (Domingo 2008: 158-ss).

El sistema jurídico-político debe responder, entonces, a esta concepción.

Las características más relevantes del concepto de ciudadanía son tres componentes imprescindibles: participación, derechos y pertenencia. Un ciudadano participa e interviene, en mayor o menor medida, en la vida pública; por otra parte, es sujeto titular de ciertos derechos y deberes y, por último, es alguien que pertenece a una comunidad. La ciudadanía implica la lucha por la pertenencia y participación en una comunidad (Aguilera 2017: 49).

Ahora bien, una nueva forma de organización social tiende a expandirse por todo el planeta, transformándose en una nueva ciudad, conocida como la aldea global electrónica. Las naciones y los Estados dejan de ser formas determinantes de la vida social y se forma progresivamente una aldea global gracias a las comunicaciones, donde todos los ciudadanos del mundo se interrelacionan e interactúan a distancia, directa e indirectamente.

Este nuevo mundo global, con su lógica rupturista de aquella correspondiente al estado-nación, ha incorporado herramientas e instituciones que responden a la necesidad de obturar las objeciones a la deficiencia democrática de su normativa o la separación de funciones de gobierno, conceptos tan caros a los sistemas jurídicos constitucionales, a fin de lograr el acatamiento y sometimiento voluntario a esas normas e instituciones.

En ese sentido, el hecho de que los estados-nación posean modos coercitivos de hacer cumplir las normas que los poderes constituidos dictan, no obsta a que se busque permanentemente que esas normas tengan una mayor base de sustentación legítima.

El procedimiento de elaboración participativa de normas, con las posibilidades reales que hoy brinda la tecnología para poder desarrollarlas, permitirá a los sistemas nacionales asentarse más en el consenso y la voluntariedad que en la imposición y la amenaza de sanción.

5. Bibliografía

Aguilera Portales, Rafael Enrique (2017). «Distintos modelos de ciudadanía postnacional, cosmopolita y transcultural ante la globalización», en Aliste Santos, T.J. y López Huguet, M.L. (coord.). *La globalización jurídica. Líneas de manifestación en el derecho contemporáneo.* Barcelona: Editorial Atelier.

Auby, Jean Bernard (2012). *La globalización, el Derecho y el Estado.* Sevilla: Global Law Press.

Cassese, Sabino (2011). *El Derecho Global. Justicia y democracia más allá del Estado.* Sevilla: Global Law Press.

Domingo, Rafael (2008). ¿Qué es el Derecho Global? Cizur Menor (Navarra): Thomson Aranzadi.

Harlow, Carol (2006). «Global Administrative Law: The Quest for Principles and Values», en *The European Journal of International Law*, vol. 17, núm. 1.

Larach, María Angélica (1999). *Las barreras medioambientales a las exportaciones latinoamericanas de camarones.* Santiago de Chile: Naciones Unidas - Cepal. Disponible en: https://repositorio.cepal.org/bitstream/handle/11362/4326/1/S9910704_es.pdf.

Meilán Gil, José Luis (2011). *Una aproximación al Derecho Administrativo Global.* Sevilla: Global Law Press.

Ponce Solé, Juli (coord.) (2010). *Derecho Administrativo Global. Organización, procedimiento, control judicial.* Madrid: Marcial Pons e INAP.

Rodríguez-Arana Muñoz, Jaime (2015). *Derecho Administrativo y derechos sociales fundamentales.* Sevilla: Global Law Press e INAP.

Rodríguez-Arana Muñoz, Jaime (2017). «El Derecho Administrativo Global: un derecho principal», en Galera Rodrigo, S. y Fernández Alda, M. (coord.). *Construyendo el futuro: conversaciones jurídicas sobre la Globalización*. Barcelona: Editorial Atelier.

ANEXO

El presente anexo quiere aprovechar la oportunidad para festejar y dejar constancia de la celebración, en octubre del año 2022 del *Quincuagésimo Aniversario de la declaración del Pazo de Mariñán como Conjunto Histórico-Artístico*, título homónimo del trabajo realizado por la Doctora en Arquitectura doña Alberta Lorenzo Aspres, secretaria del Grupo de Investigación «Derecho Público Global» de la Universidad de A Coruña, mediante concurso de méritos (ED431C 2020/25) gracias a la ayuda concedida a través del Programa de Consolidación y Estructuración de Unidades de Investigación Competitivas —Grupos de Referencia Competitiva (GRC)— de la Xunta de Galicia.

Dada la excepcionalidad del citado aniversario, el Consejo Académico de esta publicación ha decidido aceptar la inclusión del presente trabajo, a pesar de su carácter no jurídico, como perfecto broche final para homenajear a un lugar que, año tras año, se ha consolidado como el mejor escenario para la celebración de unas jornadas que se han convertido, por derecho propio, en la capital del Derecho Administrativo Iberoamericano.

50.º ANIVERSARIO DE LA DECLARACIÓN DEL PAZO DE MARIÑÁN COMO CONJUNTO HISTÓRICO-ARTÍSTICO (1972-2022)

The fiftieth anniversary of the declaration of the *Pazo de Mariñán* as an Historical-Artistic Ensemble

Alberta Lorenzo Aspres[1]
Universidad de A Coruña (España)

Fecha de Recepción: 01/10/2022
Fecha de Aceptación: 31/10/2022

Resumen: En el presente año se celebra el quincuagésimo aniversario de la declaración como Conjunto Histórico-Artístico del Pazo de Láncara, último exponente del esplendor que alcanzó la familia de Pérez das Mariñas, de donde tomó el nombre por el que es conocido: el Pazo de Mariñán. Dicha protección se aprobó, sobre todo, con el objetivo de conservar los valores del conjunto y poder legarlos a las futuras generaciones en el mejor estado posible. El presente trabajo pretende analizar las luces y las sombras de las repercusiones que implicó la citada declaración en el inmueble después de cincuenta años, ya que, por un lado, las intervenciones realizadas a lo largo de estas décadas han dejado su propia huella —en ocasiones de modo irreversible—; y por el otro, las nuevas funciones proporcionaron una rica e intensa vida cultural que ha mantenido al conjunto permanentemente en activo.

1 Doctora en Arquitectura por la Universidad de A Coruña (UDC). Máster en Rehabilitación Arquitectónica y Máster en Gestión de Proyectos y Espacios Culturales. Premio 'XIII Bienal Española de Arquitectura y Urbanismo' en la categoría de 'Divulgación y Transferencia Social' por la plataforma *Proxecto ARGA* (http://proxectoarga.com/). Secretaria del Grupo de Investigación de 'Derecho Público Global' de la UDC.

Palabras clave: Pazo de Mariñán. Declaración. Conjunto Histórico-Artístico. Aniversario. Rehabilitación.

Abstract: This year makes the fiftieth anniversary of the declaration as an Historical-Artistic Ensemble of the Pazo of Láncara, the last example of the splendour achieved by Pérez das Mariñas family, from whom it took the name it is known for: Pazo de Mariñán. Such protection was approved, mainly, with the objective of conservating the value of the ensemble and that they could be passed to the future generations in the best possible state. The current essay intends to analyse the repercussions that the declaration caused in the building after fifty years, as, on one hand, the interventions made along these decades left their own footprint —sometimes an unreversible one— and, on the other, the new functions have given it an intense and rich cultural life that has kept the ensemble alive.

Keywords: Pazo de Mariñán. Declaration. Historical-Artistic Ensemble. Anniversary. Reuse.

1. Introducción

En octubre del presente año —2022— se cumple el quincuagésimo aniversario de la declaración como Conjunto Histórico-Artístico del Pazo de Láncara, último exponente del esplendor que alcanzó la noble familia de los Pérez das Mariñas, de donde tomó el nombre por el que es conocido en la actualidad: el Pazo de Mariñán.

El origen de esta señorial edificación se remonta a una pequeña y tosca fortaleza medieval construida a mediados del siglo XIV por orden de Martín Sánchez das Mariñas (Martínez-Barbeito 1978: 230), una construcción modesta en fábrica y altura, con aparejo de sillería y pisos interiores de madera, en la que destacaría una torre de planta cuadrangular con muros de cantería y escasas ventanas que, aunque mostrase cierto grado de fortificación —al estilo de una torre del homenaje— era entendida como un lugar de habitación; por este motivo, tendría adosado un volumen longitudinal, probablemente de una sola planta.

En la segunda mitad del siglo XV, tras las revueltas *irmandiñas* —en las que numerosas fortalezas de Galicia fueron gravemente dañadas o reducidas a escombros—, el inmueble antes descrito habría sido reconstruido por mandato de Gómez Pérez das Mariñas —uno de los grandes señores gallegos de esa centuria y gobernador de Betanzos por orden del monarca Enrique IV—. El nuevo conjunto apenas presentaría modificaciones significativas respecto de su morfología primigenia.

El acontecimiento más influyente para el devenir edificatorio de Mariñán tuvo lugar a mediados del siglo XVII con el casamiento de la última señora de la casa das Mariñas, Constanza Pimentel y Ribadeneira, con Antonio de Oca y Sarmiento, hidalgo perteneciente al linaje orensano de Oca. A partir de aquí, en las siguientes centurias, la dinámica de enlaces de los sucesivos descendientes nunca dejó de incrementar el patrimonio de los señores de Bergondo hasta situarlos entre las casas más ricas del Reino, tanto por la extensión geográfica de sus dominios como por la cuantía y variedad de las rentas que percibían. Por supuesto, ese constante aumento patrimonial también acabó dejando huella sobre sus residencias, y en concreto sobre la propia casa de Mariñán, que ya a finales del siglo XVIII fue completamente remodelada y convertida en uno de los pazos gallegos de mayor mérito artístico (Sánchez 1999: 35-36).

Diego José de Oca Cadórniga y Ribadeneira es considerado el promotor de la conversión de la obsoleta fortaleza en un palacio —o pazo—. La metamorfosis, iniciada en la década de 1760, supuso una completa intervención arquitectónica que afectó tanto a las fábricas como al aspecto exterior de la edificación, y que pretendía integrar todas las antiguas dependencias en un inmueble con planta inicial de dos cuerpos dispuestos en «L». En esta solución espacial no dejó de perpetuarse el recuerdo de la primitiva torre y su anexo longitudinal gracias a la asimétrica disposición del cuerpo central que presidía el patio de honor: a un lado se levantó una nueva torre de tres alturas como elemento de prestigio señorial —ya desvinculada de función defensiva—, que estaría comunicada con el nuevo pabellón residencial suroriental: un primer anexo de planta baja y piso noble en el que se situarían las principales dependencias de la vivienda. La disposición de estos volúmenes provocaba que el cuerpo central y el ala principal abrigasen sólo por dos lados un patio de labor que, no obstante, quedaba abierto a unos campos de cultivo que aún hoy pertenecen al conjunto. Por otro lado, la sobriedad y la simplicidad del resultado denotan una mano de obra de escasa cualificación y alejada de la moda constructiva del momento.

La transformación fue continuada —con notable impulso— por su hija Joaquina Josefa de Oca y Rivadeneira, casada en 1768 con Benito Fernando Correa y Sarmiento de Sotomayor, IV Marqués de Mos. El matrimonio pronto convirtió a Mariñán en su residencia habitual, llegando a ser conocida como *Quinta de Bergondo*; y bajo sus directrices —influenciadas por las ideas de la época ilustrada—, en la década de 1780 se edificó un segundo cuerpo noroccidental, de menor entidad y destinado al servicio doméstico y a las labores agrícolas y ganaderas, que proporcionó al inmueble una configuración cerrada en forma de «U» y que delimitó un patio interior hasta entonces incompleto. Las obras —y el conjunto— se completaron con el muro de contención que prolongaba el espacio de dicho patio con una avenida de acceso, la fuente adosada al mismo y el portalón de entrada; así como con la labra de las escalinatas monumentales de doble derrame, tanto la principal en la fachada suroeste como la secundaria en el alzado sureste, «piezas que condensan los rasgos estilísticos más cultos y representativos de todo el conjunto pacego» (Sánchez 1999: 61), y que denotan, junto con los jardines de estilo francés y demás zonas de recreo, una mayor intención aristocrática en esta etapa constructiva. Finalmente se levantó la capilla, ubicada a modo de cierre en el ala residencial, como un espacio longitudinal abovedado de nave única, y cuyas líneas ofrecían «un sereno y reposado ritmo estético ligeramente alterado (...) por ciertos inquietos quiebros barrocos» (Chamoso 1977: 44).

Tras el declive que supuso la Guerra de la Independencia, Apolinar Suárez de Deza recuperó el protagonismo y el esplendor perdidos por Mariñán, convirtiendo al conjunto en un lugar lleno de vida. Se efectuaron diversas obras de reparación y ornamentación, que incluían el adecentamiento de las fachadas, de la capilla y de las principales habitaciones, así como varias actuaciones paisajísticas en espacios ya existentes y la ejecución de diseños innovadores de estilo *inglés* para unas nuevas zonas ajardinadas (Rodríguez 2015: 34).

Su nieto, Gerardo Bermúdez de Castro y Suárez de Deza, sería el último propietario privado del conjunto. Apenas lo visitaba en las temporadas de verano, y este uso esporádico propició la aparición de evidentes signos de abandono y deterioro, aunque mantuviese una señorial presencia como recuerdo de su esplendoroso apogeo tardobarroco. Sin descendencia, en su testamento —con fecha del 28 de julio de 1933— instituyó como heredera en nuda propiedad de sus bienes a la Casa de Expósitos de A Coruña, dependiente de la Diputación Provincial[2] (Ávila 1933)[3]. Se inició así un largo camino durante el cual el principal empeño se centró en atender las disposiciones testamentarias, que convirtieron al pazo en un hogar de beneficencia infantil —Hogar Generalísimo Franco— y en una granja agropecuaria, con construcciones añadidas, plantaciones frutales y cría de ganado selecto, para alimento de los niños acogidos.

La situación del conjunto apenas experimentó cambios hasta que, a mediados de 1970, a petición del presidente de la Diputación, el Servicio de Arquitectura realizó un informe —firmado por el arquitecto Rodríguez-Losada Trulock— en el que se alertaba del peligro de ruina de las partes más antiguas de la edificación. Paralelamente, el arqueólogo e historiador del arte Chamoso Lamas iniciaba los trámites para que el pazo y las diecisiete hectá-

2 La única condición para que la Diputación Provincial de A Coruña se posesionara en pleno dominio de esos bienes era esperar al fallecimiento de Emilia Tamayo Gutiérrez, designada como usufructuaria. E igualmente se legaban a dicha heredera todos los bienes muebles y semovientes que se encontraran en la casa y finca de Bergondo.

3 En el caso de que la Diputación Provincial de A Coruña no aceptase la herencia, se nombró 'heredero sustituto' al Ayuntamiento de la misma ciudad, con obligación de aplicar lo heredado a su asilo municipal o a un establecimiento de beneficencia.

reas de sus jardines fuesen declarados Conjunto Histórico-Artístico. En esta coyuntura, se optó por acometer una completa restauración y ampliación del inmueble, además de destinarlo a usos culturales.

2. Expediente de declaración

Durante los años de la postguerra, en pleno debate sobre qué bienes debían ser conservados y protegidos, se aprobó el Decreto del 31 de julio de 1941 para la creación del *Patronato para la Conservación y Protección de los Jardines Artísticos de España,* que establecía la obligación estatal de trabajar por la preservación de los jardines artísticos y los parajes pintorescos. Dicho documento serviría de estímulo para que, en julio de 1964, una Comisión de Gobierno presidida por Puga Ramón decidiese estudiar la posibilidad de solicitar una subvención al Ministerio de Educación para la conservación de los jardines del Pazo de Mariñán (Sánchez 2020: 225). Por medio del asesor y conservador artístico de la Diputación Provincial, Quintas Goyanes, se acordó pedir la colaboración del Comisario de Patrimonio, Chamoso Lamas.

Esta primera muestra de interés hacia los valores artísticos reunidos en Mariñán se acompañó de una moción presentada al pleno de la corporación provincial que proponía la conversión del conjunto en un centro turístico[4]. Descartada dicha propuesta, y tras largos y extendidos debates, finalmente —en el año 1970— se decidió la rehabilitación del pazo para un espacio en el que celebrar actividades educativas y culturales, en colaboración con organismos estatales y regionales, en aras de conservar su «nobleza histórico-artística».

En consecuencia, en julio de 1971, Chamoso Lamas —por entonces Consejero Provincial de Bellas Artes—, se encargó de dirigir la memoria definitiva que conformó el expediente que a instancias de la Real Academia Gallega de Bellas Artes fue confeccionado por el Servicio de Información Artística del Distrito Universitario de Santiago de Compostela —dependiente de la Dirección General de Bellas Artes— para proponer a los Organismos superiores la declaración de Conjunto Histórico-Artístico y Monumental de carácter local del Pazo de Mariñán.

El documento comenzaba relatando la bucólica ubicación de la edificación, destacando su acceso a través de una avenida de frondosos árboles, «en un recortado avance ornamental como anuncio de las bellas arquitecturas que cobijan» (VV.AA. 1972). Salvada ésta, el visitante vería a su derecha la gran capilla de trazos barrocos y, al frente, la gran escalinata de doble

4 Aunque en febrero de 1965 se aceptó y acordó esta reorientación para fines de promoción turística, lo cierto es que se mantuvo el uso como residencia veraniega y granja, con nuevas reformas como las que en octubre de aquel año sustituyeron la cubierta del pabellón destinado a aulas o mejoraron la explotación agropecuaria.

derrame que sirve de entrada principal al pazo. El texto resaltaba su escenografía como antesala de una fachada asimétrica caracterizada por un torreón de tres alturas y un cuerpo horizontal de planta baja, ambos luciendo proporcionados cercos de cantería sobre el blanco enlucido que cubría el conjunto. Luego, el escrito continuaba describiendo los alzados este y norte —el amplio desarrollo constructivo del edificio se extiende hacia estas latitudes—, centrándose en el «complicado trazado de escalinatas y acceso, al cual, puede asegurarse, se le confió la única misión representativa del afán decorativo y exuberancia monumental que posee el pazo en su parte meramente constructiva» (VV.AA. 1972).

Expuesta exteriormente la edificación, el documento enumeraba otros elementos que enriquecían el conjunto de Mariñán, más allá del propio inmueble. Entre ellos se consideraba como uno de «los más sobresalientes el bien trazado parterre flanqueado por dos amplias zonas de Parque» (Durán-Loriga 2013: 6), «aunque bastante descuidado, constituye una genuina muestra del concepto paisajista, que trata de unir al hombre con la naturaleza contrastando la fantasía del trazado geométrico de los recortados setos con la dirigida libertad del parque» (VV.AA. 1972). También destacaba —en un intento desesperado por llamar la atención sobre la urgencia de la declaración— el carácter único de un maltrecho embarcadero de recreo y una arruinada caseta de botes, situados ambos en el extremo de un paseo que partía del sector septentrional del parque.

Este expediente fue finalmente aprobado por el Ministerio de Educación y Ciencia, en Consejo de Ministros, según el Decreto 2687/1972, de 5 de octubre; declarándose así Conjunto Histórico-Artístico el Pazo de Mariñán con sus parques y jardines.

> «En la ribera izquierda del río Mandeo, y ya cuando sus dispersas aguas están a punto de alcanzar el mar, se halla emplazado el complejo arquitectónico que constituye el Pazo de Mariñán (...).
>
> Los valores expuestos [en el expediente, que se recogen en el propio texto del decreto] aconsejan que el Pazo (...) sea colocado bajo la protección estatal mediante la oportuna declaración, para evitar innovaciones o reformas que pudieran perjudicarlo.
>
> En su virtud, (...) DISPONGO:
>
> Artículo primero. Se declara Conjunto Histórico-Artístico el Pazo de Láncara o Mariñán (A Coruña), con sus parques y jardines, en el Ayuntamiento de Bergondo.
>
> Artículo segundo. La tutela de este conjunto, que se queda bajo la protección del Estado, será ejercida a través de la Dirección General de Bellas Artes por el Ministerio de Educación y Ciencia, el cual queda facultado para dictar cuantas disposiciones sean necesarias para el mejor desarrollo y ejecución del presente Decreto».

Este decreto se aprobó, sobre todo, con el objetivo de conservar los valores del conjunto de Bergondo, con el fin de legarlos a las futuras generaciones en el mejor estado posible. Y se aprobó en un momento en el que el interés arquitectónico y artístico del pazo se encontraba muy alterado y «abrumado por anárquicas e irrespetuosas edificaciones que han venido buscando (...) un afanoso uso y aprovechamiento agrícola y ganadero que lo transformó en una granja» (Chamoso 1977: 48).

Paralelamente a este expediente de declaración, se tramitó un proyecto redactado por Fernández-Gago Varela (1971) —arquitecto miembro de la Comisión Provincial de Patrimonio—, destinado a obras de restauración y ordenación[5]; y cuya realización fue subvencionada por la Dirección General de Bellas Artes y la Diputación Provincial. El objetivo principal era devolver al conjunto el aspecto noble ilustrado mediante un tratamiento arquitectónico tradicional, recuperando el buen estado de sus fachadas, dependencias y jardines, y liberando al edificio de aditamentos edificatorios posteriores a la época de esplendor del conjunto. Mientras, paradójicamente, se levantaba un volumen anexo de similar apariencia constructiva, provisto de una gran galería acristalada y con una amplia balconada, para un futuro uso residencial-hotelero.

Las obras se iniciaron en 1972 y concluyeron en 1975, ascendiendo su coste a cuarenta y seis millones de pesetas. La inauguración se pospuso hasta el año siguiente para hacerla coincidir con el Día del Apóstol en pleno Año Santo, aprovechando la visita a Compostela de la familia real, para la cual se acondicionaron unas habitaciones especiales en la zona noble residencial. Del acontecimiento quedó constancia en una placa conmemorativa.

3. Cincuenta años

La Diputación Provincial activó desde principios de 1972 las gestiones para iniciar las obras según el proyecto de «restauración y zona residencial del Pazo de Mariñán» (Fernández-Gago 1971). Y sin esperar al comienzo de éstas, ya en mayo de ese mismo año se celebró un primer curso para funcionarios de la administración local y diversos actos, como el organizado por la Sociedad de Amigos de los Árboles, plantando un árbol y dejando también un monolito conmemorativo (Sánchez 2020: 229).

La primera fase de las obras, en ejecución desde finales de 1972 y a lo largo de 1973, se concentró en el nuevo volumen destinado a servicios y a la residencia para cincuenta estudiantes —con el cuerpo cerrado con galerías acristaladas mirando hacia la ría—, constituyendo la principal adición a la arquitectura heredada del conjunto. En la parte histórica del pazo, los trabajos continuaron con la reforma del portón de acceso y la rehabilitación de

5 El proyecto estaba fechado en julio de 1971, y en cuatro meses obtuvo las oportunas aprobaciones de la Comisaría General del Patrimonio Artístico Nacional y del Servicio de Monumentos.

los edificios principales, aportando a la torre que preside el patio de honor una piedra armera alusiva al último propietario privado. La segunda fase de la intervención se terminó en 1975, y fue completada con la incorporación de muebles y objetos artísticos principalmente decimonónicos, así como con la construcción de un cenador y de un pequeño edificio para vivienda del guardián del conjunto.

Tras la inauguración oficial al año siguiente, el renovado Pazo de Mariñán no tardó en acoger más actividades culturales, entre las que cabría destacar el concierto ofrecido en septiembre de 1977 por la pianista catalana Rosa Sabater i Parera o las primeras «Jornadas de Inspección de Educación Básica del Estado».

A principios de los años ochenta, debido a unas obras de ampliación de las oficinas de la Diputación Provincial, los expedientes de su archivo fueron almacenados temporalmente en el pazo. Los importantes problemas de humedad existentes en el mismo provocaron un irreversible deterioro en gran parte de los documentos[6], y propiciaron diversas obras en el conjunto, como la instalación de dobles carpinterías o el drenaje de los muros, además de varias obras menores (VV.AA. 1980).

Mientras, las actividades culturales siguieron celebrándose. En septiembre de 1981 la edificación albergó el «I Simposio de Terapeutas de Autismo», y en noviembre de 1982 unas «Jornadas de Estudios sobre la Defensa del Patrimonio Histórico-Artístico» para presidentes de diputaciones provinciales, iniciativa inédita hasta el momento. En julio de 1983 se inauguraron los primeros cursos de verano de la Universidad Internacional Menéndez Pelayo (UIMP), una vez que en julio del año anterior se había firmado un convenio para convertir el pazo en la sede gallega de esta universidad. El cumplimiento de dicho acuerdo exigió una serie de reformas en la planta baja —ejecutadas en dos etapas a lo largo de una década— destinadas a la creación de un espacio para seminarios, una sala de usos múltiples y una cafetería. También se acometieron diversas labores de rotulación en el interior del pazo y la remodelación de varios dormitorios para despachos, así como la colocación del alumbrado exterior del conjunto (VV.AA. 1980).

A los eventos antes citados le siguieron otros, como por ejemplo el «I Congreso de Periodistas de Galicia» en 1984, las «I Jornadas sobre la Presencia de España en América» en 1987 o el «I Simposio Internacional sobre Nacionalismo» en 1988.

Mención especial merece en estos años la inclusión de los jardines de Mariñán como parte de la «Ruta Europea de Jardines Históricos», dentro del programa de «Itinerarios Culturales» lanzado por el Consejo de Europa. Este

6 Desde 1985, el equivalente a cinco mil cajas fue instalado en la actual sede del Archivo de la Diputación Provincial: un edificio que inicialmente había sido residencia de antiguos alumnos de los colegios de la Diputación, situado en la calle Míster Archer Milton Huntington.

nombramiento coincidía con la reparación de la zona del embarcadero y la reconstrucción de un muro de cierre exterior en el borde marítimo.

El cambio de década trajo consigo nuevas obras con el fin de adaptarse a las demandas exigidas por una funcionalidad cada vez más enfocada a la celebración de congresos y actividades culturales, además de a las visitas guiadas que ofrecía el conjunto. Así, en el interior del pazo se acometieron actuaciones puntuales de mejora y ennoblecimiento de la parte antigua, remodelación del salón de actos, adecuación del aula de seminarios para sesiones multimedia, reacondicionamiento de varias dependencias en la torre y creación de vestuarios y aseos para el personal. Exteriormente, se restauraron las majestuosas escalinatas y se preparó un aparcamiento en el margen del recinto del pazo, sacrificando parte de la zona ajardinada de entrada (VV.AA. 1990). También en los jardines se realizaron trabajos, en concreto en el talud de la avenida residencial, que fue fijado con la plantación de distintas y coloridas poblaciones vegetales y una hilera arbolada de composición variable con el paso del tiempo (Rodríguez 2015: 38-39).

El 7 de junio de 1997 fue el punto de partida de las plantaciones conmemorativas en Mariñán —de la mano del poeta nicaragüense Ernesto Cardenal—, y también del «Jardín de la Palabra», denominación dada a la terraza verde del área residencial. En consecuencia, en agosto del año siguiente se firmó un convenio de colaboración entre la Diputación Provincial y el *Consello da Cultura Galega* para promover la estancia en el pazo —en calidad de becarios— de renombrados autores españoles y extranjeros[7], que en recuerdo de su experiencia apadrinarían un nuevo árbol[8]. Dicho acuerdo produjo un significativo aumento de la flora de Mariñán, a tenor del número de plantas incorporadas (Rodríguez 2015: 41).

A partir de 1998 se renovaron diversos espacios de la zona noble y las habitaciones en la residencia anexa —además de restaurarse la galería—, en la que sería una de las últimas intervenciones del arquitecto Fernández-Gago Varela. Aprovechando el gran espacio del comedor situado en dicha residencia, desde el Servicio de Arquitectura de la Diputación Provincial se coordinó la instalación de los murales «Mar» y «Tierra», del artista José María de Labra y Suazo, extraídos de su emplazamiento original en el edificio de Sindicatos de A Coruña y salvados *in extremis* durante las obras de demolición.

Paralelamente a esta actividad constructiva, el área agrícola vio reducida su superficie a la mitad al substituirse la zona inferior de árboles frutales

7 En la actualidad, estas becas todavía se conceden bajo el nombre de «Residencias Mariñán de literatura y pensamiento», y en ellas se seleccionan un máximo de ocho proyectos de ambos ámbitos para desarrollar su residencia creativa en el pazo, con una duración máxima de catorce días.

8 Entre los autores beneficiarios de esta beca literaria se encontraban Mario Benedetti, Daniel Viglietti, Ian Gibson, Camilo José Cela, José Hierro, Manuel María, Luz Pozo Garza, Bernardino Graña o Salvador García Bolaño, entre otros.

por un jardín paisajista; y en la zona superior se levantó un almacén para la maquinaria, en el que se dispuso además una cámara frigorífica y un departamento fitosanitario, junto con vestuarios y aseos para el personal (VV.AA. 1990).

Con el cambio de siglo, las intervenciones en el conjunto se redujeron a obras menores y/o puntuales de mantenimiento y conservación, con excepción de la construcción de una pequeña edificación para carruajes antiguos (VV.AA. 2000).

Por estos años, el pazo acogió varias ediciones del «Encontro de Escritores Galegos» y del «Encontro coa Pintura e a Poesía»; y también vio incrementarse sus piezas artísticas gracias a los elementos escultóricos resultantes de la celebración de dos eventos de arte contemporáneo —«I y II Simposio de Escultura al Aire Libre»— en 2006 y 2007 respectivamente, además de a otros encuentros artísticos celebrados en el conjunto. Los artistas participantes dejaron un singular recuerdo con sus obras, que se distribuyeron por diferentes espacios de los jardines.

También por esta época tuvieron lugar las primeras «Jornadas de Derecho Administrativo Iberoamericano», transformadas más tarde en congreso internacional. Desde entonces, con el único parón impuesto por los años de la pandemia, no han dejado de elegir a Mariñán como su sede de celebración. La convocatoria más reciente —la decimotercera— ha sido en el actual año de 2022, de cuyas actas forma parte el presente trabajo.

4. Conclusiones

La aparición del concepto de *monumento* como objeto dotado de unos determinados valores de carácter histórico, artístico o cultural no surgió hasta la Edad Contemporánea (González-Varas 1999: 22-23)[9]. Y en la España del siglo XIX, el término pasó por diversos cambios conceptuales, y con él el de *restauración*. En las primeras décadas del siglo XX, los trabajos y deba-

9 Ya en la Edad Antigua existía un claro deseo de acopio de objetos pertenecientes a la Grecia clásica reconocidos en sí mismos como *objetos de arte*. Posteriormente, los romanos propiciaron un incipiente coleccionismo que llevó consigo un cierto comercio internacional de dichas obras a la par que abrió paso a una legislación hasta entonces desconocida; ejemplo de ello son las normas emitidas por Gayo —en donde aparecían las sanciones a aplicarse en hurtos de obras—, Constantino —que hacía referencia a un inventario de dichos objetos—, o el Edicto del Máximo de Diocleciano —en el que se determinaban las sanciones aplicables a los responsables del comercio ilegal—. Aunque todo ello no puede entenderse como el nacimiento del concepto de *Patrimonio Histórico o Artístico*, puesto que no existía ningún tipo de profundización o juicio crítico de la historicidad o valor espiritual de dichos objetos, sino que más bien éstos eran valorados desde el prisma que los hacía referentes de una cultura prestigiosa, y cuyo componente simbólico de posesión afianzaba a su poseedor en un estatus social elevado (Méndez 2010: 22-24).

tes sobre ambos vocablos comenzaron a poseer una cierta profundidad de reflexión hasta el momento desconocida, siendo recogidas las conclusiones en la *Carta de Atenas de 1931*[10], el primer documento de carácter internacional en el que se sintetizaron los principios relacionados con la conservación y restauración de monumentos.

Algunos de esos principios fueron recogidos en la *Ley Española, de 13 de mayo de 1933, relativa al Patrimonio Artístico Nacional*, pero la Guerra Civil —junto con el período de postguerra y las repercusiones de la II Guerra Mundial— puso fin a los avances conseguidos en materia patrimonial y también al debate teórico y conceptual, que no se retomaría hasta la década de los cincuenta. Posteriormente, y con motivo de la celebración del II Congreso Internacional de Arquitectos y Técnicos de Monumentos Históricos, que tuvo lugar en Venecia del 25 al 31 de mayo de 1964, hizo su aparición la *Carta de Venecia*, que vendría a ratificar los principios fundamentales de la Carta de Atenas, matizando y, en algunos casos, ampliando el contenido de ésta. En su primer artículo delimitaría claramente el concepto de *monumento*:

> «La noción de monumento comprende la creación arquitectónica y aislada, así como también el sitio urbano y/o rural que nos ofrece el testimonio de una civilización particular, de una fase representativa de la evolución o progreso, o de un suceso histórico. Se refiere no sólo a las grandes creaciones, sino igualmente a las obras modestas que han adquirido con el tiempo un significado cultural».

La meta por alcanzar quedaría claramente reflejada en el artículo segundo:

> «La conservación y restauración de los monumentos tiene como fin salvaguardar tanto la obra de arte como el testimonio histórico».

Dicha meta concuerda con la propuesta en el expediente de declaración de Mariñán como Conjunto Histórico-Artístico, la cual decía —recordemos— que con el fin de mantener los valores heredados se colocaba bajo la protección estatal para evitar cualquier posible perjuicio.

El ser humano recurre a la salvaguarda del pasado porque tiene el deseo de trascender, y esta actitud se convierte en el instrumento a partir del cual se enlaza el tiempo pretérito con el futuro, ofreciéndole cierta seguridad ante un mundo incierto, cambiante, y permitiéndole hacer retrospectiva y esperar los tiempos venideros (Ballart 1997: 45-46). Por su parte, los monumentos —considerados como legado identificatorio de la colectividad— deben ser conservados sin alterar lo tangible, pues son contenedores de lo intangible (García 2009: 40-41).

---

10 La Carta de Atenas fue la conclusión de la Conferencia de Expertos para la Protección y Conservación de Monumentos de Arte y de Historia, celebrada en Atenas entre el 21 y el 30 de octubre de 1931, promovida por la Oficina Internacional de Museos del Instituto para la Cooperación Intelectual, que dependía de la Sociedad de Naciones.

Tras su reconstrucción y remodelación en los años setenta, Mariñán es hoy sede de actos institucionales, centro de congresos y museo —reuniendo parte de la colección artística de la Diputación Provincial de A Coruña—. Su transformación procura mantener la identidad y la autenticidad del bien heredado, pero las intervenciones realizadas a lo largo de estos cincuenta años han dejado su propia huella, sobrescribiendo a la preexistencia, reescribiéndola. Por momentos, los valores atribuidos al conjunto se pierden al perderse la materialidad de éste, por eso en todas las intervenciones se ha insistido en mantener la integridad del inmueble. Sin embargo, por mínima o respetuosa que sea o se considere una actuación, siempre va a dar al edificio mayor fragilidad o vulnerabilidad que la que tenía en la fase anterior, ya sea por la supresión o alteración de elementos o por la adhesión de otros nuevos que deben reequilibrarse con los ya existentes.

Así, las repercusiones de la declaración de Conjunto Histórico-Artístico para Mariñán, desde este punto de vista, han sido relativamente positivas. A pesar de las modificaciones y transformaciones realizadas, tanto el inmueble como los jardines conservan su identidad —sobre todo global—, permaneciendo a lo largo de estas últimas décadas como símbolos del pasado fácilmente identificables. Incluso podría decirse que con el paso de los años se ha potenciado el carácter de referencia del conjunto como elemento evocador de parte de la historia de Galicia. Esta evocación está ligada a la consideración del bien como documento histórico, consideración que a su vez enlaza con la memoria, y también con la autenticidad, que debe aplicarse teniendo en cuenta tanto la materialidad como los valores intangibles del bien; porque, aunque la sustitución de los *materiales originales* supone una merma irreversible de la autenticidad de dicha obra, se admite —en el presente caso, como en tantos otros— como mal menor inevitable para garantizar su estabilidad y su conservación.

Por otro lado, para la conservación del edificio resulta igualmente beneficioso que éste tenga un uso. Son muchos los inmuebles que emergen de una situación de ruina o abandono para abrir sus puertas a una nueva función, constituyendo su carácter histórico un valor añadido en esta segunda oportunidad. La reutilización de edificios es una práctica que recorre la Historia y que —con sus luces y sus sombras— hizo posible, tantas veces, que los bienes arquitectónicos pudiesen llegar hasta nuestros días; pero debe hacerse con responsabilidad, ya que el nuevo uso tiene que propiciar funciones compatibles que favorezcan la supervivencia del patrimonio heredado.

La conveniencia de mantener el uso original o determinar el carácter que ha de presentar el nuevo debe analizarse desde su capacidad de mantener *vivo* al monumento, que es el fin principal; pero también, por supuesto, desde la posibilidad del edificio histórico de asumir dicho uso sin perder o ver debilitados sus valores documentales y significativos, es decir, su completa condición monumental (Lorenzo 2017: 63). Igualmente, la compatibilidad o idoneidad de la nueva función provoca un proceso de retroalimentación en el que mientras se desarrolla algún tipo de actividad en el conjunto, se lleva a cabo —por lo común— un mantenimiento continuo, lo que garantiza, al menos, unas condiciones mínimas de habitabilidad.

Desde este punto de vista, las repercusiones de la declaración de Conjunto Histórico-Artístico para Mariñán han sido altamente satisfactorias. La nueva funcionalidad cultural —y relativamente turística— para el conjunto, que combina actos institucionales con eventos científicos y/o artísticos, además de visitas guiadas, ha proporcionado una rica e intensa vida cultural que lo ha mantenido constantemente en activo, y que también le ha favorecido un estado continuo de renovación y actualización de sus estancias y sus espacios, los cuales se han ido adaptando a las nuevas demandas sin perder su contexto primigenio.

Y tan importante como la realización de estas acciones —culturales y constructivas— ha sido la difusión de las mismas. Además de facilitar y promover ambas, la Diputación Provincial de A Coruña ha patrocinado la publicación de varias monografías y de las actas de los eventos acogidos en Mariñán, con el objetivo de implicar a la sociedad en el conjunto, pero también con el deseo de procurar el entendimiento de su patrimonio. Porque la educación patrimonial es la base de la conservación de los bienes heredados, ya que sólo se protege y cuida aquello que se conoce y valora.

Por todo lo anteriormente expuesto, la celebración del quincuagésimo aniversario de la declaración de Mariñán como Conjunto Histórico-Artístico es también la celebración de cincuenta años de supervivencia, conservación y legado de todos aquellos valores que lo hicieron merecedor de dicha declaración, valores que hoy en día continúan vigentes y a disposición de cualquier visitante dispuesto a perderse entre sus muros y jardines.

5. Bibliografía

Ávila Pla, Luis (1933). *Copia simple del Testamento Abierto otorgado por Don Gerardo Bermúdez de Castro y Suárez de Deza.* Documento consultado en el Archivo de la Diputación Provincial de A Coruña, con la signatura SC-32/1245.

Ballart Hernández, Josep (1997). *El patrimonio histórico y arqueológico. Valor y uso*. Barcelona: Ariel.

Carta de Atenas (1931). Traducción al español del Instituto del Patrimonio Cultural de España, Ministerio de Cultura y Deporte. Documento disponible en https://ipce.culturaydeporte.gob.es/dam/jcr:40dcc432-525e-43a7-ac7a-f86791e2f5e6/1931-carta-atenas.pdf.

Carta de Venecia (1964). Traducción al español del Consejo Internacional de Monumentos y Sitios (ICOMOS). Documento disponible en: https://www.icomos.org/charters/venice_sp.pdf.

Chamoso Lamas, Manuel (1977). «El Pazo de Mariñán y la Torre de Andrade, en la provincia de La Coruña, declarados conjuntos históricos-Artísticos», *Abrente: Boletín de la Real Academia Gallega de Bellas Artes*, 9, pp. 43-56.

Decreto 2687/1972, de 5 de octubre, por el que se declara Conjunto Histórico-Artístico el Pazo de Láncara o Mariñán (La Coruña) con sus parques y jardines (1972). *Boletín Oficial del Estado,* 241, Ministerio de Educación y Ciencia, 7 de octubre de 1972, p. 17919.

Durán-Loriga y Salgado, Miguel (1972). «Los jardines del Pazo de Mariñán», *Comisión del Patrimonio Artístico 1972.* Comisaría del Patrimonio Artístico Monumental de la Zona Noroeste. Documento disponible en el Archivo de Galicia (AG), con la signatura G47621-33.

Durán-Loriga y Salgado, Miguel (2013). *Pazos gallegos: materiales para su estudio.* Pontevedra: Diputación Provincial de Pontevedra.

Fernández-Gago Varela, Carlos (1971). *Proyecto de restauración y zona residencial del Pazo de Mariñán*. Documento consultado en el Archivo de la Diputación Provincial de A Coruña, con la signatura M-2749/3.

Fernández-Gago Varela, Carlos (1975). *Proyecto de terminación de las obras de restauración del Pazo de Mariñán en Bergondo (A Coruña).* Documento consultado en el Archivo de Galicia (AG), con la referencia: caja M-2749.

García Cuetos, Pilar (2009). *Humilde condición. El patrimonio cultural y la conservación de su autenticidad.* Gijón: Editorial Trea.

García Iglesias, José Manuel (1992). *Pazos de Galicia. Inventario do Patrimonio Histórico Galego.* Dos volúmenes. Santiago de Compostela: Consellería de Cultura e Xuventude (Xunta de Galicia) + Colegio Oficial de Arquitectos de Galicia.

García Iglesias, José Manuel (2001). «Bergondo. Bergondo (San Salvador de). Pazo de Mariñán», *Guía dos pazos de Galicia: A Coruña*. Vigo: Editorial Galaxia, pp. 138-139.

González-Varas Ibáñez, Ignacio (1999). *Conservación de bienes culturales. Teoría, historia, principios y normas.* Madrid: Editorial Cátedra.

Izco Sevillano, Jesús y **Rodríguez Cardal, Carlos** (1997). *El Pazo de Mariñán: plantas, jardines y paisaje.* A Coruña: Diputación Provincial de A Coruña.

Ley, de 13 de mayo, relativa al Patrimonio Artístico Nacional (1933). *Gaceta de Madrid,* 145, Ministerio de Instrucción Pública y Bellas Artes, 25 de mayo de 1933, pp. 1394-1399.

Lorenzo Aspres, Alberta (2017). «Genealogía del patrimonio arquitectónico: De documento histórico a recurso reutilizable», *Revista de Arquitectura,* 22 (33): pasado revisitado, pp. 57-64. DOI:10.5354/0719-5427.2017.47697.

Martínez-Barbeito y Morás, Carlos (1978). «Mariñán. San Salvador de Bergondo. Bergondo», *Torres, pazos y linajes de la provincia de La Coruña.* A Coruña: Diputación Provincial de A Coruña, pp. 230-232.

Méndez Fonte, Rosa (2010). *La Conservación de los monumentos arquitectónicos en Galicia (1840-1940).* Ferrol: Ediciones Embora.

Nogueira Fariña, Víctor (2001). «Pazo de Mariñán (O Salvador de Bergondo, Bergondo)», *Pazos de Galicia.* Pontevedra: Nigratea Editorial, pp. 50-53.

Peteiro Lozano, José M. y **Quiroga Moreira, Javier** (1991). *El Pazo de Mariñán.* A Coruña: Escuela Universitaria de Arquitectura Técnica de la Universidad de A Coruña.

Rodríguez Dacal, Carlos (2015). *Guía verde del Pazo de Mariñán.* A Coruña: Diputación Provincial de A Coruña.

Sánchez García, Jesús Ángel (1999). *Mariñán. Pazo de los sentidos.* A Coruña: Diputación Provincial de A Coruña.

Sánchez García, Jesús Ángel (2020). *Catálogo del Patrimonio Arquitectónico de la Diputación de A Coruña. Edificios de valor histórico.* A Coruña: Diputación Provincial de A Coruña.

VV.AA. (1970). *Expedientes de obras en edificios e instalaciones de la Diputación (1970-1979).* Documentos consultados en el Archivo de la Diputación Provincial de A Coruña, con las signaturas 715/1, 685/2, 1430/1, 1430/3, 1430/5, 1431/2, 5884/1, 5915/44, 30815/3 y 44669/1.

VV.AA. (1972). *Expediente de Declaración de Conjunto Histórico-Artístico del Pazo de Mariñán, en Bergondo (A Coruña).* Documento disponible en el Archivo General de la Administración (AGA), con la signatura RGE 1156, caja 72/09385 (orden 228), expediente 5.

VV.AA. (1980). *Expedientes de obras en edificios e instalaciones de la Diputación (1980-1989).* Documentos consultados en el Archivo de la Diputación Provincial de A Coruña, con las signaturas 715/5, 5868/2, 5882/2, 5882/4, 5882/5, 5883/1, 5883/2, 5883/5, 8314/2 y 8314/5.

VV.AA. (1990). *Expedientes de obras en edificios e instalaciones de la Diputación (1990-1999).* Documentos consultados en el Archivo de la Diputación Provincial de A Coruña, con las signaturas 5869/2, 5882/3, 5882/6, 5883/3, 8314/1, 8314/3, 9181/1, 10714/1, 10714/2, 10714/3, 10714/4, 10714/5, 10715/1, 10715/2, 10715/3, 10715/4, 10725/1, 14138/1, 14141/1, 14159/1, 19879/2, 19881/1 y 35711/2.

VV.AA. (2000). *Expedientes de obras en edificios e instalaciones de la Diputación (2000-2009).* Documentos consultados en el Archivo de la Diputación Provincial de A Coruña, con las signaturas 23390/1, 33691/1, 35700/1, 35711/1, 35711/3 y 35711/4.

VV.AA. (2010). *Expedientes de obras en edificios e instalaciones de la Diputación (2010-2019).* Documentos consultados en el Archivo de la Diputación Provincial de A Coruña, con la signatura 000038528/6.

6. Reportaje fotográfico

A continuación, se muestran unas comparativas de las planimetrías y diversas imágenes del Pazo de Mariñán del año 1972, momento de su declaración como Conjunto Histórico-Artístico, y del año 2022, celebración del quincuagésimo aniversario de la aprobación de dicha protección.

Figura 01. Planimetría del conjunto de Mariñán.

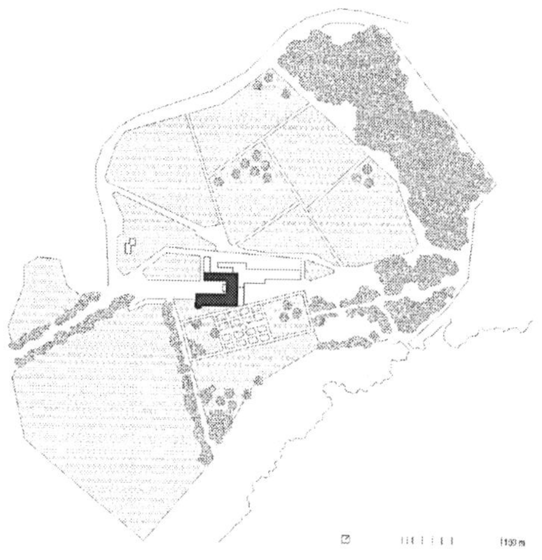

Año 1972 (Lorenzo Aspres).

Año 2022 (Lorenzo Aspres).

Figura 02. Portalón exterior de acceso al conjunto de Mariñán.

Fernández-Gago Varela, 1972 (Sánchez 1999: 58).

Lorenzo Aspres, 2022.

Figura 03. Fuente adosada y avenida de entrada al patio de honor.

Fernández-Gago Varela, 1972 (Sánchez 1999: 58).

Lorenzo Aspres, 2022.

Figura 04. Fachada suroeste: patio de armas o de honor.

Fernández-Gago Varela, 1972 (Sánchez 1999: 43).

Lorenzo Aspres, 2022.

Figura 05. Ala derecha del Pazo, desde el patio de armas.

Fernández-Gago Varela, 1972 (Sánchez 1999: 44).

Lorenzo Aspres, 2022

Figura 06. Fachada sureste vista desde los jardines principales.

Chamoso Lamas, 1972 (Sánchez 1999: 44).

Lorenzo Aspres, 2022.

Figura 07. Ala residencial.

Fernández-Gago Varela, 1972 (Sánchez 2020: 231).

Lorenzo Aspres, 2022.

Cód. 05-02

Made in United States
Orlando, FL
05 November 2026

90230599R00396